Primeiros Elogios ao *Use a Cabeça! Python*, Segunda Edição

"Um livro sobre Python deve ser tão divertido quanto a linguagem. Com o *Use a Cabeça! Python*, o mestre Paul Barry oferece um guia rápido, divertido e envolvente para a linguagem que o deixará bem preparado para escrever um código Python real."

— Dr. Eric Freeman, cientista de computação, professor de tecnologia e ex-diretor da Disney Online

"O *Use a Cabeça! Python* é uma ótima introdução à linguagem e ao uso do Python no mundo real. Ele está repleto de conselhos práticos sobre como codificar para a web e bancos de dados, e não tem medo de assuntos difíceis como coleções e imutabilidade. Se você estiver procurando uma ótima introdução ao Python, então este é o lugar para iniciar."

— David Griffiths, autor e instrutor de Agile

"Com grandes alterações e atualizações em relação à primeira edição, esta edição do *Use a Cabeça! Python* certamente se tornará a favorita na coleção de rápido crescimento dos ótimos guias do Python. O conteúdo é estruturado para ter um alto impacto no leitor e bastante focado em ser produtivo o mais rápido possível. Todos os tópicos necessários são tratados com muita clareza, e a distribuição divertida torna a leitura uma delícia."

— Caleb Hattingh, autor de *20 Python Libraries You Aren't Using (But Should)* e *Learning Cython*

"Esta é uma entrada clara e limpa na piscina do Python. Sem mergulhos de barriga, e você irá mais fundo do que esperava."

— Bill Lubanovic, autor de *Introdução ao Python*

Elogios à primeira edição

"O *Use a Cabeça! Python* é uma ótima introdução sobre como a linguagem Python é usada no mundo real. O livro vai além da sintaxe para ensiná-lo a criar aplicativos para telefones Android, Google App Engine e muito mais."

— David Griffiths, autor e instrutor de Agile

"Outros livros começam com a teoria e passam para os exemplos, mas o *Use a Cabeça! Python* vai diretamente para o código e explica a teoria à medida em que você lê. Este é um ambiente muito mais eficaz de aprendizagem, porque envolve o leitor desde o início. Foi uma alegria lê-lo. Foi divertido sem ser petulante, e informativo sem ser condescendente. A amplitude de exemplos e explicações abrange a maior parte do que você faz em seu trabalho diário. Recomendo este livro a qualquer um que esteja começando no Python."

— Jeremy Jones, coautor do *Python for Unix and Linux System Administration*

Elogios a outros livros *Use a Cabeça!*

"O *Use a Cabeça! Java*, de Kathy e Bert, transforma a página impressa na coisa mais próxima à interface gráfica do usuário que você já viu. Em tom irônico, de maneira descolada, os autores tornam o aprendizado do Java uma experiência envolvente do tipo 'o que eles farão em seguida?'."

— **Warren Keuffel,** *Software Development Magazine*

"Além do estilo envolvente que o leva de leigo para o status de guerreiro Java, o *Use a Cabeça! Java* abrange uma enorme quantidade de questões práticas que os outros livros abandonam, como o temido 'exercício para o leitor...'. É inteligente, irônico, descolado e prático — não há muitos livros que podem fazer essa reivindicação e viver de acordo com ela enquanto também ensinam sobre a serialização do objeto e os protocolos de inicialização da rede."

— **Dr. Dan Russell, diretor de Ciências e Pesquisa da Experiência do Usuário Centro de Pesquisa Almaden da IBM (e ensina Inteligência Artificial na Universidade de Stanford)**

"É rápido, irreverente, divertido e cativante. Tenha cuidado — pode ser que você realmente aprenda algo!"

— **Ken Arnold, ex-engenheiro sênior da Sun Microsystems e coautor (com James Gosling, criador do Java) de** *Linguagem de Programação Java*

"Eu sinto como se o peso de milhares de livros acabasse de ser retirado da minha cabeça."

— **Ward Cunningham, inventor do Wiki e fundador do Grupo Hillside**

"O tom certo para o guru entendido, casual e legal que há em todos nós. A referência certa para as estratégias de desenvolvimento prático — faz meu cérebro avançar sem ter que passar pela fala velha e cansada do professor."

— **Travis Kalanick, cofundador e CEO da Uber**

"Há livros que você compra, livros que você guarda, livros que você mantém em sua mesa e, graças a O'Reilly e à equipe do *Use a Cabeça!*, existem os livros *Use a Cabeça!*. Eles são os únicos que estão com as orelhas dobradas, deformados e são levados a todos os lugares. O *Use a Cabeça! SQL* está no topo da minha pilha. Ah, até o PDF que tenho para revisão está surrado e rasgado."

— **Bill Sawyer, gerente de Currículos ATG, Oracle**

"A admirável clareza, humor e doses substanciais de inteligência fazem deste o tipo de livro que ajuda até os não programadores a pensar bem sobre a resolução do problema."

— **Cory Doctorow, coeditor do Boing Boing, autor do** *Down and Out in the Magic Kingdom* **e** *Someone Comes to Town, Someone Leaves Town*

Elogios a outros livros *Use a Cabeça!*

"Eu recebi o livro ontem e comecei a lê-lo... e não consegui parar. Isto é definitivamente *très* 'legal'. É divertido, e eles abordam muita coisa. Estão certos ao meu ver. Estou realmente impressionado."

— **Erich Gamma, engenheiro da IBM e coautor do** *Design Patterns*

"Um dos livros mais divertidos e inteligentes sobre design de software que eu já li."

— **Aaron LaBerge, Tecnologia VP, ESPN.com**

"O que costumava ser um processo longo de aprendizagem, com tentativas e erros, agora foi reduzido a um livro envolvente."

— **Mike Davidson, CEO, Newsvine, Inc.**

"O design elegante é o destaque de cada capítulo, cada conceito transmitido em doses iguais de pragmatismo e inteligência."

— **Ken Goldstein, vice-presidente executivo da Disney Online**

"Eu ♥ o *Use a Cabeça! HTML com CSS & XHTML* — ensina tudo que você precisa aprender em um formato divertido."

— **Sally Applin, designer IU e artista**

"Geralmente, quando leio um livro ou um artigo sobre padrões de projetos, tenho que ficar de olho em alguma coisa só para me certificar de que estava prestando atenção. Não é assim com este livro. Por mais estranho que possa parecer, este livro torna divertido o aprendizado sobre padrões de projetos.

Enquanto outros livros sobre padrões de projetos estão dizendo 'Bueller... Bueller... Bueller...', este está falando sobre o carro alegórico, cantando 'Shake it up, baby!'"

— **Eric Wuehler**

"Eu literalmente amo este livro. Na verdade, eu beijei este livro na frente da minha esposa."

— **Satish Kumar**

Outros livros da série *Use a Cabeça!*

Use a Cabeça! Ajax
Use a Cabeça! Desenvolvimento para Android
Use a Cabeça! C
Use a Cabeça! C#, Terceira Edição
Use a Cabeça! Análise de Dados
Use a Cabeça! HTML e CSS, Segunda Edição
Use a Cabeça! Programação HTML5
Use a Cabeça! Desenvolvimento para iPhone e iPad, Terceira Edição
Use a Cabeça! Programação JavaScript
Use a Cabeça! jQuery
Use a Cabeça! Rede
Use a Cabeça! PHP e MySQL
Use a Cabeça! PMP, Terceira Edição
Use a Cabeça! Programação
Use a Cabeça! Python, Segunda Edição
Use a Cabeça! Ruby
Use a Cabeça! Servlets e JSP, Segunda Edição
Use a Cabeça! Desenvolvimento de Software
Use a Cabeça! SQL
Use a Cabeça! Estatística
Use a Cabeça! Web Design
Use a Cabeça! WordPress

Para obter uma lista completa dos títulos, vá a *www.altabooks.com.br*.

Use a Cabeça! **Python**

Tradução da Segunda Edição

> Não seria um sonho se existisse um livro sobre Python que não fizesse você querer estar em qualquer lugar, menos ficar preso na frente do seu computador escrevendo código? Eu acho que isso é apenas uma fantasia...

Paul Barry

ALTA BOOKS
GRUPO EDITORIAL
Rio de Janeiro, 2018

Use a Cabeça! Python — Tradução da Segunda Edição
Copyright © 2018 da Starlin Alta Editora e Consultoria Eireli. ISBN: 978-85-508-0340-1

Translated from original Head First Python, Second Edition. Copyright © 2017 Paul Barry. ISBN 978-1-491-91953-8. This translation is published and sold by permission of O'Reilly Media, Inc., the owner of all rights to publish and sell the same. PORTUGUESE language edition published by Starlin Alta Editora e Consultoria Eireli, Copyright © 2018 by Starlin Alta Editora e Consultoria Eireli.

Todos os direitos estão reservados e protegidos por Lei. Nenhuma parte deste livro, sem autorização prévia por escrito da editora, poderá ser reproduzida ou transmitida. A violação dos Direitos Autorais é crime estabelecido na Lei nº 9.610/98 e com punição de acordo com o artigo 184 do Código Penal.

A editora não se responsabiliza pelo conteúdo da obra, formulada exclusivamente pelo(s) autor(es).

Marcas Registradas: Todos os termos mencionados e reconhecidos como Marca Registrada e/ou Comercial são de responsabilidade de seus proprietários. A editora informa não estar associada a nenhum produto e/ou fornecedor apresentado no livro.

Impresso no Brasil — 2018 — Edição revisada conforme o Acordo Ortográfico da Língua Portuguesa de 2009.

Publique seu livro com a Alta Books. Para mais informações envie um e-mail para autoria@altabooks.com.br

Obra disponível para venda corporativa e/ou personalizada. Para mais informações, fale com projetos@altabooks.com.br

Produção Editorial Editora Alta Books **Gerência Editorial** Anderson Vieira	**Produtor Editorial** Thiê Alves **Assistente Editorial** Illysabelle Trajano	**Produtor Editorial (Design)** Aurélio Corrêa	**Marketing Editorial** Silas Amaro marketing@altabooks.com.br **Ouvidoria** ouvidoria@altabooks.com.br	**Vendas Atacado e Varejo** Daniele Fonseca Viviane Paiva comercial@altabooks.com.br
Equipe Editorial	Adriano Barros Aline Vieira Bianca Teodoro	Ian Verçosa Juliana de Oliveira Kelry Oliveira	Paulo Gomes Thales Silva Viviane Rodrigues	
Tradução Eveline Machado	**Copidesque** Alessandro Thomé	**Revisão Gramatical** Vivian Sbravatti Priscila Gurgel	**Revisão Técnica** Alex Ribeiro Analista Desenvolvedor, Gerente de Projetos e de Novos Negócios na EXIS Tecnologia	**Diagramação** Lucia Quaresma

Erratas e arquivos de apoio: No site da editora relatamos, com a devida correção, qualquer erro encontrado em nossos livros, bem como disponibilizamos arquivos de apoio se aplicáveis à obra em questão.

Acesse o site www.altabooks.com.br e procure pelo título do livro desejado para ter acesso às erratas, aos arquivos de apoio e/ou a outros conteúdos aplicáveis à obra.

Suporte Técnico: A obra é comercializada na forma em que está, sem direito a suporte técnico ou orientação pessoal/exclusiva ao leitor.

A editora não se responsabiliza pela manutenção, atualização e idioma dos sites referidos pelos autores nesta obra.

Dados Internacionais de Catalogação na Publicação (CIP) de acordo com ISBD

B279u   Barry, Paul

Use a cabeça Python: o guia amigo do seu cérebro / Paul Barry ; traduzido por Eveline Machado. - Rio de Janeiro : Alta Books, 2018.
616 p. : il. ; 17cm x 24cm.

Tradução de: Head First Python
Inclui índice e anexo.
ISBN: 978-85-508-0340-1

1. Computação. 2. Linguagem de Programação. 3. Python (Linguagem de Programação para Computadores). I. Machado, Eveline. II. Título.

2018-860   CDD 005.133
               CDU 004.43

Elaborado por Vagner Rodolfo da Silva - CRB-8/9410

ALTA BOOKS
GRUPO EDITORIAL

Rua Viúva Cláudio, 291 - Bairro Industrial do Jacaré
CEP: 20.970-031 - Rio de Janeiro (RJ)
Tels.: (21) 3278-8069 / 3278-8419
www.altabooks.com.br — altabooks@altabooks.com.br
www.facebook.com/altabooks — www.instagram.com/altabooks

Continuo a dedicar este livro a todas as pessoas generosas na comunidade Python, que continuam a ajudar a tornar o Python o que ele é hoje.

E a todas aquelas que tornaram a aprendizagem do Python e suas tecnologias complexas o suficiente para que as pessoas precisem de um livro como *este* para aprendê-las.

o autor

Autor do Use a Cabeça! Python, Segunda Edição

Durante a caminhada, Paul faz uma pausa para discutir sobre a pronúncia correta da palavra "tupla" com sua resignada esposa.

Esta é a reação habitual de Deirdre. ☺

Paul Barry mora e trabalha em *Carlow, Irlanda*, uma pequena cidade de 35 mil pessoas, ou mais, localizada 80 quilômetros a sudoeste da capital do país, *Dublin*.

Paul é *graduado em Sistemas de Informação* e é *Mestre em Computação*. Também é pós-graduado em *Aprendizado e Ensino*.

Paul trabalha no *Instituto de Tecnologia* em *Carlow* desde 1995 e dá aulas lá desde 1997. Antes de se envolver com o ensino, Paul passou uma década na indústria de TI trabalhando na Irlanda e Canadá, com grande parte de seu trabalho no sistema de saúde. Paul é casado com Deirdre, e eles têm três filhos (dois na faculdade agora).

A linguagem de programação Python (e suas tecnologias afins) é uma parte integral dos cursos de graduação de Paul desde o ano acadêmico de 2007.

Paul é autor (ou coautor) de quatro outros livros técnicos: dois sobre Python e dois sobre *Perl*. Ele já escreveu muito material para a *Linux Journal Magazine*, onde foi editor e colaborador.

Paul cresceu em *Belfaste, Irlanda do Norte*, o que pode explicar até certo ponto o comprometimento, assim como seu sotaque engraçado (a menos, claro, que você também seja do "Norte". Neste caso, a mentalidade e o sotaque de Paul serão *perfeitamente normais*).

Encontre Paul no *Twitter* (*@barrypj*) e também na web (em inglês): *http://paulbarry.itcarlow.ie*.

Índice Remissivo (Sumário)

1	O Básico: *Começando Rapidamente*	1
2	Dados da Lista: *Trabalhando com Dados Ordenados*	47
3	Dados Estruturados: *Trabalhando com Dados Estruturados*	95
4	Reutilização do Código: *Funções e Módulos*	145
5	Criando um Aplicativo Web: *Caindo na Real*	195
6	Armazenando e Manipulando Dados: *Onde Colocar Seus Dados*	243
7	Usando um Danco de Dados: *Colocando a DB-API do Python em Uso*	281
8	Um Pouco de Classe: Abstraindo Comportamento e Estado	309
9	Protocolo de Gerenciamento do Contexto; *Conectando a Instrução with do Python*	335
10	Decoradores da Função: *Integrando as Funções*	363
11	Tratamento de Exceções: *O Que Fazer Quando as Coisas Dão Errado*	413
11¾	Um Pouco de Encadeamento: *Lidando com a Espera*	461
12	Iteração Avançada: *Girando Como Louco*	477
A:	Instalação: *Instalando o Python*	521
B:	Pythonanywhere: *Implementando seu Aplicativo Web*	529
C:	Dez Coisas Principais que Não Cobrimos: *Sempre Há Mais para Aprender*	539
D:	Dez Projetos Principais Não Cobertos; *Ainda Mais Ferramentas, Bibliotecas e Módulos*	551
E:	Envolvendo-se: *Comunidade Python*	563

Conteúdo

Introdução

Seu cérebro no Python. Aqui, você está tentando aprender algo, enquanto aqui está seu *cérebro*, fazendo o favor de assegurar que o aprendizado não irá *fixar*. O pensamento do cérebro: "Melhor deixar espaço para coisas mais importantes como quais animais selvagens evitar e se esquiar na neve pelado é uma má ideia". Portanto, como você engana seu cérebro levando-o a pensar que sua vida depende de saber como programar no Python?

A Quem se Destina Este Livro?	xxx
Sabemos o Que Você Está Pensando	xxxi
Sabemos o que seu *cérebro* está pensando	xxxi
Metacognição: pensando sobre pensar	xxxiii
Eis O Que NÓS Fizemos:	xxxiv
Leia-me, 1 de 2	xxxvi
Agradecimentos	xxxix

conteúdo

1 o básico
Começando Rapidamente
Começando com a programação Python o mais rápido possível. Neste capítulo, apresentamos o básico da programação em Python e fazemos isso no típico estilo *Use a Cabeça!*: começando diretamente. Depois de apenas algumas páginas, você terá executado seu primeiro programa de exemplo. No final do capítulo, não só conseguirá executar o programa de exemplo, como também entenderá seu código (e muito mais). No decorrer, você aprenderá algumas coisas que tornam o **Python** a linguagem de programação que ele é. Portanto, não vamos perder mais tempo. Vire a página e vamos começar!

Entendendo as Janelas do IDLE	4
Executando o Código, Uma Instrução por Vez	8
Funções + Módulos = Biblioteca Padrão	9
As Estruturas de Dados Vêm Predefinidas	13
Chamar Métodos Obtém Resultados	14
Decidindo Quando Executar os Blocos de Código	15
Qual a Relação de "else" com "if"?	17
Os Suítes Podem Conter Suítes Incorporados	18
Retornando ao Python Shell	22
Experimentando no Shell	23
Iterando uma Sequência de Objetos	24
Iterando um Número Específico de Vezes	25
Aplicando o Resultado da Tarefa 1 no Nosso Código	26
Conseguindo Pausar a Execução	28
Gerando Inteiros Aleatórios com o Python	30
Codificando um Aplicativo Comercial Sério	38
O Recuo Está Deixando Você Louco?	40
Pedindo Ajuda ao Interpretador sobre uma Função	41
Experimentando os Intervalos	42
Código do Capítulo 1	46

2 lista de dados
Trabalhando com Dados Ordenados
Todos os programas processam dados, e os programas Python não são uma exceção. Na verdade, olhe em volta: *os dados estão em todo lugar*. Muito da programação, se não grande parte, são dados: *adquirir* dados, *processar* dados, *compreender* dados. Para trabalhar efetivamente com os dados, você precisa de algum lugar onde *colocá-los* ao processá-los. O Python é brilhante nesse sentido, graças (em grande parte) à sua inclusão de muitas estruturas de dados *amplamente aplicáveis*: **listas**, **dicionários**, **tuplas** e **conjuntos**. Neste capítulo, veremos todas as quatro, antes de passar grande parte do capítulo nos aprofundando nas **listas** (e nos aprofundaremos nas outras três no capítulo seguinte). Cobriremos essas estruturas de dados no início, pois grande parte do que provavelmente você fará com o Python girará em torno de trabalhar com dados.

Números, Strings... e Objetos	48
Conheça as Quatro Estruturas de Dados Predefinidas	50
Uma Estrutura de Dados Desordenada: Dicionário	52
Uma Estrutura de Dados Que Evita Duplicatas: Conjunto	53
Criando Listas Literalmente	55
Use Seu Editor Ao Trabalhar com Mais Linhas de Código	57
"Aumentando" uma Lista na Execução	58
Verificando a Associação com "in"	59
Removendo Objetos de uma Lista	62
Estendendo uma Lista com Objetos	64
Inserindo um Objeto em uma Lista	65
Como Copiar uma Estrutura de Dados	73
As Listas Estendem a Notação de Colchetes	75
As listas Entendem Start, Stop e Step	76
Iniciando e Parando com Listas	78
Colocando as Fatias para Trabalhar nas Listas	80
O Loop "for" do Python Compreende as Listas	86
Fatias de Marvin Detalhadas	88
Quando Não Usar Listas	91
Código do Capítulo 2, 1 de 2	92

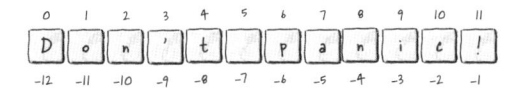

conteúdo

3

dados estruturados

Trabalhando com Dados Estruturados

A estrutura de dados da lista do Python é ótima, mas não é uma panaceia de dados. Quando você tem dados *realmente* estruturados (e usar uma lista para armazená-los pode não ser a melhor escolha), o Python vem ao seu resgate com o **dicionário** predefinido. Pronto para o uso, o dicionário permite armazenar e manipular qualquer coleção de *pares chave/valor*. Vimos com muita atenção o dicionário do Python neste capítulo, e — no decorrer — encontramos o **conjunto** e a **tupla** também. Com a **lista** (que vimos no capítulo anterior), as estruturas de dados do dicionário, do conjunto e da tupla fornecem um conjunto de ferramentas de dados predefinidas que ajudam a tornar o Python e os dados uma combinação poderosa.

Um Dicionário Armazena Pares Chave/Valor	96
Como Identificar um Dicionário no Código	98
A Ordem da Inserção NÃO É Mantida	99
Pesquisa do Valor com Colchetes	100
Trabalhando com Dicionários na Execução	101
Atualizando um Contador de Frequência	105
Iterando um Dicionário	107
Iterando Chaves e Valores	108
Iterando um Dicionário com "items"	110
Quão Dinâmicos São os Dicionários?	114
Evitando KeyErrors na Execução	116
Verificando a Associação com "in"	117
Assegurando a Inicialização Antes de Usar	118
Substituindo "in" por "not in"	119
Colocando o Método "setdefault" para Trabalhar	120
Criando Conjuntos com Eficiência	124
Aproveitando os Métodos do Conjunto	125
Conjuntos: O Que Você Já Sabe	129
Justificando as Tuplas	132
Combinando as Estruturas de Dados Predefinidas	135
Acessando os Dados de uma Estrutura de Dados Complexa	141
Código do Capítulo 3, 1 de 2	143

Name: Ford Prefect
Gender: Male
Occupation: Researcher
Home Planet: Betelgeuse Seven

4

reutilização do código
Funções e Módulos
A reutilização do código é o segredo para criar um sistema sustentável. E quanto à reutilização do código no Python, ela começa e termina com a humilde **função**. Pegue algumas linhas de código, nomeie-as e terá uma função (que pode ser reutilizada). Pegue uma coleção de funções e junte-as como um arquivo e terá um **módulo** (que também pode ser reutilizado). É verdade o que dizem: *é bom compartilhar*, e no final deste capítulo você estará **compartilhando** e **reutilizando** seu código graças à compreensão de como as funções e módulos do Python funcionam.

Reutilizando o Código com Funções	146
Apresentando as Funções	147
Chamando Sua Função	150
As Funções Podem Aceitar Argumentos	154
Retornando Um Valor	158
Retornando Mais de Um Valor	159
Lembrando as Estruturas de Dados Predefinidas	161
Criando uma Função Genericamente Útil	165
Criando Outra Função, 1 de 3	166
Especificando Valores Padrão para os Argumentos	170
Atribuição Posicional *Versus* Atribuição da Palavra-chave	171
Atualizando O Que Sabemos Sobre as Funções	172
Executando o Python na Linha de Comando	175
Criando os Arquivos de Configuração Requeridos	179
Criando o Arquivo de Distribuição	180
Instalando Pacotes com "pip"	182
Demonstrando a Semântica de Chamar por Valor	185
Demonstrando a Semântica de Chamar por Referência	186
Instale as Ferramentas do Desenvolvedor de Teste	190
O Quanto Nosso Código Está em Conformidade com o PEP?	191
Compreendendo as Mensagens de Falha	192
Código do Capítulo 4	194

módulo

5 criando um aplicativo web

Caindo na Real

A essa altura, você já sabe o suficiente de Python para ser perigoso. Com os quatro primeiros capítulos do livro para trás, agora você está em posição de usar produtivamente o Python em quaisquer áreas de aplicação (mesmo que ainda haja muito do Python a aprender). Em vez de explorar uma longa lista do que são essas áreas de aplicação, neste capítulo e nos subsequentes estruturaremos nosso aprendizado em torno do desenvolvimento de um aplicativo hospedado na web, que é uma área na qual o Python é especialmente forte. No decorrer do capítulo, você aprenderá mais sobre o Python. Porém, antes de continuar, faremos uma rápida recapitulação do Python que você já conhece.

Python: O Que Você Já Sabe	196
O Que Queremos que Nosso Aplicativo Faça?	200
Vamos Instalar o Flask	202
Como o Flask Funciona?	203
Executando o Aplicativo Web Flask pela Primeira Vez	204
Criando um Objeto do Aplicativo Web Flask	206
Decorando uma Função com uma URL	207
Executando o(s) Comportamento(s) de Seu Aplicativo Web	208
Exibindo a Funcionalidade na Web	209
Criando o Formulário HTML	213
Os Modelos se Relacionam com as Páginas Web	216
Apresentando Modelos a partir do Flask	217
Exibindo o Formulário HTML do Aplicativo Web	218
Preparando-se para Executar o Código do Modelo	219
Compreendendo os Códigos de Status do HTTP	222
Lidando com os Dados Enviados	223
Aperfeiçoando o Ciclo para Editar/Parar/Iniciar/Testar	224
Acessando os Dados do Formulário HTML com o Flask	226
Usando os Dados de Solicitação em Seu Aplicativo Web	227
Produzindo os Resultados como HTML	229
Preparando Seu Aplicativo Web para a Nuvem	238
Código do Capítulo 5	241

6
armazenando e manipulando dados
Onde Colocar Seus Dados

Mais cedo ou mais tarde, você precisará armazenar com segurança seus dados em algum lugar. E, quando chegar o momento de **armazenar os dados**, o Python dará uma cobertura. Neste capítulo, você aprenderá sobre como armazenar e recuperar os dados nos *arquivos de texto*, o que — quanto aos mecanismos de armazenamento — pode parecer um pouco simplista, mas é usado em muitas áreas problemáticas. Assim como armazenar e recuperar seus dados em arquivos, você também precisará aprender alguns truques da área quanto à manipulação dos dados. Estamos poupando a "coisa séria" (armazenar os dados em um banco de dados) até o próximo capítulo, mas há muito para nos manter ocupados por ora ao trabalhar com os arquivos.

Fazendo Algo com os Dados do Aplicativo Web	244
O Python Suporta Abrir, Processar, Fechar	245
Lendo os Dados em um Arquivo Existente	246
Abra, Processe, Feche Melhor: "with"	248
Exiba o Registro Com Seu Aplicativo Web	254
Examine os Dados Brutos Com Exibir Código-Fonte	256
É Hora do Escape (Dos Dados)	257
Exibindo o Registro Inteiro no Aplicativo Web	258
Registrando os Atributos Específicos da Solicitação da Web	261
Registre uma Linha de Dados Delimitado	262
Dos Dados Brutos à Saída Legível	265
Gere uma Saída Legível com o HTML	274
Incorpore a Lógica da Exibição em Seu Modelo	275
Produzindo uma Saída Legível com o Jinja2	276
O Estado Atual do Código de Nosso Aplicativo Web	278
Fazendo Perguntas Sobre Seus Dados	279
Código do Capítulo 6	280

Dados do Formulário	End_remoto	Agente_usr	Resultados
ImmutableMultiDict([('phrase', 'hitch-hiker'), ('letters', 'aeiou')])	127.0.0.1	Mozilla/5.0 (Macintosh; Intel Mac OS X 10_11_2) AppleWebKit/537.36 (KHTML, like Gecko) Chrome/47.0.2526 .106 Safari/537.36	{'e', 'i'}

conteúdo

7 usando um banco de dados
Colocando a DB-API do Python em Uso

Armazenar os dados em um sistema do banco de dados relacional é útil. Neste capítulo, aprenderemos a escrever um código que interage com a popular tecnologia do banco de dados **MySQL** usando uma API genérica do banco de dados chamada **DB-API**. A DB-API (padrão com toda instalação do Python) permite escrever um código facilmente transferido de um produto do banco de dados para outro... supondo que seu banco de dados se comunica com o SQL. Embora estejamos usando o MySQL, nada o impede de usar o código DB-API com seu banco de dados relacional favorito, qualquer que possa ser. Vejamos o que está envolvido no uso de um banco de dados relacional com o Python. Não há muita coisa nova no Python neste capítulo, mas usar o Python para se comunicar com os bancos de dados é **algo grande**, portanto, vale a pena aprender.

Ativação do Banco de Dados para Seu Aplicativo Web	282
Tarefa 1: Instalar o Servidor MySQL	283
Apresentando a DB-API do Python	284
Tarefa 2: Instalar um Driver do Banco de Dados MySQL para o Python	285
Instale o MySQL-Connector/Python	286
Tarefa 3: Criar um Banco de Dados e Tabelas do Nosso Aplicativo Web	287
Decida sobre uma Estrutura para Seus Dados de Registro	288
Confirme se Sua Tabela Está Pronta para os Dados	289
Tarefa 4: Crie um Código para Trabalhar com Um Banco de Dados e Tabelas do Aplicativo Web	296
Armazenar os Dados É Apenas Metade da Batalha	300
Como Reutilizar Melhor o Código do Banco de Dados?	301
Considere O Que Você Está Tentando Reutilizar	302
E a Importação?	303
Você Viu Esse Padrão Antes	305
A Má Notícia Não É Tão Má Assim	306
Código do Capítulo 7	307

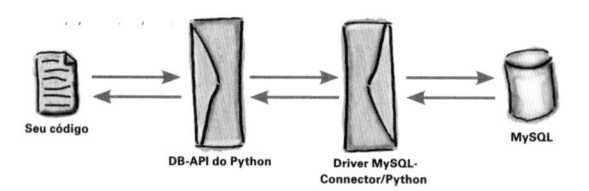

8 um pouco de classe
Abstraindo Comportamento e Estado
As classes permitem unir o comportamento e o estado do código. Neste capítulo, você colocará de lado seu aplicativo web enquanto aprende como criar as **classes** do Python. Você fará isso para chegar ao ponto no qual poderá criar um gerenciador de contexto com a ajuda de uma classe do Python. Como saber criar e usar as classes é algo muito útil, estamos dedicando este capítulo a isso. Não cobriremos tudo sobre as classes, mas tocaremos em todos os pontos que você precisará entender para criar com confiança o gerenciador de contexto que seu aplicativo web está esperando. Vamos começar e ver o que está envolvido

Conectando a Instrução "with"	310
Um Manual Orientado a Objetos	311
Criando Objetos a partir de Classes	312
Os Objetos Compartilham Comportamento, Não Estado	313
Fazendo Mais com CountFromBy	314
Chamando um Método: Compreenda os Detalhes	316
Adicionando um Método a uma Classe	318
A Importância de "self"	320
Encarando o Escopo	321
Prefixe os Nomes do Atributo com "self"	322
Inicialize os Valores (Atributo) Antes de Usar	323
O Dunder "init" Inicializa os Atributos	324
Inicializando Atributos com o Dunder "init"	325
Compreendendo a Representação de CountFromBy	328
Definindo a Representação de CountFromBy	329
Fornecendo Padrões Diferenciados para CountFromBy	330
Classes: O Que Sabemos	332
Código do Capítulo 8	333

```
countfromby.py - /Users/paul/Desktop/_NewBook/ch07/countfromby.py (3.5.1)
class CountFromBy:
    def __init__(self, v: int, i: int) -> None:
        self.val = v
        self.incr = i

    def increase(self) -> None:
        self.val += self.incr
                                                           Ln: 2  Col: 0
```

xvii

9
protocolo de gerenciamento do contexto
Conectando a Instrução <u>with</u> do Python

É hora de pegar o que você acabou de aprender e colocar em funcionamento. O Capítulo 7 analisou o uso de um **banco de dados relacional** com o Python, ao passo que o Capítulo 8 forneceu uma introdução do uso de **classes** em seu código do Python. Agora essas técnicas são combinadas para produzir um **gerenciador de contexto**, que permite estender a instrução with para trabalhar com os sistemas do banco de dados relacional. Neste capítulo, você conectará a instrução with criando uma nova classe, que está de acordo com o **protocolo de gerenciamento do contexto** do Python.

Qual é o Melhor Modo de Compartilhar o Código do Banco de Dados de Nosso Aplicativo Web?	336
Gerenciando o Contexto com Métodos	338
Você Já Viu um Gerenciador de Contexto em Ação	339
Crie uma Nova Classe do Gerenciador de Contexto	340
Inicialize a Classe com a Configuração do Banco de Dados	341
Faça a Configuração com o Dunder "enter"	343
Faça a Destruição com o Dunder "exit"	345
Reconsiderando o Código do Aplicativo Web, 1 de 2	348
Lembrando a Função "log_request"	350
Corrigindo a Função "log_request"	351
Lembrando a Função "view_the_log"	352
Não É Apenas o Código Que Muda	353
Corrigindo a Função "view_the_log"	354
Respondendo às Perguntas dos Dados	359
Código do Capítulo 9, 1 de 2	360

10

decoradores da função
Integrando as Funções

Quanto a aumentar seu código, o protocolo de gerenciamento do contexto do Capítulo 9 não é o único por aí. O Python também permite usar **decoradores** da função, uma técnica com a qual você pode adicionar código a uma função existente *sem* ter que mudar nenhum código da função existente. Se você acha que parece mágica, não se desespere: não é nada disso. Contudo, em relação às técnicas de codificação, criar um decorador de função geralmente é considerado a parte mais difícil por muitos programadores Python, assim, não é usado com tanta frequência quanto deveria. Neste capítulo, nosso plano é mostrar que, apesar de ser uma técnica avançada, criar e usar seus próprios decoradores não é tão difícil.

Seu Servidor da Web (Não o Computador) Executa o Código	366
A Tecnologia de Sessão do Flask Adiciona o Estado	368
A Pesquisa do Dicionário Recupera o Estado	369
Gerenciando os Logins com as Sessões	374
Vamos Fazer Logout e Verificar o Status	377
Passe uma Função para uma Função	386
Chamando uma Função Passada	387
Aceitando uma Lista de Argumentos	390
Processando uma Lista de Argumentos	391
Aceitando um Dicionário de Argumentos	392
Processando um Dicionário de Argumentos	393
Aceitando Qualquer Quantidade e Tipo de Argumento da Função	394
Criando um Decorador da Função	397
Etapa Final: Lidando com os Argumentos	401
Colocando o Decorador para Trabalhar	404
Volte para Restringir o Acesso a /viewlog	408
Código do Capítulo 10, 1 de 2	410

conteúdo

11 tratamento de exceções
O Que Fazer Quando as Coisas Dão Errado

As coisas dão errado, o tempo todo — não importa o quanto seu código é bom. Você executou com sucesso todos os exemplos neste livro e provavelmente está confiante de que todo o código apresentado até então funciona. Mas isso significa que o código é robusto? Provavelmente não. Escrever um código com base na suposição de que nada ruim acontecerá é (na melhor as hipóteses) ingênuo. No pior caso, é perigoso, pois coisas imprevistas acontecem (e acontecerão). Será muito melhor se você for cuidadoso ao codificar, em vez de confiar. O cuidado é necessário para assegurar que seu código fará o que você deseja, assim como reagirá devidamente quando as coisas correrem mal. Neste capítulo, você não só verá o que pode dar errado, como também aprenderá o que fazer quando (e geralmente antes) as coisas derem errado.

```
...
Exception
 +-- StopIteration
 +-- StopAsyncIteration
 +-- ArithmeticError
 |    +-- FloatingPointError
 |    +-- OverflowError
 |    +-- ZeroDivisionError
 +-- AssertionError
 +-- AttributeError
 +-- BufferError
 +-- EOFError
 ...
```

Os Bancos de Dados Não Estão Sempre Disponíveis	418
Os Ataques da Web São um Problema Real	419
A Entrada-Saída É (Algumas Vezes) Lenta	420
As Chamadas da Função Podem Falhar	421
Sempre Tente Executar o Código com Tendência a Erros	423
try Uma vez, mas except Muitas Vezes	426
Sub-rotina da Exceção Genérica	428
Aprendendo Sobre as Exceções com "sys"	430
Sub-rotina de Tratamento da Exceção Genérica, Revista	431
Voltando ao Código do Aplicativo Web	433
Lidando com as Exceções Silenciosamente	434
Lidando com Outros Erros do Banco de Dados	440
Evite um Código Muito Integrado	442
Módulo DBcm, Revisto	443
Criando Exceções Personalizadas	444
O Que Mais Pode Dar Errado com "DBcm"?	448
Lidar com SQLError É Diferente	451
Gerando um SQLError	453
Uma Rápida Recapitulação: Adicionando Robustez	455
Como Lidar com a Espera? Depende...	456
Código do Capítulo 11, 1 de 3	457

11¾ um pouco de encadeamento
Lidando com a Espera

Algumas vezes, seu código pode demorar muito tempo para ser executado. Dependendo de quem observa, isso pode ser ou não um problema. Se um código leva 30 segundos para fazer as coisas "internamente", a espera pode não ser um problema. Porém, se seu usuário estiver esperando que seu aplicativo responda, e ele demorar 30 segundos, todos notarão. O que você deve fazer para corrigir o problema depende do que está tentando fazer (e de quem está esperando). Neste capítulo, que é pequeno, analisaremos algumas opções, e então veremos uma solução para o problema em mãos: *o que acontece se algo demora tempo demais?*

Aguardando: O Que Fazer?	462
Como Você Está Consultando Seu Banco de Dados?	463
As INSERTs e SELECTs do Banco de Dados São Diferentes	464
Fazendo Mais de Uma Coisa ao Mesmo Tempo	465
Não Fique Desapontado: Use Encadeamentos	466
Primeiro, O Mais Importante: Não Entre Em Pânico	470
Não Fique Desapontado: O Flask Pode Ajudar	471
Seu Aplicativo Web É Robusto Agora?	474
Código do Capítulo 11¾, 1 de 2	475

12

iteração avançada
Girando Como Louco

Geralmente é impressionante a quantidade de tempo que nossos programas gastam em loops. Não é uma surpresa, pois a maioria dos programas existe para realizar algo rapidamente um monte de vezes. Quanto a otimizar os loops, há duas abordagens: (1) melhorar a sintaxe do loop (para facilitar a especificação de um loop) e (2) melhorar como os loops são executados (para torná-los mais rápidos). No início da vida do Python 2 (ou seja, *muito, muito* tempo atrás), os designers da linguagem acrescentaram um único recurso da linguagem que implementa as duas abordagens e atende por um nome bem estranho: **compreensão**. Mas não deixe que o nome estranho chateie você: depois de trabalhar neste capítulo, se perguntará como conseguiu viver sem as compreensões por tanto tempo.

Lendo os Dados CSV Como Listas	479
Lendo os Dados CSV como Dicionários	480
Cortando, e Então Dividindo, Seus Dados Brutos	482
Tenha Cuidado ao Encadear as Chamadas do Método	483
Transformando os Dados no Formato Necessário	484
Transformando em um Dicionário de Listas	485
Identificando o Padrão com Listas	490
Convertendo Padrões em Compreensões	491
Veja a Compreensão com Mais Atenção	492
Especificando uma Compreensão do Dicionário	494
Estenda as Compreensões com Filtros	495
Lide com a Complexidade do Modo Python	499
Compreensão do Conjunto em Ação	505
E As "Compreensões da Tupla"?	507
Parênteses no Código == Gerador	508
Usando uma Listcomp para Processar as URLs	509
Usando um Gerador para Processar as URLs	510
Defina O Que Sua Função Precisa Fazer	512
Renda-se ao Poder das Funções do Gerador	513
Rastreando a Função do Gerador, 1 de 2	514
Uma Pergunta Final	518
Código do Capítulo 12	519
É Hora de Ir…	520

instalação
Instalando o Python
Primeiro o mais importante: vamos instalar o Python em seu computador. Se você está executando no *Windows*, *Mac OS X* ou *Linux*, o Python te dá cobetura. O modo como você o instala em cada uma dessas plataformas é específico de como as coisas funcionam em cada um desses sistemas operacionais (tudo bem... chocante, né?), e a comunidade Python trabalha muito para fornecer instaladores destinados a todos os sistemas populares. Neste pequeno apêndice, você será guiado na instalação do Python em seu computador.

Instale o Python 3 no Windows	522
Verifique o Python 3 no Windows	523
Adicione o Python 3 no Windows	524
Instale o Python 3 no Mac OS X (macOS)	525
Verifique e Configure o Python 3 no Mac OS X	526
Instale o Python 3 no Linux	527

b

pythonanywhere

Implementando seu Aplicativo Web

No final do Capítulo 5, declaramos que implementar seu aplicativo web na nuvem levava apenas 10 minutos. Agora é hora de cumprir essa promessa. Neste apêndice, faremos o processo de implementar seu aplicativo web no *PythonAnywhere*, indo do zero à implementação em cerca de 10 minutos. O *PythonAnywhere* é o favorito na comunidade de programação Python, e não é difícil ver o porquê: ele funciona exatamente como o esperado, tem um ótimo suporte do Python (e Flask), e — o melhor — você pode iniciar hospedando o aplicativo web sem custos. Vamos examinar o *PythonAnywhere*.

Etapa 0: Um Pouco de Preparação	530
Etapa 1: Assine o PythonAnywhere	531
Etapa 2: Transfira Seus Arquivos para a Nuvem	532
Etapa 3: Extraia e Instale o Código	533
Etapa 4: Crie um Aplicativo Web de Inicialização, 1 de 2	534
Etapa 5: Configure o Aplicativo Web	536
Etapa 6: Leve o Aplicativo Web Baseado na Nuvem para Dar uma Volta!	537

dez coisas principais que não cobrimos
Sempre Há Mais para Aprender

Nunca foi nossa intenção tentar cobrir tudo. O objetivo deste livro sempre foi mostrar bastante do Python para você ficar por dentro o mais rápido possível. Há muito mais que poderíamos ter coberto, mas não cobrimos. Neste apêndice, analisamos as 10 coisas principais para as quais — com outras 600 páginas ou mais — finalmente encontramos tempo. Nem todas as 10 coisas irão interessá-lo, mas veja-as rapidamente apenas para o caso de termos tocado no ponto central ou fornecido uma resposta para aquela pergunta chata. Todas as tecnologias de programação neste apêndice vêm no Python e em seu interpretador.

1. E o Python 2?	540
2. Ambientes de Programação Virtuais	541
3. Mais sobre a Orientação a Objetos	542
4. Formatos para Strings e Afins	543
5. Classificando as Coisas	544
6. Mais da Biblioteca Padrão	545
7. Executando Seu Código Simultaneamente	546
8. GUIs com Tkinter (e Diversão com Turtles)	547
9. Não Acabou Até Ser Testado	548
10. Depurar, Depurar, Depurar	549

dez projetos principais não cobertos
Ainda Mais Ferramentas, Bibliotecas e Módulos

Sabemos o que você pensou quando leu o título deste apêndice. Por que o título do último apêndice não foi: *Vinte Coisas Principais Que Não Cobrimos*? Por que *mais* dez? No último apêndice, limitamos nossa análise às coisas que vêm no Python (a parte das "baterias incluídas" da linguagem). Neste apêndice, jogamos a rede muito mais longe, analisando um grupo inteiro de tecnologias que estão disponíveis para você *porque* o Python existe. Há muitas coisas boas aqui, e — exatamente como no último apêndice — uma rápida leitura atenta não te prejudicará *em nada*.

1. Alternativas para >>>	552
2. Alternativas para o IDLE	553
3. Jupyter Notebook: O IDE Baseado na Web	554
4. Fazendo Data Science	555
5. Tecnologias de Desenvolvimento da Web	556
6. Trabalhando com os Dados da Web	557
7. Mais Fontes de Dados	558
8. Ferramentas de Programação	559
9. Kivy: Nossa Escolha do "Projeto Mais Legal de Todos os Tempos"	560
10. Implementações Alternativas	561

envolvendo-se
Comunidade Python
O Python é muito mais do que uma ótima linguagem de programação. É uma ótima comunidade também. A Comunidade Python é acolhedora, diversa, aberta, amistosa, colaboradora e generosa. Estamos surpresos por ninguém, até o momento, ter pensado em colocar isso em um cartão de felicitações! Falando sério, há mais na programação do Python do que a linguagem. Um ecossistema inteiro desenvolveu-se em torno do Python, na forma de excelentes livros, blogs, sites, conferências, reuniões, grupos de usuários e personalidades. Neste apêndice, vemos uma análise da comunidade Python e o que ela tem a oferecer. Não fique apenas sentado programando sozinho: **envolva-se**!

BDFL: Ditador Benevolente Vitalício	564
Uma Comunidade Tolerante: Respeito pela Diversidade	565
Podcasts do Python	566
Zen do Python	567

manual

como usar este livro

Introdução

> Eu não acredito que eles colocaram **isso** em um livro sobre Python..

> Este livro é para você?
> Este livro é para qualquer pessoa com dinheiro para comprá-lo. E é um ótimo presente para aquela pessoa especial.

Nesta seção, responderemos à pergunta urgente: "Então por que colocaram isso em um livro sobre Python?"

como usar este livro

A Quem se Destina Este Livro?

Se você puder responder "sim" a todos estes itens:

1. Você já sabe programar em outra linguagem de programação?
2. Você gostaria de ter conhecimento para programar o Python, adicioná-lo à sua lista de ferramentas e fazer coisas novas?
3. Você realmente prefere fazer as coisas e aplicar o material aprendido a ouvir alguém em uma palestra por horas a fio?

este livro é para você.

Quem provavelmente deve fugir deste livro?

Se você puder responder "sim" a todos esses itens:

1. Você já sabe grande parte do que precisa saber para programar com o Python?
2. Você está procurando um livro de consulta para o Python que cubra todas as informações nos mínimos detalhes?
3. Prefere ter suas unhas arrancadas por 15 macacos gritando a aprender algo novo? Você acredita que um livro sobre Python deve cobrir *tudo*, e, se ele entedia o leitor até as lágrimas no processo, muito melhor?

Este **NÃO** é um livro de consulta, e supomos que você já programou antes.

este livro *não* é para você.

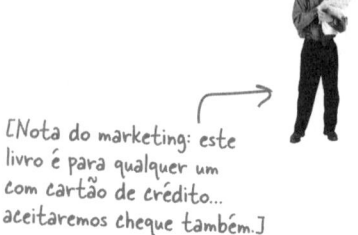

[Nota do marketing: este livro é para qualquer um com cartão de crédito... aceitaremos cheque também.]

introdução

introdução

Sabemos o Que Você Está Pensando

"Como *isto* pode ser um livro sério sobre Python?"

"O que há em todos os gráficos?"

"Eu realmente posso aprender desta maneira?"

Sabemos o que seu *cérebro* está pensando

Seu cérebro anseia por novidades. Está sempre buscando, examinando, *esperando* por algo incomum. Foi construído dessa maneira, e isso ajuda você a se manter vivo.

Então, o que seu cérebro faz com todas as coisas rotineiras, comuns e normais que você encontra? Tudo o que *puder* para impedi-las de interferir no trabalho *real* do cérebro — registrar as coisas que *importam*. Ele não se preocupa em gravar as coisas chatas; elas nunca conseguiriam passar no filtro "isto obviamente não é importante".

Como o seu cérebro *sabe* o que é importante? Suponhamos que você esteja em uma excursão e um tigre pule na sua frente. O que acontece dentro da sua cabeça e do seu corpo?

Os neurônios disparam. As emoções vão às alturas. Há uma *explosão química*.

E é assim que o seu cérebro sabe...

Seu cérebro acha que ISTO é importante.

Isso deve ser importante! Não se esqueça!

Mas imagine que você esteja em casa ou em uma biblioteca. É seguro, aquecido, uma zona sem tigres. Você está estudando. Preparando-se para um exame. Ou tentando aprender algum assunto técnico que seu chefe acha que vai demorar uma semana, dez dias no máximo.

Apenas um problema. Seu cérebro está tentando fazer um grande favor. Ele está tentando certificar-se de que esse conteúdo, *obviamente* não importante, não sobrecarregue os recursos escassos. Recursos que devem ser mais bem gastos armazenando coisas realmente *grandes*. Como tigres. Como o perigo de fogo. Como você não deveria ter postado aquelas fotos da "festa" em sua página do Facebook. E não há uma forma simples de dizer ao seu cérebro: "Ei, cérebro, muito obrigado, mas não importa o quanto este livro é chato e quão pouco estou registrando na escala Richter emocional agora, eu realmente *quero* que você grave essas coisas".

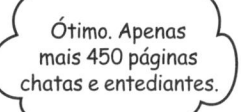

Ótimo. Apenas mais 450 páginas chatas e entediantes.

Seu cérebro acha que ISTO não vale a pena gravar.

Achamos que um leitor "Use a Cabeça!" é um aprendiz.

Então o que é necessário para *aprender* alguma coisa? Primeiro você tem que *entender*, então certificar-se de que não *esquecerá*. Não se trata de empurrar os fatos em sua cabeça. Com base nas pesquisas mais recentes em Ciência Cognitiva, Neurobiologia e Psicologia Educacional, a *aprendizagem* exige muito mais do que texto em uma página. Nós sabemos o que ativa seu cérebro.

Alguns princípios de aprendizado do Use a Cabeça!:

Torne-o visual. As imagens são muito mais inesquecíveis do que as palavras sozinhas e tornam o aprendizado muito mais eficaz (até 89% de melhoria nos estudos de memória e transferência). Também torna as coisas mais compreensíveis. **Coloque as palavras dentro ou perto do gráfico ao qual se referem,** em vez de na parte inferior ou em outra página, e os alunos serão até *duas* vezes mais capazes de resolver os problemas relacionados ao conteúdo.

Use um estilo coloquial e personalizado. Em estudos recentes, os alunos se saíram até 40% melhor nos testes de pós-aprendizagem se o conteúdo falou diretamente para o leitor, usando um estilo coloquial em primeira pessoa, ao invés de adotar um tom formal. Conte histórias, em vez de dar palestras. Use uma linguagem informal. Não se leve muito a sério. Em que você prestaria mais atenção: em uma companhia estimulante em um jantar ou em uma palestra?

Faça o aluno pensar mais profundamente. Em outras palavras, a menos que você movimente ativamente seus neurônios, nada acontecerá em sua cabeça. Um leitor tem que ser motivado, envolvido, ficar curioso e inspirado para resolver os problemas, tirar conclusões e gerar novos conhecimentos. E para isso você precisa de desafios, exercícios, perguntas instigantes e atividades que envolvam os dois lados do cérebro e vários sentidos.

Obtenha — e mantenha — a atenção do leitor. Todos nós já tivemos a experiência do "Eu realmente quero aprender isso, mas não consigo ficar acordado depois da página um". Seu cérebro presta atenção nas coisas que são incomuns, interessantes, estranhas, atraentes, inesperadas. Aprender um tópico novo, difícil e técnico não precisa ser chato. Seu cérebro aprenderá muito mais rapidamente se não for assim.

Toque suas emoções. Sabemos agora que sua capacidade de se lembrar de alguma coisa depende muito do seu conteúdo emocional. Você se lembra daquilo que gosta. Você se lembra quando *sente* alguma coisa. Não, não estamos falando de histórias comoventes sobre um garoto e seu cão. Estamos falando de emoções tais como surpresa, curiosidade, diversão, "que diabos...?" e o sentimento de "eu domino!", que vem quando você resolve um enigma, aprende algo que todo mundo acha que é difícil ou percebe que sabe algo que o Bob "sou mais técnico que você" da engenharia *não sabe*.

introdução

Metacognição: pensando sobre pensar

Se você realmente quer aprender, e quer aprender com mais rapidez e profundidade, preste atenção em como presta atenção. Pense em como você pensa. Aprenda como você aprende.

A maioria de nós não fez cursos sobre metacognição ou teoria da aprendizagem quando estava crescendo. Era *esperado* que aprendêssemos, mas raramente nos *ensinaram* a aprender.

Mas vamos supor que, se você está segurando este livro, realmente quer aprender a resolver problemas de programação com o Python. E provavelmente não quer gastar muito tempo. Se quiser usar o que lê neste livro, será preciso *lembrar* daquilo que você lê. E, para isso, tem que *entender*. Para obter o máximo deste livro, *qualquer* livro ou experiência de aprendizagem, assuma a responsabilidade por seu cérebro. Seu cérebro *neste* conteúdo.

O truque é fazer com que seu cérebro veja o novo material que você está aprendendo como algo realmente importante. Crucial para o seu bem-estar. Tão importante quanto um tigre. Caso contrário, você estará em uma batalha constante, com o cérebro fazendo seu melhor para impedir a fixação do novo conteúdo.

> Gostaria de saber como posso enganar meu cérebro para lembrar essas coisas...

Então como é que você faz com que seu cérebro trate a programação como se fosse um tigre faminto?

Há a maneira lenta e chata ou a forma mais rápida e eficaz. A forma lenta é a pura repetição. Obviamente, você saberá que *é* capaz de aprender e lembrar até o mais maçante dos tópicos se continuar batendo na mesma tecla em seu cérebro. Com repetição suficiente, seu cérebro diz: "isto não *parece* importante para ele, mas ele continua olhando para a mesma coisa *sempre*, então acho que deve ser importante".

A forma mais rápida é fazer **qualquer coisa que aumente a atividade do cérebro,** especialmente os *tipos* diferentes de atividade cerebral. As coisas na página anterior são uma grande parte da solução e todas comprovadamente ajudam o seu cérebro a trabalhar a seu favor. Por exemplo, estudos mostram que palavras colocadas *dentro* das imagens que descrevem (em oposição a algum outro lugar na página, como um título ou no corpo do texto) fazem com que seu cérebro tente entender como as palavras e as imagens se relacionam, e isso faz com que mais neurônios disparem. Mais neurônios disparando = mais chances de seu cérebro *perceber* que é algo digno de atenção e, possivelmente, de ser gravado.

Um estilo coloquial ajuda porque as pessoas tendem a prestar mais atenção quando percebem que estão em uma conversa, uma vez que devem acompanhar e chegar até o fim. O surpreendente é que o cérebro não necessariamente se *importa* se a "conversa" é entre você e um livro! Por outro lado, se o estilo da escrita for formal e seco, seu cérebro perceberá como se você estivesse assistindo a uma palestra, sentado em uma sala cheia de pessoas passivas. Não há necessidade de permanecer acordado.

Mas as imagens e o estilo coloquial são apenas o começo...

como usar este *livro*

Eis O Que Nós Fizemos:

Usamos **imagens**, porque seu cérebro está ligado no visual, não no texto. Para seu cérebro, uma imagem *vale* por mil palavras. E, quando texto e imagens trabalham juntos, incorporamos o texto *nas* imagens porque seu cérebro funciona mais efetivamente quando o texto está *dentro* daquilo a que ele se refere, ao contrário de em um título ou oculto em algum lugar do texto.

Utilizamos a **redundância**, dizendo a mesma coisa de formas *diferentes*, com diferentes tipos de mídia e *vários sentidos*, para aumentar as chances de que o conteúdo fique codificado em mais de uma área do seu cérebro.

Usamos conceitos e imagens de formas **inesperadas**, porque seu cérebro gosta de novidade, e usamos as imagens e as ideias com pelo menos *algum conteúdo emocional*, porque o cérebro está ligado para prestar atenção na bioquímica das emoções. É mais provável que o que o faz *sentir* algo seja lembrado, mesmo que esse sentimento não seja nada mais do que um pouco de **humor**, **surpresa** ou **interesse**.

Usamos um **estilo coloquial** personalizado, porque seu cérebro presta mais atenção quando acredita que você está em uma conversa do que quando está passivo ouvindo uma apresentação. O cérebro faz isso mesmo quando você está *lendo*.

Incluímos mais de 80 **atividades**, porque seu cérebro aprende e lembra mais quando você *faz* as coisas do que quando *lê* sobre elas. E fizemos exercícios desafiadores, porque é isso que a maioria das pessoas prefere.

Usamos **vários estilos de aprendizagem**, porque *você* pode preferir procedimentos passo a passo, enquanto alguém deseja compreender a imagem geral primeiro e uma terceira pessoa só quer ver um exemplo. Mas, independentemente de sua preferência de aprendizagem, *todos* se beneficiam vendo o mesmo conteúdo representado de várias maneiras.

Incluímos conteúdo para os **dois lados do seu cérebro**, porque, quanto mais seu cérebro se envolver, mais você aprenderá e lembrará, e poderá manter o foco por mais tempo. Como trabalhar com um lado do cérebro muitas vezes significa dar ao outro lado a oportunidade de descansar, você poderá ser mais produtivo na aprendizagem por um período de tempo maior.

E incluímos **histórias** e exercícios que apresentam **mais de um ponto de vista**, porque seu cérebro aprende mais profundamente quando é forçado a fazer avaliações e julgamentos.

Foram incluídos **desafios**, com os exercícios, fazendo **perguntas** para as quais nem sempre há uma resposta certa, porque seu cérebro aprende e lembra quando tem que *trabalhar* em algo. Pense — você não pode *colocar* seu corpo em forma apenas *observando* as pessoas na academia. Mas fizemos o melhor para ter certeza de que, quando você estiver trabalhando duro, será nas coisas *certas*. Que **você não estará gastando um dendrito extra** processando um exemplo complicado de entender, analisando um jargão difícil ou um texto muito conciso.

Usamos **pessoas**. Nas histórias, exemplos, imagens etc., porque, bem, *você é* uma pessoa. E seu cérebro presta mais atenção nas pessoas do que nas *coisas*.

Veja o que VOCÊ pode fazer para seu cérebro se curvar em sinal de submissão

Então, fizemos a nossa parte. O resto é com você. Estas dicas são um ponto de partida; ouça seu cérebro e descubra o que funciona para você e o que não funciona. Experimente coisas novas.

Recorte isto e cole em sua geladeira.

---

① Vá devagar. Quanto mais você entende, menos você tem que memorizar.

Não *leia* apenas. Pare e pense. Quando o livro fizer uma pergunta, não pule para a resposta. Imagine que alguém realmente *esteja* fazendo a pergunta. Quanto mais profundamente você forçar seu cérebro a pensar, mais chances terá de aprender e lembrar.

② Faça os exercícios. Faça suas próprias anotações.

Nós os colocamos, mas se fizéssemos para você, seria como se alguém fizesse seus exercícios. E não *olhe* apenas os exercícios. **Use um lápis.** Há muitas evidências de que a atividade física *ao* aprender pode aumentar o aprendizado.

③ Leia as seções "Não existem perguntas idiotas".

Isto significa todas elas. Elas não são seções opcionais, *fazem parte do conteúdo principal!* Não as pule.

④ Que isso seja a última coisa que você leia antes de dormir. Ou pelo menos a última coisa desafiadora.

Parte do aprendizado (principalmente a transferência para a memória de longo prazo) acontece *depois* que você fecha o livro. Seu cérebro precisa de tempo para fazer mais processamento. Se você colocar algo novo durante esse tempo de processamento, algumas das coisas que aprendeu serão perdidas.

⑤ Fale sobre isso. Em voz alta.

Falar ativa uma parte diferente do cérebro. Se você está tentando entender alguma coisa ou aumentar sua chance de lembrar mais tarde, diga em voz alta. Melhor ainda, tente explicar em voz alta para alguém. Você aprenderá mais rapidamente e poderá descobrir ideias que não sabia que existiam quando estava lendo sobre o assunto.

⑥ Beba água. Em grande quantidade.

Seu cérebro funciona melhor em uma bela banheira de líquido. A desidratação (que pode acontecer antes de você sentir sede) diminui a função cognitiva.

⑦ Ouça seu cérebro.

Preste atenção se o seu cérebro está ficando sobrecarregado. Se você está começando a passar os olhos ou esquece o que acabou de ler, é hora de uma pausa. Assim que você passar de certo ponto, não aprenderá mais rapidamente tentando colocar mais informações, e assim pode até prejudicar o processo.

⑧ Sinta algo.

Seu cérebro precisa saber que isso *significa algo*. Envolva-se com as histórias. Crie seus próprios títulos para as fotos. Lamentar por uma piada de mau gosto é *ainda* melhor do que não sentir nada.

⑨ Escreva muitos códigos!

Há apenas uma maneira de aprender a programar no Python: **escrevendo muitos códigos**. E é isso que você fará neste livro. A codificação é uma habilidade, e a única maneira de ser bom nisso é praticar. Daremos a você muita prática: todo capítulo tem exercícios que propõem um problema a ser resolvido. Não os pule simplesmente — muito da aprendizagem acontece quando você resolve os exercícios. Incluímos uma solução para cada exercício — não tenha medo de **espiar a solução** se uma dúvida surgir! (É fácil ter problemas com algumas coisas pequenas.) Mas tente resolver o problema antes de olhar a solução. E, definitivamente, faça com que funcione antes de passar para a próxima parte do livro.

como usar este livro

Leia-me, 1 de 2

Esta é uma experiência de aprendizagem, não um livro de consulta. Retiramos deliberadamente tudo o que poderia atrapalhar a aprendizagem do que quer que estejamos aprendendo nesse ponto do livro. E na primeira vez você precisará iniciar no começo, porque o livro faz suposições sobre o que você já viu e aprendeu.

Este livro é projetado para você entender o mais rapidamente possível.

À medida que você precisa saber das coisas, ensinamos. Então você não encontrará longas listas de material técnico, nenhuma tabela de operadores do Python, nem regras de prioridade do operador. Não cobrimos *tudo*, mas trabalhamos muito duro para cobrir o material indispensável, assim você pode colocar o Python em seu cérebro *rapidamente* e fazer com que fique lá. A única suposição que fazemos é que você já sabe programar em alguma outra linguagem de programação.

Este livro tem como objetivo o Python 3.

Usamos a Versão 3 da linguagem de programação Python neste livro, e no *Apêndice A* explicamos como obter e instalar o Python 3. Este livro **não** usa o Python 2.

Colocamos o Python para trabalhar com você imediatamente.

Começamos a fazer coisas úteis no Capítulo 1 e desenvolvemos a partir daí. Não há demora, porque queremos que você seja *produtivo* com o Python imediatamente.

As atividades NÃO são opcionais — você precisa fazer o trabalho.

Os exercícios e as atividades não são complementos; fazem parte do conteúdo básico do livro. Alguns deles são para ajudar a memória, outros são para a compreensão, e alguns ajudarão a aplicar o que você aprendeu. *Não pule os exercícios.*

A redundância é intencional e importante.

Uma clara diferença em um livro Use a Cabeça! é que queremos que você *realmente* entenda. E queremos que termine o livro lembrando daquilo que aprendeu. A maioria dos livros de consulta não tem fixação e recordação como meta, mas este livro é voltado para a *aprendizagem*, portanto, você verá alguns dos mesmos conceitos aparecendo mais de uma vez.

Os exemplos são os mais enxutos possíveis.

Nossos leitores dizem que é frustrante percorrer 200 linhas de um exemplo procurando as duas linhas que eles precisam entender. A maioria dos exemplos neste livro é apresentada dentro do menor contexto possível, para que a parte que você está tentando aprender seja clara e simples. Não espere que todos os exemplos sejam robustos ou mesmo completos — eles são escritos especificamente para o aprendizado e nem sempre são totalmente funcionais (embora tenhamos tentado assegurar ao máximo possível que sejam).

Leia-me, 2 de 2

Sim, tem mais...

Esta segunda edição NÃO é como a primeira.

Esta é uma atualização da primeira edição do *Use a Cabeça! Python*, que publicamos no final de 2010. Embora aquele livro e este compartilhem o mesmo autor, agora ele está mais velho e (espera-se) mais sábio. Assim, decidimos reescrever completamente o conteúdo da primeira edição. Então... *tudo* é novo: a ordem é diferente, o conteúdo foi atualizado, os exemplos são melhores e as histórias foram retiradas ou substituídas. Mantivemos a capa — com correções menores — assim, esperamos não causar muita perturbação. Foram seis longos anos... esperamos que você goste do que propusemos.

Onde está o código?

Colocamos os exemplos de código na web para que você possa copiar e colar quando necessário (embora recomendemos que digite o código *enquanto acompanha o exemplo*). Você encontrará o código nestes locais:

> *http://bit.ly/head-first-python-2e*

> *http://python.itcarlow.ie*

Os códigos estão disponíveis para download também no site da Alta Books, em www.altabooks.com.br (procure pelo título do livro)

como usar este livro

Equipe de Revisão Técnica

Bill Lubanovic é desenvolvedor e administrador há 40 anos. Ele também escreveu para a O'Reilly: capítulos para dois livros de segurança em Linux, é coautor de um livro de administração em Linux e autor do *Introducing Python*. Ele mora perto de um lago congelado nas montanhas Sangre de Sasquatch, em Minnesota, com sua adorável esposa, seus adoráveis filhos e três gatos peludos.

Edward Yue Shung Wong foi fisgado pela codificação quando escreveu sua primeira linha de Haskell, em 2006. Atualmente, ele trabalha no processamento comercial baseado em eventos no coração da cidade de Londres. Ele gosta de compartilhar sua paixão por desenvolvimento com a Comunidade Java de Londres e a Comunidade de Software. Longe do teclado, encontre Edward à vontade em uma quadra de futebol ou jogando no YouTube (@arkangelofkaos).

Adrienne Lowe é uma ex-chef de cozinha em Atlanta que se tornou desenvolvedora do Python e compartilha histórias, resumos de conferências e receitas em seu blog de cozinha e codificação Coding with Knives (http://codingwithknives.com — conteúdo em inglês). Ela organiza o PyLadiesATL e o Django Girls Atlanta, e administra a série de entrevistas semanais Django Girls "Your Django Story" para mulheres no Python. Adrienne trabalha como engenheira de suporte na Emma Inc., como diretora de avanço da Django Software Foundation e está na equipe principal da Write the Docs. Ela prefere uma carta escrita à mão ao email e vem aumentando sua coleção de selos desde criança.

Monte Milanuk fez comentários valiosos.

Agradecimentos

Minha editora: A editora desta edição é **Dawn Schanafelt**, e este livro é muito, muito melhor pelo envolvimento de Dawn. Dawn é uma ótima editora, e seus olhos detalhistas e o modo direto como expressa as coisas melhoraram muito o que está escrito aqui. A *O'Reilly Media* tem o hábito de contratar pessoas brilhantes, amistosas e capazes, e Dawn é a verdadeira personificação desses atributos.

← Dawn

Equipe da O'Reilly Media: Esta edição do *Use a Cabeça! Python* precisou de quatro anos para ser escrita (é uma longa história). E é natural que muitas pessoas da equipe O'Reilly Media estivessem envolvidas. **Courtney Nash** conversou comigo para eu fazer uma "rápida reescrita" em 2012, então estava por perto quando o escopo do projeto expandiu. Courtney foi a primeira editora desta edição e estava à mão quando aconteceu um desastre e pareceu que a vida deste livro estava condenada. Quando as coisas voltaram *lentamente* para os trilhos, Courtney partiu para coisas maiores e melhores na *O'Reilly Media*, entregou as rédeas da edição em 2014 à muito ocupada **Meghan Blanchette**, que olhou (suponho, com um horror crescente) os atrasos acumulados, e este livro entrou e saiu dos trilhos em intervalos regulares. As coisas estavam começando a voltar ao normal quando Meghan saiu para novos horizontes e Dawn assumiu como a editora do livro. Isso foi há um ano, e grande parte dos 12¾ capítulos deste livro foi escrita sob os olhos sempre atentos de Dawn. Como mencionei, a *O'Reilly Media* contrata boas pessoas, e as colaborações na edição e suporte de Courtney e Meghan são reconhecidos com gratidão. Além disso, obrigado a **Maureen Spencer**, **Heather Scherer**, **Karen Shaner** e **Chris Pappas** por trabalharem "nos bastidores". Obrigado também aos heróis invisíveis e anônimos conhecidos como **Produção**, que pegaram meus capítulos no *InDesign* e os transformaram neste produto acabado. Eles fizeram um ótimo trabalho.

Um viva a **Bert Bates**, que, junto com **Kathy Sierra**, criou esta série de livros com seu maravilhoso *Use a Cabeça! Java*. Bert passou muito tempo trabalhando comigo para assegurar que esta edição apontasse na direção certa.

Amigos e colegas: Meus agradecimentos novamente a **Nigel Whyte** (chefe do *Departamento de informática no Instituto de Tecnologia, Carlow*) por apoiar meu envolvimento nesta nova escrita. Muitos de meus alunos foram expostos a este material como parte de seus estudos, e espero que eles deem risadas ao verem um (ou mais) de seus exemplos da sala de aula na página impressa.

Obrigado novamente a **David Griffiths** (meu parceiro de crime no *Use a Cabeça! Programação*) por me dizer em um momento particularmente ruim para parar de agonizar com tudo e simplesmente *escrever a bendita coisa!* Foi o conselho perfeito, e é ótimo saber que David, junto com Dawn (sua esposa e coautora do Use a Cabeça!), está ao alcance de um e-mail. Verifique os ótimos livros Use a Cabeça! de David e Dawn.

Família: Minha família (esposa **Deirdre** e filhos **Joseph**, **Aaron** e **Aideen**) tiveram que aguentar quatro anos de altos e baixos, trancos e barrancos, reclamações e uma experiência que mudou a vida, a qual nós conseguimos superar com nosso bom senso, felizmente, ainda intacto. Este livro sobreviveu, eu sobrevivi e nossa família sobreviveu. Sou muito grato e amo todos vocês, e sei que não preciso dizer isso, mas aqui vai: *Fiz por vocês*.

Lista dos indispensáveis: Minha equipe de revisão técnica fez um excelente trabalho: verifique seus miniperfis na página anterior. Considerei todos os comentários que vocês fizeram, corrigi todos os erros encontrados e sempre fiquei muito orgulhoso quando qualquer um reservava um tempo para me falar sobre o ótimo trabalho que eu estava fazendo. Sou muito grato a todos eles.

1 o básico

Começando Rapidamente

> O que é Python? Uma cobra não venenosa? Um grupo de comédia do final dos anos 1960? Uma linguagem de programação? Caramba! É tudo isso!

> Obviamente alguém passou tempo demais no mar...

Começando com a programação Python o mais rápido possível.
Neste capítulo, apresentamos o básico da programação em Python e fazemos isso no típico estilo *Use a Cabeça!*: começando diretamente. Depois de apenas algumas páginas, você terá executado seu primeiro programa de exemplo. No final do capítulo, não só conseguirá executar o programa de exemplo, como também entenderá seu código (e muito mais). No decorrer, você aprenderá algumas coisas que tornam o **Python** a linguagem de programação que ele é. Portanto, não vamos perder mais tempo. Vire a página e vamos começar!

diga olá — não!

Quebrando a Tradição

Pegue qualquer livro sobre uma linguagem de programação e a primeira coisa que verá na maioria é o exemplo *Hello World*.

> Eu sabia — você está começando com "Hello, World!", não está?

Não, não estamos.

Este é um livro *Use a Cabeça!*, e fazemos as coisas de modo diferente aqui. Nos outros livros há uma tradição de iniciar mostrando como escrever o programa *Hello World* na linguagem em consideração. Porém, com o Python, uma instrução simples chama a função `print` predefinida do Python, que exibe a tradicional mensagem "Hello, World!" na tela. É bem empolgante... e ela não ensina quase nada.

Portanto, não mostraremos o programa *Hello World* no Python, porque realmente não há nada a aprender. Iremos por um caminho diferente...

Começando com um exemplo mais recheado

Nosso plano para este capítulo é iniciar com um exemplo que seja um pouco maior e, como consequência, mais útil que o *Hello World*.

Sairemos na frente e falaremos que o exemplo que temos é um pouco *inventado*: ele faz algo, mas pode não ser inteiramente útil a longo prazo. Dito isso, escolhemos fornecer um veículo com o qual cobrir grande parte do Python no menor tempo possível. E prometemos que, quando você estiver trabalhado no primeiro programa de exemplo, saberá o bastante para escrever o *Hello World* no Python sem nossa ajuda.

o básico

Comece Diretamente

Se você ainda não instalou uma versão do Python 3 em seu computador, pare agora e vá para o Apêndice A para ver algumas instruções da instalação passo a passo (levará apenas alguns minutos, prometo).

Com o último Python 3 instalado, você estará pronto para começar a programar em Python, e para ajudar nisso — agora — usaremos o ambiente de desenvolvimento integrado (IDE) predefinido do Python.

O IDLE do Python é tudo que você precisa para continuar

Quando você instala o Python 3 em seu computador, também obtém um IDE muito simples, porém útil, chamado IDLE. Embora existam muitos modos diferentes de executar o código do Python (e você encontrará muitos neste livro), o IDLE é tudo o que você precisa ao iniciar.

Inicie o IDLE em seu computador, então use a opção de menu *File...→New File...* para abrir uma nova janela de edição. Quando fizemos isso em nosso computador, surgiram duas janelas: uma chamada Python Shell, e outra, Untitled:

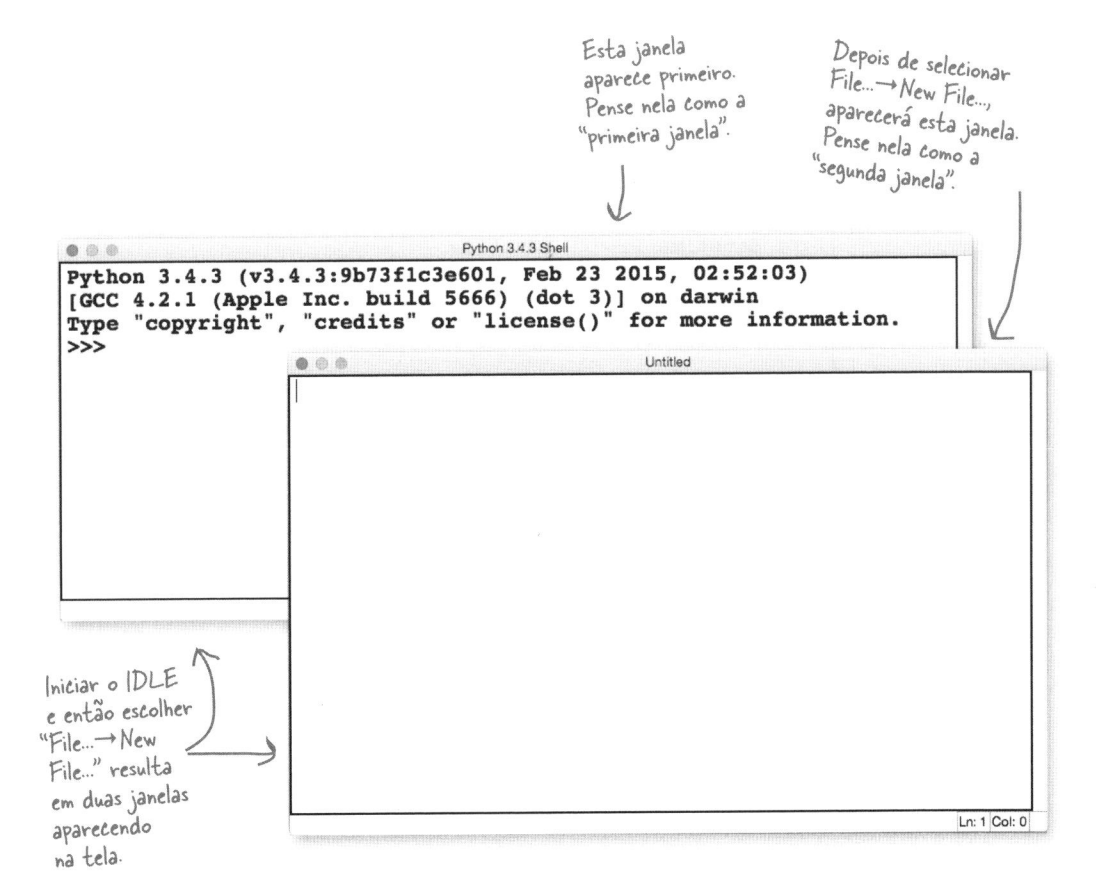

Esta janela aparece primeiro. Pense nela como a "primeira janela".

Depois de selecionar File...→New File..., aparecerá esta janela. Pense nela como a "segunda janela".

```
Python 3.4.3 (v3.4.3:9b73f1c3e601, Feb 23 2015, 02:52:03)
[GCC 4.2.1 (Apple Inc. build 5666) (dot 3)] on darwin
Type "copyright", "credits" or "license()" for more information.
>>>
```

Iniciar o IDLE e então escolher "File...→New File..." resulta em duas janelas aparecendo na tela.

você está aqui ▶ **3**

vamos continuar

Entendendo as Janelas do IDLE

As duas janelas IDLE são importantes.

A primeira janela, Python Shell, é um ambiente REPL usado para executar os fragmentos de código do Python, normalmente uma instrução por vez. Quanto mais você trabalhar com o Python, mais adorará o Python Shell e irá usá-lo muito quando avançar neste livro. Agora estamos mais interessados na segunda janela.

A segunda janela, Untitled, é uma janela de edição de texto que pode ser usada para escrever programas Python completos. Não é o melhor editor do mundo (pois essa honra vai para <*inserir o nome do seu editor de texto favorito aqui*>), mas o editor do IDLE é bem útil e tem muitos recursos modernos embutidos, inclusive um tratamento de sintaxe colorido e outros.

Como estamos indo diretamente, vamos seguir em frente e inserir um pequeno programa do Python nessa janela. Quando você terminar de digitar o código abaixo, use a opção de menu *File...→Save...* para salvar seu programa com o nome `odd.py`.

Insira o código *exatamente* como mostrado aqui:

> **Código Sério**
>
> O que significa REPL?
>
> É uma abreviação de "read-eval-print-loop" (ler-interp-impr-repetir) e descreve uma ferramenta de programação interativa que permite experimentar os fragmentos de código como quiser. Descubra mais do que você precisa saber visitando *http://en.wikipedia.org/wiki/Read-eval-print_loop* (conteúdo em inglês).

```
from datetime import datetime

odds = [ 1,  3,  5,  7,  9, 11, 13, 15, 17, 19,
        21, 23, 25, 27, 29, 31, 33, 35, 37, 39,
        41, 43, 45, 47, 49, 51, 53, 55, 57, 59 ]

right_this_minute = datetime.today().minute

if right_this_minute in odds:
    print("This minute seems a little odd.")
else:
    print("Not an odd minute.")
```

Não se preocupe com o que este código faz agora. Apenas digite na janela de edição. Salve-o como "odd.py" antes de continuar.

Então... *e agora?* Se você for como nós, mal pode esperar para executar o código, certo? Vamos fazer isso agora. Com o código na janela de edição (como mostrado acima), pressione a tecla F5 no teclado. Várias coisas podem acontecer...

o básico

O Que Acontece em Seguida...

Se seu código for executado sem erro, vá para a próxima página e *continue*.

Se você esqueceu de salvar seu código antes de tentar executá-lo, o IDLE reclamará, pois você precisa salvar qualquer código novo em um arquivo *primeiro*. Você verá uma mensagem parecida com esta se não salvou seu código:

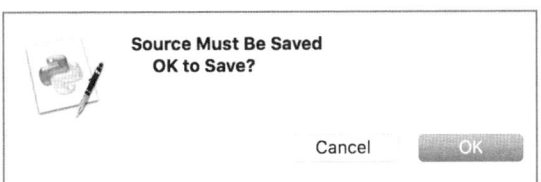

> **Source Must Be Saved**
> OK to Save?
> Cancel   OK

Por padrão, o IDLE não executará o código que não foi salvo.

Clique no botão OK, e então nomeie o arquivo. Escolhemos `odd` como o nome do arquivo e adicionamos uma extensão `.py` (que é uma convenção do Python que vale a pena seguir):

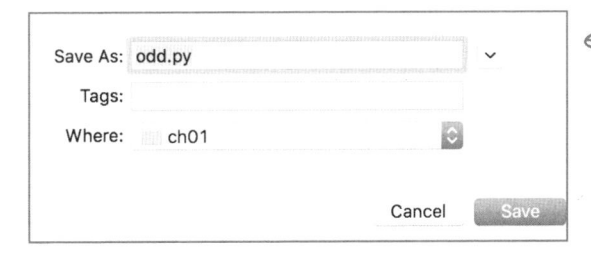

> Save As: odd.py
> Tags:
> Where: ch01
> Cancel   Save

Fique à vontade para usar qualquer nome desejado para seu programa, mas provavelmente será melhor — se você estiver acompanhando — utilizar o mesmo nome que usamos.

Agora, se seu código for executado (depois de ter sido salvo), vá para a próxima página e *continue*. Porém, se você tiver um erro de sintaxe em algum lugar no código, verá esta mensagem:

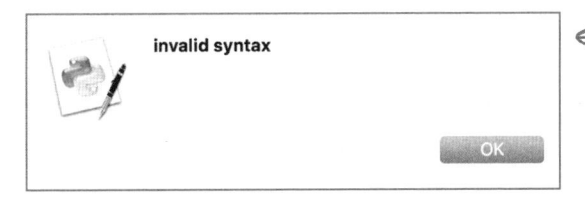

> **invalid syntax**
> OK

Como você sem dúvidas pode dizer, o IDLE não é ótimo ao informar qual é o erro de sintaxe. Mas clique em OK e um grande bloco indicará onde o IDLE acha que está o problema.

Clique no botão OK, e então note onde o IDLE acha que está o erro de sintaxe: procure um grande bloco na janela de edição. Verifique se seu código corresponde exatamente ao nosso, salve o arquivo de novo e pressione F5 para pedir ao IDLE para executar o código mais uma vez.

você está aqui ▶   **5**

pressionar F5 funciona!

Pressione F5 para Executar Seu Código

Pressionar F5 executa o código na janela de edição de texto do IDLE selecionada atualmente — supondo, claro, que seu código não contém um erro de execução. Se você tiver tal erro, verá uma mensagem de erro **Traceback**. Leia a mensagem, volte para a janela de edição e verifique se o código inserido está exatamente como o nosso. Salve o código corrigido, e então pressione F5 de novo. Quando pressionamos F5, o Python Shell se torna a janela ativa e vemos isto aqui:

A partir deste ponto, faremos referência à "janela de edição de texto do IDLE" simplesmente como "janela de edição".

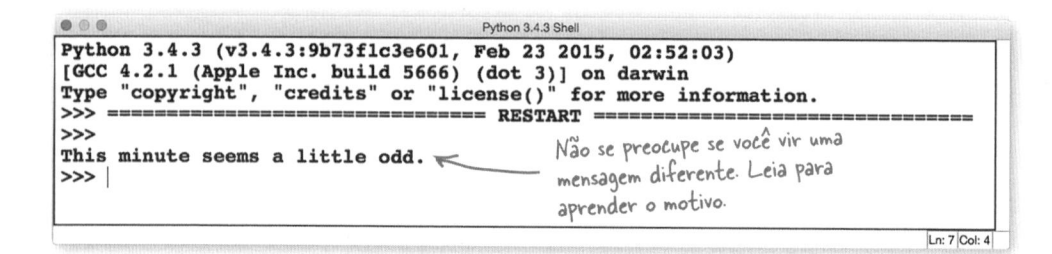

```
Python 3.4.3 (v3.4.3:9b73f1c3e601, Feb 23 2015, 02:52:03)
[GCC 4.2.1 (Apple Inc. build 5666) (dot 3)] on darwin
Type "copyright", "credits" or "license()" for more information.
>>> ================================ RESTART ================================
>>>
This minute seems a little odd.
>>>
```

Não se preocupe se você vir uma mensagem diferente. Leia para aprender o motivo.

Dependendo da hora do dia, você pode ter visto a mensagem *Not an odd minute*. Não se preocupe se você vir isso, pois o programa exibe uma ou outra mensagem, dependendo de a hora atual do computador conter um valor de minuto que é um número ímpar (dissemos que este exemplo era *inventado*, não dissemos?) ou não. Se você esperar um minuto, clicar na janela de edição para selecionar e então pressionar F5 de novo, seu código será executado mais uma vez. Você verá a outra mensagem desta vez (supondo que esperou o minuto requerido). Sinta-se à vontade para executar esse código o quanto quiser. Veja o que vimos quando esperamos (com muita paciência) o minuto requerido:

Pressionar F5 na janela de edição executa seu código, e então exibe a saída resultante no Python Shell.

```
Python 3.4.3 (v3.4.3:9b73f1c3e601, Feb 23 2015, 02:52:03)
[GCC 4.2.1 (Apple Inc. build 5666) (dot 3)] on darwin
Type "copyright", "credits" or "license()" for more information.
>>> ================================ RESTART ================================
>>>
This minute seems a little odd.
>>> ================================ RESTART ================================
>>>
Not an odd minute.
>>>
```

Vamos passar um tempo aprendendo como esse código é executado.

o básico

O Código É Executado Imediatamente

Quando o IDLE pede que o Python execute o código na janela de edição, o Python inicia no topo do arquivo e começa a executar o código imediatamente.

Para as pessoas que vêm para o Python a partir de uma das linguagens C, note que não há nenhuma noção de função `main()` ou método no Python. Também não há nenhuma noção de processo familiar de editar-compilar-vincular-executar. Com o Python, você edita seu código, salva-o e executa-o *imediatamente*.

Espere um pouco. Você disse "o IDLE pede que o Python execute o código"... mas o Python não é a linguagem de programação, e o IDLE não é o IDE? Se é assim, o que está realmente fazendo a execução aqui?

Ah, boa pergunta. Isso está confuso.

Eis o que você precisa saber: "Python" é o nome dado à linguagem de programação, e "IDLE" é o nome dado ao IDE predefinido do Python.

Dito isso, quando você instala o Python 3 no computador, um **interpretador** é instalado também. Essa é a tecnologia que executa o código Python. De modo bem confuso, esse interpretador também é conhecido pelo nome "Python". Por direito, todos devem usar o nome mais correto ao se referir a essa tecnologia, que é chamá-la de "interpretador Python". Mas, infelizmente, ninguém faz isso.

Começando neste preciso momento, neste livro usaremos a palavra "Python" para nos referir à linguagem, e a palavra "interpretador" para nos referirmos à tecnologia que executa o código Python. "IDLE" se refere ao IDE que obtém o código Python e o executa no interpretador. É o interpretador que faz todo o trabalho real aqui.

---
não existem Perguntas Idiotas

P: O interpretador Python é algo como a MV Java?

R: Sim e não. Sim, no sentido de que o interpretador executa seu código. Mas não no modo como ele o faz. No Python não há nenhuma noção real para o código-fonte ser compilado para um "executável". Diferentemente da MV Java, o interpretador não executa os arquivos `.class`, apenas executa seu código.

P: Mas, com certeza, a compilação deve acontecer em algum estágio?

R: Sim, deve, mas o interpretador não revela esse processo para o programador Python (você). Todos os detalhes são resolvidos para você. Tudo que você vê é seu código sendo executado, pois o IDLE faz todo o trabalho difícil, interagindo com o interpretador em seu nome. Falaremos mais sobre esse processo quando o livro avançar.

você está aqui ▶ 7

Executando o Código, Uma Instrução por Vez

Veja o código do programa da página 4 novamente:

```
from datetime import datetime

odds = [  1,  3,  5,  7,  9, 11, 13, 15, 17, 19,
         21, 23, 25, 27, 29, 31, 33, 35, 37, 39,
         41, 43, 45, 47, 49, 51, 53, 55, 57, 59 ]

right_this_minute = datetime.today().minute

if right_this_minute in odds:
    print("This minute seems a little odd.")
else:
    print("Not an odd minute.")
```

Sejamos o interpretador Python

Reservemos um tempo para executar o código do mesmo modo como o interpretador, linha por linha, de *cima* do arquivo até a *parte inferior*.

A primeira linha de código **importa** uma funcionalidade preexistente da **biblioteca padrão** do Python, que é um grande estoque de módulos de software fornecendo muito código predefinido (de alta qualidade) e reutilizável.

Em nosso código, solicitamos especificamente um submódulo a partir do módulo `datetime` da biblioteca padrão. O fato de que o submódulo também é chamado de `datetime` é confuso, mas é como funciona. O submódulo `datetime` fornece um mecanismo para calcular o tempo, como você verá nas próximas páginas.

> Pense nos módulos como uma coleção de funções afins.

```
from datetime import datetime

odds = [  1,  3,  5,  7,  9, 11, 13, 15, 17, 19,
         21, 23, 25, 27, 29, 31, 33, 35, 37, 39,
         41, 43, 45, 47, 49, 51, 53, 55, 57, 59 ]
         ...
```

Este é o nome do módulo da biblioteca padrão a partir do qual importar o código reutilizável.

Este é o nome do submódulo.

Lembre-se de que o interpretador inicia no topo do arquivo e desce até a parte inferior, executando cada linha de código Python no processo.

Neste livro, quando queremos prestar atenção a uma linha de código em particular, nós a destacamos (como fizemos aqui).

o básico

Funções + Módulos = Biblioteca Padrão

A **biblioteca padrão do** Python é muito *rica* e fornece muito código reutilizável.

Vejamos outro módulo, chamado os, que fornece um modo independente da plataforma para interagir com seu sistema operacional subjacente (voltaremos ao módulo datetime daqui a pouco). Vamos nos concentrar apenas na função fornecida, getcwd, que — quando chamada — retorna seu *diretório de trabalho atual*.

Veja como você normalmente *importaria* e então *chamaria* essa função em um programa Python:

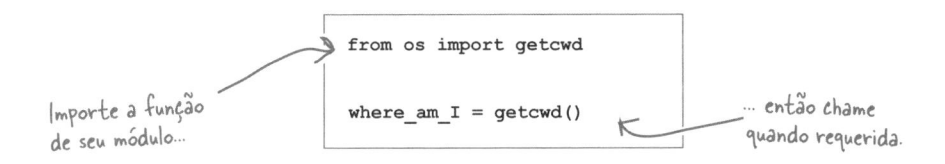

```
from os import getcwd

where_am_I = getcwd()
```

Importe a função de seu módulo...

... então chame quando requerida.

Uma coleção de funções afins compõe um módulo, e há *muitos* módulos na biblioteca padrão:

A função...

... faz parte de um **módulo**...

... que vem como parte da **biblioteca padrão**.

As funções ficam dentro de módulos dentro da biblioteca padrão.

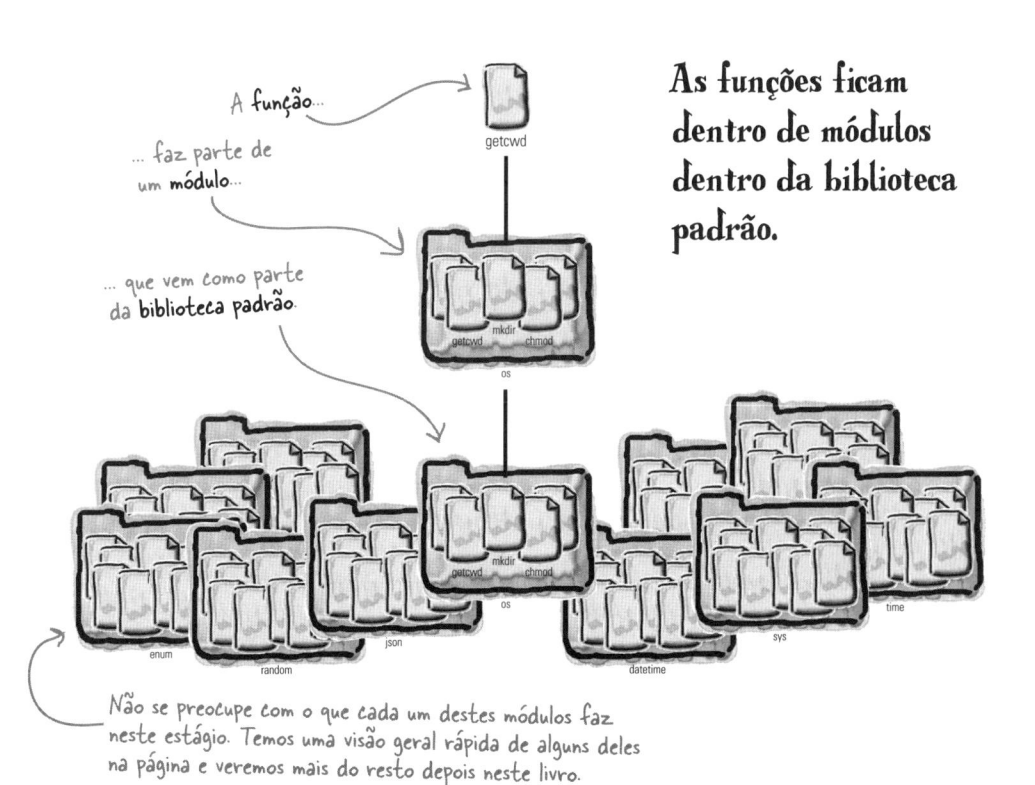

getcwd

os (mkdir, getcwd, chmod)

enum, random, json, datetime, sys, time

Não se preocupe com o que cada um destes módulos faz neste estágio. Temos uma visão geral rápida de alguns deles na página e veremos mais do resto depois neste livro.

você está aqui ▶ **9**

aprofundando

Veja de Perto a Biblioteca Padrão

A **biblioteca padrão** é a joia na coroa do Python, fornecendo módulos reutilizáveis que ajudam com tudo, desde, por exemplo, trabalhar com dados até manipular os armazenamentos ZIP, enviar e-mails e trabalhar com o HTML. A biblioteca padrão até inclui um servidor web, assim como a popular tecnologia do banco de dados *SQLite*. Neste *Veja de Perto*, apresentaremos uma visão geral de alguns dos módulos mais usados na biblioteca padrão. Para acompanhar, você pode inserir estes exemplos como mostrado em seu prompt >>> (no IDLE). Se você estiver vendo atualmente a janela de edição do IDLE, escolha *Run...→Python Shell* no menu para acessar o prompt >>>.

Vamos começar aprendendo um pouco sobre o sistema no qual o interpretador está sendo executado. Embora o Python tenha orgulho de ser uma plataforma cruzada, no sentido de que o código escrito em uma plataforma pode ser executado (geralmente sem alteração) em outra, há vezes em que é importante saber que você está executando, digamos, no *Mac OS X*. O módulo sys existe para ajudá-lo a aprender mais sobre o sistema de seu interpretador. Eis como determinar a identidade do sistema operacional subjacente, primeiro importando o módulo sys, e então acessando o atributo platform:

```
>>> import sys
>>> sys.platform
'darwin'
```

Importe o módulo necessário, e então acesse o atributo de interesse. Parece que estamos executando "darwin", que é o nome do kernel do Mac OS X.

O módulo sys é um bom exemplo de módulo reutilizável que fornece basicamente acesso aos atributos predefinidos (como platform). Como outro exemplo, veja como determinar qual versão do Python está em execução, exibida na tela pela função print:

```
>>> print(sys.version)
3.4.3 (v3.4.3:9b73f1c3e601, Feb 23 2015, 02:52:03)
[GCC 4.2.1 (Apple Inc. build 5666) (dot 3)]
```

Há muita informação sobre a versão do Python que estamos executando, inclusive que é a 3.4.3.

O módulo os é um bom exemplo de módulo reutilizável que produz basicamente a funcionalidade, assim como fornece um modo independente do sistema para o código do Python interagir com o sistema operacional subjacente, independentemente de qual é o sistema operacional exato.

Por exemplo, veja como descobrir o nome da pasta na qual seu código está operando usando a função getcwd. Como em qualquer módulo, você começa importando o módulo antes de chamar a função:

```
>>> import os
>>> os.getcwd()
'/Users/HeadFirst/CodeExamples'
```

Importe o módulo, e então chame a funcionalidade necessária.

Você pode acessar as variáveis de ambiente do sistema, em conjunto (usando o atributo environ), ou individualmente (com a função getenv):

O atributo "environ" contém muitos dados.

```
>>> os.environ
'environ({'XPC_FLAGS': '0x0', 'HOME': '/Users/HeadFirst', 'TMPDIR': '/var/
folders/18/t93gmhc546b7b2cngfhz10100000gn/T/', ... 'PYTHONPATH': '/Applications/
Python 3.4/IDLE.app/Contents/Resources', ... 'SHELL': '/bin/bash', 'USER':
'HeadFirst'})'
>>> os.getenv('HOME')
'/Users/HeadFirst'
```

É possível acessar um atributo nomeado especificamente (a partir dos dados contidos em "environ") usando "getenv".

Veja de Perto a Biblioteca Padrão, Continuação

É comum ter de trabalhar com datas (e horas), e a biblioteca padrão fornece o módulo `datetime` para ajudar quando você está trabalhando com esse tipo de dados. A função `date.today` fornece a data de hoje:

```
>>> import datetime
>>> datetime.date.today()
datetime.date(2015, 5, 31)         ← Data de hoje
```

Certamente é um modo estranho de exibir a data de hoje, não é? Você pode acessar os valores do dia, mês e ano separadamente anexando um acesso do atributo à chamada para `date.today`:

```
>>> datetime.date.today().day
31                                    ⎫
>>> datetime.date.today().month       ⎬  As partes do componente
5                                     ⎪  da data de hoje
>>> datetime.date.today().year        ⎭
2015
```

Também é possível chamar a função `date.isoformat` e passar a data de hoje para exibir uma versão muito mais amistosa da data atual, que é convertida em uma string por isoformat:

```
>>> datetime.date.isoformat(datetime.date.today())    ← A data de hoje
'2015-05-31'                                            como uma string
```

E então existe o tempo, que nenhum de nós parece ter o suficiente. A *biblioteca padrão* pode informar que horas são? Sim. Depois de importar o módulo `time`, chame a função `strftime` e especifique como você deseja que a hora seja exibida. Neste caso, estamos interessados nos valores das horas (`%H`) e minutos (`%M`) do momento atual no formato de 24 horas:

```
>>> import time
>>> time.strftime("%H:%M")
'23:55'            ←————————————— Céus! É essa hora?
```

Que tal descobrir o dia da semana e se é antes ou não do meio-dia? Usar a especificação `%A %p` com `strftime` faz exatamente isso:

```
>>> time.strftime("%A %p")        Agora descobrimos que são cinco para a meia-noite de
'Sunday PM'    ←                  domingo... hora de ir para a cama, talvez?
```

Como um exemplo final do tipo de funcionalidade reutilizável que a *biblioteca padrão* fornece, imagine que você tenha um HTML com o qual está preocupado porque pode conter algumas tags `<script>` potencialmente perigosas. Em vez de analisar o HTML para detectar e remover as tags, por que não codificar todos os sinais de maior e menor problemáticos usando a função `escape` a partir do módulo `html`? Ou talvez você tenha um HTML codificado que gostaria de voltar à sua forma original? A função `unescape` pode fazer isso. Veja exemplos das duas:

```
                                              Convertendo em e a partir do
                                              texto codificado do HTML
>>> import html
>>> html.escape("This HTML fragment contains a <script>script</script> tag.")
'This HTML fragment contains a &lt;script&gt;script&lt;/script&gt; tag.'
>>> html.unescape("I &hearts; Python's &lt;standard library&gt;.")
"I ♥ Python's <standard library>."
```

tudo que você precisa

Baterias Incluídas

Acho que é isso que as pessoas querem dizer com "o Python vem com baterias incluídas", certo?

Sim. É isso que elas querem dizer.

Como a *biblioteca padrão* é *muito* rica, tudo o que você precisa para ser **imediatamente produtivo** com a linguagem é ter o Python instalado.

Diferente da noite de Natal, quando você abre o novo brinquedo e descobre que ele não veio com baterias, o Python não desaponta; ele vem com tudo de que você precisa para prosseguir. E não é apenas aos módulos da *biblioteca padrão* que este pensamento se aplica: não esqueça da inclusão do IDLE, que fornece um IDE pequeno, mas útil, prontamente.

Tudo que você tem que fazer é codificar.

---

não existem Perguntas Idiotas

P: Como descubro o que um módulo em específico faz na biblioteca padrão?

R: .A documentação Python tem todas as respostas na biblioteca padrão. Veja o ponto de partida: *https://docs.python.org/3/library/index.html* (conteúdo em inglês).

Código Sério

A biblioteca padrão não é o único lugar onde você encontra excelentes módulos para importar e usar com seu código. A comunidade Python também dá suporte a uma coleção de módulos de terceiros em expansão, alguns que iremos explorar mais tarde neste livro. Se você quiser uma prévia, verifique o repositório de execução da comunidade:
http://pypi.python.org (conteúdo em inglês).

12 *Capítulo 1*

As Estruturas de Dados Vêm Predefinidas

Assim como vem com a excelente *biblioteca padrão*, o Python também tem algumas **estruturas de dados** predefinidas poderosas. Uma delas é a **lista**, que pode ser considerada como um *array* muito poderoso. Como os arrays em muitas outras linguagens, as listas no Python ficam entre colchetes ([]).

As três linhas de código a seguir em nosso programa (mostrado abaixo) atribuem uma lista *literal* de números ímpares a uma variável chamada odds. Neste código, odds é uma *lista de inteiros*, mas as listas no Python podem conter *qualquer* dado de *qualquer* tipo, e você pode até misturar os tipos de dados em uma lista (se isso for o que prefere). Note como a lista odds se estende por três linhas, apesar de ser uma instrução simples. Tudo bem, pois o interpretador não decidirá que uma instrução tem que terminar até encontrar o colchete de fechamento (]) que corresponde ao de abertura ([). Em geral, **o final da linha marca o final de uma instrução no Python**, mas pode haver exceções a essa regra geral, e listas com várias linhas são apenas uma delas (encontraremos as outras mais tarde).

> Como os arrays, as listas podem ter dados de qualquer tipo.

```
from datetime import datetime

odds = [  1,   3,   5,   7,   9, 11, 13, 15, 17, 19,
         21, 23, 25, 27, 29, 31, 33, 35, 37, 39,
         41, 43, 45, 47, 49, 51, 53, 55, 57, 59 ]
         ...
```

Esta é uma nova variável, chamada "odds", que é atribuída a uma lista de números ímpares.

Esta é a lista de números ímpares, entre colchetes. Esta única instrução estende-se por três linhas, sem problemas.

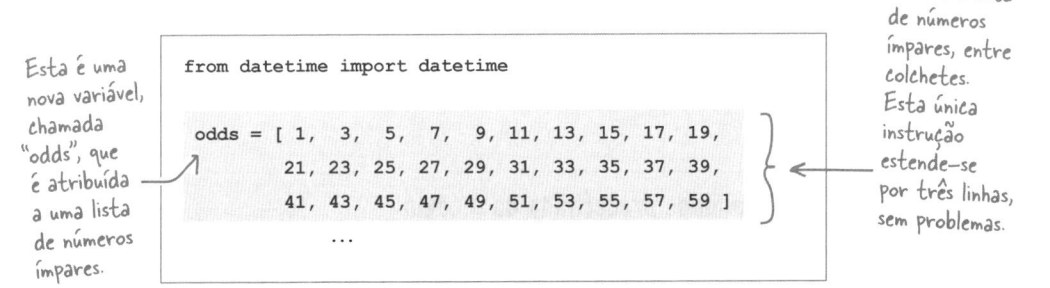

Muitas coisas podem ser feitas com as listas, mas adiaremos qualquer comentário até um capítulo posterior. Tudo o que você precisa saber agora é que essa lista agora *existe*, foi *atribuída* à variável odds (graças ao uso do **operador de atribuição**, =) e *contém* os números mostrados.

As variáveis do Python são atribuídas dinamicamente

Antes de ir para a próxima linha de código, talvez algumas palavras sejam necessárias sobre as variáveis, especialmente se você for um daqueles programadores que podem estar acostumados a declarar previamente as variáveis com as informações do tipo *antes* de usá-las (como é o caso nas linguagens de programação com tipos estáticos).

No Python, as variáveis ganham vida na primeira vez em que você as usa, e **seu tipo não precisa ser declarado previamente**. As variáveis do Python obtêm as informações do tipo a partir do tipo de objeto ao qual são atribuídas. Em nosso programa, a variável odds é atribuída a uma lista de números, então odds é uma lista neste caso.

Vejamos outra instrução de atribuição de variáveis. Por sorte, acontece que também é a próxima linha de código em nosso programa.

> O Python vem com todos os operadores comuns, inclusive <, >, <=, >=, ==, !=, assim como o operador de atribuição =.

atribuição em todo lugar

Chamar Métodos Obtém Resultados

A terceira linha de código em nosso programa é outra **instrução de atribuição**.

Diferente da última, esta não atribui uma estrutura de dados a uma variável, mas atribui o **resultado** de uma chamada do método a outra variável nova, chamada `right_this_minute`. Olhe de novo a terceira linha de código:

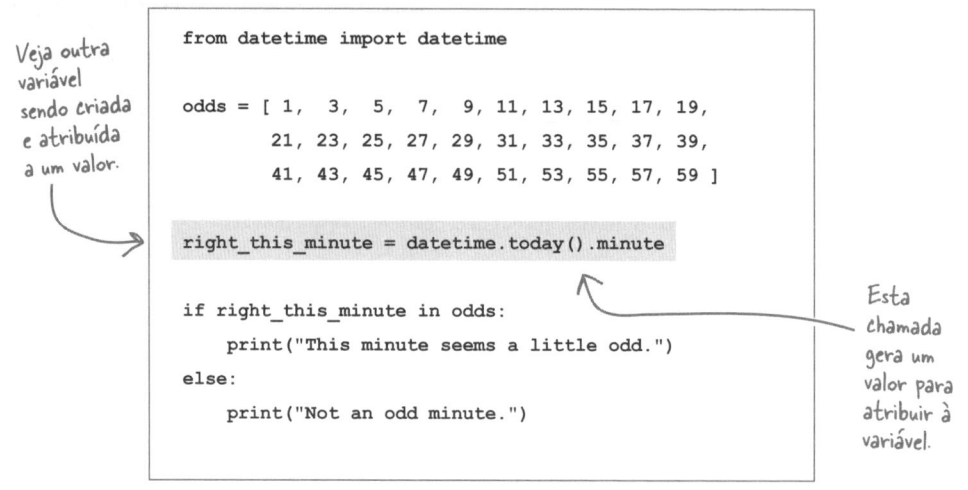

Veja outra variável sendo criada e atribuída a um valor.

```
from datetime import datetime

odds = [ 1,  3,  5,  7,  9, 11, 13, 15, 17, 19,
        21, 23, 25, 27, 29, 31, 33, 35, 37, 39,
        41, 43, 45, 47, 49, 51, 53, 55, 57, 59 ]

right_this_minute = datetime.today().minute

if right_this_minute in odds:
    print("This minute seems a little odd.")
else:
    print("Not an odd minute.")
```

Esta chamada gera um valor para atribuir à variável.

Chamando a funcionalidade predefinida do módulo

A terceira linha de código chama um método denominado `today`, que vem com o submódulo `datetime`, que faz parte do módulo `datetime` (dissemos que esta estratégia de nomenclatura *era* um pouco confusa). Você pode dizer que `today` está sendo chamado devido aos parênteses adicionados padrão: `()`.

Quando `today` é chamado, retorna um "objeto hora", que contém partes da informação sobre a hora atual. Estes são os **atributos** da hora atual, que você pode acessar via sintaxe da **notação de ponto** habitual. Neste programa estamos interessados no atributo do minuto, que podemos acessar anexando `.minute` à chamada do método, como mostrado acima. O valor resultante é, então, atribuído à variável `right_this_minute`. Você pode considerar que essa linha de código informa: *criar um objeto que representa a hora de hoje, e então extrair o valor do atributo de minuto antes de atribuir a uma variável.* É tentador *dividir* essa linha de código em duas para "facilitar o entendimento", como a seguir:

Você verá mais sobre a sintaxe da notação de ponto depois neste livro.

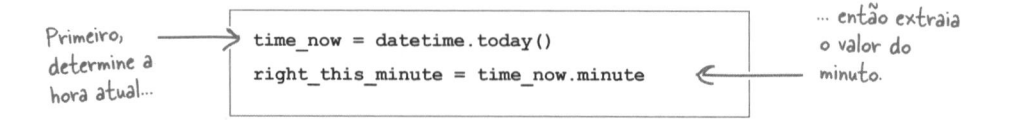

Primeiro, determine a hora atual...

```
time_now = datetime.today()
right_this_minute = time_now.minute
```

... então extraia o valor do minuto.

Você pode fazer isso (se quiser), mas a maioria dos programadores Python prefere **não** criar a variável temporária (`time_now` neste exemplo), *a menos* que seja necessária posteriormente no programa.

o básico

Decidindo Quando Executar os Blocos de Código

Neste estágio, temos uma lista de números chamada odds. Também temos um valor de minuto chamado right_this_minute. Para descobrir se o valor do minuto atual armazenado em right_this_minute é um número ímpar, precisamos de um modo de determinar se ele está na lista odds. Mas como fazemos isso?

O Python simplifica muito esse tipo de coisa. Assim como inclui todos os operadores de comparação comuns que você espera encontrar em qualquer linguagem de programação (como >, <, >=, <= etc.), o Python vem com alguns "superoperadores", com um deles sendo in.

O operador in verifica se uma coisa está *dentro* de outra. Veja a próxima linha de código em nosso programa, que usa o operador in para verificar se right_this_minute está *dentro* da lista odds:

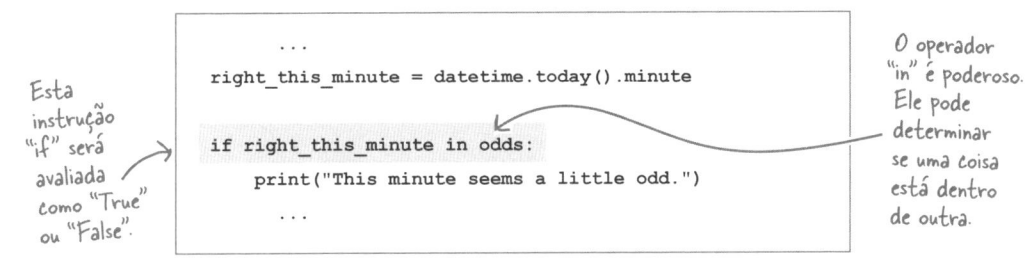

Esta instrução "if" será avaliada como "True" ou "False".

```
...
right_this_minute = datetime.today().minute

if right_this_minute in odds:
    print("This minute seems a little odd.")
...
```

O operador "in" é poderoso. Ele pode determinar se uma coisa está dentro de outra.

O operador in retorna True ou False. Como se espera, se o valor em right_this_minute estiver em odds, a instrução if será avaliada como True, e o bloco de código associado à instrução if será executado.

É fácil identificar os blocos no Python, pois estão sempre recuados.

Em nosso programa existem dois blocos, cada um contendo uma única chamada para a função print. Essa função pode exibir mensagens na tela (e veremos muitos usos dela neste livro). Quando você insere esse código do programa na janela de edição, pode notar que o IDLE ajuda na correção recuando automaticamente. Isso é muito útil, mas verifique se o recuo do IDLE é o que você deseja:

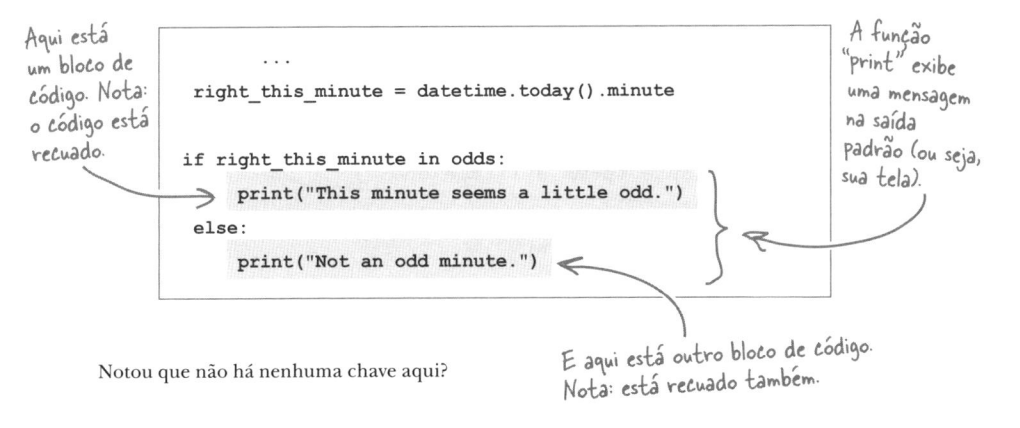

Aqui está um bloco de código. Nota: o código está recuado.

```
...
right_this_minute = datetime.today().minute

if right_this_minute in odds:
    print("This minute seems a little odd.")
else:
    print("Not an odd minute.")
```

A função "print" exibe uma mensagem na saída padrão (ou seja, sua tela).

E aqui está outro bloco de código. Nota: está recuado também.

Notou que não há nenhuma chave aqui?

você está aqui ▶ **15**

sem chaves

O Que Aconteceu Com as Chaves?

Se você estiver acostumado com uma linguagem de programação que usa chaves ({ e }) para delimitar os blocos de código, poderá ficar desorientado ao encontrar os blocos no Python na primeira vez, pois ele não usa chaves para essa finalidade. O Python usa o **recuo** para demarcar um bloco de código, que os programadores Python preferem chamar de **suíte**, em vez de *bloco* (apenas para misturar um pouco as coisas).

Não é que as chaves não tenham uso no Python. Elas têm, mas — como veremos no Capítulo 3 — têm mais relação com a delimitação dos dados do que com a delimitação dos suítes (ou seja, *blocos*) de código.

É fácil identificar os suítes em qualquer programa Python, pois estão sempre recuados. Isso ajuda seu cérebro a reconhecê-los rapidamente ao ler o código. A outra dica visual para prestar atenção são os dois-pontos (:), que são usados para introduzir um suíte associado a qualquer instrução de controle do Python (como `if`, `else`, `for` e outros). Você verá muitos exemplos desse uso quando avançar no livro.

> Em vez de se referir a um "bloco" de código, os programadores Python usam a palavra "suíte". Os dois nomes são usados na prática, mas os caras do Python preferem "suíte".

Os dois-pontos introduzem um suíte de código recuado

Os dois-pontos (:) são importantes, no sentido de que introduzem um novo suíte de código que deve ser recuado à direita. Se você esquecer de recuar o código depois dos dois-pontos, o interpretador gerará um erro.

Não apenas a instrução `if` em nosso exemplo tem dois pontos, `else` também tem. Veja todo o código novamente:

```
from datetime import datetime

odds = [ 1,  3,  5,  7,  9, 11, 13, 15, 17, 19,
        21, 23, 25, 27, 29, 31, 33, 35, 37, 39,
        41, 43, 45, 47, 49, 51, 53, 55, 57, 59 ]

right_this_minute = datetime.today().minute

if right_this_minute in odds:
    print("This minute seems a little odd.")
else:
    print("Not an odd minute.")
```

Os dois-pontos introduzem os suítes.

Quase terminamos. Há apenas uma instrução final a analisar.

o básico

Qual a Relação de "else" com "if"?

Quase terminamos com o código para nosso programa de exemplo, no sentido de que falta apenas uma linha de código para analisar. Não é uma linha muito grande, mas é importante: a instrução `else` que identifica o bloco de código executado quando a instrução `if` correspondente retorna um valor `False`.

Veja com atenção a instrução `else` no código de nosso programa, da qual precisamos retirar o recuo para alinhar com a parte `if` da instrução:

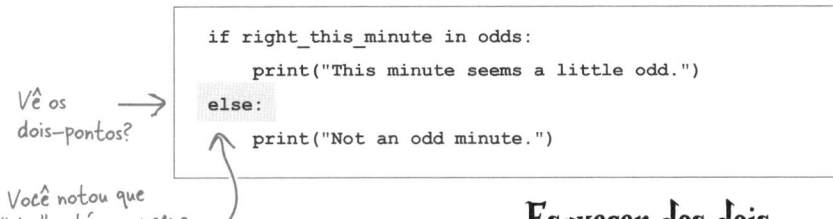

```
if right_this_minute in odds:
    print("This minute seems a little odd.")
else:
    print("Not an odd minute.")
```

Vê os dois-pontos?

Você notou que "else" está sem recuo para se alinhar com "if"?

Esquecer dos dois-pontos ao escrever o código pela primeira vez é um deslize muito comum entre os novatos no Python.

Eu imagino que, se há um "else", também deve haver um "else if". Ou o Python chama de "elseif"?

Nenhum. O Python chama de `elif`.

Se você precisar verificar várias condições como parte de uma instrução `if`, o Python fornecerá `elif` e `else`. É possível ter tantas instruções `elif` (cada uma com seu próprio suíte) quantas são necessárias.

Veja um pequeno exemplo que supõe que uma variável chamada `today` foi atribuída anteriormente a uma string que representa o dia de hoje:

```
if today == 'Saturday':
    print('Party!!')
elif today == 'Sunday':
    print('Recover.')
else:
    print('Work, work, work.')
```

Três suítes individuais: um para "if", outro para "elif" e o genérico "else" final.

você está aqui ▶ **17**

Os Suítes Podem Conter Suítes Incorporados

Qualquer suíte pode conter vários suítes incorporados, que também têm que ser recuados. Quando os programadores Python falam sobre suítes incorporados, eles tendem a falar sobre **níveis de recuo**.

O nível inicial de recuo para qualquer programa geralmente é referido como o *primeiro* ou (como é muito comum ao contar com muitas linguagens de programação) nível de recuo *zero*. Os níveis subsequentes são referidos como segundo, terceiro, quarto etc. (ou nível um, nível dois, nível três etc.).

Eis uma variação no código de exemplo de hoje na última página. Observe como um if/else incorporado foi adicionado à instrução if que é executada quando today é definido para 'Sunday'. Também estamos supondo que outra variável chamada condition existe e está definida para um valor que expressa como você está se sentindo atualmente. Indicamos onde cada suíte está, assim como em qual nível de recuo aparece:

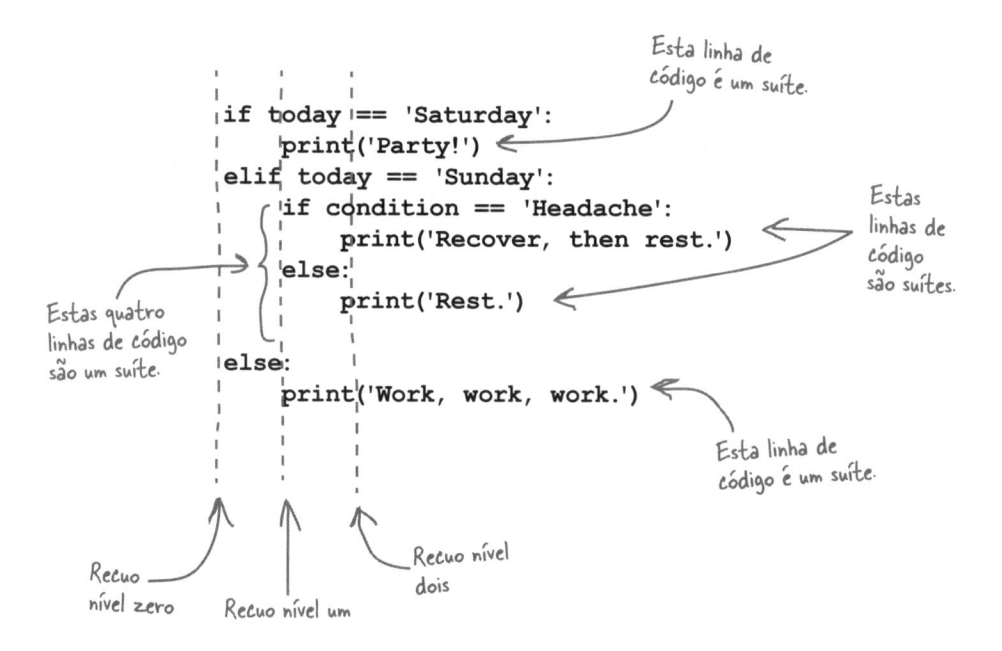

```
if today == 'Saturday':
    print('Party!')          ← Esta linha de código é um suíte.
elif today == 'Sunday':
    if condition == 'Headache':
        print('Recover, then rest.')   ← Estas linhas de código são suítes.
    else:
        print('Rest.')
else:
    print('Work, work, work.')   ← Esta linha de código é um suíte.
```

Estas quatro linhas de código são um suíte.

Recuo nível zero — *Recuo nível um* — *Recuo nível dois*

É importante notar que o código no mesmo nível de recuo está relacionado apenas ao outro código no mesmo nível de recuo caso todo o código apareça *dentro do mesmo suíte*. Do contrário, estão em suítes separados e não importa se compartilham um nível de recuo. O ponto principal é que o recuo é usado para demarcar os suítes de código no Python.

o básico

O Que Já Sabemos

Com algumas linhas finais de código analisadas, vamos fazer uma pausa para revisar o que o programa `odd.py` informa sobre o Python:

PONTOS DE BALA

- O Python vem com um IDE predefinido chamado IDLE, que permite criar, editar e executar seu código Python — você só precisa digitar o código, salvar e pressionar F5.

- O IDLE interage com o interpretador Python, que automatiza o processo de compilar-vincular-executar. Isso permite que você se concentre em escrever o código.

- O interpretador executa seu código (armazenado em um arquivo) de cima para baixo, uma linha por vez. Não há nenhuma noção de função/método `main()` no Python.

- O Python vem com uma biblioteca padrão poderosa, que fornece acesso a muitos módulos reutilizáveis (com `datetime` sendo um exemplo).

- Há uma coleção de estruturas de dados padrão disponível quando você está escrevendo programas em Python. A lista é uma delas e é muito parecida com a noção de um array.

- O tipo de uma variável não precisa ser declarado. Quando você atribui um valor a uma variável no Python, ele assume dinamicamente o tipo do dado ao qual se refere.

- Você toma decisões com a instrução `if`/`elif`/`else`. As palavras-chave `if`, `elif` e `else` precedem os blocos de código, que são conhecidos no mundo Python como "suítes".

- É fácil identificar os suítes de código, pois eles estão sempre recuados. O recuo é o único mecanismo de agrupamento de código fornecido pelo Python.

- Além do recuo, os suítes de código também são precedidos por dois-pontos (`:`). Essa é uma exigência sintática da linguagem.

É uma lista longa para um programa tão pequeno! Então... qual é o plano para o resto do capítulo?

Vamos estender o programa para fazer mais.

É verdade que precisamos de mais linhas para descrever o que esse pequeno programa faz do que realmente precisamos para escrever o código. Mas este é um dos ótimos pontos fortes do Python: *é possível fazer muita coisa com algumas linhas de código.*

Revise a lista acima e vire a página para começar a ver quais serão as extensões do nosso programa.

e agora?

Estendendo Nosso Programa para Fazer Mais

Vamos estender nosso programa para aprender um pouco mais sobre o Python.

No momento, o programa é executado uma vez, e então termina. Imagine se quiséssemos que o programa fosse executado mais de uma vez; digamos, cinco vezes. Especificamente, vamos executar o "código de verificação do minuto" e a instrução if/else cinco vezes, pausando um número aleatório de segundos entre cada exibição da mensagem (apenas para deixar as coisas interessantes). Quando o programa terminar, cinco mensagens deverão estar na tela, em vez de uma.

Veja o código de novo, com o código que queremos executar várias vezes circulado:

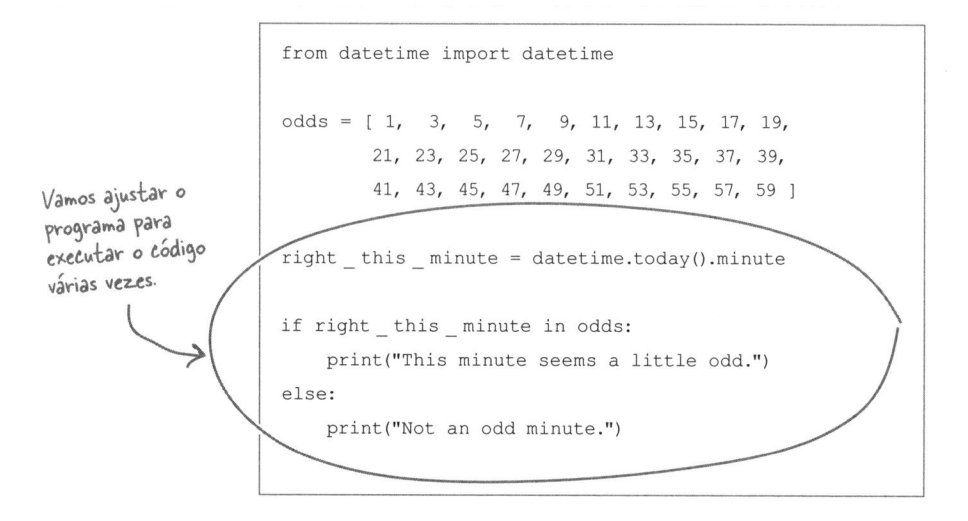

```
from datetime import datetime

odds = [ 1,  3,  5,  7,  9, 11, 13, 15, 17, 19,
        21, 23, 25, 27, 29, 31, 33, 35, 37, 39,
        41, 43, 45, 47, 49, 51, 53, 55, 57, 59 ]

right_this_minute = datetime.today().minute

if right_this_minute in odds:
    print("This minute seems a little odd.")
else:
    print("Not an odd minute.")
```

Vamos ajustar o programa para executar o código várias vezes.

O que precisamos fazer:

① **Faça um loop no código circulado.**

Um loop permite iterar qualquer suíte, e o Python fornece várias maneiras de fazer exatamente isso. Neste caso (e sem entender o motivo), usaremos o loop for do Python para iterar.

② **Pause a execução.**

O módulo time padrão do Python fornece uma função chamada sleep que pode pausar a execução por um número indicado de segundos.

③ **Gere um número aleatório.**

Felizmente, outro módulo do Python, random, fornece uma função chamada randint, que podemos usar para gerar um número aleatório. Usaremos randint para gerar um número entre 1 e 60, e então usaremos esse número para pausar a execução de nosso programa em cada iteração.

Agora sabemos o que queremos fazer. Mas há um modo preferido de fazer essas alterações?

o básico

Qual É a Melhor Abordagem para Resolver Este Problema?

Sabemos o que você precisa fazer: abaixar a cabeça, ler os documentos e descobrir o código Python necessário para resolver o problema. Quando tiver feito isso, estará pronto para mudar seu programa quando necessário...

Essa abordagem funciona, mas prefiro experimentar sozinha. Gosto de testar pequenos fragmentos de código antes de fazer alterações no meu programa em funcionamento. Fico contente em ler os documentos, mas gosto de experimentar também...

Bob

Laura

As duas abordagens funcionam com o Python

Você pode seguir as *duas* abordagens ao trabalhar com o Python, mas a maioria dos programadores Python prefere a **experimentação** ao tentar descobrir de qual código precisam para uma determinada situação.

Não entenda mal: não estamos sugerindo que a abordagem de Bob está errada, e a de Laura, certa. É que os programadores Python têm ambas as opções disponíveis, e o Python Shell (que vimos rapidamente no início deste capítulo) torna a experimentação a escolha natural para os programadores do Python.

Vamos determinar o código que precisamos para estender nosso programa experimentando no prompt >>>.

Experimentar no prompt >>> ajuda a descobrir o código necessário.

você está aqui ▶ 21

experimentos do shell

Retornando ao Python Shell

Veja como o Python Shell ficou na última vez em que interagimos com ele (o seu pode ser um pouco diferente, pois suas mensagens podem ter aparecido em uma ordem alternada):

```
Python 3.4.3 Shell
Python 3.4.3 (v3.4.3:9b73f1c3e601, Feb 23 2015, 02:52:03)
[GCC 4.2.1 (Apple Inc. build 5666) (dot 3)] on darwin
Type "copyright", "credits" or "license()" for more information.
>>> ============================ RESTART ============================
>>>
This minute seems a little odd.
>>> ============================ RESTART ============================
>>>
Not an odd minute.
>>> |
```

O Python Shell (ou apenas "shell", para abreviar) exibiu as mensagens de nosso programa, mas pode fazer muito mais que isso. O prompt >>> permite inserir qualquer instrução de código do Python e fazer com que ele execute *imediatamente*. Se a instrução produzir uma saída, o shell a exibirá. Se a instrução resultar em um valor, o shell exibirá o valor calculado. Porém, se você criar uma nova variável e atribuir-lhe um valor, precisará inserir o nome da variável no prompt >>> para ver qual valor ela contém.

Verifique as interações de exemplo, mostradas abaixo. Será ainda melhor se você acompanhar e experimentar esses exemplos em *seu* shell. Basta pressionar a tecla *Enter* para terminar cada instrução do programa, que também informa ao shell para executá-lo *agora*:

```
Python 3.4.3 Shell
Python 3.4.3 (v3.4.3:9b73f1c3e601, Feb 23 2015, 02:52:03)
[GCC 4.2.1 (Apple Inc. build 5666) (dot 3)] on darwin
Type "copyright", "credits" or "license()" for more information.
>>> ============================ RESTART ============================
>>>
This minute seems a little odd.
>>> ============================ RESTART ============================
>>>
Not an odd minute.
>>>
>>> print('Hello Mum!')
Hello Mum!
>>>
>>> 21+21
42
>>>
>>> ultimate_answer = 21+21
>>> ultimate_answer
42
>>> |
```

← *O shell exibe uma mensagem na tela como resultado desta instrução de código sendo executada (não esqueça de pressionar Enter).*

← *Se você fizer um cálculo, o shell exibirá o valor resultante (depois de pressionar Enter).*

← *Atribuir um valor a uma variável não exibe o valor dela. Você precisa pedir especificamente ao shell para fazer isso.*

Experimentando no Shell

Agora que você sabe que pode digitar uma instrução do Python no prompt >>> e fazer com que ele execute imediatamente, poderá começar a descobrir o código necessário para estender seu programa.

Veja o que você precisa que seu novo código faça:

☐   Faça um **loop** um número específico de vezes. Já decidimos usar o loop `for` do Python aqui.

☐   **Pause** o programa um número específico de segundos. A função `sleep` do módulo `time` da biblioteca padrão pode fazer isso.

☐   **Gere** um número aleatório entre dois valores fornecidos. A função `randint` do módulo `random` servirá.

Em vez de continuar a mostrar as capturas de tela do IDLE completas, mostraremos apenas o prompt >>> e qualquer saída exibida. Especificamente, deste ponto em diante, você verá algo como o que segue, em vez das telas anteriores:

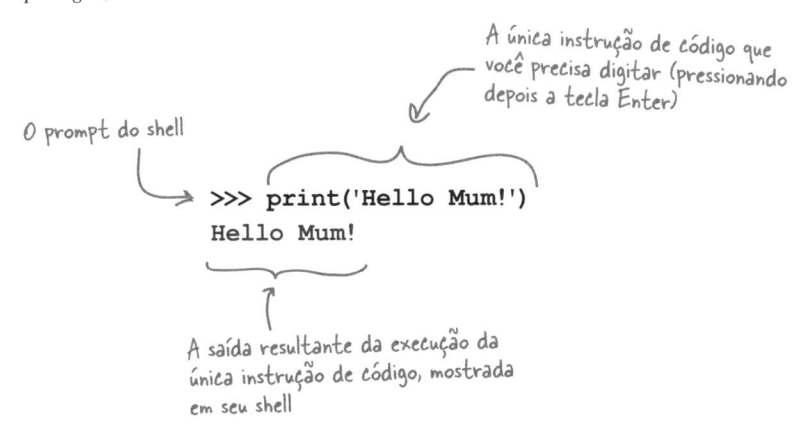

```
>>> print('Hello Mum!')
Hello Mum!
```

- O prompt do shell
- A única instrução de código que você precisa digitar (pressionando depois a tecla Enter)
- A saída resultante da execução da única instrução de código, mostrada em seu shell

Nas próximas páginas experimentaremos para descobrir como adicionar os três recursos listados acima. *Lidaremos* com o código no prompt >>> até determinarmos exatamente as instruções necessárias para adicionar ao nosso programa. Deixe o código `odd.py` como está agora, e então verifique se a janela do shell está ativa selecionando-a. O cursor deverá piscar à direita de >>>, esperando que você digite um código.

Vire a página quando estiver pronto. Vamos começar os experimentos.

repita-se

Iterando uma Sequência de Objetos

Dissemos antes que utilizaríamos o loop `for` do Python aqui. O loop `for` é *perfeito* para controlar o loop quando você sabe de antemão de quantas iterações precisa. (Quando não sabe, recomendamos o loop `while`, mas evitaremos analisar os detalhes dessa construção de loop alternativa até realmente precisarmos dela). Neste estágio, tudo que precisamos é de `for`, portanto, vamos vê-lo em ação no prompt >>>.

Apresentamos três usos comuns de `for`. Veremos qual é mais adequado às nossas necessidades.

Use "for" ao fazer o loop um número conhecido de vezes.

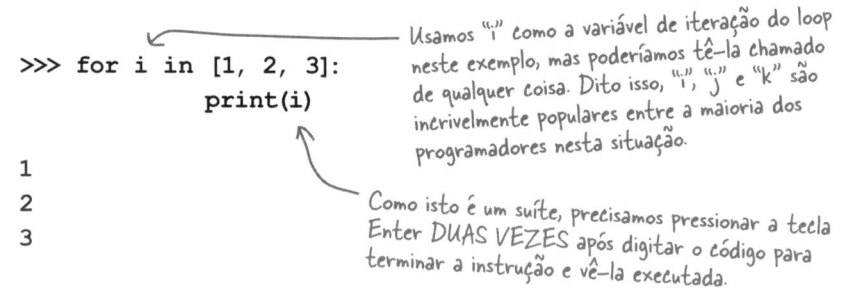

Exemplo de uso 1. Este loop `for`, abaixo, obtém uma lista de números e itera uma vez para cada número na lista, exibindo o número atual na tela. Quando itera, o loop `for` atribui cada número, por vez, a uma *variável de iteração do loop*, que recebe o nome `i` neste código.

Como o código tem mais de uma linha, o shell recua automaticamente quando você pressiona Enter após os dois-pontos. Para sinalizar ao shell que você terminou de inserir o código, pressione Enter *duas vezes* no final do suíte do loop:

```
>>> for i in [1, 2, 3]:
        print(i)

1
2
3
```

Usamos "i" como a variável de iteração do loop neste exemplo, mas poderíamos tê-la chamado de qualquer coisa. Dito isso, "i", "j" e "k" são incrivelmente populares entre a maioria dos programadores nesta situação.

Como isto é um suíte, precisamos pressionar a tecla Enter DUAS VEZES após digitar o código para terminar a instrução e vê-la executada.

Note o *recuo* e os *dois-pontos*. Como as instruções `if`, o código associado à instrução `for` precisar ser **recuado**.

Exemplo de uso 2. O loop `for`, abaixo, itera uma string, com cada caractere nela sendo processado durante cada iteração. Isso funciona porque uma string no Python é uma **sequência**. Uma sequência é uma coleção ordenada de objetos (e veremos muitos exemplos de sequências neste livro), e toda sequência no Python pode ser iterada pelo interpretador.

Uma sequência é uma coleção ordenada de objetos.

```
>>> for ch in "Hi!":
        print(ch)

H
i
!
```

O Python é esperto o bastante para descobrir que esta string deve ser iterada um caractere por vez (e é por isso que usamos "ch" como o nome da variável do loop aqui).

Você não tem que informar ao loop `for` *o tamanho da string* em nenhum lugar. O Python é esperto o bastante para descobrir quando a string *termina* e consegue terminar (ou seja, finalizar) o loop `for` em seu nome quando esgota todos os objetos na sequência.

Iterando um Número Específico de Vezes

o básico

Além de usar for para iterar uma sequência, é possível ser mais exato e especificar várias iterações, graças à função predefinida chamada range.

Vejamos outro exemplo de uso que mostra como usar range.

Exemplo de uso 3. Em sua forma mais básica, range aceita um argumento inteiro que dita quantas vezes o loop for é executado (veremos outros usos de range mais tarde neste livro). Nesse loop, usamos range para gerar uma lista de números atribuídos, um por vez, a num:

```
>>> for num in range(5):
        print('Head First Rocks!')

Head First Rocks!
Head First Rocks!
Head First Rocks!
Head First Rocks!
Head First Rocks!
```

Solicitamos um intervalo de cinco números, portanto, iteramos cinco vezes, o que resulta em cinco mensagens. Lembre-se: pressione Enter duas vezes para executar o código que tem um suíte.

O loop for *não usou* a variável de iteração do loop num em *nenhum lugar* no suíte do loop. Isso gerou um erro, o que está certo, pois cabe a você (programador) decidir se num precisa ou não ser processado mais no suíte. Neste caso, não fazer nada com num é bom.

> Parece que nossos experimentos do loop "for" compensarão. Terminamos com a primeira tarefa?

Na verdade, sim. A tarefa 1 está concluída.

Os três exemplos de uso mostram que o loop for do Python é o que precisamos usar aqui, portanto, vamos pegar a técnica mostrada no **Exemplo de uso 3** e usá-la para iterar um *número específico de vezes* usando um loop for.

você está aqui ▶ 25

faça essa alteração

Aplicando o Resultado da Tarefa 1 no Nosso Código

Veja como nosso código ficou na janela de edição do IDLE *antes* de trabalharmos na Tarefa 1:

```
from datetime import datetime

odds = [1,  3,  5,  7,  9, 11, 13, 15, 17, 19,
       21, 23, 25, 27, 29, 31, 33, 35, 37, 39,
       41, 43, 45, 47, 49, 51, 53, 55, 57, 59]

right_this_minute = datetime.today().minute

if right_this_minute in odds:
    print("This minute seems a little odd.")
else:
    print("Not an odd minute.")
```

Este é o código que queremos repetir.

Agora você sabe que pode usar um loop `for` para repetir as cinco linhas de código na parte inferior deste programa cinco vezes. As cinco linhas precisarão ser **recuadas** abaixo do loop `for`, pois formarão o suíte do loop. Especificamente, cada linha de código precisa ser recuada *uma vez*. Contudo, não fique tentado a fazer essa ação em cada linha individual. Ao contrário, deixe que o IDLE recue o suíte inteiro para você *em uma única ação*.

Comece usando o mouse para selecionar as linhas de código que você deseja recuar:

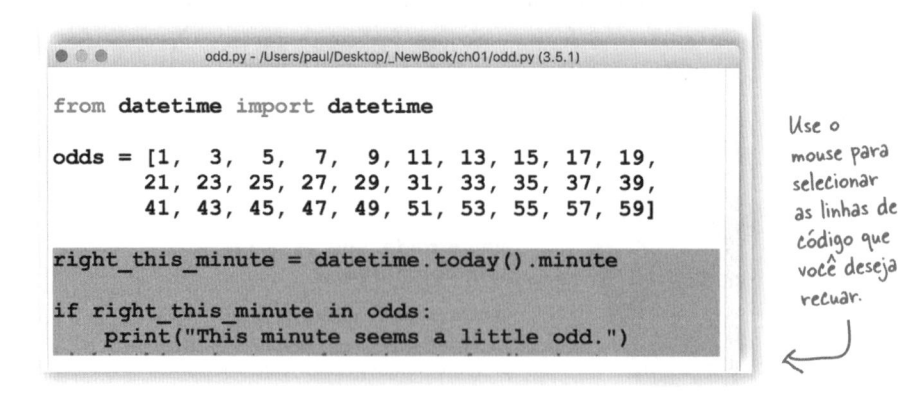

```
from datetime import datetime

odds = [1,  3,  5,  7,  9, 11, 13, 15, 17, 19,
       21, 23, 25, 27, 29, 31, 33, 35, 37, 39,
       41, 43, 45, 47, 49, 51, 53, 55, 57, 59]

right_this_minute = datetime.today().minute

if right_this_minute in odds:
    print("This minute seems a little odd.")
```

Use o mouse para selecionar as linhas de código que você deseja recuar.

o básico

Recue os Suítes com Format... Indent Region

Com as cinco linhas de código selecionadas, escolha *Indent Region* no menu *Format* na janela de edição do IDLE. O suíte inteiro irá para a direita em um nível de recuo:

```
*odd.py - /Users/paul/Desktop/_NewBook/ch01/odd.py (3.5.1)*

from datetime import datetime

odds = [1,  3,  5,  7,  9, 11, 13, 15, 17, 19,
       21, 23, 25, 27, 29, 31, 33, 35, 37, 39,
       41, 43, 45, 47, 49, 51, 53, 55, 57, 59]

    right_this_minute = datetime.today().minute

    if right_this_minute in odds:
        print("This minute seems a little odd.")
    else:
        print("Not an odd minute.")

                                        Ln: 14  Col: 0
```

A opção Indent Region do menu Format recua todas as linhas de código selecionadas em uma única ação.

Note que o IDLE também tem uma opção de menu *Dedent Region*, que cancela o recuo dos suítes, e os comandos de menu *Indent* e *Dedent* têm atalhos de teclado, o que difere um pouco com base no sistema operacional em execução. Reserve um tempo para aprender os atalhos de teclado que seu sistema usa *agora* (pois você irá usá-los o tempo inteiro). Com o suíte recuado, é hora de adicionar o loop `for`:

```
odd.py - /Users/paul/Desktop/_NewBook/ch01/odd.py (3.5.1)

from datetime import datetime

odds = [1,  3,  5,  7,  9, 11, 13, 15, 17, 19,
       21, 23, 25, 27, 29, 31, 33, 35, 37, 39,
       41, 43, 45, 47, 49, 51, 53, 55, 57, 59]

for i in range(5):
    right_this_minute = datetime.today().minute

    if right_this_minute in odds:
        print("This minute seems a little odd.")
    else:
        print("Not an odd minute.")

                                        Ln: 15  Col: 0
```

Adicione a linha do loop "for".

O suíte do loop "for" está devidamente recuado.

você está aqui ▶ **27**

sentindo sono?

Conseguindo Pausar a Execução

Vamos lembrar o que precisamos que o código faça:

- ☑ Faça um **loop** um número específico de vezes.
- ☐ **Pause** o programa por um número específico de segundos.
- ☐ **Gere** um número aleatório entre os dois valores fornecidos.

Agora estamos prontos para voltar ao shell e experimentar mais código para ajudar na segunda tarefa: *pausar o programa por um número específico de segundos*.

Contudo, antes disso, lembre-se da linha de abertura de nosso programa, que importou uma função nomeada especificamente de um módulo nomeado especificamente:

```
from datetime import datetime
```

Este uso de "import" traz a função nomeada para seu programa. Então você pode chamá-la sem usar a sintaxe da notação de ponto.

Este é um modo de importar uma função para seu programa. Outra técnica igualmente comum é importar um módulo *sem* ser específico quanto à função que deseja usar. Vamos usar essa segunda técnica aqui, pois ela aparecerá em muitos programas em Python que você encontrará.

Como mencionado antes no capítulo, a função `sleep` pode pausar a execução por um número específico de segundos e é fornecida pelo módulo `time` da biblioteca padrão. Vamos **importar** o módulo *primeiro*, sem mencionar `sleep` ainda:

```
>>> import time
>>>
```

Isto informa ao shell para importar o módulo "time".

Quando a instrução `import` é usada como foi usada com o módulo `time` acima, você tem acesso aos recursos fornecidos pelo módulo sem nada *nomeado* expressamente ser importado para o código do programa. Para acessar uma função fornecida por um módulo importado assim, use a sintaxe da notação de ponto para nomear, como mostrado aqui:

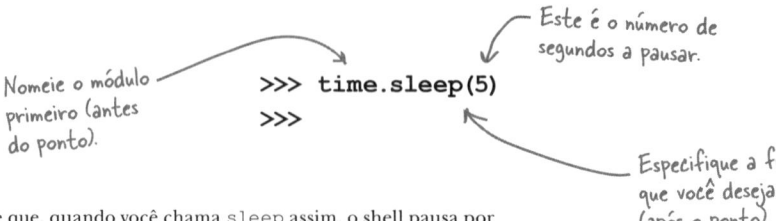

```
>>> time.sleep(5)
>>>
```

Nomeie o módulo primeiro (antes do ponto).

Este é o número de segundos a pausar.

Especifique a função que você deseja chamar (após o ponto).

Note que, quando você chama `sleep` assim, o shell pausa por cinco segundos antes de o prompt >>> reaparecer. Vá em frente e *experimente agora*.

Confusão da Importação

> Espere um segundo... o Python suporta dois mecanismos de importação? Isso não é confuso?

É uma ótima pergunta.

Apenas para esclarecer, não existem *dois* mecanismos de importação no Python, porque há apenas *uma* instrução `import`. Porém, a instrução `import` pode ser usada *das duas maneiras*.

A primeira, que vimos inicialmente em nosso programa de exemplo, importa uma função nomeada para o **espaço do nome** do programa, o que nos permite chamar a função quando necessário sem ter que *vincular* a função de novo ao módulo importado. (A noção de um espaço do nome é importante no Python, pois define o contexto no qual seu código é executado. Dito isso, esperaremos até um capítulo posterior para explorar os espaços do nome em detalhes).

Em nosso programa de exemplo, usamos a primeira técnica de importação, então chamamos a função `datetime` como `datetime()`, *não* como `datetime.datetime()`.

O segundo modo de usar `import` é apenas para importar o módulo, como fizemos ao experimentar o módulo `time`. Quando importamos assim, temos que usar a sintaxe da notação de ponto para acessar a funcionalidade do módulo, como fizemos com `time.sleep()`.

não existem Perguntas Idiotas

P: Há um modo correto de usar `import`?

R: Geralmente, acaba sendo uma preferência pessoal, pois alguns programadores gostam de ser muito específicos, ao passo que outros não. Porém, há uma situação que ocorre quando dois módulos (iremos chamá-los de A e B) têm uma função com o mesmo nome, que chamaremos de F. Se você colocar `from A import F` e `from B import F` em seu código, como o Python saberá qual função F chamar quando você chamar F()? O único modo de poder assegurar é usar a instrução `import` não específica (ou seja, colocar `import A` e `import B` em seu código), e então chamar o F específico que você deseja usando `A.F()` ou `B.F()` quando necessário. Fazer isso evita qualquer confusão.

de vez em sempre

Gerando Inteiros Aleatórios com o Python

Embora seja tentador adicionar `import time` ao início do nosso programa, e então chamar `time.sleep(5)` no suíte do loop `for`, não faremos isso agora. Não terminamos com nossos experimentos. Pausar por cinco segundos não é o suficiente; precisamos conseguir pausar uma *quantidade aleatória de tempo*. Com isso em mente, vamos lembrar o que fizemos e o que resta:

- ✓ Faça um **loop** um número específico de vezes.

- ✓ **Pause** o programa por um número específico de segundos.

- ☐ **Gere** um número aleatório entre dois valores fornecidos.

Assim que concluirmos a última tarefa, poderemos voltar a alterar com confiança nosso programa para incorporar tudo que aprendemos com nossos experimentos. Mas não terminamos ainda — vejamos a última tarefa, que é gerar um número aleatório.

Quanto à pausa, a *biblioteca padrão* pode ajudar aqui, pois ela inclui um módulo chamado `random`. Com apenas esta parte de informação a nos guiar, experimentaremos no shell:

```
>>> import random
>>>
```

E agora? Poderíamos ver nos documentos do Python ou verificar um livro de consulta do Python... mas isso envolve tirar nossa atenção do shell, mesmo que possa levar apenas alguns minutos. Como acontece, o shell fornece funções adicionais que podem ajudar aqui. Essas funções não devem ser usadas no código do programa; elas são designadas para usar no prompt `>>>`. A primeira é chamada `dir` e exibe todos os **atributos** associados a qualquer coisa no Python, inclusive módulos:

> Use "dir" para consultar um objeto.

```
>>> dir(random)
['BPF', 'LOG4', 'NV_MAGICCONST', 'RECIP_BPF',
'Random',   ...   'randint', 'random', 'randrange',
'sample', 'seed', 'setstate', 'shuffle', 'triangular',
'uniform', 'vonmisesvariate', 'weibullvariate']
```

> Bem no meio desta longa lista está o nome da função de que precisamos.

> Esta é uma lista resumida. O que você verá na tela é muito mais longo.

Tem muita coisa nessa lista. De interesse está a função `randint()`. Para aprender mais sobre `randint`, pediremos **ajuda** ao shell.

o básico

Pedindo Ajuda ao Interpretador

Assim que você souber o nome de algo, poderá pedir **ajuda** ao shell. Quando pedir, o shell exibirá a seção nos documentos do Python relacionadas ao nome no qual você está interessado.

Vejamos este mecanismo em ação no prompt >>> pedindo **ajuda** com a função `randint` no módulo `random`:

Use "help" para ler os documentos do Python.

Peça ajuda no prompt >>>...

```
>>> help(random.randint)
Help on method randint in module random:

randint(a, b) method of random.Random instance
    Return random integer in range [a, b], including
    both end points.
```

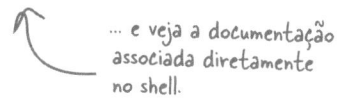

... e veja a documentação associada diretamente no shell.

Código Sério

Você pode lembrar do(s) último(s) comando(s) digitado(s) no prompt do IDLE >>> digitando Alt-P ao usar o *Linux ou Windows*. No *Mac OS X*, use Ctrl-P. Pense em "P" como significando "prévio".

Uma leitura rápida dos documentos exibidos para a função `randint` confirma o que você precisa saber: se fornecermos dois inteiros a `randint`, teremos um inteiro aleatório no intervalo inclusivo resultante.

Alguns experimentos finais no prompt >>> mostram a função `randint` em ação:

```
>>> random.randint(1,60)
27
>>> random.randint(1,60)
34
>>> random.randint(1,60)
46
```

Se você estiver acompanhando, o que verá na tela irá variar, pois os inteiros retornados por "randint" são gerados aleatoriamente.

Como você importou o módulo "random" usando "import random", precisará lembrar de prefixar a chamada para "randint" com o nome do módulo e um ponto. Então será "random.randint()", não "randint()".

Assim, agora você está na posição de colocar uma marca de verificação satisfatória nas últimas tarefas, pois sabe o bastante para gerar um número aleatório entre dois valores fornecidos:

☑ **Gere** um número aleatório entre dois valores fornecidos.

É hora de voltar para nosso programa e fazer as alterações.

você está aqui ▶ 31

o que sabemos agora

Revisando Nossos Experimentos

Antes de continuar e alterar o programa, vamos revisar rapidamente o resultado de nossos experimentos do shell.

Começamos escrevendo um loop `for`, que iterou cinco vezes:

```
>>> for num in range(5):
        print('Head First Rocks!')

Head First Rocks!
Head First Rocks!
Head First Rocks!
Head First Rocks!
Head First Rocks!
```

Solicitamos um intervalo de cinco números, portanto, iteramos cinco vezes, o que resulta em cinco mensagens.

Então usamos a função `sleep` do módulo `time` para pausar a execução do código por um número específico de segundos:

```
>>> import time
>>> time.sleep(5)
```

O shell importa o módulo "time", permitindo chamar a função "sleep".

E experimentamos a função `randint` (do módulo `random`) para gerar um inteiro aleatório a partir de um intervalo fornecido:

```
>>> import random
>>> random.randint(1,60)
12
>>> random.randint(1,60)
42
>>> random.randint(1,60)
17
```

Nota: inteiros diferentes são gerados mais uma vez, pois "randint" retorna um inteiro aleatório diferente sempre que é chamada.

Agora podemos reunir tudo isso e alterar o programa.

Vamos lembrar do que decidimos fazer antes no capítulo: fazer nosso programa iterar, executando o "código de verificação do minuto" e a instrução `if/else` cinco vezes, pausando por um número aleatório de segundos entre cada iteração. Isso deverá resultar em cinco mensagens aparecendo na tela antes de o programa terminar.

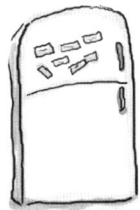

o básico

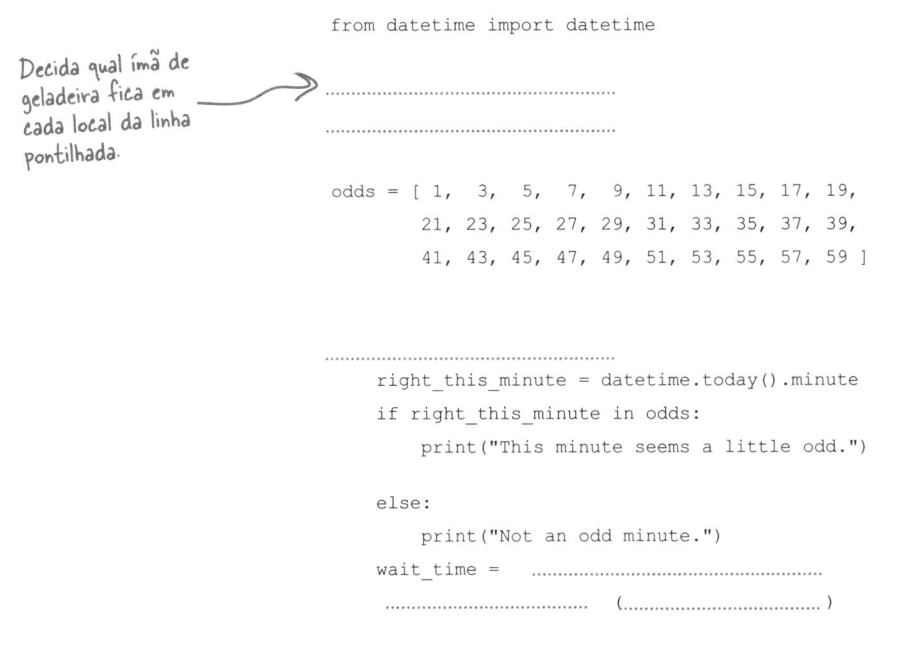

Ímãs de Geladeira dos Experimentos

Com base na especificação no final da última página, assim como nos resultados de nossos experimentos, seguimos em frente e fizemos o trabalho requerido por você. Mas, quando estávamos organizando nossos ímãs de geladeira (não pergunte), alguém bateu a porta, e agora parte do nosso código está no chão. Seu trabalho é reunir tudo de novo para que possamos executar a nova versão do programa e confirmar se ele está funcionando como o requerido.

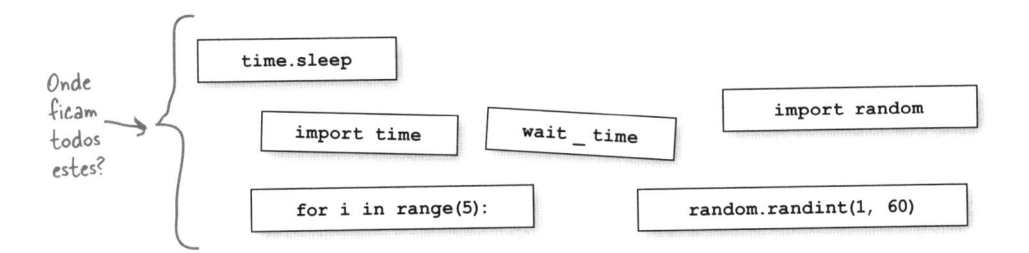

Decida qual ímã de geladeira fica em cada local da linha pontilhada.

```
from datetime import datetime

............................................
............................................

odds = [  1,  3,  5,  7,  9, 11, 13, 15, 17, 19,
         21, 23, 25, 27, 29, 31, 33, 35, 37, 39,
         41, 43, 45, 47, 49, 51, 53, 55, 57, 59 ]


............................................
    right_this_minute = datetime.today().minute
    if right_this_minute in odds:
        print("This minute seems a little odd.")
    else:
        print("Not an odd minute.")
    wait_time = ............................................
        ............................................  ( ............................................ )
```

Onde ficam todos estes?

- `time.sleep`
- `import time`
- `wait_time`
- `import random`
- `for i in range(5):`
- `random.randint(1, 60)`

você está aqui ▶ **33**

código reorganizado

Ímãs de Geladeira dos Experimentos — Solução

Com base na especificação anterior, assim como nos resultados de nossos experimentos, seguimos em frente e fizemos o trabalho requerido por você. Mas, quando estávamos organizando nossos ímãs de geladeira (não pergunte), alguém bateu a porta, e agora parte do nosso código está no chão.

Seu trabalho era reunir tudo de novo para que pudéssemos executar a nova versão do programa e confirmar se ele está funcionando como o requerido.

Você não precisa colocar as importações no topo do código, mas é uma convenção bem estabelecida entre os programadores fazer isso.

```
from datetime import datetime
import random
import time

odds = [ 1,  3,  5,  7,  9, 11, 13, 15, 17, 19,
        21, 23, 25, 27, 29, 31, 33, 35, 37, 39,
        41, 43, 45, 47, 49, 51, 53, 55, 57, 59 ]

for i in range(5):
    right_this_minute = datetime.today().minute
    if right_this_minute in odds:
        print("This minute seems a little odd.")
    else:
        print("Not an odd minute.")
    wait_time = random.randint(1, 60)
    time.sleep(wait_time)
```

O loop "for" itera EXATAMENTE cinco vezes.

A função "randint" fornece um inteiro aleatório que é atribuído à nova variável chamada "wait_time", que…

… é usada na chamada de "sleep" para pausar a execução do programa por um número aleatório de segundos.

Todo este código é recuado sob a instrução "for", pois faz parte do suite da instrução "for". Lembre-se: o Python não usa chaves para delimitar os suítes; ele usa o recuo.

o básico

Test Drive

Vamos tentar executar o programa atualizado no IDLE para ver o que acontece. Mude sua versão de `odd.py` quando necessário, e então salve uma cópia do novo programa como `odd2.py`. Quando estiver pronto, pressione F5 para executar o código.

Quando você pressionar F5 para executar isto...

```
odd2.py - /Users/Paul/Desktop/_NewBook/ch01/odd2.py (3.4.3)

from datetime import datetime

import random
import time

odds = [ 1,  3,  5,  7,  9, 11, 13, 15, 17, 19,
        21, 23, 25, 27, 29, 31, 33, 35, 37, 39,
        41, 43, 45, 47, 49, 51, 53, 55, 57, 59 ]

for i in range(5):
    right_this_minute = datetime.today().minute
    if right_this_minute in odds:
        print("This minute seems a little odd.")
    else:
        print("Not an odd minute.")
    wait_time = random.randint(1, 60)
    time.sleep(wait_time)
```

... deverá ver uma saída parecida com esta. Apenas lembre-se de que sua saída será diferente, pois os números aleatórios que seu programa gera muito provavelmente não coincidirão com os nossos.

```
Python 3.4.3 Shell
>>> ================================ RESTART ================================
>>>
This minute seems a little odd.
This minute seems a little odd.
Not an odd minute.
Not an odd minute.
Not an odd minute.
>>>
```

Não se preocupe se você vir uma lista diferente de mensagens das mostradas aqui. Você deve ver cinco mensagens, pois é a quantidade de vezes que o código do loop é executado.

você está aqui ▶ **35**

atualize nossa lista

Atualizando O Que Já Sabemos

Com o `odd2.py` funcionando, faremos mais uma pausa para revisar as novas coisas que aprendemos sobre o Python nas últimas 15 páginas:

PONTOS DE BALA

- Ao tentar determinar o código necessário para resolver um problema, os programadores Python geralmente preferem experimentar os fragmentos de código no shell.

- Se você estiver vendo o prompt >>>, está no Python Shell. Vá em frente: digite uma instrução do Python e veja o que acontece quando ela é executada.

- O shell pega sua linha de código e a envia para o interpretador, que então a executa. Qualquer resultado é retornado para o shell e exibido na tela.

- O loop `for` pode ser usado para iterar um número fixo de vezes. Se você souber de antemão quantas vezes precisará fazer um loop, use `for`.

- Quando não souber de antemão com que frequência irá iterar, use o loop `while` do Python (que ainda não vimos, mas — não se preocupe — veremos em ação mais tarde).

- O loop `for` pode iterar qualquer sequência (como uma lista ou string), assim como executar um número fixo de vezes (graças à função `range`).

- Se você precisar pausar a execução do programa por um número específico de segundos, use a função `sleep` fornecida pelo módulo `time` da biblioteca padrão.

- Você pode importar uma função específica de um módulo. Por exemplo, `from time import sleep` importa a função `sleep`, permitindo chamá-la sem qualificação.

- Se você simplesmente importar um módulo — por exemplo, `import time` —, precisará qualificar o uso de qualquer função do módulo com o nome do módulo, assim: `time.sleep()`.

- O módulo `random` tem uma função muito útil chamada `randint`, que gera um inteiro aleatório em um intervalo específico.

- O shell fornece duas funções interativas que trabalham no prompt >>>. A função `dir` lista os atributos de um objeto, ao passo que `help` fornece acesso aos documentos do Python.

Perguntas Idiotas (não existem)

P: Tenho que me lembrar de tudo isso?

R: Não, e não fique angustiado se seu cérebro estiver resistindo à inserção de tudo visto até agora. É apenas o primeiro capítulo, e o planejamos para ser uma introdução rápida ao mundo da programação em Python. Se você entender os pontos principais do que está acontecendo nesse código, então tudo bem.

o básico

Algumas Linhas de Código Fazem Muita Coisa

Ufa! Outra lista grande...

É, mas estamos inspirados aqui.

É verdade que apenas tocamos em uma pequena quantidade da linguagem Python até agora. Mas o que vimos foi muito útil.

O que vimos até o momento ajuda a demonstrar um dos grandes argumentos de venda do Python: *algumas linhas de código fazem muita coisa*. Outra afirmação famosa da linguagem é esta: *ler o código do Python é fácil*.

Em uma tentativa de provar como é fácil, apresentamos na próxima página um programa completamente diferente, pois você já sabe o bastante sobre Python para entender.

Quem quer uma bela cerveja gelada?

Codificando um Aplicativo Comercial Sério

Tirando o chapéu para o *Use a Cabeça! Java*, vejamos a versão Python desse primeiro aplicativo sério e clássico: a canção da cerveja.

Abaixo está uma captura de tela da versão Python do código da canção da cerveja. Exceto por uma pequena variação no uso da função `range` (que analisaremos daqui a pouco), grande parte do código deve fazer sentido. A janela de edição do IDLE contém o código, enquanto a parte final da saída do programa aparece em uma janela do shell

```python
word = "bottles"
for beer_num in range(99, 0, -1):
    print(beer_num, word, "of beer on the wall.")
    print(beer_num, word, "of beer.")
    print("Take one down.")
    print("Pass it around.")
    if beer_num == 1:
        print("No more bottles of beer on the wall.")
    else:
        new_num = beer_num - 1
        if new_num == 1:
            word = "bottle"
        print(new_num, word, "of beer on the wall.")
    print()
```

Executar este código produz esta saída no shell.

Lidando com toda a cerveja...

Com o código mostrado acima digitado em uma janela de edição do IDLE e salvo, pressionar F5 produzirá a saída no shell. Mostramos apenas um pouco da saída resultante na janela à direita, pois a canção da cerveja começa com 99 garrafas na parede e diminui até não haver mais cerveja. Na verdade, o único ajuste real no código é como ele lida com essa "contagem regressiva", portanto, vejamos como isso funciona antes de ver o código do programa em detalhes.

```
3 bottles of beer on the wall.
3 bottles of beer.
Take one down.
Pass it around.
2 bottles of beer on the wall.

2 bottles of beer on the wall.
2 bottles of beer.
Take one down.
Pass it around.
1 bottle of beer on the wall.

1 bottle of beer on the wall.
1 bottle of beer.
Take one down.
Pass it around.
No more bottles of beer on the wall.

>>>
```

o básico

Ler o Código do Python é Fácil

É realmente fácil ler esse código. Mas qual é o segredo?

Não tem segredo!

Quando a maioria dos novos programadores no Python vê pela primeira vez um código como este da canção da cerveja, supõe que algo deve estar em outro lugar.

Tem que ter um segredo, não tem?

Não, não tem. Não é por acaso que ler o código do Python é fácil: a linguagem foi planejada com esse objetivo específico em mente. *Guido van Rossum*, o criador da linguagem, quis criar uma ferramenta de programação poderosa que produzisse um código de fácil manutenção, significando que um código criado no Python tem que ser de fácil leitura também.

perdendo a cabeça?

O Recuo Está Deixando Você Louco?

> Espere um pouco. Todo esse recuo está me deixando louca. Tem certeza que esse é o segredo?

Leva tempo para se acostumar com o recuo.

Não se preocupe. Todos que vêm para o Python e que usavam uma "linguagem com chaves" sofre com o recuo *no início*. Mas melhora. Depois de um dia ou dois trabalhando com o Python, dificilmente você notará que está recuando seus suítes.

Um problema que alguns programadores têm com o recuo ocorre quando eles misturam *tabulações* e *espaços*. Devido ao modo como o interpretador conta o **espaço em branco**, isso pode levar a problemas, no sentido de que o código "parece bom", mas não é executado. Isso é frustrante quando você está iniciando com o Python.

Nosso conselho: *não misture as tabulações e os espaços no código do Python.*

Na verdade, vamos ainda mais longe e aconselhamos você a configurar seu editor para substituir um toque da tecla *Tab* por *quatro espaços* (e enquanto está nele, remova automaticamente qualquer espaço em branco posterior também). Essa é uma convenção bem estabelecida entre os muitos programadores Python, e você deve segui-la também. Teremos mais a dizer sobre como lidar com o recuo no final deste capítulo.

Voltando ao código da canção da cerveja

Se você der uma olhada na chamada de `range` na canção da cerveja, notará que ele tem *três* argumentos, em vez de um (como em nosso primeiro programa de exemplo).

Olhe com mais atenção e, sem olhar a explicação na próxima página, veja se pode descobrir o que está acontecendo com esta chamada para `range`:

```
word = "bottles"
for beer_num in range(99, 0, -1):
    print(beer_num, word, "of beer on
    print(beer_num, word, "of beer.")
    print("Take one down.")
```

Isto é novo: a chamada para "range" tem três argumentos, não um.

o básico

Pedindo Ajuda ao Interpretador sobre uma Função

Lembre-se de que você pode usar o shell para pedir **ajuda** sobre qualquer coisa a fazer com o Pyhon, então vamos pedir ajuda com a função `range`.

Quando você faz isso no IDLE, a documentação resultante merece mais de uma tela, e rapidamente a tela rola. Tudo que você precisa fazer é rolar de vola na janela para o ponto onde pediu ajuda ao shell (pois é onde a parte interessante de `range` está):

```
>>> help(range)
Help on class range in module builtins:

class range(object)
 |  range(stop) -> range object
 |  range(start, stop[, step]) -> range object
 |
 |  Return a sequence of numbers from start to stop by step.
          ...
```

A função "range" pode ser chamada de uma das duas maneiras.

Parece que isso nos dará o que precisamos aqui.

Começando, parando e avançando

Como `range` não é o único lugar em que você encontrará **start**, **stop** e **step**, reservaremos um momento para descrever o que cada um significa antes de ver alguns exemplos representativos (na próxima página):

① **O valor START permite que você controle ONDE range começa.**

Até então, usamos a versão com um argumento de `range`, que — segundo a documentação — espera que um valor para **stop** seja fornecido. Quando nenhum outro valor é fornecido, `range` tem como padrão usar 0 como o valor de **start**, mas você pode definir para um valor de sua escolha. Quando definir, *deverá* fornecer um valor para **stop**. Assim, `range` se torna uma chamada com vários argumentos.

② **O valor STOP permite controlar QUANDO range termina.**

Já vimos o uso disso quando chamamos `range(5)` em nosso código. Note que o intervalo gerado *nunca* contém o valor **stop**, portanto, é um caso de **stop** "até, mas não inclusive".

③ **O valor STEP permite controlar COMO range é gerado.**

Ao especificar os valores **start** e **stop**, você também pode especificar (opcionalmente) um valor para **step**. Por padrão, o valor **step** é 1, e isso pede que `range` gere cada valor com um *passo* 1; ou seja, 0, 1, 2, 3, 4 etc. Você pode definir **step** para qualquer valor para ajudar o passo dado. Também pode definir **step** para um valor negativo para ajustar a *direção* do intervalo gerado.

você está aqui ▶ **41**

voltando para o intervalo

Experimentando os Intervalos

Agora que você sabe um pouco sobre **start**, **stop** e **step**, vamos experimentar no shell para aprender como podemos usar a função range para produzir muitos intervalos diferentes de inteiros.

Para ajudar a ver o que está acontecendo, usamos outra função, list, para transformar a saída de range em uma lista legível por humanos que podemos ver na tela:

```
>>> range(5)
range(0, 5)
```
← É como usamos "range" em nosso primeiro programa.

```
>>> list(range(5))
[0, 1, 2, 3, 4]
```
← Alimentar a saída de "range" até "list" produz uma lista.

```
>>> list(range(5, 10))
[5, 6, 7, 8, 9]
```
← Podemos ajustar os valores START e STOP para "range".

```
>>> list(range(0, 10, 2))
[0, 2, 4, 6, 8]
```
← Também é possível ajustar o valor STEP.

```
>>> list(range(10, 0, -2))
[10, 8, 6, 4, 2]
```
← As coisas ficam realmente interessantes quando você ajusta a direção do intervalo negando o valor STEP.

```
>>> list(range(10, 0, 2))
[]

>>> list(range(99, 0, -1))
[99, 98, 97, 96, 95, 94, 93, 92, ... 5, 4, 3, 2, 1]
```
← O Python não o impedirá de fazer bobagens. Se seu valor START for maior que o valor STOP e STEP for positivo, você não verá nada (neste caso, uma lista vazia).

Após todos os nossos experimentos, chegamos a uma chamada range (mostrada por último, acima) que produz uma lista de valores de 99 a 1, que é exatamente o que o loop for da canção da cerveja faz:

```
beersong.py - /Users/Paul/Desktop/_NewBook/ch01...

word = "bottles"
for beer_num in range(99, 0, -1):
    print(beer_num, word, "of beer on
    print(beer_num, word, "of beer.")
    print("Take one down."
```
← A chamada para "range" tem três argumentos: start, stop e step.

Capítulo 1

Aponte o seu lápis

Novamente aqui está o código da cerveja, que foi estendido na página inteira para que você possa **se concentrar** em cada linha de código que compõe esse "aplicativo comercial sério".

Pegue o lápis e, nos espaços fornecidos, escreva o que você acha que cada linha de código faz. Tente sozinho *antes* de ver o que propusemos na próxima página. Começamos para você fazendo a primeira linha de código.

```
word = "bottles"

for beer_num in range(99, 0, -1):

    print(beer_num, word, "of beer on the
    wall.")

    print(beer_num, word, "of beer.")

    print("Take one down.")

    print("Pass it around.")

    if beer_num == 1:

        print("No more bottles of beer on
        the wall.")

    else:

        new_num = beer_num - 1

        if new_num == 1:

            word = "bottle"

        print(new_num, word, "of beer on
        the wall.")

    print()
```

Atribui o valor "bottles" (uma string) a uma nova variável chamada "word".

cerveja explicada

Aponte o seu lápis
Solução

Novamente aqui está o código da cerveja, que foi estendido na página inteira para que você possa **se concentrar** em cada linha de código que compõe esse "aplicativo comercial sério".

Você pegou o lápis e, nos espaços fornecidos, escreveu o que achava que cada linha de código faz. Fizemos a primeira linha de código para você começar.

Como você continuou? Suas explicações são parecidas com as nossas?

```python
word = "bottles"
```
Atribui o valor "bottles" (uma string) a uma nova variável chamada "word".

```python
for beer_num in range(99, 0, -1):
```
Faz um loop um número específico de vezes, de 99 a nada. Usa "beer_num" como a variável de iteração do loop.

```python
    print(beer_num, word, "of beer on the wall.")

    print(beer_num, word, "of beer.")

    print("Take one down.")

    print("Pass it around.")
```
As quatro chamadas para a função print mostram a letra da canção da iteração atual, "99 bottles of beer on the wall. 99 bottles of beer. Take one down. Pass it around." etc. com cada iteração.

```python
    if beer_num == 1:
```
Verifica para ver se estamos na última rodada de cerveja...

```python
        print("No more bottles of beer on the wall.")
```
E, se estivermos, termina a letra da canção.

```python
    else:
```
Do contrário...

```python
        new_num = beer_num - 1
```
Lembra o número da próxima cerveja em outra variável chamada "new_num".

```python
        if new_num == 1:
```
Se formos beber nossa última cerveja...

```python
            word = "bottle"
```
Muda o valor da variável "word" para que as últimas linhas da letra façam sentido.

```python
        print(new_num, word, "of beer on the wall.")
```
Completa a letra da canção desta iteração.

```python
    print()
```
No final da iteração, imprime uma linha em branco. Quando todas as iterações estiverem concluídas, termina o programa.

o básico

Não Esqueça de Experimentar o Código da Canção da Cerveja

Se você ainda não o fez, digite o código da canção da cerveja no IDLE, salve-o como `beersong.py` e pressione F5 para dar uma volta. *Não vá para o próximo capítulo até ter uma canção da cerveja que funcione.*

---
não existem Perguntas Idiotas

P: Continuo tendo erros quando tento executar o código da canção da cerveja. Mas meu código parece bom, então estou um pouco frustrado. Algumas sugestão?

R: A primeira coisa a verificar é se você tem o recuo correto. Se tiver, então veja se tem tabulações misturadas com espaços em seu código. Lembre-se: o código parecerá bom (para você), mas o interpretador não o executa. Se você suspeitar disso, uma correção rápida é levar o código para uma janela de edição do IDLE, e então escolher *Edit...→Select All* no sistema do menu, antes de escolher *Format...→Untabify Region*. Se você misturou as tabulações com espaços, isso converterá todas as suas tabulações em espaços de uma só vez (e corrigirá qualquer problema de recuo).

Então, você poderá salvar seu código e pressionar F5 para tentar executá-lo de novo. Se ainda não for executado, verifique se seu código está *exatamente* igual ao que apresentamos neste capítulo. Tenha cuidado com qualquer erro de ortografia cometido com os nomes das variáveis.

P: O interpretador do Python não avisará se eu digitar `new_num` como `nwe_num`?

R: Não. Contanto que uma variável seja atribuída a um valor, o Python supõe que você sabe o que está fazendo e continuará a executar seu código. Deve-se ter cuidado, portanto, fique atento.

Reunindo tudo que você já sabe

Veja algumas coisas novas que você aprendeu como resultado de trabalhar (e executar) no código da canção da cerveja:

PONTOS DE BALA

- Leva um pouco de tempo para se acostumar com o recuo. Todo programador novo no Python reclama do recuo em algum ponto. Mas não se preocupe, logo você nem notará o que está fazendo.
- Se há uma coisa que você nunca deve fazer é misturar tabulações e espaços ao recuar o código do Python. Evite dores de cabeça no futuro e não faça isso.
- A função `range` pode ter mais de um argumento quando chamada. Esses argumentos permitem controlar os valores start e stop do intervalo gerado, assim como o valor step.
- O valor step da função `range` também pode ser especificado com um valor negativo, que muda a direção do intervalo gerado

A cerveja acabou, o que fazer em seguida?

Este é o fim do Capítulo 1. No próximo você aprenderá um pouco mais sobre como o Python lida com os dados. Apenas tocamos nas **listas** neste capítulo, e é hora de nos aprofundarmos um pouco mais.

o código

Código do Capítulo 1

```python
from datetime import datetime

odds = [ 1,  3,  5,  7,  9, 11, 13, 15, 17, 19,
        21, 23, 25, 27, 29, 31, 33, 35, 37, 39,
        41, 43, 45, 47, 49, 51, 53, 55, 57, 59 ]

right_this_minute = datetime.today().minute

if right_this_minute in odds:
    print("This minute seems a little odd.")
else:
    print("Not an odd minute.")
```

← Começamos com o programa "odd.py", então...

```python
from datetime import datetime

import random
import time

odds = [ 1,  3,  5,  7,  9, 11, 13, 15, 17, 19,
        21, 23, 25, 27, 29, 31, 33, 35, 37, 39,
        41, 43, 45, 47, 49, 51, 53, 55, 57, 59 ]

for i in range(5):
    right_this_minute = datetime.today().minute
    if right_this_minute in odds:
        print("This minute seems a little odd.")
    else:
        print("Not an odd minute.")
    wait_time = random.randint(1, 60)
    time.sleep(wait_time)
```

... estendemos o código para criar "odd2.py", que executou o "código de verificação do minuto" cinco vezes (graças ao uso do loop "for" do Python).

```python
word = "bottles"
for beer_num in range(99, 0, -1):
    print(beer_num, word, "of beer on the wall.")
    print(beer_num, word, "of beer.")
    print("Take one down.")
    print("Pass it around.")
    if beer_num == 1:
        print("No more bottles of beer on the wall.")
    else:
        new_num = beer_num - 1
        if new_num == 1:
            word = "bottle"
        print(new_num, word, "of beer on the wall.")
    print()
```

← Concluímos o capítulo com a versão Python da clássica "canção da cerveja" do Use a Cabeça. E sim, sabemos: é difícil trabalhar no código sem cantar junto... ☺

2 lista de dados

Trabalhando com Dados Ordenados

Seria muuuuito mais fácil trabalhar com esses dados... se eu os organizasse como uma lista.

Todos os programas processam dados, e os programas Python não são uma exceção. Na verdade, olhe em volta: *os dados estão em todo lugar*. Muito da programação, se não grande parte, são dados: *adquirir* dados, *processar* dados, *compreender* dados. Para trabalhar efetivamente com os dados, você precisa de algum lugar onde *colocá-los* ao processá-los. O Python é brilhante nesse sentido, graças (em grande parte) à sua inclusão de muitas estruturas de dados *amplamente aplicáveis*: **listas**, **dicionários**, **tuplas** e **conjuntos**. Neste capítulo, veremos todas as quatro, antes de passar grande parte do capítulo nos aprofundando nas **listas** (e nos aprofundaremos nas outras três no capítulo seguinte). Cobriremos essas estruturas de dados no início, pois grande parte do que provavelmente você fará com o Python girará em torno de trabalhar com dados.

fundamentos das variáveis

Números, Strings... e Objetos

Trabalhar com *um* valor de dados no Python é como você esperaria. Atribua um valor a uma variável e pronto. Com a ajuda do shell, veremos alguns exemplos para nos lembrar do que aprendemos no último capítulo.

Números

Vamos supor que este exemplo já tenha importado o módulo `random`. Então chamamos a função `random.randint` para gerar um número aleatório entre 1 e 60, que é atribuído à variável `wait_time`. Como o número gerado é um **inteiro**, é esse tipo `wait_time` que está na instância:

```
>>> wait_time = random.randint(1, 60)
>>> wait_time
26
```

Observe que você não teve que informar ao interpretador que `wait_time` conterá um inteiro. *Atribuímos* um inteiro à variável, e o interpretador cuidou dos detalhes (nota: nem todas as linguagens de programação funcionam assim).

Uma variável assume o tipo do valor atribuído.

Strings

Se você atribuir uma string a uma variável, o mesmo acontecerá: o interpretador cuidará dos detalhes. Novamente, não precisamos declarar antes que a variável `word` neste exemplo conterá uma **string**:

```
>>> word = "bottles"
>>> word
'bottles'
```

Essa capacidade de atribuir *dinamicamente* um valor a uma variável é fundamental na noção de variáveis e tipo do Python. Na verdade, as coisas se tornam mais gerais que isso, no sentido de que você pode atribuir *qualquer coisa* a uma variável no Python.

Objetos

No Python, tudo é objeto. Significa que números, strings, funções, módulos — *tudo* — é um objeto. Uma consequência direta disso é que todos os objetos podem ser atribuídos a variáveis. Isso apresenta desdobramentos interessantes, que começaremos a aprender na próxima página.

Tudo é objeto no Python, e qualquer objeto pode ser atribuído a uma variável.

"Tudo é um Objeto"

Qualquer objeto pode ser atribuído dinamicamente a qualquer variável no Python. O que levanta a pergunta: *o que é objeto no Python?* Resposta: **tudo é um objeto.**

Todos os valores de dados no Python são objetos, mesmo que — diante dos fatos — "Não entre em pânico!" seja uma string e 42 seja um número. Para os programadores Python, "Não entre em pânico!" é um *objeto string*, e 42 é um *objeto número*. Como em outras linguagens de programação, os objetos podem ter **estado** (atributos ou valores) e **comportamento** (métodos).

Toda essa conversa sobre "objetos" pode significar apenas uma coisa: o Python é orientado a objetos, certo?

De certa forma.

Certamente, você pode programar o Python de um modo orientado a objetos usando classes, objetos, instâncias etc. (mais sobre tudo isso adiante no livro), mas não precisa. Lembre-se dos programas do último capítulo... nenhum deles precisou de classes. Os programas continham apenas código e funcionaram bem.

Diferente de outras linguagens de programação (particularmente o *Java*), você não precisa iniciar com uma classe quando cria pela primeira vez o código no Python: basta escrever o código necessário.

Agora, tendo dito tudo isso (e apenas para mantê-lo atento), tudo no Python se *comporta* como se fosse um objeto *derivado de* alguma classe. Assim, você pode considerar o Python como sendo mais **baseado em objetos**, em comparação com puramente orientado a objetos, o que significa que a programação orientada a objetos é opcional no Python.

Mas... o que tudo isso realmente significa?

Como tudo é um objeto no Python, qualquer "coisa" pode ser atribuída a qualquer variável, e as variáveis podem ser atribuídas a *qualquer coisa* (independentemente da coisa ser: número, string, função, componente... qualquer objeto). Guarde isso bem dentro de sua cabeça agora, pois voltaremos ao tema muitas vezes neste livro.

Realmente não há muito mais, exceto armazenar valores de dados simples nas variáveis. Agora vejamos o suporte predefinido do Python para armazenar uma **coleção** de valores.

Conheça as Quatro Estruturas de Dados Predefinidas

O Python vem com **quatro** *estruturas de dados* predefinidas que você pode usar para manter qualquer *coleção* de objetos, e elas são a **lista**, a **tupla**, o **dicionário** e o **conjunto**.

Note que com "predefinida" queremos dizer que listas, tuplas, dicionários e conjuntos estão sempre disponíveis para seu código e *não precisam ser importados antes de ser usados*: cada uma dessas estruturas de dados faz parte da linguagem.

Nas próximas páginas, apresentaremos uma visão geral de todas as quatro estruturas de dados predefinidas. Você pode ficar tentado a pular a visão geral, mas, por favor, não faça isso.

Se você acha que tem uma boa ideia do que é uma **lista**, pense de novo. A lista do Python é mais parecida com o que você pode considerar como um *array*, em vez de uma *lista vinculada*, que é o que geralmente vem à mente quando os programadores ouvem a palavra "lista". (Se você tem a sorte de não saber o que é uma lista vinculada, sente-se e agradeça).

A lista do Python é a primeira das duas estruturas de dados com coleção ordenada:

① Lista: uma coleção variável e ordenada de objetos

Uma lista no Python é muito parecida com a noção de **array** nas outras linguagens de programação, no sentido de que você pode considerar uma lista como sendo uma coleção indexada de objetos afins, com cada posição na lista numerada a partir de zero.

Porém, diferente dos arrays em muitas outras linguagens de programação, as listas são **dinâmicas** no Python, pois elas podem aumentar (e diminuir) sob demanda. Não é necessário declarar previamente o tamanho de uma lista ao usá-la para armazenar qualquer objeto.

As listas também são heterogêneas, no sentido de que você não precisa declarar previamente o tipo do objeto que está armazenando — pode misturar e combinar os objetos de diferentes tipos em uma lista, se quiser.

As listas são **variáveis**, porque você pode mudar uma lista a qualquer momento adicionando, removendo ou alterando os objetos.

> Uma lista é como um array — os objetos armazenados são ordenados em sequências nas posições.

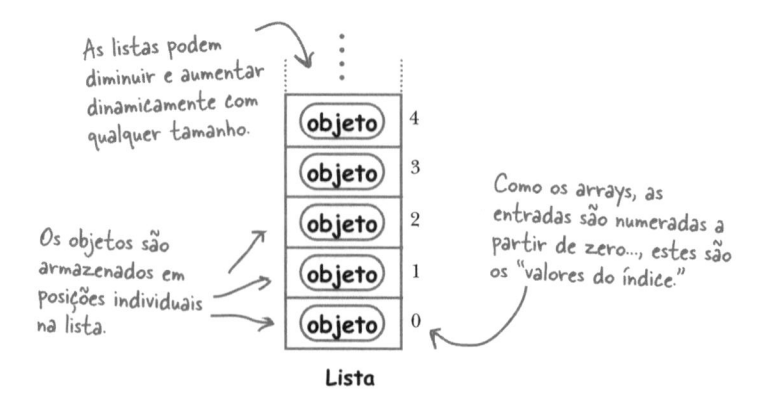

As listas podem diminuir e aumentar dinamicamente com qualquer tamanho.

Os objetos são armazenados em posições individuais na lista.

```
[objeto] 4
[objeto] 3
[objeto] 2
[objeto] 1
[objeto] 0
```

Lista

Como os arrays, as entradas são numeradas a partir de zero..., estes são os "valores do índice."

As Coleções Ordenadas são Variáveis/Invariáveis

A lista do Python é um exemplo de estrutura de dados **variável**, no sentido de que pode alterar (ou mudar) durante a execução. Você pode aumentar ou diminuir uma lista adicionando e removendo os objetos quando necessário. Também é possível mudar qualquer objeto armazenado em uma posição. Teremos muito mais a dizer sobre as listas dentro de algumas páginas, pois o resto deste capítulo é dedicado a fornecer uma introdução completa de como usar as listas.

Quando uma coleção do tipo lista ordenada é **invariável** (ou seja, não pode mudar), é chamada de **tupla**:

Tupla: uma coleção invariável e ordenada de objetos

Uma tupla é uma lista invariável. Isso significa que, assim que você atribui objetos a uma tupla, ela não pode ser alterada sob nenhuma circunstância.

Geralmente, é útil considerar uma tupla como uma lista constante.

A maioria dos programadores Python coça a cabeça com confusão quando encontra as tuplas pela primeira vez, pois pode ser difícil descobrir sua finalidade. Afinal, qual a utilidade de uma lista que não pode ser mudada? Há muitos casos de uso em que você desejará assegurar que seus objetos não poderão ser alterados por seu código (ou o de qualquer outra pessoa). Voltaremos às tuplas no próximo capítulo (assim como mais adiante no livro) quando falarmos sobre elas com mais detalhes, e quando as usarmos.

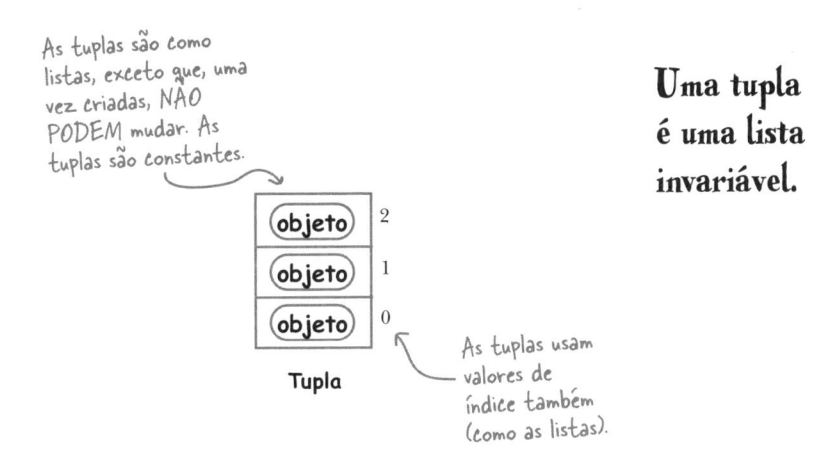

As tuplas são como listas, exceto que, uma vez criadas, NÃO PODEM mudar. As tuplas são constantes.

Uma tupla é uma lista invariável.

As tuplas usam valores de índice também (como as listas).

As listas e as tuplas são ótimas quando você deseja apresentar os dados de um modo ordenado (como uma lista de destinos em um itinerário de viagem, no qual a ordem dos destinos *é* importante). Mas algumas vezes a ordem na qual você apresenta os dados *não é* importante. Por exemplo, você pode querer armazenar os detalhes de algum usuário (como sua *id* e *senha*), mas pode não se importar com a ordem em que estão armazenados (apenas que existem). Com dados assim, é necessária uma alternativa para a lista/tupla do Python.

Uma Estrutura de Dados Desordenada: Dicionário

Se manter seus dados em uma ordem específica não é importante, mas a estrutura sim, o Python vem com duas estruturas de dados desordenadas: **dicionário** e **conjunto**. Vejamos cada um separadamente, começando com o dicionário do Python.

③ Dicionário: um conjunto não ordenado de pares de chave/valor

Dependendo do seu conhecimento em programação, pode ser que você já saiba o que é um **dicionário**, mas pode conhecê-lo por outro nome, como array associativo, mapa, tabela de símbolos ou hash.

Como as outras estruturas de dados em outras linguagens, o dicionário do Python permite armazenar uma coleção de pares de chave/valor. Cada **chave** única tem um **valor** associado no dicionário, e os dicionários podem ter vários pares. Os valores associados a uma chave podem ser qualquer objeto.

Os dicionários são desordenados e variáveis. Pode ser útil considerar o dicionário do Python como uma estrutura de dados com duas colunas e várias linhas. Como as listas, os dicionários podem aumentar (e diminuir) sob demanda.

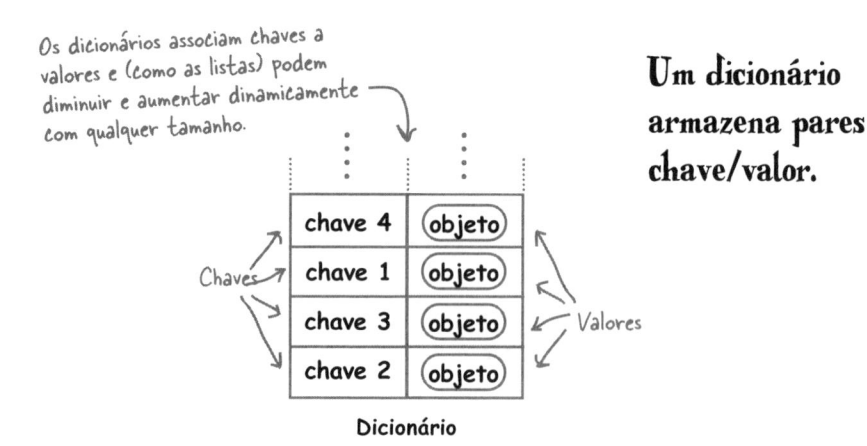

Os dicionários associam chaves a valores e (como as listas) podem diminuir e aumentar dinamicamente com qualquer tamanho.

```
         ┌─────────┬────────┐
         │ chave 4 │ objeto │
         ├─────────┼────────┤
  Chaves │ chave 1 │ objeto │
         ├─────────┼────────┤ Valores
         │ chave 3 │ objeto │
         ├─────────┼────────┤
         │ chave 2 │ objeto │
         └─────────┴────────┘
              Dicionário
```

Um dicionário armazena pares chave/valor.

Algo a observar ao se usar um dicionário é que não é possível contar com a ordenação interna usada pelo interpretador. Especificamente, a ordem na qual você adiciona os pares chave/valor a um dicionário não é mantida pelo interpretador, e não tem nenhum significado (para o Python). Isso pode ser um desafio aos programadores quando eles o veem pela primeira vez, portanto, estamos informando isso agora para que, quando nos encontrarmos de novo — e com detalhes — no próximo capítulo, você fique menos chocado. E esteja certo: é possível exibir os dados do dicionário em uma ordem específica, se necessário, e mostraremos como fazer isso no próximo capítulo também.

Uma Estrutura de Dados Que Evita Duplicatas: Conjunto

A estrutura de dados predefinida final é o **conjunto**, que será ótimo ter à mão quando você quiser remover rapidamente as duplicatas de qualquer coleção. E não se preocupe se a menção de conjuntos faz você se lembrar da aula de Matemática do ensino fundamental e o deixa suando frio. A implementação do Python de conjuntos pode ser usada em muitos lugares.

4. Conjunto: um conjunto desordenado de objetos únicos

No Python, um **conjunto** é uma estrutura de dados útil que lembra uma coleção de objetos afins enquanto assegura que nenhum deles seja duplicado.

O fato de que os conjuntos permitem realizar uniões, interseções e diferenças é um bônus (especialmente se você for um matemático que adora a Teoria dos Conjuntos).

Os conjuntos, como as listas e dicionários, podem aumentar (e diminuir) quando necessário. Como os dicionários, os conjuntos são desordenados, portanto, não é possível fazer suposições sobre a ordem dos objetos neles. Como as tuplas e os dicionários, você verá os conjuntos em ação no próximo capítulo.

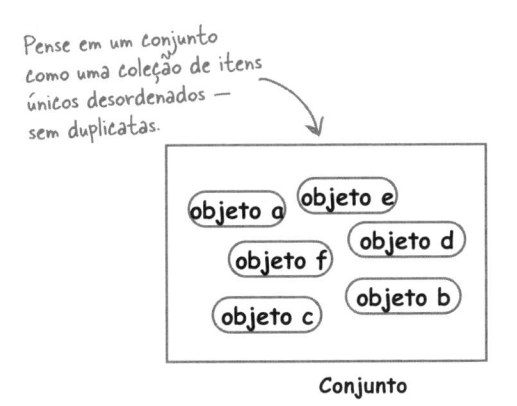

Pense em um conjunto como uma coleção de itens únicos desordenados — sem duplicatas.

objeto a, objeto e, objeto f, objeto d, objeto c, objeto b

Conjunto

Um conjunto não permite objetos duplicados.

A regra prática 80/20 da estrutura de dados

As quatro estruturas de dados predefinidas são úteis, mas não cobrem cada necessidade possível de dados. Contudo, cobrem muitas. É a história habitual das tecnologias planejadas para ser úteis no geral: cerca de 80% do que você precisa fazer é coberto, ao passo que os outros 20%, muito específicos, requerem que você realize mais trabalho. Posteriormente neste livro você aprenderá a estender o Python para que dê suporte a qualquer exigência de dados sob medida que possa ter. Contudo, agora, no restante deste capítulo e no próximo, nos concentramos nos 80% de suas necessidades de dados.

O restante deste capítulo é dedicado a explorar como trabalhar com a primeira das quatro estruturas de dados predefinidas: a **lista**. Conheceremos as três estruturas de dados restantes, **dicionário**, **conjunto** e **tupla**, no próximo capítulo.

listas por todo lugar

Uma Lista É uma Coleção Ordenada de Objetos

Quando você tiver muitos objetos afins e precisar colocá-los em algum lugar no código, pense na **lista**. Por exemplo, imagine que você tenha o valor das temperaturas diárias em um mês. Armazenar essas leituras em uma lista faz muito sentido.

Dado que os arrays tendem a ser homogêneos em outas linguagens de programação, no sentido de que você pode ter um array de inteiros, um array de strings ou um array das temperaturas, a **lista** do Python é menos restritiva. Você pode ter uma lista de *objetos*, e cada objeto pode ser de um tipo diferente. Além de serem **heterogêneas**, as listas são **dinâmicas**: elas podem aumentar e diminuir quando necessário.

Antes de aprender a trabalhar com listas, passaremos um tempo aprendendo a identificar as listas no código do Python.

Lista:
- objeto 4
- objeto 3
- objeto 2
- objeto 1
- objeto 0

Como identificar uma lista no código

As listas estão sempre entre **colchetes**, e os objetos contidos na lista são sempre separados por **vírgula**.

Lembre-se da lista **odds** do último capítulo, que continha os números ímpares de 0 a 60, como a seguir:

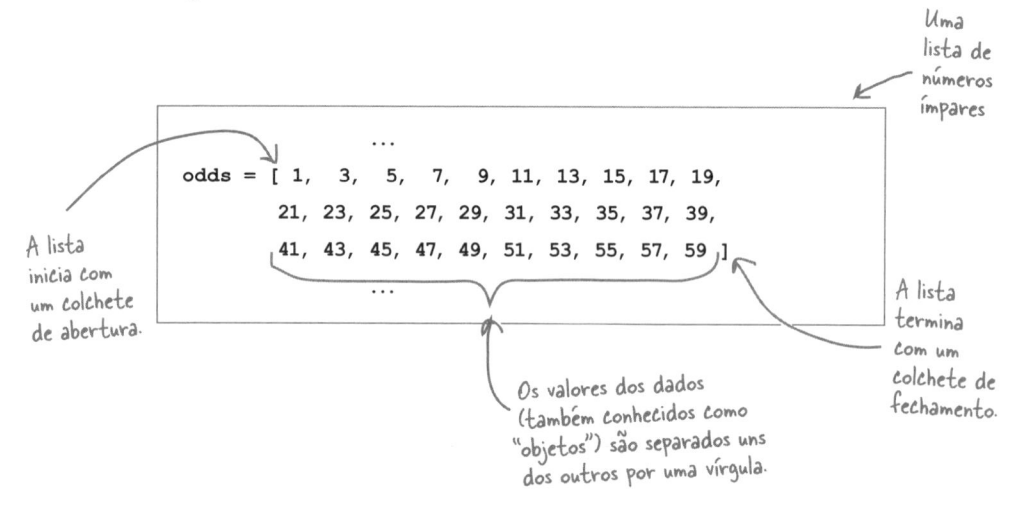

```
odds = [ 1,  3,  5,  7,  9, 11, 13, 15, 17, 19,
        21, 23, 25, 27, 29, 31, 33, 35, 37, 39,
        41, 43, 45, 47, 49, 51, 53, 55, 57, 59 ]
```

Uma lista de números ímpares

A lista inicia com um colchete de abertura.

A lista termina com um colchete de fechamento.

Os valores dos dados (também conhecidos como "objetos") são separados uns dos outros por uma vírgula.

Os programadores Python chamam uma lista que é criada onde os objetos são atribuídos a uma nova lista diretamente em seu código (como mostrado acima) de **lista literal**, pois é criada *e* preenchida de uma só vez.

Outro modo de criar e preencher uma lista é "aumentar" a lista no código, anexando objetos a ela quando o código é executado. Veremos um exemplo desse método adiante neste capítulo.

Vejamos alguns exemplos de lista literal.

As listas podem ser criadas literalmente ou "aumentadas" no código.

lista de dados

Criando Listas Literalmente

Nosso primeiro exemplo cria uma lista **vazia** atribuindo **[]** a uma variável chamada **prices**:

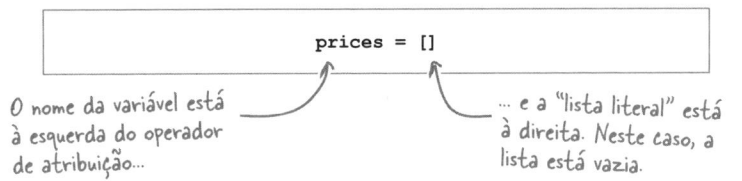

```
prices = []
```

O nome da variável está à esquerda do operador de atribuição...

... e a "lista literal" está à direita. Neste caso, a lista está vazia.

Lista

Veja uma lista das temperaturas em graus Fahrenheit, que é uma lista de flutuantes:

```
temps = [ 32.0, 212.0, 0.0, 81.6, 100.0, 45.3 ]
```

Os objetos (neste caso, alguns flutuantes) são separados por vírgulas e estão entre colchetes — é uma lista.

Que tal uma lista das palavras mais famosas na programação de computador? Aqui:

```
words = [ 'hello', 'world' ]
```

Uma lista de objetos string

Veja uma lista dos detalhes de um carro. Note como não tem problema armazenar os dados de tipos misturados em uma lista. Lembre que uma lista é uma "coleção de objetos afins". As duas strings, uma flutuante e uma inteira neste exemplo, são *objetos* do Python, portanto, podem ser armazenadas em uma lista, se necessário:

```
car_details = [ 'Toyota', 'RAV4', 2.2, 60807 ]
```

Uma lista de objetos de tipos diferentes

Nossos dois exemplos finais de listas literais exploram o fato de que — como no último exemplo — tudo é um objeto no Python. Como as strings, flutuantes e inteiras, as *listas são objetos também*. Veja um exemplo de uma lista de objetos da lista:

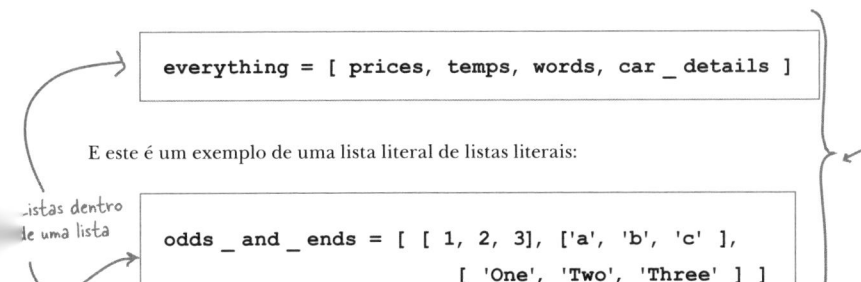

```
everything = [ prices, temps, words, car_details ]
```

E este é um exemplo de uma lista literal de listas literais:

```
odds_and_ends = [ [ 1, 2, 3], ['a', 'b', 'c' ],
                  [ 'One', 'Two', 'Three' ] ]
```

Listas dentro de uma lista

Não se preocupe se estes dois últimos exemplos estão assustando você. Não trabalharemos com nada tão complexo até um capítulo posterior.

você está aqui ▶ 55

listas ao trabalho

Colocando as Listas para Trabalhar

As listas literais na última página demonstram a rapidez com a qual as listas podem ser criadas e preenchidas no código. Digite os dados e você estará seguindo bem.

Em uma página ou duas, cobriremos o mecanismo que permite aumentar (ou diminuir) uma lista enquanto seu programa é executado. Afinal, há muitas situações nas quais você não sabe de antemão quais dados precisará armazenar, nem de quantos objetos precisará. Nesse caso, seu código tem que aumentar (ou "gerar") a lista, quando necessário. Você aprenderá a fazer isso dentro de algumas páginas.

Agora, imagine que haja uma exigência para determinar se certa palavra contém qualquer uma das vogais (ou seja, as letras *a*, *e*, *i*, *o* ou *u*). Podemos usar a lista do Python para ajudar a codificar uma solução para o problema? Vejamos se podemos propor uma solução experimentando no shell.

Trabalhando com listas

Usaremos o shell para definir primeiro uma lista chamadas `vowels`, então verificaremos se cada letra na palavra está na lista `vowels`. Definiremos uma lista de vogais:

```
>>> vowels = ['a', 'e', 'i', 'o', 'u']
```
← Uma lista de cinco vogais

Com `vowels` definida, agora precisamos de uma palavra para verificar, portanto, criaremos uma variável chamada `word` e a definiremos para "Milliways":

Uma palavra para verificar →
```
>>> word = "Milliways"
```

Um objeto está dentro de outro? Verifique com "in"

Se você se lembra dos programas do Capítulo 1, se lembrará de que usamos o operador `in` do Python para verificar a associação quando precisamos perguntar se um objeto estava dentro de outro. Podemos aproveitar `in` de novo aqui:

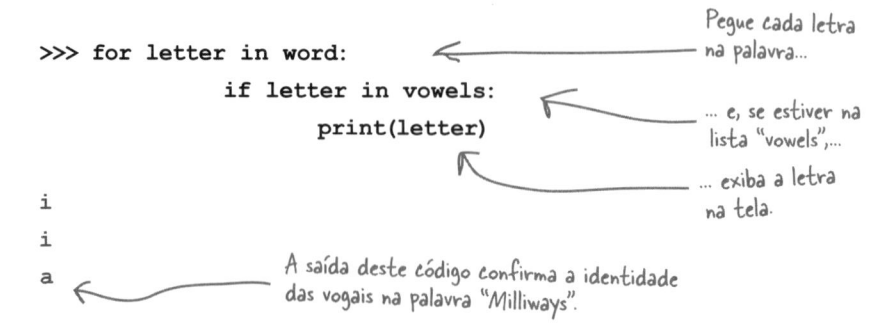

```
>>> for letter in word:
        if letter in vowels:
            print(letter)
i
i
a
```

← Pegue cada letra na palavra...

... e, se estiver na lista "vowels",...

... exiba a letra na tela.

← A saída deste código confirma a identidade das vogais na palavra "Milliways".

Usaremos este código como base para nosso trabalho com listas.

Use Seu Editor Ao Trabalhar com Mais Linhas de Código

Para aprender um pouco mais sobre como as listas funcionam, vamos pegar este código e estendê-lo para exibir apenas uma vez cada vogal encontrada. No momento, o código exibe cada vogal mais de uma vez na saída, caso a palavra sendo pesquisada contenha mais de uma instância da vogal.

Primeiro vamos copiar e colar o código que você acabou de digitar do shell para uma nova janela de edição IDLE (selecione *File...→New File...* no menu do IDLE). Faremos uma série de alterações nesse código, portanto, movê-lo para o editor faz muito sentido. Como regra geral, quando o código que estamos experimentando no prompt >>> começa a ter mais do que algumas linhas, achamos mais conveniente usar o editor. Salve suas cinco linhas de código como vowels.py.

Ao copiar o código do shell para o editor, **tenha cuidado para** *não* incluir o prompt >>> na cópia, pois seu código não será executado se você fizer isso (o interpretador gerará um erro de sintaxe quando encontrar >>>).

Quando você copiou seu código e salvou o arquivo, a janela de edição do IDLE ficou assim:

O código de exemplo da lista salvo como "vowels.py" em uma janela de edição do IDLE.

```
vowels = ['a', 'e', 'i', 'o', 'u']
word = "Milliways"
for letter in word:
    if letter in vowels:
        print(letter)
```

Não se esqueça: pressione F5 para executar seu programa

Com o código na janela de edição, pressione F5 e observe como o IDLE pula para uma janela reiniciada do shell, então, exibe a saída do programa:

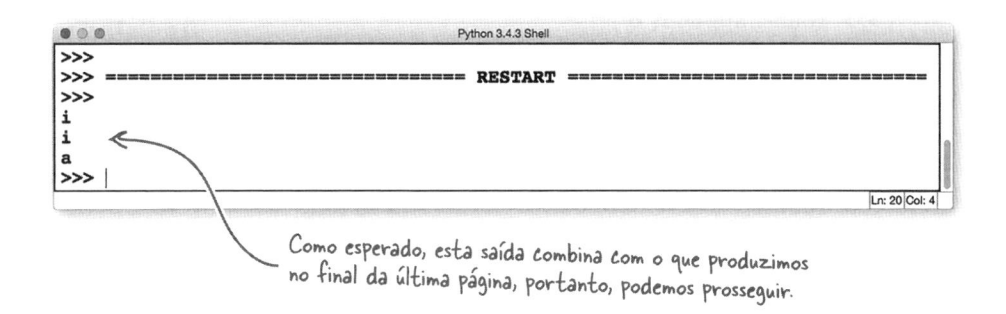

```
>>>
>>> ================================ RESTART ================================
>>>
i
i
a
>>>
```

Como esperado, esta saída combina com o que produzimos no final da última página, portanto, podemos prosseguir.

um de cada vez

"Aumentando" uma Lista na Execução

Nosso programa atual *exibe* cada vogal encontrada na tela, inclusive qualquer duplicata encontrada. Para listar cada vogal única encontrada (e evitar exibir as duplicadas), precisamos nos lembrar das vogais únicas encontradas, antes de exibi-las na tela. Para tanto, precisamos usar uma segunda estrutura de dados.

Não podemos usar a lista `vowels` existente, porque ela existe para que possamos determinar rapidamente se a letra que estamos processando atualmente é uma vogal. Precisamos de uma segunda lista que comece vazia, pois iremos preenchê-la durante a execução com qualquer vogal encontrada.

Como fizemos no último capítulo, experimentaremos no shell *antes* de fazer qualquer alteração em nosso código do programa. Para criar uma lista nova e vazia, decida sobre um novo nome da variável, e então atribua uma lista vazia a ele. Chamaremos nossa segunda lista de `found`. Aqui atribuímos uma lista vazia (`[]`) a `found`, depois usamos a função `len` predefinida do Python para verificar quantos objetos estão em uma coleção:

```
>>> found = []          ← Uma lista vazia...
>>> len(found)          ← ... que o interpretador (graças a "len")
0                         confirma não ter nenhum objeto.
```

A função predefinida "len" informa o tamanho de um objeto.

As listas vêm com uma coleção de **métodos** predefinidos que você pode usar para manipular os objetos da lista. Para chamar um método, use a *sintaxe da notação de ponto*: adicione o nome da lista com um ponto e a chamada do método. Encontraremos mais métodos depois no capítulo. Agora usaremos o método `append` para adicionar um objeto ao final da lista vazia que acabamos de criar:

```
>>> found.append('a')   ← Adicione uma lista existente durante a
                          execução usando o método "append".
>>> len(found)
1                       ← Agora o comprimento da lista aumentou.
>>> found               ← Pedir ao shell para exibir o conteúdo da lista
['a']                     confirma que o objeto agora faz parte da lista.
```

As chamadas repetidas do método `append` adicionam mais objetos ao final da lista:

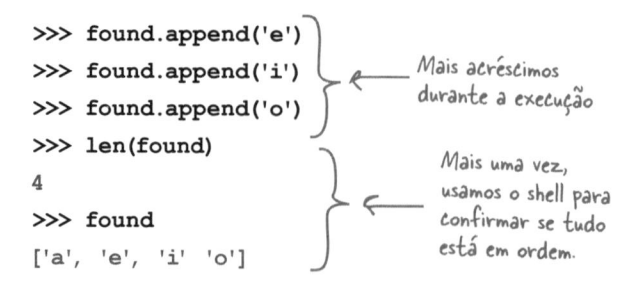

```
>>> found.append('e')
>>> found.append('i')   ← Mais acréscimos durante a execução
>>> found.append('o')
>>> len(found)
4                       ← Mais uma vez, usamos o shell para
>>> found                 confirmar se tudo está em ordem.
['a', 'e', 'i', 'o']
```

As listas vêm com muitos métodos predefinidos.

Agora vejamos o que está envolvido ao verificar se uma lista contém um objeto.

lista de dados

Verificando a Associação com "in"

Já sabemos como fazer isso. Lembre-se do exemplo "Milliways" algumas páginas atrás, assim como do código `odds.py` do capítulo anterior, que verificou para saber se um valor do minuto calculado estava na lista `odds`:

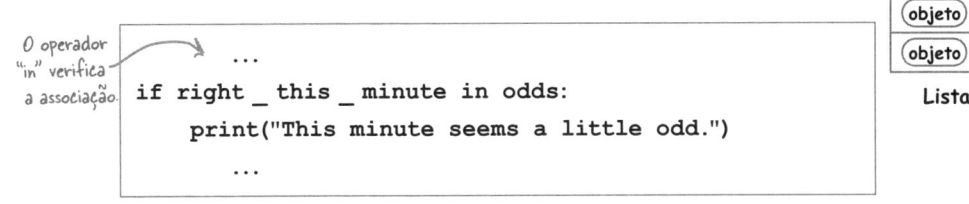

O operador "in" verifica a associação.

```
...
if right_this_minute in odds:
    print("This minute seems a little odd.")
...
```

objeto	4
objeto	3
objeto	2
objeto	1
objeto	0

Lista

O objeto é "in" ou "not in"?

Assim como se usa o operador `in` para se verificar se um objeto está contido em uma coleção, também é possível verificar se um objeto *não existe em uma coleção* usando-se a combinação de operadores `not in`.

Usar `not in` permite anexar uma lista existente *apenas* quando se sabe que o objeto a ser adicionado ainda não faz parte da lista:

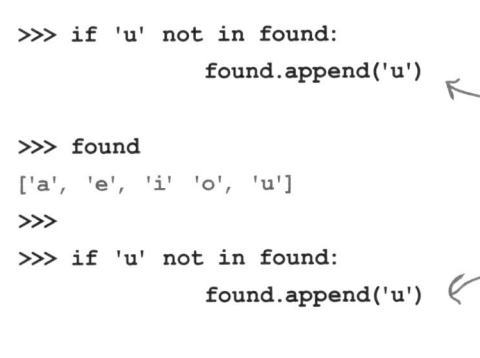

```
>>> if 'u' not in found:
            found.append('u')
```
A primeira chamada de "append" funciona, pois "u" não existe atualmente na lista "found" (como você viu na página anterior, a lista continha ['a', 'e', 'i', 'o']).

```
>>> found
['a', 'e', 'i' 'o', 'u']
>>>
>>> if 'u' not in found:
            found.append('u')
```
Esta próxima chamada de "append" não é executada, porque "u" já existe em "found", portanto, não precisa ser adicionado de novo.

```
>>> found
['a', 'e', 'i' 'o', 'u']
```

> Não seria melhor usar um conjunto aqui? Um conjunto não é a melhor escolha quando se está tentando evitar duplicadas?

Bem pensado. Um conjunto pode ser melhor aqui.

Mas não usaremos um conjunto até o próximo capítulo. Voltaremos a este exemplo quando usarmos. Agora concentre-se em aprender como uma lista pode ser gerada durante a execução com o método `append`.

vogais únicas apenas

É Hora de Atualizar Nosso Código

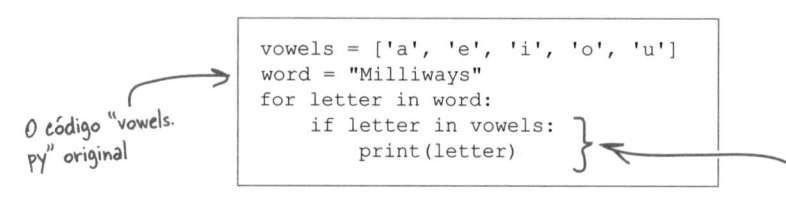

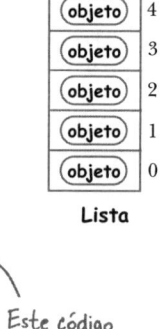

Agora que conhecemos not in e append, podemos alterar nosso código com certa confiança. Veja o código original de vowels.py novamente:

O código "vowels.py" original

```
vowels = ['a', 'e', 'i', 'o', 'u']
word = "Milliways"
for letter in word:
    if letter in vowels:
        print(letter)
```

Este código exibe as vogais na "palavra" como são encontradas.

(objeto) 4
(objeto) 3
(objeto) 2
(objeto) 1
(objeto) 0

Lista

Salve uma cópia deste código como vowels2.py para que possamos fazer nossas alterações nesta nova versão enquanto deixamos o código original intacto.

Precisamos adicionar a criação de uma lista found vazia. Então precisamos de um código extra para preencher found durante a execução. Como não exibiremos mais as vogais encontradas como as encontramos, outro loop for é requerido para processar a letras em found, e esse segundo for precisa ser executado *após* o primeiro (note como o recuo de ambos os loops é *alinhado* abaixo). O novo código do qual você precisa está destacado:

Este é "vowels2.py".

Comece com uma lista vazia.

```
vowels = ['a', 'e', 'i', 'o', 'u']
word = "Milliways"
found = []
for letter in word:
    if letter in vowels:
        if letter not in found:
            found.append(letter)
for vowel in found:
    print(vowel)
```

Inclua o código que decide se é para atualizar a lista de vogais encontradas.

Quando o primeiro loop "for" termina, o segundo é executado e exibe as vogais encontradas na "palavra".

Vamos fazer um ajuste final neste código para mudar a linha que define word para "Milliways" para ser mais *genérica* e mais *interativa*.

Alterar a linha de código que informa:

```
word = "Milliways"
```

para:

```
word = input("Provide a word to search for vowels: ")
```

instrui o interpretador a *solicitar* ao usuário uma palavra para pesquisar as vogais. A função input é outra parte da benevolência predefinida fornecida pelo Python.

Faça isso!

> Faça a alteração como sugerido à esquerda, e então salve o código atualizado como vowels3.py.

lista de dados

Test Drive

Com a alteração no final da última página aplicada e esta última versão do programa salva como `vowels3.py`, levaremos o programa para dar algumas voltas no IDLE. Lembre-se: para executar o programa várias vezes, você precisa voltar para a janela de edição do IDLE *antes* de pressionar a tecla F5.

Veja nossa versão do "vowels3.py" com a edição de "input" aplicada.

```
vowels = ['a', 'e', 'i', 'o', 'u']
word = input("Provide a word to search for vowels: ")
found = []
for letter in word:
    if letter in vowels:
        if letter not in found:
            found.append(letter)
for vowel in found:
    print(vowel)
```

E estas são nossas execuções de teste...

```
>>> ============================== RESTART ==============================
>>> 
Provide a word to search for vowels: Milliways
i
a
>>> ============================== RESTART ==============================
>>> 
Provide a word to search for vowels: Hitch-hiker
i
e
>>> ============================== RESTART ==============================
>>> 
Provide a word to search for vowels: Galaxy
a
>>> ============================== RESTART ==============================
>>> 
Provide a word to search for vowels: Sky
>>> 
```

Nossa saída confirma que este pequeno programa está funcionando como o esperado e até faz a *coisa certa* quando a palavra não tem vogais. Como você se saiu quando executou seu programa no IDLE?

manipulando listas

Removendo Objetos de uma Lista

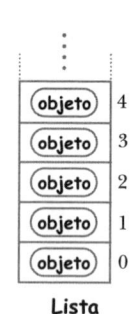

As listas no Python são como os arrays em outras linguagens e muito mais.

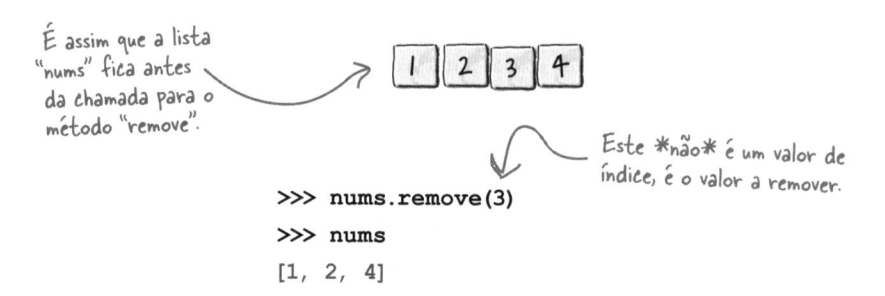

O fato de que as listas podem aumentar dinamicamente quando mais espaço é necessário (graças ao método `append`) é uma vantagem enorme de produtividade. Como muitas outras coisas no Python, o interpretador cuida dos detalhes para você. Se a lista precisar de mais memória, o interpretador *alocará* dinamicamente mais memória quando for preciso. Do mesmo modo, quando uma lista diminui, o interpretador *recupera* dinamicamente a memória de que a lista não precisa mais.

Existem outros métodos para ajudar a manipular as listas. Nas quatro páginas a seguir apresentamos os quatro métodos mais úteis: `remove`, `pop`, `extend` e `insert`:

(objeto)	4
(objeto)	3
(objeto)	2
(objeto)	1
(objeto)	0

Lista

① **remove: tem o valor de um objeto como seu único argumento**

O método `remove` remove a primeira ocorrência de um valor de dado específico de uma lista. Se o valor de dado for encontrado na lista, o objeto que o contém será removido de lá (e a lista diminuirá de tamanho em um valor). Se o valor de dados *não* estiver na lista, o interpretador *gerará um erro* (mais sobre isso depois):

```
>>> nums = [1, 2, 3, 4]
>>> nums
[1, 2, 3, 4]
```

É assim que a lista "nums" fica antes da chamada para o método "remove".

[1][2][3][4]

Este *não* é um valor de índice, é o valor a remover.

```
>>> nums.remove(3)
>>> nums
[1, 2, 4]
```

Após a chamada para "remove", o objeto com 3 tem seu valor retirado.

[1][2][4]

62   *Capítulo 2*

lista de dados

Retirando Objetos de uma Lista

O método `remove` é ótimo quando você conhece o valor do objeto que deseja remover. Mas, geralmente, você deseja remover um objeto de uma posição específica do índice.

Para tanto, o Python fornece o método `pop`:

2 pop: tem um valor do índice opcional como seu argumento

O método `pop` remove *e retorna* um objeto de uma lista existente com base no valor de índice do objeto. Se você chamar `pop` sem especificar um valor de índice, o último objeto na lista será removido e retornado. Se especificar um valor de índice, o objeto nesse local será removido e retornado. Se uma lista estiver vazia ou você chamar `pop` com um valor de índice inexistente, o interpretador *gerará um erro* (mais sobre isso depois).

Os objetos retornados por `pop` poderão ser atribuídos a uma variável se você quiser, e, nesse caso, serão mantidos. Contudo, se o objeto acrescentado não for atribuído a uma variável, sua memória será recuperada, e o objeto desaparecerá.

Antes de "pop" ser chamado, temos uma lista com três objetos.

| 1 | 2 | 4 |

Você não informou a "pop" qual item remover, portanto, ele opera no último item na lista.

```
>>> nums.pop()
4
>>> nums
[1, 2]
```

O método "pop" retorna o objeto removido, que é recuperado.

| 4 |

Depois de "pop", a lista diminui.

| 1 | 2 |

Como antes, "pop" retorna o objeto removido. Mais uma vez, o objeto é recuperado pelo interpretador.

| 1 |

Este é um valor de índice. Zero corresponde ao primeiro objeto na lista (o número 1).

```
>>> nums.pop(0)
1
```

Neste ponto, "nums" foi reduzido a uma lista com um item.

```
>>> nums
[2]
```

| 2 |

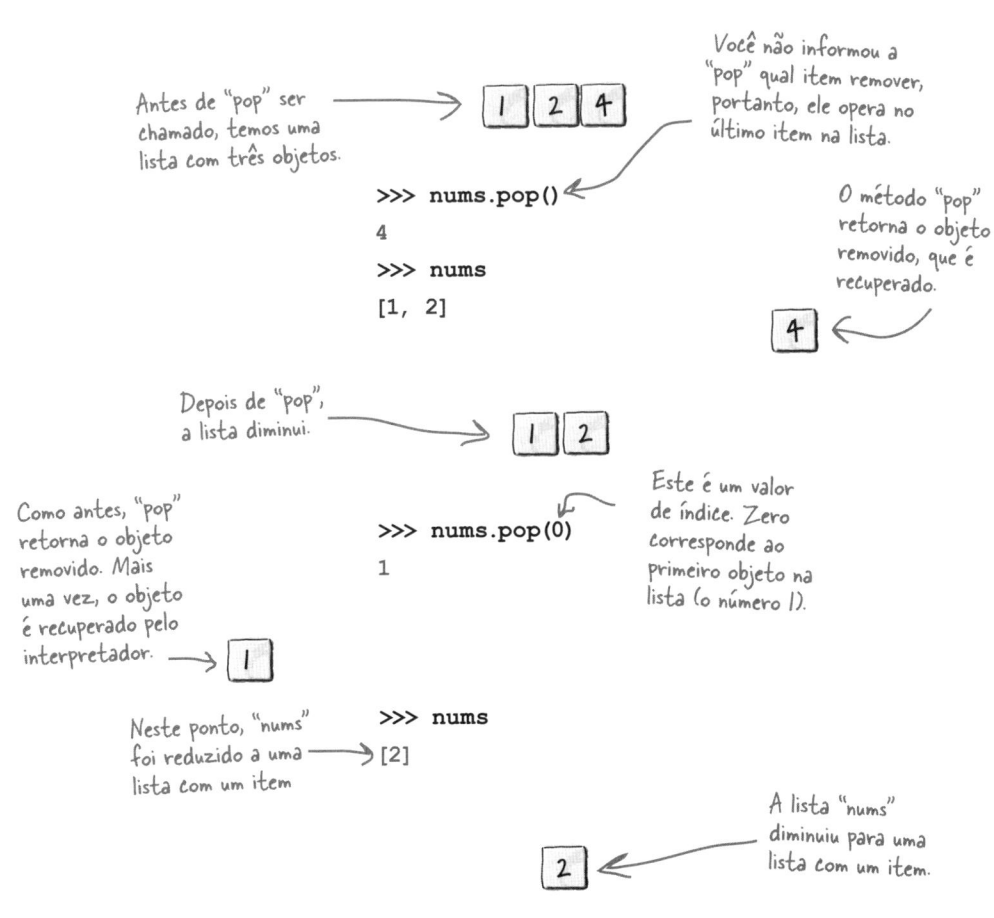

A lista "nums" diminuiu para uma lista com um item.

aumentando sua lista

Estendendo uma Lista com Objetos

Você já sabe que `append` pode ser usado para adicionar um objeto a uma lista existente. Outros métodos também podem adicionar dinamicamente dados a uma lista:

③ extend: tem uma lista de objetos como seu único argumento

O método `extend` tem uma segunda lista e adiciona cada um de seus objetos a uma lista existente. Esse método é muito útil para combinar duas listas em uma:

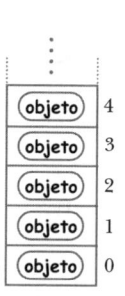

objeto	4
objeto	3
objeto	2
objeto	1
objeto	0

Lista

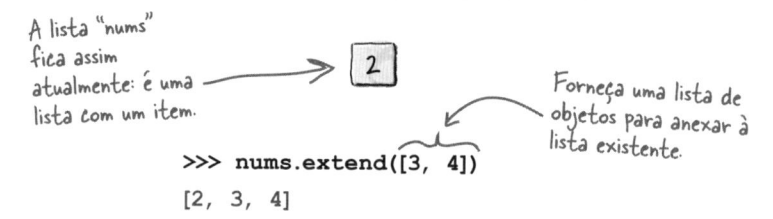

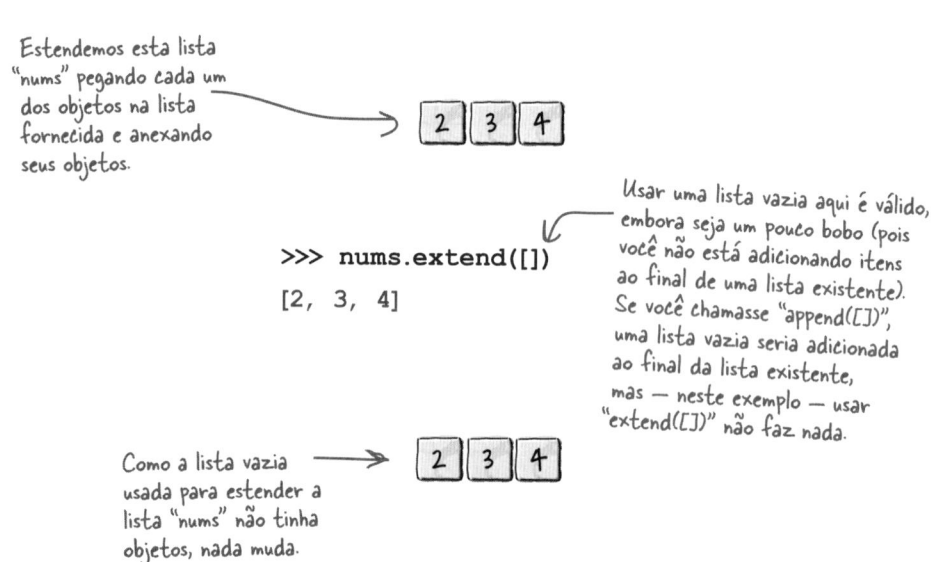

A lista "nums" fica assim atualmente: é uma lista com um item. → `2`

Forneça uma lista de objetos para anexar à lista existente.

```
>>> nums.extend([3, 4])
[2, 3, 4]
```

Estendemos esta lista "nums" pegando cada um dos objetos na lista fornecida e anexando seus objetos. → `2` `3` `4`

```
>>> nums.extend([])
[2, 3, 4]
```

Usar uma lista vazia aqui é válido, embora seja um pouco bobo (pois você não está adicionando itens ao final de uma lista existente). Se você chamasse "append([])", uma lista vazia seria adicionada ao final da lista existente, mas — neste exemplo — usar "extend([])" não faz nada.

Como a lista vazia usada para estender a lista "nums" não tinha objetos, nada muda. → `2` `3` `4`

Inserindo um Objeto em uma Lista

Os métodos `append` e `extend` têm muito uso, mas estão limitados a adicionar objetos ao final (e à direita) de uma lista existente. Algumas vezes, você desejará adicionar ao início (à esquerda) de uma lista. Quando esse for o caso, desejará usar o método `insert`.

⓸ **insert: tem um valor de índice e um objeto como seus argumentos**

O método `insert` insere um objeto em uma lista existente *antes* de um valor de índice específico. Isso permite inserir o objeto no início de uma lista existente ou em qualquer lugar na lista. Não é possível inserir no final da lista, pois é isso que o método `append` faz:

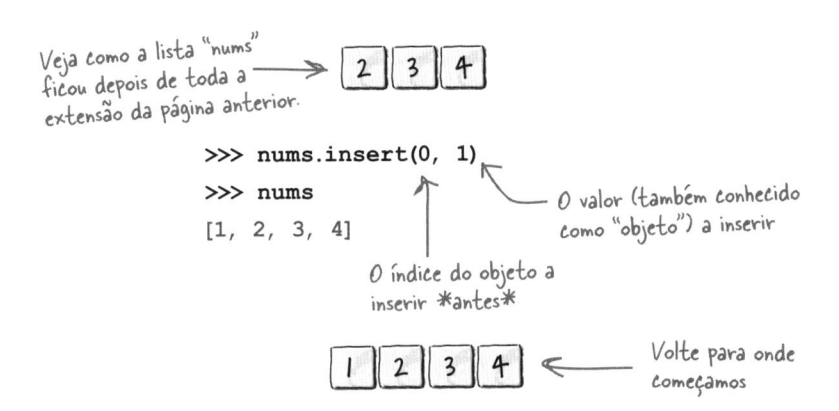

Veja como a lista "nums" ficou depois de toda a extensão da página anterior. → | 2 | 3 | 4 |

```
>>> nums.insert(0, 1)
>>> nums
[1, 2, 3, 4]
```

O valor (também conhecido como "objeto") a inserir

O índice do objeto a inserir *antes*

| 1 | 2 | 3 | 4 | ← Volte para onde começamos

Depois de toda remoção, acréscimo, extensão e inserção, acabamos com a mesma lista com a qual iniciamos algumas páginas atrás: `[1, 2, 3, 4]`.

Note como também é possível usar `insert` para adicionar um objeto a qualquer posição em uma lista existente. No exemplo acima, decidimos adicionar um objeto (o número 1) ao início da lista, mas poderíamos ter usado facilmente qualquer número de entrada para inserir *na* lista. Vejamos um exemplo final, que — só por diversão — adiciona uma string no meio da lista `nums`, graças ao uso do valor `2` como o primeiro argumento para `insert`:

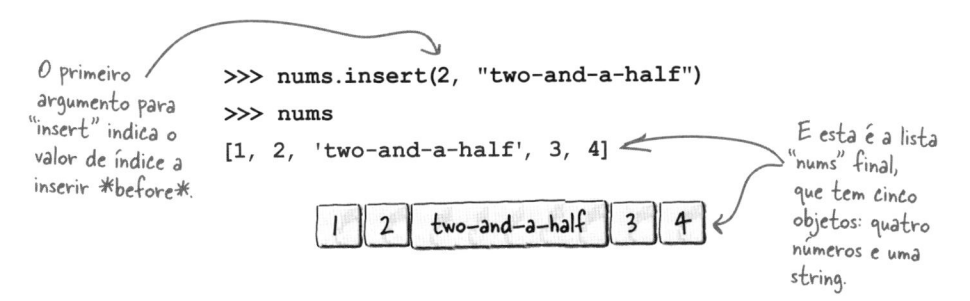

O primeiro argumento para "insert" indica o valor de índice a inserir *before*.

```
>>> nums.insert(2, "two-and-a-half")
>>> nums
[1, 2, 'two-and-a-half', 3, 4]
```

E esta é a lista "nums" final, que tem cinco objetos: quatro números e uma string.

| 1 | 2 | two-and-a-half | 3 | 4 |

Agora experimentaremos o uso desses métodos da lista.

como arrays?

Que Tal Usar Colchetes?

> Estou um pouco confusa. Você continua dizendo que as listas são "como arrays nas outras linguagens de programação", mas não fala nada sobre a notação de colchetes que uso com os arrays em minha linguagem de programação favorita. O que está acontecendo?

Não se preocupe, veremos isso daqui a pouco.

A familiar notação de colchetes que você conhece e adora para trabalhar com os arrays nas outas linguagens de programação, na verdade, funciona com as listas do Python. Porém, antes de analisarmos como, vamos nos divertir um pouco com alguns métodos da lista que você agora conhece.

---
não existem Perguntas Idiotas

P: Como descubro mais sobre estes e outros métodos da lista?

R: Você pede ajuda. No prompt >>>, digite **help(list)** para acessar a documentação da lista do Python (que fornece algumas páginas de material) ou digite **help(list.append)** para solicitar apenas a documentação do método append. Substitua append por qualquer outro nome do método para acessar a documentação do método.

Aponte o seu lápis

Hora do desafio.

Antes de você fazer qualquer outra coisa, pegue as sete linhas de código mostradas abaixo e digite-as em uma nova janela de edição do IDLE. Salve o código `panic.py` e execute-o (pressionando F5).

Estude as mensagens que aparecem na tela. Note como as quatro primeiras linhas de código têm uma string (em `phrase`), e transforme-a em uma lista (em `plist`), antes de exibir `phrase` e `plist` na tela.

As outras três linhas de código pegam `plist` e transformam de volta em uma string (in `new_phrase`) antes de exibir `plist` e `new_phrase` na tela.

Seu desafio é *transformar* a string `"Don't panic!"` na string `"on tap"` usando apenas os métodos da lista mostrados até agora no livro. (Não há nenhum significado oculto na escolha dessas duas strings: são apenas as letras em "on tap" aparecendo em "Don't panic!"). No momento, `panic.py` exibe "Don't panic!" *duas vezes*.

Sugestão: use um loop `for` ao realizar qualquer operação diversas vezes.

Estamos começando com uma string. →
```
phrase = "Don't panic!"
```
Transformamos a string em uma lista. →
```
plist = list(phrase)
print(phrase)
print(plist)
```
← *Exibimos a string e a lista na tela.*

Adicione o código de manipulação da lista aqui. →

....
....
....
....
....
....
....
....

```
new_phrase = ''.join(plist)
```
← *Esta linha pega a lista e a transforma de volta em uma string.*

Exibimos a lista transformada e a nova string na tela. →
```
print(plist)
print(new_phrase)
```

na pressão

Aponte o seu lápis
Solução

Chegou a hora do desafio.

Antes de fazer qualquer outra coisa, você pegou as sete linhas de código mostradas na página anterior e as digitou em uma nova janela de edição do IDLE, salvou o código como `panic.py` e executou (pressionando F5).

Seu desafio era *transformar* a string `"Don't panic!"` na string `"on tap"` usando apenas os métodos da lista mostrados até agora no livro. Antes das alterações, `panic.py` exibia "Don't panic!" *duas vezes*.

A nova string (exibindo "on tap") será armazenada na variável new_phrase.

```
phrase = "Don't panic!"
plist = list(phrase)
print(phrase)
print(plist)
```

Você teve que adicionar o código de manipulação da lista aqui. Isto é o que propusemos — não se preocupe se o seu for muito diferente. Há mais de um modo de realizar as transformações necessárias usando os métodos da lista.

```
for i in range(4):
    plist.pop()
```
← *Este pequeno loop retira os quatro últimos objetos de "plist". Não mais "nic!".*

Livre-se do 'D' no início da lista. →
```
plist.pop(0)
```

```
plist.remove(" ' ")
```
← *Encontre e remova o apóstrofo da lista.*

Troque os dois objetos no final da lista pelo primeiro pegando cada objeto na lista e usando os objetos obtidos para estender a lista. Você precisará pensar um pouco nesta linha de código. Ponto-chave: as inserções ocorrem *primeiro* (na ordem mostradas), e depois a extensão acontece. →
```
plist.extend([plist.pop(), plist.pop()])

plist.insert(2, plist.pop(3))
```

```
new_phrase = ''.join(plist)
print(plist)
print(new_phrase)
```

Esta linha de código obtém o espaço na lista e insere-o de volta na lista no local do índice 2. Como a última linha de código, o acréscimo ocorre *primeiro*, antes de a inserção acontecer. E lembre-se: os espaços são caracteres também.

Como há muita coisa acontecendo nesta solução do exercício, as duas páginas seguintes explicam o código em detalhes.

lista de dados

O Que Aconteceu com "plist"?

Vamos fazer uma pausa para considerar o que aconteceu com `plist` quando o código em `panic.py` foi executado.

À esquerda desta página (e na próxima) está o código de `panic.py`, que, como qualquer outro programa em Python, é executado de cima para baixo. À direita da página está uma representação visual de `plist`, com algumas notas sobre o que está acontecendo. Note como `plist` diminui e aumenta dinamicamente quando o código é executado:

```
objeto  4
objeto  3
objeto  2
objeto  1
objeto  0
```
Lista

O Código

O Estado de `plist`

```
phrase = "Don't panic!"
```

Neste ponto no código, `plist` ainda não existe. A segunda linha de código *transforma* a string `phrase` em uma nova lista, que é atribuída à variável `plist`:

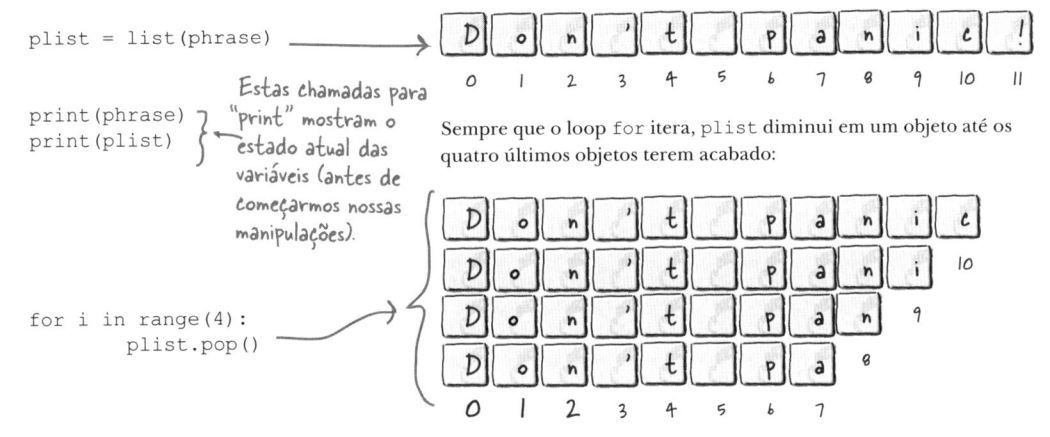

```
plist = list(phrase)
```

`D o n ' t   p a n i c !`
`0 1 2 3 4 5 6 7 8 9 10 11`

```
print(phrase)
print(plist)
```

Estas chamadas para "print" mostram o estado atual das variáveis (antes de começarmos nossas manipulações).

Sempre que o loop `for` itera, `plist` diminui em um objeto até os quatro últimos objetos terem acabado:

```
for i in range(4):
    plist.pop()
```

`D o n ' t   p a n i c`
`D o n ' t   p a n i` 10
`D o n ' t   p a n` 9
`D o n ' t   p a` 8
`0 1 2 3 4 5 6 7`

O loop termina, e `plist` diminuiu até restarem oito objetos. Agora é hora de nos livrarmos de alguns objetos indesejados. Outra chamada para `pop` remove o primeiro item na lista (que é o número do índice 0):

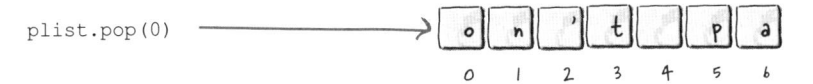

```
plist.pop(0)
```

`o n ' t   p a`
`0 1 2 3 4 5 6`

Com a letra D removida da frente da lista, uma chamada para `remove` despacha o apóstrofo:

```
plist.remove("'")
```

`o n t   p a`
`0 1 2 3 4 5`

manipulando plist

O que Aconteceu com "plist", Continuação

Pausamos por um momento para considerar o que aconteceu com `plist` quando o código em `panic.py` foi executado.

Com base na execução do código na última página, agora temos uma lista com seis itens com os caracteres o, n, t, espaço, p e a disponíveis. Continuaremos executando nosso código:

Lista
- objeto 4
- objeto 3
- objeto 2
- objeto 1
- objeto 0

O Código

O Estado de plist

É assim que fica `plist` como resultado da execução na página anterior:

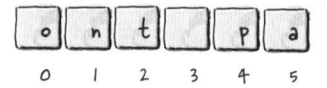

o	n	t		p	a
0	1	2	3	4	5

A próxima linha de código contém **três** chamadas do método: duas chamadas para `pop` e uma para `extend`. As chamadas para `pop` acontecem primeiro (da esquerda para a direita):

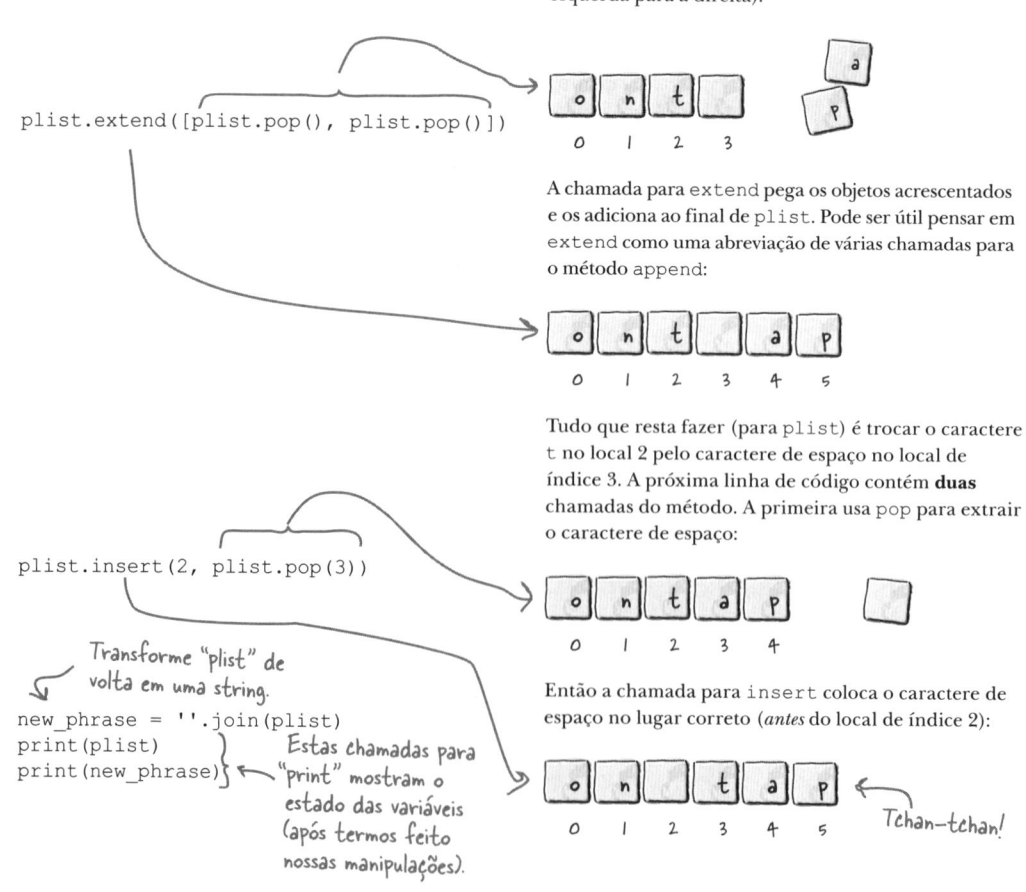

```
plist.extend([plist.pop(), plist.pop()])
```

o	n	t
0	1	2	3

a
p

A chamada para `extend` pega os objetos acrescentados e os adiciona ao final de `plist`. Pode ser útil pensar em `extend` como uma abreviação de várias chamadas para o método `append`:

o	n	t		a	p
0	1	2	3	4	5

Tudo que resta fazer (para `plist`) é trocar o caractere t no local 2 pelo caractere de espaço no local de índice 3. A próxima linha de código contém **duas** chamadas do método. A primeira usa `pop` para extrair o caractere de espaço:

```
plist.insert(2, plist.pop(3))
```

o	n	t	a	p
0	1	2	3	4

Então a chamada para `insert` coloca o caractere de espaço no lugar correto (*antes* do local de índice 2):

> Transforme "plist" de volta em uma string.

```
new_phrase = ''.join(plist)
print(plist)
print(new_phrase)
```

> Estas chamadas para "print" mostram o estado das variáveis (após termos feito nossas manipulações).

o	n		t	a	p
0	1	2	3	4	5

Tchan-tchan!

70 Capítulo 2

Listas: O Que Sabemos

Já vimos 20 páginas, então vamos dar uma parada e rever o que aprendermos sobre listas até agora:

PONTOS DE BALA

- As listas são ótimas para armazenar uma coleção de objetos afins. Se você tiver muitas coisas parecidas que gostaria de tratar como uma, a lista será um ótimo lugar para colocá-las.

- Uma lista é parecida com arrays em outras linguagens. Contudo, diferente dos arrays nas outras linguagens (que tendem a ter um tamanho fixo), as listas do Python podem aumentar e diminuir dinamicamente quando necessário.

- No código, uma lista de objetos fica entre colchetes, e os objetos da lista são separados por uma vírgula.

- Uma lista vazia é representada assim: [].

- O modo mais rápido de verificar se um objeto está em uma lista é usar o operador in do Python, que verifica a associação.

- Aumentar uma lista durante a execução é possível devido à inclusão de muitos métodos da lista, que incluem append, extend e insert.

- Diminuir uma lista durante a execução é possível devido à inclusão dos métodos remove e pop.

Tudo bem, mas há algo em que preciso prestar atenção ao manipular as listas?

Sim. Sempre é preciso ter cuidado.

Trabalhar e manipular as listas no Python geralmente é muito conveniente, e é preciso ter cuidado para assegurar que o interpretador esteja fazendo exatamente o que você deseja.

Um exemplo claro é copiar uma lista para outra. Você está copiando a lista ou está copiando os objetos na lista? Dependendo de sua resposta ou do que você está tentando fazer, o interpretador se comportará de modo diferente. Vire a página para descobrir o que queremos dizer com isso.

tenha cuidado com a *cópia*

Parece uma Cópia, Mas Não É

Ao copiar uma lista existente para outra, é tentador usar o operador de atribuição:

```
>>> first = [1, 2, 3, 4, 5]
>>> first
[1, 2, 3, 4, 5]
>>> second = first
>>> second
[1, 2, 3, 4, 5]
```

Crie uma nova lista (e atribua cinco objetos de número a ela).

Os cinco números da lista "first"

"Copie" a lista existente para uma nova, chamada "second".

Os cinco números da lista "second"

Até agora, tudo bem. Parece que funcionou, pois os cinco objetos de número de first foram copiados para second:

first ●————▶ ⬚1⬚ ⬚2⬚ ⬚3⬚ ⬚4⬚ ⬚5⬚ ◀———— ● second

Foram mesmo? Vejamos o que acontece quando anexamos com append um novo número a second, o que parece ser algo razoável a fazer, mas que leva a um problema:

```
>>> second.append(6)
>>> second
[1, 2, 3, 4, 5, 6]
```

Parece certo, mas não está.

De novo, até agora, tudo bem — mas há um **erro** aqui. Veja o que acontece quando pedimos que o shell exiba o conteúdo de first — o novo objeto é anexado a first também!

```
>>> first
[1, 2, 3, 4, 5, 6]
```

Opa! O novo objeto é anexado a "first" também.

first ●————▶ ⬚1⬚ ⬚2⬚ ⬚3⬚ ⬚4⬚ ⬚5⬚ ⬚6⬚ ◀———— ● second

É um problema, pois first e second estão apontando para os mesmos dados. Se você mudar uma lista, a outra mudará também. Isso não é bom.

lista de dados

Como Copiar uma Estrutura de Dados

Se usar o operador de atribuição não é o modo de copiar uma lista para outra, qual é? O que está acontecendo é que uma **referência** para a lista é *compartilhada* entre `first` e `second`.

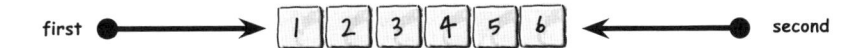

```
first ●───────▶ [1][2][3][4][5][6] ◀───────● second
```

Para resolver o problema, as listas vêm com um método `copy`, que faz a coisa certa. Veja como `copy` funciona:

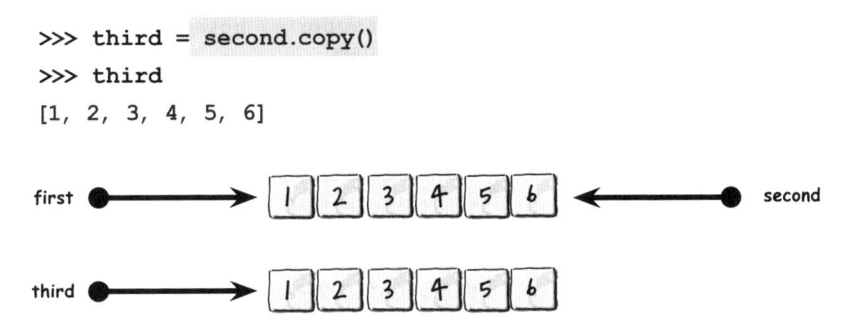

```
>>> third = second.copy()
>>> third
[1, 2, 3, 4, 5, 6]
```

```
first ●───────▶ [1][2][3][4][5][6] ◀───────● second

third ●───────▶ [1][2][3][4][5][6]
```

Com `third` criada (graças ao método `copy`), anexaremos um objeto, e então veremos o que acontece:

```
>>> third.append(7)
>>> third
[1, 2, 3, 4, 5, 6, 7]
>>> second
[1, 2, 3, 4, 5, 6]
```

A lista "third" aumentou em um objeto.

Muito melhor. A lista existente não mudou.

> **Não use o operador de atribuição para copiar uma lista; use o método "copy".**

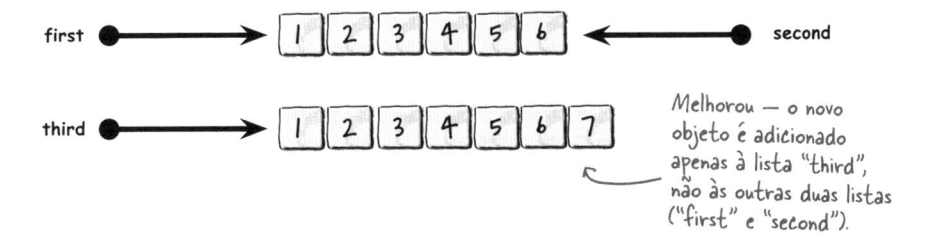

```
first ●───────▶ [1][2][3][4][5][6] ◀───────● second

third ●───────▶ [1][2][3][4][5][6][7]
```

Melhorou — o novo objeto é adicionado apenas à lista "third", não às outras duas listas ("first" e "second").

Colchetes por Todo Lugar

Mal posso acreditar em quantos colchetes existiam na última página... mas ainda não vi como eles podem ser usados para selecionar e acessar os dados em minha lista do Python.

O Python suporta a notação de colchetes e muito mais.

Todos que usavam colchetes com um array em quase toda linguagem de programação sabem que podem acessar o primeiro valor em um array chamado `names` usando `names[0]`. O próximo valor estará em `names[1]`, o seguinte, em `names[2]`, e assim por diante. O Python também funciona desse modo ao acessar os objetos em qualquer lista.

Contudo, o Python estende a notação para melhorar esse comportamento padronizado suportando **valores de índice negativos** (-1, -2, -3 etc.), assim como uma notação para selecionar um **intervalo** de objetos em uma lista.

Listas: Atualizando O Que Você Já Sabe

Antes de nos aprofundarmos na descrição de como o Python estende a notação de colchetes, aumentaremos nossa lista de pontos de bala:

PONTOS DE BALA

- Tome cuidado ao copiar uma lista para outra. Se você quiser fazer com que outra variável referencie uma lista existente, use o operador de atribuição (=). Se quiser fazer uma cópia dos objetos em uma lista existente e usá-los para inicializar uma nova lista, use o método `copy`.

lista de dados

As Listas Estendem a Notação de Colchetes

Toda nossa conversa sobre as listas do Python sendo arrays em outras linguagens de programação não era apenas conversa fiada. Como as outras linguagens, o Python começa contando do zero ao numerar os locais do índice e usa a conhecida **notação de colchetes** para acessar os objetos em uma lista.

Diferente das outras linguagens de programação, o Python permite acessar a lista relativa a cada extremidade: os valores do índice positivos contam da esquerda para a direita, ao passo que os valores do índice negativos contam da direita para a esquerda:

As listas do Python entendem os números do índice positivos, que começam a partir de 0...

```
  0   1   2   3   4   5   6   7   8   9  10  11
  D   o   n   '   t       p   a   n   i   c   !
 -12 -11 -10  -9  -8  -7  -6  -5  -4  -3  -2  -1
```

... assim como os valores do índice negativos, que começam a partir de -1.

Vejamos alguns exemplos enquanto trabalhamos no shell:

```
>>> saying = "Don't panic!"
>>> letters = list(saying)
>>> letters
['D', 'o', 'n', "'", 't', ' ', 'p', 'a', 'n', 'i', 'c', '!']
>>> letters[0]
'D'
>>> letters[3]
"'"
>>> letters[6]
'p'
```

Cria uma lista de letras.

Usar valores do índice positivos conta da esquerda para a direita...

```
>>> letters[-1]
'!'
>>> letters[-3]
'i'
>>> letters[-6]
'p'
```

... ao passo que os valores do índice negativos contam da direita para a esquerda.

Quando as listas aumentam ou diminuem enquanto o código do Python é executado, poder indexar na lista usando um valor do índice negativo geralmente é útil. Por exemplo, usar -1 como o valor do índice é sempre uma garantia de retorno do último objeto na lista, *não importando o tamanho da lista*, assim como usar 0 sempre retorna o primeiro objeto.

As extensões do Python para a notação de colchetes não param com o suporte dos valores do índice negativos. As listas entendem **start**, **stop** e **step** também.

É fácil obter o primeiro e o último objetos em qualquer lista.

```
>>> first = letters[0]
>>> last = letters[-1]
>>> first
'D'
>>> last
'!'
```

As listas Entendem Start, Stop e Step

Encontramos pela primeira vez **start**, **stop** e **step** no capítulo anterior quando analisamos a versão com três argumentos da função `range`:

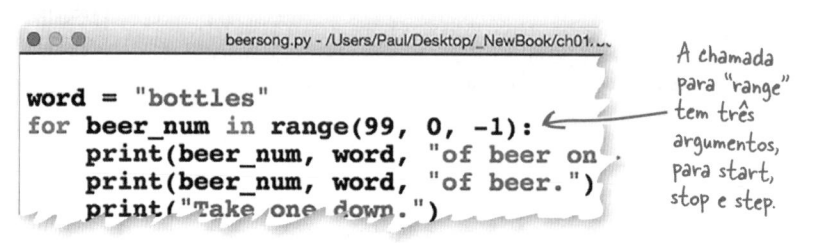

```
word = "bottles"
for beer_num in range(99, 0, -1):
    print(beer_num, word, "of beer on")
    print(beer_num, word, "of beer.")
    print("Take one down.")
```

A chamada para "range" tem três argumentos, para start, stop e step.

Lista: objeto 4, objeto 3, objeto 2, objeto 1, objeto 0

Lembre-se do que significam **start**, **stop** e **step** ao especificar os intervalos (e vamos relacioná-los às listas):

- **O valor START permite controlar ONDE range começa.**

  Quando usado com listas, o valor **start** indica o valor do índice inicial.

- **O valor STOP permite controlar QUANDO range termina.**

  Quando usado com listas, o valor **stop** indica o valor do índice no qual parar, **mas não o inclui**.

- **O valor STEP permite controlar COMO range é gerado.**

  Quando usado com listas, o valor **step** se refere ao *passo* a adotar.

Você pode colocar start, stop e step entre colchetes

Quando usados com listas, **start**, **stop** e **step** são especificados *dentro* de colchetes e separados uns dos outros pelo caractere de dois-pontos (:):

letters[*start:stop:step*]

A notação de colchetes é estendida para trabalhar com start, stop e step.

Pode parecer um pouco complicado, mas todos os três valores são *opcionais* quando usados juntos:

> Quando **start** não existe, tem um valor padrão 0.
>
> Quando **stop** não existe, adota o valor máximo permitido para a lista.
>
> Quando **step** não existe, tem um valor padrão 1.

Fatias da Lista em Ação

Dada a lista `letters` existente de algumas páginas atrás, é possível especificar os valores para **start**, **stop** e **step** de várias maneiras.

Vejamos alguns exemplos:

Todas as letras

```
>>> letters
['D', 'o', 'n', "'", 't', ' ', 'p', 'a', 'n', 'i', 'c', '!']
```

Toda terceira letra até (mas não inclusive) o local do índice 10

```
>>> letters[0:10:3]
['D', "'", 'p', 'i']
```

Pule as três primeiras letras, então me dê o resto.

```
>>> letters[3:]
["'", 't', ' ', 'p', 'a', 'n', 'i', 'c', '!']
```

Todas as letras até (mas não inclusive) o local do índice 10

```
>>> letters[:10]
['D', 'o', 'n', "'", 't', ' ', 'p', 'a', 'n', 'i']
```

Toda segunda letra

```
>>> letters[::2]
['D', 'n', 't', 'p', 'n', 'c']
```

Usar a *notação de fatia* para start, stop e step com as listas é muito poderoso (sem mencionar a utilidade), e você deve reservar um tempo para entender como esses exemplos funcionam. Acompanhe no prompt >>> e sinta-se à vontade para experimentar a notação também.

Perguntas Idiotas (não existem)

P: Notei que alguns caracteres nesta página estão com aspas simples e outros com aspas duplas. Há algum tipo de padrão que devo seguir?

R: Não há nenhum padrão, pois o Python permite usar aspas simples ou duplas nas strings com qualquer tamanho, inclusive as strings que contêm apenas um caractere (como as mostradas nesta página; tecnicamente, elas são strings com caractere simples, não letras). A maioria dos programadores Python usa aspas simples para delimitar suas strings (mas é uma preferência, não uma regra). Se uma string contiver aspas simples, as aspas duplas poderão ser usadas para evitar a exigência de aplicar escape nos caracteres com uma barra invertida (\), porque a maioria dos programadores acha mais fácil ler `"'"` do que `'\''`. Você verá mais exemplos de ambas as aspas usadas nas duas página a seguir.

iniciar parar a lista

Iniciando e Parando com Listas

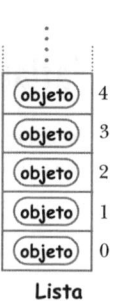

Acompanhe os exemplos nesta página (e na próxima) no prompt >>> e verifique se você obtém a mesma saída que a nossa.

Começamos transformando uma string em uma lista de letras:

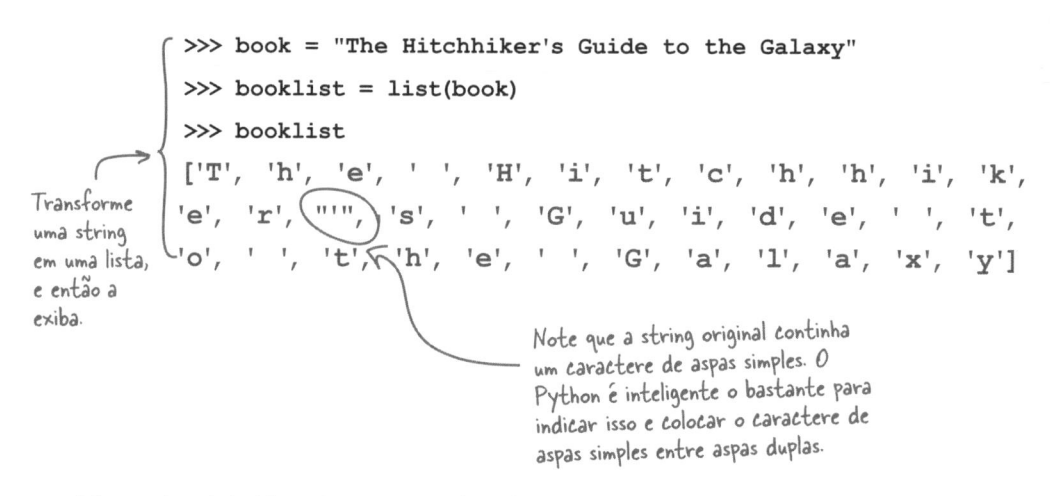

Lista

```
>>> book = "The Hitchhiker's Guide to the Galaxy"
>>> booklist = list(book)
>>> booklist
['T', 'h', 'e', ' ', 'H', 'i', 't', 'c', 'h', 'h', 'i', 'k',
 'e', 'r', "'", 's', ' ', 'G', 'u', 'i', 'd', 'e', ' ', 't',
 'o', ' ', 't', 'h', 'e', ' ', 'G', 'a', 'l', 'a', 'x', 'y']
```

Transforme uma string em uma lista, e então a exiba.

Note que a string original continha um caractere de aspas simples. O Python é inteligente o bastante para indicar isso e colocar o caractere de aspas simples entre aspas duplas.

A lista recém-criada (chamada `booklist` acima) é usada para selecionar um intervalo de letras dentro da lista:

```
>>> booklist[0:3]
['T', 'h', 'e']
```

Seleciona os três primeiros objetos (letras) na lista.

```
>>> ''.join(booklist[0:3])
'The'
```

```
>>> ''.join(booklist[-6:])
'Galaxy'
```

Transforma o intervalo selecionado em uma string (que você aprendeu a fazer perto do final do código de "panic.py"). O segundo exemplo seleciona os últimos seis objetos na lista.

Reserve um tempo para estudar esta página (e a próxima) até estar confiante de que aprendeu como cada exemplo funciona e experimente cada exemplo no IDLE.

Com o último exemplo acima, note como o interpretador está contente em usar qualquer valor padrão para **start**, **stop** e **step**.

Avançando com as Listas

Veja mais dois exemplos que mostram o uso de **step** com as listas.

O primeiro exemplo seleciona todas as letras, começando no final da lista (ou seja, está selecionando *ao contrário*), ao passo que o segundo seleciona letra sim, letra não na lista. Note como o valor **step** controla este comportamento:

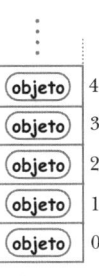

```
>>> backwards = booklist[::-1]
>>> ''.join(backwards)
"yxalaG eht ot ediuG s'rekihhctiH ehT"
```

Parece um jargão, não é? Mas é, na verdade, a string original invertida.

```
>>> every_other = booklist[::2]
>>> ''.join(every_other)
"TeHthie' ud oteGlx"
```

E isto parece sem sentido! Mas "every_other" é uma lista de cada segundo objeto (letra) começando no primeiro e indo até o último. Nota: "start" e "stop" são o padrão.

Os dois exemplos finais confirmam que é possível iniciar e parar em qualquer lugar na lista, e selecionar os objetos. Quando você faz isso, os dados retornados são referidos como **fatia**. Pense em uma fatia como o *fragmento* de uma lista existente.

Ambos os exemplos selecionam as letras de `booklist` que compõem a palavra `'Hitchhiker'`. A primeira seleção é reunida para mostrar a palavra `'Hitchhiker'`, ao passo que a segunda mostra `'Hitchhiker'` ao contrário:

```
>>> ''.join(booklist[4:14])
'Hitchhiker'
```

Fatia a palavra "Hitchhiker".

Uma "fatia" é um fragmento de uma lista

```
>>> ''.join(booklist[13:3:-1])
'rekihhctiH'
```

Fatia a palavra "Hitchhiker", mas faz isso na ordem inversa (ou seja, ao contrário).

Fatias por todo lugar

A notação de fatia não funciona com as listas. Na verdade, você descobrirá que pode fatiar qualquer sequência no Python, acessando com **[*start*:*stop*:*step*]**.

um pouco mais de pânico

Colocando as Fatias para Trabalhar nas Listas

A notação de fatia do Python é uma extensão útil da notação de colchetes e é usada em muitos lugares na linguagem. Você verá muitos usos das fatias quando continuar a trabalhar neste livro.

Por ora, vejamos a notação de colchetes do Python (inclusive o uso de fatias) em ação. Pegaremos o programa `panic.py` de antes e iremos refatorá-lo para usar a notação de colchetes e fatias para conseguir o que foi feito anteriormente com os métodos da lista.

Antes do trabalho real, há um rápido lembrete do que `panic.py` faz.

```
          objeto   4
          objeto   3
          objeto   2
          objeto   1
          objeto   0
           Lista
```

Convertendo "Don't panic!" em "on tap"

Este código transforma uma string em outra manipulando uma lista existente com os métodos da lista. Começando com a string `"Don't panic!"`, este código produziu `"on tap"` após as manipulações:

Este é o "panic.py".

Exibe o estado inicial da string e da lista.

Usa uma coleção dos métodos da lista para transformar e manipular a lista de objetos.

Exibe o estado resultante da string e da lista.

```python
phrase = "Don't panic!"
plist = list(phrase)
print(phrase)
print(plist)
for i in range(4):
    plist.pop()
plist.pop(0)
plist.remove("'")
plist.extend([plist.pop(), plist.pop()])
plist.insert(2, plist.pop(3))
new_phrase = ''.join(plist)
print(plist)
print(new_phrase)
```

Veja a saída produzida por este programa quando executado no IDLE:

```
================================ RESTART ================================
>>>
Don't panic!
['D', 'o', 'n', "'", 't', ' ', 'p', 'a', 'n', 'i', 'c', '!']
['o', 'n', ' ', 't', 'a', 'p']
on tap
>>>
```

A string "Don't panic!" é transformada em "on tap" graças aos métodos da lista.

lista de dados

Colocando as Fatias para Trabalhar nas Listas, Continuação

Chegou a hora do trabalho real. Veja o código `panic.py` de novo, com o código que você precisa alterar destacado:

```
phrase = "Don't panic!"
plist = list(phrase)
print(phrase)
print(plist)
for i in range(4):
    plist.pop()
plist.pop(0)
plist.remove("'")
plist.extend([plist.pop(), plist.pop()])
plist.insert(2, plist.pop(3))
new_phrase = ''.join(plist)
print(plist)
print(new_phrase)
```

Estas são as linhas de código que você precisa alterar.

objeto	4
objeto	3
objeto	2
objeto	1
objeto	0

Lista

✏️ Aponte o seu lápis

Para este exercício, substitua o código destacado acima pelo novo código que aproveita a notação de colchetes do Python. Note que você ainda pode usar os métodos da lista onde faz sentido. Como antes, você está tentando transformar `"Don't panic!"` em `"on tap"`. Adicione seu código no espaço fornecido e nomeie o novo programa como `panic2.py`:

```
phrase = "Don't panic!"
plist = list(phrase)
print(phrase)
print(plist)
................................................................

................................................................

................................................................

................................................................

................................................................
print(plist)
print(new_phrase)
```

você está aqui ▶ **81**

não entre em pânico de novo

Aponte o seu lápis
Solução

Para este exercício, você teve que substituir o código destacado na página anterior pelo novo código que aproveita a notação de colchetes do Python. Note que você ainda pode usar os métodos da lista onde faz sentido. Como antes, você está tentando transformar "Don't panic!" em "on tap". Você teve que nomear seu novo programa como panic2.py:

```
phrase = "Don't panic!"
plist = list(phrase)
print(phrase)
print(plist)
```

```
new_phrase = ''.join(plist[1:3])
```
← Começamos fatiando a palavra "on" em "plist"...

```
new_phrase = new_phrase + ''.join([plist[5], plist[4], plist[7], plist[6]])
```

```
print(plist)
print(new_phrase)
```
... então pegamos cada letra adicional de que precisávamos: espaço, "t", "a" e "p".

> Qual desses dois programas — "panic.py" ou "panic2.py" — é melhor?

É uma ótima pergunta.

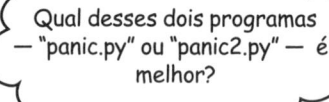

Alguns programadores verão o código em panic2.py e, ao compará-lo com o código em panic.py, concluirão que duas linhas de código são sempre melhores do que sete, especialmente quando a saída de ambos os programas é igual. O que é uma ótima medida de "superioridade", mas não é realmente útil neste caso.

Para ver o que significa isso, veja a saída produzida pelos dois programas.

lista de dados

Test Drive

Use o IDLE para abrir `panic.py` e `panic2.py` em janelas de edição separadas. Selecione primeiro a janela `panic.py`, e então pressione F5. Em seguida, selecione a janela `panic2.py` e pressione F5. Compare os resultados dos dois programas no shell.

"panic.py"

```python
phrase = "Don't panic!"
plist = list(phrase)
print(phrase)
print(plist)

for i in range(4):
    plist.pop()
plist.pop(0)
plist.remove("'")
plist.extend([plist.pop(), plist.pop()])
plist.insert(2, plist.pop(3))

new_phrase = ''.join(plist)
print(plist)
print(new_phrase)
```

"panic2.py"

```python
phrase = "Don't panic!"
plist = list(phrase)
print(phrase)
print(plist)

new_phrase = ''.join(plist[1:3])
new_phrase = new_phrase + ''.join([plist[5], plist[4], plist[7], plist[6]])

print(plist)
print(new_phrase)
```

A saída produzida ao executar o programa *"panic.py"*

```
>>> ================================ RESTART ================================
>>>
Don't panic!
['D', 'o', 'n', "'", 't', ' ', 'p', 'a', 'n', 'i', 'c', '!']
['o', 'n', ' ', 't', 'a', 'p']
on tap
>>> ================================ RESTART ================================
>>>
Don't panic!
['D', 'o', 'n', "'", 't', ' ', 'p', 'a', 'n', 'i', 'c', '!']
['D', 'o', 'n', "'", 't', ' ', 'p', 'a', 'n', 'i', 'c', '!']
on tap
>>>
```

A saída produzida ao executar o programa *"panic2.py"*

Observe como essas saídas são diferentes.

qual pânico?

Qual É Melhor? Depende...

Executamos `panic.py` e `panic2.py` no IDLE para ajudar a determinar qual dos dois programas é "melhor".

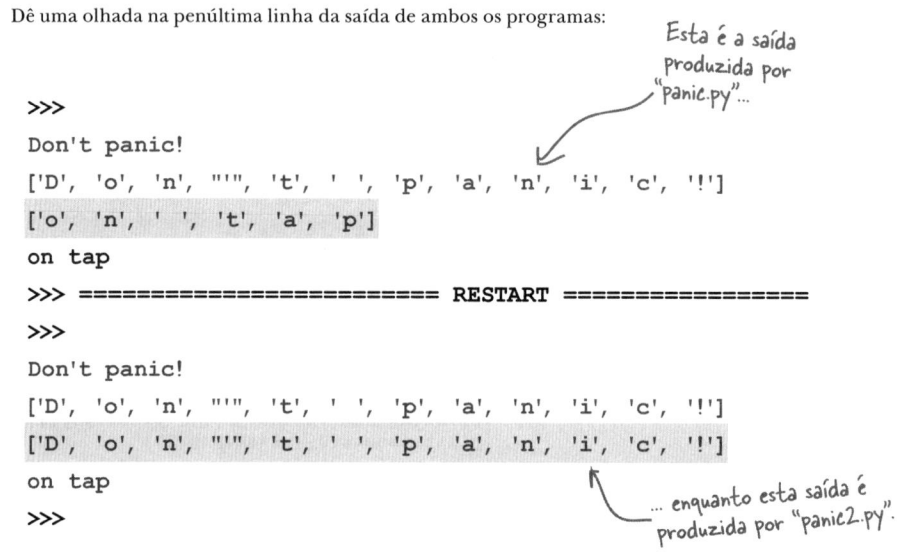

Dê uma olhada na penúltima linha da saída de ambos os programas:

Esta é a saída produzida por "panic.py"...

```
>>>
Don't panic!
['D', 'o', 'n', "'", 't', ' ', 'p', 'a', 'n', 'i', 'c', '!']
['o', 'n', ' ', 't', 'a', 'p']
on tap
>>> ========================= RESTART =================
>>>
Don't panic!
['D', 'o', 'n', "'", 't', ' ', 'p', 'a', 'n', 'i', 'c', '!']
['D', 'o', 'n', "'", 't', ' ', 'p', 'a', 'n', 'i', 'c', '!']
on tap
>>>
```

... enquanto esta saída é produzida por "panic2.py".

Embora ambos os programas concluam exibindo a string `"on tap"` (tendo iniciado com a string `"Don't panic!"`), `panic2.py` não altera `plist` em nada, ao passo que `panic.py` sim.

Vale a pena pausar um pouco para considerar isso.

Lembre-se da nossa análise anterior neste capítulo chamada *"O que aconteceu com 'plist'?"*. Essa análise detalhava as etapas que converteram esta lista:

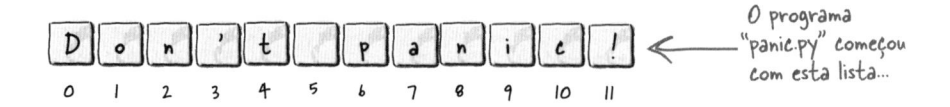

D	o	n	'	t		p	a	n	i	c	!
0	1	2	3	4	5	6	7	8	9	10	11

O programa "panic.py" começou com esta lista...

nesta lista muito menor:

o	n		t	a	p
0	1	2	3	4	5

... e a transformou nesta.

Todas essas manipulações da lista usando os métodos `pop`, `remove`, `extend` e `insert` mudaram a lista, o que é bom, pois é basicamente o que os métodos da lista são designados a fazer: alterar a lista. Mas e `panic2.py`?

84 *Capítulo 2*

Fatiar uma Lista Não Destrói

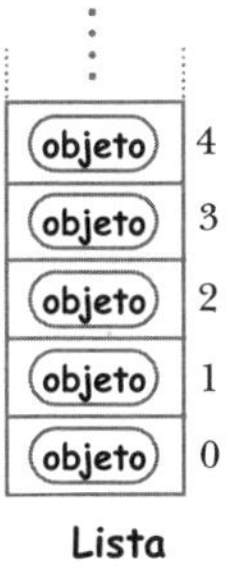

Os métodos da lista usados pelo programa panic.py para converter uma string em outra eram **destrutivos**, no sentido de que o estado original da lista era alterado pelo código. Fatiar uma lista **não destrói**, pois extrair objetos de uma lista existente não a altera; os dados originais permanecem intactos.

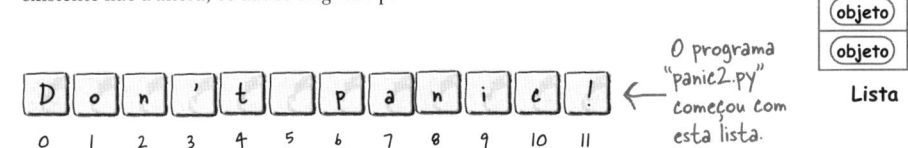

O programa "panic2.py" começou com esta lista:

`D o n ' t   p a n i c !`
`0 1 2 3 4 5 6 7 8 9 10 11`

Lista:
- 4: objeto
- 3: objeto
- 2: objeto
- 1: objeto
- 0: objeto

As fatias usadas por panic2.py são mostradas aqui. Note que cada uma extrai os dados da lista, mas não os altera. Estas são as duas linhas de código que fazem o trabalho pesado, junto com uma representação dos dados que cada fatia extrai:

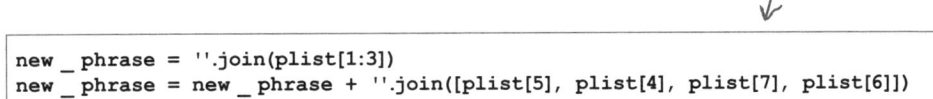

O código:

```
new_phrase = ''.join(plist[1:3])
new_phrase = new_phrase + ''.join([plist[5], plist[4], plist[7], plist[6]])
```

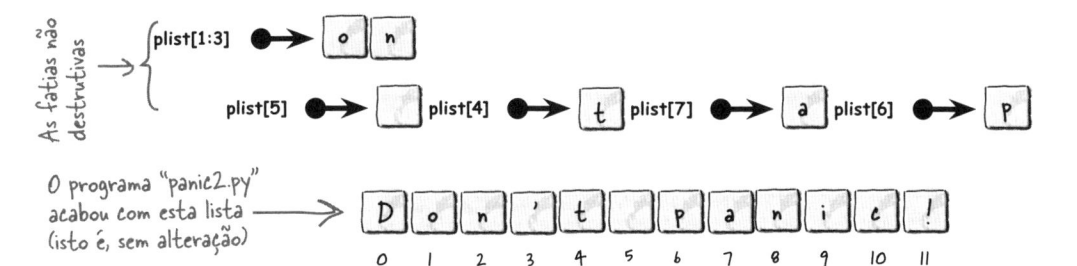

As fatias não destrutivas:

plist[1:3] → `o n`
plist[5] → ` `   plist[4] → ` `   plist[7] → `t`   plist[6] → `a`   plist[6] → `p`

O programa "panic2.py" acabou com esta lista (isto é, sem alteração) →

`D o n ' t   p a n i c !`
`0 1 2 3 4 5 6 7 8 9 10 11`

Então... qual é melhor?

Usar métodos da lista para manipular e transformar uma lista existente faz exatamente isto: manipula *e* transforma a lista. O estado original da lista não está mais disponível para seu programa. Dependendo do que você está fazendo, isso pode (ou não) ser um problema. Usar a notação de colchetes do Python geralmente *não* altera uma lista existente, a menos que você decida atribuir um novo valor a um local do índice existente. Usar fatias também resulta em nenhuma alteração na lista: os dados originais permanecem como estavam.

Qual das duas abordagens você decide ser "melhor" depende do que está tentando fazer (e tudo bem não gostar também). Sempre há mais de um modo de fazer uma computação, e as listas do Python são flexíveis o suficiente para suportarem muitas maneiras de interagir com os dados armazenados nelas.

Estamos quase acabando com nosso tour inicial das listas. Existe apenas mais um tópico a apresentar neste estágio: a *iteração da lista*.

Os métodos da lista alteram o estado de uma lista, ao passo que usar colchetes e fatias (normalmente) não.

por amor às listas

O Loop "for" do Python Compreende as Listas

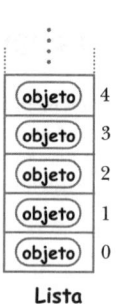

O loop `for` do Python sabe tudo sobre as listas e, quando *qualquer* lista é fornecida, sabe onde está o início da lista, quantos objetos a lista contém e onde está o final da lista. Você nunca precisa informar ao loop `for` nada disso, porque ele descobre sozinho.

Um exemplo para ilustrar. Acompanhe abrindo uma nova janela de edição do IDLE e digitando o código mostrado abaixo. Salve o novo programa como `marvin.py`, e então pressione F5 para dar uma volta:

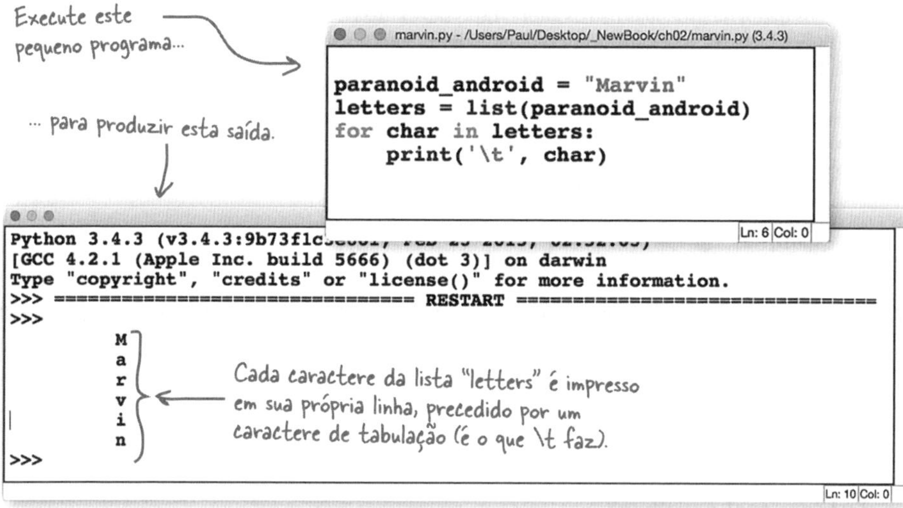

Execute este pequeno programa...

... para produzir esta saída.

```
paranoid_android = "Marvin"
letters = list(paranoid_android)
for char in letters:
    print('\t', char)
```

```
Python 3.4.3 (v3.4.3:9b73f1c...
[GCC 4.2.1 (Apple Inc. build 5666) (dot 3)] on darwin
Type "copyright", "credits" or "license()" for more information.
>>> ================================ RESTART ================================
>>>
     M
     a
     r      Cada caractere da lista "letters" é impresso
     v      em sua própria linha, precedido por um
     i      caractere de tabulação (é o que \t faz).
     n
>>>
```

Compreendendo o código de `marvin.py`

As duas primeiras linhas de `marvin.py` são familiares: atribua uma string a uma variável (chamada `paranoid_android`), e então transforme a string em uma lista de objetos de caractere (atribuídos a uma nova variável denominada `letters`).

É na próxima instrução — o loop `for` — que queremos que você se concentre.

Em cada iteração, o loop `for` consegue pegar cada objeto na lista `letters` e atribui um por vez à outra variável, denominada `char`. No corpo do loop recuado, `char` assume o valor atual do objeto sendo processado pelo loop `for`. Note que o loop `for` sabe quando *começar* a iterar, quando *parar* de iterar, assim como *quantos* objetos existem na lista `letters`. Você não precisa se preocupar com isso: é trabalho do interpretador.

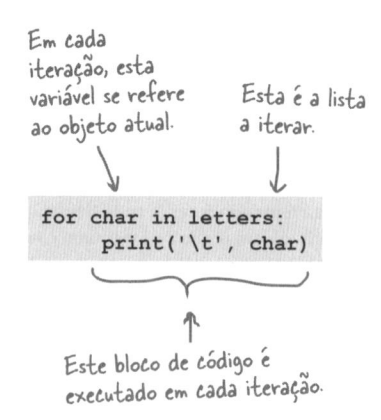

Em cada iteração, esta variável se refere ao objeto atual.

Esta é a lista a iterar.

```
for char in letters:
    print('\t', char)
```

Este bloco de código é executado em cada iteração.

Lista (à direita): objeto 4, objeto 3, objeto 2, objeto 1, objeto 0

86   Capítulo 2

lista de dados

O Loop "for" do Python Compreende as Fatias

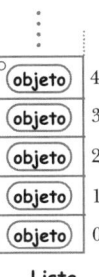

Se você usar a notação de colchetes para selecionar uma fatia na lista, o loop for "fará a coisa certa" e iterará apenas os objetos fatiados. Uma atualização em nosso programa mais recente mostra isso em ação. Salve uma nova versão de marvin.py as marvin2.py, e então mude o código para se parecer com o mostrado abaixo.

Nosso interesse é o uso do **operador de multiplicação** (*) do Python, que é usado para controlar quantos caracteres de tabulação são impressos antes de cada objeto no segundo e terceiro loops for. Usamos * aqui para "multiplicar" quantas vezes queremos que a tabulação apareça:

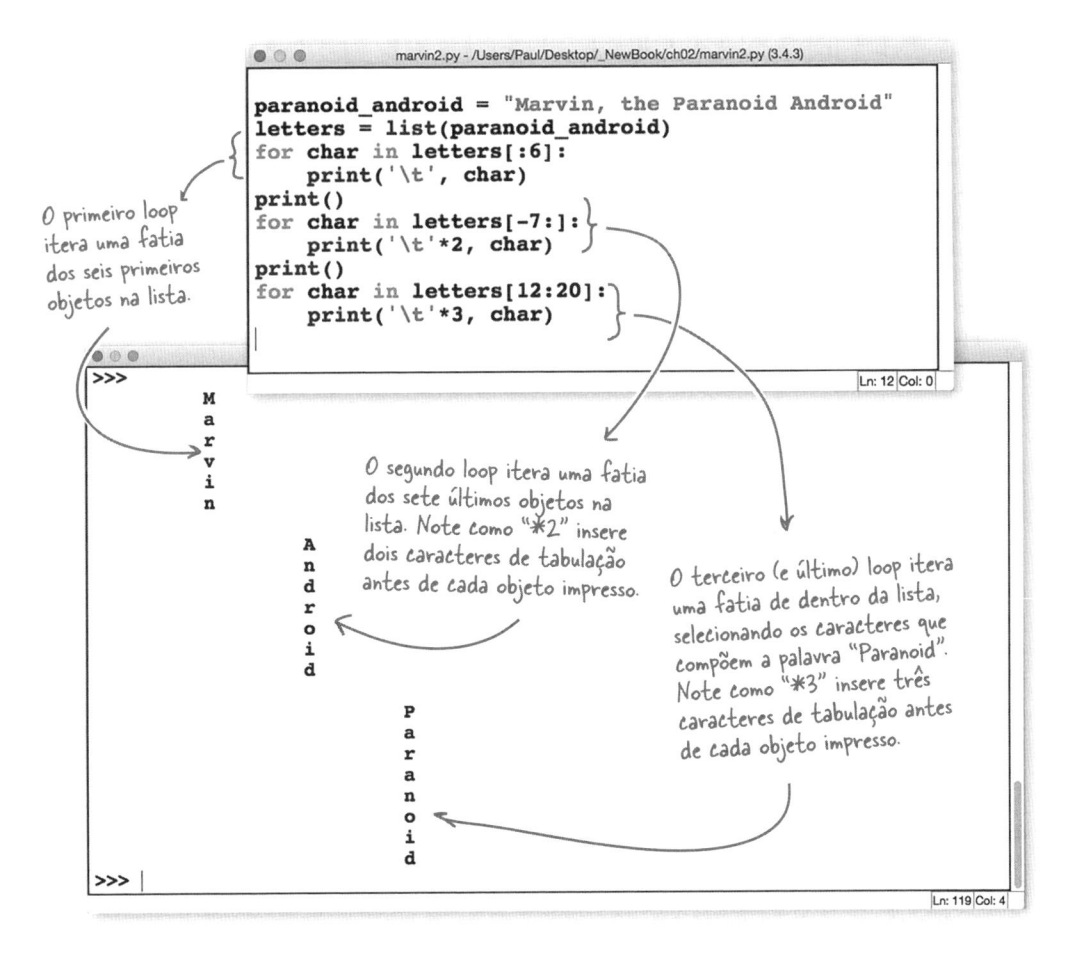

```
paranoid_android = "Marvin, the Paranoid Android"
letters = list(paranoid_android)
for char in letters[:6]:
    print('\t', char)
print()
for char in letters[-7:]:
    print('\t'*2, char)
print()
for char in letters[12:20]:
    print('\t'*3, char)
```

O primeiro loop itera uma fatia dos seis primeiros objetos na lista.

O segundo loop itera uma fatia dos sete últimos objetos na lista. Note como "*2" insere dois caracteres de tabulação antes de cada objeto impresso.

O terceiro (e último) loop itera uma fatia de dentro da lista, selecionando os caracteres que compõem a palavra "Paranoid". Note como "*3" insere três caracteres de tabulação antes de cada objeto impresso.

```
>>>
    M
    a
    r
    v
    i
    n
            A
            n
            d
            r
            o
            i
            d
                    P
                    a
                    r
                    a
                    n
                    o
                    i
                    d
>>>
```

Lista (objeto 4, objeto 3, objeto 2, objeto 1, objeto 0)

você está aqui ▶ 87

loop nas *fatias*

Fatias de Marvin Detalhadas

Vejamos cada uma das fatias no último programa com detalhes, pois essa técnica aparece muito nos programas em Python. Abaixo, cada linha de código da fatia é apresentada mais uma vez, junto com uma representação gráfica do que está acontecendo.

Antes de ver as três fatias, note que o programa começa atribuindo uma string a uma variável (denominada paranoid_android) e a converte em uma lista (denominada letters):

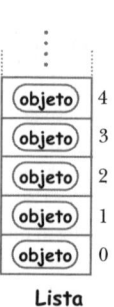

```
paranoid_android = "Marvin, the Paranoid Android"
letters = list(paranoid_android)
```

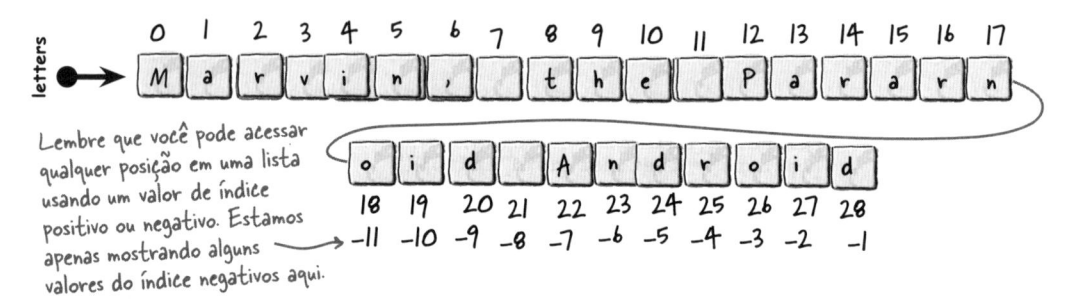

Lembre que você pode acessar qualquer posição em uma lista usando um valor de índice positivo ou negativo. Estamos apenas mostrando alguns valores do índice negativos aqui.

Veremos cada uma das fatias do programa marvin2.py e o que elas produzem. Quando o interpretador vê a especificação da fatia, ele extrai os objetos fatiados de letters e retorna uma cópia dos objetos para o loop for. A lista letters original não é afetada pelas fatias.

A primeira fatia extrai no início da lista e termina (mas não inclui) no objeto na posição 6:

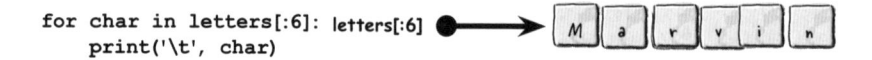

```
for char in letters[:6]:
    print('\t', char)
```

letters[:6] → M a r v i n

A segunda fatia extrai no final da lista letters, começando na posição –7, e vai para o final de letters:

```
for char in letters[-7:]:
    print('\t'*2, char)
```

letters[-7:] → A n d r o i d

E, finalmente, a terceira fatia extrai no meio da lista, começando na posição 12 e incluindo tudo até, mas não inclusive, a posição 20:

```
for char in letters[12:20]:
    print('\t'*3, char)
```

letters[12:20] → P a r a n o i d

Capítulo 2

Listas: Atualizando O Que Sabemos

Agora que você viu como as listas e os loops `for` interagem, revisaremos rapidamente o que você aprendeu nas últimas páginas:

PONTOS DE BALA

- As listas compreendem a notação de colchetes, que pode ser usada para selecionar objetos individuais em qualquer lista.

- Como muitas outras linguagens de programação, o Python começa contando em zero, portanto, o primeiro objeto em qualquer lista está no local do índice 0, o segundo está em 1, etc.

- Diferente de muitas outras linguagens de programação, o Python permite indexar uma lista a partir de qualquer extremidade. Usar –1 seleciona o último item na lista, –2, o penúltimo, etc.

- As listas também fornecem fatias (ou fragmentos) de uma lista suportando a especificação start, stop e step como parte da notação de colchetes

> Eu consigo me ver fazendo muitos usos das listas nos meus programas em Python. Mas existe algo em que as listas não são boas?

As listas são muito usadas, mas...

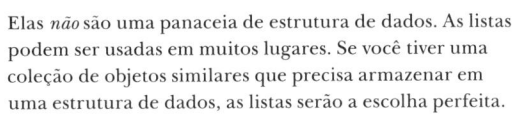

Elas *não* são uma panaceia de estrutura de dados. As listas podem ser usadas em muitos lugares. Se você tiver uma coleção de objetos similares que precisa armazenar em uma estrutura de dados, as listas serão a escolha perfeita.

Porém — e talvez um pouco inesperadamente —, se os dados com os quais você está trabalhando exibirem uma *estrutura*, as listas poderão ser uma **escolha ruim**. Começaremos explorando este problema (e o que você pode fazer com ele) na próxima página.

não existem Perguntas Idiotas

P: Há muito mais nas listas do que isto?

R: Sim, há. Considere o material neste capítulo como uma introdução rápida das estruturas de dados predefinidas do Python, junto com o que elas podem fazer por você. Não terminamos com as listas, e retornaremos a elas no resto deste livro.

P: Mas, e a classificação das listas? Não é importante?

R: Sim, é, mas não nos preocuparemos com isso até realmente ser preciso. Agora, se você tiver uma compreensão do básico, será tudo de que precisa neste estágio. E não se preocupe, veremos a classificação daqui a pouco.

não é uma panaceia

O Que Há de Errado com as Listas?

Quando os programadores Python se encontram em uma situação na qual precisam armazenar uma coleção de objetos parecidos, usar uma lista geralmente é a escolha natural. Afinal, não usamos nada, exceto listas neste capítulo até então.

Lembre-se de como as listas são ótimas ao armazenar uma coleção de letras afins, como na lista `vowels`:

```
vowels = ['a', 'e', 'i', 'o', 'u']
```

E se os dados forem uma coleção de números, as listas serão uma ótima escolha também:

```
nums = [1, 2, 3, 4, 5]
```

Na verdade, as listas são uma ótima escolha quando você tem uma coleção de *qualquer coisa* afim.

Mas imagine que você precisa armazenar dados sobre uma pessoa e os dados de exemplo recebidos se parecem com isto:

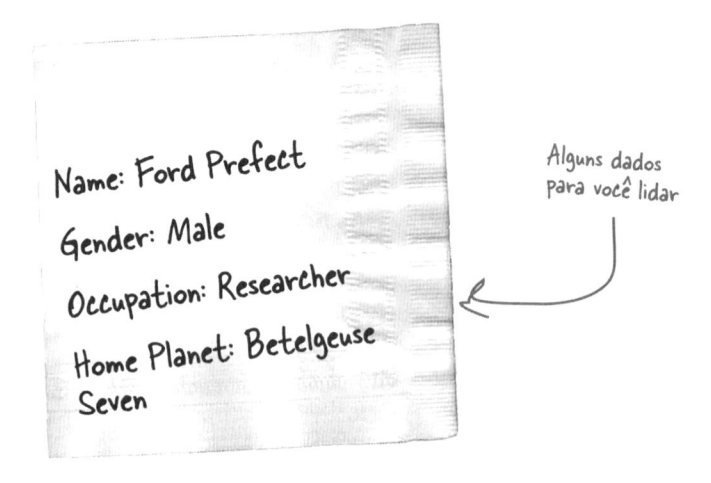

> Name: Ford Prefect
> Gender: Male
> Occupation: Researcher
> Home Planet: Betelgeuse Seven

Alguns dados para você lidar

Ao que parece, esses dados não recuaram de acordo com uma estrutura, porque há *tags* à esquerda e *valores de dados associados* à direita. Então por que não colocar esses dados em uma lista? Afinal, eles são relacionados à pessoa, certo?

Para ver por que não devemos, vejamos dois modos de armazenar esses dados usando listas (começando na próxima página). Seremos muito sinceros aqui: *ambas* as tentativas mostram problemas, tornando o uso de listas pouco ideal para dados como estes. Mas, como a jornada é geralmente a metade da diversão para chegar ao fim, experimentaremos as listas, de qualquer modo.

Nossa primeira tentativa concentra-se nos valores dos dados à direita do guardanapo, ao passo que a segunda usa as tags à esquerda, assim como os valores dos dados associados. Pense sobre como você lidaria com esse tipo de dado estruturado usando listas, e então vá para a próxima página para ver como as duas tentativas aconteceram.

lista de dados

Quando Não Usar Listas

Temos nossos dados de exemplo (nas costas de um guardanapo) e decidimos armazenar os dados em uma lista (pois é tudo que conhecemos, neste ponto, em nossas viagens do Python).

Nossa primeira tentativa pega os valores dos dados e os coloca em uma lista:

```
>>> person1 = ['Ford Prefect', 'Male',
'Researcher', 'Betelgeuse Seven']
>>> person1
['Ford Prefect', 'Male', 'Researcher',
'Betelgeuse Seven']
```

Isso resulta em uma lista de objetos de string, que funciona. Como mostrado acima, o shell confirma que os valores dos dados estão agora em uma lista denominada `person1`.

Mas temos um problema, porque temos que lembrar que o primeiro local do índice (no valor do índice 0) é o nome da pessoa, o próximo é o gênero da pessoa (no valor do índice 1), etc. Para um pequeno número de itens de dados, isso não é um grande problema, mas imagine se esses dados se expandirem para incluir muitos mais valores de dados (talvez para suportar uma formidável página de perfil no Facebook que você está querendo criar). Com dados assim, usar valores do índice para consultar os dados na lista `person1` será delicado, e é melhor evitar.

"person[1]" se refere ao gênero ou à ocupação? Eu nunca consigo me lembrar!

Name: Ford Prefect
Gender: Male
Occupation: Researcher
Home Planet: Betelgeuse Seven

Nossa segunda tentativa adiciona as tags à lista, para que cada valor de dado seja precedido por sua tag associada. Conheça a lista `person2`:

```
>>> person2 = ['Name', 'Ford Prefect', 'Gender',
'Male', 'Occupation', 'Researcher', 'Home Planet',
'Betelgeuse Seven']
>>> person2
['Name', 'Ford Prefect', 'Gender', 'Male',
'Occupation', 'Researcher', 'Home Planet',
'Betelgeuse Seven']
```

Isto claramente funciona, mas agora não temos mais um problema, temos dois. Não só ainda temos que nos lembrar do que está em cada local do índice, como também de que os valores do índice 0, 2, 4, 6 etc. estão nas tags, enquanto os valores do índice 1, 3, 5, 7 etc. estão nos valores de dados.

Deve haver um modo melhor de lidar com os dados com uma estrutura assim.

Há, e envolve anteceder o uso das listas para dados estruturados como esses. Precisamos usar outra coisa, e no Python essa outra coisa é chamada de **dicionário**, que veremos no próximo capítulo.

Se os dados que você deseja armazenar tiverem uma estrutura identificada, considere usar algo diferente de uma lista.

você está aqui ▶ **91**

Código do Capítulo 2, 1 de 2

```
vowels = ['a', 'e', 'i', 'o', 'u']
word = "Milliways"
for letter in word:
    if letter in vowels:
        print(letter)
```

A primeira versão do programa vowels que exibe *todas* as vogais encontradas na palavra "Milliways" (inclusive as duplicatas).

O programa "vowels2.py" adicionou um código que usou uma lista para evitar duplicatas. Esse programa exibe a lista de vogais únicas encontradas na palavra "Milliways".

```
vowels = ['a', 'e', 'i', 'o', 'u']
word = "Milliways"
found = []
for letter in word:
    if letter in vowels:
        if letter not in found:
            found.append(letter)
for vowel in found:
    print(vowel)
```

```
vowels = ['a', 'e', 'i', 'o', 'u']
word = input("Provide a word to search for vowels: ")
found = []
for letter in word:
    if letter in vowels:
        if letter not in found:
            found.append(letter)
for vowel in found:
    print(vowel)
```

A terceira (e última) versão do programa vowels deste capítulo, "vowels3.py", exibe as vogais únicas encontradas em uma palavra fornecida por nosso usuário.

É o melhor conselho no universo: "Don't panic!" (Não entre em pânico!) Este programa, chamado "panic.py", pega uma string contendo esse conselho e, usando muitos métodos da lista, transforma a string em outra, que descreve como os editores do Use a Cabeça preferem sua cerveja: "na pressão" ou "on tap".

```
phrase = "Don't panic!"
plist = list(phrase)
print(phrase)
print(plist)

for i in range(4):
    plist.pop()
plist.pop(0)
plist.remove("'")
plist.extend([plist.pop(), plist.pop()])
plist.insert(2, plist.pop(3))

new_phrase = ''.join(plist)
print(plist)
print(new_phrase)
```

Código do Capítulo 2, 2 de 2

```
phrase = "Don't panic!"
plist = list(phrase)
print(phrase)
print(plist)

new_phrase = ''.join(plist[1:3])
new_phrase = new_phrase + ''.join([plist[5], plist[4], plist[7], plist[6]])

print(plist)
print(new_phrase)
```

Quanto a manipular as listas, usar os métodos não é o único modo. O programa "panic2.py" conseguiu o mesmo fim usando a notação de colchetes do Python.

```
paranoid_android = "Marvin"
letters = list(paranoid_android)
for char in letters:
    print('\t', char)
```

O programa mais curto neste capítulo, "marvin.py", demonstrou como as listas funcionam bem com o loop "for" do Python. (Só não conte ao Marvin... se ele ouvir que seu programa é o menor neste capítulo, ficará ainda mais paranoico do que já é).

O programa "marvin2.py" mostrou a notação de colchetes do Python usando três fatias para extrair e exibir fragmentos de uma lista de letras.

```
paranoid_android = "Marvin, the Paranoid Android"
letters = list(paranoid_android)
for char in letters[:6]:
    print('\t', char)
print()
for char in letters[-7:]:
    print('\t'*2, char)
print()
for char in letters[12:20]:
    print('\t'*3, char)
```

3 dados estruturados

Trabalhando com Dados Estruturados

As listas são ótimas, mas algumas vezes preciso de mais estrutura em minha vida...

A estrutura de dados da lista do Python é ótima, mas não é uma panaceia de dados. Quando você tem dados *realmente* estruturados (e usar uma lista para armazená-los pode não ser a melhor escolha), o Python vem ao seu resgate com o **dicionário** predefinido. Pronto para o uso, o dicionário permite armazenar e manipular qualquer coleção de *pares chave/valor*. Vimos com muita atenção o dicionário do Python neste capítulo, e — no decorrer — encontramos o **conjunto** e a **tupla** também. Com a **lista** (que vimos no capítulo anterior), as estruturas de dados do dicionário, do conjunto e da tupla fornecem um conjunto de ferramentas de dados predefinidas que ajudam a tornar o Python e os dados uma combinação poderosa.

este é um novo capítulo   95

chave: valor

Um Dicionário Armazena Pares Chave/Valor

Diferente de uma lista, que é uma coleção de objetos relacionados, o **dicionário** é usado para manter uma coleção de **pares chave/valor**, nos quais cada *chave* exclusiva tem um *valor* associado. O dicionário geralmente é referido como um *array associativo* pelos cientistas de computação, e outras linguagens de programação normalmente usam outros nomes para o dicionário (como mapa, hash e tabela).

A principal parte de um dicionário Python normalmente é uma string, ao passo que a parte do valor associado pode ser qualquer objeto Python.

De acordo com o modelo do dicionário, é fácil identificar os dados: há **duas colunas**, potencialmente com **várias linhas** de dados. Com isso em mente, vejamos de novo nosso "guardanapo de dados" no final do capítulo anterior:

```
chave 4   objeto
chave 1   objeto
chave 3   objeto
chave 2   objeto
```
Dicionário

> No C++ e Java, um dicionário é conhecido como "mapa", ao passo que o Perl e Ruby usam o nome "hash".

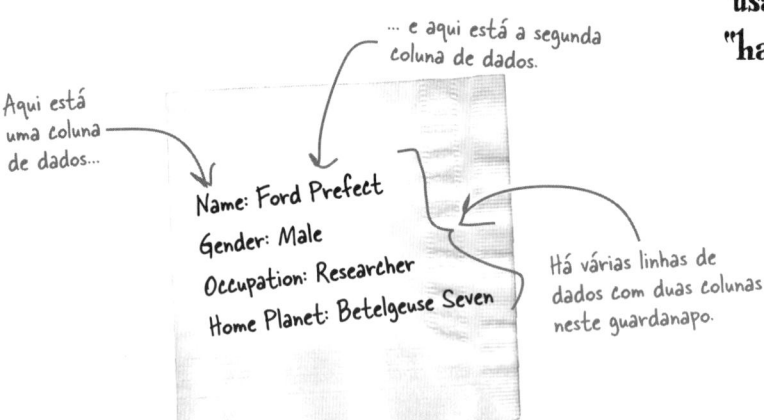

Aqui está uma coluna de dados...

... e aqui está a segunda coluna de dados.

```
Name: Ford Prefect
Gender: Male
Occupation: Researcher
Home Planet: Betelgeuse Seven
```

Há várias linhas de dados com duas colunas neste guardanapo.

Parece que os dados nesse guardanapo são perfeitos para o dicionário do Python.

Vamos voltar ao shell >>> para ver como criar um dicionário usando nossos dados do guardanapo. É tentador tentar inserir o dicionário como uma única linha de código, mas não faremos isso. Como queremos que o código do dicionário seja de fácil leitura, inserimos intencionalmente cada linha de dado (ou seja, cada par chave/valor) em sua própria linha. Veja:

O nome do dicionário. (Lembre-se de que vimos "person1" e "person2" no final do último capítulo.)
A chave
O valor do dado associado

```python
>>> person3 = { 'Name': 'Ford Prefect',
                'Gender': 'Male',
                'Occupation': 'Researcher',
                'Home Planet': 'Betelgeuse Seven' }
```

Chave — *Valor*

Torne os Dicionários Fáceis de Ler

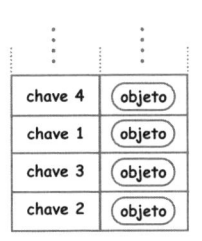

É tentador pegar as quatro linhas de código no final da última página e digitá-las no shell assim:

```
>>> person3 = { 'Name': 'Ford Prefect', 'Gender':
'Male', 'Occupation': 'Researcher', 'Home Planet':
'Betelgeuse Seven' }
```

Embora o interpretador não se importe com qual abordagem você usa, inserir um dicionário como uma longa linha de código dificulta a leitura e deve ser evitado sempre que possível.

Se você bagunçar o código com os dicionários, que são de difícil leitura, os outros programadores (que incluem *você* em seis meses) ficarão chateados... portanto, reserve um tempo para alinhar o código do dicionário para que lê-lo *seja* fácil.

Eis uma representação visual de como o dicionário aparece na memória do Python depois de uma dessas instruções de atribuição do dicionário ser executada:

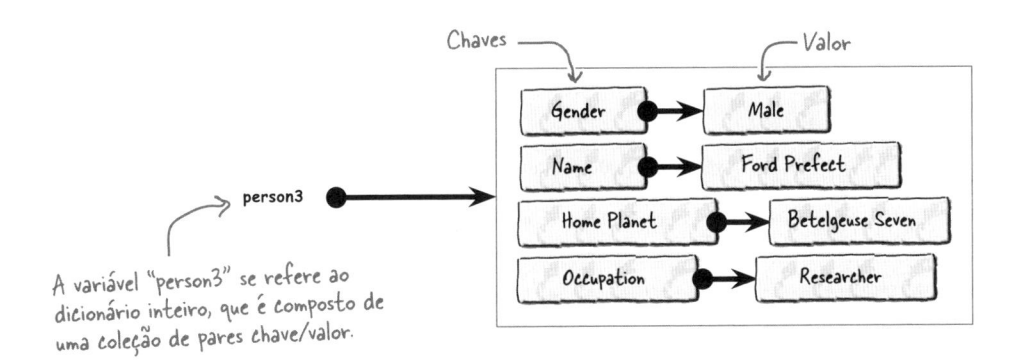

A variável "person3" se refere ao dicionário inteiro, que é composto de uma coleção de pares chave/valor.

Esta é uma estrutura mais complicada do que a lista do tipo array. Se a ideia por trás do dicionário do Python for nova para você, geralmente será útil considerá-lo como uma **tabela de pesquisa**. A chave à esquerda é usada para *pesquisar* o valor à direita (como você pesquisa uma palavra em um dicionário impresso).

Vamos passar um tempo conhecendo o dicionário do Python com mais detalhes. Começaremos com uma explicação detalhada de como identificar um dicionário Python em seu código antes de falarmos sobre as características e usos exclusivos dessa estrutura de dados.

é um dicionário

Como Identificar um Dicionário no Código

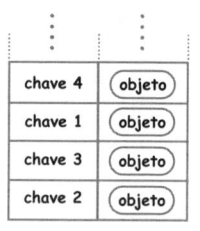

Veja com atenção como definimos o dicionário `person3` no shell >>>. Para começar, o dicionário *inteiro* fica entre chaves. Cada **chave** fica entre aspas, como ficam as strings, como fica cada **valor**, que também são strings neste exemplo. (Porém, as chaves e os valores não precisam ser strings.) Cada chave é separada de seu valor associado por um caractere de **dois-pontos** (:), e cada par chave/valor (conhecido como "linha") é separado do seguinte por uma **vírgula**:

chave 4	objeto
chave 1	objeto
chave 3	objeto
chave 2	objeto

Dicionário

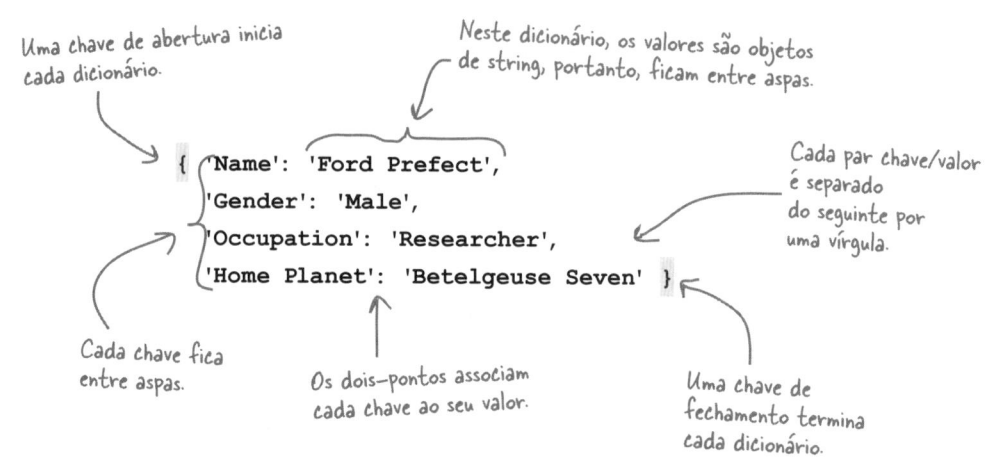

Uma chave de abertura inicia cada dicionário.

Neste dicionário, os valores são objetos de string, portanto, ficam entre aspas.

```
{ 'Name': 'Ford Prefect',
  'Gender': 'Male',
  'Occupation': 'Researcher',
  'Home Planet': 'Betelgeuse Seven' }
```

Cada chave fica entre aspas.

Os dois-pontos associam cada chave ao seu valor.

Cada par chave/valor é separado do seguinte por uma vírgula.

Uma chave de fechamento termina cada dicionário.

Como mencionado antes, os dados neste guardanapo mapeiam bem um dicionário Python. Na verdade, qualquer dado que exibe uma estrutura parecida — várias linhas com duas colunas — é perfeito, como provavelmente você descobrirá. O que é ótimo, mas tem um preço. Vamos voltar ao prompt >>> para descobrir qual é esse preço:

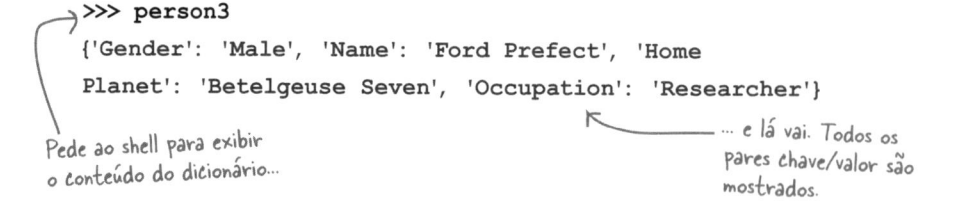

```
>>> person3
{'Gender': 'Male', 'Name': 'Ford Prefect', 'Home
Planet': 'Betelgeuse Seven', 'Occupation': 'Researcher'}
```

Pede ao shell para exibir o conteúdo do dicionário...

... e lá vai. Todos os pares chave/valor são mostrados.

O que aconteceu com a ordem de inserção?

Veja com muita atenção o dicionário exibido pelo interpretador. Você notou que a ordem é diferente daquela usada na entrada? Quando você criou o dicionário, inseriu as linhas na ordem do nome, gênero, ocupação e planeta natal, mas o shell está exibindo na ordem de gênero, nome, planeta natal e ocupação. A ordem mudou.

O que está acontecendo aqui? Por que a ordem mudou?

A Ordem da Inserção NÃO É Mantida

Diferente das listas, que mantêm seus objetos organizados na ordem na qual você os inseriu, o dicionário do Python **não** mantém. Isso significa que não é possível supor que as linhas em qualquer dicionário estão em determinada ordem. Na prática, elas estão **desordenadas**.

Veja de novo o dicionário `person3` e compare a ordem na entrada com o que é mostrado pelo interpretador no prompt >>>:

```
>>> person3 = { 'Name': 'Ford Prefect',
                'Gender': 'Male',
                'Occupation': 'Researcher',
                'Home Planet': 'Betelgeuse Seven' }
>>> person3
{'Gender': 'Male', 'Name': 'Ford Prefect', 'Home Planet':
'Betelgeuse Seven', 'Occupation': 'Researcher'}
```

Você insere seus dados em um dicionário em uma ordem...

... mas o interpretador usa outra ordem.

Se você estiver coçando a cabeça e imaginando por que desejaria confiar seus preciosos dados em tal estrutura de dados desordenada, não se preocupe, pois a ordenação raramente faz diferença. Quando você seleciona os dados armazenados em um dicionário, eles não têm nenhuma relação com a ordem dele, mas com a chave usada. Lembre-se: uma chave é usada para pesquisar um valor.

Os dicionários entendem os colchetes

Como as listas, os dicionários entendem a notação de colchetes. Contudo, diferente das listas, que usam valores do índice numéricos para acessar os dados, os dicionários usam chaves para acessar seus valores de dado associados. Vejamos isto em ação no prompt >>> do interpretador:

> **Use chaves para acessar os dados em um dicionário.**

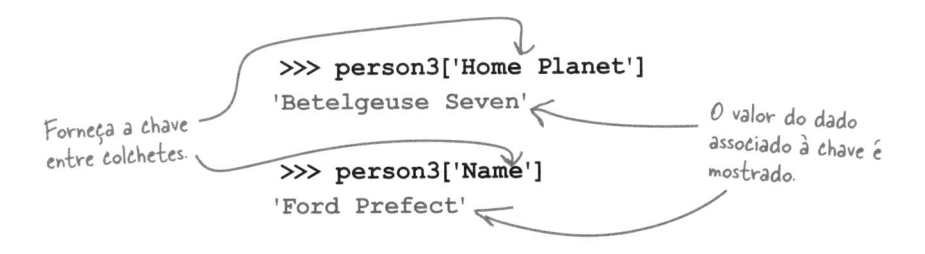

```
>>> person3['Home Planet']
'Betelgeuse Seven'
>>> person3['Name']
'Ford Prefect'
```

Forneça a chave entre colchetes.

O valor do dado associado à chave é mostrado.

Quando você considera que pode acessar seus dados assim, fica claro que não importa a ordem na qual o interpretador armazena seus dados.

dicionários amam os colchetes

Pesquisa do Valor com Colchetes

Usar colchetes com dicionários funciona como nas listas. Contudo, em vez de acessar seus dados em uma posição específica com um valor do índice, com o dicionário do Python você acessa seus dados via chave associada.

Como vimos no final da última página, quando você coloca uma chave entre colchetes de um dicionário, o interpretador retorna o valor associado à chave. Vamos considerar esses exemplos de novo para ajudar a cimentar a ideia em seu cérebro:

```
>>> person3['Home Planet']
'Betelgeuse Seven'
```

```
>>> person3['Name']
'Ford Prefect'
```

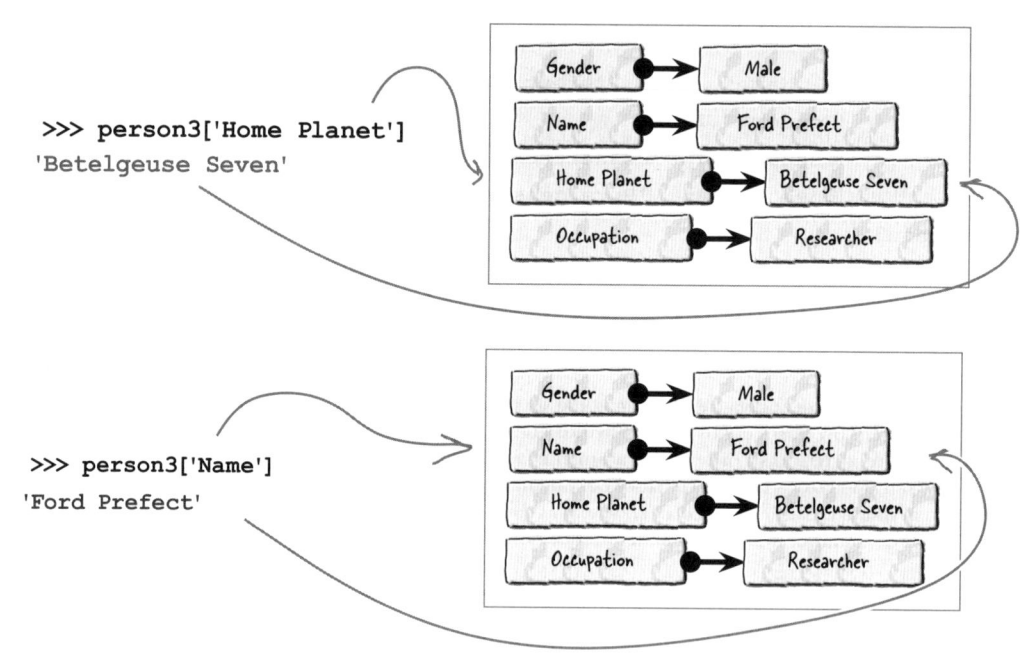

A pesquisa do dicionário é rápida!

Essa capacidade de extrair um valor de um dicionário usando sua chave associada é o que torna o dicionário do Python tão útil, pois existem muitas vezes em que fazer isso é necessário — por exemplo, pesquisar os detalhes do usuário em um perfil, que é basicamente o que estamos fazendo aqui com o dicionário `person3`.

Não importa a ordem na qual o dicionário está armazenado. Tudo que importa é que o interpretador pode acessar o valor associado a uma chave *rapidamente* (não interessa o tamanho do dicionário). A boa notícia é que o interpretador faz exatamente isso, graças à utilização de um *algoritmo de hash* altamente otimizado. Como em muitas coisas intrínsecas do Python, é possível deixar o interpretador lidar com segurança com todos os detalhes aqui, enquanto você aproveita o que o dicionário do Python tem a oferecer.

> **Código Sério**
>
> O dicionário do Python é implementado como uma tabela de hash redimensionável que foi muito otimizada para vários casos especiais. Como resultado, os dicionários fazem pesquisas muito rapidamente.

dados **estruturados**

Trabalhando com Dicionários na Execução

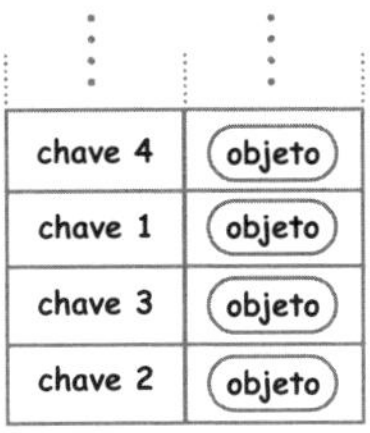

Saber como a notação de colchetes funciona com os dicionários é fundamental para entender como os dicionários aumentam durante a execução. Se você tiver um dicionário existente, poderá adicionar um novo par chave/valor atribuindo um objeto a uma nova chave, que você fornece entre colchetes.

Por exemplo, aqui exibimos o estado atual do dicionário person3, e então acrescentamos um novo par chave/valor que associa 33 a uma chave chamada Age. Depois exibimos o dicionário person3 de novo para confirmar se a nova linha de dados foi adicionada com sucesso:

Dicionário

```
>>> person3
{'Name': 'Ford Prefect', 'Gender': 'Male',
'Home Planet': 'Betelgeuse Seven',
'Occupation': 'Researcher'}
```

Antes de a nova linha ser adicionada

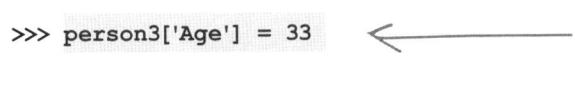

Antes

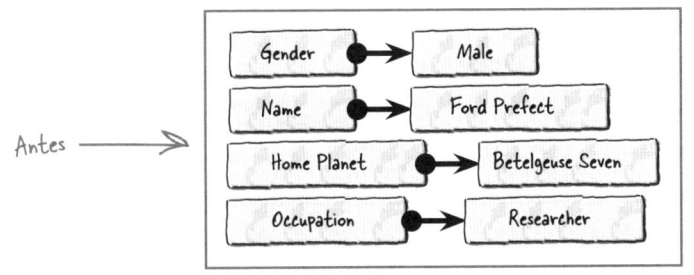

```
>>> person3['Age'] = 33
```

Atribui um objeto (neste caso, um número) a uma nova chave para adicionar uma linha de dados ao dicionário.

```
>>> person3
{'Name': 'Ford Prefect', 'Gender': 'Male',
'Age': 33, 'Home Planet': 'Betelgeuse Seven',
'Occupation': 'Researcher'}
```

Depois de a nova linha ser adicionada

Aqui a nova linha de dados: "33" está associada a "Age".

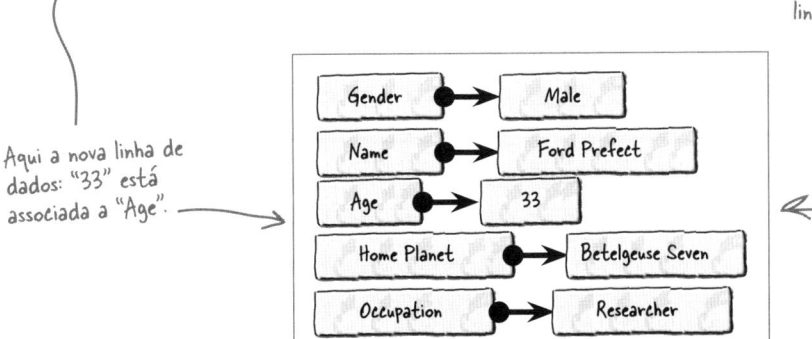

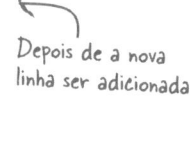

Depois

você está aqui ▶ **101**

relembrando vowels3.py

Recapitule: Exibindo as Vogais Encontradas (Listas)

Como mostrado na última página, o aumento de um dicionário assim pode ser usado em muitas situações. Uma aplicação muito comum é realizar uma *contagem de frequência*: processando alguns dados e mantendo uma contagem do que você encontra. Antes de demonstrar como fazer uma contagem de frequência com um dicionário, vamos voltar ao nosso exemplo de contagem de vogais do último capítulo.

Lembre-se de que `vowels3.py` determina uma lista única de vogais encontradas em uma palavra. Imagine que agora foi solicitado que você estenda esse programa para produzir uma saída que detalha quantas vezes cada vogal aparece na palavra.

Este é o código do Capítulo 2, que, dada uma palavra, exibe uma lista única de vogais encontradas:

Este é "vowels3.py", que informa as vogais únicas encontradas em uma palavra.

```
vowels = ['a', 'e', 'i', 'o', 'u']
word = input("Provide a word to search for vowels: ")
found = []
for letter in word:
    if letter in vowels:
        if letter not in found:
            found.append(letter)
for vowel in found:
    print(vowel)
```

Lembre-se de que executamos esse código via IDLE várias vezes:

```
>>> ========================= RESTART =========================
>>>
Provide a word to search for vowels: Milliways
i
a
>>> ========================= RESTART =========================
>>>
Provide a word to search for vowels: Hitch-hiker
i
e
>>> ========================= RESTART =========================
>>>
Provide a word to search for vowels: Galaxy
a
>>> ========================= RESTART =========================
>>>
Provide a word to search for vowels: Sky
>>>
```

dados estruturados

Como um Dicionário Pode Ajudar Aqui?

Não entendi. O programa "vowels3.py" funciona bem... então por que parece que você está corrigindo algo que não tem problema?

Não estamos.

O programa `vowels3.py` faz o que deveria fazer, e usar uma lista para esta versão da funcionalidade do programa faz muito sentido.

Contudo, imagine se você precisa não apenas listar as vogais em uma palavra, mas também informar sua frequência. E se precisar saber quantas vezes cada vogal aparece em uma palavra?

É um pouco mais difícil fazer isso apenas com as listas. Mas jogue um dicionário na mistura, e as coisas mudam.

Vamos explorar o uso de um dicionário com o programa de vogais nas próximas páginas para atender a essa nova exigência.

---

não existem Perguntas Idiotas

P: Só eu acho, ou a palavra "dicionário" é um nome estranho para algo que é basicamente uma tabela?

R: Não é apenas você. A palavra "dicionário" é o que a documentação do Python usa. Na verdade, a maioria dos programadores Python usa a palavra "dic", mais curta, em vez da palavra toda. Em sua forma mais básica, um dicionário é uma tabela que tem exatamente duas colunas e várias linhas.

você está aqui ▶ 103

Selecionando uma Estrutura de Dados de Contagem da Frequência

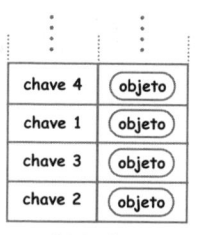

Queremos ajustar o programa `vowels3.py` para manter a contagem da frequência de cada vogal presente em uma palavra. Ou seja, qual é a frequência de cada vogal? Vamos esboçar o que esperamos ver como a saída desse programa?

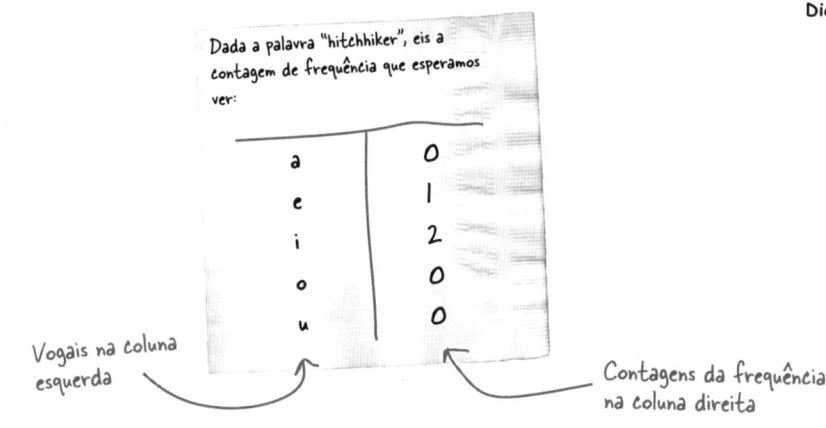

Dada a palavra "hitchhiker", eis a contagem de frequência que esperamos ver:

```
a    0
e    1
i    2
o    0
u    0
```

Vogais na coluna esquerda

Contagens da frequência na coluna direita

chave 4	objeto
chave 1	objeto
chave 3	objeto
chave 2	objeto

Dicionário

Essa saída é uma combinação perfeita de como o interpretador vê um dicionário. Em vez de usar uma lista para armazenar as vogais encontradas (como é o caso em `vowels3.py`), usaremos um dicionário. Podemos continuar a chamar a coleção de `found`, mas precisamos inicializá-la em um dicionário vazio, em vez de uma lista vazia.

Como sempre, vamos experimentar e descobrir o que precisamos fazer no prompt `>>>` antes de executar qualquer alteração no código de `vowels3.py`. Para criar um dicionário vazio, atribua `{}` a uma variável:

```
>>> found = {}
>>> found
{}
```

As chaves sozinhas significam que o dicionário inicia vazio.

Vamos registrar o fato de que não encontramos nenhuma vogal ainda criando uma linha para cada vogal e inicializando seu valor associado em 0. Cada vogal é usada como uma chave:

```
>>> found['a'] = 0
>>> found['e'] = 0
>>> found['i'] = 0
>>> found['o'] = 0
>>> found['u'] = 0
>>> found
{'o': 0, 'u': 0, 'a': 0, 'i': 0, 'e': 0}
```

Inicializamos todas as contagens de vogais em 0. Note como a ordem da inserção não é mantida (mas isso não importa aqui).

Tudo que precisamos fazer agora é encontrar uma vogal em uma dada palavra, e então atualizar as contagens da frequência, como requerido.

Atualizando um Contador de Frequência

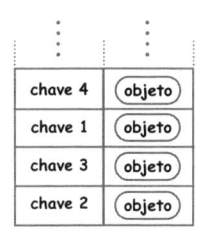

Antes de ver o código que atualiza as contagens da frequência, considere como o interpretador vê o dicionário `found` na memória depois de o código de inicialização do dicionário ser executado:

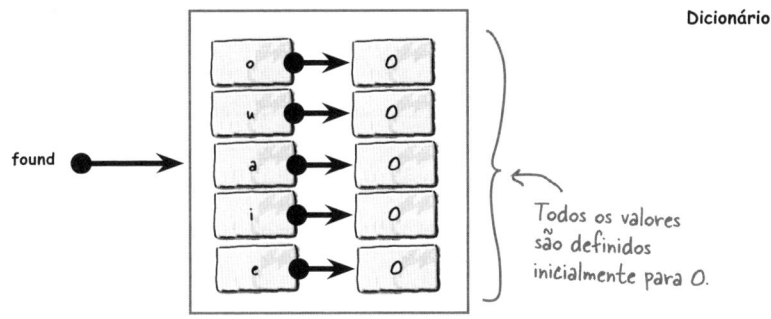

Dicionário

found →

- o → 0
- u → 0
- a → 0
- i → 0
- e → 0

← Todos os valores são definidos inicialmente para 0.

Com as contagens da frequência inicializadas em 0, não é difícil aumentar nenhum valor em particular quando necessário. Por exemplo, veja como aumentar a contagem da frequência de `e`:

```
>>> found
{'o': 0, 'u': 0, 'a': 0, 'i': 0, 'e': 0}
>>> found['e'] = found['e'] + 1
>>> found
{'o': 0, 'i': 0, 'a': 0, 'u': 0, 'e': 1}
```

← Tudo é 0.

← Aumenta a contagem de e.

O dicionário foi atualizado. O valor associado a "e" foi aumentado.

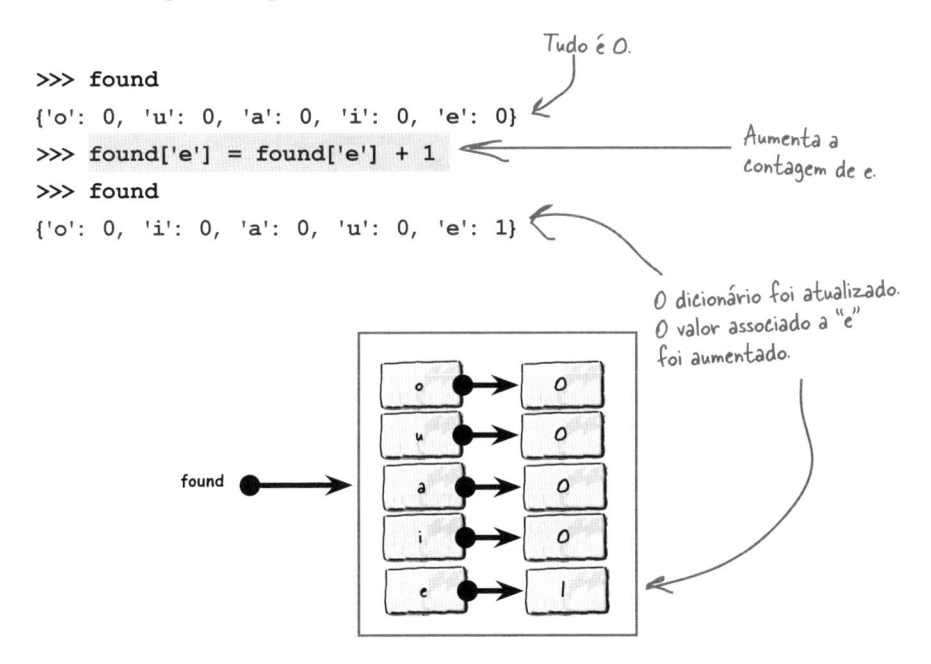

found →

- o → 0
- u → 0
- a → 0
- i → 0
- e → 1

Um código como o destacado acima certamente funciona, mas ter que repetir `found['e']` em cada lado do operador de atribuição se torna ultrapassado com muita rapidez. Então vejamos um atalho para essa operação na próxima página.

mais igual

Atualizando um Contador de Frequência, v2.0

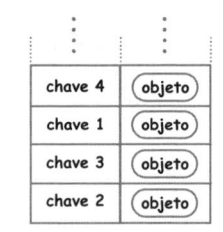

Ter que colocar `found['e']` em cada lado do operador de atribuição (=) se torna cansativo muito rapidamente, então o Python suporta o familiar operador +=, que faz a mesma coisa, mas de um modo mais sucinto:

chave 4	objeto
chave 1	objeto
chave 3	objeto
chave 2	objeto

Dicionário

```
>>> found['e'] += 1          ← Aumenta a contagem de e (mais uma vez).
>>> found
{'o': 0, 'i': 0, 'a': 0, 'u': 0, 'e': 2}   ← O dicionário é atualizado de novo.
```

Neste ponto, aumentamos o valor associado à chave e duas vezes, então veja como fica o dicionário no interpretador agora:

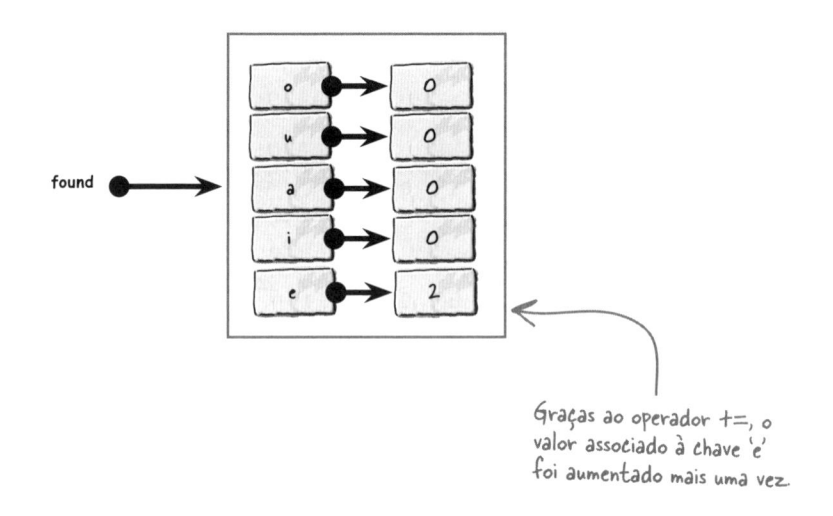

found → o → 0
       u → 0
       a → 0
       i → 0
       e → 2 ← Graças ao operador +=, o valor associado à chave 'e' foi aumentado mais uma vez.

---

não existem Perguntas Idiotas

P: O Python tem ++?

R: Não... o que é uma falha. Se você for fã do operador de aumento ++ nas outras linguagens de programação, terá apenas que se acostumar a usar +=. O mesmo ocorre para o operador de diminuição −−: o Python não tem. Você precisará usar −=.

P: Existe uma lista útil de operadores?

R: Sim. Vá para *https://docs.python.org/3/reference/ lexical_analysis.html#operators* (conteúdo em inglês) para obter uma lista, e então veja *https://docs.python.org/3/ library/stdtypes.html* (conteúdo em inglês) para ter uma explicação detalhada de seu uso em relação aos tipos predefinidos do Python.

Iterando um Dicionário

Neste ponto, mostramos como inicializar um dicionário com os dados zerados, assim como atualizar um dicionário aumentando um valor associado a uma chave. Estamos quase prontos para atualizar o programa vowels3.py para realizar uma contagem da frequência com base nas vogais encontradas em uma palavra. Porém, antes de fazer isso, vamos determinar o que acontece quando iteramos um dicionário, pois assim que tivermos o dicionário preenchido com dados, precisaremos de um modo de exibir nossas contagens da frequência na tela.

Você seria perdoado se achasse que tudo que precisamos fazer aqui é usar o dicionário com um loop `for`, mas fazer isso produz resultados inesperados:

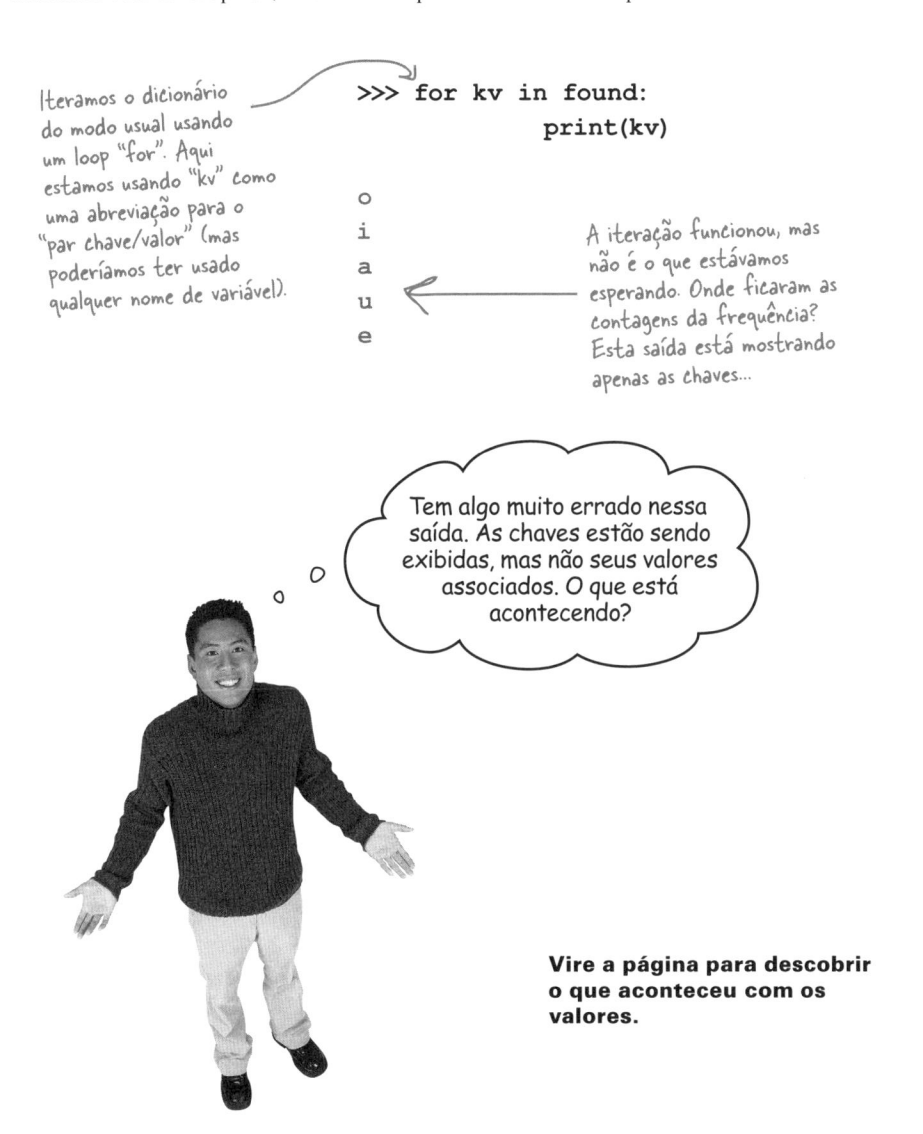

Iteramos o dicionário do modo usual usando um loop "for". Aqui estamos usando "kv" como uma abreviação para o "par chave/valor" (mas poderíamos ter usado qualquer nome de variável).

```
>>> for kv in found:
        print(kv)

o
i
a
u
e
```

A iteração funcionou, mas não é o que estávamos esperando. Onde ficaram as contagens da frequência? Esta saída está mostrando apenas as chaves...

Tem algo muito errado nessa saída. As chaves estão sendo exibidas, mas não seus valores associados. O que está acontecendo?

Vire a página para descobrir o que aconteceu com os valores.

k e found[k]

Iterando Chaves e Valores

Quando você iterou um dicionário com o loop `for`, o interpretador processou apenas as chaves do dicionário.

Para acessar os valores de dados associados, você precisa colocar cada chave entre colchetes e usá-la junto com o nome do dicionário para ter acesso aos valores associados à chave.

A versão do loop mostrado abaixo faz exatamente isso, fornecendo não apenas as chaves, mas também seus valores de dados associados. Mudamos o suíte para acessar cada valor com base em cada chave fornecida para o loop `for`.

Como o loop `for` itera cada par chave/valor no dicionário, a chave da linha atual é atribuída a `k`, então `found[k]` é usado para acessar seu valor associado. Também produzimos uma saída mais amistosa para os humanos passando duas strings para a chamada da função `print`:

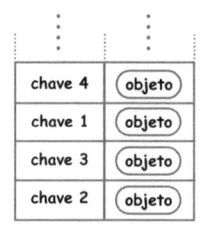

Estamos usando "k" para representar a chave, e "found[k]" para acessar o valor.

```
>>> for k in found:
        print(k, 'was found', found[k], 'time(s).')
```

```
o was found 0 time(s).
i was found 0 time(s).
a was found 0 time(s).
u was found 0 time(s).
e was found 2 time(s).
```

É mais assim. As chaves e os valores estão sendo processados pelo loop e exibidos na tela.

Se você estiver acompanhando no prompt >>> e sua saída for ordenada de modo diferente da nossa, não se preocupe: o interpretador usa uma ordenação interna aleatória quando você está usando um dicionário aqui, e não há nenhuma garantia em relação à ordem quando uma é usada. Sua ordem provavelmente será diferente da nossa. Mas não fique alarmado. Nossa preocupação básica é que os dados estejam armazenados em segurança no dicionário, como estão.

O loop acima *obviamente* funciona. Porém, há dois pontos que gostaríamos de esclarecer.

Primeiro: seria ótimo se a saída fosse ordenada como a, e, i, o, u, em vez de ser aleatória, não seria?

Segundo: mesmo que o loop funcione claramente, codificar uma iteração do dicionário assim não é a abordagem preferida — a maioria dos programadores Python codifica isso de modo diferente.

Vamos explorar esses dois pontos com um pouco mais de detalhes (após uma rápida revisão).

dados estruturados

Dicionários: O Que Já Sabemos

Veja o que sabemos sobre a estrutura de dados do dicionário do Python até então:

PONTOS DE BALA

- Pense em um dicionário como uma coleção de linhas, com cada linha contendo exatamente duas colunas. A primeira coluna armazena uma **chave**, enquanto a segunda contém um **valor**.

- Cada linha é conhecida como um **par chave/valor**, e um dicionário pode aumentar para conter vários pares chave/valor. Como as listas, os dicionários aumentam e diminuem sob demanda.

- É fácil identificar um dicionário: ele fica entre chaves, com cada par chave/valor separado por uma vírgula e cada chave separada de seu valor por dois-pontos.

- A ordem de inserção *não* é mantida por um dicionário. A ordem na qual as linhas são inseridas não tem nenhuma relação com o modo como são armazenadas.

- O acesso aos dados em um dicionário usa a **notação de colchetes**. Coloque uma chave entre colchetes para acessar seu valor associado.

- O loop for do Python pode ser usado para iterar um dicionário. Em cada iteração, a chave é atribuída à variável do loop, que é usada para acessar o valor do dado.

Especificando a ordem de um dicionário na saída

Queremos conseguir produzir a saída do loop for na ordem a, e, i, o, u, em vez de aleatoriamente. O Python torna isso comum graças à inclusão da função predefinida sorted. Basta passar o dicionário found à função sorted como parte do loop for para organizar a saída em ordem alfabética:

```
>>> for k in sorted(found):
        print(k, 'was found', found[k], 'time(s).')
a was found 0 time(s).
e was found 2 time(s).
i was found 0 time(s).
o was found 0 time(s).
u was found 0 time(s).
```

É uma pequena mudança no código do loop, mas... tem um grande efeito. Veja: a saída é classificada na ordem "a, e, i, o, u".

Esse é o ponto um de dois. O próximo é aprender a abordagem que a maioria dos programadores Python *prefere* em relação ao código acima (embora a abordagem mostrada nesta página geralmente não seja usada, você ainda precisa conhecê-la).

idioma dos "items"

Iterando um Dicionário com "items"

Você viu que é possível iterar as linhas de dados em um dicionário usando este código:

```
>>> for k in sorted(found):
            print(k, 'was found', found[k], 'time(s).')

    a was found 0 time(s).
    e was found 2 time(s).
    i was found 0 time(s).
    o was found 0 time(s).
    u was found 0 time(s).
```

Como as listas, os dicionários têm muitos métodos predefinidos, e um deles é o método `items`, que retorna uma lista dos pares chave/valor. Usar `items` com `for` geralmente é a técnica preferida para iterar um dicionário, pois dá acesso à chave *e* ao valor como variáveis do loop, que você poderá usar em seu suíte. É mais fácil ver o suíte resultante, o que facilita a leitura.

Veja o `items` equivalente do código do loop acima. Note como agora existem *duas* variáveis do loop nesta versão do código (k e v) e continuamos a usar a função `sorted` para controlar a ordem da saída:

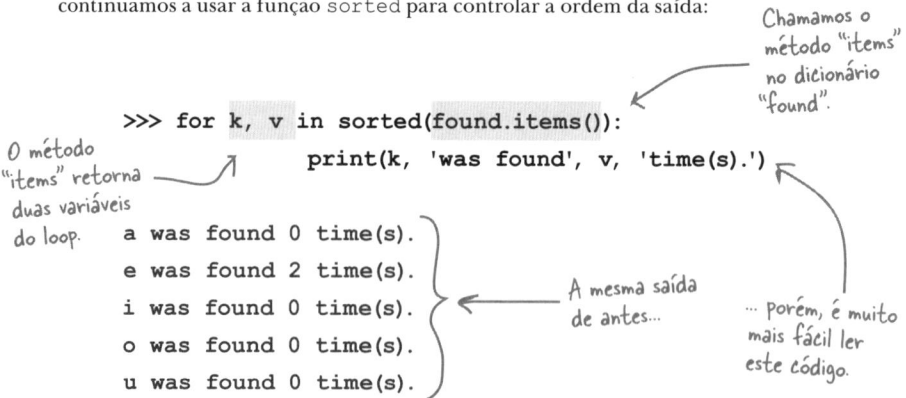

> Chamamos o método "items" no dicionário "found".

> O método "items" retorna duas variáveis do loop.

```
>>> for k, v in sorted(found.items()):
            print(k, 'was found', v, 'time(s).')

    a was found 0 time(s).
    e was found 2 time(s).
    i was found 0 time(s).
    o was found 0 time(s).
    u was found 0 time(s).
```

> A mesma saída de antes...

> ... porém, é muito mais fácil ler este código.

─────────── não existem **Perguntas Idiotas** ───────────

P: Por que estamos chamando `sorted` de novo no segundo loop? O primeiro loop organizou o dicionário na ordem desejada, portanto, isso significa que não temos que classificá-lo uma segunda vez, certo?

R: Não é bem assim. A função predefinida `sorted` não muda a ordem dos dados fornecidos, mas retorna uma **cópia ordenada** dos dados. No caso do dicionário `found`, esta é uma cópia ordenada de cada par chave/valor, com a chave sendo usada para determinar a ordem (alfabética, de A a Z). A ordem original do dicionário permanece intacta, significando que sempre que precisarmos iterar os pares chave/valor em uma ordem específica, precisaremos chamar `sorted`, porque a ordem aleatória ainda existe no dicionário.

dados **estruturados**

Ímãs de Contagem da Frequência

Tendo concluído o experimento no prompt >>>, agora é hora de fazer alterações no programa `vowels3.py`. Abaixo estão todos os fragmentos de código dos quais achamos que você poderia precisar. Seu trabalho é reorganizar os ímãs para produzir um programa funcional que, quando dada uma palavra, faça uma contagem da frequência para cada vogal encontrada.

```
vowels = ['a', 'e', 'i', 'o', 'u']
word = input("Provide a word to search for vowels: ")
```

Decida qual ímã do código fica em cada local da linha pontilhada para criar "vowels4.py".

....
....
....
....
....
....

```
for letter in word:
    if letter in vowels:
```
....

```
for .............. in sorted(........................):
    print(..........., 'was found', ..........., 'time(s).')
```

Onde fica tudo isto? Tenha cuidado: nem todos os ímãs são necessários.

- `found = {}`
- `found['a'] = 0`
- `found['e'] = 0`
- `found['i'] = 0`
- `found['o'] = 0`
- `found['u'] = 0`
- `found`
- `found[letter]`
- `key`
- `v`
- `k, v`
- `value`
- `found.items()`
- `k`
- `+= 1`
- `found = []`

Assim que você tiver colocado os ímãs onde acha que deveriam ficar, coloque o `vowels3.py` na janela de edição do IDLE, renomeie como `vowels4.py`, e então aplique as alterações do código na nova versão do programa

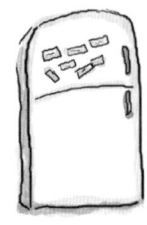

quantas vogais

Ímãs de Contagem da Frequência – Solução

Tendo concluído o experimento no prompt >>>, chegou a hora de fazer alterações no programa `vowels3.py`. Seu trabalho era reorganizar os ímãs para produzir um programa funcional que, quando dada uma palavra, fizesse a contagem da frequência para cada vogal encontrada.

Assim que você colocou os ímãs onde achava que deveriam ficar, levou `vowels3.py` para a janela de edição do IDLE, renomeou como `vowels4.py`, e então aplicou as alterações do código na nova versão do programa.

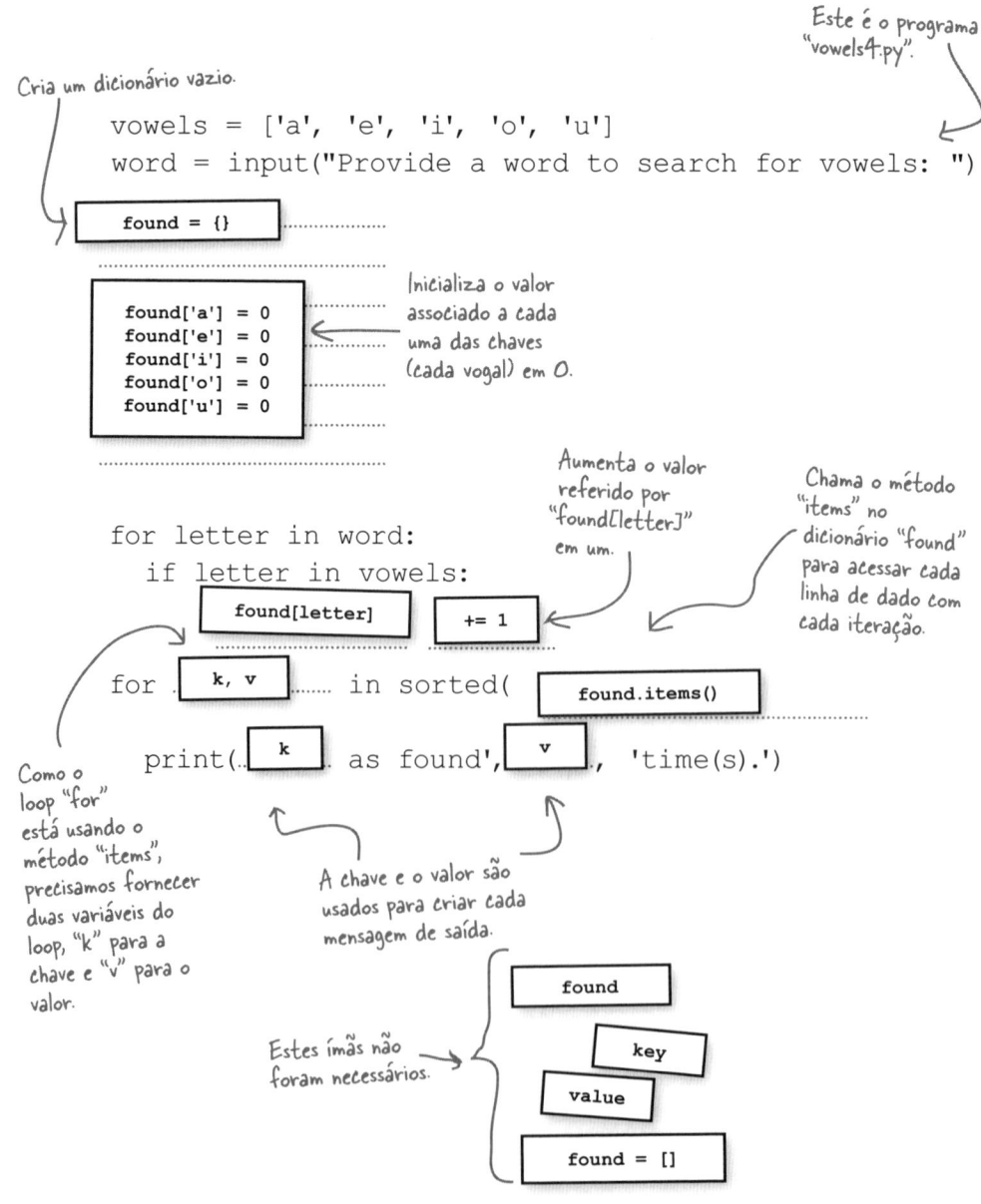

Este é o programa "vowels4.py".

Cria um dicionário vazio.

```
vowels = ['a', 'e', 'i', 'o', 'u']
word = input("Provide a word to search for vowels: ")
found = {}

found['a'] = 0
found['e'] = 0
found['i'] = 0
found['o'] = 0
found['u'] = 0
```

Inicializa o valor associado a cada uma das chaves (cada vogal) em 0.

```
for letter in word:
    if letter in vowels:
        found[letter] += 1
```

Aumenta o valor referido por "found[letter]" em um.

Chama o método "items" no dicionário "found" para acessar cada linha de dado com cada iteração.

```
for k, v in sorted(found.items()):
    print(k, 'as found', v, 'time(s).')
```

Como o loop "for" está usando o método "items", precisamos fornecer duas variáveis do loop, "k" para a chave e "v" para o valor.

A chave e o valor são usados para criar cada mensagem de saída.

Estes ímãs não foram necessários.

```
found
key
value
found = []
```

112 Capítulo 3

dados estruturados

Test Drive

Vamos levar `vowels4.py` para dar uma volta. Com o código em uma janela de edição do IDLE, pressione F5 para ver como funciona:

O código de "vowels4.py" →

```
vowels = ['a', 'e', 'i', 'o', 'u']
word = input("Provide a word to search for vowels: ")

found = {}

found['a'] = 0
found['e'] = 0
found['i'] = 0
found['o'] = 0
found['u'] = 0

for letter in word:
    if letter in vowels:
        found[letter] += 1

for k, v in sorted(found.items()):
    print(k, 'was found', v, 'time(s).')
```

Executamos o código três vezes para ver como se saiu

```
>>> ================================ RESTART ================================
>>>
Provide a word to search for vowels: hitch-hiker
a was found 0 time(s).
e was found 1 time(s).
i was found 2 time(s).
o was found 0 time(s).
u was found 0 time(s).
>>> ================================ RESTART ================================
>>>
Provide a word to search for vowels: life, the universe, and everything
a was found 1 time(s).
e was found 6 time(s).
i was found 3 time(s).
o was found 0 time(s).
u was found 1 time(s).
>>> ================================ RESTART ================================
>>>
Provide a word to search for vowels: sky
a was found 0 time(s).
e was found 0 time(s).
i was found 0 time(s).
o was found 0 time(s).
u was found 0 time(s).
>>>
```

Estas três "execuções" produzem a saída que esperamos.

> Gosto de como está ficando. Mas realmente preciso saber quando uma vogal não é encontrada?

você está aqui ▸ **113**

chega de zeros

Quão Dinâmicos São os Dicionários?

O programa `vowels4.py` informa todas as vogais encontradas, até quando não são encontradas. Isso pode não incomodar você, mas vamos imaginar que incomoda, e você deseja que o código exiba apenas os resultados quando eles forem *realmente* encontrados. Ou seja, não deseja ver nenhuma mensagem "found 0 time(s)".

Como você poderia resolver esse problema?

> O dicionário do Python é dinâmico, certo? Então tudo que precisamos fazer é remover as cinco linhas que inicializam a contagem de frequência de cada vogal? Sem essas linhas, apenas as vogais encontradas serão contadas, certo?

Parece que pode funcionar.

Atualmente, temos cinco linhas de código perto do início do programa `vowels4.py` que incluímos para definir *inicialmente* a contagem da frequência de cada vogal para 0. Isso cria um par chave/valor para cada vogal, mesmo que algumas possam nunca ser usadas. Se retirarmos essas cinco linhas, deveremos ficar apenas com a gravação das contagens de frequência das vogais encontradas e ignorar o resto.

Vamos experimentar a ideia.

Faça isso!

Pegue o código em `vowels4.py` e salve-o como `vowels5.py`. Então remova as cinco linhas do código de inicialização. Sua janela de edição do IDLE deverá parecer com a direita desta página.

Este é o código de "vowels5.py" com o código da inicialização removido.

```
vowels = ['a', 'e', 'i', 'o', 'u']
word = input("Provide a word to search for vowels: ")

found = {}

for letter in word:
    if letter in vowels:
        found[letter] += 1

for k, v in sorted(found.items()):
    print(k, 'was found', v, 'time(s).')
```

dados **estruturados**

Test Drive

Você conhece o exercício. Verifique se `vowels5.py` está na janela de edição do IDLE, e então pressione F5 para executar o programa. Você verá uma mensagem de erro da execução:

```
>>> ================================ RESTART ================================
>>>
Provide a word to search for vowels: hitchhiker
Traceback (most recent call last):
  File "/Users/Paul/Desktop/_NewBook/ch03/vowels5.py", line 9, in <module>
    found[letter] += 1
KeyError: 'i'
>>>
```

Isso não pode ser bom.

É claro que remover as cinco linhas do código de inicialização não foi o certo aqui. Mas por que isso aconteceu? O fato de que o dicionário do Python aumenta dinamicamente durante a execução deve significar que esse código *não pode* travar, mas trava. Por que estamos vendo esse erro?

As chaves do dicionário devem ser inicializadas

Remover o código de inicialização resultou em um erro de execução, especificamente um `KeyError`, que é gerado quando você tenta acessar um valor associado a uma chave inexistente. Como a chave não pode ser encontrada, o valor associado a ela não pode encontrado também, e gera um erro.

Isso significa que temos que retornar o código de inicialização? Afinal, são apenas cinco linhas de código pequenas, então que mal tem? Com certeza podemos fazer isso, mas vamos pensar por um momento.

Imagine que, em vez de cinco contagens da frequência, você tem a exigência de controlar mil (ou mais). De repente, temos *muito* código de inicialização. Poderíamos "automatizar" a inicialização com um loop, mas ainda estaríamos criando um grande dicionário com muitas linhas, muitas podendo acabar nunca sendo usadas.

Se houvesse apenas um modo de criar um par chave/valor dinamicamente, perceberíamos que isso é necessário.

Código Sério

Uma abordagem alternativa para tratar esse problema é lidar com a exceção da execução gerada aqui (que é um "KeyError" neste exemplo). Estamos adiando a conversa sobre como o Python lida com as exceções da execução até um capítulo posterior, portanto, tenha paciência agora.

O operador "in" funciona com os dicionários?

É uma ótima pergunta.

Encontramos `in` pela primeira vez quando verificamos as listas para obter um valor. Será que `in` funciona com os dicionários também?

Vamos experimentar no prompt >>> para descobrir.

verifique com in

Evitando KeyErrors na Execução

Como nas listas, é possível usar o operador in para verificar se uma chave existe em um dicionário. O interpretador retornará True ou False, dependendo do que for encontrado.

Vamos usar esse fato para evitar a exceção KeyError, porque ela pode ser chata quando seu código para como resultado desse erro sendo gerado durante uma tentativa para preencher um dicionário durante a execução.

Para demonstrar a técnica, criaremos um dicionário chamado fruits, e então usaremos o operador in para evitar gerar um KeyError ao acessar uma chave inexistente. Começamos criando um dicionário vazio, então atribuímos um par chave/valor que associa o valor 10 à chave apples. Com a linha de dados no dicionário, podemos usar o operador in para confirmar se a chave apples existe agora:

chave 4	objeto
chave 1	objeto
chave 3	objeto
chave 2	objeto

Dicionário

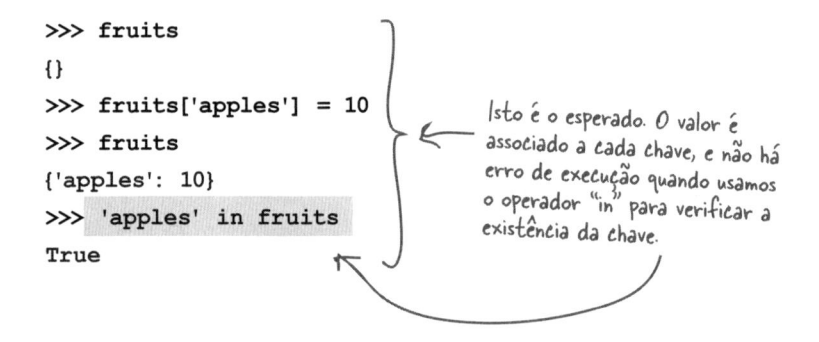

```
>>> fruits
{}
>>> fruits['apples'] = 10
>>> fruits
{'apples': 10}
>>> 'apples' in fruits
True
```

Isto é o esperado. O valor é associado a cada chave, e não há erro de execução quando usamos o operador "in" para verificar a existência da chave.

Antes de fazer qualquer outra coisa, vamos considerar como o interpretador vê o dicionário fruits na memória depois de executar o código acima:

fruits → apples → 10

A chave "apples" está associada ao valor 10.

--- não existem ---
Perguntas Idiotas

P: Vi no exemplo desta página que o Python usa o valor constante True para *verdadeiro*. Há um False também e isso importa ao usar qualquer um desses valores?

R: Sim. Quando você precisar especificar um booleano no Python, poderá usar True ou False. São valores constantes fornecidos pelo interpretador e devem ser especificados com uma letra maiúscula à esquerda, pois o interpretador trata true e false como nomes da variável, *não* valores booleanos, portanto, é preciso ter cuidado aqui.

116 *Capítulo 3*

Verificando a Associação com "in"

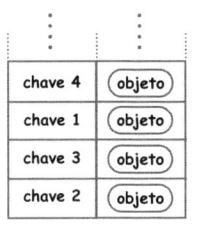

Vamos adicionar outra linha de dados ao dicionário `fruits` para bananas e ver o que acontece. Porém, em vez de uma atribuição direta a bananas (como foi o caso com `apples`), aumentaremos o valor associado a bananas em 1 se ele já existir no dicionário `fruits`, ou, se não, vamos inicializar bananas em 1. Essa é uma atividade muito comum, especialmente quando você está fazendo contagens da frequência usando um dicionário, e a lógica que empregamos deve ajudar, espera-se, a evitar um `KeyError`.

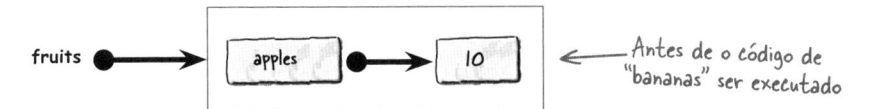

chave 4	objeto
chave 1	objeto
chave 3	objeto
chave 2	objeto

Dicionário

No código a seguir, o operador `in`, junto com uma instrução `if`, evita qualquer escorregada com bananas, o que — um trocadilho — é muito ruim (até para nós):

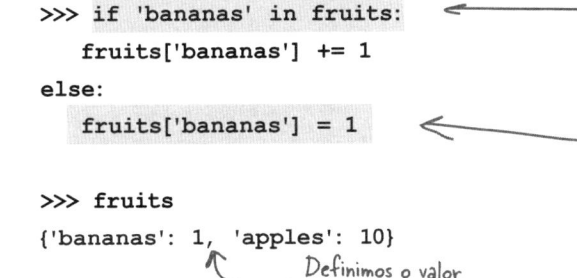

fruits → apples → 10 ← *Antes de o código de "bananas" ser executado*

```
>>> if 'bananas' in fruits:
        fruits['bananas'] += 1
    else:
        fruits['bananas'] = 1
```

← *Verificamos para saber se a chave "bananas" está no dicionário, e, se não estiver, inicializamos seu valor em 1. De modo crítico, evitamos qualquer possibilidade de um "KeyError".*

← *Definimos o valor "bananas" para 1.*

```
>>> fruits
{'bananas': 1, 'apples': 10}
```

O código acima muda o estado do dicionário `fruits` na memória do interpretador, como mostrado aqui:

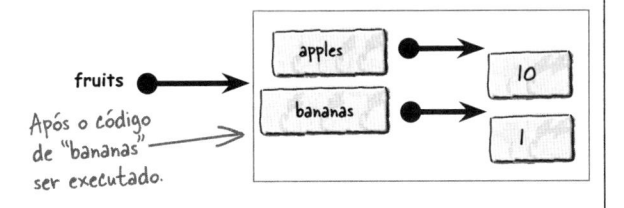

fruits → apples → 10
       → bananas → 1

Após o código de "bananas" ser executado.

Como esperado, o dicionário `fruits` aumentou em um par chave/valor, e o valor bananas foi inicializado em 1. Isso aconteceu porque a condição associada à instrução `if` foi avaliada como False (porque a chave não foi encontrada), então o segundo suíte (ou seja, o associado a `else`) foi executado. Vejamos o que acontece quando o código é executado de novo.

Código Sério

Se você estiver familiarizado com o **operador ternário ?:** de outras linguagens, note que o Python suporta uma construção parecida. É possível fazer isto:

x = 10 if y > 3 else 20

para definir **x** para **10** ou **20**, dependendo de o valor de **y** ser maior ou não que **3**. Dito isso, a maioria dos programadores Python desaprova seu uso, pois considera-se que as instruções **if... else...** equivalentes são de mais fácil leituras.

mais uma vez

Assegurando a Inicialização Antes de Usar

Se executarmos o código de novo, o valor associado a bananas agora deverá ser aumentado em 1, porque o suíte if é executado desta vez devido ao fato de que a chave bananas já existe no dicionário fruits:

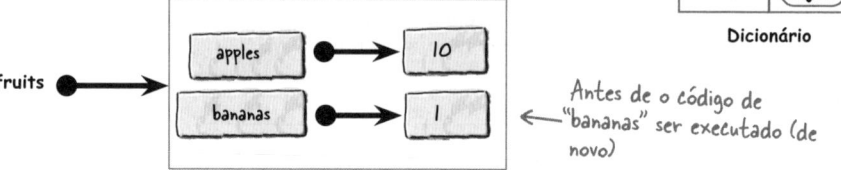

Antes de o código de "bananas" ser executado (de novo)

Para executar este código de novo, pressione *Ctrl-P* (em um Mac) ou *Alt-P* (no Linux/Windows) para percorrer as instruções do código inseridas anteriormente no prompt >>> do IDLE (pois usar a seta para cima para chamar a entrada não funciona no prompt >>> do IDLE). Lembre-se de pressionar Enter *duas vezes* para executar o código mais uma vez:

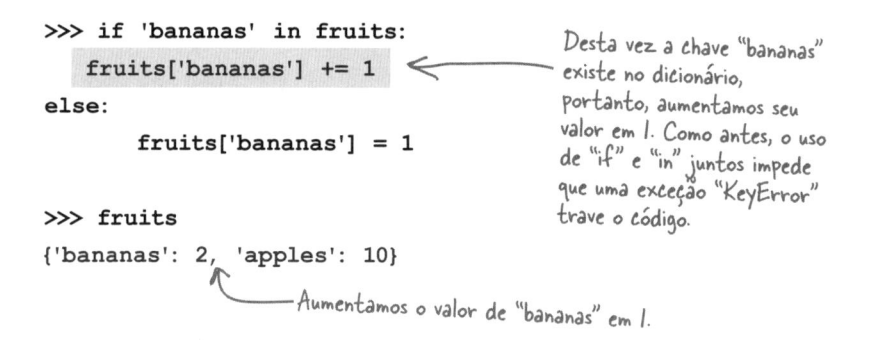

```
>>> if 'bananas' in fruits:
        fruits['bananas'] += 1
    else:
        fruits['bananas'] = 1
>>> fruits
{'bananas': 2, 'apples': 10}
```

Desta vez a chave "bananas" existe no dicionário, portanto, aumentamos seu valor em 1. Como antes, o uso de "if" e "in" juntos impede que uma exceção "KeyError" trave o código.

Aumentamos o valor de "bananas" em 1.

Como o código associado à instrução if agora é executado, o valor associado a bananas é aumentado na memória do interpretador:

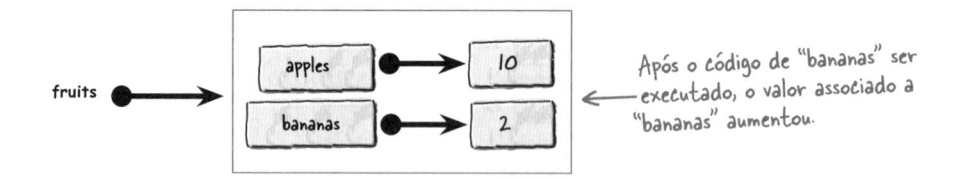

Após o código de "bananas" ser executado, o valor associado a "bananas" aumentou.

Esse mecanismo é tão comum que muitos programadores Python encurtaram essas quatro linhas de código invertendo a condição. Em vez de verificar com in, eles usam not in. Isso permitirá inicializar a chave com um valor inicial (geralmente 0) se ele não for encontrado, e então fazer o aumento logo depois.

Vejamos como o mecanismo funciona.

Substituindo "in" por "not in"

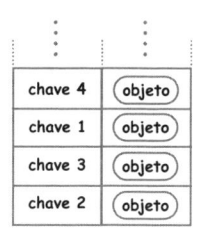

No final da última página, declaramos que os programadores Python refatoram as quatro linhas de código originais para usarem not in, em vez de in. Vejamos isso em ação usando o mecanismo para assegurar que a chave pears seja definida para 0 antes de tentarmos aumentar seu valor:

```
>>> if 'pears' not in fruits:         Inicializa (se
        fruits['pears'] = 0           necessário).

>>> fruits['pears'] += 1              Aumenta.
>>> fruits
{'bananas': 2, 'pears': 1, 'apples': 10}
```

Dicionário

Estas três linhas de código aumentaram o dicionário mais uma vez. Agora existem três pares chave/valor no dicionário fruits:

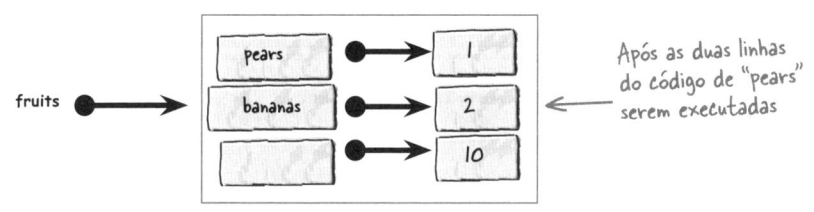

Após as duas linhas do código de "pears" serem executadas

As três linhas de código acima são tão comuns no Python, que a linguagem fornece um método de dicionário que torna a combinação if/not in mais conveniente e com menos tendência a erros. O método setdefault faz o que as instruções if/not in com duas linhas fazem, mas usa apenas *uma* linha de código.

Veja o equivalente do código pears no início da página reescrito para usar setdefault:

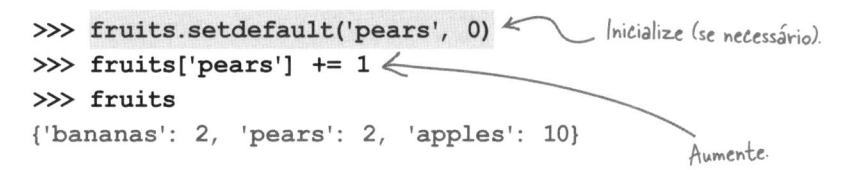

```
>>> fruits.setdefault('pears', 0)    Inicialize (se necessário).
>>> fruits['pears'] += 1
>>> fruits
{'bananas': 2, 'pears': 2, 'apples': 10}
```
Aumente.

A única chamada para setdetfault substituiu a instrução if/not in com duas linhas, e seu uso garante que uma chave sempre será inicializada em um valor inicial antes de ser usada. Qualquer possibilidade de exceção KeyError é negada. O estado atual do dicionário fruits é mostrado aqui (à direita) para confirmar que chamar setdefault após uma chave já existir não tem nenhum efeito (como é o caso com pears), sendo exatamente o que queremos aqui.

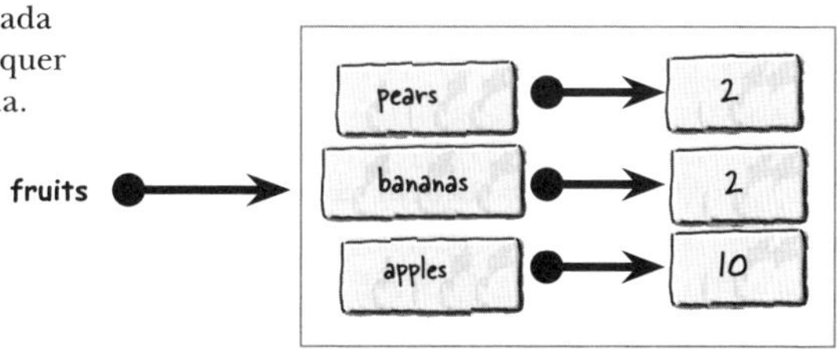

vida longa a setdefault

Colocando o Método "setdefault" para Trabalhar

Lembre-se de que nossa versão atual de vowels5.py resulta em um erro de execução, especificamente um KeyError, que é gerado devido à tentativa de nosso código de acessar o valor de uma chave inexistente:

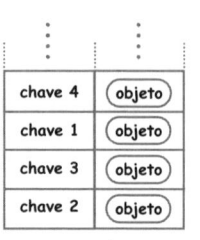

O código produz este erro.

```
vowels = ['a', 'e', 'i', 'o', 'u']
word = input("Provide a word to search for vowels: ")

found = {}

for letter in word:
    if letter in vowels:
        found[letter] += 1

for k, v in sorted(found.items()):
    print(k, 'was found', v, 'time(s).')
```

```
>>> ============================ RESTART ============================
>>>
Provide a word to search for vowels: hitchhiker
Traceback (most recent call last):
  File "/Users/Paul/Desktop/_NewBook/ch03/vowels5.py", line 9, in <module>
    found[letter] += 1
KeyError: 'i'
>>>
```

Dicionário: chave 4 → objeto, chave 1 → objeto, chave 3 → objeto, chave 2 → objeto

A partir de nossos experimentos com fruits, sabemos que podemos chamar setdefault com a frequência desejada sem termos que nos preocupar com qualquer erro desagradável. Sabemos que o comportamento de setdefault certamente inicializa uma chave inexistente com um valor padrão fornecido ou não faz nada (ou seja, não interfere em nenhum valor existente associado a alguma chave existente). Se chamarmos setdefault imediatamente antes de tentarmos usar uma chave em nosso código vowels5.py, com certeza evitaremos um KeyError, pois a chave existirá ou não. De qualquer modo, nosso programa continua sendo executado, e não trava mais (graças ao nosso uso de setdefault).

Em nossa janela de edição do IDLE, mude o primeiro dos loops for do programa vowels5.py para ficar assim (adicionando a chamada para setdefault), e então salve a nova versão como vowels6.py:

Use "setdefault" para ajudar a evitar a exceção "KeyError".

```
for letter in word:
    if letter in vowels:
        found.setdefault(letter, 0)
        found[letter] += 1
```

Uma única linha de código geralmente pode fazer toda a diferença.

120 Capítulo 3

dados estruturados

Test Drive

Com o programa `vowels6.py` mais recente na janela de edição do IDLE, pressione F5. Execute essa versão algumas vezes para confirmar se a desagradável exceção `KeyError` não aparece mais.

```
>>> ============================ RESTART ============================
>>>
Provide a word to search for vowels: hitch-hiker
e was found 1 time(s).
i was found 2 time(s).
>>> ============================ RESTART ============================
>>>
Provide a word to search for vowels: life, the universe, and everything
a was found 1 time(s).
e was found 6 time(s).
i was found 3 time(s).
u was found 1 time(s).
>>>
```

O uso do método `setdefault` resolveu o problema `KeyError` que tínhamos no código. Usar essa técnica permite aumentar dinamicamente um dicionário durante a execução, com a segurança de que apenas criará um novo par chave/valor quando realmente precisar de um.

Parece bom. "KeyError" acabou.

Quando você usa `setdefault` assim, **nunca** precisa gastar tempo inicializando todas as linhas de dados do dicionário antes.

Dicionários: atualizando o que já sabemos

Vamos adicionar à lista de coisas que você sabe agora sobre o dicionário do Python:

PONTOS DE BALA

- Por padrão, todo dicionário é desordenado, pois a ordem da inserção não é mantida. Se você precisar classificar um dicionário na saída, use a função `sorted` predefinida.

- O método `items` permite iterar um dicionário por linha — ou seja, por par chave/valor. Em cada iteração, o método `items` retorna a próxima chave e seu valor associado para o loop `for`.

- Tentar acessar uma chave inexistente em um dicionário existente resulta em um `KeyError`. Quando ocorre um `KeyError`, seu programa trava com um erro de execução.

- Você pode evitar um `KeyError` assegurando que toda chave em seu dicionário tenha um valor associado antes de tentar acessá-la. Embora os operadores `in` e `not in` possam ajudar aqui, a técnica é usar o método `setdefault`.

quanto mais?

Os Dicionários (e Listas) Não São Suficientes?

> Estamos falando sobre estruturas de dados há séculos... quanto falta ainda? Os dicionários — com as listas — são mesmo tudo que precisarei grande parte do tempo?

Os dicionários (e as listas) são ótimos.

Mas não são os únicos na área.

Certamente você pode fazer muita coisa com os dicionários e listas, e muitos programadores Python raramente precisam de alguma outra coisa. Mas, verdade seja dita, esses programadores estão perdendo, pois as duas estruturas de dados predefinidas restantes — **conjunto** e **tupla** — são úteis em *circunstâncias específicas*, e usá-las pode simplificar muito seu código, novamente em circunstâncias específicas.

O segredo é identificar quando *ocorrem* as circunstâncias específicas. Para ajudar nisso, vejamos exemplos típicos de conjunto e tupla, começando com o conjunto.

---

não existem Perguntas Idiotas

P: Acabamos com os dicionários? É mesmo comum que a parte do valor de um dicionário seja, por exemplo, uma lista ou outro dicionário?

R: Sim, é um uso comum. Mas esperaremos até o final deste capítulo para mostrar como fazer isso. Nesse ínterim, vamos amadurecer o que você já sabe sobre os dicionários...

Os Conjuntos Não Permitem Duplicatas

A estrutura de dados **conjunto** do Python é como os conjuntos aprendidos na escola: há certas propriedades matemáticas que sempre se mantêm, com a principal características sendo que os *valores duplicados são proibidos*.

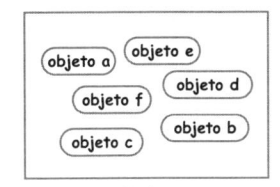

Imagine que você tenha recebido uma longa lista dos primeiros nomes de todos em uma grande organização, mas está interessado apenas na lista (muito menor) de primeiros nomes únicos. Você precisa de um modo rápido e infalível de remover qualquer duplicata de sua longa lista de nomes. Os conjuntos são ótimos para resolver esse tipo de problema: basta converter a longa lista de nomes em um conjunto (que remove as duplicatas), e então converter o conjunto de volta em uma lista, e — tchan-tchan! — você tem uma lista de primeiros nomes únicos.

A estrutura de dados conjunto do Python é otimizada para uma pesquisa muito rápida, o que torna o uso de um conjunto muito mais rápido do que sua lista equivalente quando a pesquisa é a exigência primária. Como as listas sempre executam pesquisas sequenciais lentas, prefira sempre os conjuntos.

Identificando os conjuntos em seu código

É fácil identificar os conjuntos no código: uma coleção de objetos separados por vírgulas e entre chaves.

Por exemplo, veja um conjunto de vogais

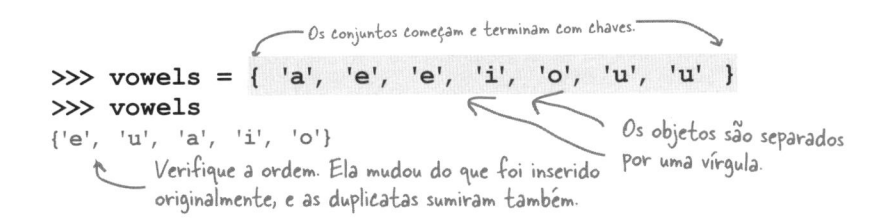

```
>>> vowels = { 'a', 'e', 'e', 'i', 'o', 'u', 'u' }
>>> vowels
{'e', 'u', 'a', 'i', 'o'}
```

Os conjuntos começam e terminam com chaves.

Os objetos são separados por uma vírgula.

Verifique a ordem. Ela mudou do que foi inserido originalmente, e as duplicatas sumiram também.

O fato de que um conjunto fica entre chaves geralmente pode resultar em seu cérebro confundindo conjunto com dicionário, que *também* fica entre chaves. A principal diferença é o uso do caractere de pois-pontos (:) nos dicionários para separar as chaves dos valores. Os dois-pontos nunca aparecem em um conjunto, apenas vírgulas.

Além de proibir as duplicatas, note que — como em um dicionário — a ordem de inserção *não* é mantida pelo interpretador quando um conjunto é usado. Contudo, como todas as outras estruturas de dados, os conjuntos podem ser ordenados na saída com a função `sorted`. E, como as listas e os dicionários, os conjuntos também aumentam e diminuem quando necessário.

Sendo um conjunto, essa estrutura de dados pode realizar operações como um conjunto, tais como *diferença, interseção* e *união*. Para demonstrar os conjuntos em ação, veremos mais uma vez nosso programa de contagem de vogais visto anteriormente neste capítulo. Fizemos a promessa, quando estávamos desenvolvendo pela primeira vez `vowels3.py` (no último capítulo), de que consideraríamos um conjunto em uma lista como a estrutura de dados primária para esse programa. Vamos cumprir a promessa agora.

os conjuntos odeiam duplicatas

Criando Conjuntos com Eficiência

Veremos de novo `vowels3.py`, que usa uma lista para descobrir quais vogais aparecem em qualquer palavra.

Veja o código mais uma vez. Note como temos uma lógica nesse programa para assegurar que lembramos apenas cada vogal encontrada uma vez. Ou seja, estamos assegurando deliberadamente que nenhuma vogal duplicada *jamais* será adicionada à lista `found`:

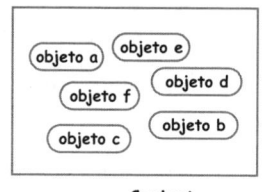

Conjunto
(objeto a) (objeto e)
(objeto f) (objeto d)
(objeto c) (objeto b)

Isto é "vowels3.py", que informa as vogais únicas encontradas em uma palavra. Este código usa uma lista como sua estrutura de dados primária.

```
vowels = ['a', 'e', 'i', 'o', 'u']
word = input("Provide a word to search for vowels: ")
found = []
for letter in word:
    if letter in vowels:
        if letter not in found:
            found.append(letter)
for vowel in found:
    print(vowel)
```

Nunca permitimos duplicatas na lista "found".

Antes de continuar, use o IDLE para salvar o código como `vowels7.py` para que possamos fazer alterações sem ter que nos preocupar em danificar nossa solução baseada em lista (que sabemos que funciona). Como está sendo nossa prática padrão, experimentaremos no prompt >>> primeiro antes de ajustar o código `vowels7.py`. Editaremos o código na janela de edição do IDLE assim que descobrirmos o código necessário.

Criando conjuntos a partir de sequências

Começamos criando um conjunto de vogais usando o código no meio da última página (você pode pular esta etapa se já digitou o código no prompt >>>):

```
>>> vowels = { 'a', 'e', 'e', 'i', 'o', 'u', 'u' }
>>> vowels
{'e', 'u', 'a', 'i', 'o'}
```

Abaixo está uma abreviação útil que permite passar qualquer sequência (como uma string) à função `set` para gerar rapidamente um conjunto. Veja como criar o conjunto de vogais com a função `set`:

```
>>> vowels2 = set('aeeiouu')
>>> vowels2
{'e', 'u', 'a', 'i', 'o'}
```

Estas duas linhas de código fazem a mesma coisa: ambas atribuem um novo objeto conjunto a uma variável.

124   Capítulo 3

Aproveitando os Métodos do Conjunto

Agora que temos nossas vogais em um conjunto, nossa próxima etapa é pegar uma palavra e determinar se alguma letra nela é vogal. Podemos fazer isso verificando se cada letra na palavra está no conjunto, pois o operador `in` trabalha com os conjuntos de modo muito parecido como faz com os dicionários e as listas. Ou seja, podemos usar `in` para determinar se um conjunto contém qualquer letra, e então percorrer as letras na palavra usando um loop `for`.

Porém, não vamos seguir a estratégia aqui, pois os métodos do conjunto podem fazer grande parte do trabalho do loop para nós.

Há um modo muito melhor de fazer esse tipo de operação ao usar os conjuntos. Envolve aproveitar os métodos que vêm com cada conjunto e que permitem fazer operações como união, diferença e interseção. Antes de mudar o código em `vowels7.py`, vamos descobrir como esses métodos funcionam experimentando no prompt `>>>` e considerando como o interpretador vê os dados do conjunto. Siga em seu computador. Vamos começar criando um conjunto de vogais, e então atribuindo um valor à variável `word`:

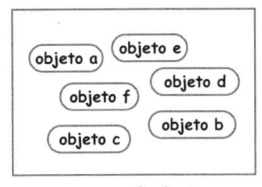

```
>>> vowels = set('aeiou')
>>> word = 'hello'
```

O interpretador cria dois objetos: um conjunto e uma string. Veja como fica o conjunto `vowels` na memória do interpretador:

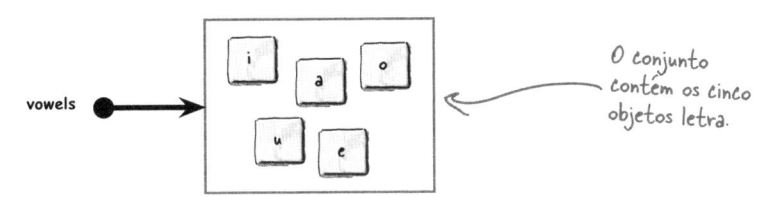

Vejamos o que acontece quando fazemos uma união do conjunto `vowels` e do conjunto de letras criado a partir do valor na variável `word`. Criaremos um segundo conjunto dinamicamente passando a variável `word` para a função `set`, que então é passada para o método `union` fornecido por `vowels`. O resultado dessa chamada é outro conjunto, que atribuímos à outra variável (chamada `u` aqui). Essa nova variável é uma *combinação* dos objetos em ambos os conjuntos (uma união):

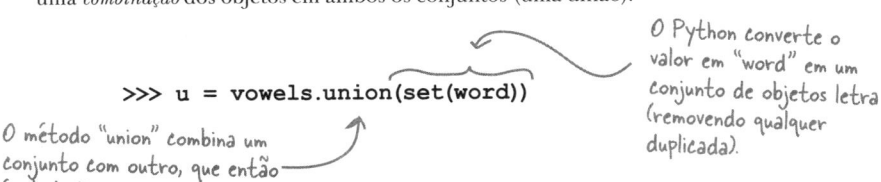

```
>>> u = vowels.union(set(word))
```

O método "union" combina um conjunto com outro, que então é atribuído a uma nova variável chamada "u" (que é outro conjunto).

O Python converte o valor em "word" em um conjunto de objetos letra (removendo qualquer duplicada).

Após a chamada do método `union`, como ficam os conjuntos `vowels` e `u`?

union Funciona Combinando os Conjuntos

No final da página anterior, usamos o método `union` para criar um novo conjunto chamado u, que era uma combinação das letras no conjunto `vowels` e no conjunto de letras únicas em `word`. O ato de criar esse novo conjunto não tem nenhum impacto em `vowels`, que permanece como estava antes da união. Contudo, o conjunto u é novo, pois é criado como resultado da união.

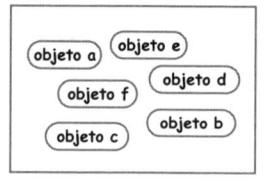

Veja o que acontece:

O conjunto de vogais → vowels

A palavra "hello" é transformada em um conjunto, que resulta na remoção das letras duplicadas. → set(word)

```
u = vowels.union(set(word))
```

O conjunto "u" consiste em todos os objetos únicos de ambos os conjuntos.

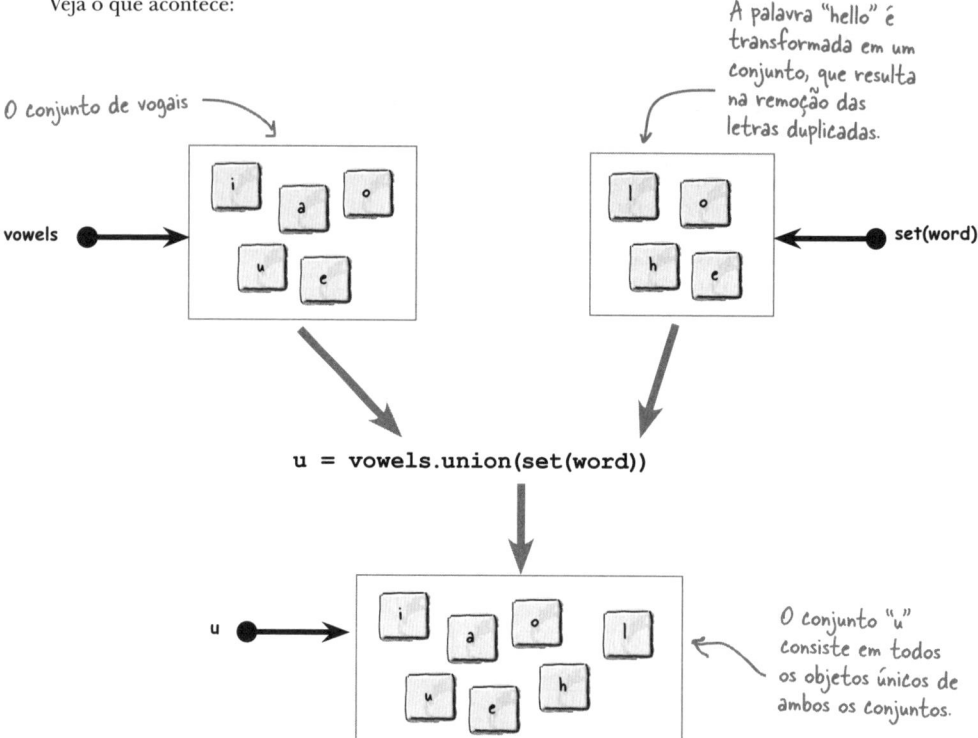

O que aconteceu com o código do loop?

Essa única linha de código engloba muita coisa. Note que você não instruiu especificamente o interpretador para fazer um loop. Na verdade, informou ao interpretador *o que* desejava fazer — não *como* queria fazer —, e o interpretador obedeceu criando um novo conjunto contendo os objetos procurados.

Uma exigência comum (agora que criamos a união) é transformar o conjunto resultante em uma lista classificada. Fazer isso é fácil, graças às funções `sorted` e `list`:

```
>>> u_list = sorted(list(u))
>>> u_list
['a', 'e', 'h', 'i', 'l', 'o', 'u']
```

Uma lista classificada de letras únicas

dados estruturados

difference Informa O Que Não É Compartilhado

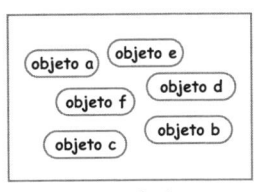

Outro método do conjunto é difference, com o qual, dados dois conjuntos, podemos dizer o que está em um conjunto, mas não no outro. Vamos usar difference de modo muito parecido com o modo que fizemos com union e ver o que conseguimos:

```
>>> d = vowels.difference(set(word))
>>> d
{'u', 'i', 'a'}
```

A função difference compara os objetos em vowels com os objetos em set(word), e então retorna um novo conjunto de objetos (chamado d aqui) que estão no conjunto vowels, mas *não* em set(word).

Veja o que acontece:

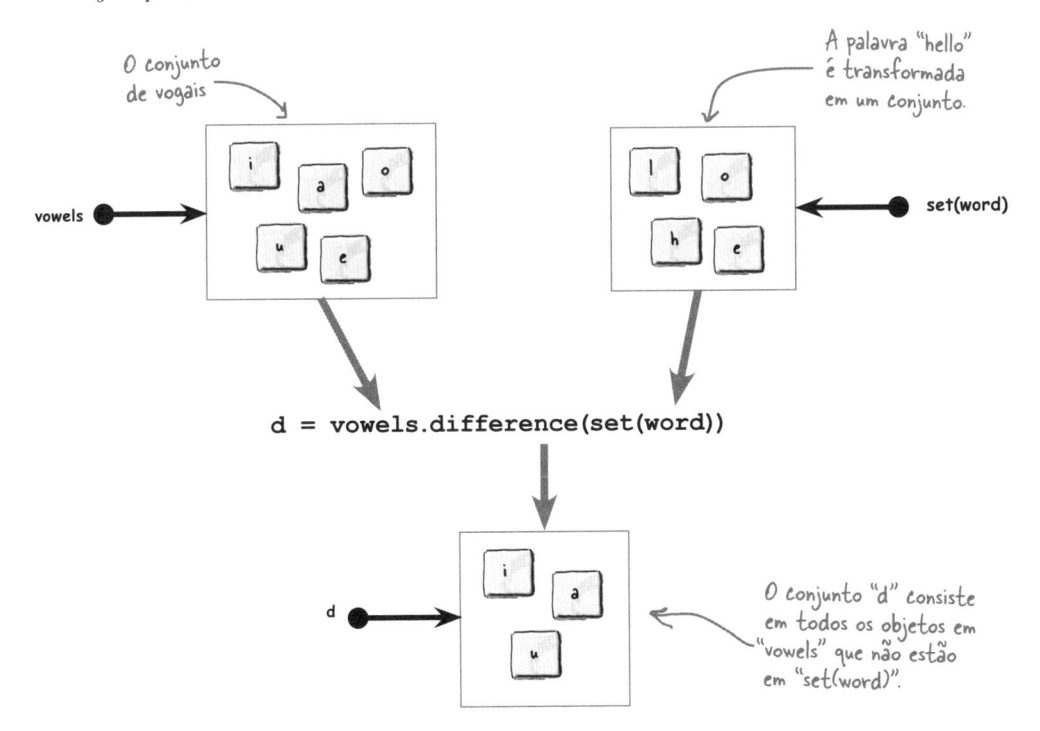

O conjunto de vogais

A palavra "hello" é transformada em um conjunto.

vowels

set(word)

d = vowels.difference(set(word))

d

O conjunto "d" consiste em todos os objetos em "vowels" que não estão em "set(word)".

Chamamos novamente sua atenção para o fato de que esse resultado foi conseguido *sem* usar um loop for. A função difference faz todo o trabalho pesado aqui. Apenas declaramos o que foi requerido.

Vá para a próxima página para ver um método do conjunto final: intersection.

você está aqui ▶ **127**

o que é compartilhado

intersection Informa a Semelhança

O terceiro método do conjunto que veremos é `intersection`, que pega os objetos em um conjunto, os compara com aqueles em outro, e então informa qualquer objeto em comum encontrado.

Em relação aos requisitos que temos com `vowels7.py`, o que o método `intersection` faz parece promissor, pois queremos saber quais letras na palavra do usuário são vogais.

Lembre-se de que temos a string `"hello"` na variável `word` e nossas vogais no conjunto `vowels`. Veja o método `intersection` em ação:

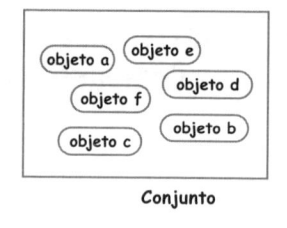

```
>>> i = vowels.intersection(set(word))
>>> i
{'e', 'o'}
```

O método `intersection` confirma que as vogais e e o estão na variável `word`. Veja o que acontece:

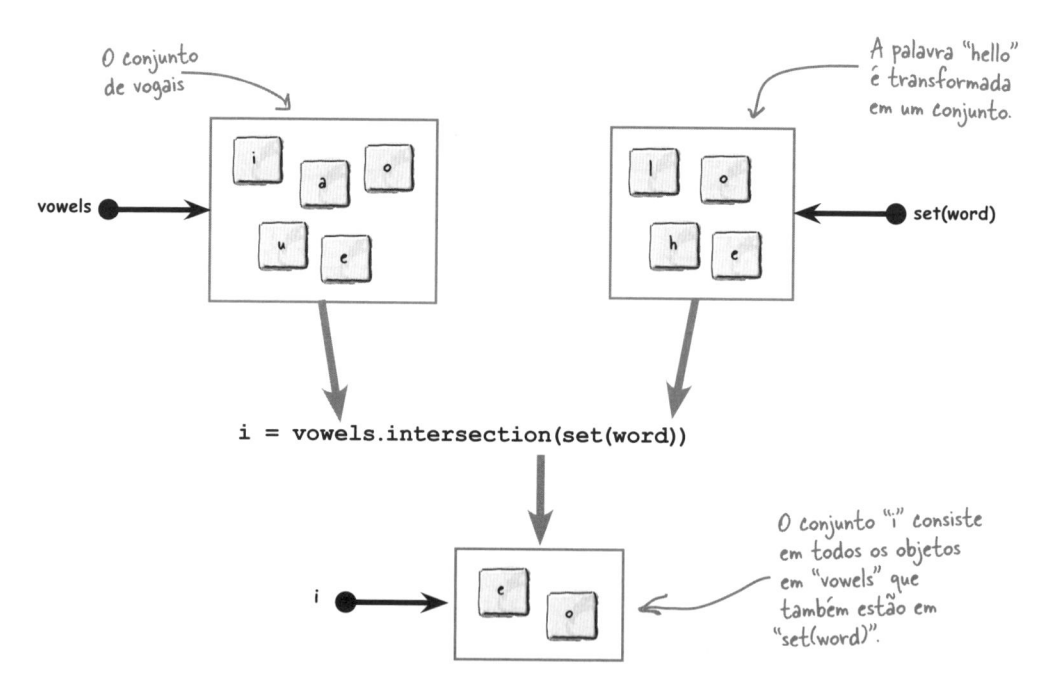

O conjunto de vogais → vowels

A palavra "hello" é transformada em um conjunto. → set(word)

`i = vowels.intersection(set(word))`

O conjunto "i" consiste em todos os objetos em "vowels" que também estão em "set(word)".

Existem mais métodos do conjunto além dos três que vimos nas últimas páginas, mas, dos três, `intersection` é o que mais nos interessa aqui. Em uma única linha de código, resolvemos o problema levantado quase no início do último capítulo: *identificar as vogais em qualquer string*. E tudo sem usar nenhum código do loop. Vamos retornar ao programa `vowels7.py` e aplicar o que sabemos agora.

Conjuntos: O Que Você Já Sabe

Veja um resumo rápido do que você já sabe sobre os dados do conjunto do Python:

PONTOS DE BALA

- Os conjuntos no Python não permitem duplicatas.
- Como os dicionários, os conjuntos ficam entre chaves, mas estes não identificam os pares chave/valor. Ao contrário, cada objeto único no conjunto é separado por uma vírgula.
- Também como os dicionários, os conjuntos não mantêm a ordem da inserção (mas podem ser ordenados com a função `sorted`).
- É possível passar qualquer sequência para a função `set` para criar um conjunto de elementos a partir dos objetos na sequência (menos as duplicatas).
- Os conjuntos vêm com muita funcionalidade predefinida, inclusive métodos para realizar a união, diferença e interseção.

Aponte o seu lápis

Aqui está o código do programa `vowels3.py` mais uma vez.

Com base no que você sabe sobre os conjuntos agora, pegue o lápis e corte o código que não precisa mais. No espaço fornecido à direita, forneça o código que você adicionaria para converter esse programa que usa listas para aproveitar um conjunto.

Sugestão: você ficará com muito menos código.

```
vowels = ['a', 'e', 'i', 'o', 'u']
word = input("Provide a word to search for vowels: ")
found = []
for letter in word:
    if letter in vowels:
        if letter not in found:
            found.append(letter)
for vowel in found:
    print(vowel)
```

Quanto tiver terminado, renomeie o arquivo como `vowels7.py`.

vogais com *conjuntos*

Aponte o seu lápis
Solução

Aqui está o código do programa `vowels3.py` mais uma vez.

Com base no que sabe agora sobre os conjuntos, você pegou o lápis e cortou o código de que não precisa mais. No espaço fornecido à direita, você forneceu o código que adicionaria para converter esse programa que usa listas para aproveitar um conjunto.

Sugestão: você ficará com muito menos código.

Há muito código para se livrar.

Crie um conjunto de vogais.

```
vowels = ['a', 'e', 'i', 'o', 'u']
word = input("Provide a word to search for vowels: ")
found = []
for letter in word:
    if letter in vowels:
        if letter not in found:
            found.append(letter)
for vowel in found:
    print(vowel)
```

vowels = set('aeiou')

found = vowels.intersection(set(word))

Estas cinco linhas de código que processam a lista são substituídas por uma única linha de código do conjunto.

Quando você terminou, teve que renomear o arquivo como `vowels7.py`.

> Eu me sinto enganada... todo esse tempo perdido aprendendo listas e dicionários, e a melhor solução para o problema das vogais era usar um conjunto? Sério?

Não foi uma perda de tempo.

Ser capaz de identificar quando usar uma estrutura de dados predefinida e não outra é importante (pois você desejará assegurar que está escolhendo a certa). O único modo de fazer isso é ter experiência com o uso de *todas* elas. Nenhuma estrutura de dados predefinida se qualifica como uma tecnologia "genérica", porque todas têm pontos fortes e fracos. Assim que você entender o que são, estará mais bem equipado para selecionar a estrutura de dados correta com base nas exigências de dados específicas de seu aplicativo.

dados **estruturados**

Test Drive

Vamos levar `vowels7.py` para dar uma volta e confirmar se a versão baseada em conjunto de nosso programa é executada como o esperado:

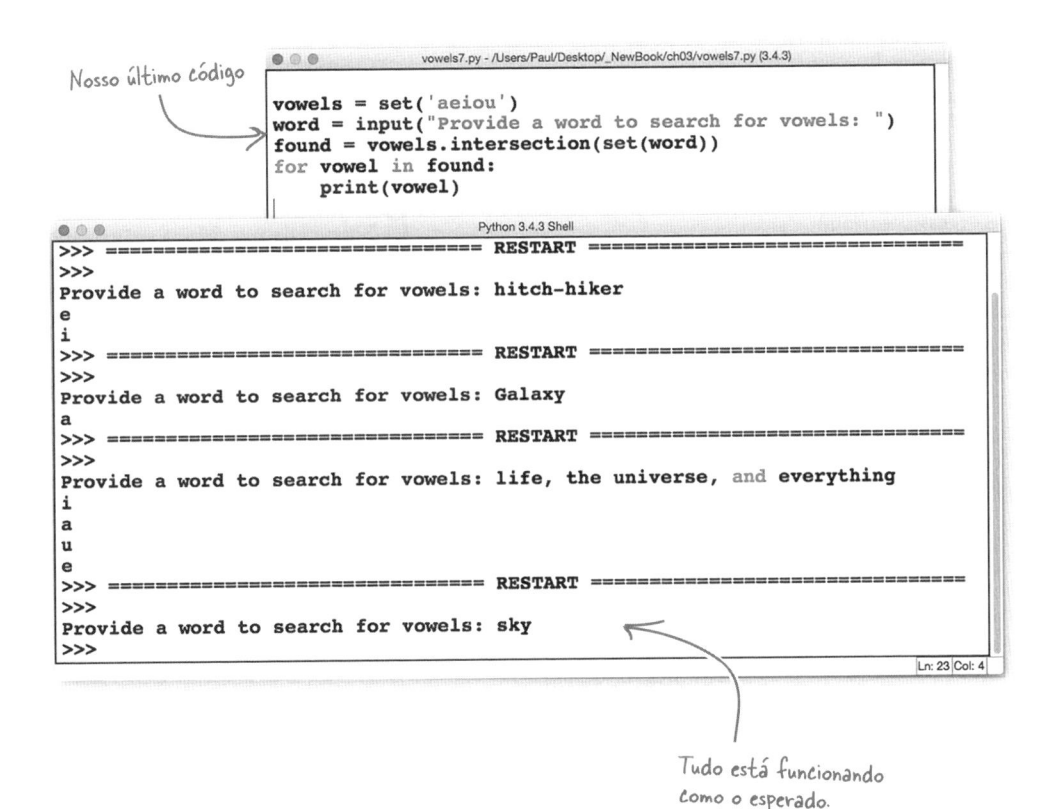

Nosso último código

```
vowels = set('aeiou')
word = input("Provide a word to search for vowels: ")
found = vowels.intersection(set(word))
for vowel in found:
    print(vowel)
```

```
>>> ============================ RESTART ============================
>>>
Provide a word to search for vowels: hitch-hiker
e
i
>>> ============================ RESTART ============================
>>>
Provide a word to search for vowels: Galaxy
a
>>> ============================ RESTART ============================
>>>
Provide a word to search for vowels: life, the universe, and everything
i
a
u
e
>>> ============================ RESTART ============================
>>>
Provide a word to search for vowels: sky
>>>
```

Tudo está funcionando como o esperado.

Usar um conjunto foi a escolha perfeita aqui...

Mas isso não quer dizer que as duas outras estruturas de dados não têm seus usos. Por exemplo, se você precisar fazer, digamos, uma contagem da frequência, o dicionário do Python funcionará melhor. Contudo, se estiver mais preocupado em manter a ordem da inserção, então apenas uma lista servirá... o que é meia verdade. Há outra estrutura de dados predefinida que mantém a ordem da inserção e que ainda temos que analisar: a **tupla**.

Vamos passar o resto deste capítulo na companhia da tupla do Python.

por quê?

Justificando as Tuplas

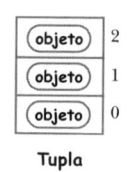

Quando a maioria dos programadores novos no Python encontra a **tupla** pela primeira vez, questiona por que tal estrutura de dados existe. Afinal, uma tupla é como uma lista que não pode ser alterada assim que criada (e preenchida com dados). As tuplas são imutáveis: *não podem mudar*. Então, por que precisamos delas?

No fim das contas, ter uma estrutura de dados imutável geralmente pode ser útil. Imagine que você precise se proteger dos efeitos colaterais de assegurar que alguns dados em seu programa nunca mudem. Ou talvez tenha uma grande lista constante (que sabe que não mudará) e esteja preocupado com o desempenho. Por que arcar com o custo de todo esse código do processamento da lista (mutável) se nunca precisará dele? Usar uma tupla, nesses casos, evita o overhead desnecessário e protege dos efeitos colaterais desagradáveis dos dados (caso ocorram).

objeto	2
objeto	1
objeto	0

Tupla

---

não existem
Perguntas Idiotas

P: De onde vem o nome "tupla"?

R: Depende de quem pergunta, mas o nome tem sua origem na Matemática. Descubra mais sobre o que você quer saber visitando *https://en.wikipedia.org/wiki/Tuple* (conteúdo em inglês).

Como identificar uma tupla no código

Como as tuplas estão intimamente relacionadas às listas, não é nenhuma surpresa que sejam parecidas (e se comportem de modo parecido). As tuplas ficam entre parênteses, ao passo que as listas usam colchetes. Uma visita rápida ao prompt >>> nos permite comparar as tuplas com listas. Note como estamos usando a função predefinida `type` para confirmar o tipo de cada objeto criado:

```
>>> vowels = [ 'a', 'e', 'i', 'o', 'u' ]
>>> type(vowels)
<class 'list'>
>>> vowels2 = ( 'a', 'e', 'i', 'o', 'u' )
>>> type(vowels2)
<class 'tuple'>
```

Não há nada novo aqui. Uma lista de vogais é criada.

Esta tupla parece uma lista, mas não é. As tuplas ficam entre parênteses (não entre colchetes).

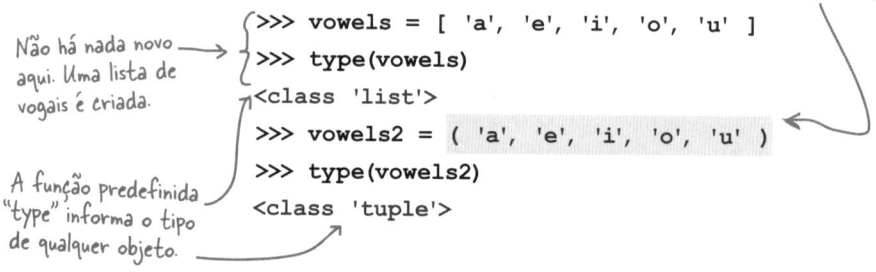

A função predefinida "type" informa o tipo de qualquer objeto.

Agora que `vowels` e `vowels2` existem (e estão preenchidas com dados), podemos pedir ao shell para exibir o que elas contêm. Fazer isso confirma que a tupla não é muito parecida com uma lista:

```
>>> vowels
['a', 'e', 'i', 'o', 'u']
>>> vowels2
('a', 'e', 'i', 'o', 'u')
```

Os parênteses indicam que isto é uma tupla.

Mas o que acontecerá se tentarmos mudar uma tupla?

As Tuplas São Imutáveis

Como as tuplas são um tipo de lista, elas suportam a mesma notação de colchetes comumente associada às listas. Já sabemos que podemos usar essa notação para mudar o conteúdo de uma lista. Veja o que faríamos para mudar a letra i minúscula na lista vowels para ser uma letra I maiúscula:

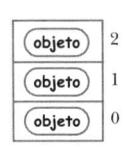

```
>>> vowels[2] = 'I'
>>> vowels
[' a', 'e', 'I', 'o', 'u']
```

Atribui um "I" maiúsculo ao terceiro elemento da lista "vowels".

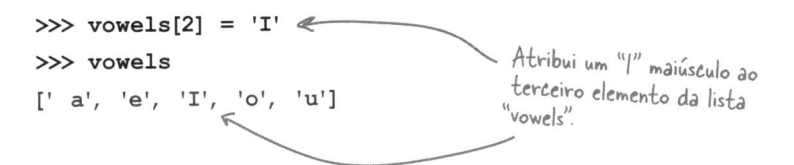

Como esperado, o terceiro elemento na lista (no local do índice 2) mudou, o que é bom e esperado, pois as listas mudam. Contudo, veja o que acontecerá se tentarmos fazer o mesmo com a tupla vowels2:

O interpretador reclamará muito se você tentar mudar uma tupla.

```
>>> vowels2[2] = 'I'
Traceback (most recent call last):
  File "<pyshell#16>", line 1, in <module>
    vowels2[2] = 'I'
TypeError: 'tuple' object does not support item assignment
>>> vowels2
(' a', 'e', 'i', 'o', 'u')
```

Nenhuma alteração aqui, pois as tuplas são imutáveis.

As tuplas são imutáveis, portanto, não podemos reclamar quando o interpretador protesta com nossa tentativa de mudar os objetos armazenados nelas. Afinal, esse é o papel de uma tupla: assim que criada e preenchida com dados, uma tupla não pode mudar.

Não cometa erros: esse comportamento é útil, especialmente quando você precisa assegurar que alguns dados não podem mudar. O único modo de garantir isso é colocar os dados em uma tupla, que então instrui o interpretador para impedir qualquer código de tentar mudar os dados dela.

Quando percorrermos o restante deste livro, sempre usaremos as tuplas quando fizer sentido. Com referência ao código de processamento das vogais, agora deve estar claro que a estrutura de dados vowels sempre deve ser armazenada em uma tupla, em vez de em uma lista, pois não faz sentido usar uma estrutura de dados que muda neste caso (as cinco vogais *nunca* precisarão mudar).

Não há muito mais a fazer com as tuplas — pense nelas como listas imutáveis, nada mais. Contudo, há um uso que derruba muitos programadores, portanto, vamos aprender qual é esse uso, para que você possa evitá-lo.

Se os dados em sua estrutura nunca mudam, coloque-os em uma tupla.

aviso da tupla

Tome Cuidado com as Tuplas com Um Objeto

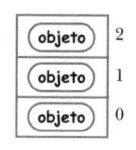

Vamos imaginar que você queira armazenar uma string em uma tupla. É tentador colocar a string entre parênteses, e então atribuí-la a um nome de variável... mas fazer isso não produz o resultado esperado.

Veja esta interação com o prompt >>>, que demonstra o que acontece quando você faz isso:

```
>>> t = ('Python')
>>> type(t)
<class 'str'>
>>> t
'Python'
```

Isto não é o que esperávamos. Acabamos com uma string. O que aconteceu com nossa tupla?

O que se parece com uma tupla com um objeto; é uma string. Isso aconteceu devido a uma singularidade sintática na linguagem Python. A regra é que, para uma tupla ser uma tupla, toda tupla precisa incluir, pelo menos, uma vírgula entre parênteses, mesmo quando ela contém um único objeto. Essa regra significa que, para atribuir um objeto a uma tupla (estamos atribuindo um objeto string neste caso), precisamos incluir a vírgula depois, assim:

```
>>> t2 = ('Python',)
```

Esta vírgula à direita faz toda a diferença, pois informa ao interpretador que é uma tupla.

Parece um pouco estranho, mas não se preocupe. Apenas se lembre da regra, e tudo bem: *toda tupla precisa incluir, pelo menos, uma vírgula entre parênteses*. Agora, quando você pedir ao interpretador para informar qual é o tipo t2 (assim como exibir seu valor), descobrirá que t2 é uma tupla, como é esperado:

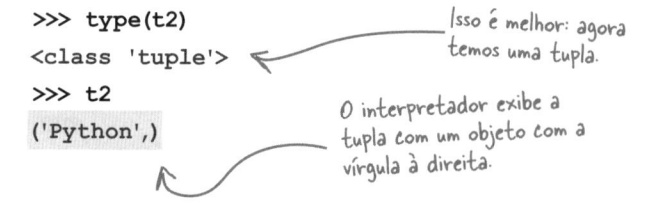

```
>>> type(t2)
<class 'tuple'>
>>> t2
('Python',)
```

Isso é melhor: agora temos uma tupla.

O interpretador exibe a tupla com um objeto com a vírgula à direita.

É muito comum que as funções aceitem e retornem seus argumentos como uma tupla, mesmo quando aceitam ou retornam um objeto. Como consequência, encontraremos essa sintaxe com frequência ao trabalharmos com as funções. Teremos mais a dizer sobre a relação entre as funções e as tuplas daqui a pouco. Na verdade, dedicaremos o próximo capítulo às funções (portanto, você não terá que esperar muito).

Agora que você conhece as quatro estruturas de dados predefinidas, e antes de ir para o capítulo sobre funções, vamos fazer um desvio e espremer um pequeno exemplo — divertido! — de uma estrutura de dados mais complexa.

dados estruturados

Combinando as Estruturas de Dados Predefinidas

> Toda essa conversa sobre estruturas de dados me faz imaginar se as coisas podem ficar mais complexas. Especificamente, posso armazenar um dicionário em um dicionário?

Essa pergunta é feita com frequência.

Assim que os programadores ficam acostumados com o armazenamento de números, strings e booleanos em listas e dicionários, começam a imaginar muito rapidamente se as predefinições suportam o armazenamento de dados mais complexos. Ou seja, as estruturas de dados predefinidas podem se armazenar em estruturas de dados predefinidas?

A resposta é **sim**, e isso deve-se ao fato de que *tudo é um objeto no Python*.

Tudo que armazenamos até então em cada uma das predefinições era um objeto. O fato de que eram "objetos simples" (como números e strings) não importa, pois as predefinições podem armazenar *qualquer* objeto. Todas as predefinições (apesar de serem "complexas") são objetos também, portanto, você pode misturar e combinar de qualquer modo escolhido. Basta atribuir a estrutura de dados predefinida como faria com um objeto simples e estará ótimo.

Vejamos um exemplo que usa um dicionário de dicionários.

---
não existem Perguntas Idiotas

P: O que você fará funciona apenas com dicionários? Posso ter uma lista de listas, um conjunto de listas ou uma tupla de dicionários?

R: Sim, pode. Demonstraremos como um dicionário de dicionários funciona, mas você pode combinar as predefinições de qualquer modo escolhido.

você está aqui ▶ **135**

uma tabela que muda

Armazenando uma Tabela de Dados

Como tudo é um objeto, qualquer estrutura de dados predefinida pode ser armazenada em qualquer outra estrutura de dados predefinida, permitindo a construção arbitrária de estruturas de dados complexas... sujeitas à habilidade de seu cérebro para visualizar o que está acontecendo. Por exemplo, embora *um dicionário de listas com tuplas que contém conjuntos de dicionários* possa parecer uma boa ideia, pode não ser, pois sua complexidade é fora do normal.

Uma estrutura complexa que aparece muito é um dicionário de dicionários. Essa estrutura pode ser usada para criar uma *tabela que muda*. Para ilustrar, imagine que temos esta tabela descrevendo uma coleção de caracteres variados:

Name	Gender	Occupation	Home Planet
Ford Prefect	Male	Researcher	Betelgeuse Seven
Arthur Dent	Male	Sandwich-Maker	Earth
Tricia McMillan	Female	Mathematician	Earth
Marvin	Unknown	Paranoid Android	Unknown

Lembre-se de como, no início deste capítulo, criamos um dicionário chamado `person3` para armazenar os dados de Ford Prefect:

```
person3 = { 'Name': 'Ford Prefect',
            'Gender': 'Male',
            'Occupation': 'Researcher',
            'Home Planet': 'Betelgeuse Seven' }
```

Em vez de criar (e então lutar com) quatro variáveis do dicionário individuais para cada linha de dado em nossa tabela, criaremos uma única variável do dicionário, chamada `people`. Então usaremos `people` para armazenar quaisquer outros dicionários.

Para continuarmos, primeiro criamos um dicionário `people` vazio, e então atribuímos os dados de Ford Prefect a uma chave:

Inicie com um dicionário novo e vazio.

```
>>> people = {}
>>> people['Ford'] = { 'Name': 'Ford Prefect',
                       'Gender': 'Male',
                       'Occupation': 'Researcher',
                       'Home Planet': 'Betelgeuse Seven' }
```

A chave é "Ford", e o valor é outro dicionário.

dados **estruturados**

Um Dicionário Contendo um Dicionário

Com o dicionário `people` criado e uma linha de dado adicionada (Ford), podemos pedir ao interpretador para exibir o dicionário `people` no prompt >>>. A saída resultante parece um pouco confusa, mas todos os nossos dados estão aqui:

Um dicionário embutido em um dicionário — note as chaves extras.

```
>>> people
{'Ford': {'Occupation': 'Researcher', 'Gender': 'Male', 'Home
Planet': 'Betelgeuse Seven', 'Name': 'Ford Prefect'}}
```

Existe apenas um dicionário embutido em `people` (no momento), portanto, chamar isso de "dicionário de dicionários" é um pouco exagerado, pois `people` contém apenas um agora. Veja como fica `people` para o interpretador:

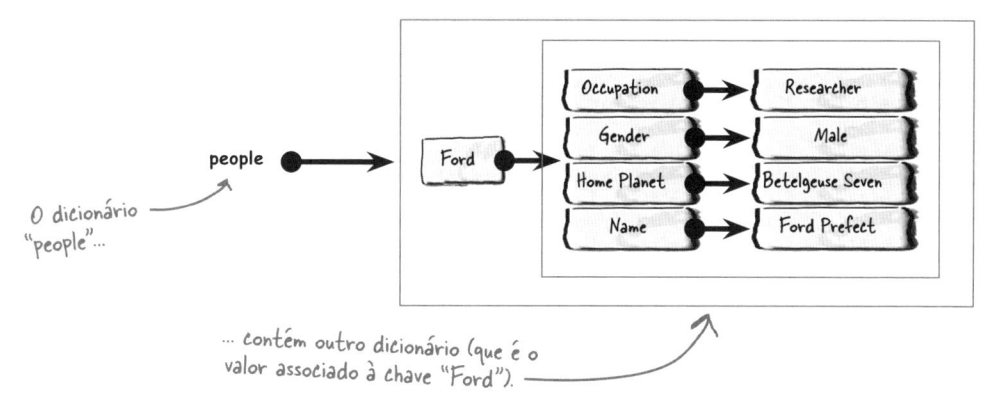

O dicionário "people"...

... contém outro dicionário (que é o valor associado à chave "Ford").

people	→	Ford	→	Occupation	→	Researcher
				Gender	→	Male
				Home Planet	→	Betelgeuse Seven
				Name	→	Ford Prefect

Agora podemos adicionar os dados das outras três linhas em nossa tabela:

Os dados de Arthur

```
>>> people['Arthur'] = { 'Name': 'Arthur Dent',
                         'Gender': 'Male',
                'Occupation': 'Sandwich-Maker',
                'Home Planet': 'Earth' }
>>> people['Trillian'] = { 'Name': 'Tricia McMillan',
                'Gender': 'Female',
                'Occupation': 'Mathematician',
                'Home Planet': 'Earth' }
>>> people['Robot'] = { 'Name': 'Marvin',
                'Gender': 'Unknown',
                'Occupation': 'Paranoid Android',
                'Home Planet': 'Unknown' }
```

Os dados de Tricia são associados à chave "Trillian".

Os dados de Marvin são associados à chave "Robot".

você está aqui ▶ **137**

são apenas dados

Um Dicionário de Dicionários (também conhecido como Tabela)

Com o dicionário `people` preenchido com quatro dicionários embutidos, podemos pedir ao interpretador para exibir o dicionário `people` no prompt >>>.

Fazer isso resulta em uma terrível confusão de dados na tela (veja abaixo).

Apesar da confusão, todos os dados estão aqui. Note que cada chave de abertura inicia um novo dicionário, ao passo que uma chave de fechamento o termina. Vá em frente e conte (existem cinco de cada):

É um pouco difícil de ler, mas todos os dados estão aqui.

```
>>> people
{'Ford': {'Occupation': 'Researcher', 'Gender': 'Male', 'Home
Planet': 'Betelgeuse Seven', 'Name': 'Ford Prefect'}, 'Trillian':
{'Occupation': 'Mathematician', 'Gender': 'Female', 'Home Planet':
'Earth', 'Name': 'Tricia
McMillan'}, 'Robot': {'Occupation': 'Paranoid Android', 'Gender':
'Unknown', 'Home Planet': 'Unknown', 'Name': 'Marvin'}, 'Arthur':
{'Occupation': 'Sandwich-Maker', 'Gender': 'Male', 'Home Planet':
'Earth', 'Name': 'Arthur Dent'}}
```

O interpretador apenas despeja os dados na tela. Há alguma chance de podermos tornar isso mais apresentável?

Sim, podemos facilitar essa leitura.

Poderíamos ver o prompt >>> e codificar um loop `for` rápido que pudesse iterar cada uma das chaves no dicionário `people`. Quando fizermos isso, um loop `for` aninhado poderá processar cada um dos dicionários embutidos, assegurando uma saída de mais fácil leitura na tela.

Poderíamos... mas não faremos isso, pois outra pessoa já fez o trabalho por nós.

dados estruturados

Estruturas de Dados Complexas com Bela Impressão

A biblioteca padrão inclui um módulo chamado pprint, que pode pegar qualquer estrutura de dados e exibi-la em um formato mais fácil de ler. O nome pprint é uma abreviação de "pretty print", ou seja, bela impressão.

Vamos usar o módulo pprint com nosso dicionário people (de dicionários). Abaixo, exibimos mais uma vez os dados "brutos" no prompt >>>, e então importamos o módulo pprint antes de chamar a função pprint para produzir a saída necessária:

É difícil ler nosso dicionário de dicionários.

```
>>> people
{'Ford': {'Occupation': 'Researcher', 'Gender': 'Male',
'Home Planet': 'Betelgeuse Seven', 'Name': 'Ford Prefect'},
'Trillian': {'Occupation': 'Mathematician', 'Gender':
'Female', 'Home Planet': 'Earth', 'Name': 'Tricia
McMillan'}, 'Robot': {'Occupation': 'Paranoid Android',
'Gender': 'Unknown', 'Home Planet': 'Unknown', 'Name':
'Marvin'}, 'Arthur': {'Occupation': 'Sandwich-Maker',
'Gender': 'Male', 'Home Planet': 'Earth', 'Name': 'Arthur
Dent'}}
>>>
>>> import pprint
>>>
>>> pprint.pprint(people)
{'Arthur': {'Gender': 'Male',
     'Home Planet': 'Earth',
     'Name': 'Arthur Dent',
     'Occupation': 'Sandwich-Maker'},
 'Ford': {'Gender': 'Male',
     'Home Planet': 'Betelgeuse Seven',
     'Name': 'Ford Prefect',
     'Occupation': 'Researcher'},
 'Robot': {'Gender': 'Unknown',
     'Home Planet': 'Unknown',
     'Name': 'Marvin',
     'Occupation': 'Paranoid Android'},
 'Trillian': {'Gender': 'Female',
     'Home Planet': 'Earth',
     'Name': 'Tricia McMillan',
     'Occupation': 'Mathematician'}}
```

Importa o módulo "pprint", e então chama a função "pprint" para fazer o trabalho.

É muito mais fácil ler esta saída. Note que ainda temos cinco chaves de abertura e fechamento. É só isso — graças a "pprint" —, vê-las (e contá-las) é muito mais fácil agora.

você está aqui ▶

como fica

Visualizando as Estruturas de Dados Complexas

Vamos atualizar a representação do diagrama que o interpretador "vê" agora quando o dicionário `people` de dicionários é preenchido com dados:

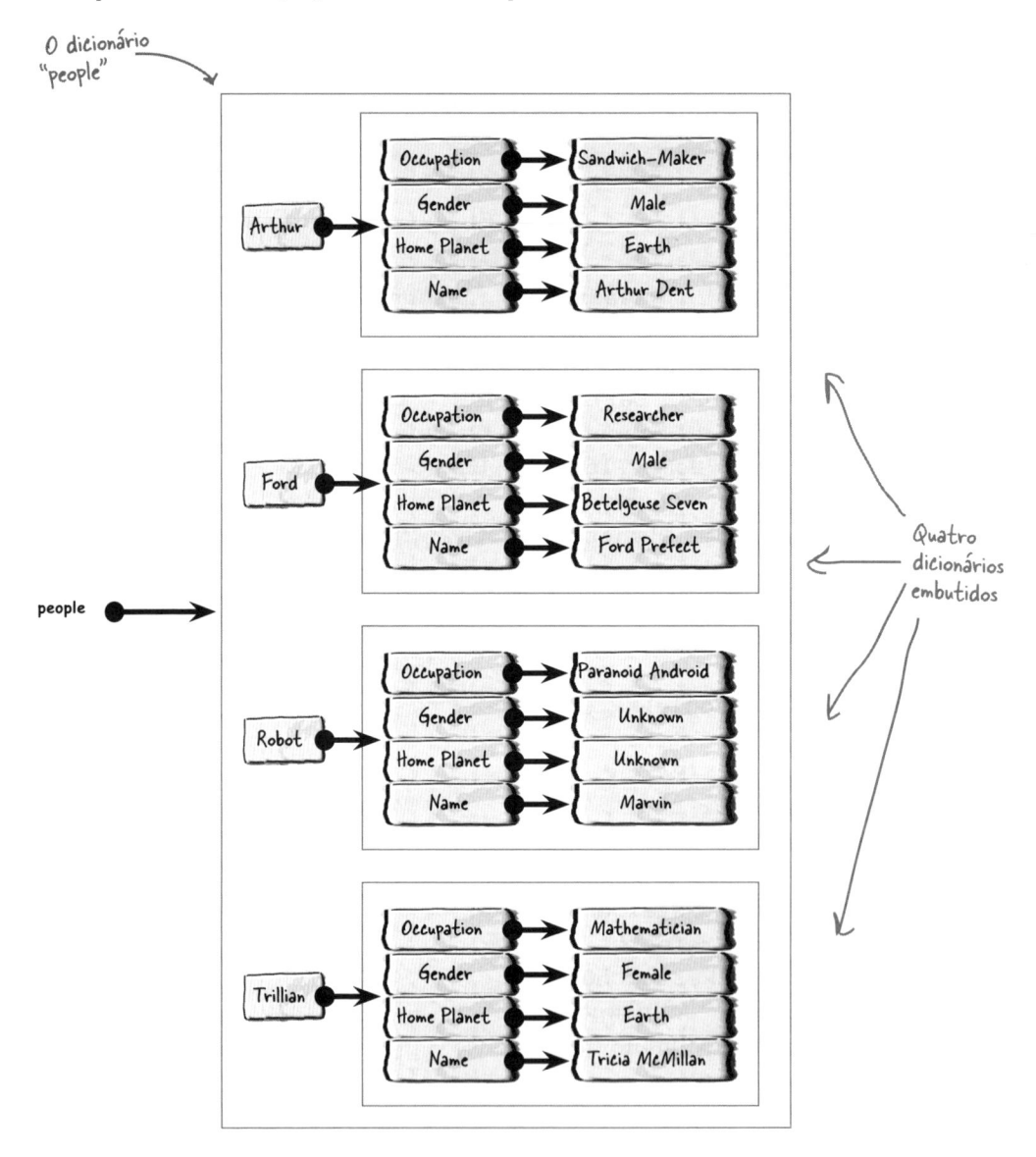

O dicionário "people"

Arthur →	Occupation → Sandwich-Maker
	Gender → Male
	Home Planet → Earth
	Name → Arthur Dent

Ford →	Occupation → Researcher
	Gender → Male
	Home Planet → Betelgeuse Seven
	Name → Ford Prefect

people →

Robot →	Occupation → Paranoid Android
	Gender → Unknown
	Home Planet → Unknown
	Name → Marvin

Trillian →	Occupation → Mathematician
	Gender → Female
	Home Planet → Earth
	Name → Tricia McMillan

Quatro dicionários embutidos

Neste ponto, uma pergunta razoável a fazer é: *Agora que temos todos os dados armazenados em um dicionário de dicionários, como obtemos tais dados?* Vamos responder a essa pergunta na próxima página.

Acessando os Dados de uma Estrutura de Dados Complexa

Agora temos nossa tabela de dados armazenada no dicionário `people`. Vamos lembrar como era a tabela de dados original:

Name	Gender	Occupation	Home Planet
Ford Prefect	Male	Researcher	Betelgeuse Seven
Arthur Dent	Male	Sandwich-Maker	Earth
Tricia McMillan	Female	Mathematician	Earth
Marvin	Unknown	Paranoid Android	Unknown

Se tivéssemos que descobrir o que Arthur faz, começaríamos vendo a coluna **Name** para obter o nome de Arthur, e então olharíamos a linha de dados até chegar à coluna **Occupation**, onde conseguiríamos ler "Sandwich-Maker".

Quanto a acessar os dados em uma estrutura de dados complexa (como nosso dicionário de dicionários `people`), podemos seguir um processo parecido, que agora demonstraremos no prompt >>>.

Começamos encontrando os dados de Arthur no dicionário `people`, o que podemos fazer colocando a chave de Arthur entre colchetes:

```
>>> people['Arthur']
{'Occupation': 'Sandwich-Maker', 'Home Planet': 'Earth',
'Gender': 'Male', 'Name': 'Arthur Dent'}
```

Pede a linha de dados de Arthur.

A linha de dados do dicionário associada à chave "Arthur".

Tendo encontrado a linha de dados de Arthur, agora podemos pedir o valor associado à chave `Occupation`. Para tanto, utilizamos um **segundo** par de colchetes para indexar o dicionário de Arthur e acessar os dados que estamos procurando:

Identifique a linha. *Identifique a coluna.*

```
>>> people['Arthur']['Occupation']
'Sandwich-Maker'
```

O uso dos colchetes duplos permite acessar qualquer valor de dados em uma tabela, identificando a linha e a coluna nas quais você está interessado. A linha corresponde a uma chave usada pelo dicionário incluído (`people`, em nosso exemplo), ao passo que a coluna corresponde a qualquer chave usada por um dicionário embutido.

conclusão complexa

Os Dados São Tão Complexos Quanto Você os Torna

Quer você tenha uma pequena quantidade de dados (uma lista simples) ou algo mais complexo (um dicionário de dicionários), é bom saber que as quatro estruturas de dados predefinidas do Python podem se adaptar às suas necessidades de dados. O que é especialmente bom é a natureza dinâmica das estruturas de dados criadas. Diferente das tuplas, cada estrutura de dados pode aumentar e diminuir quando necessário, com o interpretador do Python cuidando dos detalhes da alocação/desalocação da memória para você.

Ainda não terminamos com os dados, e voltaremos a esse tópico mais tarde no livro. Porém, agora você sabe o bastante para prosseguir.

No próximo capítulo, começaremos a falar sobre as técnicas que, de fato, reutilizam o código com o Python, aprendendo a mais básica das tecnologias de reutilização de código: as funções.

Código do Capítulo 3, 1 de 2

```
vowels = ['a', 'e', 'i', 'o', 'u']
word = input("Provide a word to search for vowels: ")

found = {}

found['a'] = 0
found['e'] = 0
found['i'] = 0
found['o'] = 0
found['u'] = 0

for letter in word:
   if letter in vowels:
      found[letter] += 1

for k, v in sorted(found.items()):
   print(k, 'was found', v, 'time(s).')
```

Este é o código para "vowels4.py", que fez uma contagem da frequência. Este código foi baseado (mais ou menos), em "vowels3.py", que vimos pela primeira vez no Capítulo 2.

Em uma tentativa de remover o código de inicialização do dicionário, criamos "vowels5.py", que travou com um erro de execução (devido à nossa falha em inicializar as contagens da frequência).

```
vowels = ['a', 'e', 'i', 'o', 'u']
word = input("Provide a word to search for vowels: ")

found = {}

for letter in word:
   if letter in vowels:
      found[letter] += 1

for k, v in sorted(found.items()):
   print(k, 'was found', v, 'time(s).')
```

"vowels6.py" corrigiu o erro de execução graças ao uso do método "setdefault", que vem com cada dicionário (e atribui um valor padrão a uma chave, caso um valor ainda não esteja definido).

```
vowels = ['a', 'e', 'i', 'o', 'u']
word = input("Provide a word to search for vowels: ")

found = {}

for letter in word:
   if letter in vowels:
      found.setdefault(letter, 0)
      found[letter] += 1

for k, v in sorted(found.items()):
   print(k, 'was found', v, 'time(s).')
```

Código do Capítulo 3, 2 de 2

```
vowels = set('aeiou')
word = input("Provide a word to search for vowels: ")
found = vowels.intersection(set(word))
for vowel in found:
  print(vowel)
```

A versão final do programa de vogais, "vowels7.py", aproveitou a estrutura de dados do conjunto do Python para diminuir muito o código de "vowels3.py" baseado em lista, ainda fornecendo a mesma funcionalidade

Não havia nenhum programa de exemplo que aproveitasse as tuplas?

Não havia. Mas tudo bem.

Não exploramos as tuplas neste capítulo com um programa de exemplo, pois elas não aparecerão até a análise relacionada às funções. Como já mencionamos, veremos as tuplas novamente quando encontrarmos as funções (no próximo capítulo), assim como em outro lugar neste livro. Sempre que as virmos, destacaremos cada uso delas. Quando você continuar em sua jornada do Python, verá as tuplas aparecerem em todo lugar.

4 reutilização do código

Funções e Módulos

Não importa quanto código escrevo, as coisas ficam totalmente sem controle depois de um tempo...

A reutilização do código é o segredo para criar um sistema sustentável. E quanto à reutilização do código no Python, ela começa e termina com a humilde **função**. Pegue algumas linhas de código, nomeie-as e terá uma função (que pode ser reutilizada). Pegue uma coleção de funções e junte-as como um arquivo e terá um **módulo** (que também pode ser reutilizado). É verdade o que dizem: *é bom compartilhar*, e no final deste capítulo você estará **compartilhando** e **reutilizando** seu código graças à compreensão de como as funções e módulos do Python funcionam.

este é um novo capítulo   **145**

Reutilizando o Código com Funções

Embora algumas linhas de código possam fazer muita coisa no Python, mais cedo ou mais tarde você descobrirá que a base de código do seu programa está aumentando... e, quando aumenta, a dificuldade de gerenciamento aumenta rapidamente. O que começou com 20 linhas de código em Python aumentou para 500 linhas ou mais! Quando isso acontece, é hora de começar a pensar em quais estratégias você poderá usar para reduzir a complexidade de sua base de código.

Como muitas outras linguagens de programação, o Python suporta a **modularidade**, no sentido de que você pode dividir as grandes partes de código em pedaços menores e mais gerenciáveis. Você faz isso criando **funções**, que podem ser consideradas como partes nomeadas do código. Lembre-se do diagrama do Capítulo 1, que mostra a relação entre as funções, os módulos e a biblioteca padrão:

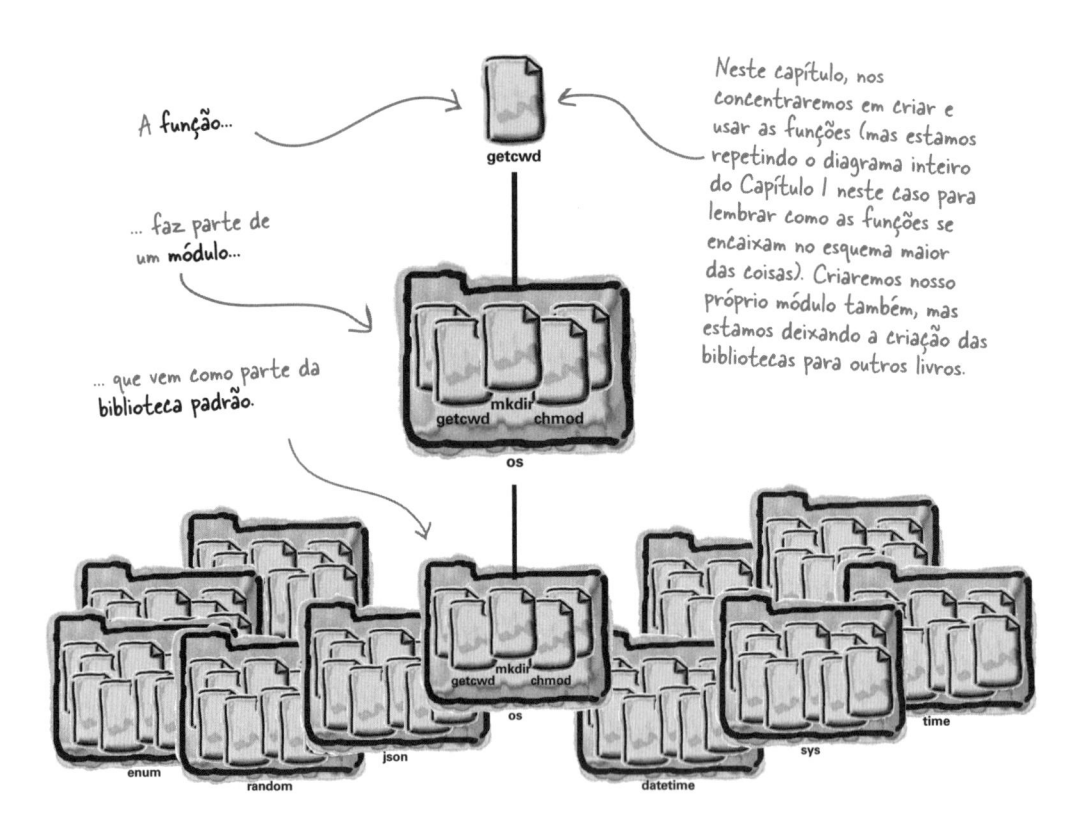

A função...

... faz parte de um módulo...

... que vem como parte da biblioteca padrão.

Neste capítulo, nos concentraremos em criar e usar as funções (mas estamos repetindo o diagrama inteiro do Capítulo 1 neste caso para lembrar como as funções se encaixam no esquema maior das coisas). Criaremos nosso próprio módulo também, mas estamos deixando a criação das bibliotecas para outros livros.

Neste capítulo, nos concentraremos no que está envolvido na criação de suas próprias funções, mostradas bem no topo do diagrama. Assim que você ficar satisfeito com a criação das funções, também mostraremos como criar um módulo.

Apresentando as Funções

Antes de transformar nosso código existente em uma função, vamos passar um tempo vendo a anatomia de *qualquer* função no Python. Assim que esta introdução for concluída, veremos nosso código existente e executaremos as etapas necessárias para transformá-lo em uma função que você poderá reutilizar.

Não se preocupe com os detalhes ainda. Tudo que você precisa fazer aqui é ter uma ideia de como são as funções no Python, como descrito nesta e na próxima página. Veremos os detalhes de tudo que você precisa saber quando este capítulo avançar. A janela do IDLE nesta página apresenta um modelo que você pode usar ao criar qualquer função. Como é possível ver, considere o seguinte:

(1) **As funções introduzem duas palavras-chave novas:** `def` e `return`

Essas palavras-chaves têm uma cor diferente no IDLE. A palavra-chave `def` nomeia a função e detalha os argumentos que a função pode ter. O uso da palavra-chave `return` é opcional, e ela é usada para passar de volta um valor para o código que chamou a função.

(2) **As funções podem aceitar dados de argumento**

Uma função pode aceitar os dados de argumento (ou seja, a entrada para a função). Você pode especificar uma lista de argumentos entre parênteses na linha `def`, após o nome da função.

(3) **As funções têm código e (geralmente) documentação**

O código é recuado um nível abaixo da linha `def` e deve incluir comentários onde fazem sentido. Demonstramos dois modos de adicionar comentários ao código: usando uma string com três aspas (conhecida como **docstring**) e usando um comentário com uma linha, prefixado com o símbolo # (e mostrado abaixo).

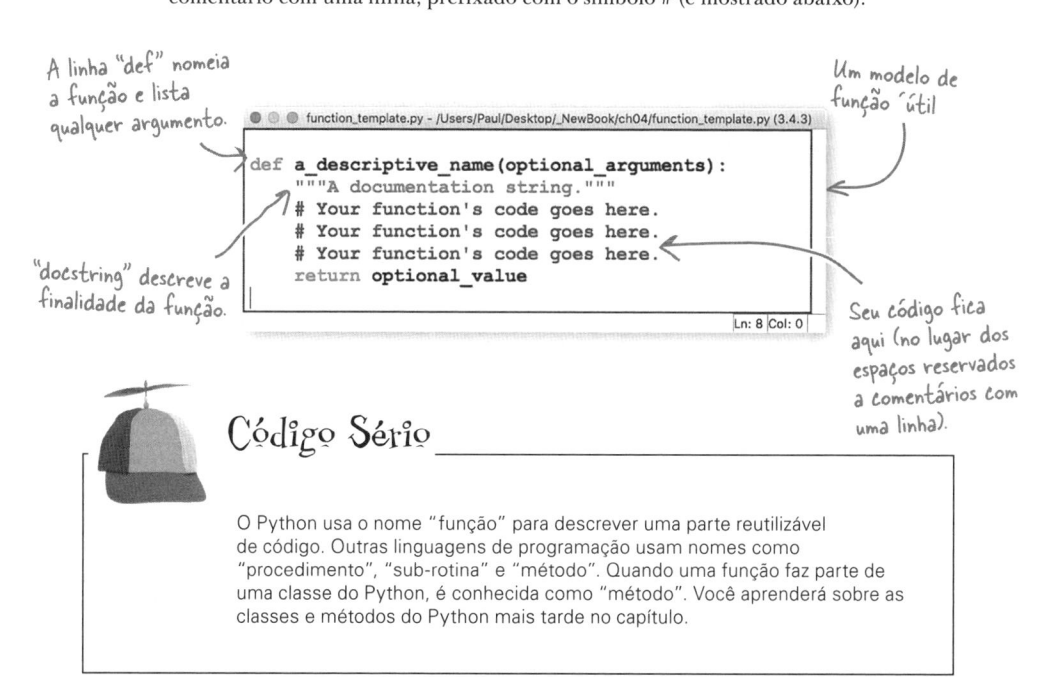

A linha "def" nomeia a função e lista qualquer argumento.

Um modelo de função útil

```
def a_descriptive_name(optional_arguments):
    """A documentation string."""
    # Your function's code goes here.
    # Your function's code goes here.
    # Your function's code goes here.
    return optional_value
```

"docstring" descreve a finalidade da função.

Seu código fica aqui (no lugar dos espaços reservados a comentários com uma linha).

Código Sério

O Python usa o nome "função" para descrever uma parte reutilizável de código. Outras linguagens de programação usam nomes como "procedimento", "sub-rotina" e "método". Quando uma função faz parte de uma classe do Python, é conhecida como "método". Você aprenderá sobre as classes e métodos do Python mais tarde no capítulo.

e o tipo?

E as Informações do Tipo?

Veja de novo nosso exemplo de função. Exceto pelo código a executar, você acha que está faltando algo? Existe algo que você esperaria que fosse especificado, mas não foi? Dê outra olhada:

```
def a_descriptive_name(optional_arguments):
    """A documentation string."""
    # Your function's code goes here.
    # Your function's code goes here.
    # Your function's code goes here.
    return optional_value
```

Existe algo que falta no modelo desta função?

> Estou com um pouco de medo do modelo dessa função. Como o interpretador sabe quais são os tipos dos argumentos, assim como qual é o tipo do valor de retorno?

Ele não sabe, mas não deixe que isso o preocupe.

O interpretador Python não o força a especificar o tipo dos argumentos de sua função ou o valor de retorno. Dependendo das linguagens de programação usadas antes, isso pode assustar um pouco. Não deixe que isso aconteça.

O Python permite que você envie qualquer *objeto* como um argumento e passe de volta qualquer *objeto* como um valor de retorno. O interpretador não se importa nem verifica o tipo desses objetos (apenas que eles são fornecidos).

Com o Python 3 é possível *indicar* os tipos esperados dos argumentos/valores de retorno, e faremos exatamente isso mais tarde no capítulo. Contudo, indicar os tipos esperados não ativa "magicamente" a verificação do tipo, pois o Python *nunca* verifica os tipos dos argumentos nem dos valores de retorno.

Nomeando uma Parte do Código com "def"

Assim que você tiver identificado a parte do código do Python que deseja reutilizar, será hora de criar uma função. Você cria uma função usando a palavra-chave def (que é uma abreviação de *define*). A palavra-chave def é seguida do nome da função, uma lista de argumentos vazia e opcional (entre parênteses), dois-pontos e uma ou mais linhas de código recuado.

Lembre-se do programa vowels7.py no final do último capítulo, que, dada uma palavra, imprime as vogais contidas nessa palavra:

Isto é "vowels7.py" no final do Capítulo 3.

```
vowels = set('aeiou')
word = input("Provide a word to search for vowels: ")
found = vowels.intersection(set(word))
for vowel in found:
    print(vowel)
```

Pegue um conjunto de vogais...
... e uma palavra
... e então faça uma interseção.
Exiba qualquer resultado.

Imaginemos que você pretende usar estas cinco linhas de código muitas vezes em um programa muito maior. A última coisa que você deseja fazer é copiar e colar o código sempre que necessário... portanto, para manter as coisas gerenciáveis e assegurar que precisará manter apenas **uma cópia** desse código, vamos criar uma função.

> Reserve um tempo para escolher um bom nome descritivo para sua função.

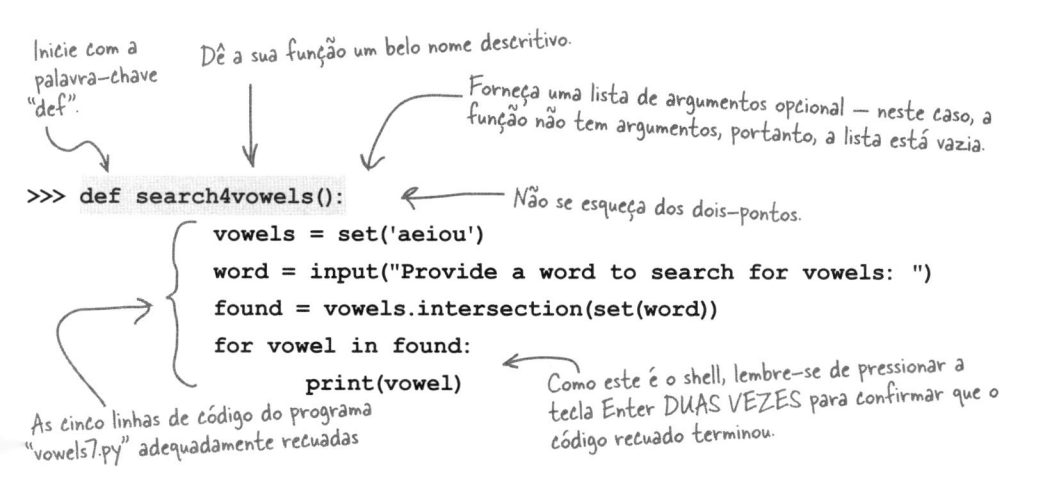

Demonstraremos como no Python Shell (por ora). Para transformar as cinco linhas de código acima em uma função, use a palavra-chave def para indicar que uma função está iniciando, dê um nome descritivo à função (*sempre* uma boa ideia), forneça uma lista de argumentos vazia e opcional entre parênteses, seguida de dois-pontos, e então recue as linhas de código relativas à palavra-chave def, como a seguir:

Inicie com a palavra-chave "def".
Dê a sua função um belo nome descritivo.
Forneça uma lista de argumentos opcional — neste caso, a função não tem argumentos, portanto, a lista está vazia.
Não se esqueça dos dois-pontos.

```
>>> def search4vowels():
        vowels = set('aeiou')
        word = input("Provide a word to search for vowels: ")
        found = vowels.intersection(set(word))
        for vowel in found:
            print(vowel)
```

As cinco linhas de código do programa "vowels7.py" adequadamente recuadas.
Como este é o shell, lembre-se de pressionar a tecla Enter DUAS VEZES para confirmar que o código recuado terminou.

Agora que a função existe, vamos chamá-la, para ver se está funcionando como esperamos.

chamando as funções

Chamando Sua Função

Para chamar as funções no Python, forneça o nome da função com os valores para qualquer argumento que a função espera. Como a função `search4vowels` (atualmente) não tem argumentos, podemos chamá-la com uma lista de argumentos vazia, assim:

```
>>> search4vowels()
Provide a word to search for vowels: hitch-hiker
e
i
```

Chamar a função novamente a executa de novo:

```
>>> search4vowels()
Provide a word to search for vowels: galaxy
a
```

Nenhuma surpresa aqui: chamar a função executa seu código.

Edite sua função em um editor, não no prompt

No momento, o código da função `search4vowels` foi fornecido no prompt >>> e fica assim:

```
>>> def search4vowels():
        vowels = set('aeiou')
        word = input("Provide a word to search for vowels: ")
        found = vowels.intersection(set(word))
        for vowel in found:
            print(vowel)
```

Nossa função como fornecida no prompt do shell.

Para trabalhar mais com este código, você pode chamá-lo de novo no prompt >>> e editá-lo, mas isso logo se torna muito chato. Lembre-se de que assim que o código com o qual você está trabalhado no prompt >>> tiver mais de algumas linhas, será melhor copiá-lo para uma janela de edição do IDLE. É possível editá-lo com muito mais facilidade nela. Portanto, vamos fazer isso antes de continuar.

Crie uma nova janela de edição do IDLE vazia, e então copie o código da função do prompt >>> (*sem* copiar os caracteres >>>) e cole-o na janela de edição. Assim que ficar satisfeito com a formatação e o recuo estiver correto, salve o arquivo como `vsearch.py` antes de continuar.

Salve seu código como "vsearch.py" depois de copiar o código da função no shell.

Use o Editor do IDLE para Fazer Alterações

Veja como fica o arquivo `vsearch.py` no IDLE:

Agora o código da função está em uma janela de edição do IDLE e foi salvo como "vsearch.py".

```
def search4vowels():
    vowels = set('aeiou')
    word = input("Provide a word to search for vowels: ")
    found = vowels.intersection(set(word))
    for vowel in found:
        print(vowel)
```

Se você pressionar F5 na janela de edição, acontecerão duas coisas: o shell do IDLE virá para o primeiro plano e reiniciará. Contudo, nada aparece na tela. Tente isso agora para ver o que queremos dizer: pressione F5.

O motivo para nada ser exibido é que você ainda tem que chamar a função. Iremos chamá-la daqui a pouco, mas agora faremos uma alteração em nossa função antes de continuar. É uma pequena alteração, mas importante.

Adicionaremos uma documentação no início de nossa função.

Para adicionar um comentário com várias linhas (**docstring**) a qualquer código, coloque o texto do comentário entre aspas triplas.

Veja o arquivo `vsearch.py` de novo, com uma docstring adicionada ao início da função. Vá em frente e faça a alteração no código também:

Se o IDLE exibir um erro quando você pressionar F5, não entre em pânico! Volte para a janela de edição e verifique se seu código está igual ao nosso, e então tente de novo.

Uma docstring foi adicionada ao código da função, que descreve (rapidamente) a finalidade dela.

```
def search4vowels():
    """Display any vowels found in an asked-for word."""
    vowels = set('aeiou')
    word = input("Provide a word to search for vowels: ")
    found = vowels.intersection(set(word))
    for vowel in found:
        print(vowel)
```

onde está a conformidade com o PEP

O Que se Passa com Todas Essas Strings?

Veja de novo a função como ela está atualmente. Preste muita atenção nas três strings do código indicadas no IDLE:

```
def search4vowels():
    """Display any vowels found in an asked-for word."""
    vowels = set('aeiou')
    word = input("Provide a word to search for vowels: ")
    found = vowels.intersection(set(word))
    for vowel in found:
        print(vowel)
```

O destaque da sintaxe do IDLE mostra que temos um problema de consistência no uso das aspas da string. Quando usamos qual estilo?

Compreendendo os caracteres de aspas da string

No Python, as strings podem ficar entre aspas simples ('), aspas duplas (") ou entre o que é conhecido como aspas triplas (""" ou ''').

Como mencionado antes, as aspas triplas em torno das strings são conhecidas como **docstrings**, porque são usadas principalmente para documentar a finalidade de uma função (como mostrado acima). Mesmo que você possa usar """ ou ''' em torno das docstrings, a maioria dos programadores Python prefere usar """. As docstrings têm uma característica interessante, no sentido de que podem se estender em várias linhas (outras linguagens de programação usam o nome "heredoc" para o mesmo conceito).

As strings entre aspas simples (') ou duplas (") **não podem** se estender em várias linhas: você deve terminar a string com um caractere de aspa correspondente na mesma linha (pois o Python usa o final da linha como um término de instrução).

Qual caractere você usa em torno de suas strings é com você, embora usar as aspas simples seja muito popular para a maioria dos programadores Python. Mas, principalmente, seu uso deve ser consistente.

O código mostrado no início desta página (apesar de ter apenas algumas linhas de código) *não* é consistente em seu uso das aspas da string. Note que o código é bem executado (pois o interpretador não se importa com o estilo usado), mas misturar e combinar os estilos pode dificultar a leitura do código mais do que o necessário (o que é uma vergonha).

Seja consistente no uso das aspas da string. Se possível, use aspas simples.

Siga a Melhor Prática Conforme os PEPs

Quanto à formatação do código (não apenas as strings), a comunidade de programação Python passou muito tempo estabelecendo e documentando a melhor prática. Essa melhor prática é conhecida como **PEP 8**. PEP é uma abreviação de "Protocolo de Melhoria do Python" (em inglês: *Python Enhancement Protocol*).

Existem muitos documentos PEP, e eles basicamente detalham as melhorias propostas e implementadas na linguagem de programação Python (sobre o que fazer e não fazer), assim como descrevem vários processos do Python. Os detalhes dos documentos PEP podem ser muito técnicos e (geralmente) complexos. Assim, a grande maioria dos programadores Python sabe de sua existência, mas raramente interage com os PEPs em detalhes. Isso ocorre na maioria dos PEPs, *exceto* no PEP 8.

O PEP 8 é *o* guia de estilo para o código do Python. É uma leitura recomendada para todos os programadores Python e é o documento que sugere a "consistência" nas aspas, descrito na última página. Reserve um tempo para ler o PEP 8 pelo menos uma vez. Outro documento, PEP 257, fornece convenções sobre como formatar as docstrings e também vale a pena ser lido.

Veja a função `search4vowels` mais uma vez segundo sua conformidade com o PEP 8 e PEP 257. As alterações não são muitas, mas padronizar as aspas simples em torno de nossas strings (mas não em nossas docstrings) fica muito melhor:

> Encontre a lista dos PEPs aqui: https://www.python.org/dev/peps/ (conteúdo em inglês).

> Esta é uma docstring compatível com o PEP 257.

```
def search4vowels():
    """Display any vowels found in an asked-for word."""
    vowels = set('aeiou')
    word = input('Provide a word to search for vowels: ')
    found = vowels.intersection(set(word))
    for vowel in found:
        print(vowel)
```

> Prestamos atenção no conselho do PEP 8 sobre ser consistente com as aspas simples usadas em torno das strings.

Naturalmente, você não precisa escrever um código *exatamente* de acordo com o PEP 8. Por exemplo, o nome da função, `search4vowels`, não segue as diretrizes que sugerem que as palavras no nome de uma função devem ficar separadas por um sublinhado: um nome com mais conformidade seria `search_for_vowels`. Note que o PEP 8 é um conjunto de diretrizes, não uma regra. Você não tem que segui-lo, apenas considerar, e gostamos do nome `search4vowels`.

Dito isso, a grande maioria dos programadores Python agradecerá a você por escrever um código que segue o PEP 8, pois sua leitura é geralmente muito mais fácil do que a do código que não o segue.

Agora vamos melhorar a função `search4vowels` para aceitar os argumentos.

adicione um argumento

As Funções Podem Aceitar Argumentos

Em vez de fazer a função solicitar ao usuário uma palavra para ser pesquisada, vamos mudar a função `search4vowels`, para que possamos passar-lhe a palavra como entrada para um argumento.

Adicionar um argumento é simples: basta inserir o nome do argumento entre parênteses na linha `def`. Então esse nome do argumento se torna uma variável no suíte da função. É uma edição fácil.

Também removeremos a linha de código que solicita ao usuário que forneça uma palavra para ser pesquisada, o que é outra edição fácil.

Vamos lembrar o estado atual de nosso código:

Lembre-se: "suíte" é o jargão Python para "bloco".

Aqui está nossa função original.

```
def search4vowels():
    """Display any vowels found in an asked-for word."""
    vowels = set('aeiou')
    word = input('Provide a word to search for vowels: ')
    found = vowels.intersection(set(word))
    for vowel in found:
        print(vowel)
```

Esta linha não é mais necessária.

Aplicar as duas edições sugeridas (acima) em nossa função resulta na janela de edição do IDLE ficando assim (nota: atualizamos nossa docstring também, o que *sempre* é uma boa ideia):

Coloque o nome do argumento entre parênteses.

```
def search4vowels(word):
    """Display any vowels found in a supplied word."""
    vowels = set('aeiou')
    found = vowels.intersection(set(word))
    for vowel in found:
        print(vowel)
```

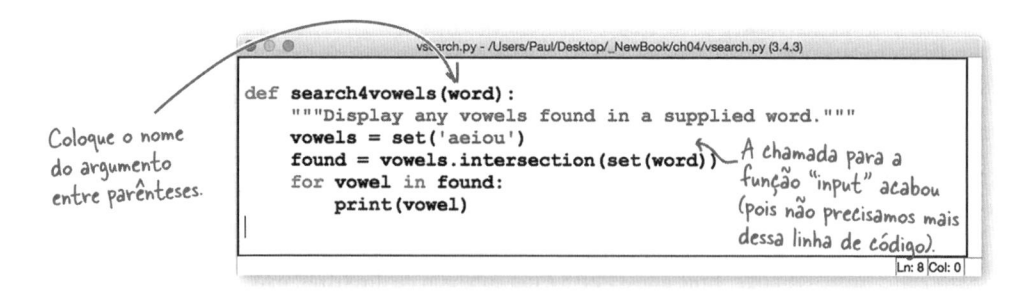

A chamada para a função "input" acabou (pois não precisamos mais dessa linha de código).

Salve seu arquivo após cada alteração do código antes de pressionar F5 para levar a nova versão de sua função para dar uma volta.

reutilização do código

Test Drive

Com seu código carregado na janela de edição do IDLE (e salvo), pressione F5, e então chame a função algumas vezes e veja o que acontece:

O código "search4vowels" atual →

```
def search4vowels(word):
    """Display any vowels found in a supplied word."""
    vowels = set('aeiou')
    found = vowels.intersection(set(word))
    for vowel in found:
        print(vowel)
```

```
>>> ================================ RESTART ================================
>>>
>>> search4vowels()
Traceback (most recent call last):
  File "<pyshell#3>", line 1, in <module>
    search4vowels()
TypeError: search4vowels() missing 1 required positional argument: 'word'
>>> search4vowels('hitch-hiker')
e
i
>>> search4vowels('hitch-hiker', 'galaxy')
Traceback (most recent call last):
  File "<pyshell#5>", line 1, in <module>
    search4vowels('hitch-hiker', 'galaxy')
TypeError: search4vowels() takes 1 positional argument but 2 were given
>>>
```

Embora tenhamos chamado a função "search4vowels" três vezes neste Test Drive, a única chamada executada com sucesso foi a que passou um argumento de string. As outras duas falharam. Reserve um momento para ler as mensagens de erro produzidas pelo interpretador para descobrir por que cada chamada incorreta falhou.

não existem Perguntas Idiotas

P: Estou limitado a apenas um argumento ao criar funções no Python?

R: Não, você pode ter quantos argumentos quiser, dependendo do serviço que a função está fornecendo. Estamos iniciando deliberadamente com um exemplo simples, e veremos exemplos mais complicados quando o capítulo avançar. Você pode fazer muito com os argumentos nas funções no Python, e pretendemos analisar grande parte do que é possível nas próximas 12 páginas ou mais.

você está aqui ▶ **155**

retorne um valor

As Funções Retornam um Resultado

Assim como usam uma função para abstrair um código e dar um nome, geralmente os programadores querem que as funções retornem um valor calculado, com o qual o código que chamou a função poderá trabalhar. Para dar suporte ao retorno de um valor (ou valores) de uma função, o Python fornece a instrução `return`.

Quando o interpretador encontra uma instrução `return` no suíte da função, acontecem duas coisas: a função termina na instrução `return`, e qualquer valor fornecido à função `return` é passado de volta para o código que chama. Esse comportamento imita como `return` funciona na maioria das outras linguagens de programação.

Começaremos com um exemplo simples de retorno de um valor a partir de nossa função `search4vowels`. Especificamente, retornaremos `True` ou `False`, dependendo de `word` ser fornecida como um argumento que contém alguma vogal.

Isso é um pequeno desvio da funcionalidade de nossa função. Mas aguente, pois criaremos algo mais complexo (e útil) daqui a pouco. Começar com um exemplo simples assegura que teremos o básico primeiro antes de avançar.

> Parece um plano que posso aguentar. A única pergunta que tenho é: como sei se algo é true ou false?

A verdade é...

O Python vem com uma função predefinida chamada `bool`, que, quando recebe qualquer valor, informa se ele é avaliado como `True` ou `False`.

`bool` funciona não só com qualquer valor, mas também com qualquer objeto do Python. O efeito disso é que a notação da verdade do Python se estende bem além de 1 para `True` e 0 para `False`, que as outras linguagens de programação utilizam.

Vamos pausar e ver rapidamente `True` e `False` antes de voltar à nossa análise de `return`.

A Verdade de Perto

Todo objeto no Python tem um valor de verdade associado, no sentido de que o objeto é avaliado como True ou False.

Algo é False se é avaliado como 0, valor None, string vazia ou estrutura de dados predefinida e vazia. Isso significa que todos estes exemplos são False:

```
>>> bool(0)
False
>>> bool(0.0)
False
```
← Se um objeto é avaliado como 0, é sempre False.

```
>>> bool('')
False
>>> bool([])
False
>>> bool({})
False
```
← Uma string vazia, lista vazia e dicionário vazio são avaliados como False.

```
>>> bool(None)
False
```
← O valor "None" do Python sempre é False.

Qualquer outro objeto no Python é avaliado como True. Veja alguns exemplos de objetos que são True:

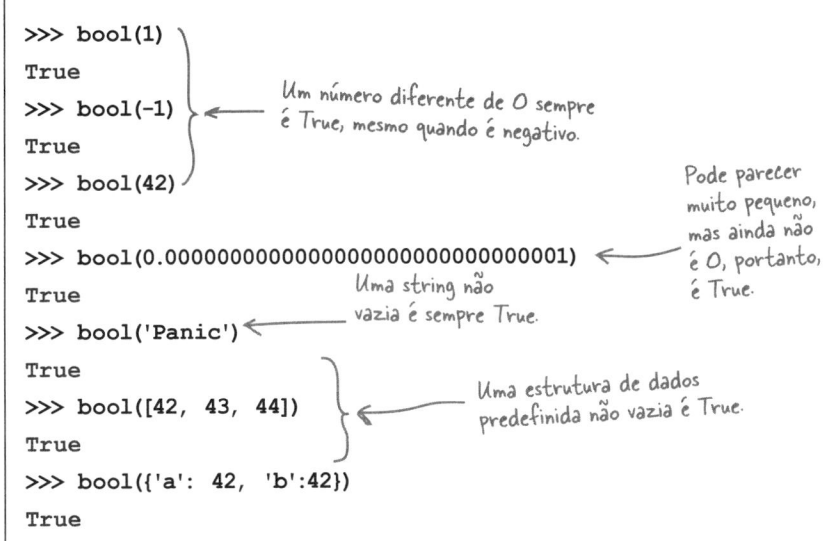

```
>>> bool(1)
True
>>> bool(-1)
True
>>> bool(42)
True
```
← Um número diferente de 0 sempre é True, mesmo quando é negativo.

```
>>> bool(0.0000000000000000000000000000001)
True
```
← Pode parecer muito pequeno, mas ainda não é 0, portanto, é True.

```
>>> bool('Panic')
True
```
← Uma string não vazia é sempre True.

```
>>> bool([42, 43, 44])
True
>>> bool({'a': 42, 'b':42})
True
```
← Uma estrutura de dados predefinida não vazia é True.

Podemos passar qualquer objeto para a função bool e determinar se ela é True ou False.

De modo crítico, qualquer estrutura de dados não vazia é avaliada como True.

lidando com a verdade

Retornando Um Valor

Veja novamente o código da função, que atualmente aceita qualquer valor como argumento, pesquisa o valor fornecido para obter as vogais, e então exibe as vogais encontradas na tela:

```
def search4vowels(word):
    """Display any vowels found in a supplied word."""
    vowels = set('aeiou')
    found = vowels.intersection(set(word))
    for vowel in found:
        print(vowel)
```

Mudaremos estas duas linhas.

Mudar essa função para retornar `True` ou `False`, com base em qualquer vogal encontrada, é simples. Basta substituir as duas últimas linhas de código (o loop `for`) por esta linha de código:

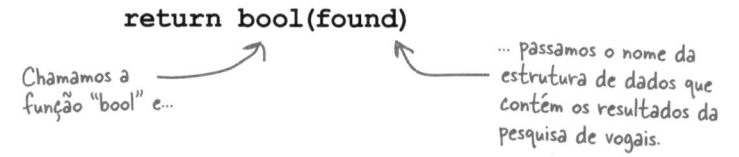

return bool(found)

Chamamos a função "bool" e...

... passamos o nome da estrutura de dados que contém os resultados da pesquisa de vogais.

Se nada for encontrado, a função retornará `False`. Do contrário, retornará `True`. Com a alteração feita, agora é possível testar a nova versão da função no Python Shell e ver o que acontece:

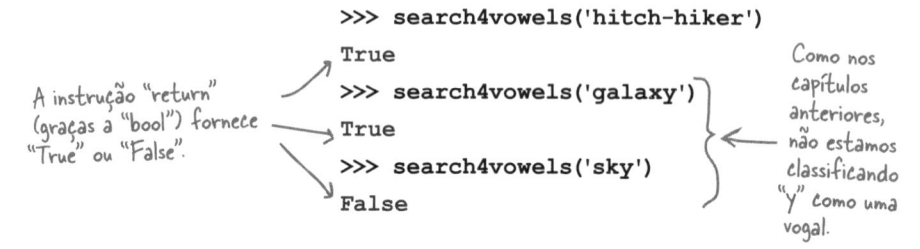

```
>>> search4vowels('hitch-hiker')
True
>>> search4vowels('galaxy')
True
>>> search4vowels('sky')
False
```

A instrução "return" (graças a "bool") fornece "True" ou "False".

Como nos capítulos anteriores, não estamos classificando "y" como uma vogal.

Se você for continuar observando o comportamento da versão anterior, verifique se salvou a nova versão da função e se pressionou F5 na janela de edição.

Código Sério

Não fique tentado a colocar parênteses em torno do objeto que `return` passa de volta para o código que chama. Não precisa. A instrução `return` não é uma chamada da função, portanto, o uso de parênteses não é uma exigência sintática. Você pode usá-los (se *realmente* quiser), mas a maioria dos programadores Python não usa.

Retornando Mais de Um Valor

As funções são designadas a retornar um valor, mas algumas vezes é necessário retornar mais de um. O único modo de fazer isso é colocar diversos valores em uma única estrutura de dados, e então retornar isso. Assim, você ainda estará retornando uma coisa, mesmo que contenha potencialmente muitas partes de dados individuais.

Veja nossa função atual, que retorna um valor booleano (ou seja, uma coisa):

Nota: atualizamos o comentário.

```
def search4vowels(word):
    """Return a boolean based on any vowels found."""
    vowels = set('aeiou')
    found = vowels.intersection(set(word))
    return bool(found)
```

Fazer a função retornar diversos valores (em um conjunto), ao invés de um booleano, é uma edição comum. Precisamos apenas de uma chamada para `bool`:

```
def search4vowels(word):
    """Return any vowels found in a supplied word."""
    vowels = set('aeiou')
    found = vowels.intersection(set(word))
    return found
```

Retorne os resultados como uma estrutura de dados (um conjunto).

Atualizamos o comentário de novo.

Podemos reduzir mais as duas últimas linhas de código na versão acima de nossa função para uma linha removendo o uso desnecessário da variável `found`. Em vez de atribuir os resultados de `intersection` à variável `found` e retornar isso, retornamos `intersection`:

```
def search4vowels(word):
    """Return any vowels found in a supplied word."""
    vowels = set('aeiou')
    return vowels.intersection(set(word))
```

Retorne os dados sem o uso da variável "found" desnecessária.

Agora nossa função retorna um conjunto de vogais em uma palavra, que é exatamente o que planejamos fazer.

Contudo, quando testamos, um dos resultados nos fez coçar a cabeça...

seja estranho

Test Drive

Vamos levar esta última versão da função `search4vowels` para dar uma volta e ver como ela se comporta. Com o último código carregado em uma janela de edição do iDLE, pressione F5 para importar a função para o Python Shell, e então chame a função algumas vezes:

```
>>> ================================ RESTART ================================
>>>
>>> search4vowels('hitch-hiker')
{'e', 'i'}
>>> search4vowels('galaxy')
{'a'}
>>> search4vowels('life, the universe and everything')
{'e', 'u', 'a', 'i'}
>>> search4vowels('sky')
set()
>>>
```

Cada chamada da função funciona como o esperado, mesmo que o resultado da última pareça um pouco estranho.

O que se passa com "set()"?

Cada exemplo no *Test Drive* acima funciona bem, no sentido de que a função tem um valor de string como argumento e retorna o conjunto de vogais encontradas. O resultado, um conjunto, contém muitos valores. Porém, a última resposta parece um pouco estranha, não parece? Vamos ver mais de perto:

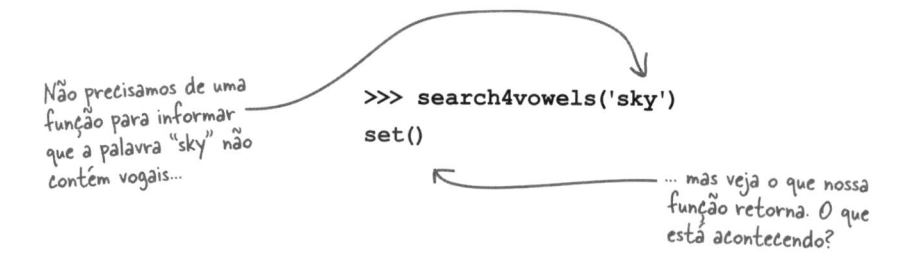

```
>>> search4vowels('sky')
set()
```

Não precisamos de uma função para informar que a palavra "sky" não contém vogais...

... mas veja o que nossa função retorna. O que está acontecendo?

Você poderia esperar que a função retornasse {} para representar um conjunto vazio, mas esse é um equívoco comum, porque {} representa um dicionário vazio, *não* um conjunto vazio.

Um conjunto vazio é representado como `set()` pelo interpretador.

Isso pode parecer um pouco estranho, mas é exatamente como as coisas funcionam no Python. Vamos parar um momento para lembrar as quatro estruturas de dados predefinidas, prestando atenção em como cada estrutura de dados vazia é representada pelo interpretador.

160   *Capítulo 4*

reutilização do código

Lembrando as Estruturas de Dados Predefinidas

Vamos lembrar das quatro estruturas de dados predefinidas disponíveis. Veremos cada estrutura por vez, trabalhando com a lista, o dicionário, o conjunto e, finalmente, a tupla.

Trabalhando no shell, criaremos uma estrutura de dados vazia usando as funções predefinidas (BIFs para abreviar) da estrutura, e então atribuiremos uma pequena quantidade de dados a cada uma delas. Depois, exibiremos o conteúdo de cada estrutura de dados após cada atribuição:

> BIF é a abreviação de "função predefinida".

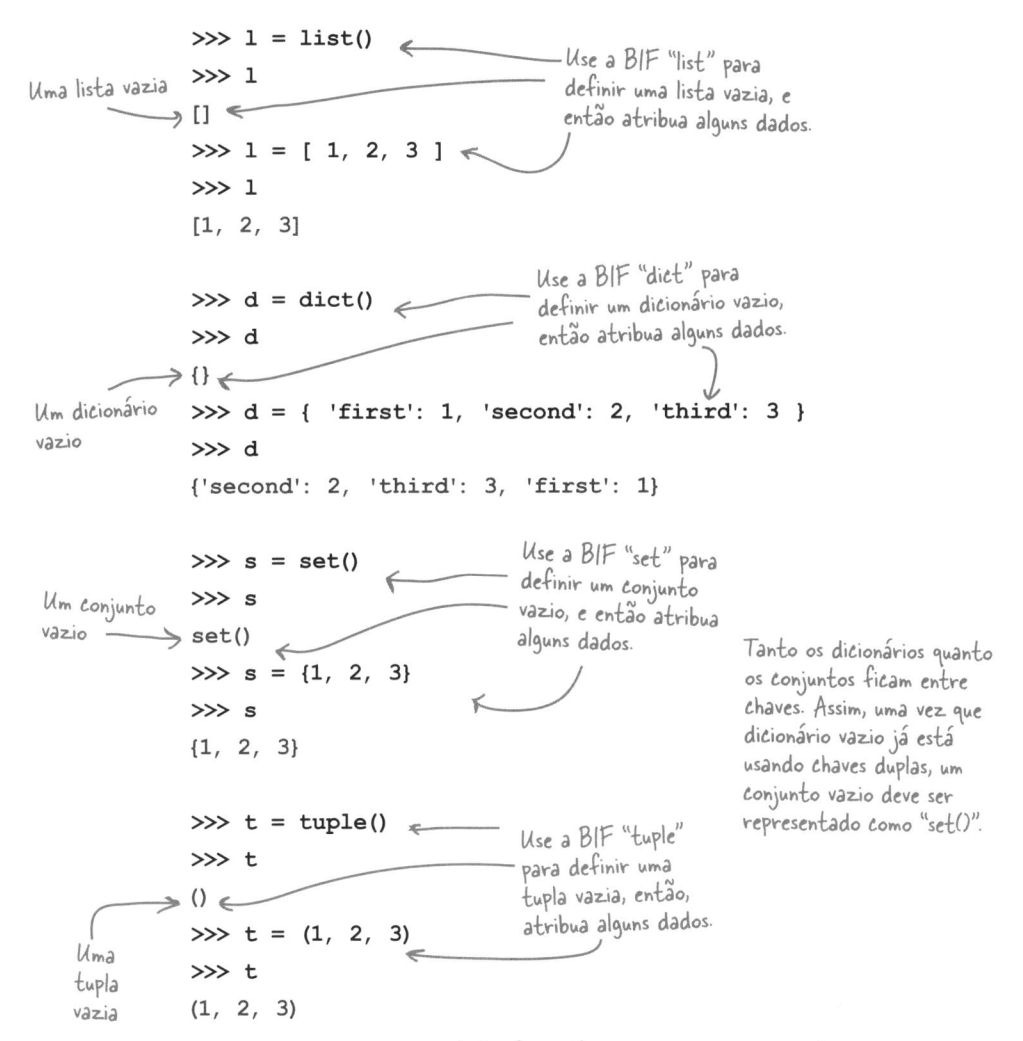

```
>>> l = list()
>>> l
[]
>>> l = [ 1, 2, 3 ]
>>> l
[1, 2, 3]
```
Uma lista vazia — Use a BIF "list" para definir uma lista vazia, e então atribua alguns dados.

```
>>> d = dict()
>>> d
{}
>>> d = { 'first': 1, 'second': 2, 'third': 3 }
>>> d
{'second': 2, 'third': 3, 'first': 1}
```
Um dicionário vazio — Use a BIF "dict" para definir um dicionário vazio, então atribua alguns dados.

```
>>> s = set()
>>> s
set()
>>> s = {1, 2, 3}
>>> s
{1, 2, 3}
```
Um conjunto vazio — Use a BIF "set" para definir um conjunto vazio, e então atribua alguns dados.

Tanto os dicionários quanto os conjuntos ficam entre chaves. Assim, uma vez que dicionário vazio já está usando chaves duplas, um conjunto vazio deve ser representado como "set()".

```
>>> t = tuple()
>>> t
()
>>> t = (1, 2, 3)
>>> t
(1, 2, 3)
```
Uma tupla vazia — Use a BIF "tuple" para definir uma tupla vazia, então, atribua alguns dados.

Antes de continuar, reserve um momento para rever como o interpretador representa cada uma das estruturas de dados vazias, como mostradas nesta página.

anote suas funções

Use Anotações para Melhorar Seus Documentos

Nossa revisão das quatro estruturas de dados confirma que a função `search4vowels` retorna um conjunto. Mas, exceto por chamar a função e verificar o tipo de retorno, como os usuários de nossa função podem saber disso de antemão? Como eles sabem o que esperar?

Uma solução é adicionar essas informações a docstring. Isso supõe que você indica muito claramente em sua docstring quais serão os argumentos e valor de retorno e se será fácil encontrar essas informações. É problemático fazer os programadores concordarem com um padrão para documentar as funções (o PEP 257 sugere apenas o *formato* das docstrings), portanto, agora o Python 3 suporta uma notação chamada **anotações** (também conhecidas como *sugestões do tipo*). Quando usadas, as anotações documentam — de modo padrão — o tipo de retorno, assim como os tipos de quaisquer argumentos. Lembre-se destes pontos:

(1) **As anotações da função são opcionais**
Tudo bem não usá-las. Na verdade, grande parte do código Python existente não usa (pois elas ficaram disponíveis para os programadores nas versões mais recentes do Python 3).

(2) **As anotações da função são informativas**
Elas fornecem detalhes sobre sua função, mas não implicam em nenhum outro comportamento (como a verificação do tipo).

Vamos anotar os argumentos da função `search4vowels`. A primeira anotação declara que a função espera uma string como o tipo do argumento `word` (`:str`), enquanto a segunda anotação declara que a função retorna um conjunto para quem faz a chamada (`-> set`):

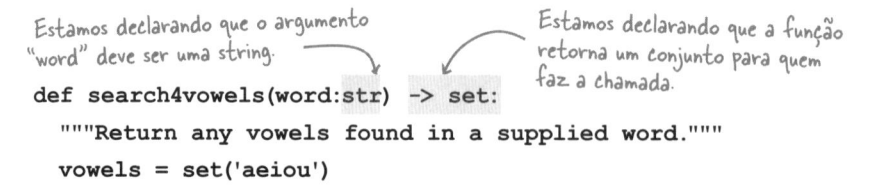

Estamos declarando que o argumento "word" deve ser uma string.
Estamos declarando que a função retorna um conjunto para quem faz a chamada.

```
def search4vowels(word:str) -> set:
    """Return any vowels found in a supplied word."""
    vowels = set('aeiou')
    return vowels.intersection(set(word))
```

A sintaxe da anotação é simples. Cada argumento da função tem dois-pontos anexados, com o tipo esperado. Em nosso exemplo, `:str` especifica que a função espera uma string. O tipo de retorno é fornecido após a lista de argumentos e é indicado por um símbolo de seta, que é seguido pelo tipo de retorno e por dois-pontos. Aqui, `-> set:` indica que a função retornará um conjunto.

Até agora, tudo bem.

Agora anotamos nossa função de um modo padrão. Por isso, os programadores que usam nossa função agora sabem o que é esperado deles, assim como o que esperar da função. Porém, o interpretador **não** verificará se a função é sempre chamada com uma string, nem se ela sempre retorna um conjunto. O que incorre em uma pergunta bem óbvia...

Para obter detalhes sobre as anotações, veja o PEP 3107 em https://www.python.org/dev/peps/pep-3107/ (conteúdo em inglês).

Por Que Usar as Anotações da Função?

Se o interpretador Python não for usar suas anotações para verificar os tipos dos argumentos de sua função e seu tipo de retorno, por que se preocupar com as anotações?

O objetivo das anotações *não* é facilitar a vida do interpretador, é facilitar a vida do usuário de sua função. As anotações são um **padrão da documentação**, *não* um mecanismo de aplicação do tipo.

Na verdade, o interpretador não se importa com o tipo de seus argumentos, nem com qual tipo de dado sua função retorna. O interpretador chama sua função com qualquer argumento fornecido a ela (não importa o tipo), executa o código da função, e então retorna para quem chama qualquer valor recebido pela instrução `return`. O tipo do dado sendo passado não é considerado pelo interpretador.

O que as anotações fazem para os programadores que usam sua função é acabar com a necessidade de ler o código da função para descobrir quais tipos são esperados, e retornados, por sua função. É isso que eles terão que fazer se as anotações não forem usadas. Mesmo a docstring mais bem escrita terá que ser lida se não incluir anotações.

O que leva a outra pergunta: como exibimos as anotações sem ler o código da função? No editor do IDLE, pressione F5, e então use a BIF `help` no prompt >>>.

> Use as anotações para ajudar a documentar suas funções e a BIF "help" para exibi-las.

Test Drive

Se você ainda não anotou, use o editor do IDLE para anotar sua cópia do `search4vowels`, salve o código e pressione a tecla F5. O Python Shell reiniciará, e o prompt >>> estará esperando que você faça algo. Peça à BIF `help` para exibir a documentação `search4vowels` assim:

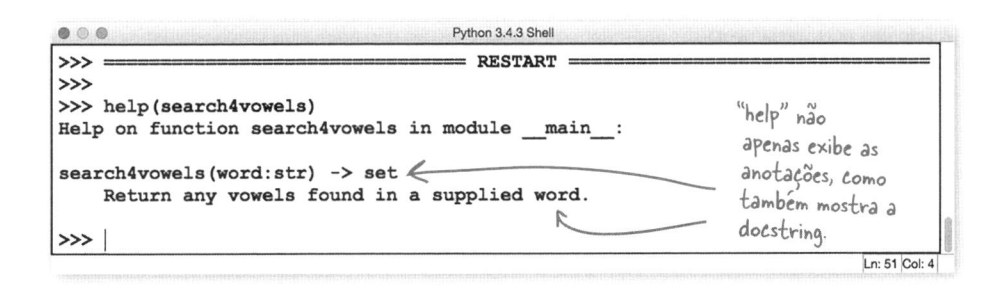

```
>>> ================================ RESTART ================================
>>> 
>>> help(search4vowels)
Help on function search4vowels in module __main__:

search4vowels(word:str) -> set
    Return any vowels found in a supplied word.

>>> 
```

"help" não apenas exibe as anotações, como também mostra a docstring.

recapitulação da função

Funções: O Que Já Sabemos

Vamos fazer uma pausa e rever o que sabemos (até agora) sobre as funções do Python.

PONTOS DE BALA

- As funções são partes nomeadas do código.
- A palavra-chave `def` é usada para nomear uma função, com o código da função recuado (e relativo) sob a palavra-chave `def`.
- As strings com três aspas do Python podem ser usadas para adicionar comentários com diversas linhas a uma função. Quando usadas assim, são conhecidas como *docstrings*.
- As funções podem aceitar vários argumentos nomeados, inclusive nenhum.
- A instrução `return` permite que suas funções retornem qualquer quantidade de valor (inclusive nenhum).
- As anotações da função podem ser usadas para documentar o tipo dos argumentos de sua função, assim como seu tipo de retorno.

Vamos reservar um momento para rever mais uma vez o código da função `search4vowels`. Agora que ela aceita um argumento e retorna um conjunto, é mais útil do que a primeira versão da função no início deste capítulo, pois podemos usá-la em muito mais lugares:

A versão mais recente de nossa função

```
def search4vowels(word:str) -> set:
    """Return any vowels found in a supplied word."""
    vowels = set('aeiou')
    return vowels.intersection(set(word))
```

Essa função seria ainda mais útil se, além de aceitar um argumento para a palavra a pesquisar, também aceitasse um segundo argumento detalhando o que pesquisar. Isso nos permitiria procurar qualquer conjunto de letras, não apenas as cinco vogais.

E mais, o uso do nome `word` como um nome do argumento é bom, mas não o ideal, pois a função aceita claramente *qualquer* string como argumento, em vez de uma única palavra. Um nome de variável melhor poderia ser `phrase`, pois combina mais com o que esperamos receber dos usuários de nossa função.

Agora vamos alterar nossa função para refletir essa última sugestão.

Criando uma Função Genericamente Útil

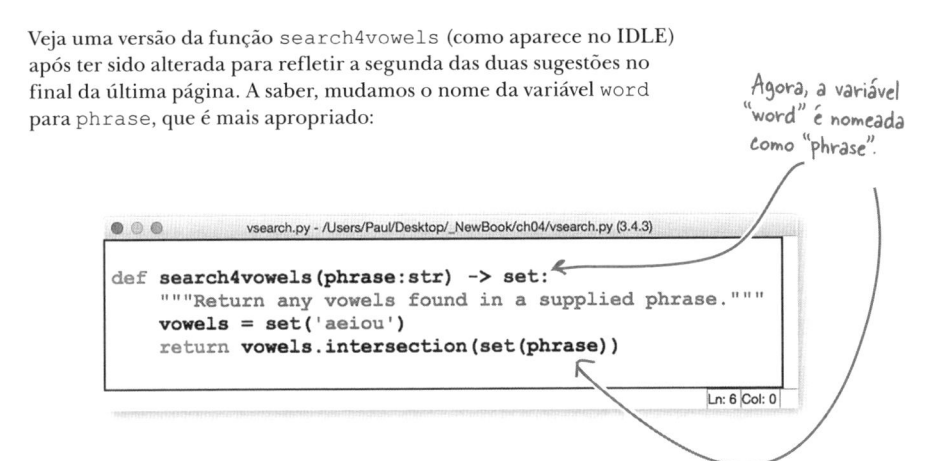

Veja uma versão da função `search4vowels` (como aparece no IDLE) após ter sido alterada para refletir a segunda das duas sugestões no final da última página. A saber, mudamos o nome da variável `word` para `phrase`, que é mais apropriado:

Agora, a variável "word" é nomeada como "phrase".

```
def search4vowels(phrase:str) -> set:
    """Return any vowels found in a supplied phrase."""
    vowels = set('aeiou')
    return vowels.intersection(set(phrase))
```

A outra sugestão no final da última página era permitir que os usuários especificassem o conjunto de letras a ser pesquisado, em vez de sempre usarem as cinco vogais. Para tanto, podemos adicionar um segundo argumento à função que especifica as letras para pesquisar `phrase`. É uma alteração fácil de fazer. Contudo, assim que feita, a função (como está) será nomeada incorretamente, pois não estaremos mais pesquisando vogais, mas, sim, qualquer conjunto de letras. Em vez de mudar a função atual, criaremos uma segunda com base na primeira. Veja o que propomos:

① Dê à função um nome mais genérico

Em vez de continuar a ajustar `search4vowels`, criaremos uma nova função, chamada `search4letters`, que é um nome que reflete melhor a finalidade da nova função.

② Adicione um segundo argumento

Adicionar um segundo argumento permite especificar o conjunto de letras para pesquisar a string. Chamaremos o segundo argumento de `letters`. E não vamos nos esquecer de anotar `letters` também.

③ Remova a variável `vowels`

O uso do nome `vowels` no suíte da função não faz mais sentido, pois estamos agora procurando um conjunto de letras especificado pelo usuário.

④ Atualize a docstring

Não há necessidade de copiar e então alterar o código se também não ajustamos a docstring. Nossa documentação precisa ser atualizada para refletir o que a nova função faz.

Trabalharemos nessas quatro tarefas juntas. Quando cada tarefa for analisada, edite seu arquivo `vsearch.py` para refletir as alterações apresentadas.

passo a passo

Criando Outra Função, 1 de 3

Se você ainda não abriu, abra o arquivo vsearch.py na janela de edição do IDLE.

A **Etapa 1** envolve criar uma nova função, que chamaremos de search4letters. Saiba que o PEP 8 sugere que todas as funções de alto nível devem ficar entre duas linhas em branco. Todos os downloads deste livro seguem essa diretriz, mas o código que mostramos na página impressa não (pois o espaço é caro aqui).

No final do arquivo, digite def seguido do nome da nova função:

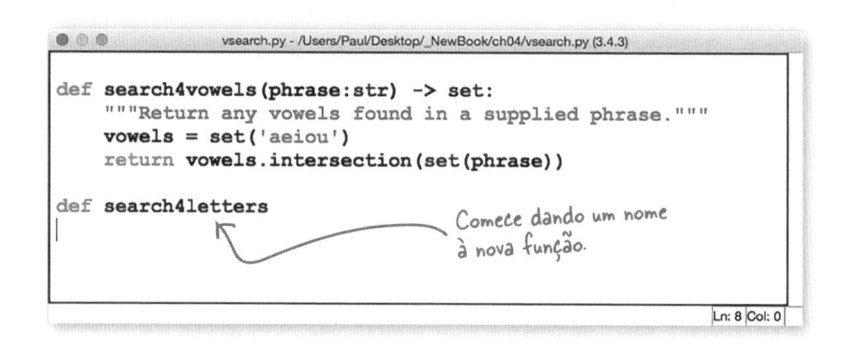

```
def search4vowels(phrase:str) -> set:
    """Return any vowels found in a supplied phrase."""
    vowels = set('aeiou')
    return vowels.intersection(set(phrase))

def search4letters
```

Comece dando um nome à nova função.

Para a **Etapa 2**, estamos completando a linha def da função adicionando os nomes dos dois argumentos requeridos, phrase e letters. Lembre-se de colocar a lista de argumentos entre parênteses, e não se esqueça de incluir os dois-pontos à direita (e as anotações):

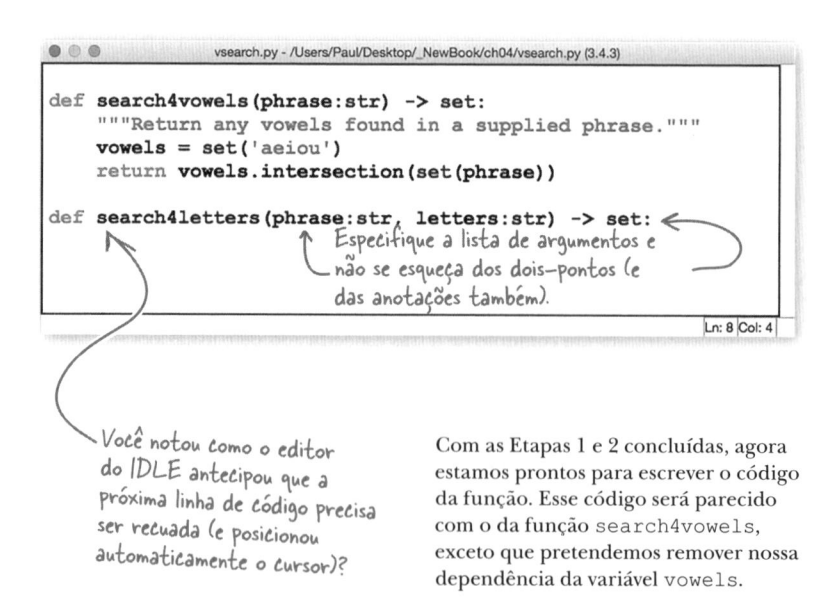

```
def search4vowels(phrase:str) -> set:
    """Return any vowels found in a supplied phrase."""
    vowels = set('aeiou')
    return vowels.intersection(set(phrase))

def search4letters(phrase:str, letters:str) -> set:
```

Especifique a lista de argumentos e não se esqueça dos dois-pontos (e das anotações também).

Você notou como o editor do IDLE antecipou que a próxima linha de código precisa ser recuada (e posicionou automaticamente o cursor)?

Com as Etapas 1 e 2 concluídas, agora estamos prontos para escrever o código da função. Esse código será parecido com o da função search4vowels, exceto que pretendemos remover nossa dependência da variável vowels.

reutilização do código

Criando Outra Função, 2 de 3

A **Etapa 3** consiste em escrever o código para a função de modo a não precisar da variável `vowels`. Pode-se continuar a usar a variável, porém forneça um novo nome (pois `vowels` não representa mais o que a variável faz), mas uma variável temporária não é mais necessária aqui, pelo mesmo motivo de não termos precisado mais da variável `found` antes. Veja a nova linha de código em `search4letters`, que faz o mesmo trabalho das duas linhas em `search4vowels`:

```
def search4vowels(phrase:str) -> set:
    """Return any vowels found in a supplied phrase."""
    vowels = set('aeiou')
    return vowels.intersection(set(phrase))

def search4letters(phrase:str, letters:str) -> set:
    return set(letters).intersection(set(phrase))
```

As duas linhas de código se tornam uma.

Se essa linha de código em `search4letters` faz você coçar a cabeça, não se desespere. Parece mais complexa do que é. Vamos ver a linha de código em detalhes para descobrir exatamente o que ela faz. Ela começa quando o valor do argumento `letters` é transformado em um conjunto:

set(letters) ← *Cria um objeto conjunto a partir de "letters".*

Essa chamada para a BIF `set` cria um objeto conjunto a partir dos caracteres na variável `letters`. Não precisamos atribuir esse objeto conjunto a uma variável, pois estamos mais interessados em usar imediatamente o conjunto de letras do que armazenar o conjunto em uma variável para um uso posterior. Para usar o objeto conjunto recém-criado, anexe um ponto e especifique o método que você deseja chamar, pois até os objetos que não são atribuídos às variáveis têm métodos. Como vimos sobre o uso dos conjuntos no último capítulo, o método `intersection` obtém o conjunto de caracteres contidos em seu argumento (`phrase`) e faz a interseção deles com o objeto conjunto existente (`letters`):

set(letters).intersection(set(phrase))

Faz a interseção do conjunto no objeto conjunto criado a partir de "letters" com o objeto conjunto criado a partir de "phrase".

E, finalmente, o resultado da interseção é retornado para o código que chama, graças à instrução `return`:

return set(letters).intersection(set(phrase))

Envie os resultados de volta para o código que chama.

você está aqui ▶ **167**

não se esqueça!

Criando Outra Função, 3 de 3

Tudo que resta é a **Etapa 4**, na qual adicionamos uma docstring à nossa função recém-criada. Para tanto, adicione uma string com três aspas após a linha `def` da nova função. Veja o que usamos (os comentários estão resumidos, mas são eficientes):

```
def search4vowels(phrase:str) -> set:
    """Return any vowels found in a supplied phrase."""
    vowels = set('aeiou')
    return vowels.intersection(set(phrase))

def search4letters(phrase:str, letters:str) -> set:
    """Return a set of the 'letters' found in 'phrase'."""
    return set(letters).intersection(set(phrase))
```

Uma docstring

E, com isso, nossas quatro etapas estão concluídas e `search4letters` está pronta para ser testada.

> Por que passar pela complicação de criar uma função com uma linha? Não é melhor apenas copiar e colar a linha de código sempre que necessário?

As funções podem ocultar a complexidade também.

É correto observar que acabamos de criar uma função com uma linha, o que pode não parecer uma grande "economia". Contudo, observe que nossa função contém uma linha de código complexa, que estamos ocultando dos usuários dela, e essa pode ser uma prática que vale a pena (sem mencionar que é melhor do que copiar e colar).

Por exemplo, a maioria dos programadores conseguiria adivinhar o que `search4letters` faz, caso encontrasse sua chamada em um programa. Contudo, se eles encontrassem essa linha de código complexa em um programa, poderiam coçar a cabeça e imaginar o que fazer. Portanto, mesmo que `search4letters` seja "curta", ainda é uma boa ideia abstrair esse tipo de complexidade dentro de uma função.

reutilização do código

Test Drive

Salve o arquivo vsearch.py mais uma vez, e então pressione F5 para experimentar a função search4letters:

```
Python 3.4.3 Shell
>>> ================== RESTART ==================
>>>
>>> help(search4letters)
Help on function search4letters in module __main__:

search4letters(phrase:str, letters:str) -> set
    Return a set of the 'letters' found in 'phrase'.

>>> search4letters('hitch-hiker', 'aeiou')
{'e', 'i'}
>>> search4letters('galaxy', 'xyz')
{'x', 'y'}
>>> search4letters('life, the universe, and everything', 'o')
set()
>>>
```

Use a BIF "help" para descobrir como usar "search4letters".

Todos estes exemplos produzem o que esperamos.

A função search4letters agora é mais genérica do que search4vowels, no sentido de que obtém *qualquer* conjunto de letras e pesquisa a frase dada, em vez de pesquisar apenas as letras a, e, i, o e u. Isso torna nossa nova função muito mais útil do que search4vowels. Agora imaginemos que temos uma base de código grande e existente que usou muito search4vowels. Decidiu-se descontinuar o uso de search4vowels e substituir por search4letters, pois as "autoridades" não veem necessidade de ambas as funções, agora que search4letters pode fazer o que search4vowels faz. Uma pesquisa e substituição globais de sua base de código para obter o nome "search4vowels" e trocar por "search4letters" não funcionarão aqui, pois você precisará adicionar o segundo valor do argumento, que sempre será aeiou, ao simular o comportamento de search4vowels com search4letters. Então, por exemplo, esta chamada com um argumento:

    search4vowels("Don't panic!")

agora precisa ser substituída por uma com dois argumentos (que é uma edição muito mais difícil de automatizar):

search4letters("Don't panic!", 'aeiou')

Seria ótimo se pudéssemos especificar de algum modo um *valor padrão* para o segundo argumento de search4letters, e então fazer a função usá-lo se nenhum valor alternativo for fornecido. Se pudéssemos definir o padrão para aeiou, então conseguiríamos aplicar uma pesquisa e substituição globais (que é uma edição fácil).

Não seria um sonho se o Python permitisse especificar os valores padrão? Mas sei que é apenas uma fantasia...

voltar automaticamente para

Especificando Valores Padrão para os Argumentos

Qualquer argumento para uma função do Python pode ser atribuído a um valor padrão, que pode, então, ser usado automaticamente, caso o código que chama a função falhe em fornecer um valor alternativo. O mecanismo para atribuir um argumento é simples: inclua o valor padrão como uma atribuição na linha def da função.

Veja a linha def atual de search4letters:

```
def search4letters(phrase:str, letters:str) -> set:
```

Essa versão da linha def de nossa função (acima) espera *exatamente* dois argumentos, um para phrase e outro para letters. Porém, se atribuirmos o valor padrão a letters, a linha def da função mudará, para ficar assim:

```
def search4letters(phrase:str, letters:str='aeiou') -> set:
```

Um valor padrão foi atribuído ao argumento "letters" e será usado sempre que o código que chama não fornecer um valor alternativo.

Podemos continuar a usar a função search4letters como antes: fornecendo ambos os argumentos com valores quando necessário. Contudo, se esquecermos de fornecer o segundo argumento (letters), o interpretador substituirá o valor aeiou em nosso nome.

Se fôssemos fazer essa alteração no código no arquivo vsearch.py (e salvá-lo), então poderíamos chamar nossas funções assim:

Estas três chamadas da função produzem os mesmos resultados.

```
>>> search4letters('life, the universe, and everything')
{'a', 'e', 'i', 'u'}
>>> search4letters('life, the universe, and everything', 'aeiou')
{'a', 'e', 'i', 'u'}
>>> search4vowels('life, the universe, and everything')
{'a', 'e', 'i', 'u'}
```

Nesta chamada, estamos chamando "search4vowels", não "search4letters".

Essas chamadas da função não só produzem a mesma saída, como também demonstram que a função search4vowels não é mais necessária agora que o argumento letters para search4letters suporta um valor padrão (compare a primeira e a última chamadas acima).

Agora, se fôssemos solicitados a descontinuar o uso da função search4vowels e substituir todas as chamadas dela em nossa base de código por search4letters, nossa exploração do mecanismo do valor padrão para os argumentos da função nos permitiria fazer isso com uma pesquisa e substituição globais simples. E não temos que usar search4letters para pesquisar apenas as vogais. Esse segundo argumento nos permite especificar *qualquer* conjunto de caracteres a pesquisar. Como consequência, search4letters é mais genérica *e* útil.

170   Capítulo 4

reutilização do código

Atribuição Posicional Versus Atribuição da Palavra-chave

Como já vimos, a função `search4letters` pode ser chamada com um ou dois argumentos, com o segundo argumento sendo opcional. Se você fornecer apenas um argumento, o argumento `letters` terá como padrão uma string de vogais. Veja de novo a linha def da função:

A linha "def" de nossa função

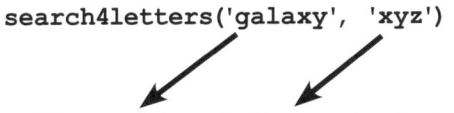

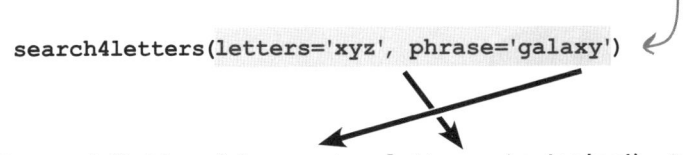

```
def search4letters(phrase:str, letters:str='aeiou') -> set:
```

Assim como suporta argumentos padrão, o interpretador do Python também permite chamar uma função usando os **argumentos da palavra-chave**. Para entender o que é um argumento da palavra-chave, considere como chamamos `search4letters` até agora, por exemplo:

```
search4letters('galaxy', 'xyz')
```

```
def search4letters(phrase:str, letters:str='aeiou') -> set:
```

Na chamada acima, as duas strings são atribuídas aos argumentos `phrase` e `letters` com base em sua posição. Ou seja, a primeira string é atribuída a `phrase`, enquanto a segunda é atribuída a `letters`. Isso é conhecido como **atribuição posicional**, pois está baseada na ordem dos argumentos.

No Python, também é possível se referir aos argumentos por seu nome, e, quando você faz isso, a ordenação posicional não se aplica mais. Isso é conhecido como **atribuição da palavra-chave**. Para usar as palavras-chave, atribua cada string *em qualquer ordem* a seu nome de argumento correto ao chamar a função, como mostrado aqui:

A ordem dos argumentos não é importante quando os argumentos da palavra-chave são usados durante a chamada.

```
search4letters(letters='xyz', phrase='galaxy')
```

```
def search4letters(phrase:str, letters:str='aeiou') -> set:
```

As duas chamadas da função `search4letters` nesta página produzem o mesmo resultado: um conjunto com as letras y e z. Embora possa parecer difícil gostar de usar os argumentos da palavra-chave com nossa pequena função `search4letters`, a flexibilidade que esse recurso fornece fica clara quando você chama uma função que aceita muitos argumentos. Veremos um exemplo de tal função (fornecida pela biblioteca padrão) antes do final deste capítulo.

você está aqui ▶ 171

Atualizando O Que Sabemos Sobre as Funções

Atualizaremos o que você sabe sobre as funções agora que passou um tempo explorando como funcionam os argumentos da função:

PONTOS DE BALA

- Assim como suportam a reutilização do código, as funções podem ocultar a complexidade. Se você tiver uma linha de código complexa que pretende usar muito, abstraia-a em uma chamada da função simples.

- Qualquer argumento da função pode ser atribuído a um valor padrão na linha `def` da função. Quando isso acontece, a especificação de um valor para esse argumento durante a chamada de uma função é opcional.

- Assim como é possível atribuir argumentos pela posição, você pode usar palavras-chave também. Quando faz isso, qualquer ordem é aceitável (pois qualquer possibilidade de ambiguidade é removida com o uso das palavras-chave, e a posição não importa mais).

Essas funções realmente acertaram na mosca. Como as utilizo e compartilho?

Existe mais de um modo de fazer isso.

Agora que você tem um código que vale a pena compartilhar, é bom perguntar como usar e compartilhar melhor essas funções. Como na maioria das coisas, há mais de uma resposta para essa pergunta, e nas próximas páginas você aprenderá como reunir e distribuir melhor suas funções para assegurar que seja fácil para você e outras pessoas aproveitarem seu trabalho.

reutilização do código

As Funções Produzem Módulos

Tendo resolvido o problema de criar uma função reutilizável (ou duas, como é o caso com as funções que agora estão em nosso arquivo vsearch.py), é razoável perguntar: *qual é o melhor modo de compartilhar as funções?*

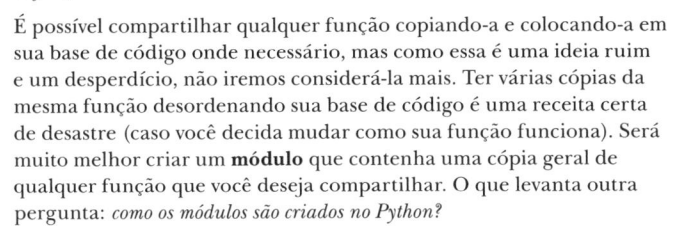

É possível compartilhar qualquer função copiando-a e colocando-a em sua base de código onde necessário, mas como essa é uma ideia ruim e um desperdício, não iremos considerá-la mais. Ter várias cópias da mesma função desordenando sua base de código é uma receita certa de desastre (caso você decida mudar como sua função funciona). Será muito melhor criar um **módulo** que contenha uma cópia geral de qualquer função que você deseja compartilhar. O que levanta outra pergunta: *como os módulos são criados no Python?*

A resposta não poderia ser mais simples: um módulo é qualquer arquivo que contém funções. Felizmente, isso significa que vsearch.py *já* é um módulo. Aqui está novamente, em toda a sua glória do módulo:

módulo

Compartilhe suas funções em módulos.

```
def search4vowels(phrase:str) -> set:
    """Return any vowels found in a supplied phrase."""
    vowels = set('aeiou')
    return vowels.intersection(set(phrase))

def search4letters(phrase:str, letters:str='aeiou') -> set:
    """Return a set of the 'letters' found in 'phrase'."""
    return set(letters).intersection(set(phrase))
```

"vsearch.py" contém as funções em um arquivo, tornando-o um módulo bem formado.

Criar módulos não poderia ser mais fácil, porém...

Criar módulos é moleza. Basta criar um arquivo de funções que você deseja compartilhar.

Assim que seu módulo existir, disponibilizar seu conteúdo para os programas também é simples: você só tem que importar o módulo usando a instrução import do Python.

Em si, isso não é complexo. Porém, o interpretador supõe de que o módulo em questão está no **caminho de pesquisa**, e assegurar que este é o caso pode ser complicado. Exploraremos os prós e os contras da importação do módulo nas próximas páginas.

onde está meu módulo?

Como os Módulos São Encontrados?

Lembre-se do primeiro capítulo deste livro, quando importamos e usamos a função `randint` do módulo `random`, que vem incluído como parte da biblioteca padrão do Python. Veja o que fizemos no shell:

```
>>> import random
>>> random.randint(0, 255)
42
```

Identifica o módulo a importar, e então... ... *chama uma das funções do módulo.*

módulo

O que acontece durante a importação do módulo é descrito em detalhes na documentação do Python, que você está livre para ver e explorar, caso surjam pormenores. Contudo, tudo que você realmente precisa saber são os três principais locais que o interpretador pesquisa ao procurar um módulo. São eles:

① **Seu diretório de trabalho atual**

Esta é a pasta na qual o interpretador acha que você está trabalhando atualmente.

② **Os locais dos pacotes do site de seu interpretador**

São os diretórios que contêm os módulos Python de terceiros que você pode ter instalado (inclusive os escritos por você).

③ **Os locais da biblioteca padrão**

São os diretórios que contêm todos os módulos que compõem a biblioteca padrão.

A ordem na qual os locais 2 e 3 são pesquisados pelo interpretador pode variar, dependendo de muitos fatores. Mas não se preocupe, não é importante que você saiba como funciona esse mecanismo de pesquisa. *É* importante entender que o interpretador sempre pesquisa seu diretório de trabalho atual *primeiro*, que é o que pode causar problemas quando você está trabalhando com seus próprios módulos personalizados.

Para demonstrar o que pode dar errado, faremos um pequeno exercício designado a destacar o problema. Veja o que você precisa fazer antes de começarmos:

> **Código Sério**
>
> Dependendo do sistema operacional executado, o nome dado a um local que mantém os arquivos pode ser **diretório** ou **pasta**. Usaremos "pasta" neste livro, exceto quando analisamos o *diretório de trabalho atual* (que é um termo bem conhecido).

☐ Crie uma pasta chamada `mymodules`, que usaremos para armazenar seus módulos. Não importa onde você cria a pasta em seu sistema de arquivos, basta assegurar que seja em algum lugar onde tenha acesso de leitura/gravação.

☐ Mova seu arquivo `vsearch.py` para a pasta `mymodules` recém-criada. Esse arquivo deve ser a única cópia do arquivo `vsearch.py` no computador.

reutilização do código

Executando o Python na Linha de Comando

Executaremos o interpretador do Python na linha de comando de seu sistema operacional (ou terminal) para demonstrar o que pode dar errado aqui (mesmo que o problema analisado também se manifeste no IDLE).

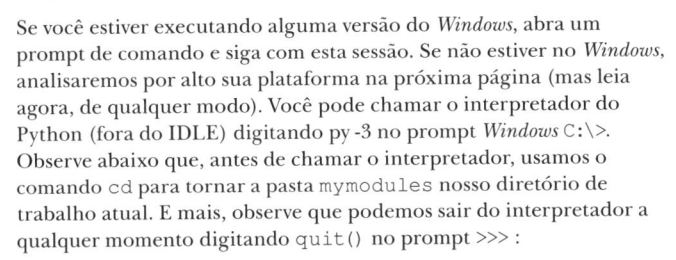

Se você estiver executando alguma versão do *Windows*, abra um prompt de comando e siga com esta sessão. Se não estiver no *Windows*, analisaremos por alto sua plataforma na próxima página (mas leia agora, de qualquer modo). Você pode chamar o interpretador do Python (fora do IDLE) digitando py -3 no prompt *Windows* C:\>. Observe abaixo que, antes de chamar o interpretador, usamos o comando cd para tornar a pasta mymodules nosso diretório de trabalho atual. E mais, observe que podemos sair do interpretador a qualquer momento digitando quit() no prompt >>> :

módulo

Mude para a pasta "mymodules".

Inicie o Python 3.

Importe o módulo.

Use as funções do módulo.

```
File Edit Window Help Redmond #1
C:\Users\Head First> cd mymodules

C:\Users\Head First\mymodules> py -3
Python 3.4.3 (v3.4.3:9b73f1c3e601, Feb 24 2015, 22:43:06) [MSC
v.1600 32 bit (Intel)] on win32
Type "help", "copyright", "credits" or "license" for more information.
>>> import vsearch
>>> vsearch.search4vowels('hitch-hiker')
{'i', 'e'}
>>> vsearch.search4letters('galaxy', 'xyz')
{'y', 'x'}
>>> quit()

C:\Users\Head First\mymodules>
```

Saia do interpretador do Python e volte para o prompt de comando do sistema operacional.

Funciona como o esperado: importamos com sucesso o módulo vsearch, então usamos cada uma de suas funções prefixando o nome da função com o nome de seu módulo e um ponto. Note como o comportamento do prompt >>> na linha de comando é idêntico ao comportamento no IDLE (a única diferença é a falta de destaque da sintaxe). Afinal, é o mesmo interpretador do Python.

Embora essa interação com o interpretador tenha sido bem-sucedida, funcionou apenas porque começamos em uma pasta que continha o arquivo vsearch.py. Fazer isso torna a pasta o diretório de trabalho atual. Com base em como o interpretador pesquisa os módulos, sabemos que o diretório de trabalho atual é pesquisado primeiro, portanto não deve ser nenhuma surpresa que essa iteração tenha funcionado e o interpretador tenha encontrado nosso módulo.

Mas o que acontecerá se nosso módulo não estiver no diretório de trabalho atual?

nenhuma importação aqui

Nenhum Módulo Encontrado
Produz ImportErrors

Repita o exercício da última página depois de mover a pasta que contém nosso módulo. Vejamos o que acontece quando tentamos importar nosso módulo agora. Veja outra interação com o prompt de comando do *Windows*:

módulo

Muda para outra pasta (neste caso, estamos indo para a pasta de alto nível).

Inicia o Python 3 de novo.

Tenta importar o módulo,...

... mas desta vez temos um erro!

```
File Edit Window Help Redmond #2
C:\Users\Head First> cd \

C:\>py -3
Python 3.4.3 (v3.4.3:9b73f1c3e601, Feb 24 2015, 22:43:06) [MSC
v.1600 32 bit (Intel)] on win32
Type "help", "copyright", "credits" or "license" for more information.
>>> import vsearch
Traceback (most recent call last):
  File "<stdin>", line 1, in <module>
ImportError: No module named 'vsearch'
>>> quit()

C:\>
```

O arquivo `vsearch.py` não está mais no diretório de trabalho atual do interpretador, pois agora estamos trabalhando em uma pasta diferente de `mymodules`. Isso significa que nosso arquivo de módulo não pode ser encontrado, o que, por sua vez, significa que não podemos importá-lo — daí o `ImportError` no interpretador.

Se experimentarmos o mesmo exercício em uma plataforma diferente do *Windows*, teremos os mesmos resultados (se estivermos no *Linux*, *Unix* ou *Mac OS X*). Veja a interação acima com o interpretador de dentro da pasta e `mymodules` no *OS X*:

Mude para a pasta e digite "python3" para iniciar o interpretador.

Importe o módulo.

Funciona: podemos usar as funções do módulo.

```
File Edit Window Help Cupertino #1
$ cd mymodules

mymodules$ python3
Python 3.4.3 (v3.4.3:9b73f1c3e601, Feb 23 2015, 02:52:03)
[GCC 4.2.1 (Apple Inc. build 5666) (dot 3)] on darwin
Type "help", "copyright", "credits" or "license" for more information.
>>> import vsearch
>>> vsearch.search4vowels('hitch-hiker')
{'i', 'e'}
>>> vsearch.search4letters('galaxy', 'xyz')
{'x', 'y'}
>>> quit()

mymodules$
```

Saia do interpretador do Python e volte para o prompt de comando do seu sistema operacional.

reutilização do código

Os ImportErrors Ocorrem Independentemente da Plataforma

Se você acha que executar em uma plataforma que não seja do *Windows* corrigirá o problema de importação visto na plataforma, pense de novo: o mesmo `ImportError` ocorre nos sistemas UNIX, uma vez que mudamos para outra pasta:

módulo

Inicia o Python 3 de novo.

Tenta importar o módulo,...

... mas desta vez temos um erro!

Muda para outra pasta (neste caso, estamos indo para nossa pasta de alto nível).

```
mymodules$ cd

$ python3
Python 3.4.3 (v3.4.3:9b73f1c3e601, Feb 23 2015, 02:52:03)
[GCC 4.2.1 (Apple Inc. build 5666) (dot 3)] on darwin
Type "help", "copyright", "credits" or "license" for more information.
>>> import vsearch
Traceback (most recent call last):
  File "<stdin>", line 1, in <module>
ImportError: No module named 'vsearch'
>>> quit()

$
```

Como aconteceu quando estávamos trabalhando no *Windows*, o arquivo `vsearch.py` não está mais no diretório de trabalho atual do interpretador, pois agora estamos trabalhando em uma pasta diferente de `mymodules`. Isso significa que nosso arquivo do módulo não pode ser encontrado, o que, por sua vez, significa que não podemos importá-lo — daí o `ImportError` no interpretador. Esse problema aparece independentemente de em qual plataforma você está executando Python.

---
não existem Perguntas Idiotas

P: Não podemos ter um local específico e informar algo como `import C:\mymodules\vsearch` nas plataformas do Windows ou talvez `import /mymodules/vsearch` nos sistemas UNIX?

R: Não pode. Com certeza, fazer algo assim parece tentador, mas basicamente não funciona, pois você não pode usar caminhos assim com a instrução `import` do Python. E, de qualquer modo, a última coisa que você desejará fazer é colocar caminhos codificados especificamente em qualquer programa, pois os caminhos podem mudar com frequência (por várias razões). É melhor evitar codificar especificamente os caminhos em seu código, se possível.

P: Se não posso usar os caminhos, como faço o interpretador encontrar meus módulos?

R: Se o interpretador não puder encontrar seu módulo no diretório de trabalho atual, procurará nos locais de **pacotes do site**, assim como na biblioteca padrão (há mais sobre os pacotes do site na próxima página). Se você puder adicionar seu módulo a um dos locais de **pacotes do site**, o interpretador poderá encontrá-lo lá (independentemente do caminho).

instale no Python

Colocando um Módulo nos Pacotes do Site

Lembre-se do que dissemos sobre os **pacotes do site** há algumas páginas quando os apresentamos como o segundo dos três locais pesquisados pelo mecanismo de importação do interpretador:

> (2) **Locais de pacotes do site de seu interpretador**
> São os diretórios que contêm qualquer módulo de terceiros do Python, que você pode ter instalado (inclusive os escritos por você).

módulo

Como a provisão e o suporte dos módulos de terceiros são fundamentais para a estrutura de reutilização do código do Python, não deve ser nenhuma surpresa que o interpretador venha com a capacidade predefinida de adicionar módulos à configuração do Python.

Observe que o conjunto de módulos incluídos na biblioteca padrão é gerenciado pelos principais desenvolvedores do Python, e essa grande coleção de módulos foi projetada para ser amplamente usada, mas não alterada. Especificamente, não adicione nem remova seus próprios módulos para/a partir da biblioteca padrão. Contudo, adicionar ou remover os módulos para os locais de pacotes do site é bastante indicado, tanto que o Python vem com algumas ferramentas para simplificar isso.

Usando "setuptools" para instalar nos pacotes do site

Desde a versão 3.4 do Python, a biblioteca padrão inclui um módulo chamado `setuptools`, que pode ser usado para adicionar qualquer módulo nos pacotes do site. Embora os detalhes da distribuição do módulo possam — inicialmente — parecer complexos, tudo o que queremos fazer aqui é instalar `vsearch` nos pacotes do site, que é algo que `setuptools` é capaz de fazer em três etapas:

(1) **Crie uma descrição da distribuição**
Isto identifica o módulo que queremos que `setuptools` instale.

(2) **Gere um arquivo de distribuição**
Usando o Python na linha de comando, criaremos um arquivo de distribuição compartilhado para conter o código do módulo.

(3) **Instale o arquivo de distribuição**
De novo, usando o Python na linha de comando, instale o arquivo de distribuição (que inclui nosso módulo) nos pacotes do site.

> O Python 3.4 (ou mais recente) facilita o uso de setuptools. Se você não estiver executando a versão 3.4 (ou mais recente), considere atualizar.

A Etapa 1 requer a criação de (no mínimo) dois arquivos descritivos para nosso módulo: `setup.py` e `README.txt`. Vejamos o que está envolvido.

reutilização do código

Criando os Arquivos de Configuração Requeridos

Se seguirmos as três etapas mostradas no final da última página, acabaremos criando um **pacote de distribuição** para nosso módulo. Esse pacote é um arquivo compactado que contém tudo requerido para instalar nosso módulo nos pacotes do site.

Para a Etapa 1, *Crie uma descrição da distribuição*, precisamos criar dois arquivos, que colocaremos na mesma pasta de nosso arquivo vsearch.py. Faremos isso independentemente da plataforma na qual executamos. O primeiro arquivo, que deve ser chamado de setup.py, descreve nosso módulo com detalhes.

Encontre abaixo o arquivo setup.py criado para descrever o módulo no arquivo vsearch.py. Ele contém duas linhas de código do Python: a primeira linha importa a função setup do módulo setuptools, ao passo que a segunda chama a função setup.

A função setup aceita uma grande quantidade de argumentos, muitos sendo opcionais. Note como, para legibilidade, nossa chamada para setup estende-se por nove linhas. Estamos aproveitando o suporte do Python para os argumentos da palavra-chave para indicar claramente qual valor está sendo atribuído a qual argumento na chamada. Os argumentos mais importantes estão destacados; o primeiro nomeia a distribuição, enquanto o segundo lista os arquivos .py a incluir ao criar o pacote de distribuição:

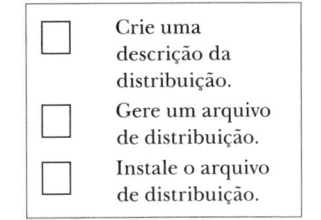

- ☐ Crie uma descrição da distribuição.
- ☐ Gere um arquivo de distribuição.
- ☐ Instale o arquivo de distribuição.

Verificaremos cada etapa concluída quando trabalharmos no material

Importe a função "setup" do módulo "setuptools".

```
from setuptools import setup

setup(
    name='vsearch',
    version='1.0',
    description='The Head First Python Search Tools',
    author='HF Python 2e',
    author_email='hfpy2e@gmail.com',
    url='headfirstlabs.com',
    py_modules=['vsearch'],
)
```

Esta é uma chamada da função "setup". Estamos estendendo seus argumentos em muitas linhas.

O argumento "name" identifica a distribuição. É uma prática comum nomear a distribuição segundo o módulo.

Esta é uma lista de arquivos ".py" a incluir no pacote. Para este exemplo, temos apenas um: "vsearch".

Além de setup.py, o mecanismo setuptools requer a existência de outro arquivo — um arquivo "readme" —, no qual você pode colocar uma descrição textual do pacote. Embora seja requerido ter esse arquivo, seu conteúdo é opcional, portanto (agora), você pode criar um arquivo vazio chamado README.txt na mesma pasta do arquivo setup.py. Isso é suficiente para atender à exigência de um segundo arquivo na Etapa 1.

você está aqui ▶ 179

configuração no windows

Criando o Arquivo de Distribuição

Neste estágio, devemos ter três arquivos, que colocamos em nossa pasta mymodules: vsearch.py, setup.py e README.txt.

Agora estamos prontos para criar um pacote de distribuição a partir desses arquivos. É a Etapa 2 de nossa lista anterior: *Gere um arquivo de distribuição*. Faremos isso na linha de comando. Embora seja simples, a etapa requer que diferentes comandos sejam inseridos, dependendo de você estar no *Windows* ou em um dos sistemas operacionais do UNIX (*Linux, Unix* ou *Mac OS X*).

☑ Crie uma descrição da distribuição.
☐ Gere um arquivo de distribuição.
☐ Instale o arquivo de distribuição.

Criando um arquivo de distribuição no Windows

Se você estiver executando no *Windows*, abra um prompt de comando na pasta que contém os três arquivos, e então insira este comando:

Executa o Python 3 no Windows.

```
C:\Users\Head First\mymodules> py -3 setup.py sdist
```

Executa o código em "setup.py"...

... e passa "sdist" como um argumento.

O interpretador do Python começa a trabalhar imediatamente depois de você emitir o comando. Muitas mensagens aparecem na tela (que mostramos aqui de forma resumida):

```
running sdist
running egg_info
creating vsearch.egg-info
    ...
creating dist
creating 'dist\vsearch-1.0.zip' and adding 'vsearch-1.0' to it
adding 'vsearch-1.0\PKG-INFO'
adding 'vsearch-1.0\README.txt'
    ...
adding 'vsearch-1.0\vsearch.egg-info\top_level.txt'
removing 'vsearch-1.0' (and everything under it)
```

Se você vir esta mensagem, tudo bem. Se tiver erros, verifique se está executando pelo menos o Python 3.4, e também verifique se seu arquivo "setup.py" é idêntico ao nosso.

Quando o prompt de comando do *Windows* reaparecer, seus três arquivos terão sido combinados em um **arquivo de distribuição**. É um arquivo de instalação que contém o código-fonte do módulo, e, neste caso, é chamado de vsearch-1.0.zip.

Você encontrará seu arquivo ZIP recém-criado em uma pasta chamada dist, que também foi criada por setuptools sob a pasta na qual você está trabalhando (que é mymodules em nosso caso).

reutilização do código

Arquivos de Distribuição nos SOs UNIX

Se você não estiver trabalhando no *Windows*, poderá criar um arquivo de distribuição de modo muito parecido com o da página anterior. Com os três arquivos (setup.py, README.txt e vsearch.py) em uma pasta, emita este comando na linha de comando do sistema operacional:

☑ Crie uma descrição da distribuição.
☐ Gere um arquivo de distribuição.
☐ Instale o arquivo de distribuição.

Executa o Python 3.

```
mymodules$ python3 setup.py sdist
```

Executa o código em "setup.py"...

... e passe "sdist" como um argumento.

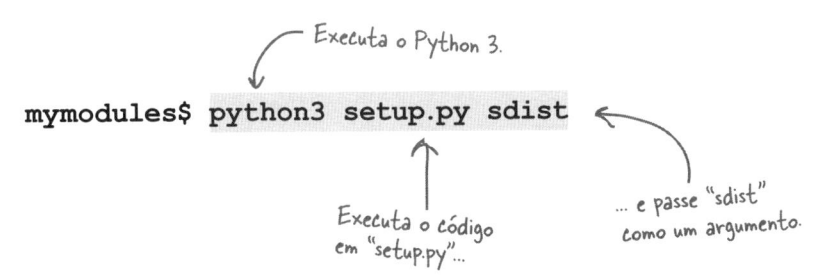

Como no *Windows*, esse comando produz muitas mensagens na tela:

```
running sdist
running egg_info
creating vsearch.egg-info
    ...
running check
creating vsearch-1.0
creating vsearch-1.0/vsearch.egg-info
    ...
creating dist
Creating tar archive
removing 'vsearch-1.0' (and everything under it)
```

As mensagens diferem um pouco das produzidas no Windows. Se você vir essa mensagem (como no Windows), verifique tudo com atenção.

Quando a linha de comando de seu sistema operacional reaparecer, seus três arquivos foram combinados em um arquivo de **distribuição da fonte** (daí o argumento sdist acima). É um arquivo de instalação que contém o código-fonte de seu módulo e, neste caso, é chamado de vsearch-1.0.tar.gz.

Você encontrará seu arquivo de armazenamento recém-criado em uma pasta chamada dist, que também foi criada por setuptools sob a pasta na qual está trabalhando (que é mymodules em nosso caso).

Com o arquivo de distribuição da fonte criado (como ZIP ou um armazenamento tar compactado), agora você está pronto para instalar seu módulo nos pacotes do site.

você está aqui ▶ **181**

pronto para instalar

Instalando Pacotes com "pip"

Agora que seu arquivo de distribuição existe como um ZIP ou armazenamento tar (dependendo da plataforma), é hora da Etapa 3: *Instale o arquivo de distribuição*. Como em muitas coisas, o Python vem com ferramentas para tornar isso simples. Em particular, o Python 3.4 (e mais recente) inclui uma ferramenta chamada pip, que é o Instalador de Pacotes do Python (do inglês, **P**ackage **I**nstaller for **P**ython).

> ☑ Crie uma descrição da distribuição.
> ☑ Gere um arquivo de distribuição.
> ☐ Instale o arquivo de distribuição.

Etapa 3 no Windows

Localize seu arquivo ZIP recém-criado na pasta dist (lembre-se de que o arquivo é chamado vsearch-1.0.zip). No *Windows Explorer*, pressione a tecla Shift, e então clique com o botão direito do mouse para ativar o menu contextual. Selecione *Abrir janela de comando aqui* no menu. Um novo prompt de comando do *Windows* será aberto. Nesse prompt, digite esta linha para concluir a Etapa 3:

Executa o Python 3 com o módulo pip e pede ao pip para instalar o arquivo ZIP identificado.

```
C:\Users\...\dist> py -3 -m pip install vsearch-1.0.zip
```

Se esse comando falhar com um erro de permissão, você poderá precisar reiniciar o prompt de comando como administrador do *Windows* e então tentar de novo.

Quando o comando acima tiver êxito, as mensagens a seguir aparecerão na tela:

```
Processing c:\users\...\dist\vsearch-1.0.zip
Installing collected packages: vsearch
  Running setup.py install for vsearch
Successfully installed vsearch-1.0
```

Sucesso!

Etapa 3 nos SOs UNIX

No *Linux*, *Unix* ou *Mac OS X*, abra um terminal na pasta dict recém-criada, e então emita o comando no prompt:

Executa o Python 3 com o módulo pip, então pede ao pip para instalar o arquivo tar compactado.

```
.../dist$ sudo python3 -m pip install vsearch-1.0.tar.gz
```

Estamos usando o comando "sudo" aqui para assegurar a instalação com as permissões corretas.

Quando os comandos acima tiverem êxito, as seguintes mensagens aparecerão na tela:

```
Processing ./vsearch-1.0.tar.gz
Installing collected packages: vsearch
  Running setup.py install for vsearch
Successfully installed vsearch-1.0
```

Sucesso!

O módulo vsearch agora está instalado como parte dos pacotes do site.

reutilização do código

Módulos: O Que Já Sabemos

Agora que nosso módulo `vsearch` foi instalado, podemos usar `import vsearch` em qualquer programa, sabendo que o interpretador agora pode encontrar as funções do módulo quando necessário.

Se mais tarde decidirmos atualizar qualquer código do módulo, poderemos repetir as três etapas para instalar qualquer atualização nos pacotes do site. Se você produzir uma nova versão de seu módulo, atribua um número à nova versão dentro do arquivo `setup.py`.

Vamos reservar um momento para resumir o que sabemos agora sobre os módulos:

☑ Crie uma descrição da distribuição.
☑ Gere um arquivo de distribuição.
☑ Instale o arquivo de distribuição.

Tudo feito!

PONTOS DE BALA

- Um módulo é uma ou mais funções salvas em um arquivo.

- Você pode compartilhar um módulo assegurando que ele sempre esteja disponível no *diretório de trabalho atual* do interpretador (o que é possível, mas delicado) ou nos *locais dos pacotes do site* do interpretador (uma escolha bem melhor).

- Seguir o processo de três etapas de `setuptools` assegura que seu módulo seja instalado nos *pacotes do site*, o que permite importar o módulo com `import` e usar suas funções, não importando qual é seu *diretório de trabalho atual*.

Distribuindo seu código (também conhecido como compartilhando)

Agora que você tem um arquivo de distribuição criado, pode compartilhá-lo com outros programadores Python, permitindo que eles instalem seu módulo com `pip` também. Você pode compartilhar seu arquivo de duas maneiras: informal ou formalmente.

Para compartilhar seu módulo informalmente, basta distribuí-lo como deseja e para quem deseja (talvez usando e-mail, USB ou via download em seu site pessoal). Realmente, você decide.

Para compartilhar seu módulo formalmente, é possível fazer o upload de seu arquivo de distribuição para o repositório de software do Python baseado na web e gerenciado centralmente, chamado PyPI (pronunciado "pai-pi-ai" e é uma abreviação de *Python Package Index*). Esse site existe para permitir que os programadores Python compartilhem de todo jeito os módulos Python de terceiros de qualquer maneira. Para aprender mais sobre o que é oferecido, visite o site do PyPI em: ***https://pypi.python.org/pypi*** (conteúdo em inglês). Para aprender mais sobre o processo de fazer upload e compartilhar seus arquivos de distribuição com o PyPI, leia o guia online mantido pela *Python Packaging Authority*, que você encontrará aqui: ***https://www.pypa.io*** (conteúdo em inglês). (Há muito mais, porém os detalhes estão além do escopo deste livro.)

Qualquer programador Python também pode usar o pip para instalar seu módulo.

Quase terminamos nossa introdução das funções e módulos. Há apenas um pequeno mistério que precisa de nossa atenção (não mais que cinco minutos). Vire a página quando estiver pronto.

cópia ou referência

O caso dos argumentos da função que se comportam mal

Tom e Sarah acabaram de terminar este capítulo e agora estão questionando o comportamento dos argumentos da função.

Tom está convencido de que, quando os argumentos são passados para uma função, os dados são passados **pelo valor**, e escreveu uma pequena função chamada double para ajudar no caso. A função double de Tom funciona com qualquer tipo de dados fornecido.

Veja o código de Tom:

Mistério de Cinco Minutos

```
def double(arg):
    print('Before: ', arg)
    arg = arg * 2
    print('After: ', arg)
```

Sarah, por outro lado, está convencida de que, quando os argumentos são passados para uma função, os dados são passados **pela referência**. Sarah também escreveu uma pequena função chamada change, que trabalha com as listas e ajuda a mostrar seu ponto de vista.

Veja uma cópia do código de Sarah:

```
def change(arg):
    print('Before: ', arg)
    arg.append('More data')
    print('After: ', arg)
```

Gostaríamos que ninguém questionasse esse tipo de coisa, pois — até agora — Tom e Sarah têm sido os melhores companheiros de programação. Para resolver isso, experimentaremos no prompt >>> em uma tentativa de ver quem está certo: "por valor", Tom, ou "por referência", Sarah. Ambos podem estar certos, não podem? Certamente é um pequeno mistério que precisa ser resolvido, o que leva a esta frequente pergunta:

Os argumentos da função suportam a semântica da chamada por valor ou por referência no Python?

Código Sério

No caso de precisar lembrar rápido, note que **passar o argumento por valor** refere-se à prática de usar o valor de uma variável no lugar do argumento de uma função. Se o valor mudar no suíte da função, não terá nenhum efeito no valor da variável no código que chamou a função. Pense no argumento como uma *cópia* do valor da variável original. **Passar o argumento por referência** (algumas vezes referido como **passar o argumento por endereço**) mantém um link para a variável no código que chamou a função. Se a variável no suíte da função for alterado, o valor no código que chamou a função mudará também. Pense no argumento como um *alias* para a variável original.

reutilização do código

Demonstrando a Semântica de Chamar por Valor

Para descobrir o que Tom e Sarah estão questionando, vamos colocar suas funções em seu próprio módulo, que chamaremos de `mystery.py`. Veja o módulo em uma janela de edição do IDLE:

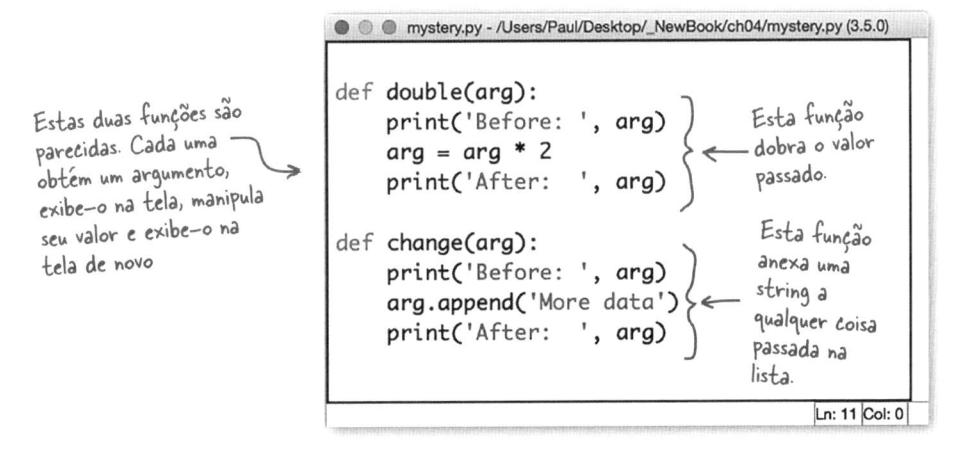

```
mystery.py - /Users/Paul/Desktop/_NewBook/ch04/mystery.py (3.5.0)

def double(arg):
    print('Before: ', arg)
    arg = arg * 2
    print('After:  ', arg)

def change(arg):
    print('Before: ', arg)
    arg.append('More data')
    print('After:  ', arg)
```

Estas duas funções são parecidas. Cada uma obtém um argumento, exibe-o na tela, manipula seu valor e exibe-o na tela de novo.

Esta função dobra o valor passado.

Esta função anexa uma string a qualquer coisa passada na lista.

Assim que Tom vê o módulo na tela, senta, pega o teclado, pressiona F5 e digita o que segue no prompt >>> do IDLE. Depois Tom reclina na cadeira, cruza os braços e diz: "Viu? Eu disse que é chamar por valor". Veja as interações do shell de Tom com sua função:

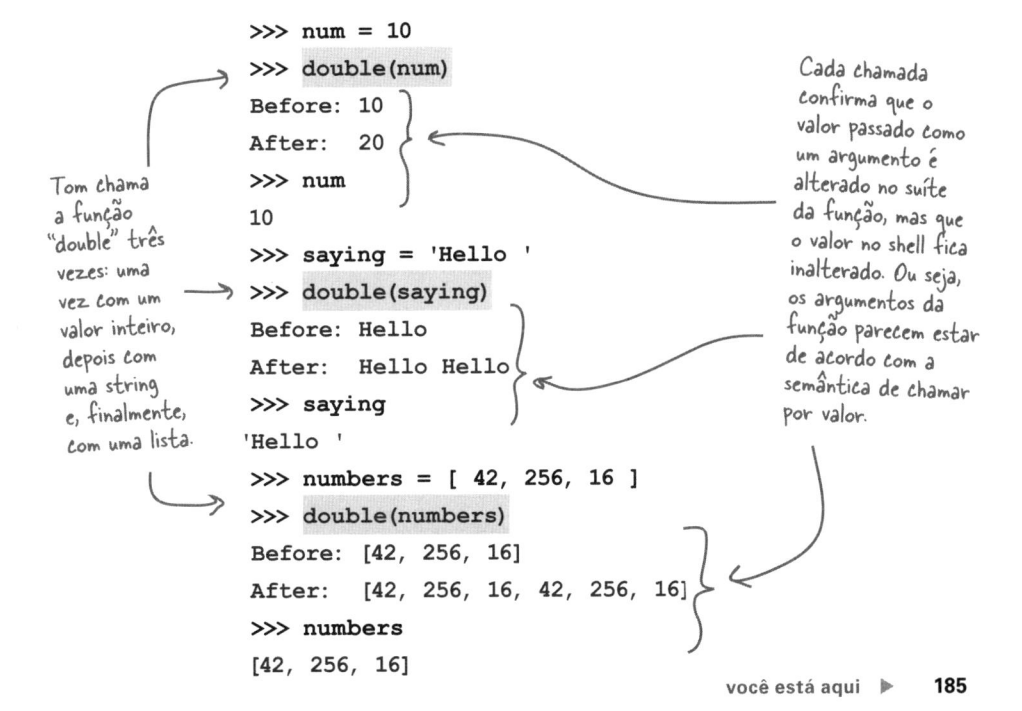

```
>>> num = 10
>>> double(num)
Before: 10
After:  20
>>> num
10
>>> saying = 'Hello '
>>> double(saying)
Before: Hello 
After:  Hello Hello 
>>> saying
'Hello '
>>> numbers = [ 42, 256, 16 ]
>>> double(numbers)
Before: [42, 256, 16]
After:  [42, 256, 16, 42, 256, 16]
>>> numbers
[42, 256, 16]
```

Tom chama a função "double" três vezes: uma vez com um valor inteiro, depois com uma string e, finalmente, com uma lista.

Cada chamada confirma que o valor passado como um argumento é alterado no suíte da função, mas que o valor no shell fica inalterado. Ou seja, os argumentos da função parecem estar de acordo com a semântica de chamar por valor.

você está aqui ▶ **185**

agora sarah

Demonstrando a Semântica de Chamar por Referência

Sem perder o ânimo com a certeza aparente de Tom, Sarah senta e pega o teclado, preparando-se para interagir com o shell. Veja mais uma vez o código na janela de edição do IDLE, com a função change de Sarah pronta para a ação:

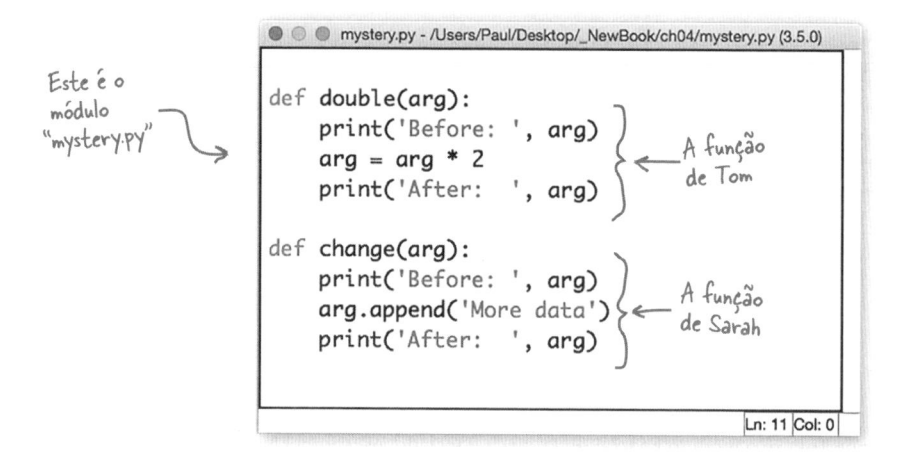

Este é o módulo "mystery.py"

```
def double(arg):
    print('Before: ', arg)
    arg = arg * 2
    print('After:  ', arg)
```
← *A função de Tom*

```
def change(arg):
    print('Before: ', arg)
    arg.append('More data')
    print('After:  ', arg)
```
← *A função de Sarah*

Sarah digita algumas linhas de código no prompt >>>, então se reclina na cadeira, cruza os braços e diz para Tom: "Bem, se o Python só suporta chamar por valor, como você explica esse comportamento?" Tom fica sem fala.

Veja a interação de Sarah com o shell:

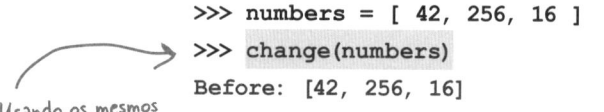

```
>>> numbers = [ 42, 256, 16 ]
>>> change(numbers)
Before: [42, 256, 16]
After:  [42, 256, 16, 'More data']
>>> numbers
[42, 256, 16, 'More data']
```

Usando os mesmos dados da lista de Tom, Sarah chama a função "change".

Veja o que aconteceu! Desta vez, o valor do argumento foi alterado na função, assim como no shell. Isso parece sugerir que as funções do Python *também* suportam a semântica de chamar por referências.

Este *é* um comportamento estranho.

A função de Tom mostra claramente a semântica do argumento que chama por valor, ao passo que a função de Sarah demonstra chamar por referência.

Como pode? O que está acontecendo aqui? O Python suporta *ambas*?

reutilização do código

Solução: o caso dos argumentos da função que se comportam mal

Os argumentos da função do Python suportam a semântica de chamar por valor ou por referência?

Veja o problema: Tom *e* Sarah estão certos. Dependendo da situação, a semântica do argumento da função do Python suporta **ambos**, chamar por valor *e* chamar por referência.

Lembre mais uma vez que as variáveis no Python não são variáveis como estamos acostumados a pensar nas outras linguagens de programação. As variáveis são **referências do objeto**. É útil pensar no valor armazenado na variável como sendo o endereço de memória do valor, não seu valor real. É esse endereço da memória que é passado para uma função, não o valor real. Isso significa que as funções do Python suportam o que é chamado mais corretamente de *semântica da chamada da referência por objeto*.

Com base no tipo do objeto referido, a semântica da chamada real, que se aplica em qualquer ponto no tempo, pode diferir. Portanto, como podem, nas funções de Tom e Sarah, os argumentos parecer estar de acordo com a semântica das chamadas por valor e por referência? A princípio, não estão — apenas parecem estar. O que realmente acontece é que o interpretador vê o tipo do valor referido pela referência do objeto (o endereço da memória), e, se a variável se referir a um valor que **muda**, a semântica de chamar por referência se aplicará. Se o tipo dos dados referidos for **imutável**, a semântica de chamar por valor entrará em ação. Considere agora o que isto significa para nossos dados.

As listas, os dicionários e os conjuntos (que mudam) são sempre passados para uma função por referência — qualquer ação tomada na estrutura de dados da variável no suíte da função é refletida no código que chama. Afinal, os dados mudam.

As strings, os inteiros e as tuplas (sendo imutáveis) são sempre passados para uma função por valor — qualquer alteração na variável na função é privada da função e não é refletida no código que chama. Como os dados são imutáveis, não podem mudar.

Tudo faz sentido até você considerar esta linha de código:

```
arg = arg * 2
```

Como pode esta linha de código parecer mudar uma lista passada no suíte da função, mas quando a lista foi exibida no shell após a chamada, ela não tinha mudado (levando Tom a acreditar — incorretamente — que todo argumento passado estava de acordo com a chamada por valor)? Aparentemente, parece ser um erro do interpretador, pois acabamos de declarar que as alterações em um valor que muda são refletidas de volta no código que chama, mas não são aqui. Ou seja, a função de Tom *não* mudou a lista `numbers` no código que chama, mesmo que as listas sejam variáveis. Então, o que está acontecendo?

Para entender o que aconteceu aqui, considere que a linha de código acima é uma **instrução de atribuição**. Veja o que acontece durante a atribuição: o código à direita do símbolo = é executado *primeiro*, e então qualquer valor criado tem sua referência do objeto atribuída à variável à esquerda do símbolo =. Executar o código `arg * 2` cria um *novo* valor, que é atribuído a uma *nova* referência do objeto, então atribuída à variável `arg`, sobrescrevendo a referência do objeto anterior armazenada em `arg` no suíte da função. Porém, a "antiga" referência do objeto ainda existe no código que chama, e seu valor não mudou, portanto, o shell ainda vê a lista original, não a nova lista dobrada criada no código de Tom. Compare esse comportamento com o código de Sarah, que chama o método `append` na lista existente. Como não há nenhuma atribuição aqui, não há nenhuma sobregravação das referências do objeto, portanto, o código de Sarah muda a lista no shell também, pois a lista referida no suíte das funções e a lista referida no código que chama têm a *mesma* referência do objeto.

Com o mistério resolvido, estamos quase prontos para o Capítulo 5. Resta apenas um problema.

Posso Testar a Conformidade com o PEP 8?

Tenho uma pergunta rápida antes de continuar. Gosto da ideia de escrever um código em conformidade com o PEP 8... há algum modo de verificar automaticamente meu código quanto à conformidade?

Sim. É possível.

Mas não com o Python apenas, pois o interpretador do Python não fornece nenhum modo de verificar o código para ter conformidade com o PEP 8. Porém, há diversas ferramentas de terceiros que verificam.

Antes de ir para o Capítulo 5, vamos fazer um pequeno desvio e ver uma ferramenta que pode ajudar a ter conformidade com o PEP 8.

reutilização do código

Ficando Pronto para Verificar a Conformidade com o PEP 8

DESVIO

Vamos desviar um pouco para verificar o código quanto à conformidade com o PEP 8.

A comunidade de programação em Python em geral passou muito tempo criando ferramentas do desenvolvedor para melhorar um pouco as vidas dos programadores Python. Uma delas é o **pytest**, que é uma *estrutura de teste* basicamente designada a facilitar o teste dos programas Python. Não importa o tipo de teste que você escreva, o **pytest** poderá ajudar. E você pode adicionar plug-ins ao **pytest** para estender suas capacidades.

Tal plug-in é o **pep8**, que usa a estrutura de teste **pytest** para verificar o código quanto às violações das diretrizes do PEP 8.

Aprenda mais sobre o pytest em http://doc.pytest.org/en/latest/ (conteúdo em inglês).

Lembrando nosso código

Vamos lembrar de nosso código vsearch.py mais uma vez antes de colocá-lo na combinação **pytest**/**pep8** para descobrir a conformidade do PEP 8. Note que precisaremos instalar essas duas ferramentas do desenvolvedor, pois elas não vêm instaladas com o Python (faremos isso na próxima página).

De novo, veja o código para o módulo vsearch.py, que será verificado quanto à conformidade com as diretrizes do PEP 8:

```
def search4vowels(phrase:str) -> set:
    """Return any vowels found in a supplied phrase."""
    vowels = set('aeiou')
    return vowels.intersection(set(phrase))

def search4letters(phrase:str, letters:str='aeiou') -> set:
    """Return a set of the 'letters' found in 'phrase'."""
    return set(letters).intersection(set(phrase))
```

Este código está no "vsearch.py".

Instalando o pytest e o plug-in pep8

Antes, neste capítulo, usamos a ferramenta pip para instalar o módulo vsearch.py no interpretador do Python em seu computador. A ferramenta pip pode também ser usada para instalar um código de terceiros em seu interpretador.

Para tanto, você precisa operar no prompt de comando do sistema operacional (e estar conectado à internet). Você usará a pip no próximo capítulo para instalar uma biblioteca de terceiros. Agora, porém, usaremos a pip para instalar a estrutura de teste **pytest** e o plug-in **pep8**.

introdução ao py.test

Instale as Ferramentas do Desenvolvedor de Teste

Nas telas de exemplo a seguir, estamos mostrando as mensagens que aparecem quando você está executando na plataforma *Windows*. No *Windows*, você chama o Python 3 usando o comando `py -3`. Se você estiver no *Linux* ou *Mac OS X*, substitua o comando do *Windows* por `sudo python3`. Para instalar o **pytest** usando a `pip` no *Windows*, envie este comando no prompt de comando executando como administrador (pesquise `cmd.exe`, clique com o botão direito e escolha *Executar como Administrador* no menu suspenso):

```
py -3 -m pip install pytest
```

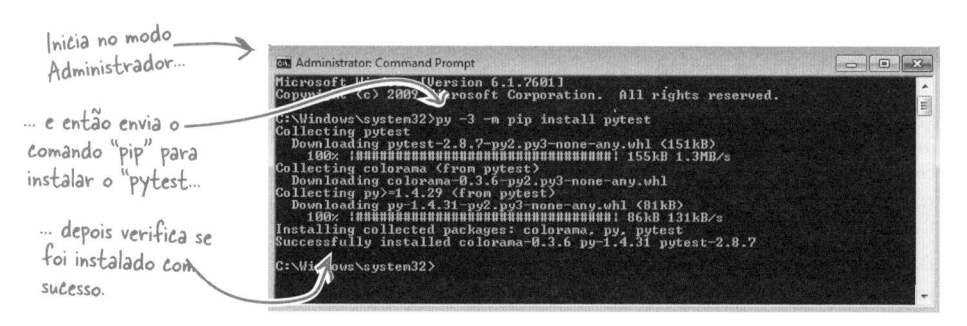

Inicia no modo Administrador...

... e então envia o comando "pip" para instalar o "pytest"...

... depois verifica se foi instalado com sucesso.

Se você examinar as mensagens produzidas por `pip`, notará que duas dependências de **pytest** também foram instaladas (**colorama** e **py**). O mesmo acontece quando você usa a `pip` para instalar o plug-in **pep8**: também instala muitas dependências. Veja o comando para instalar o plug-in:

Lembre: se você não estiver executando o Windows, substitua "py -3" por "sudo python3".

```
py -3 -m pip install pytest-pep8
```

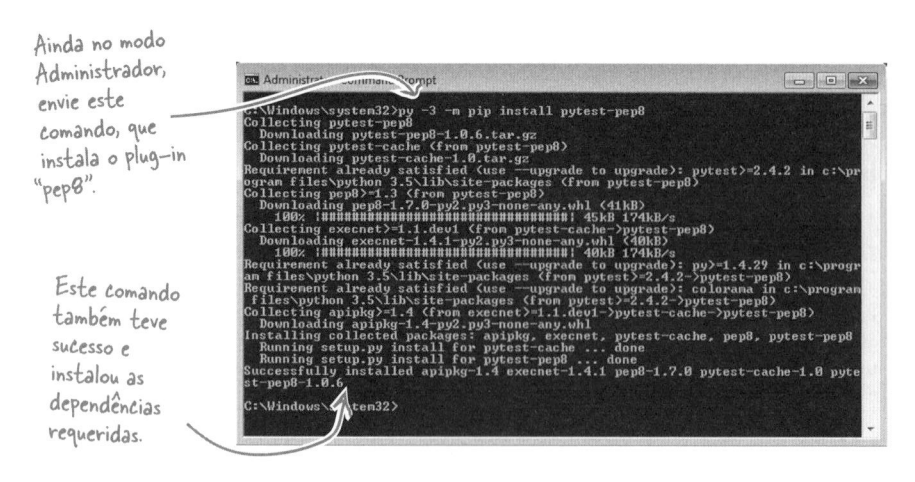

Ainda no modo Administrador, envie este comando, que instala o plug-in "pep8".

Este comando também teve sucesso e instalou as dependências requeridas.

190   *Capítulo 4*

reutilização do código

O Quanto Nosso Código Está em Conformidade com o PEP?

Com o **pytest** e **pep8** instalados, agora você está pronto para testar seu código quanto à conformidade com o PEP 8. Independentemente do sistema operacional usado, você enviará o mesmo comando (pois apenas as instruções de instalação diferem em cada plataforma).

O processo de instalação do **pytest** instalou um novo programa em seu computador chamado py.test. Agora executaremos o programa para verificar nosso código vsearch.py quanto à conformidade com o PEP 8. Verifique se você está na mesma pasta que contém o arquivo vsearch.py, e então emita este comando:

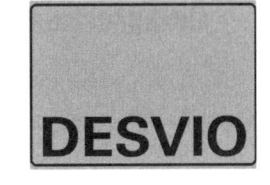

DESVIO

py.test --pep8 vsearch.py

Veja a saída produzida quando fizemos isso no computador *Windows*:

Oh, oh. Esta saída não pode ser boa, pode?

```
E:\_NewBook\ch04>py.test --pep8 vsearch.py
================ test session starts ================
platform win32 -- Python 3.5.0, pytest-2.8.7, py-1.4.31, pluggy-0.3.1
rootdir: E:\_NewBook\ch04, inifile:
plugins: pep8-1.0.6
collected 1 items

vsearch.py F

================ FAILURES ================
_____ PEP8-check _____
E:\_NewBook\ch04\vsearch.py:2:25: E231 missing whitespace after ':'
def search4vowels(phrase:str) -> set:
                        ^
E:\_NewBook\ch04\vsearch.py:3:56: W291 trailing whitespace
    """Return any vowels found in a supplied phrase."""
                                                       ^
E:\_NewBook\ch04\vsearch.py:7:1: E302 expected 2 blank lines, found 1
def search4letters(phrase:str, letters:str='aeiou') -> set:
^
E:\_NewBook\ch04\vsearch.py:7:26: E231 missing whitespace after ':'
def search4letters(phrase:str, letters:str='aeiou') -> set:
                         ^
E:\_NewBook\ch04\vsearch.py:7:39: E231 missing whitespace after ':'
def search4letters(phrase:str, letters:str='aeiou') -> set:
                                      ^
================ 1 failed in 0.05 seconds ================

E:\_NewBook\ch04>
```

Opa! Parece que temos **falhas**, o que significa que o código não está tão em conformidade com o PEP 8 quanto deveria.

Reserve um momento para ler as mensagens mostradas aqui (ou em sua tela, se você estiver acompanhando). Todas as "falhas" parecem referir-se — de algum modo — ao *espaço em branco* (por exemplo, espaços, tabulações, novas linhas e outros). Vejamos cada um com mais detalhes.

Compreendendo as Mensagens de Falha

Juntos, **pytest** e o plug-in **pep8** destacaram *cinco* problemas no código do vsearch.py.

O primeiro problema tem relação com o fato de que não inserimos um espaço após o caractere : quando anotamos os argumentos da função, e fizemos isso em três lugares. Veja a primeira mensagem, observando o uso do caractere *circunflexo* (^) pelo **pytest** para indicar exatamente onde está o problema:

```
...:2:25: E231 missing whitespace after ':'
def search4vowels(phrase:str) -> set:
                        ^
```
Veja o que está errado.
Veja onde está errado.

Se você olhar os dois problemas na parte inferior da saída do **pytest**, verá que repetimos esse erro em três locais: uma vez na linha 2 e duas vezes na linha 7. Existe uma correção fácil: *adicione um caractere de espaço após os dois-pontos*.

O próximo problema pode não parecer grande coisa, mas é gerado como uma falha porque a linha de código em questão (linha 3) viola uma diretriz do PEP 8 que diz para incluir espaços extras no final das linhas:

```
            ...:3:56: W291 trailing whitespace
    """Return any vowels found in a supplied phrase."""
                                                       ^
```
O que está errado
Onde está errado

Lidar com o problema na linha 3 é outra correção fácil: *remova todos os espaços em branco à direita*.

O último problema (no início da linha 7) é este:

```
                ...:7:1: E302 expected 2 blank lines, found 1
def search4letters(phrase:str, letters:str='aeiou') -> set:
^
```
Este problema aparece no início da linha 7.
Veja o que está errado.

Há uma diretriz do PEP 8 que aconselha criar as funções em um módulo: *Coloque duas linhas em branco em torno das definições da função de alto nível e da classe.* Em nosso código, as funções search4vowels e search4letters estão no "nível alto" do arquivo vsearch.py e são separadas por uma linha em branco. Para estarem em conformidade com o PEP 8, deve haver *duas* linhas em branco aqui.

De novo, é fácil corrigir: *insira uma linha em branco extra entre as duas funções*. Vamos aplicar essas correções agora, e então testar o código corrigido.

A propósito: Verifique http://pep8.org/ (conteúdo em inglês) para ver uma bela versão das diretrizes de estilo do Python.

Assegurando a Conformidade com o PEP 8

Com as correções feitas no código do Python em `vsearch.py`, agora o conteúdo do arquivo fica assim:

DESVIO

```
def search4vowels(phrase: str) -> set:
    """Return any vowels found in a supplied phrase."""
    vowels = set('aeiou')
    return vowels.intersection(set(phrase))


def search4letters(phrase: str, letters: str='aeiou') -> set:
    """Return a set of the 'letters' found in 'phrase'."""
    return set(letters).intersection(set(phrase))
```

A versão em conformidade com o PEP 8 do "vsearch.py".

Quando esta versão do código for executada no plug-in **pep8** do **pytest**, a saída confirmará que não temos mais problemas de conformidade com o PEP 8. Eis o que vimos no computador (de novo executando no *Windows*):

Está bom — este código não tem problemas com o PEP 8. ☺

```
E:\_NewBook\ch04>py.test --pep8 vsearch.py
=========================== test session starts ===========================
platform win32 -- Python 3.5.0, pytest-2.8.7, py-1.4.31, pluggy-0.3.1
rootdir: E:\_NewBook\ch04, inifile:
plugins: pep8-1.0.6
collected 1 items

vsearch.py .

========================= 1 passed in 0.06 seconds =========================

E:\_NewBook\ch04>
```

A conformidade com o PEP 8 é algo bom

Se você estiver vendo tudo isso e imaginando a confusão (especialmente com um pouco de espaço em branco), pense com cuidado, porque gostaria de estar em conformidade com o PEP 8. A documentação do PEP 8 declara que a *legibilidade conta* e que o código é *lido com muito mais frequência do que escrito*. Se seu código estiver em conformidade com um estilo de codificação padrão, acabará que a leitura será mais fácil, pois se "parece" com tudo o que o programador já viu. A consistência é algo muito bom.

Deste ponto em diante (e por ser muito prático), todo o código no livro estará em conformidade com as diretrizes do PEP 8. Você deve tentar assegurar que seu código faça isso também.

Este é o final do desvio do pytest. Vejo você no Capítulo 5.

o código

Código do Capítulo 4

```
def search4vowels(phrase: str) -> set:
    """Returns the set of vowels found in 'phrase'."""
    return set('aeiou').intersection(set(phrase))


def search4letters(phrase: str, letters: str='aeiou') -> set:
    """Returns the set of 'letters' found in 'phrase'."""
    return set(letters).intersection(set(phrase))
```

Este é o código do módulo "vsearch.py", que contém nossas duas funções: "search4vowels" e "search4letters".

Este é o arquivo "setup.py", que nos permitiu transformar o módulo em uma distribuição de instalação.

```
from setuptools import setup

setup(
    name='vsearch',
    version='1.0',
    description='The Head First Python Search Tools',
    author='HF Python 2e',
    author_email='hfpy2e@gmail.com',
    url='headfirstlabs.com',
    py_modules=['vsearch'],
)
```

```
def double(arg):
    print('Before: ', arg)
    arg = arg * 2
    print('After: ', arg)


def change(arg: list):
    print('Before: ', arg)
    arg.append('More data')
    print('After: ', arg)
```

E este é o módulo "mystery.py", que deixou Tom e Sarah chateados. Felizmente, agora que o mistério está resolvido, eles voltaram a ser companheiros de programação. ☺

5 criando um aplicativo web

Caindo na Real

Viu? Eu disse que enfiar o Python na cabeça não machucaria muito.

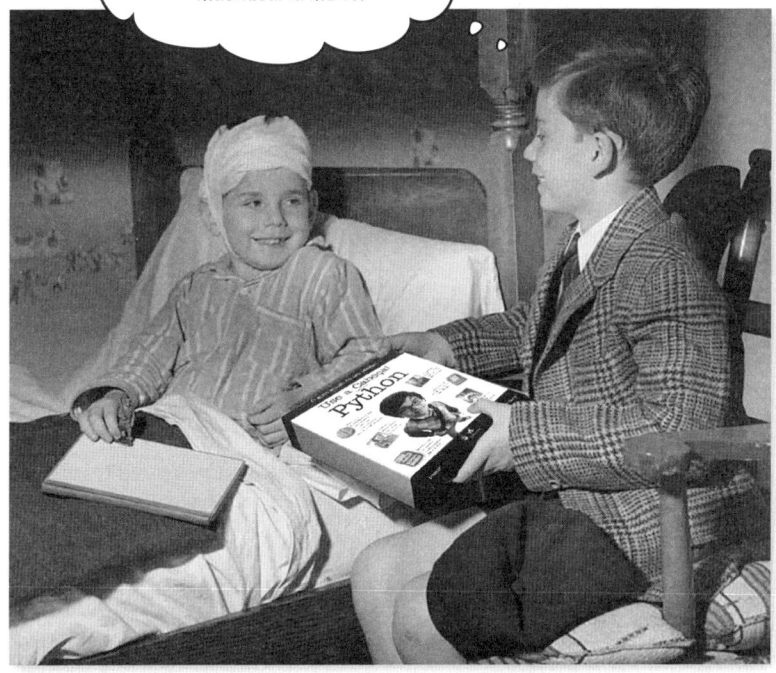

A essa altura, você já sabe o suficiente de Python para ser perigoso. Com os quatro primeiros capítulos do livro para trás, agora você está em posição de usar produtivamente o Python em quaisquer áreas de aplicação (mesmo que ainda haja muito do Python a aprender). Em vez de explorar uma longa lista do que são essas áreas de aplicação, neste capítulo e nos subsequentes estruturaremos nosso aprendizado em torno do desenvolvimento de um aplicativo hospedado na web, que é uma área na qual o Python é especialmente forte. No decorrer do capítulo, você aprenderá mais sobre o Python. Porém, antes de continuar, faremos uma rápida recapitulação do Python que você já conhece.

recapitulação do python

Python: O Que Você Já Sabe

Agora que você já tem os quatro capítulos na manga, vamos pausar e rever o material do Python apresentado até então.

PONTOS DE BALA

- O IDLE, o IDE predefinido do Python, é usado para experimentar e executar o código do Python, tanto como fragmentos com uma instrução quanto como programas maiores com várias instruções escritas no editor de texto do IDLE. Assim como, ao usar o IDLE, você executou um arquivo de código do Python diretamente na linha de comando do sistema operacional usando o comando `py -3` (no Windows) ou `python3` (nos outros).

- Você aprendeu como o Python suporta itens de dados com um valor, como inteiros e strings, assim como os booleanos `True` e `False`.

- Você explorou os casos de uso das quatro estruturas de dados predefinidas: listas, dicionários, conjuntos e tuplas. Você sabe que pode criar estruturas de dados complexas combinando essas quatro predefinições de várias maneiras.

- Você usou uma coleção de instruções do Python, inclusive `if`, `elif`, `else`, `return`, `for`, `from` e `import`.

- Você sabe que o Python fornece uma biblioteca padrão rica e viu os seguintes módulos em ação: `datetime`, `random`, `sys`, `os`, `time`, `html`, `pprint`, `setuptools` e `pip`.

- Assim como a biblioteca padrão, o Python vem com uma coleção útil de funções predefinidas, conhecidas como BIFs. Veja algumas BIFs com as quais trabalhou: `print`, `dir`, `help`, `range`, `list`, `len`, `input`, `sorted`, `dict`, `set`, `tuple` e `type`.

- O Python suporta todos os operadores comuns e outros. Os que você já viu incluem: `in`, `not in`, `+`, `-`, `=` (atribuição), `==` (igualdade), `+=` e `*`.

- Assim como suporta a notação de colchetes para trabalhar com os itens em uma sequência (ou seja, `[ ]`), o Python estende a notação para suportar as **fatias**, que permitem especificar os valores **start**, **stop** e **step**.

- Você aprendeu como criar suas próprias funções personalizadas no Python usando a instrução `def`. As funções do Python podem aceitar opcionalmente vários argumentos, assim como retornar um valor.

- Embora seja possível colocar strings entre aspas simples ou duplas, as convenções do Python (documentadas no **PEP 8**) sugerem escolher um estilo e ficar com ele. Para este livro, decidimos colocar todas as strings entre aspas simples, a menos que a própria string contenha o caractere de aspas simples e, neste caso, usaremos as aspas duplas (como um caso especial e único).

- As strings com três aspas também são suportadas, e você viu como são usadas para adicionar docstrings às funções personalizadas.

- Você aprendeu que pode agrupar as funções afins em módulos. Os módulos formam a base do mecanismo de reutilização do código no Python, e você viu como o módulo `pip` (incluído na biblioteca padrão) permite gerenciar com consistência as instalações do módulo.

- Por falar em coisas que funcionam de um modo consistente, você aprendeu que no Python **tudo é um objeto**, assegurando — o máximo possível — que tudo funcione como o esperado. Este conceito realmente compensa quando você começa a definir seus próprios objetos personalizados usando classes, o que mostraremos como fazer em um capítulo posterior.

Vamos Criar Algo

> Tudo bem. Estou convencido... Já conheço um pouco do Python. Dito isso, qual é o plano? O que vamos fazer agora?

Vamos criar um aplicativo web.

Especificamente, vamos tornar nossa função `search4letters` acessível na web, permitindo que qualquer pessoa com um navegador web acesse o serviço fornecido pela função.

Poderíamos criar qualquer tipo de aplicativo, mas criar um aplicativo web funcional nos permite explorar vários recursos do Python enquanto criamos algo que é geralmente útil, assim como tem muito *mais conteúdo* do que os fragmentos de código vistos até então no livro.

O Python é particularmente forte no lado servidor da web, e é onde criaremos e implantaremos nosso aplicativo web neste capítulo.

Mas, antes de continuar, vamos revisar como a web funciona para assegurar que todos estejam no mesmo ponto.

como a web funciona

Aplicativos Web de Perto

Não importa o que você faz na Web, tudo é *solicitação* e *resposta*. Uma **solicitação da web** é enviada de um navegador da web para um servidor web como resultado de alguma interação do usuário. No lado do servidor, uma **resposta da web** (ou *réplica*) é formulada e retornada para o navegador da web. O processo inteiro pode ser resumido nas cinco etapas a seguir:

Etapa 1: Seu usuário insere um endereço da web, clica em um hiperlink ou clica em um botão no navegador da web escolhido.

Apenas digito o endereço da web na barra de endereço do meu navegador e pressiono Enter...

Etapa 2: O navegador da Web converte a ação do usuário em uma solicitação da web e a envia para o servidor pela Internet.

Internet

Decidindo o que fazer em seguida

Uma das duas coisas acontece neste ponto. Se a solicitação da web for para um **conteúdo estático** — como um arquivo HTML, imagem ou qualquer outra coisa armazenada no disco rígido do servidor da web —, o servidor web localizará o *recurso* e se preparará para retorná-lo para o navegador web como uma resposta da web.

Se a solicitação for para um **conteúdo dinâmico** — ou seja, um conteúdo que deve ser *gerado*, como os resultados da pesquisa ou o conteúdo atual de uma cesta de compras online —, o servidor web executará um código para produzir a resposta da web.

Servidor Web

Etapa 3: O servidor web recebe a solicitação e tem que decidir o que fazer em seguida...

criando um aplicativo web

As muitas (potencialmente) subetapas da Etapa 3

Na prática, a Etapa 3 pode chamar várias subetapas, dependendo do que o servidor web tem que fazer para produzir a resposta. Obviamente, se tudo que o servidor tiver que fazer for localizar o conteúdo estático e retorná-lo para o navegador, as subetapas não serão onerosas demais, pois é apenas uma questão de ler no disco rígido do servidor web.

Porém, quando o conteúdo dinâmico deve ser gerado, as subetapas envolvem o servidor web executando o código e capturando a saída no programa como uma resposta da web, antes de enviar a resposta de volta para o navegador da web que aguarda.

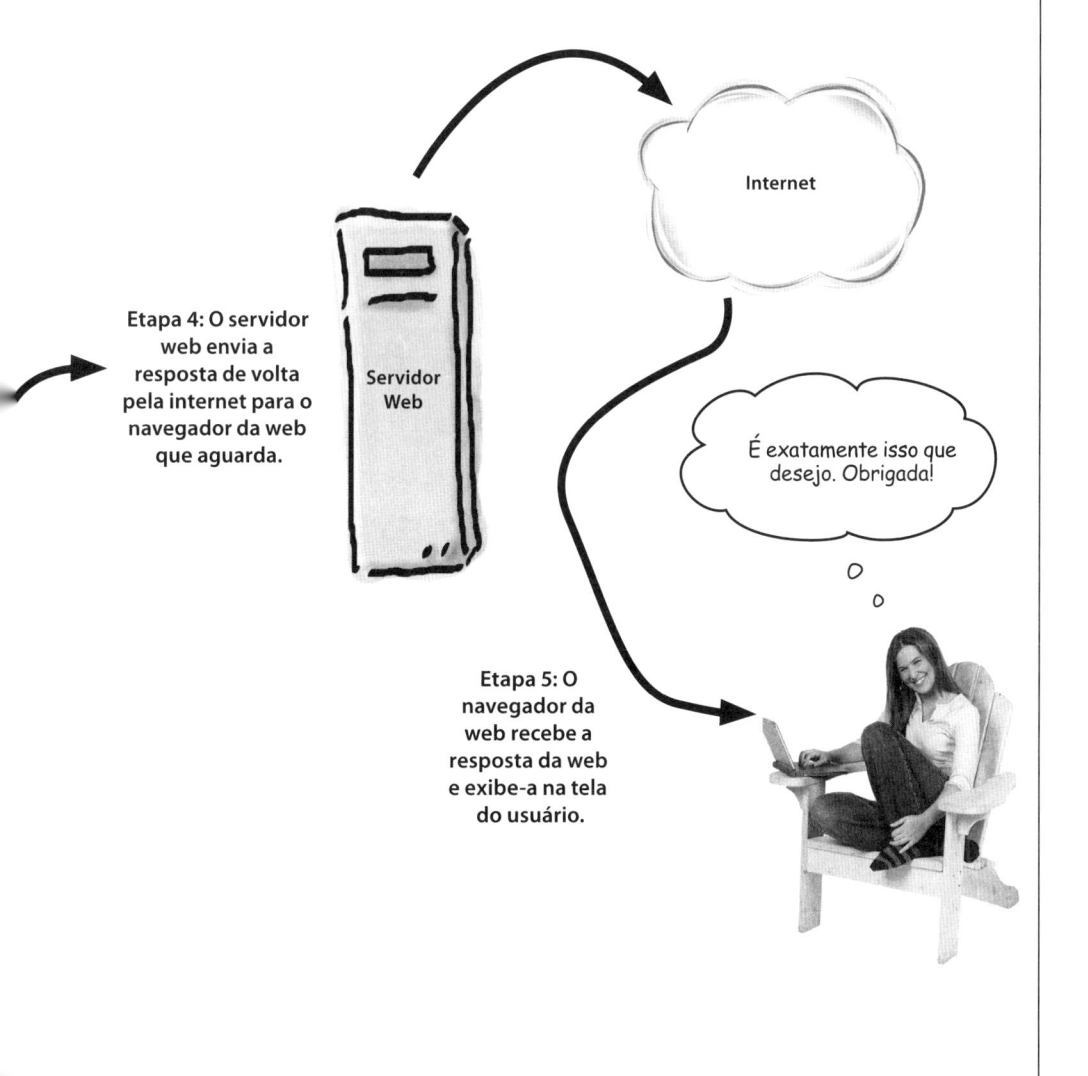

Etapa 4: O servidor web envia a resposta de volta pela internet para o navegador da web que aguarda.

Etapa 5: O navegador da web recebe a resposta da web e exibe-a na tela do usuário.

É exatamente isso que desejo. Obrigada!

especificação do aplicativo web

O Que Queremos que Nosso Aplicativo Faça?

Por mais tentador que seja simplesmente *começar a codificar*, primeiro vamos pensar em como nosso aplicativo web funcionará.

Os usuários interagem com nosso aplicativo web usando seu navegador favorito. Tudo que eles precisam fazer é inserir a URL do aplicativo web na barra de endereço de seu navegador para acessar os serviços. Então uma página da web aparece no navegador pedindo que o usuário forneça os argumentos para a função `search4letters`. Assim que inseridos, o usuário clica em um botão para ver os resultados.

Lembre-se da linha `def` da nossa versão mais recente do `search4letters`, que mostra a função esperando pelo menos um — não mais que dois — argumento: `phrase` a pesquisar, junto com `letters` a pesquisar. Lembre-se, o argumento `letters` é opcional (tem como padrão `aeiou`):

> A linha "def" da função "search4letters", que obtém um argumento, não mais que dois.

```
def search4letters(phrase:str, letters:str='aeiou') -> set:
```

Vamos pegar um pedaço de guardanapo e esboçar como queremos que nossa página fique. Veja o que propusemos:

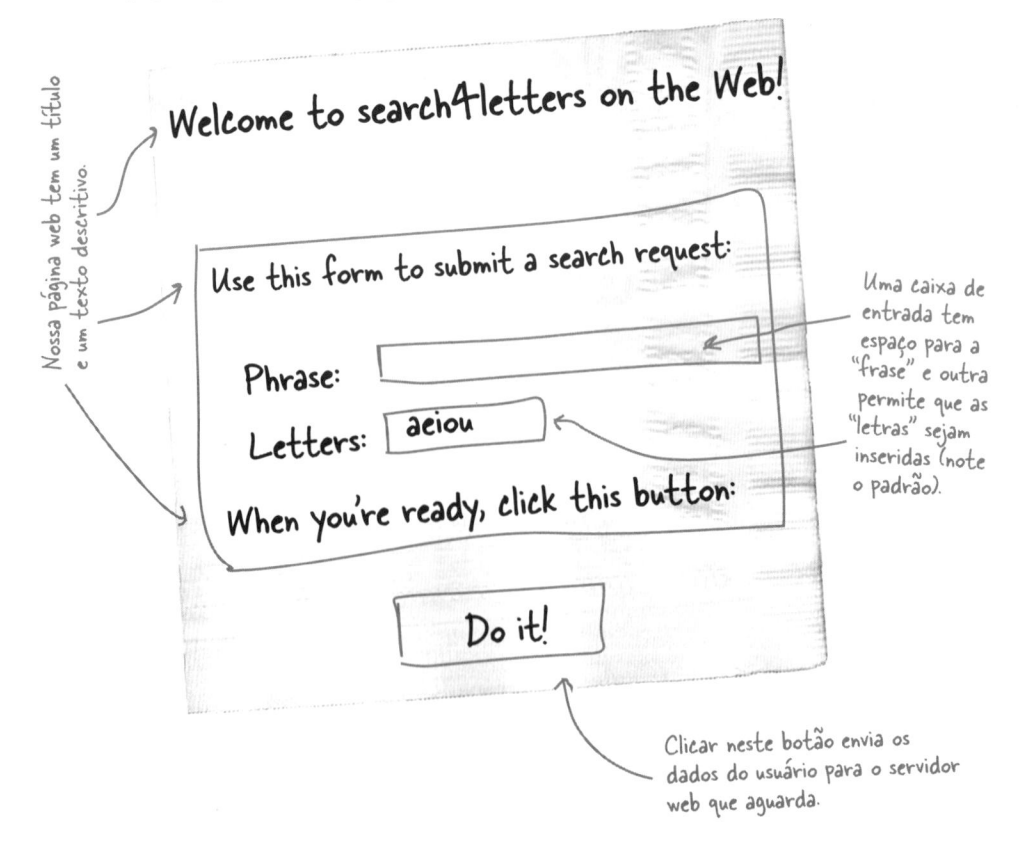

> Nossa página web tem um título e um texto descritivo.

Welcome to search4letters on the Web!

Use this form to submit a search request:

Phrase: [   ]

Letters: [aeiou]

When you're ready, click this button:

[Do it!]

> Uma caixa de entrada tem espaço para a "frase" e outra permite que as "letras" sejam inseridas (note o padrão).

> Clicar neste botão envia os dados do usuário para o servidor web que aguarda.

200   Capítulo 5

O Que Acontece no Servidor Web?

Quando o usuário clica no botão **Do it!**, o navegador envia os dados para o servidor web que aguarda, extraindo os valores phrase e letters, antes de chamar a função search4letters em nome do usuário que agora aguarda

Qualquer resultado da função é retornado para o navegador do usuário como outra página da web, que novamente esboçamos em um guardanapo de papel (como mostrado abaixo). Agora, vamos supor que o usuário inseriu "hitch-hiker" como phrase, e, à esquerda, o valor letters com o padrão aeiou. Veja como podem ficar os resultados da página da web:

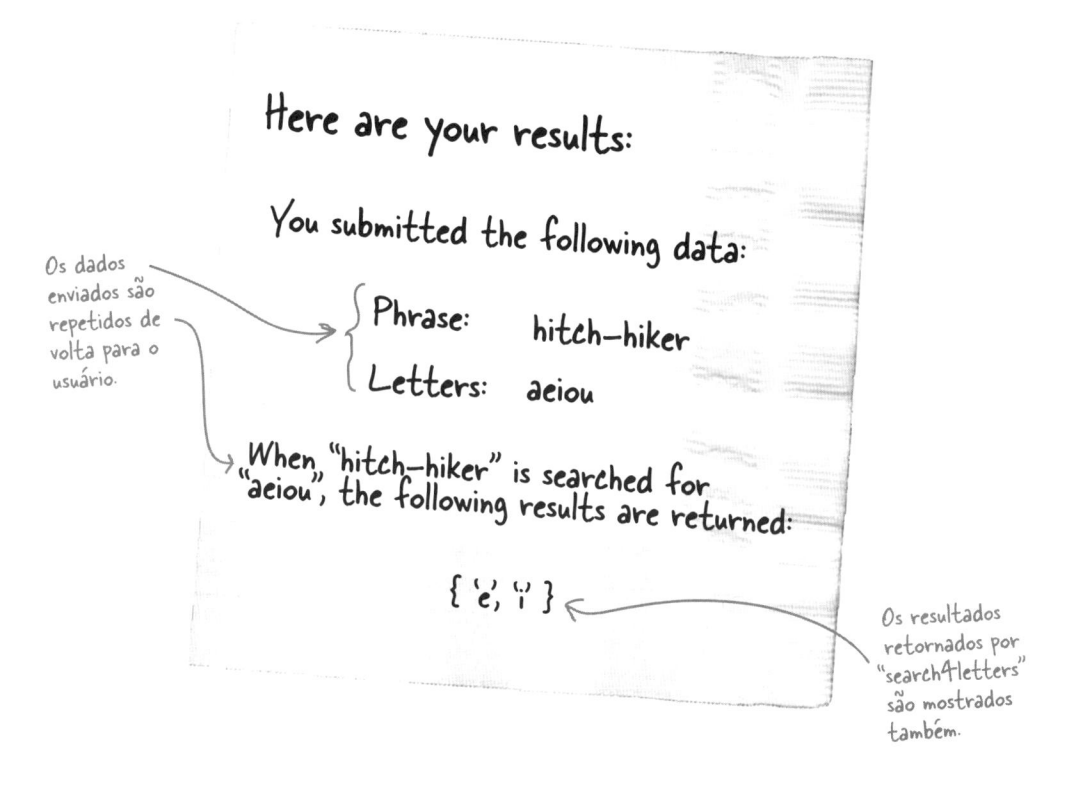

Here are your results:

You submitted the following data:

Phrase: hitch-hiker

Letters: aeiou

Os dados enviados são repetidos de volta para o usuário.

When "hitch-hiker" is searched for "aeiou", the following results are returned:

{ 'e', 'i' }

Os resultados retornados por "search4letters" são mostrados também.

Do que precisamos para continuar?

Em vez do conhecimento que você já tem sobre o Python, a única coisa de que você precisa para criar um aplicativo web funcional no lado servidor é uma **estrutura do aplicativo web**, que fornece um conjunto de tecnologias fundamentais e gerais sobre as quais poderá criar o aplicativo.

Embora seja bem possível usar o Python para criar tudo que você precisa a partir do zero, seria loucura fazer isso. Outros programadores já criaram essas estruturas da web para você. O Python tem muitas opções aqui. Porém, não sofreremos com qual estrutura escolher, escolheremos uma popular, chamada *Flask*, e continuaremos.

pegue as ferramentas

Vamos Instalar o Flask

Sabemos desde o Capítulo 1 que a biblioteca padrão do Python vem com muitas *baterias incluídas*. Contudo, há vezes em que precisamos usar um módulo de terceiros específico do aplicativo, que *não* faz parte da biblioteca padrão. Os módulos de terceiros são importados para o programa Python quando necessário. Contudo, diferente dos módulos da biblioteca padrão, os módulos de terceiros precisam ser instalados *antes* de ser importados e usados. O Flask é tal módulo de terceiros.

Encontre o PyPI em pypi.python.org (conteúdo em inglês).

Como mencionado no capítulo anterior, a comunidade Python mantém um site gerenciado centralmente para os módulos de terceiros chamado **PyPI** (abreviação de *Python Package Index*), que hospeda a última versão do Flask (assim como muitos outros projetos).

Lembre-se de como usamos o `pip` para instalar nosso módulo vsearch no Python anteriormente neste livro. O pip também funciona com o PyPI. Se você souber o nome do módulo desejado, poderá usar o `pip` para instalar qualquer módulo hospedado pelo PyPI diretamente no ambiente do Python.

Instale o Flask a partir da linha de comando com o pip

Se você estiver executando no *Linux* ou *Mac OS X*, digite o seguinte comando em uma janela do terminal:

```
$ sudo -H python3 -m pip install flask
```

Use este comando no Mac OS X e no Linux.

Nota: as letras maiúsculas e minúsculas são importantes aqui. Este é um "f" minúsculo para "flask".

Se você estiver executando no *Windows*, abra um prompt de comando — usando *Executar como Administrador* (clicando com o botão direito na opção e escolhendo no menu suspenso) —, e então envie o comando:

```
C:\> py -3 -m pip install flask
```

Use este comando no Windows.

Este comando (independentemente do sistema operacional) conecta o site do PyPI, e então carrega e instala o módulo **Flask** e quatro outros módulos dos quais o Flask depende: **Werkzeug**, **MarkupSafe**, **Jinja2** e **itsdangerous**. Não se preocupe (agora) com o que esses módulos extras fazem, apenas os instale corretamente. Se tudo der certo, você verá uma mensagem parecida com a seguinte na parte inferior da saída gerada por `pip`. Note que a saída passa de 12 linhas:

```
...
Successfully installed Jinja2-2.8 MarkupSafe-0.23 Werkzeug-0.11 flask-0.10.1 itsdangerous-0.24
```

Na época da escrita do livro, estes eram os números da versão atual associados aos módulos.

Se você não vir a mensagem "Successfully installed...", verifique se está conectado à internet e se inseriu o comando para o sistema operacional *exatamente* como mostrado aqui. E não fique preocupado se os números da versão dos módulos instalados no Python forem diferentes dos nossos (pois os módulos são atualizados constantemente, e as dependências podem mudar também). Contanto que as versões instaladas sejam, *pelo menos*, tão atuais quanto as mostradas acima, tudo dará certo.

Como o Flask Funciona?

O Flask fornece uma coleção de módulos que ajudam a criar aplicativos web no lado do servidor. Tecnicamente, é uma *microestrutura* da web, no sentido de que fornece o conjunto mínimo de tecnologias necessárias para a tarefa. Isso significa que o Flask não é tão completo quanto alguns de seus concorrentes — como **Django**, o pai de todas as estruturas web do Python —, mas é pequeno, leve e fácil de usar.

Como nossas exigências não são muito pesadas (temos apenas duas páginas da web), o Flask é uma estrutura da web mais do que suficiente para nós no momento.

> **Código Sério**
>
> **Django** é uma estrutura do aplicativo da web muito popular na comunidade Python. Ele tem um recurso de administração especialmente forte e predefinido que pode tornar o trabalho com grandes aplicativos da web muito gerenciável. É um excesso para o que estamos fazendo aqui, portanto, escolhemos o **Flask**, que é muito mais simples e leve.

Verifique se o Flask está instalado e funcionando

Veja o código para o mais básico dos aplicativos web do Flask, que usaremos para testar se o Flask está configurado e pronto para ser usado.

Use seu editor de texto favorito para criar um novo arquivo e digite o código mostrado abaixo no arquivo, salvando-o como `hello_flask.py` (você poderá salvar o arquivo em sua própria pasta também, se quiser — chamamos nossa pasta de `webapp`):

Código Python Pronto

Este é o "hello_flask.py".

```
from flask import Flask

app = Flask(__name__)

@app.route('/')
def hello() -> str:
    return 'Hello world from Flask!'

app.run()
```

Digite o código exatamente como mostrado aqui... veremos o que significa em breve.

Execute o Flask na linha de comando do SO

Não tente executar o código do Flask no IDLE, pois o IDLE realmente não foi projetado para fazer esse tipo de coisa. O IDLE é ótimo para experimentar pequenos fragmentos de código, mas quanto a executar aplicativos, você ficará melhor executando o código diretamente via interpretador, na linha de comando do sistema operacional. Vamos fazer isso agora e ver o que acontece.

Não use o IDLE para executar o código.

hora do flask

Executando o Aplicativo Web Flask pela Primeira Vez

Se você estiver executando no *Windows*, abra um prompt de comando na pasta que contém seu arquivo de programa `hello_flask.py`. (Sugestão: se você abrir a pasta no *File Explorer*, pressione a tecla Shift junto com o botão direito do mouse para ativar o menu contextual no qual poderá escolher *Abrir janela de comando aqui*). Com a linha de comando do Windows, digite este comando para iniciar o aplicativo Flask:

```
C:\webapp> py -3 hello_flask.py
```

Salvamos nosso código em uma pasta chamada "webapp".

Peça ao interpretador do Python para executar o código no "hello_flask.py."

Se você estiver no *Mac OS X* ou *Linux*, digite o seguinte comando em uma janela do terminal. Envie o comando na mesma pasta que contém o arquivo de programa `hello_flask.py`:

```
$ python3 hello_flask.py
```

Não importa o sistema operacional executado, o Flask assumirá a partir deste ponto, exibindo mensagens de status na tela sempre que seu servidor web predefinido realizar qualquer operação. Imediatamente depois de inicializar, o servidor web do Flask confirmará que está ativo e em execução, aguardando para atender às solicitações no endereço web de teste do Flask (127.0.0.1) e no número de porta do protocolo (5000):

```
* Running on http://127.0.0.1:5000/ (Press CTRL+C to quit)
```

Se você vir esta mensagem, tudo dará certo.

O servidor web do Flask está pronto e aguardando. *E agora?* Vamos interagir com o servidor web usando o navegador da web. Abra qualquer navegador favorito e digite a URL na mensagem de abertura do servidor web do Flask:

```
http://127.0.0.1:5000/
```

Este é o endereço onde o aplicativo da web está em execução. Digite exatamente como mostrado aqui.

Após um momento, a mensagem "Hello world from Flask!" de `hello_flask.py` deverá aparecer na janela do navegador. Além disso, veja a janela do terminal na qual o aplicativo da web está em execução... uma nova mensagem de status deve ter aparecido também, como a seguir:

```
* Running on http://127.0.0.1:5000/ (Press CTRL+C to quit)
127.0.0.1 - - [23/Nov/2015 20:15:46] "GET / HTTP/1.1" 200 -
```

Ah ha! Algo aconteceu.

Código Sério

Entrar nas particularidades do que constitui um número de porta do protocolo está além do escopo deste livro. Contudo, se você quiser saber mais, comece lendo aqui (conteúdo em inglês):

https://en.wikipedia.org/wiki/Port_(computer_networking)

Veja O Que Aconteceu (Linha por Linha)

Além de o Flask atualizar o terminal com uma linha de status, seu navegador da web agora exibe a resposta do servidor web. Veja como nosso navegador fica agora (é o *Safari* no *Mac OS X*):

> Veja a mensagem retornada do servidor web do Flask.

```
127.0.0.1:5000
Hello world from Flask!
```

Usando o navegador para visitar a URL listada na mensagem de status de abertura do aplicativo web, o servidor respondeu com a mensagem "Hello world from Flask!".

Embora o aplicativo web tenha apenas seis linhas de código, há muita coisa acontecendo aqui, portanto, vamos rever o código para entender como tudo isso aconteceu, pegando uma linha por vez. Tudo o mais que pretendemos fazer baseia-a nessas seis linhas de código.

A primeira linha importa a classe `Flask` do módulo `flask`:

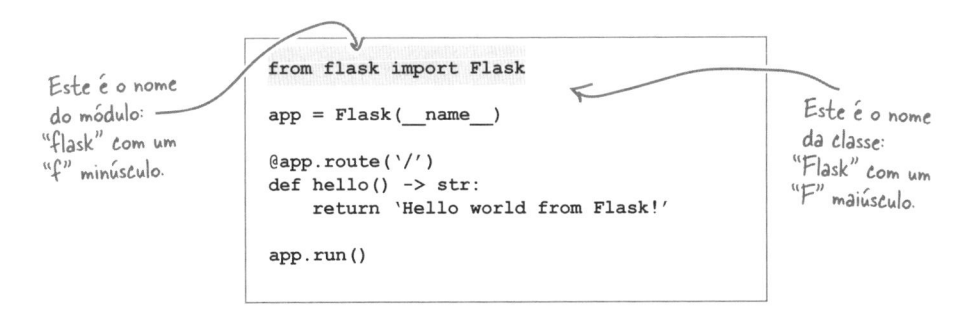

> Este é o nome do módulo: "flask" com um "f" minúsculo.

```
from flask import Flask

app = Flask(__name__)

@app.route('/')
def hello() -> str:
    return 'Hello world from Flask!'

app.run()
```

> Este é o nome da classe: "Flask" com um "F" maiúsculo.

Lembra de quando analisamos as maneiras alternativas de importar?

Poderíamos ter escrito `import flask` aqui, e então referenciado a classe `Flask` como `flask.Flask`, mas usar a versão `from` da instrução `import` é preferível, pois o `flask.Flask` não é tão fácil de ler.

Criando um Objeto do Aplicativo Web Flask

A segunda linha de código cria um objeto do tipo `Flask`, atribuindo-o à variável app. Parece simples, exceto pelo uso do argumento estranho para `Flask`, a saber, `__name__`:

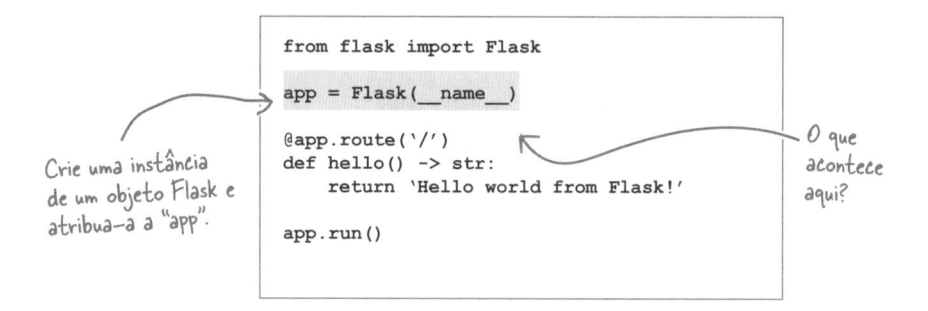

```
from flask import Flask
app = Flask(__name__)
@app.route('/')
def hello() -> str:
    return 'Hello world from Flask!'
app.run()
```

Crie uma instância de um objeto Flask e atribua-a a "app".

O que acontece aqui?

O valor `__name__` é mantido pelo interpretador Python e, quando usado em qualquer lugar no código do programa, é definido para o nome do módulo ativo atualmente. Acaba que a classe `Flask` precisa saber o valor atual de `__name__` ao criar um novo objeto `Flask`, portanto, ele deve ser passado como um argumento, sendo por isso que o usamos aqui (mesmo que o uso pareça estranho).

Essa linha de código, apesar de curta, faz muito por você, pois a estrutura do Flask abstrai muitos detalhes de desenvolvimento da web, permitindo que você se concentre em definir o que deseja que aconteça quando uma solicitação da web chega no servidor web que aguarda. Fizemos exatamente isso, começando na próxima linha de código.

Código Sério

Note que `__name__` tem dois caracteres de sublinhado seguidos da palavra "name", seguida de outros dois caracteres de sublinhado, que são referidos como "sublinhados duplos" quando usados para prefixar e sufixar um nome no código do Python. Você verá muito essa convenção de nomenclatura nos estudos do Python, e, em vez de usar a frase longa e enrolada "sublinhado duplo, nome, sublinhado duplo", os programadores espertos do Python dizem "dunder name", que é uma abreviação da mesma coisa. Como existem muitos usos do sublinhado duplo no Python, eles são conhecidos coletivamente como "dunders", e você verá muitos exemplos de outros dunders e seus usos no resto do livro.

Assim como os dunders, também há uma convenção para usar o caractere de um sublinhado para prefixar certos nomes da variável. Alguns programadores Python se referem aos nomes prefixados com um sublinhado pelo lamentável nome "wonder" (abreviação de "one underscore" ou um sublinhado).

Decorando uma função com uma URL

A próxima linha de código introduz uma nova parte da sintaxe do Python: os decoradores. Um decorador da função, que é o que temos neste código, ajusta o comportamento de uma função existente sem que você precise alterar o código da função (ou seja, a função é decorada).

Você pode querer ler essa última frase algumas vezes.

Basicamente, os decoradores permitem pegar um código existente e aumentá-lo com um comportamento adicional, quando necessário. Embora os decoradores também possam ser aplicados nas classes, assim como nas funções, eles são aplicados principalmente nas funções, resultando na maioria dos programadores Python referindo-se a eles como **decoradores da função**.

> **Código Sério**
>
> A sintaxe do decorador do Python se inspira na sintaxe de anotação do Java, assim como no mundo da programação funcional.

Vejamos o decorador da função no código do nosso aplicativo web, que é fácil de identificar, pois inicia com um símbolo @:

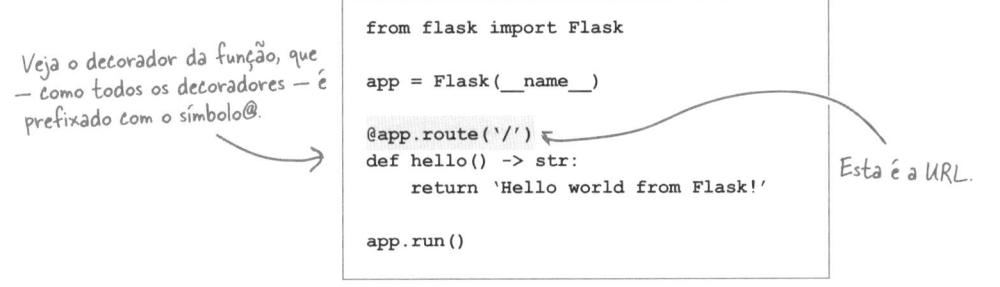

```
from flask import Flask

app = Flask(__name__)

@app.route('/')
def hello() -> str:
    return 'Hello world from Flask!'

app.run()
```

Veja o decorador da função, que — como todos os decoradores — é prefixado com o símbolo @.

Esta é a URL.

Embora seja possível criar seus próprios decoradores da função (aparecendo em um capítulo posterior), agora nos concentraremos apenas em usá-los. Há muitos decoradores predefinidos no Python, e muitos módulos de terceiros (como o Flask) fornecem decoradores para finalidades específicas (com `route` sendo um deles).

O decorador `route` do Flask está disponível para o código do aplicativo web por meio da variável `app`, que foi criada na linha de código anterior.

O decorador `route` permite associar um caminho web da URL a uma função Python existente. Nesse caso, a URL "/" está associada à função definida na próxima linha de código, que é chamada de `hello`. O decorador `route` consegue que o servidor web do Flask chame a função quando uma solicitação para a URL "/" chega no servidor. O decorador `route` aguarda qualquer saída produzida pela função decorada antes de retornar a saída para o servidor, que a retorna para o navegador web que aguarda.

Não é importante saber como o Flask (e o decorador `route`) faz toda a "mágica" acima. O importante é que o Flask faz tudo para você, e tudo que você tem que fazer é escrever uma função que produza a saída requerida. Então o Flask e o decorador `route` cuidam dos detalhes.

> **Um decorador da função ajusta o comportamento de uma função existente (sem mudar o código da função).**

Executando o(s) Comportamento(s) de Seu Aplicativo Web

Com a linha do decorador `route` escrita, a função decorada por ele começa na próxima linha. Em nosso aplicativo web, é a função `hello`, que faz apenas uma coisa: retorna a mensagem "Hello world from Flask!" quando chamada:

```
from flask import Flask

app = Flask(__name__)

@app.route('/')
def hello() -> str:
    return 'Hello world from Flask!'

app.run()
```

Esta é apenas uma função normal do Python que, quando chamada, retorna uma string para quem chama (note a anotação '-> str').

A linha de código final obtém o objeto Flask atribuído à variável `app` e pede ao Flask para começar a executar seu servidor web. E faz isso chamando `run`:

```
from flask import Flask

app = Flask(__name__)

@app.route('/')
def hello() -> str:
    return 'Hello world from Flask!'

app.run()
```

Peça ao aplicativo web para começar a execução.

Neste ponto, o Flask inicia o servidor web incluído e executa nele o código do aplicativo web. Qualquer solicitação recebida pelo servidor web para a URL "/" é respondida com a mensagem "Hello world from Flask!", ao passo que uma solicitação para qualquer outra URL resulta em uma mensagem de erro 404 "Resource not found". Para ver o tratamento de erro em ação, digite esta URL na barra de endereço do navegador:

http://127.0.0.1:5000/doesthiswork.html

Seu navegador exibe uma mensagem "Not Found", e o aplicativo web executado na janela do terminal atualiza seu status com uma mensagem adequada:

Esta URL não existe: 404!

```
* Running on http://127.0.0.1:5000/ (Press CTRL+C to quit)
127.0.0.1 - - [23/Nov/2015 20:15:46] "GET / HTTP/1.1" 200 -
127.0.0.1 - - [23/Nov/2015 21:30:26] "GET /doesthiswork.html HTTP/1.1" 404 -
```

As mensagens vistas podem diferir um pouco. Não deixe que isso o preocupe.

Exibindo a Funcionalidade na Web

Tirando o fato de que você acabou de criar um aplicativo web funcional em apenas seis linhas de código, considere o que o Flask está fazendo por você aqui: ele está fornecendo um mecanismo com o qual você pode obter qualquer função do Python existente e exibir sua saída em um navegador da web.

Para adicionar mais funcionalidade ao seu aplicativo web, tudo que terá que fazer é decidir sobre a URL à qual deseja associar a funcionalidade, e então escrever uma linha do decorador `@app.route` apropriada acima de uma função que faz o trabalho real. Faremos isso agora usando a funcionalidade `search4letters` do último capítulo.

Aponte o seu lápis

Vamos corrigir `hello_flask.py` para incluir uma segunda URL: `/search4`. Escreva o código que associa essa URL a uma função chamada `do_search`, que chama a função `search4letters` (de nosso módulo `vsearch`). Então faça com que a função `do_search` retorne os resultados determinados ao pesquisar a frase "life, the universe, and everything!" para obter esta string de caracteres: `'eiru,!'`.

O código existente é mostrado abaixo, com espaço reservado para o novo código que você precisa escrever. Seu trabalho é fornecer o código que falta.

Sugestão: os resultados retornados de `search4letters` são um conjunto do Python. Converta os resultados em uma string chamando a BIF `str` antes de retornar qualquer coisa para o navegador web que aguarda, pois ele está esperando dados textuais, não um conjunto do Python. (Lembre-se: "BIF" é o jargão do Python para *função predefinida*.)

Você precisa importar algo?

```
from flask import Flask
............................................................
............................................................

app = Flask(__name__)

@app.route('/')
def hello() -> str:
    return 'Hello world from Flask!'
```

Adicione um segundo decorador.

```
............................................................
............................................................
............................................................
............................................................

app.run()
```

Adicione aqui o código para a função "do_search".

usando do_search

Aponte o seu lápis
Solução

Você teve que corrigir `hello_flask.py` para incluir uma segunda URL, */search4*, escrevendo o código que associa a URL a uma função chamada `do_search`, que chama a função `search4letters` (de nosso módulo `vsearch`). Você precisou fazer com que a função `do_search` retornasse os resultados determinados ao pesquisar a frase "life, the universe, and everything!" para obter a string de caracteres: `'eiru,!'`.

O código existente é mostrado abaixo, com um espaço reservado para o novo código que você precisa escrever. Seu trabalho foi fornecer o código que faltava.

Como seu código ficou em relação ao nosso?

Você precisa importar a função "search4letters" do módulo "vsearch" antes de chamá-la.

```
from flask import Flask

from vsearch import search4letters

app = Flask(__name__)

@app.route('/')
def hello() -> str:
    return 'Hello world from Flask!'
```

Um segundo decorador configura a URL "/search4".

```
@app.route('/search4')

def do_search() -> str:

    return str(search4letters('life, the universe, and everything', 'eiru,!'))

app.run()
```

A função "do_search" chama "search4letters", e então retorna qualquer resultado como uma string.

Para testar essa nova funcionalidade, você precisará reiniciar seu aplicativo web Flask, pois ele está executando atualmente a versão mais antiga do código. Para parar o aplicativo web, volte para a janela do terminal, e então pressione Ctrl + C. O aplicativo terminará, e você voltará para o prompt do sistema operacional. Pressione a seta para cima para chamar o comando anterior (aquele que iniciou `hello_flask.py` antes) e pressione a tecla Enter. A mensagem de status inicial do Flask reaparece para confirmar que seu aplicativo web atualizado está aguardando as solicitações:

Pare o aplicativo web...

```
$ python3 hello_flask.py
* Running on http://127.0.0.1:5000/ (Press CTRL+C to quit)
127.0.0.1 - - [23/Nov/2015 20:15:46] "GET / HTTP/1.1" 200 -
127.0.0.1 - - [23/Nov/2015 21:30:26] "GET /doesthiswork.html HTTP/1.1" 404 -
^C
$ python3 hello_flask.py
* Running on http://127.0.0.1:5000/ (Press CTRL+C to quit)
```

Estamos ativos e em execução de novo.

... e então reinicie.

criando um aplicativo web

Test Drive

Como você não mudou o código associado à URL '/' padrão, essa funcionalidade ainda existe, exibindo a mensagem "Hello world from Flask!".

Contudo, se você inserir `http://127.0.0.1:5000/search4` na barra de endereço do navegador, verá os resultados da chamada para `search4letters`:

> `{'u', 'i', ',', 'e', 'r'}`

Há resultados da chamada para "search4letters". Com certeza, esta saída não é grande coisa, mas prova que usar a URL "/search4" chama a função e retorna os resultados.

Não existem Perguntas Idiotas

P: Estou um pouco confuso com as partes `127.0.0.1` e `:5000` da URL usada para acessar o aplicativo web. O que acontece com elas?

R: No momento, você está testando seu aplicativo web no computador, que — como está conectado à internet — tem seu próprio endereço IP único. Apesar disso, o Flask não usa seu endereço IP e conecta o servidor web de teste ao **endereço de loopback** da internet: `127.0.0.1`, também conhecido como `localhost`. Ambos são uma abreviação de "meu computador, não importa o endereço IP real". Para seu navegador web (também em seu computador) comunicar-se com o servidor web do Flask, você precisa especificar o endereço que está executando seu aplicativo web, a saber: `127.0.0.1`. É o endereço IP padrão reservado para essa exata finalidade.

A parte `:5000` da URL identifica o **número de porta do protocolo** na qual seu servidor web está em execução.

Normalmente, os servidores web são executados na porta do protocolo 80, que é um padrão da internet, e assim não precisa ser especificada. Você poderia digitar `oreilly.com:80` na barra de endereço do navegador, e isso funcionaria, mas ninguém faz isso porque apenas `oreilly.com` não é suficiente (pois `:80` é esperado).

Quando você está criando um aplicativo web, é muito raro testar na porta do protocolo 80 (pois ela está reservada para os servidores de produção), portanto, a maioria das estruturas da web escolhe outra porta para executar. 8080 é uma escolha popular para isso, mas o Flask usa 5000 como sua porta de protocolo do teste.

P: Posso usar uma porta do protocolo diferente de 5000 quando testo e executo meu aplicativo web Flask?

R: Sim, `app.run()` permite especificar um valor para `port` que pode ser definido para qualquer valor. Mas, a menos que você tenha um motivo muito bom para mudar, por enquanto fique com o padrão 5000 do Flask.

o que estamos fazendo

Lembre-se do Que Estamos Tentando Criar

Nosso aplicativo web precisa de uma página da web que aceite a entrada e outra que exiba os resultados de fornecer a entrada para a função `search4letters`. O código do aplicativo web atual nem chega perto de fazer tudo isso, mas o que temos fornece uma base na qual criar o que é requerido.

Abaixo é mostrada, à esquerda, uma cópia do código atual, enquanto à direita temos cópias das "especificações do guardanapo" de antes no capítulo. Indicamos onde achamos que a funcionalidade de cada guardanapo pode ser fornecida no código:

```
from flask import Flask
from vsearch import search4letters

app = Flask(__name__)

@app.route('/')
def hello() -> str:
    return 'Hello world from Flask!'

@app.route('/search4')
def do_search() -> str:
    return str(search4letters( ... ))

app.run()
```

Nota: para que tudo caiba, não estamos mostrando a linha de código inteira aqui.

Welcome to search4letters on the Web!

Use this form to submit a search request:

Phrase: [   ]

Letters: [aeiou]

When you're ready, click this button:

[Do it!]

Here are your results:

You submitted the following data:

Phrase: hitch-hiker

Letters: aeiou

When "hitch-hiker" is searched for "aeiou", the following results are returned:

{ 'e', 'i' }

Veja o plano

Vamos mudar a função `hello` para retornar o formulário HTML. Então mudaremos a função `do_search` para aceitar a entrada do formulário, antes de chamar a função `search4letters`. Depois os resultados serão retornados por `do_search` como outra página da web.

criando um aplicativo web

Criando o Formulário HTML

O formulário HTML requerido não é tão complicado. Diferente do texto descritivo, o formulário é composto de duas caixas de entrada e um botão.

Mas... e se você for novo nessa coisa de HTML?

Não entre em pânico se toda essa conversa sobre formulários HTML, caixas de entrada e botões o confunde. Não tenha medo, temos o que você está procurando: a segunda edição do livro *Use a Cabeça! HTML e CSS* fornece a melhor introdução a essas tecnologias, caso você queira um manual rápido (ou uma reciclagem rápida).

Mesmo que o pensamento de se separar deste livro para se aprofundar no HTML pareça muito trabalhoso, note que fornecemos todo o HTML necessário para trabalhar com os exemplos no livro e fizemos isso sem você ser um especialista em HTML. Um pouco de contato com o HTML ajuda, mas não é uma exigência absoluta (afinal, este é um livro sobre Python, não sobre HTML).

Nota do Marketing: este é o livro que sinceramente recomendamos para você entender com rapidez o HTML... não que estejamos induzindo ou outra coisa. ☺

Crie o HTML, e então o envie para o navegador

Sempre há mais de um modo de fazer as coisas, e, quanto a criar o texto de dentro do aplicativo web Flask, você tem opções:

> Gosto de colocar meu HTML dentro de **grandes strings**, que então incorporo no código do Python, retornando as strings quando necessário. Assim, tudo que preciso está lá no código, e tenho total controle... que é como opero. Você não curte, Laura?

> Então, Bob, colocar tudo no HTML em seu código funciona, mas não se adapta. Quando seu aplicativo web fica maior, todo o HTML incorporado fica confuso... e é difícil entregar o HTML para um webdesigner enfeitá-lo. Nem é fácil reutilizar as partes do HTML. Portanto, sempre uso um mecanismo de modelo com meus aplicativos web. É um pouco mais trabalhoso no começo, mas com o tempo, acho que usar modelos realmente compensa...

Laura está certa — os modelos facilitam muito mais a manutenção do HTML que a abordagem de Bob. Iremos nos aprofundar nos modelos na próxima página.

você está aqui ▶ **213**

reutilizando as páginas html

Modelos de Perto

Os mecanismos de modelo permitem que os programadores apliquem as noções orientadas a objetos da herança e da reutilização na produção de dados textuais, como as páginas da web.

A aparência de um site da web pode ser definida em um modelo HTML de alto nível, conhecido como **modelo base**, que é herdado de outras páginas HTML. Se você fizer uma alteração no modelo base, ela será refletida em *todas* as páginas do HTML herdadas.

O mecanismo de modelo enviado com o Flask é chamado de *Jinja2*, que é fácil de usar e poderoso. Não é a intenção deste livro ensinar tudo que você precisa saber sobre o Jinja2, portanto, o que aparece nestas duas páginas é — por necessidade — breve e direto. Para obter mais detalhes sobre o que é possível com o Jinja2, veja (conteúdo em inglês):

http://jinja.pocoo.org/docs/dev/

Veja o modelo base que usaremos para nosso aplicativo web. Neste arquivo, chamado base.html, colocamos a marcação HTML que queremos que todas as nossas páginas da web compartilhem. Também usamos uma marcação específica do Jinja2 para indicar o conteúdo que será fornecido quando as páginas HTML, que herdam desta, forem apresentadas (ou seja, preparadas antes do envio para um navegador da web que aguarda). Note que a marcação que aparece entre {{ e }}, assim como a marcação entre {% e %}, é para o mecanismo de modelo do Jinja2: destacamos os casos para facilitar sua identificação:

```
<!doctype html>
<html>
    <head>
        <title>{{ the_title }}</title>
        <link rel="stylesheet" href="static/hf.css" />
    </head>
    <body>
        {% block body %}

        {% endblock %}
    </body>
</html>
```

> Esta é a marcação HTML5 padrão.

> Isto é uma diretiva do Jinja2, que indica que um valor será fornecido antes de apresentar (considere isso como um argumento para o modelo).

> Este é o modelo base

> Esta folha de estilo define a aparência de todas as páginas da web.

> Estas diretivas do Jinja2 indicam que um bloco HTML será substituído aqui antes de apresentar e será fornecido por qualquer página que herdar dele.

Com o modelo base pronto, podemos herdar usando a diretiva extends do Jinja2. Quando fazemos isso, os arquivos HTML que herdam precisam apenas fornecer o HTML para qualquer bloco nomeado na base. Em nosso caso, temos apenas um bloco nomeado: body.

criando um aplicativo web

Veja a marcação da primeira página, que estamos chamando de entry.html. É uma marcação para um formulário HTML com a qual os usuários podem interagir para fornecer os valores para phrase e letters esperados por nosso aplicativo web.

Note como o HTML "padronizado" no modelo base não é repetido neste arquivo, pois a diretiva extends estende a marcação para nós. Precisamos apenas fornecer o HTML que é específico do arquivo, e fazemos isso fornecendo a marcação dentro do bloco do Jinja2 chamado body:

```
{% extends 'base.html' %}

{% block body %}

<h2>{{ the_title }}</h2>

<form method='POST' action='/search4'>
<table>
<p>Use this form to submit a search request:</p>
<tr><td>Phrase:</td><td><input name='phrase' type='TEXT' width='60'></td></tr>
<tr><td>Letters:</td><td><input name='letters' type='TEXT' value='aeiou'></td></tr>
</table>
<p>When you're ready, click this button:</p>
<p><input value='Do it!' type='SUBMIT'></p>
</form>

{% endblock %}
```

Este modelo herda da base e fornece uma substituição para o bloco chamado "body".

E finalmente, veja a marcação do arquivo results.html, que é usada para apresentar os resultados de nossa pesquisa. Nosso modelo herda também do modelo base:

```
{% extends 'base.html' %}

{% block body %}

<h2>{{ the_title }}</h2>

<p>You submitted the following data:</p>
<table>
<tr><td>Phrase:</td><td>{{ the_phrase }}</td></tr>
<tr><td>Letters:</td><td>{{ the_letters }}</td></tr>
</table>

<p>When "{{the_phrase}}" is search for "{{ the_letters }}", the following results are returned:</p>
<h3>{{ the_results }}</h3>

{% endblock %}
```

Como em "entry.html", este modelo também herda da base e fornece uma substituição para o bloco chamado "body".

Note estes valores do argumento adicionais, dos quais você precisa para fornecer valores antes de apresentar.

é apenas html

Os Modelos se Relacionam com as Páginas Web

Nosso aplicativo web precisa apresentar duas páginas da web, e agora temos dois modelos que podem ajudar. Ambos os modelos herdam do modelo base e, assim, herdam a aparência do modelo base. Agora precisamos apenas apresentar as páginas.

Baixe estes modelos (e o CSS) aqui: http://python.itcarlow.ie/ed2/ (conteúdo em inglês, também disponível para download em www.altabooks.com.br. Procure pelo título do livro).

Antes de ver como o Flask (junto com Jinja2) apresenta, vamos dar outra olhada nas "especificações do guardanapo" junto com a marcação do modelo. Note como o HTML dentro da diretiva `{% block %}` do Jinja2 combina bem com as especificações feitas à mão. A principal omissão é o título de cada página, que forneceremos no lugar da diretiva `{{ the_title }}` durante a apresentação. Pense em cada nome entre chaves duplas como um argumento para o modelo:

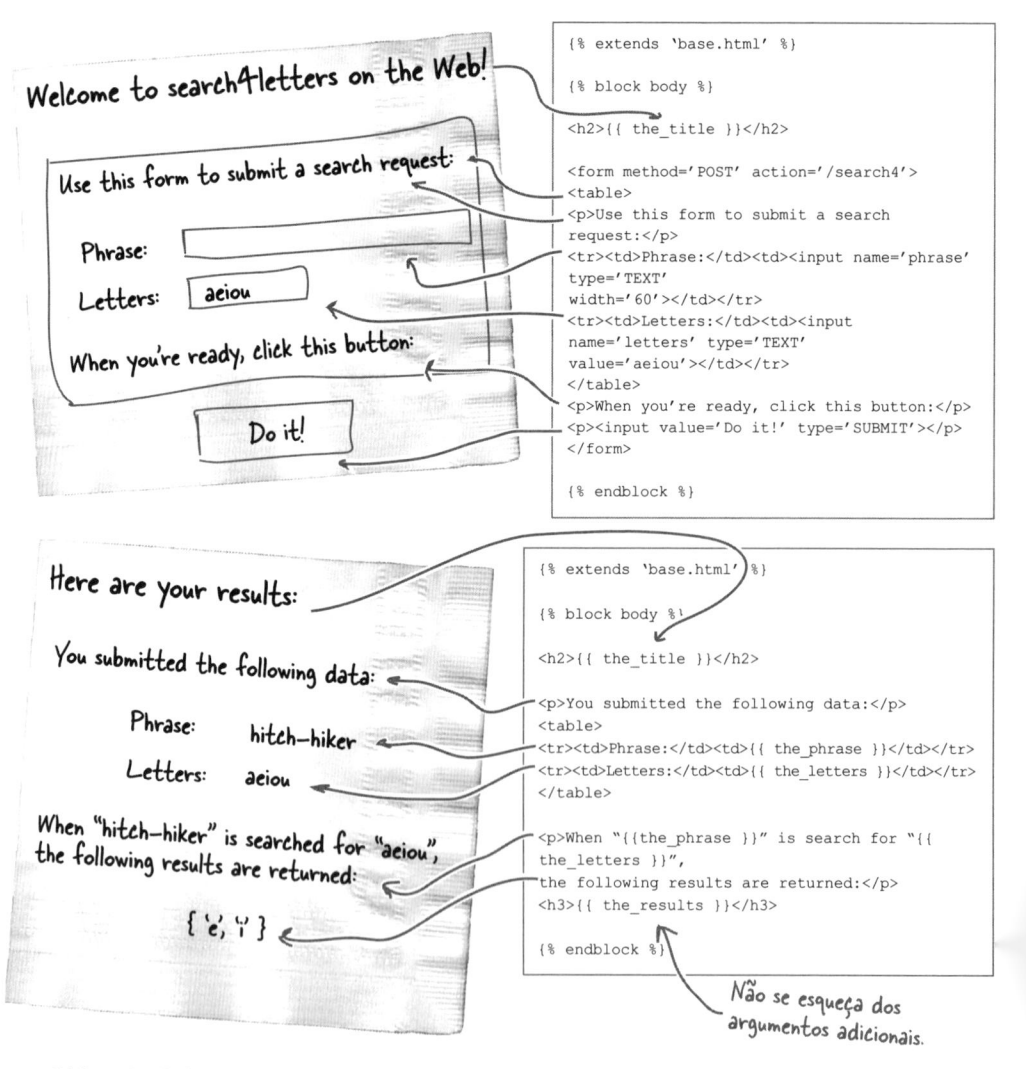

Welcome to search4letters on the Web!

Use this form to submit a search request:

Phrase:

Letters: aeiou

When you're ready, click this button:

Do it!

```
{% extends 'base.html' %}

{% block body %}

<h2>{{ the_title }}</h2>

<form method='POST' action='/search4'>
<table>
<p>Use this form to submit a search request:</p>
<tr><td>Phrase:</td><td><input name='phrase'
type='TEXT'
width='60'></td></tr>
<tr><td>Letters:</td><td><input
name='letters' type='TEXT'
value='aeiou'></td></tr>
</table>
<p>When you're ready, click this button:</p>
<p><input value='Do it!' type='SUBMIT'></p>
</form>

{% endblock %}
```

Here are your results:

You submitted the following data:

Phrase: hitch-hiker

Letters: aeiou

When "hitch-hiker" is searched for "aeiou", the following results are returned:

{ 'e', 'i' }

```
{% extends 'base.html' %}

{% block body %}

<h2>{{ the_title }}</h2>

<p>You submitted the following data:</p>
<table>
<tr><td>Phrase:</td><td>{{ the_phrase }}</td></tr>
<tr><td>Letters:</td><td>{{ the_letters }}</td></tr>
</table>

<p>When "{{ the_phrase }}" is search for "{{ the_letters }}",
the following results are returned:</p>
<h3>{{ the_results }}</h3>

{% endblock %}
```

Não se esqueça dos argumentos adicionais.

Apresentando Modelos a partir do Flask

O Flask vem com uma função chamada `render_template`, que, quando fornecida com o nome de um modelo e qualquer argumento requerido, retorna uma string de HTML quando chamada. Para usar `render_template`, adicione seu nome à lista de importações do módulo `flask` (no início do código), e então chame a função quando necessário.

Porém, antes de fazer isso, vamos renomear o arquivo que contém o código do aplicativo web (atualmente chamado de `hello_flask.py`) com algo mais adequado. Você pode usar qualquer nome desejado para o aplicativo, mas estamos renomeando o nosso como `vsearch4web.py`. Veja o código atualmente neste arquivo:

```python
from flask import Flask
from vsearch import search4letters

app = Flask(__name__)

@app.route('/')
def hello() -> str:
    return 'Hello world from Flask!'

@app.route('/search4')
def do_search() -> str:
    return str(search4letters('life, the universe, and everything', 'eiru,!'))

app.run()
```

Agora este código reside em um arquivo chamado "vsearch4web.py".

Para apresentar o formulário HTML no modelo `entry.html`, precisamos fazer algumas alterações no código acima:

1. **Importe a função `render_template`**
   Adicione `render_template` à lista de importação na linha `from flask` no início do código.

2. **Crie uma nova URL — neste caso, /entry**
   Sempre que você precisar de um novo URL em seu aplicativo web Flask, deve adicionar também uma nova linha `@app.route`. Faremos isso antes da linha de código `app.run()`.

3. **Crie uma função que retorna o HTML apresentado corretamente**
   Com a linha `@app.route` escrita, você pode associar o código a ela criando uma função que faz o trabalho real (e torna seu aplicativo web mais útil para seus usuários). A função chama (e retorna a saída) a função `render_template`, passando o nome do arquivo de modelo (`entry.html`, neste caso), assim como qualquer valor de argumento requerido pelo modelo (no caso, precisamos de um valor para `_title`).

Vamos fazer essas alterações no código existente.

apresente os modelos do html

Exibindo o Formulário HTML do Aplicativo Web

Vamos adicionar o código para permitir as três alterações detalhadas no final da última página. Siga fazendo as mesmas alterações em seu código:

① **Importe a função** `render_template`

```
from flask import Flask, render_template
```

Adicione "render_template" à lista de tecnologias importadas do módulo "flask".

② **Crie uma nova URL — neste caso, /entry**

```
@app.route('/entry')
```

Abaixo da função "do_search", mas antes da linha "app.run()", insira esta linha para adicionar um novo URL ao aplicativo da web.

③ **Crie uma função que retorna o HTML apresentado corretamente**

```
@app.route('/entry')
def entry_page() -> 'html':
    return render_template('entry.html',
                 the_title='Welcome to search4letters on the web!')
```

Forneça o nome do modelo a apresentar.

Adicione esta função diretamente abaixo da nova linha "@app.route".

Forneça um valor para associar ao argumento "the_title".

Com as alterações feitas, o código para nosso aplicativo web — com os acréscimos destacados — agora fica assim:

```
from flask import Flask, render_template
from vsearch import search4letters

app = Flask(__name__)

@app.route('/')
def hello() -> str:
    return 'Hello world from Flask!'

@app.route('/search4')
def do_search() -> str:
    return str(search4letters('life, the universe, and everything', 'eiru,!'))

@app.route('/entry')
def entry_page() -> 'html':
    return render_template('entry.html',
                 the_title='Welcome to search4letters on the web!')

app.run()
```

Estamos deixando o resto do código como está agora.

criando um aplicativo web

Preparando-se para Executar o Código do Modelo

É uma tentação abrir um prompt de comando e executar a última versão do código. Porém, por vários motivos, isso não funcionará imediatamente.

O modelo base se refere a uma folha de estilo chamada `hf.css`, e isso precisa existir em uma pasta chamada `static` (relativa à pasta que contém seu código). Veja um fragmento do modelo base que mostra isso:

> **Se ainda não fez, baixe os modelos e o CSS aqui: http://python.itcarlow.ie/ed2/** (conteúdo em inglês, também disponível para download em www.altabooks.com.br. Procure pelo título do livro).

```
        ...w
    <title>{{ the_title }}</title>
    <link rel="stylesheet" href="static/hf.css" />
</head>
    ...
```

O arquivo "hf.css" precisa existir (na pasta "static").

Sinta-se à vontade para pegar uma cópia do arquivo CSS no site de suporte do livro (veja a URL na lateral da página). Basta colocar a folha de estilo carregada em uma pasta chamada `static`.

Além disso, o Flask requer que seus modelos sejam armazenados em uma pasta chamada `templates`, que — como `static` — precisa ser relativa à pasta que contém o código. O download deste capítulo também contém os três modelos... portanto, você pode evitar a digitação do HTML!

Supondo que você colocou o arquivo de código do aplicativo web em uma pasta chamada `webapp`, veja a estrutura que deverá ter antes de tentar executar a versão mais recente do `vsearch4web.py`:

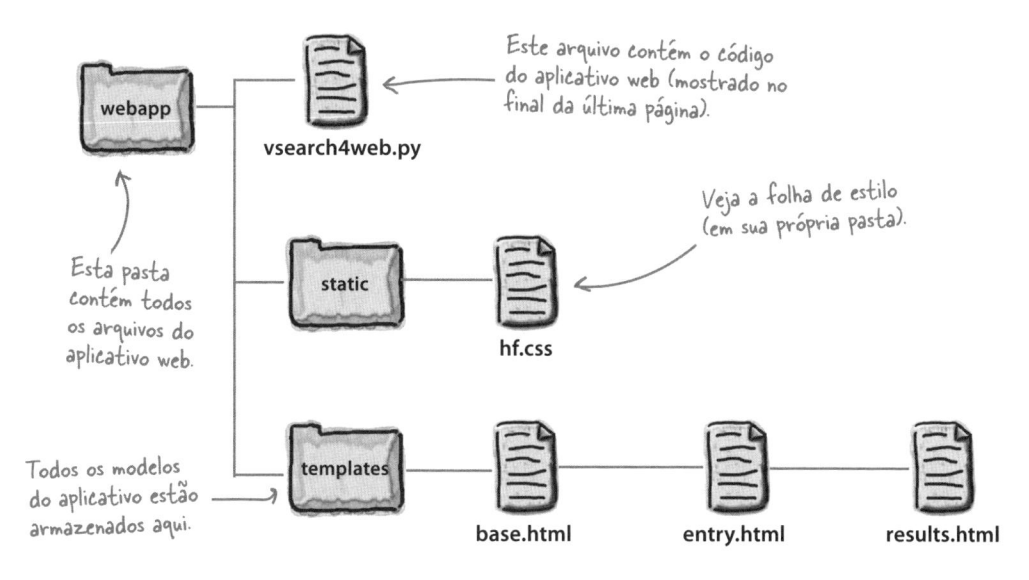

```
webapp/
├── vsearch4web.py      ← Este arquivo contém o código do aplicativo web (mostrado no final da última página).
├── static/
│   └── hf.css          ← Veja a folha de estilo (em sua própria pasta).
└── templates/
    ├── base.html
    ├── entry.html
    └── results.html
```

Esta pasta contém todos os arquivos do aplicativo web.

Todos os modelos do aplicativo estão armazenados aqui.

você está aqui ▶ 219

execute o aplicativo web

Estamos Prontos para uma Execução de Teste

Se você tiver tudo certo — a folha de estilo e modelos baixados, e o código atualizado —, estará pronto para levar o aplicativo web Flask para dar outra volta.

A versão anterior do código provavelmente ainda está em execução no prompt de comando.

Volte para essa janela agora e pressione *Ctrl + C* para parar a execução anterior do aplicativo. Então pressione a *tecla de seta para cima* para se lembrar da última linha de comando, edite o nome do arquivo a executar e pressione *Enter*. Sua nova versão do código agora deverá ser executada, exibindo as mensagens de status normais:

```
    ...
* Running on http://127.0.0.1:5000/ (Press CTRL+C to quit)
127.0.0.1 - - [23/Nov/2015 21:51:38] "GET / HTTP/1.1" 200 -
127.0.0.1 - - [23/Nov/2015 21:51:48] "GET /search4 HTTP/1.1" 200 -
^C
$ python3 vsearch4web.py
* Running on http://127.0.0.1:5000/ (Press CTRL+C to quit)
```

Pare o aplicativo web de novo...

Inicialize seu novo código (que está no arquivo "vsearch4web.py").

O novo código está ativado e em execução, aguardando para atender às solicitações.

Lembre-se de que essa nova versão do código ainda suporta as URLs / e */search4*, portanto, se você usar um navegador para solicitá-las, as respostas serão iguais às mostradas anteriormente neste capítulo. Porém, se usar esta URL

http://127.0.0.1:5000/entry

a resposta exibida no navegador deverá ser o formulário HTML apresentado (mostrado no início da próxima página). O prompt de comando deverá exibir duas linhas de status adicionais: uma para a solicitação */entry* e outra para a solicitação do navegador para obter a folha de estilo `hf.css`:

Você solicita o formulário HTML...

... e o navegador também solicita a folha de estilo.

```
    ...
127.0.0.1 - - [23/Nov/2015 21:55:59] "GET /entry HTTP/1.1" 200 -
127.0.0.1 - - [23/Nov/2015 21:55:59] "GET /static/hf.css HTTP/1.1" 304 -
```

criando um aplicativo web

Test Drive

Veja o que aparece na tela quando digitamos `http://127.0.0.1:5000/entry` no navegador:

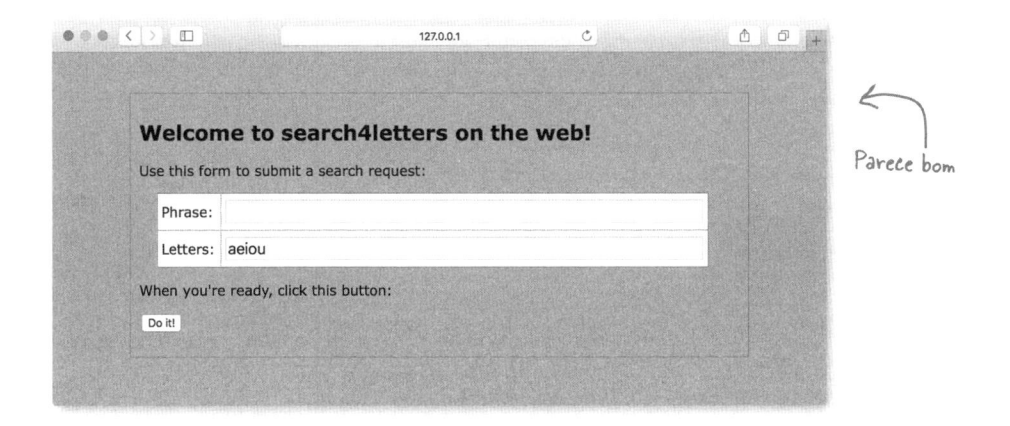

Parece bom

Não vamos ganhar nenhum prêmio de web design para esta página, mas ela parece boa e lembra o que tínhamos no guardanapo. Infelizmente, quando você digita uma frase e (opcionalmente) ajusta o valor Letters para adequar, clicar no botão *Do it!* produz esta página de erro:

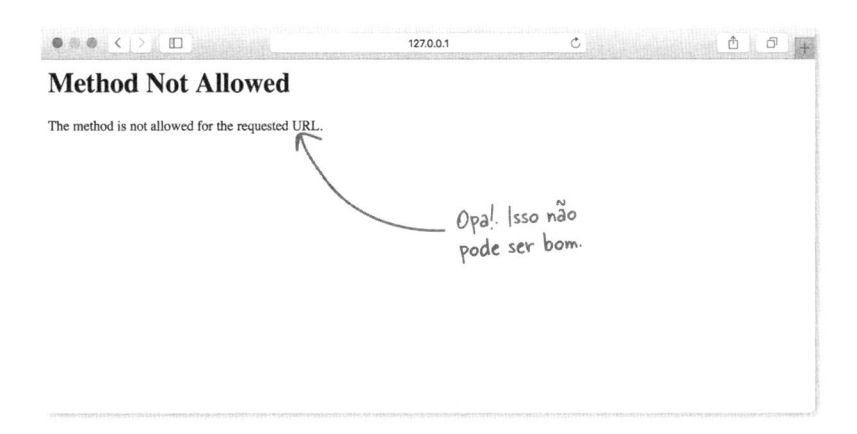

Opa! Isso não pode ser bom.

É uma falha, não é? Vejamos o que está acontecendo.

o que deu errado?

Compreendendo os Códigos de Status do HTTP

Quando algo dá errado com seu aplicativo web, o servidor web responde com um código de status HTTP (que ele envia para seu navegador). HTTP é o protocolo de comunicações que permite aos navegadores da web e servidores se comunicarem. O significado dos códigos de status é bem conhecido (veja a seção *Código Sério*, à direita). Na verdade, toda *solicitação* da web gera uma *resposta* do código de status HTTP.

Para ver qual código de status foi enviado para o navegador a partir do aplicativo web, reveja as mensagens de status que aparecem no prompt de comando. Eis o que vimos:

```
...
127.0.0.1 - - [23/Nov/2015 21:55:59] "GET /entry HTTP/1.1" 200 -
127.0.0.1 - - [23/Nov/2015 21:55:59] "GET /static/hf.css HTTP/1.1" 304 -
127.0.0.1 - - [23/Nov/2015 21:56:54] "POST /search4 HTTP/1.1" 405 -
```

Oh, oh! Algo deu errado e o servidor gerou um código do status de erro do cliente.

O código de status 405 indica que o cliente (o navegador) enviou uma solicitação usando um método HTTP que o servidor não permite. Existem muitos métodos HTTP, mas para nossas finalidades, você só precisa conhecer dois: *GET* e *POST*.

① **Método GET**

Em geral, os navegadores usam esse método para solicitar um recurso ao servidor web, e o método é, de longe, o mais usado. (Dizemos "em geral" aqui porque é possível — de modo bem confuso — usar GET para *enviar* dados do navegador para o servidor, mas não estamos focando nessa opção aqui.) Todas as URLs em nosso aplicativo web suportam atualmente GET, que é o método HTTP padrão do Flask.

② **Método POST**

Este método permite a um navegador web enviar dados para o servidor via HTTP e está muito associado à tag `<form>` do HTML. Você pode informar ao aplicativo web Flask para aceitar os dados enviados de um navegador fornecendo um argumento extra na linha `@app.route`.

Vamos ajustar a linha `@app.route` emparelhada com a URL /search4 do aplicativo web para aceitar os dados enviados. Para tanto, volte para o editor e edite o arquivo `vsearch4web.py` mais uma vez.

Código Sério

Veja uma explicação rápida e fácil de vários códigos de status HTTP que podem ser enviados de um servidor web (por exemplo, seu aplicativo web Flask) para um cliente web (por exemplo, seu navegador da web).

Existem cinco categorias principais de código de status: 100s, 200s, 300s, 400s e 500s.

Os códigos no intervalo de **100–199** são mensagens **informativas**: está tudo bem, e o servidor está fornecendo detalhes relacionados à solicitação do cliente.

Os códigos no intervalo de **200–299** são mensagens de **sucesso**: o servidor recebeu, entendeu e processou a solicitação do cliente. Está tudo bem.

Os códigos no intervalo de **300–399** são mensagens de **redirecionamento**: o servidor está informando ao cliente que a solicitação pode ser trabalhada em outro lugar.

Os códigos no intervalo de **400–499** são mensagens de **erro do cliente**: o servidor recebeu uma solicitação do cliente que não entende e não consegue processar. Em geral, a falha aqui é do cliente.

Os códigos no intervalo de **500–599** são mensagens de **erro do servidor**: o servidor recebeu uma solicitação do cliente, mas falhou ao tentar processá-la. Em geral, a falha é do servidor.

Para obter mais detalhes, veja: *https://en.wikipedia.org/wiki/List_of_HTTP_status_codes* (conteúdo em inglês).

Lidando com os Dados Enviados

Assim como aceita a URL como seu primeiro argumento, o decorador `@app.route` aceita outros argumentos opcionais.

Um deles é o argumento `methods`, que lista o(s) método(s) HTTP que a URL suporta. Por padrão, o Flask suporta GET para todas as URLs. Contudo, se o argumento `methods` for atribuído a uma lista de métodos HTTP a suportar, o comportamento padrão será anulado. Veja como está a linha `@app.route` atualmente:

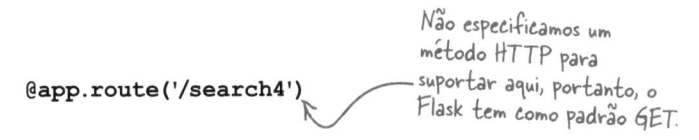

```
@app.route('/search4')
```

Não especificamos um método HTTP para suportar aqui, portanto, o Flask tem como padrão GET.

Para fazer a URL */search4* URL suportar POST, adicione o argumento `methods` ao decorador e atribua a lista de métodos HTTP que você deseja que a URL suporte. Essa linha de código, abaixo, declara que a URL */search4* agora suporta apenas o método POST (significando que as solicitações GET não são mais suportadas):

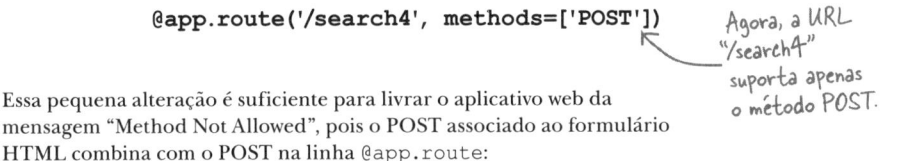

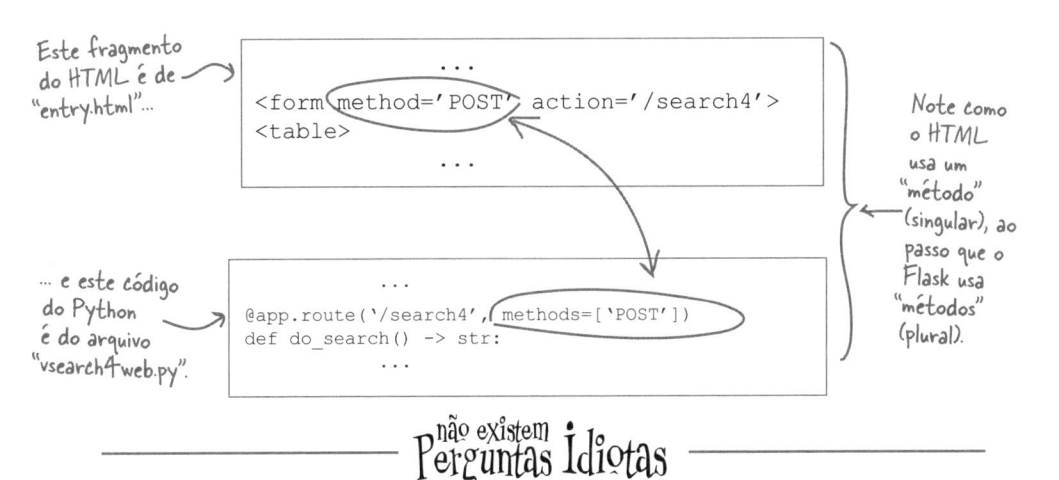

```
@app.route('/search4', methods=['POST'])
```

Agora, a URL "/search4" suporta apenas o método POST.

Essa pequena alteração é suficiente para livrar o aplicativo web da mensagem "Method Not Allowed", pois o POST associado ao formulário HTML combina com o POST na linha `@app.route`:

Este fragmento do HTML é de "entry.html"...

```
...
<form method='POST' action='/search4'>
<table>
...
```

Note como o HTML usa um "método" (singular), ao passo que o Flask usa "métodos" (plural).

... e este código do Python é do arquivo "vsearch4web.py".

```
...
@app.route('/search4', methods=['POST'])
def do_search() -> str:
    ...
```

não existem Perguntas Idiotas

P: E se meu URL precisar suportar os métodos GET e POST? É possível?

R: Sim, tudo que você precisa fazer é adicionar o nome do método HTTP necessário para suportar a lista atribuída aos argumentos `methods`. Por exemplo, se você quiser adicionar o suporte GET à URL /search4 URL, precisará apenas mudar a linha `@app.route` do código para ficar assim: `@app.route('/search4', methods=['GET', 'POST'])`. Para saber mais sobre isso, veja a documentação do Flask, disponível em http://flask.pocoo.org (conteúdo em inglês).

ative a depuração

Aperfeiçoando o Ciclo para Editar/Parar/Iniciar/Testar

Neste ponto, tendo salvo nosso código corrigido, é razoável parar o aplicativo web no prompt de comando, e então reiniciá-lo para testar nosso novo código. Esse ciclo para editar/parar/iniciar/testar funciona, mas fica chato depois de um tempo (especialmente se você acabar fazendo uma longa série de pequenas alterações no código do aplicativo).

Para melhorar a eficiência do processo, o Flask permite executar o aplicativo web no *modo de depuração*, que, entre outras coisas, reinicia automaticamente o aplicativo sempre que o Flask nota que seu código mudou (normalmente como resultado de fazer e salvar uma alteração). Vale a pena fazer isso, portanto, vamos ativar a depuração mudando a última linha de código em vsearch4web.py para ficar assim:

```
app.run(debug=True)
```
⟵ Ativa a depuração

Agora o código do programa deve ficar assim:

```
from flask import Flask, render_template
from vsearch import search4letters

app = Flask(__name__)

@app.route('/')
def hello() -> str:
    return 'Hello world from Flask!'

@app.route('/search4', methods=['POST'])
def do_search() -> str:
    return str(search4letters('life, the universe, and everything', 'eiru,!'))

@app.route('/entry')
def entry_page() -> 'html':
    return render_template('entry.html',
                           the_title='Welcome to search4letters on the web!')

app.run(debug=True)
```

Agora estamos prontos para fazer um teste no código. Para tanto, pare o aplicativo web em execução atualmente (pela última vez) pressionando *Ctrl + C*, e então reinicie no prompt de comando pressionando a *tecla de seta para cima* e *Enter*.

Em vez de mostrar a mensagem "Running on http://127..." comum, o Flask gera três linhas de status novas, que é sua maneira de informar que o modo de depuração agora está ativo. É isso que vimos em nosso computador:

```
$ python3 vsearch4web.py
 * Running on http://127.0.0.1:5000/ (Press CTRL+C to quit)
 * Restarting with stat
 * Debugger is active!
 * Debugger pin code: 228-903-465
```

Este é o modo de o Flask informar que seu aplicativo web reiniciará automaticamente se seu código mudar. Também não se preocupe se o código pin do depurador for diferente do nosso (tudo bem). Não usamos esse pin.

Agora que estamos ativados e em execução de novo, vamos interagir com o aplicativo web mais uma vez e ver o que mudou.

criando um aplicativo web

Test Drive

Volte para o formulário de entrada digitando http://127.0.0.1:5000/entry no navegador:

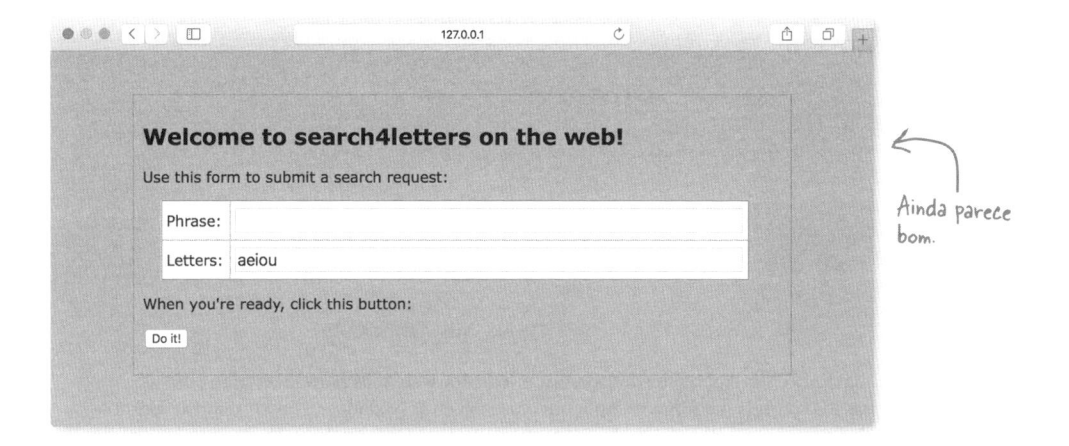

Welcome to search4letters on the web!
Use this form to submit a search request:

Phrase:	
Letters:	aeiou

When you're ready, click this button:
[Do it!]

← Ainda parece bom.

O erro "Method Not Allowed" não existe mais, mas as coisas ainda não estão funcionando bem. Você pode digitar qualquer frase no formulário, e então clicar no botão *Do it!*, sem que o erro apareça. Se tentar algumas vezes, notará que os resultados retornados são sempre iguais (não importa a frase ou as letras usadas). Vamos investigar o que está acontecendo aqui.

{'u', 'e', ' ', 'i', 'r'}

Não importa o que digitamos como frase, os resultados são sempre os mesmos.

onde estão os dados?

Acessando os Dados do Formulário HTML com o Flask

Nosso aplicativo web não falha mais com o erro "Method Not Allowed". Pelo contrário, ele sempre retorna o mesmo conjunto de caracteres: *u, e, vírgula, i* e *r*. Se você der uma olhada rápida no código executado quando a URL */search4* é enviada, verá o motivo: os valores para `phrase` e `letters` são *codificados especificamente* na função:

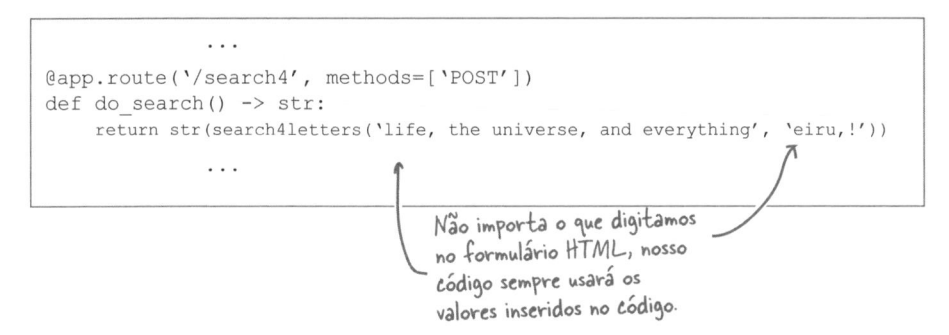

```
    ...
@app.route('/search4', methods=['POST'])
def do_search() -> str:
    return str(search4letters('life, the universe, and everything', 'eiru,!'))
    ...
```

Não importa o que digitamos no formulário HTML, nosso código sempre usará os valores inseridos no código.

Nosso formulário HTML envia seus dados para o servidor web, mas para fazer algo com os dados precisamos corrigir o código do aplicativo para aceitar os dados, e então realizar alguma operação neles.

O Flask vem com um objeto predefinido chamado `request`, que fornece um fácil acesso aos dados postados. O objeto `request` contém um atributo de dicionário chamado `form`, que fornece acesso aos dados de um formulário HTML enviados do navegador. Uma vez que `form` é como qualquer outro dicionário do Python, ele suporta a mesma notação de colchetes vista pela primeira vez no Capítulo 3. Para acessar uma parte dos dados a partir do formulário, coloque o nome do elemento do formulário entre colchetes:

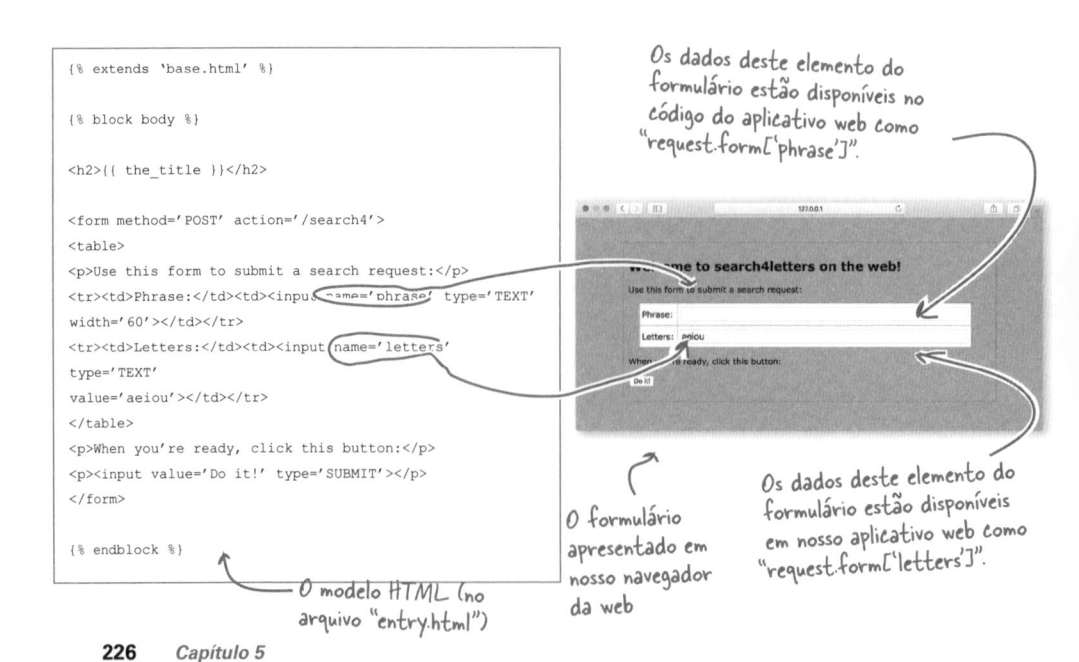

```
{% extends 'base.html' %}

{% block body %}

<h2>{{ the_title }}</h2>

<form method='POST' action='/search4'>
<table>
<p>Use this form to submit a search request:</p>
<tr><td>Phrase:</td><td><input name='phrase' type='TEXT' width='60'></td></tr>
<tr><td>Letters:</td><td><input name='letters' type='TEXT' value='aeiou'></td></tr>
</table>
<p>When you're ready, click this button:</p>
<p><input value='Do it!' type='SUBMIT'></p>
</form>

{% endblock %}
```

O modelo HTML (no arquivo "entry.html")

O formulário apresentado em nosso navegador da web

Os dados deste elemento do formulário estão disponíveis no código do aplicativo web como "request.form['phrase']".

Os dados deste elemento do formulário estão disponíveis em nosso aplicativo web como "request.form['letters']".

Usando os Dados de Solicitação em Seu Aplicativo Web

Para usar o objeto `request`, importe-o na linha `from flask` no início do código do programa, e então acesse os dados em `request.form` quando necessário. Para nossas finalidades, queremos substituir o valor dos dados codificados especificamente em nossa função `do_search` pelos dados do formulário. Fazer isso assegura que sempre que o formulário HTML for usado com valores diferentes para `phrase` e `letters`, os resultados retornados de nosso aplicativo se ajustarão de acordo.

Faremos essas alterações no código do programa. Comece adicionando o objeto `request` à lista de importações do Flask. Para tanto, mude a primeira linha de vsearch4web.py para ficar assim:

```python
from flask import Flask, render_template, request
```
Adicione "request" à lista de importações.

Sabemos com as informações da última página que podemos acessar a `phrase` inserida no formulário HTML em nosso código como `request.form['phrase']`, ao passo que as `letters` inseridas estão disponíveis como `request.form['letters']`. Ajustaremos a função `do_search` para usar esses valores (e remover as strings codificadas especificamente):

```python
@app.route('/search4', methods=['POST'])
def do_search() -> str:
    phrase = request.form['phrase']
    letters = request.form['letters']
    return str(search4letters(phrase, letters))
```

Crie duas variáveis novas...
... atribua os dados do formulário HTML às variáveis recém-criadas...
... e então use as variáveis na chamada para "search4letters".

Recargas Automáticas

Agora... antes de fazer qualquer outra coisa (tendo feito as alterações no código do programa acima), salve o arquivo vsearch4web.py, depois vá para o prompt de comando e veja as mensagens de status produzidas por seu aplicativo web. É isso que vimos (você deve ver algo parecido):

```
$ python3 vsearch4web.py
 * Restarting with stat
 * Debugger is active!
 * Debugger pin code: 228-903-465
127.0.0.1 - - [23/Nov/2015 22:39:11] "GET /entry HTTP/1.1" 200 -
127.0.0.1 - - [23/Nov/2015 22:39:11] "GET /static/hf.css HTTP/1.1" 200 -
127.0.0.1 - - [23/Nov/2015 22:17:58] "POST /search4 HTTP/1.1" 200 -
 * Detected change in 'vsearch4web.py', reloading
 * Restarting with stat
 * Debugger is active!
 * Debugger pin code: 228-903-465
```

O depurador do Flask identificou as alterações do código e reiniciou o aplicativo web. Muito prático, né?

Não entre em pânico se você vir algo diferente do que é mostrado aqui. A recarga automática funciona apenas se as alterações do código feitas estão corretas. Se seu código tiver erros, o aplicativo web bombardeará o prompt de comando. Para continuar, corrija os erros do código e reinicie o aplicativo web manualmente (pressionando a *seta para cima* e *Enter*).

funciona melhor agora

Test Drive

Agora que mudamos nosso aplicativo web para aceitar (e processar) os dados do formulário HTML, podemos enviar diferentes frases e letras, e ele deverá fazer a coisa certa:

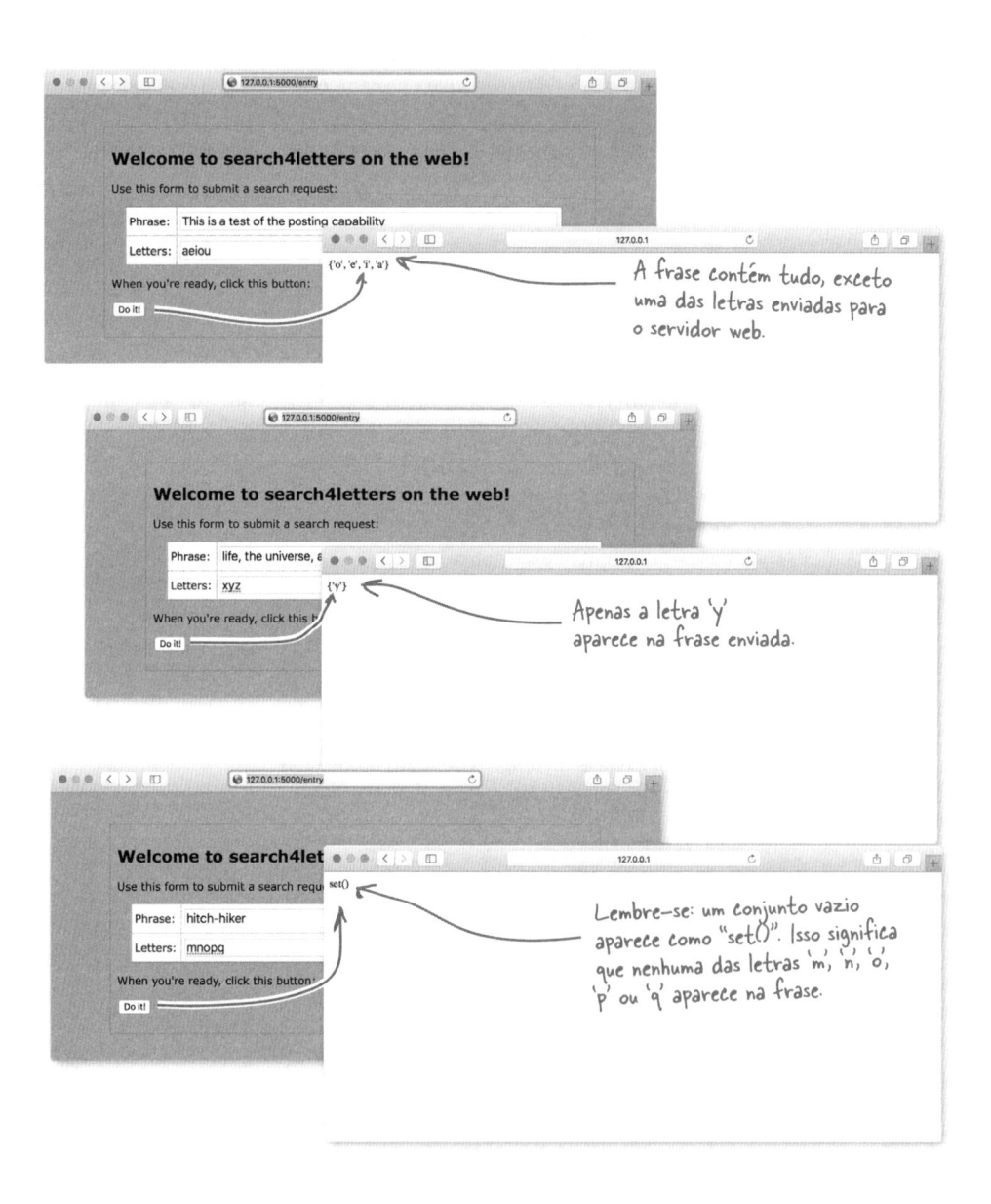

Welcome to search4letters on the web!

Use this form to submit a search request:
- Phrase: This is a test of the posting capability
- Letters: aeiou

When you're ready, click this button:
Do it!

{'o', 'e', 'i', 'a'}

→ A frase contém tudo, exceto uma das letras enviadas para o servidor web.

Welcome to search4letters on the web!

Use this form to submit a search request:
- Phrase: life, the universe, e
- Letters: xyz

When you're ready, click this button:
Do it!

{'y'}

→ Apenas a letra 'y' aparece na frase enviada.

Welcome to search4let...

Use this form to submit a search requ...
- Phrase: hitch-hiker
- Letters: mnopq

When you're ready, click this button:
Do it!

set()

→ Lembre-se: um conjunto vazio aparece como "set()". Isso significa que nenhuma das letras 'm', 'n', 'o', 'p' ou 'q' aparece na frase.

Produzindo os Resultados como HTML

Neste ponto, a funcionalidade associada ao nosso aplicativo web está funcionando: qualquer navegador da web pode enviar uma combinação de `phrase/letters`, e nosso aplicativo chamará `search4letters` em nosso nome, retornando qualquer resultado. Contudo, a saída produzida não é, de fato, uma página HTML da web — são apenas os dados brutos retornados como texto para o navegador que aguarda (exibidos na tela).

Lembre-se das especificações nas costas do guardanapo mostradas antes neste capítulo. É isto que estávamos esperando produzir:

Esta parte terminou. O modelo "entry.html" produz uma aproximação deste formulário para nós.

Welcome to search4letters on the Web!

Use this form to submit a search request:

Phrase: [   ]
Letters: [aeiou]

When you're ready, click this button:

[Do it!]

Here are your results:

You submitted the following data:

Phrase: hitch-hiker
Letters: aeiou

When "hitch-hiker" is searched for "aeiou", the following results are returned:

{ 'e', 'i' }

Resta terminar esta parte. No momento estamos exibindo apenas os resultados como dados brutos.

Quando aprendemos sobre a tecnologia de modelo do Jinja2, apresentamos dois modelos HTML. O primeiro, `entry.html`, é usado para produzir o formulário. O segundo, `results.html`, é usado para exibir os resultados. Vamos usá-lo agora para produzir os dados brutos e retorná-los no HTML.

―――――――――― não existem **Perguntas Idiotas** ――――――――――

P: É possível usar o Jinja2 para padronizar dados textuais diferentes do HTML?

R: Sim. O Jinja2 é um mecanismo de modelos de texto que pode ter muitos usos. Dito isso, seu caso de uso típico é com os projetos de desenvolvimento da web (como usado aqui com o Flask), mas nada o impede de usá-lo com outros dados textuais, se você realmente quiser.

mais um modelo

Calculando os Dados Necessários

Vamos lembrar do conteúdo do modelo `results.html` como apresentado antes no capítulo. A marcação específica do Jinja2 está destacada:

Este é o "results.html".

```
{% extends 'base.html' %}

{% block body %}

<h2>{{ the_title }}</h2>

<p>You submitted the following data:</p>
<table>
<tr><td>Phrase:</td><td>{{ the_phrase }}</td></tr>
<tr><td>Letters:</td><td>{{ the_letters }}</td></tr>
</table>

<p>When "{{the_phrase }}" is search for "{{ the_letters }}", the following results are returned:</p>
<h3>{{ the_results }}</h3>

{% endblock %}
```

Os nomes destacados entre chaves duplas são as variáveis do Jinja2 que obtêm seu valor nas variáveis correspondentes no código do Python. Há quatro variáveis: the_title, the_phrase, the_letters e the_results. Veja de novo o código da função do_search (abaixo), que ajustaremos daqui a pouco para apresentar o modelo HTML mostrado acima. Como se pode ver, essa função já contém duas das quatro variáveis de que precisamos para apresentar o modelo (e manter as coisas o mais simples possível, usamos nomes da variável em nosso código do Python parecidos com os utilizados no modelo do Jinja2):

Estes são dois dos quatro valores necessários.

```
@app.route('/search4', methods=['POST'])
def do_search() -> str:
    phrase = request.form['phrase']
    letters = request.form['letters']
    return str(search4letters(phrase, letters))
```

Os dois argumentos do modelo requeridos restantes (the_title e the_results) ainda precisam ser criados a partir das variáveis nesta função e dos valores atribuídos.

Podemos atribuir a string "Here are your results:" a the_title, e então atribuir a chamada para search4letters a the_results. Todas as quatro variáveis podem ser passadas para o modelo results.html como argumentos antes de apresentar.

criando um aplicativo web

Ímãs do Modelo

Os autores do *Use a Cabeça!* se reuniram e, baseados nas exigências da função `do_search` descrita no final da última página, escreveram o código requerido. No verdadeiro estilo *Use a Cabeça!*, fizeram isso com a ajuda de alguns ímãs de codificação... e uma geladeira (é melhor não perguntar). Com o sucesso, as comemorações resultantes foram tão entusiasmadas que certo editor da série bateu com força na geladeira (cantando a canção da cerveja), e agora os ímãs estão pelo chão. Seu trabalho é colocá-los de volta em seus locais corretos no código.

```
from flask import Flask, render_template, request
from vsearch import search4letters

app = Flask(__name__)

@app.route('/')
def hello() -> str:
    return 'Hello world from Flask!'

@app.route('/search4', methods=['POST'])
def do_search() ->          :
    phrase = request.form['phrase']
    letters = request.form['letters']

         ................................................................
         ................................................................
    return    ................................................................
                   ................................................................
                   ................................................................
                   ................................................................
                   ................................................................

@app.route('/entry')
def entry_page() -> 'html':
    return render_template('entry.html',
                           the_title='Welcome to search4letters on the web!')

app.run(debug=True)
```

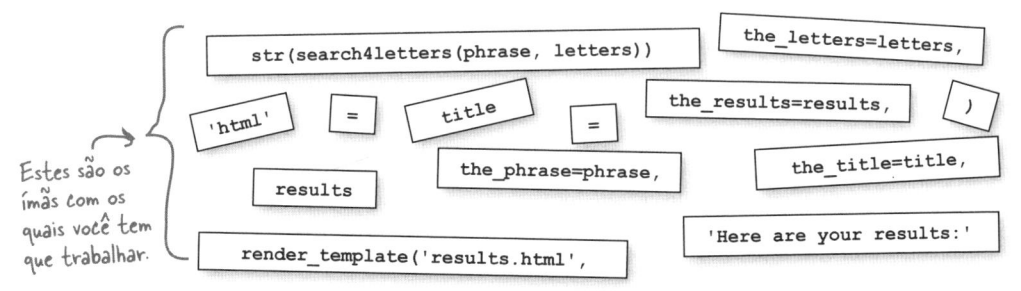

Decida qual ímã de código fica em cada um dos locais da linha pontilhada.

Estes são os ímãs com os quais você tem que trabalhar.

- `str(search4letters(phrase, letters))`
- `the_letters=letters,`
- `'html'`
- `=`
- `title`
- `=`
- `the_results=results,`
- `)`
- `results`
- `the_phrase=phrase,`
- `the_title=title,`
- `'Here are your results:'`
- `render_template('results.html',`

você está aqui ▶ **231**

ímãs organizados

Ímãs do Modelo — Solução

Tendo feito uma anotação para manter os olhos no futuro consumo de cerveja de certo editor da série, você trabalhou para restaurar todos os ímãs de código da função `do_search` atualizada. Seu trabalho era colocar de volta os ímãs nos locais corretos no código.

Veja o que propusemos quando fizemos a tarefa:

```python
from flask import Flask, render_template, request
from vsearch import search4letters

app = Flask(__name__)

@app.route('/')
def hello() -> str:
    return 'Hello world from Flask!'

@app.route('/search4', methods=['POST'])
def do_search() -> 'html' :
    phrase = request.form['phrase']
    letters = request.form['letters']
    title = 'Here are your results:'
    results = str(search4letters(phrase, letters))
    return render_template('results.html',
                           the_phrase=phrase,
                           the_letters=letters,
                           the_title=title,
                           the_results=results,
                           )

@app.route('/entry')
def entry_page() -> 'html':
    return render_template('entry.html',
                           the_title='Welcome to search4letters on the web!')

app.run(debug=True)
```

Altere a anotação para indicar que a função retorna agora o HTML, não uma string de texto simples (como na versão anterior do código).

Crie uma variável do Python chamada "title"...

... e atribua uma string a "title".

... e atribua os resultados da chamada para "search4letters" a "results".

Crie outra variável do Python chamada "results"...

Apresente o modelo "results.html". Lembre-se: esse modelo espera quatro valores de argumento.

Não se esqueça do parêntese de fechamento para terminar a chamada da função.

Cada variável do Python é atribuída a seu argumento Jinja2 correspondente. Assim, os dados do código do programa são passados para o modelo.

Agora que os ímãs estão de volta em seus locais corretos, faça essas alterações do código na cópia do `vsearch4web.py`. Salve o arquivo para assegurar que o Flask recarregará automaticamente o aplicativo web. Agora estamos prontos para outro teste.

criando um aplicativo web

Test Drive

Vamos testar a nova versão do aplicativo web usando os mesmos exemplos de antes no capítulo. Note que o Flask reiniciou o aplicativo no momento em que você salvou o código.

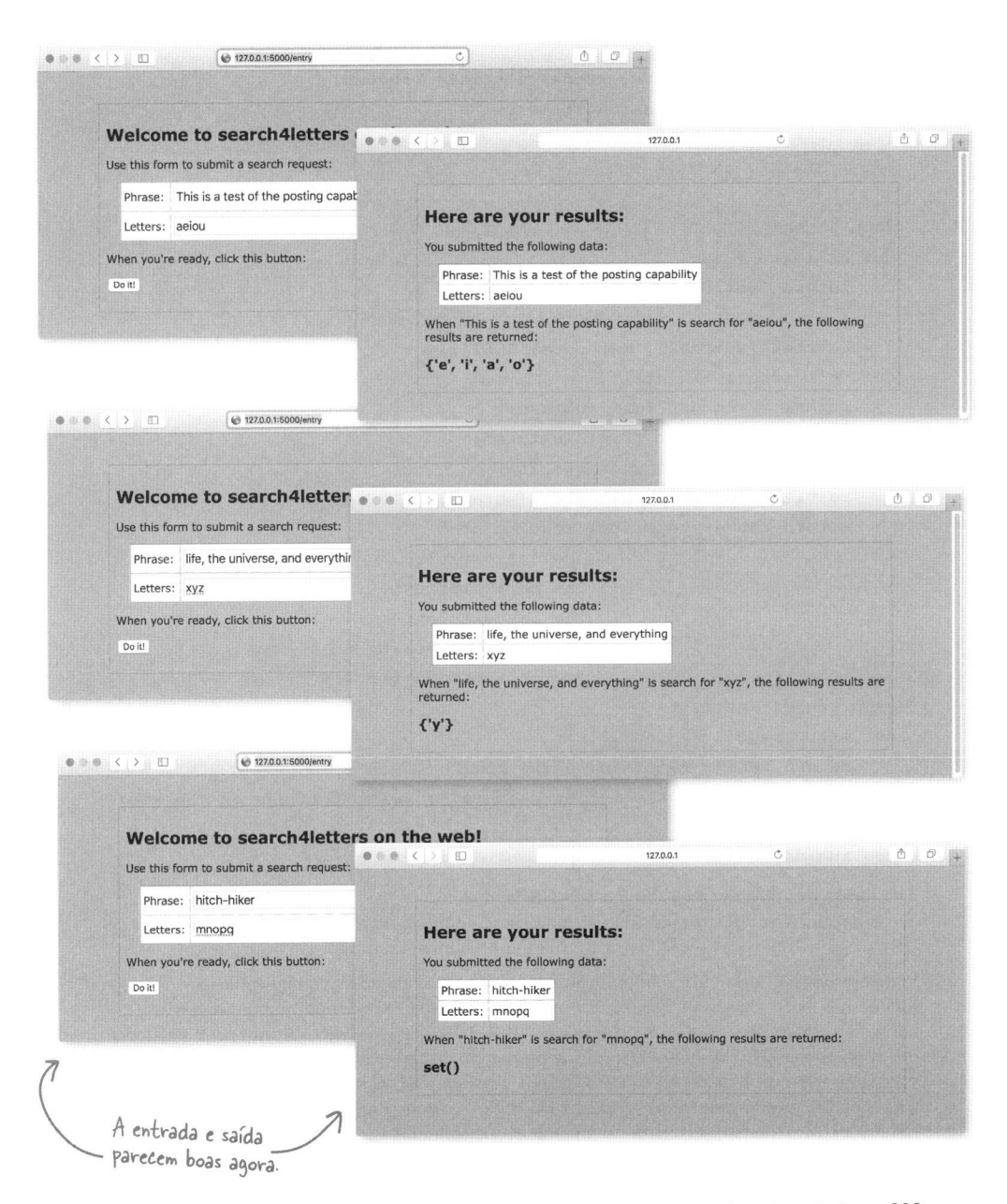

A entrada e saída parecem boas agora.

você está aqui ▶ **233**

um pouco de redireção

Dando um Toque Final

Vejamos de novo o código que compõe atualmente `vsearch4web.py`. Espero que agora todo o código faça sentido para você. Um pequeno elemento sintático, que geralmente confunde os programadores que usam o Python, é a inclusão da vírgula final na chamada para `render_template`, pois a maioria dos programadores acha que deve ser um erro de sintaxe e não deve ser permitido. Embora pareça um pouco estranho (à primeira vista), o Python permite isso — mas não requer —, portanto, podemos continuar com segurança e não nos preocupar:

```python
from flask import Flask, render_template, request
from vsearch import search4letters

app = Flask(__name__)

@app.route('/')
def hello() -> str:
    return 'Hello world from Flask!'

@app.route('/search4', methods=['POST'])
def do_search() -> 'html':
    phrase = request.form['phrase']
    letters = request.form['letters']
    title = 'Here are your results:'
    results = str(search4letters(phrase, letters))
    return render_template('results.html',
                           the_title=title,
                           the_phrase=phrase,
                           the_letters=letters,
                           the_results=results,)

@app.route('/entry')
def entry_page() -> 'html':
    return render_template('entry.html',
                           the_title='Welcome to search4letters on the web!')

app.run(debug=True)
```

> Esta vírgula extra é um pouco estranha, mas é uma sintaxe do Python perfeitamente legal (embora opcional).

Esta versão do aplicativo web suporta três URLs: /, */search4* e */entry*, com algumas existindo desde o primeiro aplicativo web Flask criado (bem no início do capítulo). No momento, a URL / exibe a mensagem "Hello world from Flask!", amistosa, porém um pouco inútil.

Podemos remover essa URL e sua função `hello` associada de nosso código (pois não precisamos mais), mas fazer isso resultaria em um erro 404 "Not Found" em qualquer navegador da web que contacta o aplicativo web na URL/, que é a URL padrão para a maioria dos aplicativos web e sites. Para evitar essa mensagem de erro chata, pediremos ao Flask para redirecionar qualquer solicitação da URL / para a URL */entry*. Fazemos isso ajustando a função `hello` para retornar `redirect` do HTML para qualquer navegador da web que solicita a URL /, de fato substituindo qualquer solicitação feita para / pela URL */entry*.

Redirecione para Evitar Erros Indesejados

Para usar a tecnologia de redireção do Flask, adicione `redirect` à linha de importação `from flask` (no início do código), e então mude o código da função `hello` para ficar assim:

Adicione "redirect" à lista de importações.

```
from flask import Flask, render_template, request, redirect
from vsearch import search4letters

app = Flask(__name__)

@app.route('/')
def hello() -> '302':
    return redirect('/entry')
...
```

Ajuste a anotação para indicar o que está sendo retornado por essa função. Lembre-se de que os códigos de status do HTTP no intervalo de 300-399 são redireções e 302 é o que o Flask envia de volta para o navegador quando "redirect" é chamada.

O resto do código fica inalterado.

Chame a função "redirect" do Flask para instruir o navegador a solicitar uma URL alternativa (neste caso, "/entry").

Esta pequena edição assegura que os usuários do aplicativo web verão o formulário HTML, caso solicitem a URL */entry* ou */*.

Faça a alteração, salve o código (que inicializa uma recarga automática) e tente apontar o navegador para cada URL. O formulário HTML deve aparecer sempre. Veja as mensagens de status sendo exibidas pelo aplicativo web no prompt de comando. Pode ser que você veja algo assim:

É feita uma solicitação para a URL "/entry", e ela é atendida imediatamente. Note o código de status 200 (e lembre-se de antes, neste capítulo, que os códigos no intervalo de 200-299 são mensagens de sucesso: o servidor recebeu, entendeu e processou a solicitação do cliente).

```
    ...
 * Detected change in 'vsearch4web.py', reloading
 * Restarting with stat
 * Debugger is active!
 * Debugger pin code: 228-903-465
127.0.0.1 - - [24/Nov/2015 16:54:13] "GET /entry HTTP/1.1" 200 -
127.0.0.1 - - [24/Nov/2015 16:56:43] "GET / HTTP/1.1" 302 -
127.0.0.1 - - [24/Nov/2015 16:56:44] "GET /entry HTTP/1.1" 200 -
```

Você salvou o código, portanto, o Flask recarregou o aplicativo web.

Quando uma solicitação é feita para a URL "/", primeiro nosso aplicativo web responde com a redireção 302, e o navegador envia outra solicitação para a URL "/entry", que é atendida com sucesso por nosso aplicativo web (novamente, note o código de status 200).

Como estratégia, nosso uso da redireção aqui funciona, mas é um desperdício — uma solicitação para a URL / sempre se transforma em duas solicitações (embora o cache no lado do cliente possa ajudar, ainda não é o ideal). Se o Flask pudesse associar de algum modo mais de uma URL a determinada função, acabando realmente com a necessidade de redireção, isso seria ótimo, não seria?

chega de redireção

As Funções Podem Ter Várias URLs

Não é difícil adivinhar aonde estamos indo com isso, é?

O Flask pode realmente associar mais de uma URL a determinada função, o que pode reduzir a necessidade de redireções, como a demonstrada na última página. Quando uma função tem mais de uma URL associada, o Flask tenta combinar cada uma delas por vez, e, se encontra uma correspondência, a função é executada.

Não é difícil aproveitar esse recurso do Flask. Para começar, remova `redirect` da linha de importação `from flask` no início do código do programa. Não precisamos mais disso, portanto, não importaremos o código que não pretendemos usar. Em seguida, usando seu editor, corte a linha de código `@app.route('/')` e cole-a acima da linha `@app.route('/entry')` quase no final do arquivo. E, finalmente, apague as duas linhas de código que compõem a função `hello`, porque nosso aplicativo web não precisa mais delas.

Quando você fizer essas alterações, o código do programa deverá ficar assim:

```
from flask import Flask, render_template, request
from vsearch import search4letters

app = Flask(__name__)

@app.route('/search4', methods=['POST'])
def do_search() -> 'html':
    phrase = request.form['phrase']
    letters = request.form['letters']
    title = 'Here are your results:'
    results = str(search4letters(phrase, letters))
    return render_template('results.html',
                           the_title=title,
                           the_phrase=phrase,
                           the_letters=letters,
                           the_results=results,)

@app.route('/')
@app.route('/entry')
def entry_page() -> 'html':
    return render_template('entry.html',
                           the_title='Welcome to search4letters on the web!')

app.run(debug=True)
```

Não precisamos mais importar "redirect", então retiramos da linha de importação.

A função "hello" foi removida.

Agora a função "entry_page" tem duas URLs associadas.

Salvar o código (que inicializa uma recarga) permite testar essa nova funcionalidade. Se você visitar a URL /, o formulário HTML aparecerá. Uma visão rápida das mensagens de status do aplicativo web confirma que processar / agora resulta em uma solicitação, em vez de duas (como era o caso anteriormente):

```
     ...
* Detected change in 'vsearch4web.py', reloading
* Restarting with stat
* Debugger is active!
* Debugger pin code: 228-903-465
127.0.0.1 - - [24/Nov/2015 16:59:10] "GET / HTTP/1.1" 200 -
```

Como sempre, a nova versão do nosso aplicativo web é carregada.

Uma solicitação, uma resposta. Melhorou. ☺

Atualizando O Que Sabemos

Acabamos de passar as últimas 40 páginas criando um pequeno aplicativo web que exibe a funcionalidade fornecida pela função `search4letters` na World Wide Web (via um site simples com duas páginas). No momento, o aplicativo web é executado localmente no computador. Em breve analisaremos como implantar o aplicativo na nuvem, mas agora vamos atualizar o que você sabe:

PONTOS DE BALA

- Você aprendeu sobre o Python Package Index (**PyPI**), que é um repositório centralizado para os módulos Python de terceiros. Quando conectado à internet, você pode instalar automaticamente os pacotes do PyPI usando `pip`.

- Você usou o `pip` para instalar a microestrutura da web **Flask**, usada para criar seu aplicativo web.

- O valor `__name__` (mantido pelo interpretador) identifica o espaço do nome ativo atualmente (mais sobre isto depois).

- O símbolo @ antes do nome de uma função identifica-a como um **decorador**. Os decoradores permitem mudar o comportamento de uma função existente sem ter que mudar o código dela. Em seu aplicativo web, você usou o decorador `@app.route` do Flask para associar as URLs às funções do Python. Uma função pode ser decorada mais de uma vez (como visto com a função `do_search`).

- Você aprendeu a usar o mecanismo de modelos de texto Jinja2 para apresentar as páginas HTML de dentro do aplicativo web.

É tudo para este capítulo?

Você seria perdoado por pensar que este capítulo não apresenta muita novidade do Python. Não apresenta. Contudo, um dos motivos do capítulo foi mostrar as poucas linhas de código do Python que você precisa para produzir algo geralmente útil na web, graças, em grande parte, ao uso do Flask. Usar uma tecnologia de modelos ajuda muito também, pois ela permite manter o código do Python (a lógica do aplicativo web) separado das páginas HTML (a interface de usuário do aplicativo).

Não é muito trabalhoso estender esse aplicativo web para fazer mais. Na verdade, você poderia conseguir um gênio em HTML para produzir mais páginas enquanto você se concentra em escrever o código do Python que liga tudo. Conforme o aplicativo web aumenta, essa separação de tarefas de fato começará a compensar. Você se concentra no código do Python (como programador do projeto), ao passo que o gênio em HTML se concentra na marcação (que é seu campo de atuação). Naturalmente, os dois terão que aprender um pouco mais sobre os modelos Jinja2, mas não é muito difícil, é?

impossível não amar o pythonanywhere

Preparando Seu Aplicativo Web para a Nuvem

Com seu aplicativo web funcionando para a especificação local em seu computador, é hora de pensar em desenvolvê-lo para ser usado por um público maior. Existem muitas opções aqui, com muitas configurações diferentes de hospedagem baseada na web disponíveis para você como programador do Python. Um serviço popular é baseado na nuvem, hospedado no AWS e chama-se *PythonAnywhere*. Nós o amamos nos *Laboratórios do Use a Cabeça!*.

Como toda outra solução de implantação hospedada na nuvem, o *PythonAnywhere* gosta de controlar como seu aplicativo web inicia. Para você, isso significa que o *PythonAnywhere* assume a responsabilidade de chamar `app.run()` em seu nome, significando que não precisa mais chamar `app.run()` no código. Na verdade, se você tentar executar essa linha de código, o *PythonAnywhere* simplesmente se recusará a executar o aplicativo.

Uma solução simples seria remover a última linha de código do arquivo *antes* de implantar na nuvem. Isso certamente funciona, mas significa que você precisa colocar essa linha de código de volta sempre que executa seu aplicativo web localmente. Se estiver escrevendo e testando um novo código, deverá fazer isso localmente (não no *PythonAnywhere*), pois você usa a nuvem para a implantação apenas, não para o desenvolvimento. E mais, remover a linha de código com problemas de fato equivale a ter que manter duas versões do mesmo aplicativo web, uma com e outra sem a linha de código. Isso nunca é uma boa ideia (e fica mais difícil de gerenciar quando você faz mais alterações).

Seria ótimo se houvesse um modo de executar seletivamente o código com base em você estar executando seu aplicativo web localmente no computador ou remotamente no *PythonAnywhere*...

> Vi muitos programas Python online, e muitos continham um suíte perto da parte inferior que inicia com:
> `if _ _ name _ _ == ' _ _ main _ _ ':`
> Algo assim ajudaria aqui?

Sim, é uma ótima sugestão.

Essa linha de código em particular *é* usada em muitos programas Python. É carinhosamente referida como "dunder name dunder main". Para entender por que é tão útil (e por que podemos aproveitá-la com o *PythonAnywhere*), vejamos com mais atenção o que ela faz e como funciona.

criando um aplicativo web

Dunder Name Dunder Main de Perto

Para entender a construção de programação sugerida no final da última página, vejamos um pequeno programa que a utiliza, chamado dunder.py. Esse programa com três linhas começa exibindo uma mensagem na tela que imprime o espaço do nome ativo atualmente, armazenado na variável _ _ name _ _. Então uma instrução if verifica para saber se o valor de _ _ name _ _ está definido para _ _ main _ _, e, se estiver, outra página é exibida, confirmando o valor de _ _ name _ _ (ou seja, o código associado ao suíte if é executado):

O código do programa "dunder.py" — todas as três linhas.

```
print('We start off in:', _ _ name _ _)
if _ _ name _ _ == '_ _ main _ _':
    print('And end up in:', _ _ name _ _)
```

Exibe o valor de "_ _name_ _".

Exibe o valor de "_ _name_ _", caso esteja definido para "_ _main_ _".

Use seu editor (ou IDLE) para criar o arquivo dunder.py, e então execute o programa no prompt de comando para ver o que acontece. Se você estiver no *Windows*, use este comando:

```
C:\> py -3 dunder.py
```

Se estiver no *Linux* ou no *Mac OS X*, use este comando:

```
$ python3 dunder.py
```

Não importa o sistema operacional executado, o programa dunder.py — quando executado *diretamente* pelo Python — produz esta saída na tela:

```
We start off in: _ _ main _ _
And end up in: _ _ main _ _
```

Quando executado diretamente pelo Python, ambas as chamadas para "print" exibem a saída.

Até agora, tudo certo.

Agora veja o que acontece quando importamos o arquivo dunder.py (que, lembre-se, *também* é um módulo) para o prompt >>>. Estamos mostrando a saída no *Linux/Mac OS X* aqui. Para fazer o mesmo no *Windows*, substitua python3 (abaixo) por py -3:

```
$ python3
Python 3.5.1 ...
Type "help", "copyright", "credits" or "license" for more information.
>>> import dunder
We start off in: dunder
```

Veja isto: há apenas uma linha exibida (em vez de duas), pois "_ _name_ _" foi definida para "dunder" (que é o nome do módulo importado).

Veja a parte que você precisa entender: se o código do programa for executado *diretamente* pelo Python, uma instrução if como aquela em dunder.py retornará True, porque o espaço do nome é _ _ main _ _. Porém, se o código do programa for importado como um módulo (como no exemplo do prompt do Python Shell acima), a instrução if sempre retornará False, pois o valor de _ _ name _ _ não é _ _ main _ _, mas o nome do módulo (dunder, neste caso).

dunder ou wonder

Explorando Dunder Name Dunder Main

Agora que você sabe o que *dunder name dunder main* faz, vamos explorá-lo para resolver o problema que temos com o *PythonAnywhere* querendo executar app.run() em nosso nome.

Quando o *PythonAnywhere* executa o código do aplicativo web, ele faz isso importando o arquivo que contém nosso código, tratando-o como qualquer outro módulo. Se a importação for bem-sucedida, então o *PythonAnywhere* chamará app.run(). Isto explica por que deixar app.run() no final do nosso código é um problema para o *PythonAnywhere*, pois ele supõe que a chamada app.run() não foi feita e falha em iniciar o aplicativo web quando a chamada app.run() foi feita.

Para resolver o problema, coloque a chamada app.run() em uma instrução if *dunder name dunder main* (assegurando que app.run() nunca será executada quando o código do aplicativo web for importado).

Edite vsearch4web.py uma última vez (neste capítulo) e mude a linha de código final para:

```
if __name__ == '__main__':
    app.run(debug=True)
```

A linha de código "app.run()" agora é executada apenas quando processada diretamente pelo Python.

Essa pequena alteração permite que você continue a executar seu aplicativo web localmente (onde a linha app.run() *será* executada), assim como implanta o aplicativo web no *PythonAnywhere* (onde a linha app.run() *não será* executada). Não importa onde seu aplicativo web é executado, agora você tem uma versão do código que faz a coisa certa.

Implantando no PythonAnywhere (bem... quase)

Tudo que resta fazer é executar essa implantação real no ambiente hospedado na nuvem do *PythonAnywhere*.

Note que, para este livro, implantar o aplicativo web na nuvem *não* é uma exigência absoluta. Apesar do fato de que pretendemos estender vsearch4web.py com uma funcionalidade adicional no próximo capítulo, você não precisa implantar o *PythonAnywhere* para acompanhar. É possível continuar, sem problemas, a editar/executar/testar seu aplicativo web localmente, pois iremos estendê-lo no próximo capítulo (e outro).

Contudo, se você realmente quiser implantar na nuvem, veja o *Apêndice B*, que fornece instruções passo a passo sobre como concluir a implantação no *PythonAnywhere*. Não é difícil nem levará mais de 10 minutos.

Se você está implantando na nuvem ou não, veremos isso no próximo capítulo, onde começaremos a ver algumas opções disponíveis para salvar os dados de dentro dos programas Python.

Código do Capítulo 5

```
from flask import Flask
from vsearch import search4letters

app = Flask(__name__)

@app.route('/')
def hello() -> str:
    return 'Hello world from Flask!'

@app.route('/search4')
def do_search() -> str:
    return str(search4letters('life, the universe, and everything', 'eiru,!'))

app.run()
```

Este é o "hello_flask.py", nosso primeiro aplicativo web baseado no Flask (uma das tecnologias de microestrutura web do Python).

```
from flask import Flask, render_template, request
from vsearch import search4letters

app = Flask(__name__)

@app.route('/search4', methods=['POST'])
def do_search() -> 'html':
    phrase = request.form['phrase']
    letters = request.form['letters']
    title = 'Here are your results:'
    results = str(search4letters(phrase, letters))
    return render_template('results.html',
                           the_title=title,
                           the_phrase=phrase,
                           the_letters=letters,
                           the_results=results,)

@app.route('/')
@app.route('/entry')
def entry_page() -> 'html':
    return render_template('entry.html',
                           the_title='Welcome to... web!')

if __name__ == '__main__':
    app.run(debug=True)
```

Este é o "vsearch4web.py". O aplicativo web mostrou a funcionalidade fornecida por nossa função "search4letters" para a World Wide Web. Além do Flask, o código explorou o mecanismo de modelos Jinja2.

```
print('We start off in:', __name__)
if __name__ == '__main__':
    print('And end up in:', __name__)
```

Este é o "dunder.py", que nos ajudou a entender o mecanismo "dunder name dunder main", muito útil.

6 armazenando e manipulando dados

Onde Colocar Seus Dados

Sim, sim... seus dados são armazenados com segurança. Na verdade, estou anotando tudo enquanto conversamos.

Mais cedo ou mais tarde, você precisará armazenar com segurança seus dados em algum lugar. E, quando chegar o momento de **armazenar os dados**, o Python dará uma cobertura. Neste capítulo, você aprenderá sobre como armazenar e recuperar os dados nos *arquivos de texto*, o que — quanto aos mecanismos de armazenamento — pode parecer um pouco simplista, mas é usado em muitas áreas problemáticas. Assim como armazenar e recuperar seus dados em arquivos, você também precisará aprender alguns truques da área quanto à manipulação dos dados. Estamos poupando a "coisa séria" (armazenar os dados em um banco de dados) até o próximo capítulo, mas há muito para nos manter ocupados por ora ao trabalhar com os arquivos.

trabalhe com dados

Fazendo Algo com os Dados do Aplicativo Web

No momento, seu aplicativo web (desenvolvido no Capítulo 5) aceita a entrada de qualquer navegador da web (na forma de `phrase` e `letters`), faz uma chamada `search4letters` e retorna qualquer resultado para o navegador da web que aguarda. Assim que termina, o aplicativo web descarta qualquer dado.

> Então... toda solicitação da web chega com um valor para "phrase" e "letters"...

> ... depois chamamos "search4letters" para produzir os resultados e retorná-los...

> ... depois simplesmente descartamos os dados?!? No mínimo deveríamos registrar os dados de solicitação da web, não?

Há muitas perguntas que poderíamos fazer em relação aos dados que nosso aplicativo web usa. Por exemplo: *Quantas solicitações foram respondidas? Qual é a lista de letras mais comum? De quais endereços IP as solicitações estão vindo? Qual navegador está sendo mais usado?* etc., etc.

Para começarmos a responder a essas (e outras) perguntas, precisamos salvar os dados do aplicativo web, em vez de apenas descartá-los. A sugestão acima faz muito sentido: vamos registrar os dados sobre cada solicitação da web, e então — assim que tivermos o mecanismo de registro — responderemos a quaisquer perguntas que tivermos.

armazenando e manipulando **dados**

O Python Suporta Abrir, Processar, Fechar

Não importa a linguagem de programação, o modo mais fácil de armazenar os dados é salvá-los em um arquivo de texto. Como consequência, o Python vem com um suporte predefinido para *abrir, processar, fechar*. Essa técnica comum permite **abrir** um arquivo, **processar** seus dados de algum modo (lendo, gravando e/ou anexando dados), e então **fechar** o arquivo quando você termina (o que salva as alterações).

Veja como usar a técnica de *abrir, processar, fechar* do Python para abrir um arquivo, processá-lo anexando algumas pequenas strings e fechar o arquivo. Com estamos apenas experimentando agora, executaremos o código no shell >>> do Python.

Começamos chamando `open` em um arquivo denominado `todos.txt`, usando o *modo anexar*, pois nosso plano é adicionar dados ao arquivo. Se a chamada para `open` tiver sucesso, o interpretador retornará um objeto (conhecido como *fluxo de arquivos*), que é um alias do arquivo real. O objeto é atribuído a uma variável e recebe o nome `todos` (embora você possa usar qualquer nome desejado):

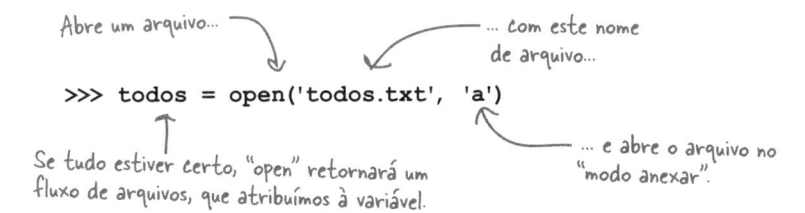

> **Código Sério**
>
> Para acessar o prompt >>>:
> - execute o IDLE no computador;
> - execute o comando `python3` em um terminal com *Linux* ou *Mac OS X*; ou
> - use `py -3` em uma linha de comando do *Windows*.

Abre um arquivo... ... com este nome de arquivo...

```
>>> todos = open('todos.txt', 'a')
```

Se tudo estiver certo, "open" retornará um fluxo de arquivos, que atribuímos à variável.

... e abre o arquivo no "modo anexar".

A variável `todos` permite referenciar seu arquivo no código (outras linguagens de programação referem-se a isso como *ponteiro do arquivo*). Agora que o arquivo está aberto, vamos gravá-lo usando `print`. Note como, abaixo, `print` obtém um argumento extra (`file`), que identifica o fluxo de arquivos no qual gravar. Temos três coisas para nos lembrar de fazer (realmente interminável), portanto, chamamos `print` três vezes:

Imprime uma mensagem... ... em um fluxo de arquivos.

```
>>> print('Put out the trash.', file=todos)
>>> print('Feed the cat.', file=todos)
>>> print('Prepare tax return.', file=todos)
```

Como não temos nada mais para adicionar à nossa lista de tarefas, fecharemos o arquivo chamando o método `close` que foi disponibilizado pelo interpretador para cada fluxo de arquivo:

```
>>> todos.close()
```

Terminamos, então vamos nos organizar fechando o fluxo de arquivos.

Se você se esquecer de chamar `close`, poderá *realmente* perder os dados. É importante sempre se lembrar de chamar `close`.

você está aqui ▶ **245**

Lendo os Dados em um Arquivo Existente

Agora que você adicionou algumas linhas de dados ao arquivo todos.txt, vejamos o código para *abrir, processar, fechar* necessário para ler os dados salvos no arquivo e exibi-los na tela.

Em vez de abrir o arquivo no modo anexar, desta vez você está interessado apenas em ler o arquivo. Como leitura é o **modo padrão** de open, você não precisa fornecer um argumento do modo. Você só precisa do nome do arquivo aqui. Não estamos usando todos como o alias do arquivo neste código. Pelo contrário, referenciaremos o arquivo aberto pelo nome tasks (como antes, você pode usar qualquer nome de variável desejado aqui):

"Leitura" é o modo padrão da função "open".

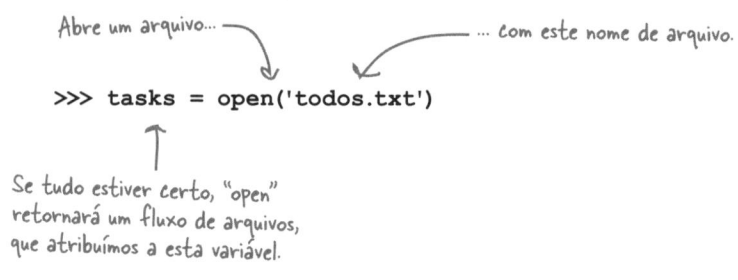

Abre um arquivo... ... com este nome de arquivo.

```
>>> tasks = open('todos.txt')
```

Se tudo estiver certo, "open" retornará um fluxo de arquivos, que atribuímos a esta variável.

Agora usaremos tasks com um loop for para ler cada linha individual no arquivo. Quando fazemos isso, a variável de iteração (chore) do loop for é atribuída à linha de dados atual como lida no arquivo. Cada iteração atribui uma linha de dados a chore. Quando você usa um fluxo de arquivos com o loop for do Python, o interpretador é esperto o bastante para ler uma linha de dados no arquivo a cada vez que o loop itera. Ele também é esperto o bastante para terminar o loop quando não há mais dados para ler:

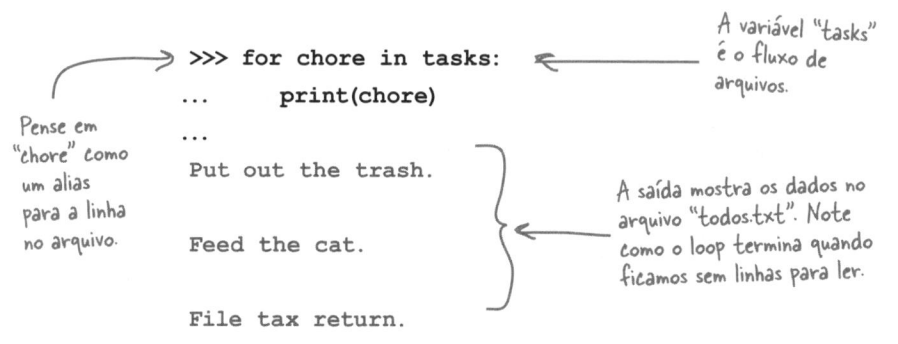

Pense em "chore" como um alias para a linha no arquivo.

A variável "tasks" é o fluxo de arquivos.

```
>>> for chore in tasks:
...     print(chore)
...
Put out the trash.

Feed the cat.

File tax return.
```

A saída mostra os dados no arquivo "todos.txt". Note como o loop termina quando ficamos sem linhas para ler.

Como você está apenas lendo em um arquivo já gravado, chamar close não é muito crítico aqui em comparação com quando você está gravando os dados. Mas sempre é uma boa ideia fechar um arquivo quando ele não é mais necessário, portanto, chame o método close quando tiver terminado:

```
>>> tasks.close()
```

Acabamos, então vamos nos organizar fechando o fluxo de arquivos.

armazenando e manipulando **dados**

Perguntas Idiotas (não existem)

P: O que acontece com as novas linhas extras na saída? Os dados no arquivo têm três linhas, mas o loop `for` produziu seis linhas de saída na tela. O que aconteceu?

R: Sim, a saída do loop `for` parece estranha, não parece? Para entender o que está acontecendo, considere que a função `print` anexa uma nova linha a tudo que exibe na tela *como seu comportamento padrão*. Quando você combina isso com o fato de que cada linha no arquivo termina com um caractere de nova linha (e a nova linha é lida como parte da linha), você imprime duas novas linhas: uma do arquivo, com outra de `print`. Para instruir `print` a não incluir a segunda nova linha, altere `print(chore)` para `print(chore, end='')`. Isso tem o efeito de suprimir o comportamento de anexação de nova linha de `print`, então as novas linhas extras não aparecem mais na tela.

P: Quais outros modos estão disponíveis quando estou trabalhando com os dados nos arquivos?

R: Há poucos, que resumimos na caixa *Código Sério* a seguir. (A propósito, é uma ótima pergunta.)

Código Sério

O primeiro argumento para `open` é o nome do arquivo a processar. O segundo argumento é **opcional**. Pode ser definido para diversos valores diferentes e dita o **modo** no qual o arquivo é aberto. Os modos incluem "leitura", "gravação" e "anexação". Veja os valores dos modos mais comuns, nos quais cada um (exceto `'r'`) cria um novo arquivo vazio, caso o arquivo nomeado no primeiro argumento ainda não exista:

`'r'` Abre um arquivo para **leitura**. Este é o modo padrão, e, como tal, é opcional. Quando um segundo argumento não é fornecido, `'r'` é presumido. Também presume-se que o arquivo sendo lido já existe.

`'w'` Abre um arquivo para **gravação**. Se o arquivo já tiver dados, esvazia o arquivo com os dados antes de continuar.

`'a'` Abre um arquivo para **anexação**. Preserva o conteúdo do arquivo adicionando novos dados ao final dele (compare esse comportamento com `'w'`).

`'x'` Abre um **novo arquivo** para a gravação. Falha se o arquivo já existir (compare esse comportamento com `'w'` e `'a'`).

Por padrão, os arquivos são abertos no modo **texto**, no qual se supõe que o arquivo contém linhas de dados textuais (por exemplo, ASCII ou UTF-8). Se você estiver trabalhando com dados não textuais (por exemplo, um arquivo de imagem ou MP3), poderá especificar o modo **binário** adicionando "b" a qualquer modo (por exemplo, `'wb'` significa "gravar em dados binários"). Se você incluir "+" como parte do segundo argumento, o arquivo será aberto para leitura *e* gravação (por exemplo, `'x+b'` significa "ler e gravar em um novo arquivo binário"). Consulte a documentação do Python para obter detalhes sobre `open` (inclusive informações sobre outros argumentos opcionais).

Vi muitos projetos do Python no GitHub, e a maioria usa uma instrução "with" ao abrir os arquivos. Do que se trata?

A instrução `with` é mais conveniente.

Embora usar a função `open` com o método `close` (e um pouco de processamento) funcione bem, a maioria dos programadores Python evita *abrir, processar, fechar* e prefere a instrução `with`. Vamos reservar um momento para descobrir o motivo.

Abra, Processe, Feche Melhor: "with"

Antes de descrever por que `with` é tão popular, vejamos um código que usa `with`. Veja o código que escrevemos (duas páginas atrás) para ler e exibir o conteúdo atual de nosso arquivo `todos.txt`. Note que ajustamos a chamada da função `print` para omitir a nova linha extra na saída:

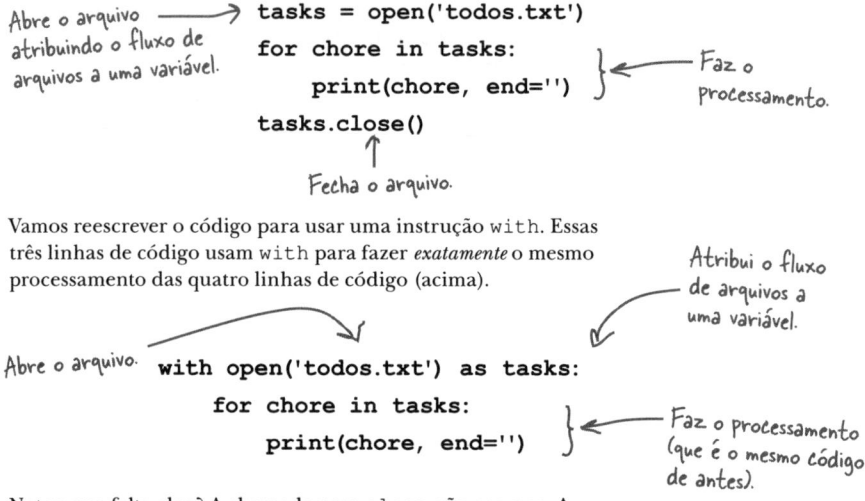

```
tasks = open('todos.txt')
for chore in tasks:
    print(chore, end='')
tasks.close()
```

Abre o arquivo atribuindo o fluxo de arquivos a uma variável. → `tasks = open('todos.txt')`

`for chore in tasks:` / `print(chore, end='')` ← *Faz o processamento.*

`tasks.close()` ← *Fecha o arquivo.*

Vamos reescrever o código para usar uma instrução `with`. Essas três linhas de código usam `with` para fazer *exatamente* o mesmo processamento das quatro linhas de código (acima).

```
with open('todos.txt') as tasks:
    for chore in tasks:
        print(chore, end='')
```

Abre o arquivo. → `with open('todos.txt') as tasks:` ← *Atribui o fluxo de arquivos a uma variável.*

`for chore in tasks:` / `print(chore, end='')` ← *Faz o processamento (que é o mesmo código de antes).*

Notou que falta algo? A chamada para `close` não aparece. A instrução `with` é inteligente o bastante para lembrar de chamar `close` *em seu nome* sempre que o suíte de código termina.

Isso é realmente muito mais útil do que parece inicialmente, pois muitos programadores geralmente esquecem de chamar `close` quando terminam de processar um arquivo. Isso não é grande coisa quando tudo que você está fazendo é ler um arquivo, mas quando está gravando em um arquivo, esquecer de chamar `close` pode causar potencialmente uma *perda* ou *violação dos dados*. Acabando com a necessidade de sempre lembrar de chamar `close`, a instrução `with` permite que você se concentre no que está realmente fazendo com os dados no arquivo aberto.

A instrução "with" gerencia o contexto

A instrução `with` está em conformidade com a convenção de codificação predefinida no Python chamada **protocolo de gerenciamento do contexto**. Estamos adiando uma análise detalhada desse protocolo para mais tarde no livro. Tudo com que você tem que se preocupar agora é com o fato de que, quando usa `with` ao trabalhar com os arquivos, pode se esquecer de chamar `close`. A instrução `with` está gerenciando o texto no qual o suíte é executado, e quando você usa `with` e `open` juntos, o interpretador limpa para você chamando `close` como e quando requerido.

> O Python suporta "abrir, processar, fechar". Mas a maioria dos programadores Python prefere usar a instrução "with".

*armazenando e manipulando **dados***

Exercício

Agora vamos utilizar o que você sabe para trabalhar com os arquivos usados. Veja o código atual do aplicativo web. Leia novamente antes de informarmos o que você precisa fazer:

```python
from flask import Flask, render_template, request
from vsearch import search4letters

app = Flask(__name__)

@app.route('/search4', methods=['POST'])
def do_search() -> 'html':
    phrase = request.form['phrase']
    letters = request.form['letters']
    title = 'Here are your results:'
    results = str(search4letters(phrase, letters))
    return render_template('results.html',
                           the_title=title,
                           the_phrase=phrase,
                           the_letters=letters,
                           the_results=results,)

@app.route('/')
@app.route('/entry')
def entry_page() -> 'html':
    return render_template('entry.html',
                the_title='Welcome to search4letters on the web!')

if __name__ == '__main__':
    app.run(debug=True)
```

Este é o código "vsearch4web.py" do Capítulo 5.

Seu trabalho é escrever uma nova função, chamada `log_request`, que tem dois argumentos: `req` e `res`. Quando chamado, o argumento `req` é atribuído ao objeto de solicitação do Flask atual, enquanto o argumento `res` é atribuído aos resultados de chamar `search4letters`. O suíte da função `log_request` deve anexar o valor de `req` e `res` (como uma linha) a um arquivo chamado `vsearch.log`. Começamos para você fornecendo a linha `def` da função. Você deve fornecer o código que falta (sugestão: use `with`):

Escreva o suíte da função aqui.

```
def log_request(req: 'flask_request', res: str) -> None:
```

você está aqui ▶ **249**

criando o registro

Exercício Solução

Seu trabalho foi escrever uma nova função, chamada `log_request`, que tem dois argumentos: `req` e `res`. Quando chamado, o argumento `req` é atribuído ao objeto de solicitação do Flask atual, enquanto o argumento `res` é atribuído aos resultados de chamar `search4letters`. O suíte da função `log_request` deve anexar o valor de `req` e `res` (como uma linha) a um arquivo chamado `vsearch.log`. Começamos — você teve que fornecer o código que faltava:

Esta anotação deve ter te impressionado um pouco. Lembre-se de que as anotações da função são para ser lidas por outros programadores. São a documentação, não o código executável: o interpretador do Python sempre as ignora, então você pode usar qualquer descrição de anotação desejada.

```
def log_request(req: 'flask_request', res: str) -> None:
    with open('vsearch.log', 'a') as log:
        print(req, res, file=log)
```

Use "with" para abrir "vsearch.log" no modo anexar.

Chame a BIF "print" para gravar os valores de "req" e "res" no arquivo aberto.

Note que o fluxo de arquivos é chamado de "log" neste código.

Esta anotação usa o valor "None" do Python para indicar que a função não tem nenhum valor de retorno.

Chamando a função de registro

Agora que a função `log _ request` existe, quando a chamamos?

Bem, a princípio adicionaremos o código `log _ request` ao arquivo vsearch4web.py. Você pode colocá-lo em qualquer lugar no arquivo, mas inserimos diretamente acima da função `do _ search` e seu decorador `@app.route` associado. Fizemos isso porque iremos chamá-lo de dentro da função `do _ search`, e colocar acima da função que chama parece ser uma boa ideia.

Precisamos chamar `log _ request` antes de a função `do _ search` terminar, mas depois de `results` ter sido retornado da chamada para `search4letters`. Veja o fragmento do código `do _ search` mostrando a chamada inserida:

```
...
phrase = request.form['phrase']
letters = request.form['letters']
title = 'Here are your results:'
results = str(search4letters(phrase, letters))
log _ request(request, results)
return render_template('results.html',
...
```

Chama a função "log_request".

Uma Rápida Revisão

Antes de levar esta última versão de vsearch4web.py para dar uma volta, vamos verificar se seu código está igual ao nosso. Veja o arquivo inteiro, com os últimos acréscimos destacados:

```
from flask import Flask, render_template, request
from vsearch import search4letters

app = Flask(__name__)

def log_request(req: 'flask_request', res: str) -> None:
    with open('vsearch.log', 'a') as log:
        print(req, res, file=log)

@app.route('/search4', methods=['POST'])
def do_search() -> 'html':
    phrase = request.form['phrase']
    letters = request.form['letters']
    title = 'Here are your results:'
    results = str(search4letters(phrase, letters))
    log_request(request, results)
    return render_template('results.html',
                    the_title=title,
                    the_phrase=phrase,
                    the_letters=letters,
                    the_results=results,)

@app.route('/')
@app.route('/entry')
def entry_page() -> 'html':
    return render_template('entry.html',
                    the_title='Welcome to search4letters on the web!')

if __name__ == '__main__':
    app.run(debug=True)
```

Estes são os últimos acréscimos, que registram cada solicitação da web em um arquivo chamado "vsearch.log".

Você pode ter notado que nenhuma função do aplicativo web contém comentários. É uma omissão intencional de nossa parte (pois há pouco espaço nestas páginas, e algo tinha que sair). Observe que qualquer código baixado do site de suporte do livro sempre inclui comentários.

Leve o aplicativo da web para dar uma volta...

Inicie esta versão do aplicativo web (se requerido) em um prompt de comando. No *Windows*, use este comando:

```
C:\webapps> py -3 vsearch4web.py
```

No *Linux* ou no *Mac OS X*, use este comando:

```
$ python3 vsearch4web.py
```

Com o aplicativo web ativado e em execução, registraremos alguns dados via formulário HTML.

*registre **estas***

Test Drive

Use seu navegador da web para enviar dados para ele via formulário HTML do aplicativo web. Se você quiser acompanhar o que estamos fazendo, envie três pesquisas usando os seguintes valores para `phrase` e `letters`:

> `hitch-hiker` com `aeiou`.
> `life, the universe, and everything` com `aeiou`.
> `galaxy` com `xyz`.

Antes de começar, note que o arquivo `vsearch.log` ainda não existe.

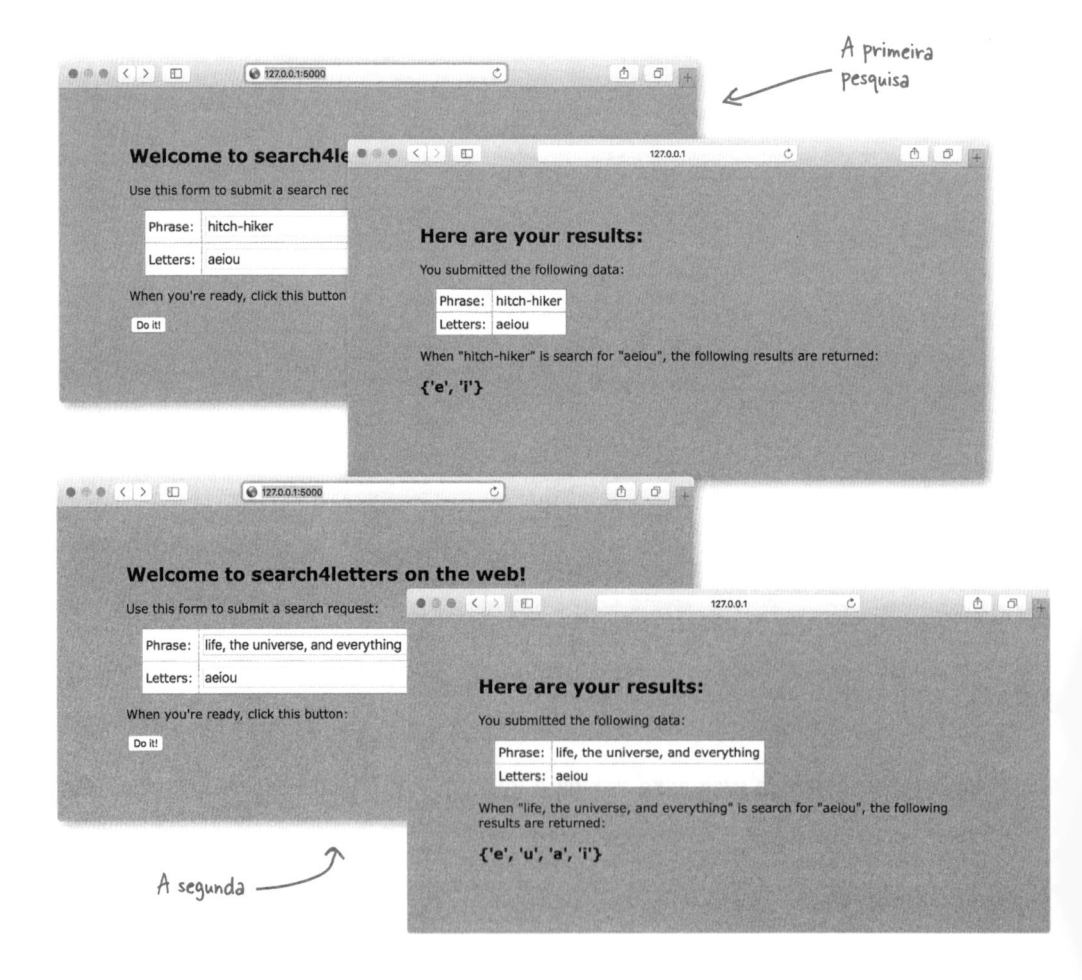

A primeira pesquisa

A segunda

*armazenando e manipulando **dados***

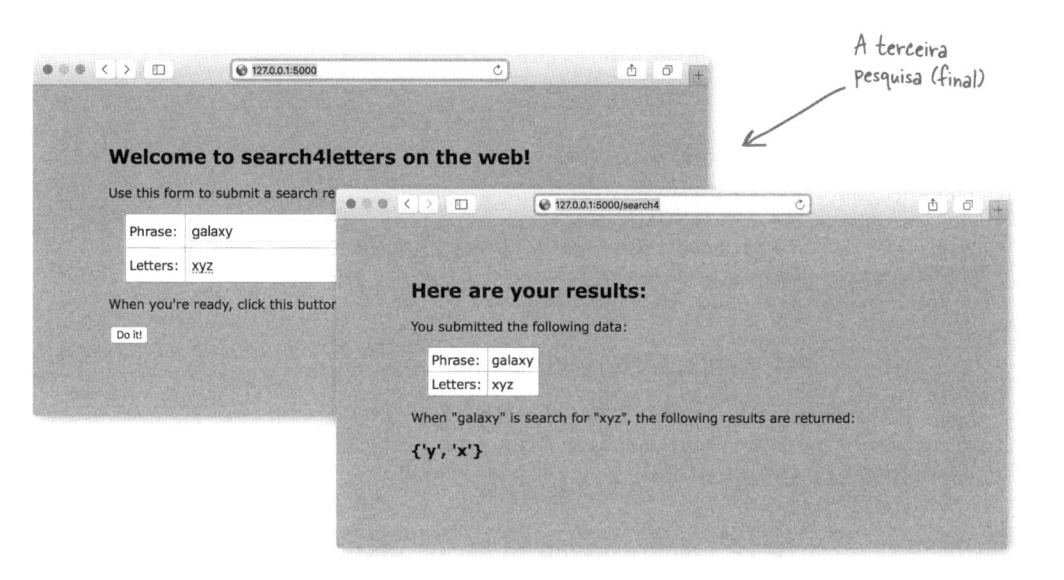

A terceira pesquisa (final)

Os dados são registrados (internamente)

Sempre que o formulário HTML é usado para enviar dados para o aplicativo web, a função `log_request` salva os detalhes da solicitação da web e grava os resultados no arquivo de registro. Logo depois da primeira pesquisa, o arquivo `vsearch.log` é criado na mesma pasta do código do aplicativo web:

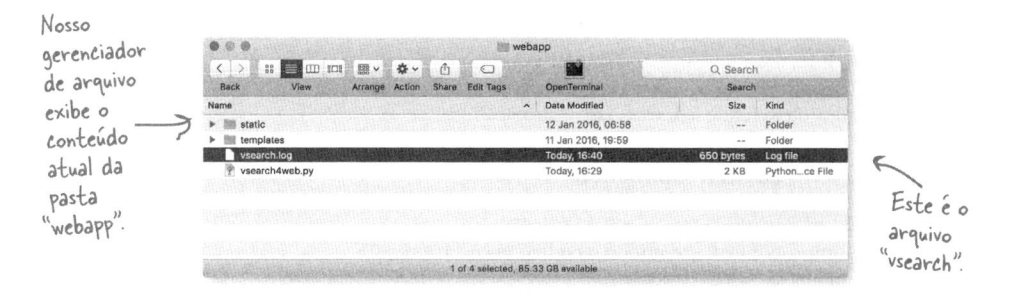

Nosso gerenciador de arquivo exibe o conteúdo atual da pasta "webapp".

Este é o arquivo "vsearch".

É uma tentação considerar o uso de seu editor de texto para exibir o conteúdo do arquivo `vsearch.log`. Mas onde fica a *diversão*? Como é um aplicativo web, forneceremos acesso aos dados registrados com o próprio aplicativo. Assim, você nunca terá que sair do navegador da web ao interagir com os dados de seu aplicativo. Vamos criar uma nova URL, chamada */viewlog*, que exibe o conteúdo do registro sob demanda.

você está aqui ▶ **253**

mais uma url

Exiba o Registro Com Seu Aplicativo Web

Você adicionará suporte da URL */viewlog* ao seu aplicativo web. Quando o aplicativo receber uma solicitação para */viewlog*, deverá abrir o arquivo `vsearch.log`, ler todos os dados e enviar os dados para o navegador que aguarda.

Grande parte do que precisa fazer você já sabe. Comece criando uma nova linha `@app.route` (estamos adicionando o código quase no final de `vsearch4web.py`, logo acima da linha *dunder name dunder main*):

```
@app.route('/viewlog')
```
← *Temos uma URL novinha.*

Tendo decidido sobre a URL, em seguida escreveremos uma função para ela. Chamaremos nossa nova função de `view_the_log`. Essa função não terá argumento, e retornará uma string para quem chama. A string será uma concatenação de todas as linhas de dados do arquivo `vsearch.log` file. Veja a linha `def` da função:

```
def view_the_log() -> str:
```
← *E temos uma função novinha que (segundo a anotação) retorna uma string.*

Agora escreva o suíte da função. Temos que abrir o arquivo *para leitura*. Esse é o modo padrão da função `open`, portanto, você só precisa do nome do arquivo como um argumento para `open`. Vamos gerenciar o contexto no qual o código de processamento do arquivo é executado usando uma instrução `with`:

```
with open('vsearch.log') as log:
```
← *Abre o arquivo de registro para leitura.*

No suíte da instrução `with`, precisamos ler todas as linhas do arquivo. Seu primeiro pensamento poderia ser fazer um loop no arquivo, lendo uma linha por vez. Contudo, o interpretador fornece um método `read`, que, quando chamado, retorna o conteúdo *inteiro* do arquivo "de uma vez". Veja a linha de código que faz exatamente isso, criando uma nova string chamada `contents`:

```
contents = log.read()
```
← *Lê o arquivo inteiro "de uma vez" e o atribui a uma variável (que chamamos de "contents").*

Com o arquivo lido, o suíte da instrução `with` termina (fechando o arquivo), e você agora está pronto para enviar os dados de volta para o navegador da web que aguarda. Isso é simples:

```
return contents
```
← *Pega a lista de linhas em "contents" e as retorna.*

Com tudo reunido, agora você tem todo o código necessário para responder à solicitação */viewlog*; fica assim:

Este é todo o código de que você precisa para suportar a URL "/viewlog". →

```
@app.route('/viewlog')
def view_the_log() -> str:
    with open('vsearch.log') as log:
        contents = log.read()
        return contents
```

armazenando e manipulando **dados**

Test Drive

Com o novo código adicionado e salvo, seu aplicativo web deverá recarregar automaticamente. Será possível inserir algumas novas pesquisa se você quiser, mas as executadas algumas páginas atrás já estão registradas. Qualquer nova pesquisa feita será anexada ao arquivo de registro. Vamos usar a URL */viewlog* para dar uma olhada no que foi salvo. Digite `http://127.0.0.1:5000/viewlog` na barra de endereço do navegador.

Eis o que vimos quando usamos *Safari* no *Mac OS X* (também verificamos o *Firefox* e o *Chrome*, e conseguimos a mesma saída):

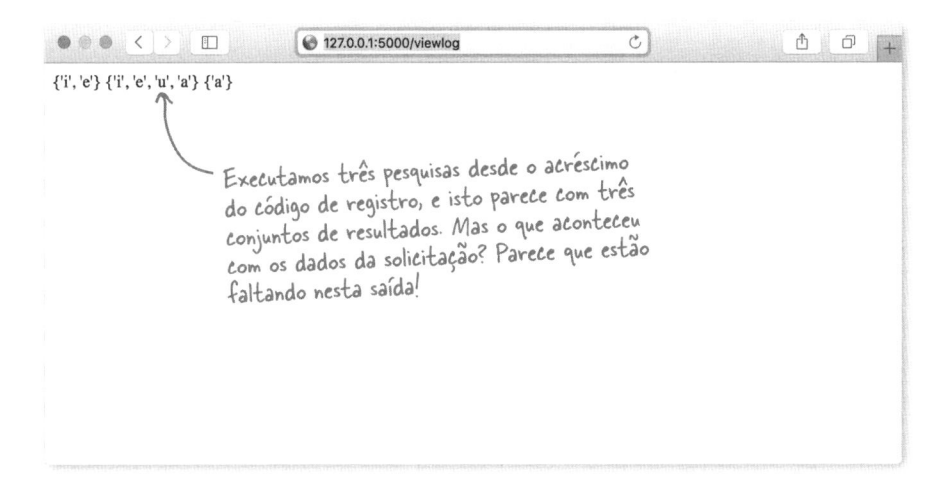

> 127.0.0.1:5000/viewlog
>
> {'i', 'e'} {'i', 'e', 'u', 'a'} {'a'}

Executamos três pesquisas desde o acréscimo do código de registro, e isto parece com três conjuntos de resultados. Mas o que aconteceu com os dados da solicitação? Parece que estão faltando nesta saída!

Onde começar quando as coisas dão errado na saída

Quando a saída não coincide bem com o que você estava esperando (que *é* o caso acima), é melhor começar verificando exatamente quais dados o aplicativo web enviou para você. É importante notar que o que apareceu na tela é uma *representação* (ou interpretação) dos dados do aplicativo web como executados pelo navegador da web. Todos os grandes navegadores permitem exibir dados brutos recebidos sem nenhuma apresentação. Isso é conhecido como a **fonte** da página, e exibi-la pode ser uma ajuda na depuração, assim como um ótimo primeiro passo para entender o que está acontecendo aqui.

Se você estiver usando o *Firefox* ou o *Chrome*, clique com o botão direito na janela do navegador e selecione **Exibir Código-fonte da Página** no menu suspenso para ver os dados brutos, como enviados pelo aplicativo da web. Se estiver executando o *Safari*, primeiro precisará ativar as opções do desenvolvedor: abra as preferências do Safari, então ative a opção *Exibir menu Desenvolver na barra de menu* na parte inferior da guia *Avançado*. Assim que você fizer isso, poderá voltar para sua janela do navegador e selecionar **Mostrar Código-fonte da Página** no menu suspenso. Vá em frente e exiba os dados brutos agora, e então compare-os com o que temos (na próxima página).

use o código-fonte

Examine os Dados Brutos Com Exibir Código-Fonte

Lembre-se, a função `log_request` salva duas partes de dados para cada solicitação da web registrada: o objeto de solicitação, assim como os resultados da chamada para `search4letters`. Mas, quando você exibe o registro (com */viewlog*), está vendo apenas os dados do resultado. A exibição do código-fonte (ou seja, os dados brutos retornados do aplicativo web) dá uma dica sobre o que aconteceu com o objeto de solicitação?

Eis o que vimos quando usamos o *Firefox* para exibir os dados brutos. O fato de que a saída de cada objeto de solicitação é destacada é outra dica de que algo está errado nos dados de registro:

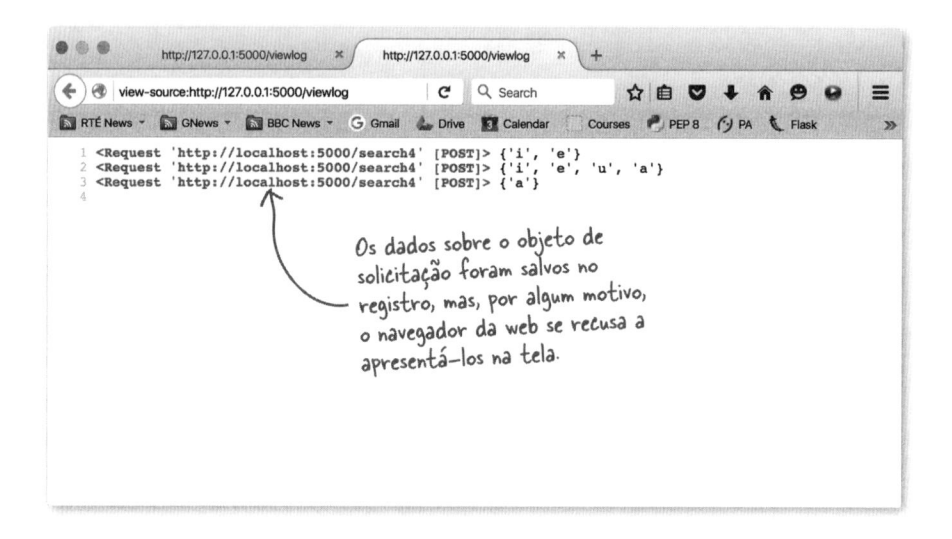

> Os dados sobre o objeto de solicitação foram salvos no registro, mas, por algum motivo, o navegador da web se recusa a apresentá-los na tela.

A explicação para os dados da solicitação não serem apresentados é sutil, e o fato de que o *Firefox* destacou os dados da solicitação ajuda a entender o que está acontecendo. Parece que não há nada de errado com os dados reais da solicitação. Contudo, parece que os dados entre os sinais de maior e menor que (< e >) estão perturbando o navegador. Quando os navegadores veem um sinal de menor que de abertura, eles tratam tudo entre este sinal e o sinal de maior de fechamento como uma tag HTML. Como `<Request>` não é uma tag HTML válida, os navegadores modernos simplesmente a ignoram e se recusam a apresentar qualquer texto entre os sinais, e é isso que está acontecendo aqui. Isso resolve o mistério dos dados de solicitação desaparecidos. Mas ainda queremos ver esses dados quando exibimos o registro usando */viewlog*.

O que precisamos fazer é ter um modo de informar ao navegador para não tratar os sinais de maior e menor do objeto de solicitação como uma tag HTML, mas tratá-los como texto simples. Por sorte, o Flask vem com uma função que pode ajudar.

É Hora do Escape (Dos Dados)

Quando o HTML foi criado, seus designers sabiam que alguns designers de página da web queriam exibir os sinais de maior e menor (e outros caracteres com um significado especial para o HTML). Como consequência, eles propuseram o conceito conhecido como *escape*: codificar os caracteres especiais do HTML para que eles possam aparecer em uma página da web, mas não ser interpretados como HTML. Uma série de conversões foi definida, uma para cada caractere especial. É uma ideia simples: um caractere especial como < é definido como <, ao passo que > é definido como >. Se você enviar essas conversões, *em vez* de dados brutos, o navegador da web fará a coisa certa: exibirá < e >, ao invés de ignorá-los, e exibirá todo o texto entre eles.

Código Sério

O objeto **Markup** do Flask é um texto que foi marcado como sendo seguro em um contexto HTML/XML. Markup herda da string `unicode` predefinida do Python e pode ser usado em qualquer lugar onde você usaria uma string.

O Flask inclui uma função chamada `escape` (que atualmente é herdada de Jinja2). Quando fornecida com dados brutos, `escape` converte os dados em seu equivalente HTML com escape. Vamos experimentar a `escape` no prompt >>> do Python para ter uma ideia de como funciona.

Comece importando a função `escape` do módulo `flask`, e então chame `escape` com uma string sem caracteres especiais:

```
>>> from flask import escape
>>> escape('This is a Request')
Markup('This is a Request')
```

Importa a função. — Usa "escape" com uma string normal. — Nenhuma alteração

A função de escape retorna um *objeto Markup*, que — para qualquer fim — se comporta como uma string. Quando você passa `escape` a uma string contendo qualquer caractere especial do HTML, a conversão é feita, como mostrado:

```
>>> escape('This is a <Request>')
Markup('This is a &lt;Request&gt;')
```

Usa "escape" com uma string com algum caractere especial.

Os caracteres especiais tiveram o escape aplicado (ou seja, foram convertidos).

Como no exemplo anterior (acima), você também pode tratar o objeto markup como uma string normal.

Se pudermos chamar `escape` de algum modo nos dados no arquivo de registro, conseguiremos resolver o problema que temos atualmente com a não exibição dos dados da solicitação. Isso não deve ser difícil, pois o arquivo de registro é lido de "uma vez" pela função `view_the_log` antes de ser retornado como uma string:

```
@app.route('/viewlog')
def view_the_log() -> str:
    with open('vsearch.log') as log:
        contents = log.read()
    return contents
```

Veja nossos dados de registro (como uma string).

Para resolver o problema, tudo que precisamos fazer é chamar `escape` em `contents`.

escape nos dados brutos

Exibindo o Registro Inteiro no Aplicativo Web

A alteração no código é comum, mas faz uma grande diferença. Adicione escape à lista de importação do módulo flask (no início do programa), então chame escape na string retornada ao chamar o método join:

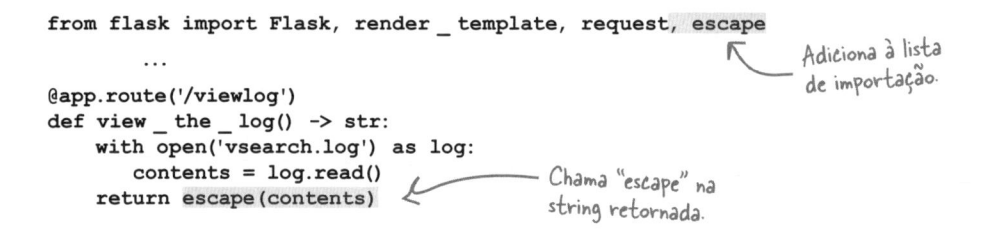

```python
from flask import Flask, render_template, request, escape
    ...
@app.route('/viewlog')
def view_the_log() -> str:
    with open('vsearch.log') as log:
        contents = log.read()
    return escape(contents)
```

Adiciona à lista de importação.

Chama "escape" na string retornada.

Test Drive

Corrija o programa para importar e chamar escape como mostrado acima, e então salve o código (para que o aplicativo web recarregue). Depois, recarregue a URL */viewlog* no navegador. Agora todos os seus dados de registro devem aparecer na tela. Exiba o código-fonte do HTML para confirmar se o escape está funcionando. Eis o que vimos quando testamos esta versão do aplicativo web com o *Chrome*:

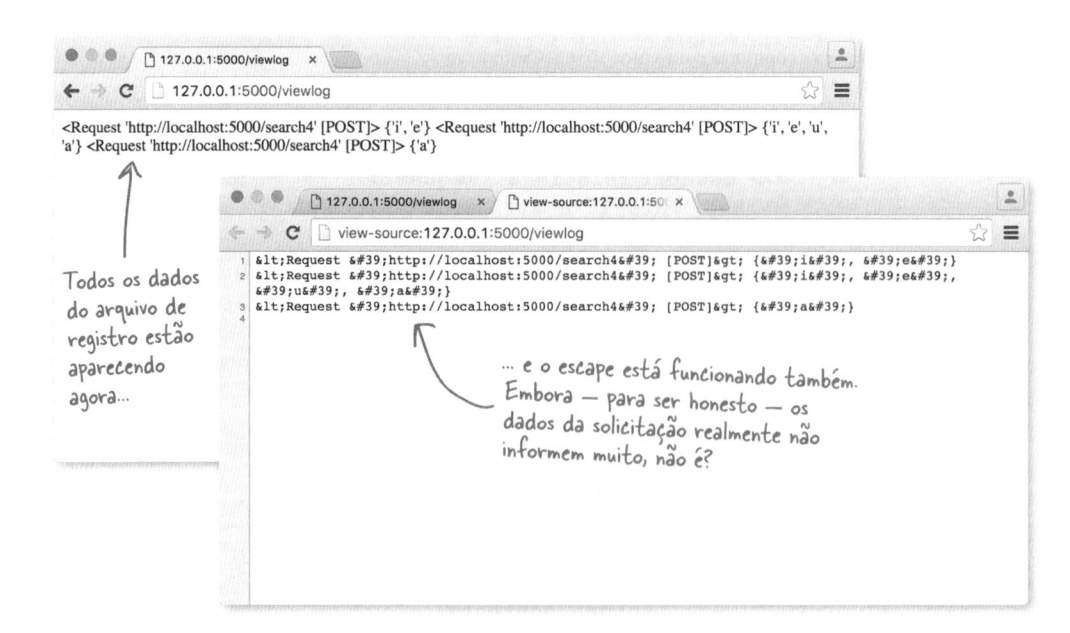

Todos os dados do arquivo de registro estão aparecendo agora...

... e o escape está funcionando também. Embora — para ser honesto — os dados da solicitação realmente não informem muito, não é?

*armazenando e manipulando **dados***

Aprendendo Mais Sobre o Objeto de Solicitação

Os dados no arquivo de registro relacionado à solicitação da web realmente não são muito úteis. Veja um exemplo do que está registrado atualmente. Embora cada resultado registrado seja diferente, cada solicitação da web registrada está aparecendo *exatamente* igual:

Cada solicitação da web registrada é igual.

```
<Request 'http://localhost:5000/search4' [POST]> {'i', 'e'}
<Request 'http://localhost:5000/search4' [POST]> {'i', 'e', 'u', 'a'}
<Request 'http://localhost:5000/search4' [POST]> {'a'}
```

Cada resultado registrado é diferente.

Estamos registrando a solicitação da web no nível do objeto, mas realmente precisa estar *dentro* da solicitação, e registrando alguns dados contidos nela. Como foi visto antes no livro, quando você precisa descobrir o que algo contém no Python, insere no `dir` predefinido para ver uma lista dos métodos e atributos.

Faremos um pequeno ajuste na função `log_request` para registrar a saída da chamada de `dir` em cada objeto de solicitação. Não é uma grande alteração... em vez de passar um novo `req` bruto como o primeiro argumento para `print`, vamos passar uma versão de string do resultado da chamada de `dir(req)`. Veja a nova versão de `log_request` com a alteração destacada:

```
def log_request(req:'flask_request', res:str) -> None:
    with open('vsearch.log', 'a') as log:
        print(str(dir(req)), res, file=log)
```

Chamamos "dir" em "req", que produz uma lista, e então aplicamos uma string na lista passando a lista para "str". A string resultante é, então, salva no arquivo de registro, com o valor de "res".

Exercício

Vamos experimentar este novo código de registro para ver a diferença que faz. Execute as seguintes etapas:

1. Corrija sua cópia de `log_request` para coincidir com a nossa.
2. Salve `vsearch4log.py` para reiniciar seu aplicativo web.
3. Encontre e exclua o arquivo `vsearch.log` atual.
4. Use o navegador para inserir três pesquisas novas.
5. Exiba o registro recém-criado usando a URL */viewlog*.

Agora dê uma boa olhada no que aparece no navegador. O que você vê agora ajuda?

str dir req

Test Drive

Eis o que vimos depois de realizar as cinco etapas no final da última página. Estamos usando o *Safari* (embora outro navegador mostre a mesma coisa):

> Isso parece confuso. Mas veja com atenção: os resultados de uma das pesquisas que fizemos.

```
['__class__', '__delattr__', '__dict__', '__dir__', '__doc__', '__enter__', '__eq__', '__exit__', '__format__', '__ge__',
'__getattribute__', '__gt__', '__hash__', '__init__', '__le__', '__lt__', '__module__', '__ne__', '__new__', '__reduce__',
'__reduce_ex__', '__repr__', '__setattr__', '__sizeof__', '__str__', '__subclasshook__', '__weakref__', '_get_file_stream',
'_get_stream_for_parsing', '_is_old_module', '_load_form_data', '_parse_content_type', '_parsed_content_type',
'accept_charsets', 'accept_encodings', 'accept_languages', 'accept_mimetypes', 'access_route', 'application', 'args',
'authorization', 'base_url', 'blueprint', 'cache_control', 'charset', 'close', 'content_encoding', 'content_length', 'content_md5',
'content_type', 'cookies', 'data', 'date', 'dict_storage_class', 'disable_data_descriptor', 'encoding_errors', 'endpoint', 'environ',
'files', 'form', 'form_data_parser_class', 'from_values', 'full_path', 'get_data', 'get_json', 'headers', 'host', 'host_url', 'if_match',
'if_modified_since', 'if_none_match', 'if_range', 'if_unmodified_since', 'input_stream', 'is_multiprocess', 'is_multithread',
'is_run_once', 'is_secure', 'is_xhr', 'json', 'list_storage_class', 'make_form_data_parser', 'max_content_length',
'max_form_memory_size', 'max_forwards', 'method', 'mimetype', 'mimetype_params', 'module', 'on_json_loading_failed',
'parameter_storage_class', 'path', 'pragma', 'query_string', 'range', 'referrer', 'remote_addr', 'remote_user', 'routing_exception',
'scheme', 'script_root', ... 's_eam ... hosts', 'url', 'url_charset', 'url_root', 'url_rule', 'user_agent', 'values',
'view_args', 'wan_form_data_pa__'] {'x', 'y'} ['__class__', '__delattr__', '__dict__', '__dir__', '__doc__', '__enter__',
'__eq__', '__exit__', '__format__', '__ge__', '__getattribute__', '__gt__', '__hash__', '__init__', '__le__', '__lt__',
'__module__', '__ne__', '__new__', '__reduce__', '__reduce_ex__', '__repr__', '__setattr__', '__sizeof__', '__str__',
'__subclasshook__', '__weakref__', '_get_file_stream', '_get_stream_for_parsing', '_is_old_module', '_load_form_data',
'_parse_content_type', '_parsed_content_type', 'accept_charsets', 'accept_encodings', 'accept_languages',
'accept_mimetypes', 'access_route', 'application', 'args', 'authorization', 'base_url', 'blueprint', 'cache_control', 'charset',
'close', 'content_encoding', 'content_length', 'content_md5', 'content_type', 'cookies', 'data', 'date', 'dict_storage_class',
'disable_data_descriptor', 'encoding_errors', 'endpoint', 'environ', 'files', 'form', 'form_data_parser_class', 'from_values',
'full_path', 'get_data', 'get_json', 'headers', 'host', 'host_url', 'if_match', 'if_modified_since', 'if_none_match', 'if_range',
'if_unmodified_since', 'input_stream', 'is_multiprocess', 'is_multithread', 'is_run_once', 'is_secure', 'is_xhr', 'json',
'list_storage_class', 'make_form_data_parser', 'max_content_length', 'max_form_memory_size', 'max_forwards', 'method',
'mimetype', 'mimetype_params', 'module', 'on_json_loading_failed', 'parameter_storage_class', 'path', 'pragma',
'query_string', 'range', 'referrer', 'remote_addr', 'remote_user', 'routing_exception', 'scheme', 'script_root', 'shallow', 'stream',
'trusted_hosts', 'url', 'url_charset', 'url_root', 'url_rule', 'user_agent', 'values', 'view_args', 'want_form_data_parsed'] {'u', 'i', 'e',
```

O que é isso tudo, então?

Você pode pegar apenas os resultados registrados na saída acima. O resto da saída é resultado de chamar `dir` no objeto de solicitação. Como se pode ver, cada solicitação tem muitos métodos e atributos associados (mesmo quando você ignora os *dunders* e *wonders*). Não faz sentido registrar *todos* os atributos.

Demos uma olhada em todos esses atributos e decidimos que há três que consideramos importantes o bastante para registrar :

    `req.form`: os dados postados a partir do formulário HTML do aplicativo web.

    `req.remote_addr`: o endereço IP no qual o navegador da web está executando.

    `req.user_agent`: a identidade do navegador que posta os dados.

Vamos ajustar `log_request` para registrar essas três partes específicas de dados, além dos resultados para a chamada de `search4letters`.

Registrando os Atributos Específicos da Solicitação da Web

Como agora você tem quatro itens de dados para registrar — detalhes do formulário, endereço IP remoto, identidade do navegador e resultados da chamada para `search4letters` —, uma primeira tentativa de corrigir `log_request` pode resultar no código que fica assim, no qual cada item de dados é registrado com sua própria chamada `print`:

```
def log_request(req:'flask_request', res:str) -> None:
    with open('vsearch.log', 'a') as log:
        print(req.form, file=log)
        print(req.remote_addr, file=log)
        print(req.user_agent, file=log)
        print(res, file=log)
```

Registre cada item de dados com sua própria instrução "print".

Esse código funciona, mas tem um problema no sentido de que cada chamada `print` anexa um caractere de nova linha por padrão, significando que existem **quatro** linhas sendo registradas por solicitação da web. Veja como ficariam os dados se o arquivo de registro usasse o código acima:

Os dados como inseridos no formulário HTML aparecem em sua própria linha. A propósito: "ImmutableMultiDict" é uma versão específica do Flask do dicionário do Python (e funciona o mesmo modo).

Há uma linha de dado para cada endereço IP remoto.

```
ImmutableMultiDict([('letters', 'aeiou'), ('phrase', 'hitch-hiker')])
127.0.0.1
Mozilla/5.0 (Macintosh; Intel Mac OS X 10_11_3) ... Safari/601.4.4
{'i', 'e'}
ImmutableMultiDict([('letters', 'aeiou'), ('phrase', 'life, the universe, and everything')])
127.0.0.1
Mozilla/5.0 (Macintosh; Intel Mac OS X 10_11_3) ... Safari/601.4.4
{'a', 'e', 'i', 'u'}
ImmutableMultiDict([('letters', 'xyz'), ('phrase', 'galaxy')])
127.0.0.1
Mozilla/5.0 (Macintosh; Intel Mac OS X 10_11_3) ... Safari/601.4.4
{'x', 'y'}
```

O navegador é identificado em sua própria linha.

Os resultados da chamada para "search4letters" são mostrados claramente (cada um em sua própria linha).

Basicamente, não há nada errado nisso como uma estratégia (pois, para nós, humanos, é fácil ler os dados registrados). Contudo, considere o que você teria que fazer ao ler os dados em um programa: cada solicitação da web registrada iria requerer **quatro** leituras no arquivo de registro — uma para cada linha de dado registrado. É assim, apesar do fato de que as quatro linhas de dados referem-se a uma *única* solicitação da web. Como estratégia, essa abordagem parece um desperdício. Seria muito melhor se o código registrasse apenas **uma** linha por solicitação da web.

lidando com as novas linhas

Registre uma Linha de Dados Delimitado

Uma estratégia melhor de registro pode ser escrever as quatro partes de dados como uma linha, usando um delimitador devidamente selecionado para separar um item de dado do outro.

Escolher um delimitador pode ser complicado, pois você não deseja escolher um caractere que pode realmente ocorrer nos dados que está registrando. Usar o caractere de espaço como delimitador é bem inútil (pois os dados registrados contêm muitos espaços), e até usar dois-pontos (:), vírgula (,) e ponto e vírgula (;) pode ser problemático, de acordo com os dados sendo registrados. Verificamos com os programadores nos *Laboratórios Use a Cabeça!* e eles sugeriram usar uma barra vertical (|) como delimitador: é fácil para os humanos identificar, e é improvável que faça parte dos dados registrados. Vamos ficar com essa sugestão e ver como prosseguimos.

> **Código Sério**
>
> Pense no **delimitador** como uma sequência de um ou mais caracteres desempenhando a função de um limite em uma linha de texto. O exemplo clássico é o caractere de vírgula (,), como usado nos arquivos CSV.

Como visto antes, podemos ajustar o comportamento padrão de `print` fornecendo argumentos adicionais. Além do argumento `file`, existe o argumento `end`, que permite especificar um valor do *fim de linha* alternativo à nova linha padrão.

Vamos corrigir `log_request` para usar uma barra vertical como o valor do fim de linha, em vez da nova linha padrão:

```
def log_request(req: 'flask_request', res: str) -> None:
    with open('vsearch.log', 'a') as log:
        print(req.form, file=log, end='|')
        print(req.remote_addr, file=log, end='|')
        print(req.user_agent, file=log, end='|')
        print(res, file=log)
```

Cada instrução "print" substitui a nova linha padrão por uma barra vertical.

Isso funciona como o esperado: agora, cada solicitação da web resulta em uma linha de dado registrado, com uma barra vertical delimitando cada item de dados registrado. Veja como ficam os dados em nosso arquivo de registro quando usamos essa versão corrigida de `log_request`:

Cada solicitação da web é escrita em sua própria linha (que dividimos para caber na página).

```
ImmutableMultiDict([('letters', 'aeiou'), ('phrase', 'hitch-hiker')])|127.0.0.1|Mozilla/5.0
(Macintosh; Intel Mac OS X 10_11_2) AppleWebKit/601.3.9 (KHTML, like Gecko) Version/9.0.2
Safari/601.3.9|{'e', 'i'}
ImmutableMultiDict([('letters', 'aeiou'), ('phrase', 'life, the universe, and everything')])|12
7.0.0.1|Mozilla/5.0 (Macintosh; Intel Mac OS X 10_11_2) AppleWebKit/601.3.9 (KHTML, like Gecko)
Version/9.0.2 Safari/601.3.9|{'e', 'u', 'a', 'i'}
ImmutableMultiDict([('letters', 'xyz'), ('phrase', 'galaxy')])|127.0.0.1|Mozilla/5.0
(Macintosh; Intel Mac OS X 10_11_2) AppleWebKit/601.3.9 (KHTML, like Gecko) Version/9.0.2
Safari/601.3.9|{'y', 'x'}
```

Você identificou as barras verticais usadas como delimitadores? Há três barras, significando que registramos quatro partes de dados por linha.

Havia três solicitações da web, portanto, vemos três linhas de dados no arquivo de registro.

Uma Alteração Final no Código do Registro

Trabalhar com um código muito detalhado é um aborrecimento para muitos programadores Python. Nossa versão mais recente de `log_request` funciona bem, porém é mais detalhada do que precisa ser. Especificamente, parece um exagero dar a cada item de dado registrado sua própria instrução `print`.

A função `print` tem outro argumento opcional, `sep`, que permite especificar um valor de separação para ser usado ao imprimir diversos valores em uma única chamada para `print`. Por padrão, `sep` é definido para um caractere de espaço, mas é possível usar qualquer valor desejado. No código a seguir, as quatro chamadas para `print` (da última página) foram substituídas por uma chamada `print`, que aproveita o argumento `sep` definindo-o para o caractere de barra vertical. Ao fazer isso, não precisamos especificar um valor para `end` como o valor do fim de linha padrão de `print`, e é por isso que todas as menções de `end` foram retiradas do código:

Apenas uma chamada "print", em vez de quatro

```
def log_request(req: 'flask_request', res: str) -> None:
    with open('vsearch.log', 'a') as log:
        print(req.form, req.remote_addr, req.user_agent, res, file=log, sep='|')
```

O PEP 8 não tem nada a dizer sobre essa longa linha de código?

Sim, essa linha viola uma diretriz do PEP 8.

Alguns programadores Python fecham a cara para essa última linha de código, pois o padrão **PEP 8** adverte especificamente sobre as linhas com mais de 79 caracteres. Com 80 caracteres, nossa linha de código está forçando *um pouco* essa diretriz, mas achamos ser uma troca razoável, dado o que estamos fazendo aqui.

Lembre-se: seguir o PEP 8 não é uma exigência absoluta, pois ele é um *guia de estilo*, não um conjunto inviolável de regras. Achamos que não há problema em prosseguir.

registre mais dados

Exercício

Vejamos a diferença que este novo código faz. Ajuste sua função `log_request` para ficar assim:

```
def log_request(req: 'flask_request', res: str) -> None:
    with open('vsearch.log', 'a') as log:
        print(req.form, req.remote_addr, req.user_agent, res, file=log, sep='|')
```

Então realize estas quatro etapas:

1. Salve `vsearch4log.py` (que reinicia o aplicativo web).
2. Encontre e exclua o arquivo `vsearch.log` atual.
3. Use seu navegador para inserir três pesquisas novas.
4. Exiba o registro recém-criado com a URL */viewlog*.

Veja de novo a tela do navegador. Está melhor que antes?

Test Drive

Tendo concluído as quatro etapas detalhadas no exercício acima, executamos nossos últimos testes usando o *Chrome*. Eis o que vimos na tela:

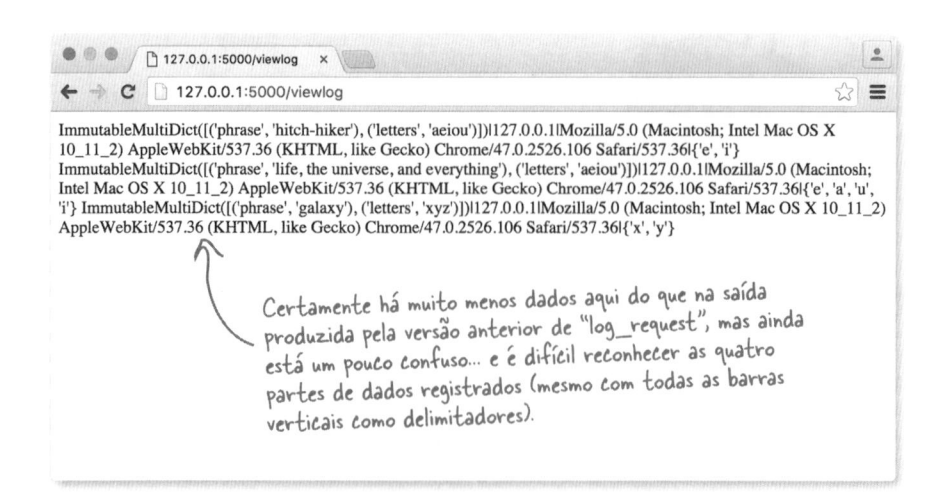

```
ImmutableMultiDict([('phrase', 'hitch-hiker'), ('letters', 'aeiou')])|127.0.0.1|Mozilla/5.0 (Macintosh; Intel Mac OS X 10_11_2) AppleWebKit/537.36 (KHTML, like Gecko) Chrome/47.0.2526.106 Safari/537.36|{'e', 'i'}
ImmutableMultiDict([('phrase', 'life, the universe, and everything'), ('letters', 'aeiou')])|127.0.0.1|Mozilla/5.0 (Macintosh; Intel Mac OS X 10_11_2) AppleWebKit/537.36 (KHTML, like Gecko) Chrome/47.0.2526.106 Safari/537.36|{'e', 'a', 'u', 'i'}
ImmutableMultiDict([('phrase', 'galaxy'), ('letters', 'xyz')])|127.0.0.1|Mozilla/5.0 (Macintosh; Intel Mac OS X 10_11_2) AppleWebKit/537.36 (KHTML, like Gecko) Chrome/47.0.2526.106 Safari/537.36|{'x', 'y'}
```

Certamente há muito menos dados aqui do que na saída produzida pela versão anterior de "log_request", mas ainda está um pouco confuso... e é difícil reconhecer as quatro partes de dados registrados (mesmo com todas as barras verticais como delimitadores).

Dos Dados Brutos à Saída Legível

Os dados exibidos na janela do navegador estão em sua *forma bruta*. Lembre-se, aplicamos o escape HTML nos dados quando lidos no arquivo de registro, mas não fizemos nada mais antes de enviar a string para o navegador da web que aguarda. Os navegadores da web modernos receberão a string, removerão qualquer caractere de espaço em branco indesejado (como espaços extras, novas linhas etc.), e então colocarão os dados na janela. É isso que está acontecendo durante nosso *Test Drive*. Os dados registrados — todos eles — são visíveis, mas são tudo, menos fáceis de ler. Poderíamos considerar fazer mais manipulações de texto nos dados brutos (para facilitar a leitura da saída), mas uma abordagem melhor para produzir uma saída legível poderia ser manipular os dados brutos de modo a transformá-los em uma tabela:

```
ImmutableMultiDict([('phrase', 'hitch-hiker'), ('letters',
'aeiou')])|127.0.0.1|Mozilla/5.0 (Macintosh; Intel Mac OS X 10_11_2)
AppleWebKit/537.36 (KHTML, like Gecko) Chrome/47.0.2526.106 Safari/537.36|{'e', 'i'}
ImmutableMultiDict([('phrase', 'life, the universe, and everything'), ('letters',
'aeiou')])|127.0.0.1|Mozilla/5.0 (Macintosh; Intel Mac OS X 10_11_2) AppleWebKit/537.36
(KHTML, like Gecko) Chrome/47.0.2526.106 Safari/537.36|{'e', 'a', 'u', 'i'}
ImmutableMultiDict([('phrase', 'galaxy'), ('letters', 'xyz')])|127.0.0.1|Mozilla/5.0
(Macintosh; Intel Mac OS X 10_11_2) AppleWebKit/537.36 (KHTML, like Gecko)
Chrome/47.0.2526.106 Safari/537.36|{'x', 'y'}
```

Podemos pegar estes dados brutos (ilegíveis)...

... e transformá-los em uma tabela assim?

Form Data	Remote_addr	User_agent	Results
ImmutableMultiDict([('phrase', 'hitch-hiker'), ('letters', 'aeiou')])	127.0.0.1	Mozilla/5.0 (Macintosh; Intel Mac OS X 10_11_2) AppleWebKit/537.36 (KHTML, like Gecko) Chrome/47.0.2526.106 Safari/537.36	{'e', 'i'}
ImmutableMultiDict([('phrase', 'life, the universe, and everything'), ('letters', 'aeiou')])	127.0.0.1	Mozilla/5.0 (Macintosh; Intel Mac OS X 10_11_2) AppleWebKit/537.36 (KHTML, like Gecko) Chrome/47.0.2526.106 Safari/537.36	{'e', 'a', 'u', 'i'}
ImmutableMultiDict([('phrase', 'galaxy'), ('letters', 'xyz')])	127.0.0.1	Mozilla/5.0 (Macintosh; Intel Mac OS X 10_11_2) AppleWebKit/537.36 (KHTML, like Gecko) Chrome/47.0.2526.106 Safari/537.36	{'x', 'y'}

Se nosso aplicativo web puder fazer essa transformação, então *qualquer pessoa* poderá exibir os dados de registro no navegador da web e, provavelmente, entender isso.

déjà vu?

Isso Lembra Algo?

Veja de novo o que você está tentando produzir. Para economizar espaço, estamos mostrando apenas a parte superior da tabela exibida na página anterior. O que você está tentando produzir aqui lembra algo visto antes neste livro?

Form Data	Remote_addr	User_agent	Results
ImmutableMultiDict([('phrase', 'hitch-hiker'), ('letters', 'aeiou')])	127.0.0.1	Mozilla/5.0 (Macintosh; Intel Mac OS X 10_11_2) AppleWebKit/537.36 (KHTML, like Gecko) Chrome/47.0.2526.106 Safari/537.36	{'e', 'i'}

> Corrija-me se eu estiver errado, mas não é muito parecido com a estrutura de dados complexa no final do Capítulo 3?

Sim. Isso se parece com algo que vimos antes.

Lembre-se de que no final do Capítulo 3 pegamos a tabela de dados abaixo e a transformamos em uma estrutura de dados complexa — um dicionário de dicionários:

Name	Gender	Occupation	Home Planet
Ford Prefect	Male	Researcher	Betelgeuse Seven
Arthur Dent	Male	Sandwich-Maker	Earth
Tricia McMillan	Female	Mathematician	Earth
Marvin	Unknown	Paranoid Android	Unknown

A forma da tabela é parecida com o que estamos esperando produzir acima, mas um dicionário de dicionários é a estrutura de dados certa a usar aqui?

armazenando e manipulando **dados**

Usar um Dicionário de Dicionários... ou Outra Coisa?

A tabela de dados do Capítulo 3 é adequada para o modelo do dicionário de dicionários porque permite entrar rapidamente na estrutura de dados e extrair dados específicos. Por exemplo, se você quisesse saber o planeta natal de Ford Prefect, tudo que teria que fazer era isto:

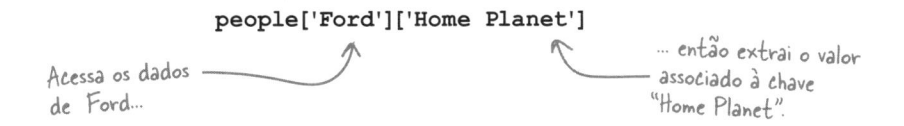

```
people['Ford']['Home Planet']
```

Acessa os dados de Ford...

... então extrai o valor associado à chave "Home Planet".

Quanto a acessar aleatoriamente uma estrutura de dados, nada melhor do que um dicionário de dicionários. Contudo, é isso que queremos para nossos dados registrados?

Vamos considerar o que temos atualmente.

Veja com atenção os dados registrados

Lembre-se, cada linha registrada contém quatro partes de dados, cada uma separada por barras verticais: dados do formulário HTML, endereço IP remoto, identidade do navegador da web e resultados da chamada para `search4letters`.

Veja uma linha de dados de exemplo de nosso arquivo `vsearch.log` com cada barra vertical destacada:

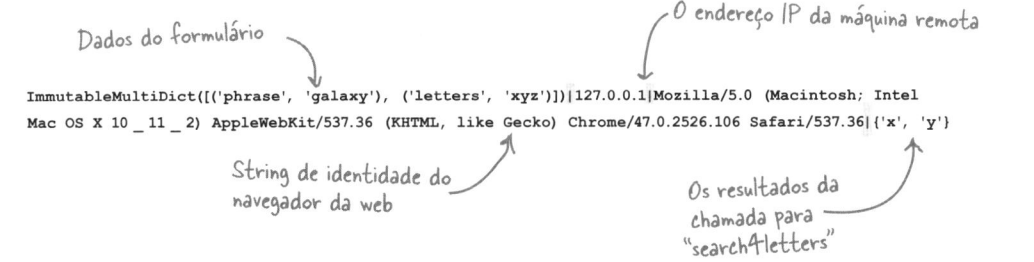

Dados do formulário

O endereço IP da máquina remota

```
ImmutableMultiDict([('phrase', 'galaxy'), ('letters', 'xyz')])|127.0.0.1|Mozilla/5.0 (Macintosh; Intel Mac OS X 10_11_2) AppleWebKit/537.36 (KHTML, like Gecko) Chrome/47.0.2526.106 Safari/537.36|{'x', 'y'}
```

String de identidade do navegador da web

Os resultados da chamada para "search4letters"

Quando os dados registrados são lidos no arquivo `vsearch.log`, eles chegam no código como uma *lista de strings* graças ao uso do método `readlines`. Como provavelmente você não precisa acessar aleatoriamente os itens de dados individuais nos dados registrados, converter os dados em um dicionário de dicionários parece ruim. Contudo, você precisa processar cada linha *em ordem*, assim como processar cada dado individual em cada linha *em ordem*. Você já tem uma lista de strings, portanto, está na metade do caminho, porque é fácil processar uma lista com um loop `for`. Porém, a linha de dados é atualmente uma string, e esse é o problema. Seria mais fácil processar cada linha se ela fosse uma lista de itens de dados, em vez de uma grande string. A pergunta é: *é possível converter uma string em uma lista?*

você está aqui ▸ **267**

divisão que une

O Que é Unido Pode Ser Dividido

Você já sabe que pode pegar uma lista de strings e convertê-la em uma única string usando o "truque da junção". Vamos mostrar isso mais uma vez no prompt >>>:

Uma lista de strings individuais

```
>>> names = ['Terry', 'John', 'Michael', 'Graham', 'Eric']
>>> pythons = '|'.join(names)
>>> pythons
'Terry|John|Michael|Graham|Eric'
```

O "truque da junção" em ação.

Uma string com cada string da lista "names" concatenada com a seguinte e delimitada por uma barra vertical.

Graças ao "truque da junção", o que era uma lista de strings agora é uma string, com cada item da lista separado do seguinte por uma barra vertical (neste caso). É possível reverter este processo usando o método `split`, predefinido em toda string do Python:

Pegue a string e divida-a em uma lista usando o delimitador dado.

```
>>> individuals = pythons.split('|')
>>> individuals
['Terry', 'John', 'Michael', 'Graham', 'Eric']
```

E agora voltamos à nossa lista de strings.

Obtendo uma lista de listas a partir de uma lista de strings

Agora que temos o método `split` em nosso arsenal de codificação, vamos voltar para os dados armazenados no arquivo de registro e considerar o que precisa acontecer com eles. No momento, cada linha individual no arquivo `vsearch.log` é uma string:

Os dados brutos

```
ImmutableMultiDict([('phrase', 'galaxy'), ('letters', 'xyz')])|127.0.0.1|Mozilla/5.0 (Macintosh; Intel Mac OS X 10_11_2) AppleWebKit/537.36 (KHTML, like Gecko) Chrome/47.0.2526.106 Safari/537.36|{'x', 'y'}
```

Atualmente, seu código lê as linhas de `vsearch.log` em uma lista de strings chamada `contents`. São mostradas aqui as últimas três linhas de código da função `view_the_log`, que leem os dados no arquivo e produzem uma grande string:

Abra o arquivo de registro...

```
...
    with open('vsearch.log') as log:
        contents = log.readlines()
    return escape(''.join(contents))
```

... e leia as linhas dos dados de registro em uma lista chamada "contents".

A última linha da função `view_the_log` obtém a lista de strings em `contents` e as concatena em uma grande string (graças a `join`). Então essa string é retornada para o navegador da web que aguarda.

Se `contents` fosse uma lista de *listas*, em vez de uma lista de *strings*, abriria a possibilidade de processar `contents` *em ordem* usando um loop `for`. Então deve ser possível produzir uma saída mais legível do que estamos vendo atualmente na tela.

Quando a Conversão Deve Ocorrer?

No momento, a função `view_the_log` lê todos os dados no arquivo de registro em uma lista de strings (chamada `contents`). Mas seria preferível ter os dados como uma lista de listas. O problema é: quando é o "melhor momento" de fazer a conversão? Devemos ler todos os dados em uma lista de strings e então convertê-la em uma lista de listas "durante o processo", ou devemos criar a lista de listas durante a leitura de cada linha de dados?

> Os dados de que precisamos já estão em "contents", então vamos converter isso em uma lista de listas

> Não tenho certeza, pois desse modo acabaremos processando os dados duas vezes: uma vez quando lemos, e outra quando convertemos.

O fato de que os dados já estão em `contents` (graças ao uso do método `readlines`) não deve nos desviar do fato de que já fizemos um loop nos dados *uma vez* neste ponto. Chamar `readlines` pode ser apenas uma chamada para nós, mas o interpretador (executando `readlines`) *está* fazendo um loop nos dados no arquivo. Então, se fizermos um loop nos dados de novo (para converter as strings em listas), estaremos **dobrando** a quantidade de loop que ocorre. Isso não é um problema quanto há apenas algumas entradas de registro... mas poderá ser quando o registro crescer. Moral da história: *se pudermos fazer com apenas um loop, então façamos!*

ler dividir aplicar escape

Processando os Dados: O Que Já Sabemos

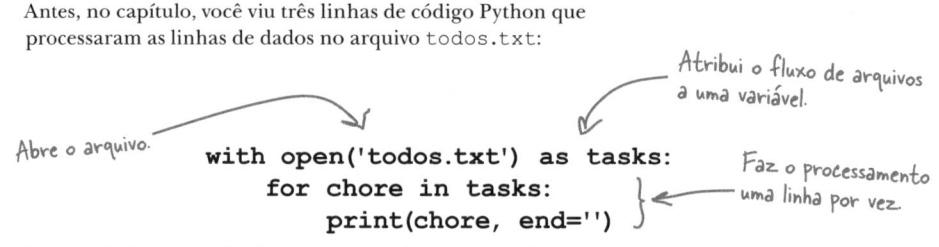

Antes, no capítulo, você viu três linhas de código Python que processaram as linhas de dados no arquivo `todos.txt`:

```
with open('todos.txt') as tasks:
    for chore in tasks:
        print(chore, end='')
```

Abre o arquivo.
Atribui o fluxo de arquivos a uma variável.
Faz o processamento uma linha por vez.

Você também viu o método `split`, que obtém uma string e a converte em uma lista de strings com base em um delimitador (tem como padrão um espaço, se nada é fornecido). Em nossos dados, o delimitador é uma barra vertical. Vamos supor que uma linha de dados registrados é armazenada em uma variável chamada `line`. Você pode transformar a string na variável `line` em uma lista de quatro strings individuais — usando a barra vertical como o delimitador — com esta linha de código:

```
four_strings = line.split('|')
```

Este é o nome da lista recém-criada
Estamos usando uma barra vertical como delimitador
Use "split" para dividir a string em uma lista de substrings.

Como você nunca pode assegurar se os dados que está lendo no arquivo de registro estão sem caracteres com um significado especial para o HTML, também aprendeu sobre a função `escape`. Essa função é fornecida pelo Flask e converte qualquer caractere especial HTML da string em seus valores equivalentes com escape:

```
>>> escape('This is a <Request>')
Markup('This is a &lt;Request&gt;')
```

Use "escape" com uma string que contém caracteres HTML especiais.

E, voltando ao Capítulo 2, você aprendeu que pode criar uma nova lista atribuindo uma lista vazia a ela (`[]`). Também sabe que pode atribuir valores ao final de uma lista existente chamando o método `append` e pode acessar o último item em qualquer lista usando a notação `[-1]`:

```
>>> names = []
>>> names.append('Michael')
>>> names.append('John')
>>> names[-1]
'John'
```

Cria uma nova lista vazia chamada "names".
Adiciona alguns dados ao final da lista existente.
Acessa o último item na lista "names".

Armado com esse conhecimento, veja se pode concluir o exercício na próxima página.

Aponte o seu lápis

Veja o código atual da função `view_the_log`:

```
@app.route('/viewlog')
def view_the_log() -> str:
    with open('vsearch.log') as log:
        contents = log.readlines()
    return escape(''.join(contents))
```

Este código lê os dados do arquivo de registro em uma lista de strings. Seu trabalho é converter o código para ler os dados em uma lista de listas.

Verifique se os dados escritos na lista de listas tem o escape aplicado devidamente, pois não queremos nenhum caractere HTML especial escapando.

E mais, veja se o novo código ainda retorna uma string para o navegador da web que aguarda.

Começamos para você — preencha o código que falta:

As duas primeiras linhas ficam inalteradas.

```
@app.route('/viewlog')
def view_the_log() -> 'str':
```

....
....
....
....
....
....
....
....

Adicione o novo código aqui.

A função ainda retorna uma string.

→ `return str(contents)`

Dê um tempo aqui. Sinta-se à vontade para experimentar no shell >>> quando necessário, e não se preocupe se não conseguir — tudo bem virar a página e ver a solução.

lista de listas

Aponte o seu lápis
Solução

Veja o código da função `view_the_log`:

```
@app.route('/viewlog')
def view_the_log() -> str:
    with open('vsearch.log') as log:
        contents = log.readlines()
    return escape(''.join(contents))
```

Seu trabalho era converter o código para ler os dados em uma lista de listas.

Você teve que verificar se os dados escritos na lista de listas têm o escape aplicado devidamente, pois não deseja nenhum caractere HTML especial escapando.

Também teve que verificar se seu novo código ainda retorna uma string para o navegador da web que aguarda.

Começamos, e você teve que preencher o código que faltava:

```
@app.route('/viewlog')
def view_the_log() -> 'str':
    contents = []
    with open('vsearch.log') as log:
        for line in log:
            contents.append([])
            for item in line.split('|'):
                contents[-1].append(escape(item))
    return str(contents)
```

- Cria uma nova lista vazia chamada "contents".
- Abre o arquivo de registro e o atribui a um fluxo de arquivos chamado "log".
- Faz um loop em cada linha no fluxo de arquivos "log".
- Anexa uma nova lista vazia a "contents".
- Divide a linha (com base na barra vertical), então processa cada item na "lista dividida" resultante.
- Lembrou-se de chamar o "escape"?
- Anexa os dados com escape ao final da lista no fim de "contents".

Não se preocupe se essa linha de código da reescrita da função `view_the_log` acima fez sua cabeça girar:

`contents[-1].append(escape(item))`

Leia este código de dentro para fora, da direita para a esquerda.

O truque para entender essa linha (inicialmente intimidante) é lê-la de dentro para fora, da direita para a esquerda. Você começa com `item` no loop `for` de fechamento, que é passado para `escape`. Então a string resultante é anexada com `append` à lista no final (`[-1]`) de `contents`. Lembre-se: `contents` é, em si, uma *lista de listas*.

*armazenando e manipulando **dados***

Test Drive

Prossiga e altere a função `view_the_log` para ficar assim:

```python
@app.route('/viewlog')
def view _ the _ log() -> 'str':
    contents = []
    with open('vsearch.log') as log:
        for line in log:
            contents.append([])
            for item in line.split('|'):
                contents[-1].append(escape(item))
    return str(contents)
```

Salve o código (que faz o aplicativo web recarregar), então recarregue a URL */viewlog* no navegador. Eis o que vimos no nosso:

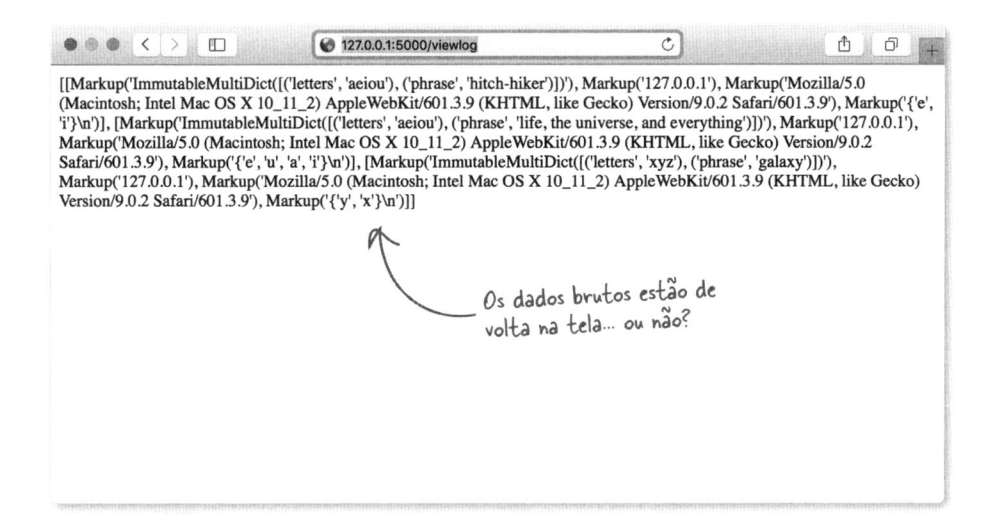

```
[[Markup('ImmutableMultiDict([('letters', 'aeiou'), ('phrase', 'hitch-hiker')])'), Markup('127.0.0.1'), Markup('Mozilla/5.0 (Macintosh; Intel Mac OS X 10_11_2) AppleWebKit/601.3.9 (KHTML, like Gecko) Version/9.0.2 Safari/601.3.9'), Markup('{'e', 'i'}\n')], [Markup('ImmutableMultiDict([('letters', 'aeiou'), ('phrase', 'life, the universe, and everything')])'), Markup('127.0.0.1'), Markup('Mozilla/5.0 (Macintosh; Intel Mac OS X 10_11_2) AppleWebKit/601.3.9 (KHTML, like Gecko) Version/9.0.2 Safari/601.3.9'), Markup('{'e', 'u', 'a', 'i'}\n')], [Markup('ImmutableMultiDict([('letters', 'xyz'), ('phrase', 'galaxy')])'), Markup('127.0.0.1'), Markup('Mozilla/5.0 (Macintosh; Intel Mac OS X 10_11_2) AppleWebKit/601.3.9 (KHTML, like Gecko) Version/9.0.2 Safari/601.3.9'), Markup('{'y', 'x'}\n')]]
```

Os dados brutos estão de volta na tela... ou não?

Veja a saída com atenção

À primeira vista, a saída produzida pela nova versão de `view _ the _ log` é muito parecida com a que você tinha antes. Mas não é: essa nova saída é uma lista de listas, não uma lista de strings. É uma alteração crítica. Agora, se você conseguir processar `contents` usando um modelo Jinja2 designado corretamente, deverá conseguir chegar bem perto da saída legível requerida aqui.

<table> com jinja2

Gere uma Saída Legível com o HTML

Lembre-se de que nosso objetivo é produzir uma saída que fique melhor na tela do que os dados brutos da última página. Para tanto, o HTML vem com um conjunto de tags para definir o conteúdo das tabelas, inclusive: <table>, <th>, <tr> e <td>. Então vejamos de novo a parte superior da tabela que estamos esperando produzir. Ela tem uma linha de dados para cada linha no registro, organizado como quatro colunas (cada uma com um título descritivo).

É possível colocar a tabela inteira em uma tag <table> do HTML, com cada linha de dado tendo sua própria tag <tr>. Os títulos descritivos obtêm as tags <th>, ao passo que cada parte de dado bruto tem sua própria tag <td>:

> **Código Sério**
>
> Eis uma revisão rápida das tags da tabela HTML:
>
> <table>: uma tabela.
> <tr>: uma linha de dados da tabela.
> <th>: um cabeçalho da coluna da tabela.
> <td>: um item de dado da tabela (célula).
>
> Cada tag tem uma tag final correspondente: </table>, </tr>, </th> e </td>.

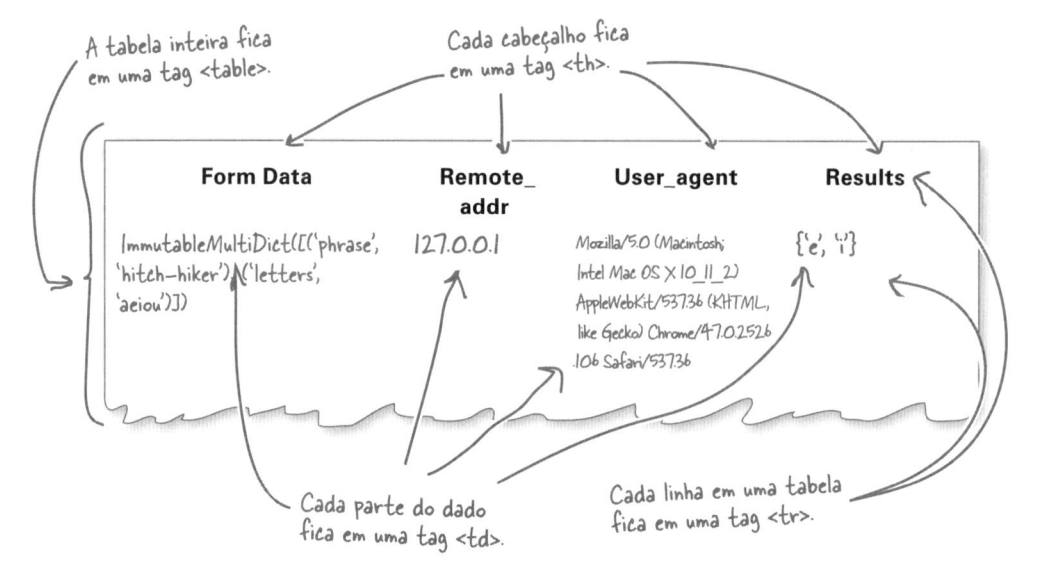

A tabela inteira fica em uma tag <table>.

Cada cabeçalho fica em uma tag <th>.

Form Data	Remote_addr	User_agent	Results
ImmutableMultiDict([('phrase', 'hitch-hiker'),('letters', 'aeiou')])	127.0.0.1	Mozilla/5.0 (Macintosh; Intel Mac OS X 10_11_2) AppleWebKit/537.36 (KHTML, like Gecko) Chrome/47.0.2526.106 Safari/537.36	{'e', 'i'}

Cada parte do dado fica em uma tag <td>.

Cada linha em uma tabela fica em uma tag <tr>.

Sempre que você precisar gerar qualquer HTML (especialmente <table>), lembre-se do Jinja2. O mecanismo de modelos Jinja2 é basicamente projetado para gerar o HTML e ele contém algumas construções de programação básicas (mais ou menos com base na sintaxe do Python) que você poderá usar para "automatizar" qualquer lógica de exibição requerida que possa precisar.

No capítulo anterior, vimos como as tags {{ e }} do Jinja2, assim como a tag {% block %}, permitem usar as variáveis e os blocos do HTML como argumentos para os modelos. Acaba que as tags {% e %} são muito mais gerais e podem conter qualquer *instrução* do Jinja2, com uma das instruções suportadas sendo uma construção do loop for. Na próxima página, você encontrará um novo modelo que aproveita o loop for do Jinja2 para criar uma saída legível da lista de listas contida em contents.

Incorpore a Lógica da Exibição em Seu Modelo

Abaixo está um novo modelo, chamado `viewlog.html`, que pode ser usado para transformar os dados brutos do arquivo de registro em uma tabela HTML. O modelo espera a lista de listas `contents` como um de seus argumentos. Destacamos as partes desse modelo nas quais queremos que você se concentre. Note que a construção do loop `for` do Jinja2 é muito parecida com a do Python. Há duas diferenças mais visíveis:

- Não é preciso colocar dois-pontos (:) no final da linha `for` (pois a tag `%}` age como um delimitador).
- O suíte do loop termina com `{% endfor %}`, pois o Jinja2 não suporta o recuo (portanto, é requerido outro mecanismo).

> **Você não precisa criar esse modelo. Baixe em** *http://python.itcarlow.ie/ed2/* (conteúdo em inglês), também disponível para download em *www.altabooks.com.br* (procure pelo título do livro).

Como se pode ver, o primeiro loop `for` espera encontrar seus dados em uma variável chamada `the_row_titles`, enquanto o segundo loop `for` espera seus dados em algo chamado `the_data`. Um terceiro loop `for` (incorporado no segundo) espera seus dados como uma lista de itens:

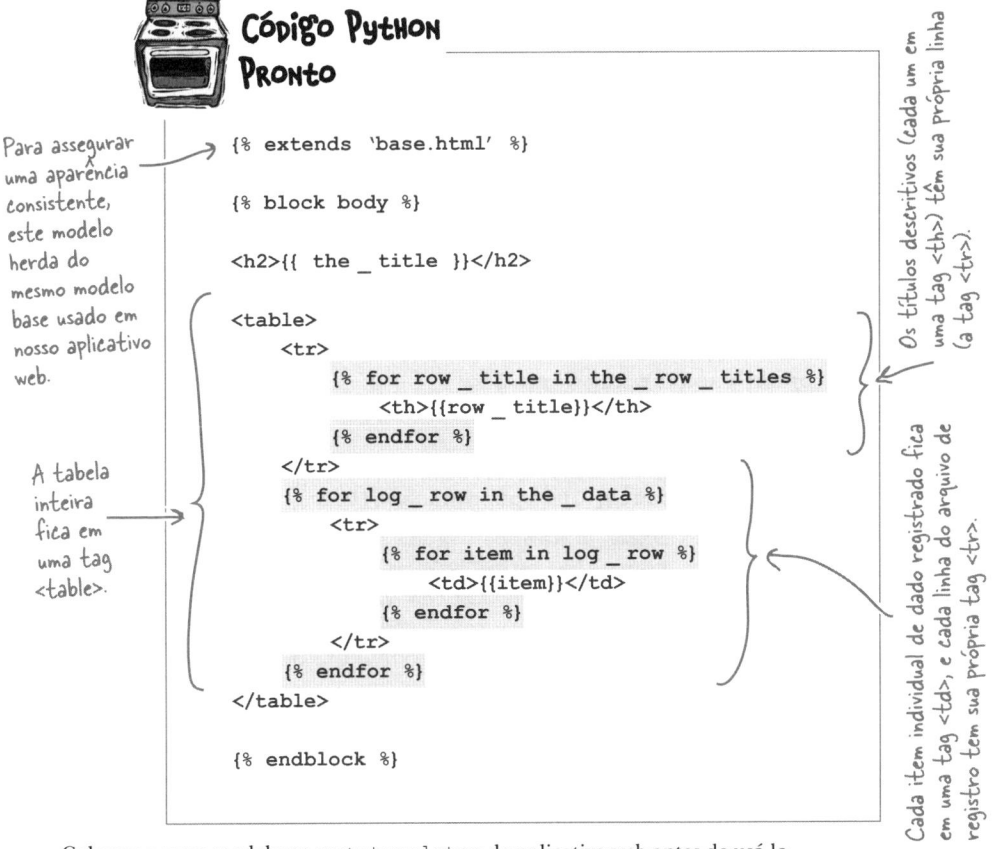

Código Python Pronto

```
{% extends 'base.html' %}

{% block body %}

<h2>{{ the_title }}</h2>

<table>
    <tr>
        {% for row_title in the_row_titles %}
            <th>{{row_title}}</th>
        {% endfor %}
    </tr>
    {% for log_row in the_data %}
        <tr>
            {% for item in log_row %}
                <td>{{item}}</td>
            {% endfor %}
        </tr>
    {% endfor %}
</table>

{% endblock %}
```

Para assegurar uma aparência consistente, este modelo herda do mesmo modelo base usado em nosso aplicativo web.

A tabela inteira fica em uma tag `<table>`.

Os títulos descritivos (cada um em uma tag `<th>`) têm sua própria linha (a tag `<tr>`).

Cada item individual de dado registrado fica em uma tag `<td>`, e cada linha do arquivo de registro tem sua própria tag `<tr>`.

Coloque o novo modelo na pasta `templates` do aplicativo web antes de usá-lo.

trabalhe esse modelo

Produzindo uma Saída Legível com o Jinja2

Como o modelo `viewlog.html` herda de `base.html`, você precisa se lembrar de fornecer um valor para o argumento `the_title` e uma lista de cabeçalhos da coluna (os títulos descritivos) em `the_row_titles`. E não se esqueça de atribuir `contents` ao argumento `the_data`.

A função `view_the_log` está assim atualmente:

```
@app.route('/viewlog')
def view_the_log() -> 'str':
    contents = []
    with open('vsearch.log') as log:
        for line in log:
            contents.append([])
            for item in line.split('|'):
                contents[-1].append(escape(item))
    return str(contents)
```

Atualmente retornamos uma string para o navegador web que aguarda.

Você precisa chamar `render_template` em `viewlog.html` e passar valores para cada um dos três argumentos esperados. Vamos criar uma tupla de títulos descritivos e atribuir a `the_row_titles`, e então atribuir o valor de `contents` a `the_data`. Também forneceremos um valor adequado para `the_title` antes de apresentar o modelo.

Lembre-se: uma tupla é uma lista de somente leitura.

Com tudo isso em mente, vamos corrigir `view_the_log` (destacamos as alterações):

```
@app.route('/viewlog')
def view_the_log() -> 'html':
    contents = []
    with open('vsearch.log') as log:
        for line in log:
            contents.append([])
            for item in line.split('|'):
                contents[-1].append(escape(item))
    titles = ('Form Data', 'Remote_addr', 'User_agent', 'Results')
    return render_template('viewlog.html',
                           the_title='View Log',
                           the_row_titles=titles,
                           the_data=contents,)
```

Muda a anotação para indicar que o HTML está sendo retornado (em vez de uma string).

Cria uma tupla de títulos descritivos.

Chama "render_template", fornecendo valores para cada um dos argumentos do modelo.

Siga em frente e faça essas alterações na função `view_the_log`, e então as salve para que o Flask reinicie o aplicativo web. Quando estiver pronto, exiba o registro no navegador usando a URL *http://127.0.0.1:5000/viewlog*.

*armazenando e manipulando **dados***

Test Drive

Eis o que vimos quando exibimos o registro usando o aplicativo web atualizado. A página tem a mesma aparência de todas as outras, portanto, estamos confiantes de que nosso aplicativo web está usando o modelo correto.

Estamos muito satisfeitos com o resultado (e esperamos que você também esteja), pois é muito parecido com o que estávamos esperando conseguir: uma saída legível.

View Log

Form Data	Remote_addr	User_agent	Results
ImmutableMultiDict([('letters', 'aeiou'), ('phrase', 'hitch-hiker')])	127.0.0.1	Mozilla/5.0 (Macintosh; Intel Mac OS X 10_11_2) AppleWebKit/601.3.9 (KHTML, like Gecko) Version/9.0.2 Safari/601.3.9	{'e', 'i'}
ImmutableMultiDict([('letters', 'aeiou'), ('phrase', 'life, the universe, and everything')])	127.0.0.1	Mozilla/5.0 (Macintosh; Intel Mac OS X 10_11_2) AppleWebKit/601.3.9 (KHTML, like Gecko) Version/9.0.2 Safari/601.3.9	{'e', 'u', 'a', 'i'}
ImmutableMultiDict([('letters', 'xyz'), ('phrase', 'galaxy')])	127.0.0.1	Mozilla/5.0 (Macintosh; Intel Mac OS X 10_11_2) AppleWebKit/601.3.9 (KHTML, like Gecko) Version/9.0.2 Safari/601.3.9	{'y', 'x'}

Não só é uma saída legível, como também parece boa. ☺

Se você exibir o código-fonte da página acima — clique com o botão direito na página, e então escolha a opção correta no menu suspenso —, verá que cada item de dado do registro está recebendo sua própria tag `<td>`, cada linha de dado tem sua própria tag `<tr>`, e a tabela inteira está em uma `<table>` do HTML.

hora de revisar

O Estado Atual do Código de Nosso Aplicativo Web

Vamos fazer uma pausa e rever o código do aplicativo web. O acréscimo do código de registro (`log_request` e `view_the_log`) adicionou à base de código do aplicativo web, mas tudo ainda fica em uma página. Veja o código para `vsearch4web.py` exibido em uma janela de edição do IDLE (que permite revisar o código em toda sua glória de sintaxe destacada):

```python
from flask import Flask, render_template, request, escape
from vsearch import search4letters

app = Flask(__name__)

def log_request(req:'flask_request', res:str) -> None:
    with open('vsearch.log', 'a') as log:
        print(req.form, req.remote_addr, req.user_agent, res, file=log, sep='|')

@app.route('/search4', methods=['POST'])
def do_search() -> 'html':
    phrase = request.form['phrase']
    letters = request.form['letters']
    title = 'Here are your results:'
    results = str(search4letters(phrase, letters))
    log_request(request, results)
    return render_template('results.html',
                           the_title=title,
                           the_phrase=phrase,
                           the_letters=letters,
                           the_results=results,)

@app.route('/')
@app.route('/entry')
def entry_page() -> 'html':
    return render_template('entry.html',
                           the_title='Welcome to search4letters on the web!')

@app.route('/viewlog')
def view_the_log() -> 'html':
    contents = []
    with open('vsearch.log') as log:
        for line in log:
            contents.append([])
            for item in line.split('|'):
                contents[-1].append(escape(item))
    titles = ('Form Data', 'Remote_addr', 'User_agent', 'Results')
    return render_template('viewlog.html',
                           the_title='View Log',
                           the_row_titles=titles,
                           the_data=contents,)

if __name__ == '__main__':
    app.run(debug=True)
```

Fazendo Perguntas Sobre Seus Dados

A funcionalidade do aplicativo web está bem modelada, e estamos mais perto de responder às perguntas feitas no início deste capítulo: *Quantas solicitações foram respondidas? Qual é a lista de letras mais comum? De quais endereços IP estão vindo essas solicitações? Qual navegador está sendo mais usado?*

As duas últimas perguntas podem ser respondidas pela saída exibida na URL /viewlog. Você pode dizer de onde estão vindo as solicitações (a coluna **Remote_addr**), assim como ver qual navegador web está sendo usado (a coluna **User_agent**). Mas se quiser calcular qual navegador maior é mais usado pelos usuários do site, isso não será tão fácil. Simplesmente ver os dados de registro exibidos não é suficiente; você terá que fazer cálculos extras.

As duas primeiras perguntas não podem ser respondidas com facilidade. Deve ficar claro que precisam ser feitos mais cálculos aqui também.

Apenas precisamos escrever mais código para fazer os cálculos, certo?

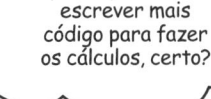

Escreva mais código apenas quando precisar.

Se tivéssemos disponível apenas o Python, então, sim, precisaríamos escrever muito mais código para responder a essas perguntas (e quaisquer outras que possam surgir). Afinal, é divertido escrever o código Python, e o Python também é ótimo ao manipular os dados. Escrever mais código para responder às perguntas parece óbvio, não parece?

Bem... existem outras tecnologias que facilitam responder ao tipo de pergunta que estamos fazendo sem termos que escrever muito mais código Python. Especificamente, se pudermos salvar os dados de registro em um banco de dados, poderemos aproveitar a capacidade da tecnologia de consulta do banco de dados para responder a praticamente qualquer pergunta que possa surgir.

No próximo capítulo, veremos o que está envolvido em corrigir o aplicativo web para registrar os dados em um banco de dados, em vez de um arquivo de texto.

Código do Capítulo 6

Lembre-se: ambos fazem a mesma coisa, mas os programadores Python preferem aquele código a este.

```
with open('todos.txt') as tasks:
    for chore in tasks:
        print(chore, end='')
```

```
tasks = open('todos.txt')
for chore in tasks:
    print(chore, end='')
tasks.close()
```

Veja o código adicionado ao aplicativo web para suportar o registro de nossas solicitações da web em um arquivo de texto.

```
    ...

def log_request(req: 'flask_request', res: str) -> None:
    with open('vsearch.log', 'a') as log:
        print(req.form, req.remote_addr, req.user_agent, res, file=log, sep='|')

    ...

@app.route('/viewlog')
def view_the_log() -> 'html':
    contents = []
    with open('vsearch.log') as log:
        for line in log:
            contents.append([])
            for item in line.split('|'):
                contents[-1].append(escape(item))
    titles = ('Form Data', 'Remote_addr', 'User_agent', 'Results')
    return render_template('viewlog.html',
                           the_title='View Log',
                           the_row_titles=titles,
                           the_data=contents,)

    ...
```

Não estamos mostrando o código "vsearch4web.py" aqui, apenas a parte nova. (Você encontrará o programa inteiro duas páginas atrás.)

7 usando um banco de dados

Colocando a DB-API do Python em Uso

> Interessante... de acordo com isto, é melhor começar armazenando nossos dados em um banco de dados.

> Sim. Estou vendo. Mas...como?

Armazenar os dados em um sistema do banco de dados relacional é útil. Neste capítulo, aprenderemos a escrever um código que interage com a popular tecnologia do banco de dados **MySQL** usando uma API genérica do banco de dados chamada **DB-API**. A DB-API (padrão com toda instalação do Python) permite escrever um código facilmente transferido de um produto do banco de dados para outro... supondo que seu banco de dados se comunica com o SQL. Embora estejamos usando o MySQL, nada o impede de usar o código DB-API com seu banco de dados relacional favorito, qualquer que possa ser. Vejamos o que está envolvido no uso de um banco de dados relacional com o Python. Não há muita coisa nova no Python neste capítulo, mas usar o Python para se comunicar com os bancos de dados é **algo grande**, portanto, vale a pena aprender

é hora do sql

Ativação do Banco de Dados para Seu Aplicativo Web

O plano para este capítulo é chegar ao ponto no qual você pode corrigir seu aplicativo web para armazenar os dados de registro em um banco de dados, em vez de um arquivo de texto, como foi o caso no último capítulo. Espera-se, ao fazer isso, que você possa responder às perguntas levantadas no último capítulo: *Quantas solicitações foram respondidas? Qual é a lista de letras mais comum? De quais endereços IP vêm as solicitações? Qual navegador está sendo mais usado?*

Porém, para tanto, precisamos decidir sobre um sistema do banco de dados a usar. Existem muitas opções, e seria fácil pegar uma dúzia de páginas ou mais para apresentar diversas tecnologias alternativas do banco de dados, enquanto exploramos as vantagens e desvantagens de cada. Mas não faremos isso. Ficaremos com a escolha popular e usaremos o *MySQL* como nossa tecnologia do banco de dados.

Com o MySQL selecionado, veja as quatro tarefas nas quais trabalharemos nas próximas páginas:

① **Instalar o servidor MySQL**

② **Instalar um driver do banco de dados MySQL para o Python**

③ **Criar um banco de dados e tabelas do aplicativo web**

④ **Criar um código para trabalhar com um banco de dados e tabelas do aplicativo web**

Com essas quatro tarefas concluídas, corrigiremos o código `vsearch4web.py` para registrar no MySQL, em vez de um arquivo de texto. Então usaremos o SQL para perguntar e — com sorte — responder nossas perguntas.

---

não existem Perguntas Idiotas

P: Temos que usar o MySQL aqui?

R: Se você quiser acompanhar com os exemplos no resto do capítulo, a resposta é sim.

P: Posso usar o MariaDB em vez do MySQL?

R: Sim. Como o MariaDB é um clone do MySQL, não há problemas em usá-lo como seu sistema do banco de dados, em vez do MySQL "oficial". (Na verdade, nos *Laboratórios do Use a Cabeça!*, o MariaDB é favorito da equipe DevOps.)

P: E o PostgreSQL? Posso usar?

R: Humm, é... sim, sujeito ao seguinte aviso: se você já estiver usando o PostgreSQL (ou qualquer outro sistema de gerenciamento do banco de dados baseado no SQL), poderá tentar usá-lo no lugar do MySQL. Porém, note que este capítulo não fornece nenhuma instrução específica relacionada ao PostgreSQL (ou qualquer outra coisa), portanto, você pode ter que experimentar sozinho quando algo que mostramos funcionar no MySQL, mas não funcionar igualmente com seu banco de dados escolhido. Também há o **SQLite** autônomo e com um usuário, que vem com o Python e permite trabalhar com o SQL *sem* precisar de um servidor separado. Dito isso, qual tecnologia do banco de dados você usa depende muito do que está tentando fazer.

*usando um **banco de dados***

Tarefa 1: Instalar o Servidor MySQL

Se você já tiver o MySQL instalado em seu computador, sinta-se à vontade para ir para a Tarefa 2.

Como instalará o MySQL depende do sistema operacional usado. Felizmente, as pessoas por trás do MySQL (e seu primo próximo, o MariaDB) fizeram um ótimo trabalho tornando simples o processo de instalação.

Se você estiver executando o *Linux*, não deverá ter problemas para encontrar o `mysql-server` (ou `mariadb-server`) nos repositórios do software. Use seu utilitário de instalação do software (`apt`, `aptitude`, `rpm`, `yum` ou qualquer outro) para instalar o MySQL como instalaria qualquer outro pacote.

Se estiver executando o *Mac OS X*, recomendamos instalar o *Homebrew* (descubra sobre o Homebrew aqui: *http://brew.sh* — conteúdo em inglês), então usá-lo para instalar o MariaDB, porque, em nossa experiência, essa combinação funciona bem.

Para todos os outros sistemas (inclusive todas as diversas versões do *Windows*), recomendamos instalar a **Community Edition** do servidor MySQL, disponível em (conteúdos em inglês):

http://dev.mysql.com/downloads/mysql/

Ou, se quiser ficar com o MariaDB, verifique:

https://mariadb.org/download/

Leia a documentação da instalação associada a qualquer versão do servidor que você baixar e instalar.

☐ Instale o MySQL em seu computador.
☐ Instale um driver MySQL Python.
☐ Crie o banco de dados e as tabelas.
☐ Crie um código para ler/gravar os dados.

Marcaremos cada tarefa concluída quando trabalharmos nela.

Nota do Marketing: de todos os livros MySQL... no mundo inteiro... este é o que trouxemos para o ~~bar~~... eh... escritório quando aprendemos o MySQL pela primeira vez.

Embora seja um livro sobre a linguagem de consulta SQL, ele usa o sistema de gerenciamento do banco de dados MySQL para todos os seus exemplos. Apesar da idade, ainda é um ótimo recurso de aprendizagem.

> Isso será difícil, porque nunca usei o MySQL antes...

Não se preocupe se isso for novo para você.

Não esperamos que você seja um gênio em MySQL ao trabalhar com este material. Forneceremos tudo que precisa para fazer cada um de nossos exemplos funcionar (mesmo que nunca tenha usado o MySQL antes).

Se você quiser aprender mais, recomendamos o excelente livro *Use a Cabeça! SQL*, de *Lynn Beighley*, como um maravilhoso manual.

você está aqui ▶ **283**

Apresentando a DB-API do Python

Com o servidor do banco de dados instalado, vamos parar um pouco enquanto adicionamos suporte para trabalhar com o MySQL no Python.

Pronto para o uso, o interpretador do Python vem com suporte para trabalhar com os bancos de dados, mas nada específico para o MySQL. O que é fornecido é uma API (interface do programador do aplicativo) padrão do banco de dados para trabalhar com os bancos de dados baseados no SQL, conhecida como *DB-API*. O que falta é o **driver** para conectar a DB-API à tecnologia do banco de dados real que estamos usando.

A convenção é que os programadores usem a DB-API quando interagem com qualquer banco de dados subjacente utilizando o Python, não importa a tecnologia do banco de dados. Fazem isso porque o driver evita que os programadores tenham que entender os pequenos detalhes da interação com a API real do banco de dados, pois a DB-API fornece uma camada abstrata entre os dois. A ideia é a de que, programando para a DB-API, é possível substituir a tecnologia do banco de dados subjacente quando necessário sem ter que descartar qualquer código existente.

Teremos mais a dizer sobre a DB-API mais tarde no capítulo. Eis uma visualização do que acontece quando você usa a DB-API do Python:

> - [✓] Instale o MySQL em seu computador.
> - [ ] Instale um driver MySQL Python.
> - [ ] Crie o banco de dados e as tabelas.
> - [ ] Crie um código para ler/gravar os dados.

Código Sério

A DB-API do Python é definida no PEP 0247. Dito isso, não precisa sair correndo e ler esse PEP, pois é basicamente designado para ser usado como uma especificação pelos implementadores do driver do banco de dados (em vez de ser um tutorial passo a passo).

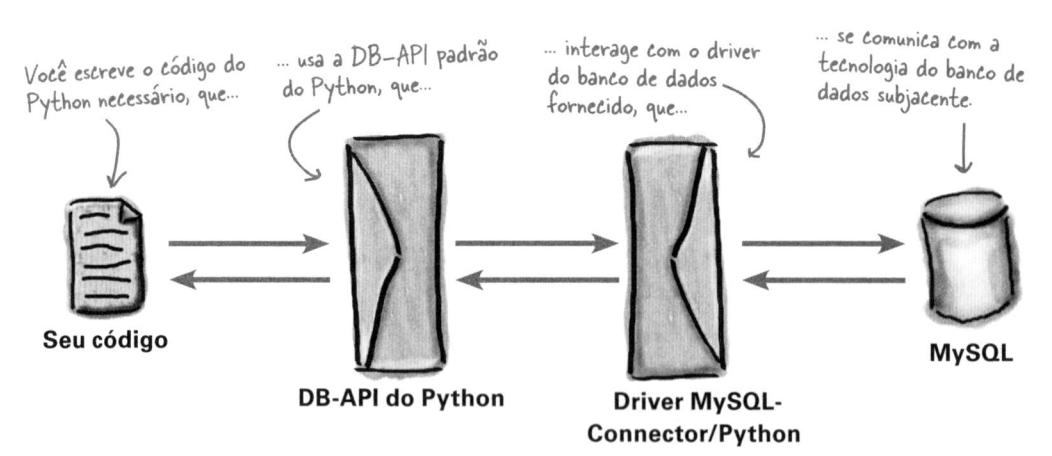

Você escreve o código do Python necessário, que... → **Seu código** → *...usa a DB-API padrão do Python, que...* → **DB-API do Python** → *...interage com o driver do banco de dados fornecido, que...* → **Driver MySQL-Connector/Python** → *...se comunica com a tecnologia do banco de dados subjacente.* → **MySQL**

Alguns programadores veem esse diagrama e concluem que usar a DB-API do Python deve ser muitíssimo ineficiente. Afinal, há *duas* camadas de tecnologia entre seu código e o sistema do banco de dados subjacente. Contudo, usar a DB-API permite trocar o banco de dados subjacente quando necessário, evitando que os bancos de dados "travem", o que ocorre quando você codifica *diretamente* em um banco de dados. Quando você também considera que dois dialetos do SQL não são iguais, usar a DB-API ajuda a fornecer um nível mais alto de abstração.

*usando um **banco de dados***

Tarefa 2: Instalar um Driver do Banco de Dados MySQL para o Python

☑ Instale o MySQL em seu computador.
☐ Instale um driver MySQL Python.
☐ Crie o banco de dados e as tabelas.
☐ Crie um código para ler/gravar os dados.

Qualquer pessoa está livre para escrever um driver do banco de dados (e muitas pessoas escrevem), mas é comum que cada fabricante do banco de dados forneça um *driver oficial* para cada linguagem de programação suportada. A *Oracle*, proprietária das tecnologias MySQL, fornece o driver *MySQL-Connector/Python*, e é o que pretendemos usar neste capítulo. Há apenas um problema: o *MySQL-Connector/Python* não pode ser instalado com o `pip`.

Isso significa que teremos problemas quanto a usar o *MySQL-Connector/Python* com o Python? Não, longe disso. O fato de um módulo de terceiros não usar o mecanismo `pip` raramente é um erro de programação. Apenas precisamos instalar o módulo "manualmente" — dá um pouco mais de trabalho (em relação a usar o `pip`), mas não muito.

Vamos instalar o driver *MySQL-Connector/Python* manualmente (lembrando que existem *outros* drivers disponíveis, como o *PyMySQL*. Mas preferimos o *MySQL-Connector/Python*, pois é oficialmente o driver suportado fornecido pelos fabricantes do MySQL).

Comece visitando a página de download do *MySQL-Connector/Python*: *https://dev.mysql.com/downloads/connector/python/* (conteúdo em inglês). Essa página da web provavelmente irá pré-selecionar seu sistema operacional no menu suspenso *Select Platform*. Ignore isso e ajuste o menu suspenso de seleção para informar *Platform Independent*, como mostrado aqui:

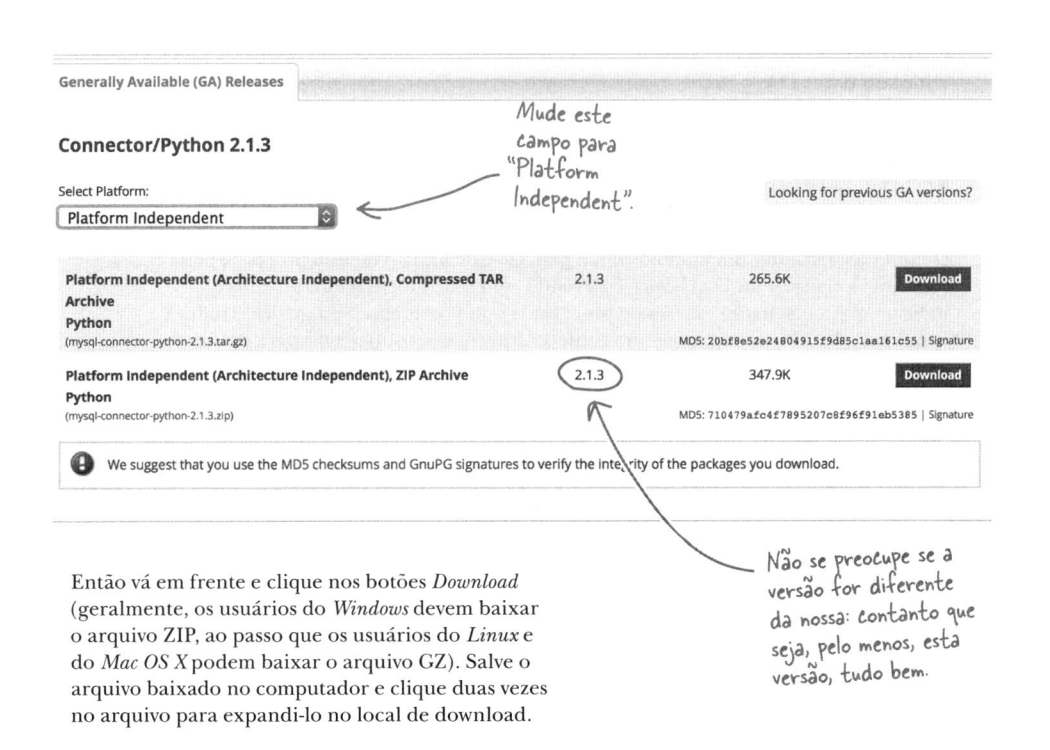

Generally Available (GA) Releases

Connector/Python 2.1.3

Select Platform:
[Platform Independent ▼] ← Mude este campo para "Platform Independent".

Looking for previous GA versions?

Platform Independent (Architecture Independent), Compressed TAR Archive Python (mysql-connector-python-2.1.3.tar.gz)	2.1.3	265.6K	Download
		MD5: 20bf8e52e24804915f9d85c1aa161c55 | Signature	
Platform Independent (Architecture Independent), ZIP Archive Python (mysql-connector-python-2.1.3.zip)	(2.1.3)	347.9K	Download
		MD5: 710479afc4f7895207c8f96f91eb5385 | Signature	

ⓘ We suggest that you use the MD5 checksums and GnuPG signatures to verify the integrity of the packages you download.

Então vá em frente e clique nos botões *Download* (geralmente, os usuários do *Windows* devem baixar o arquivo ZIP, ao passo que os usuários do *Linux* e do *Mac OS X* podem baixar o arquivo GZ). Salve o arquivo baixado no computador e clique duas vezes no arquivo para expandi-lo no local de download.

Não se preocupe se a versão for diferente da nossa: contanto que seja, pelo menos, esta versão, tudo bem.

você está aqui ▶ **285**

instale o driver

Instale o MySQL-Connector/Python

Com o driver baixado e expandido no computador, abra uma janela do terminal na pasta recém-criada (se você estiver no *Windows*, abra a janela do terminal com *Executar como Administrador*).

Em nosso computador, a pasta criada é chamada `mysql-connector-python-2.1.3` e foi expandida em nossa pasta `Downloads`. Para instalar o driver no *Windows*, emita este comando de dentro da pasta `mysql-connector-python-2.1.3`:

☑	Instale o MySQL em seu computador.
☐	Instale um driver MySQL Python.
☐	Crie o banco de dados e as tabelas.
☐	Crie um código para ler/gravar os dados.

```
py -3 setup.py install
```

No *Linux* ou *Mac OS X*, use este comando:

```
sudo -H python3 setup.py install
```

Não importa o sistema operacional usado, enviar qualquer comando acima resultará em uma coleção de mensagens aparecendo na tela, parecidas com estas:

```
running install
Not Installing C Extension
running build
running build_py
running install_lib
running install_egg_info
Removing /Library/Frameworks/Python.framework/Versions/3.5/lib/python3.5/site-packages/mysql_connector_python-2.1.3-py3.5.egg-info
Writing /Library/Frameworks/Python.framework/Versions/3.5/lib/python3.5/site-packages/mysql_connector_python-2.1.3-py3.5.egg-info
```

Estes caminhos podem ser diferentes em seu computador. Não se preocupe se forem.

Quando você instalar um módulo com o `pip`, ele executará o mesmo processo, mas ocultará as mensagens. O que você está vendo aqui são as mensagens de status que indicam que a instalação está sendo processada sem problemas. Se algo der errado, a mensagem de erro resultante deverá fornecer informações suficientes para resolver o problema. Se tudo correr bem na instalação, a aparência dessas mensagens será a confirmação de que o *MySQL-Connector/Python* está pronto para ser usado.

─────── Perguntas Idiotas (não existem) ───────

P: Devo me preocupar com a mensagem "Not Installing C Extension"?

R: Não. Os módulos de terceiros algumas vezes incluem o código C incorporado, que pode ajudar a melhorar o processamento intenso do computador. Contudo, nem todos os sistemas operacionais vêm com um compilador C pré-instalado, portanto, você tem que pedir especificamente que o suporte da extensão C seja ativado ao instalar um módulo (caso decida que precisa). Quando você não pede, o mecanismo de instalação do módulo de terceiros usa (potencialmente mais lento) o código do Python no lugar do código C. Isso permite que o módulo funcione em qualquer plataforma, independentemente da exigência de um compilador C. Quando um módulo de terceiros usa o código do Python *exclusivamente*, é referido como sendo escrito no "Python puro". No exemplo acima, instalamos a versão do Python puro do driver *MySQL-Connector/Python*.

*usando um **banco de dados***

Tarefa 3: Criar um Banco de Dados e Tabelas do Nosso Aplicativo Web

Agora que instalamos o servidor do banco de dados MySQL e o driver *MySQL-Connector/Python* no computador, é hora da Tarefa 3, que envolve criar o banco de dados e as tabelas requeridas por nosso aplicativo web.

✓	Instale o MySQL em seu computador.
✓	Instale um driver MySQL Python.
☐	Crie o banco de dados e as tabelas.
☐	Crie um código para ler/gravar os dados.

Para tanto, você interagirá com o servidor MySQL usando sua ferramenta da linha de comando, que é um pequeno utilitário que você inicia na janela do terminal. Essa ferramenta é conhecida como *console* do MySQL. Veja o comando para iniciar o console, conectando como administrador do banco de dados MySQL (que usa a ID do usuário `root`):

```
mysql -u root -p
```

Se você definiu uma senha do administrador quando instalou o servidor MySQL, digite essa senha depois de pressionar a tecla *Enter*. Como alternativa, se você tiver uma senha, basta pressionar a tecla *Enter* duas vezes. De qualquer modo, você irá para o **prompt do console**, que fica como à esquerda ao usar o MySQL ou como à direita ao usar o MariaDB:

```
mysql>                    MariaDB [None]>
```

Qualquer comando digitado no prompt do console será enviado para o servidor MySQL para a execução. Vamos começar criando um banco de dados para nosso aplicativo web. Lembre-se: queremos usar o banco de dados para armazenar os dados de registro, portanto, o nome do banco de dados deve refletir essa finalidade. Vamos chamar nosso banco de dados de `vsearchlogDB`. Veja o comando do console que cria nosso banco de dados:

```
mysql> create database vsearchlogDB;
```

O console responde com uma mensagem de status (bem enigmática): `Query OK, 1 row affected (0.00 sec)`. É como ele informa que tudo está certo.

Vamos criar uma ID do usuário do banco de dados e senha especificamente para nosso aplicativo web usar quando interagir com o MySQL, em vez de usar a ID do usuário `root` o tempo todo (o que é considerado uma prática ruim). Este próximo comando cria um novo usuário do MySQL chamado `vsearch`, usa "vsearchpasswd" como a senha do novo usuário e dá direitos totais do usuário `vsearch` ao banco de dados `vsearchlogDB`:

```
mysql> grant all on vsearchlogDB.* to 'vsearch' identified by 'vsearchpasswd';
```

> Termine cada comando digitado no console MySQL com ponto e vírgula.

Uma mensagem de status `Query OK` parecida aparece, confirmando a criação do usuário. Agora vamos sair do console usando este comando:

```
mysql> quit
```

Você verá uma mensagem `Bye` amistosa no console antes de retornar para o sistema operacional.

> Você poderá usar uma senha diferente se quiser. Basta se lembrar de usar a sua, em vez da nossa, nos exemplos a seguir.

uma tabela de registro

Decida sobre uma Estrutura para Seus Dados de Registro

✓	Instale o MySQL em seu computador.
✓	Instale um driver MySQL Python.
☐	Crie o banco de dados e as tabelas.
☐	Crie um código para ler/gravar os dados.

Agora que você criou um banco de dados para usar com o aplicativo web, poderá criar quaisquer tabelas nesse banco de dados (como requerido pelo aplicativo). Para nossas finalidades, uma única tabela será suficiente aqui, porque tudo que precisamos armazenar são os dados relacionados a cada solicitação da web registrada.

Lembre-se de como armazenamos esses dados em um arquivo de texto no capítulo anterior, com cada linha no arquivo `vsearch.log` de acordo com um formato específico:

Registramos o valor de "phrase"... *...assim como o valor de "letters".* *O endereço IP do computador que enviou os dados do formulário também é registrado.*

```
ImmutableMultiDict([('phrase', 'galaxy'), ('letters', 'xyz')])|127.0.0.1|Mozilla/5.0 (Macintosh; Intel
Mac OS X 10_11_2) AppleWebKit/537.36 (KHTML, like Gecko) Chrome/47.0.2526.106 Safari/537.36|('x', 'y')
```

Há uma string (bem grande) que descreve o navegador da web sendo usado.

Por último — mas não menos importante —, os resultados reais produzidos pela pesquisa de "letters" em "phrase" também são registrados.

No mínimo, a tabela criada precisa de cinco campos: para a frase, letras, endereço IP, string do navegador e valores do resultado. Mas também vamos incluir mais dois campos: uma ID exclusiva para cada solicitação registrada, assim como um timbre de hora e data que grava quando a solicitação foi registrada. Como esses dois últimos campos são comuns, o MySQL fornece um modo fácil de adicionar esses dados a cada solicitação registrada, como mostrado na parte inferior desta página.

Você pode especificar a estrutura da tabela que deseja criar no console. Antes de fazer isso, vamos entrar como nosso usuário `vsearch` recém-criado usando este comando (e fornecendo a senha correta depois de pressionar a tela *Enter*):

```
mysql -u vsearch -p vsearchlogDB
```

Lembre: definimos a senha do usuário para "vsearchpasswd".

Veja a instrução SQL que usamos para criar a tabela requerida (chamada `log`). Note que o símbolo `->` não faz parte da instrução SQL, pois ele é adicionado automaticamente pelo console para indicar que espera mais entrada (quando o SQL executa diversas linhas). A instrução termina (e executa) quando você digita o caractere de ponto e vírgula de término e pressiona a tecla *Enter*:

Este é o símbolo de continuação do console.

```
mysql> create table log (
    -> id int auto_increment primary key,
    -> ts timestamp default current_timestamp,
    -> phrase varchar(128) not null,
    -> letters varchar(32) not null,
    -> ip varchar(16) not null,
    -> browser_string varchar(256) not null,
    -> results varchar(64) not null );
```

O MySQL fornecerá automaticamente os dados para estes campos.

Estes campos manterão os dados de cada solicitação (como fornecidos nos dados do formulário).

Confirme se Sua Tabela Está Pronta para os Dados

Com a tabela criada, terminamos com a Tarefa 3.

Vamos confirmar no console se a tabela realmente foi criada com a estrutura requerida. Ainda conectado no console do MySQL como o usuário `vsearch`, envie o comando `describe log` no prompt:

- [x] Instale o MySQL em seu computador.
- [x] Instale um driver MySQL Python.
- [x] Crie o banco de dados e as tabelas.
- [ ] Crie um código para ler/gravar os dados.

```
ysql> describe log;
+----------------+---------------+------+-----+-------------------+----------------+
| Field          | Type          | Null | Key | Default           | Extra          |
+----------------+---------------+------+-----+-------------------+----------------+
| id             | int(11)       | NO   | PRI | NULL              | auto_increment |
| ts             | timestamp     | NO   |     | CURRENT_TIMESTAMP |                |
| phrase         | varchar(128)  | NO   |     | NULL              |                |
| letters        | varchar(32)   | NO   |     | NULL              |                |
| ip             | varchar(16)   | NO   |     | NULL              |                |
| browser_string | varchar(256)  | NO   |     | NULL              |                |
| results        | varchar(64)   | NO   |     | NULL              |                |
+----------------+---------------+------+-----+-------------------+----------------+
```

E aqui está: a prova de que a tabela `log` existe e tem uma estrutura que se encaixa nas necessidades de registro do nosso aplicativo web. Digite `quit` para sair do console (pois você terminou).

> Então agora estou pronta para adicionar dados à tabela, certo? Meu amigo, que é um especialista em SQL, diz que posso usar muitas instruções INSERT manuais para fazer isso.

Sim, é uma possibilidade.

Não há nada que o impeça de digitar *manualmente* muitas instruções INSERT do SQL no console para adicionar *manualmente* os dados à tabela recém-criada. Mas lembre-se: queremos que nosso aplicativo web adicione nossos dados de solicitação da web na tabela `log` **automaticamente**, e isto se aplica também às instruções INSERT.

Para tanto, precisamos escrever um código do Python para interagir com a tabela `log`. E, para fazer *isso*, precisamos aprender mais sobre a DB-API do Python.

DB-API de Perto, 1 de 3

Lembre-se do diagrama mostrado antes neste capítulo que posicionava a DB-API do Python em relação ao seu código, driver do banco de dados escolhido e sistema do banco de dados subjacente:

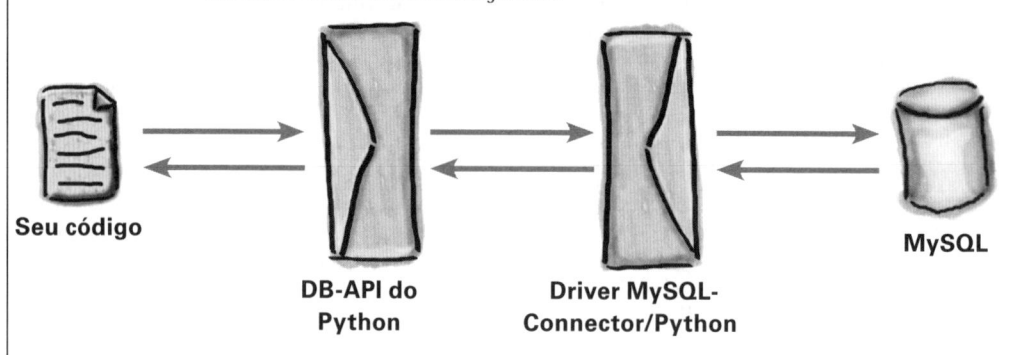

Seu código ⇄ **DB-API do Python** ⇄ **Driver MySQL-Connector/Python** ⇄ **MySQL**

A promessa ao usar a DB-API é a de que você pode substituir a combinação de driver/banco de dados por pequenas modificações no código do Python, contanto que se limite a usar apenas os recursos fornecidos pela DB-API.

Vamos rever o que está envolvido na programação desse importante padrão do Python. Apresentaremos seis etapas aqui.

DB-API Etapa 1: Defina as características da conexão

Há quatro partes de informação de que você precisa ao conectar o MySQL: (1) o endereço IP/nome do computador que executa o servidor MySQL (conhecido como *host*), (2) a ID do usuário a utilizar, (3) a senha associada à ID do usuário e (4) o nome do banco de dados com o qual a ID do usuário deseja interagir.

O driver *MySQL-Connector/Python* permite colocar essas características da conexão em um dicionário do Python para facilitar o uso e a referência. Vamos fazer isso agora digitando o código neste *de Perto* no prompt >>>. Acompanhe em seu computador. Veja um dicionário (chamado `dbconfig`) que associa as quatro "chaves de conexão" requeridas a seus valores correspondentes:

```
>>> dbconfig = { 'host': '127.0.0.1',
                 'user': 'vsearch',
                 'password': 'vsearchpasswd',
                 'database': 'vsearchlogDB', }
```

1. Nosso servidor está em execução no computador local, portanto, usamos o endereço IP do host local para "host".

2. A ID do usuário "vsearch" anterior no capítulo é atribuída à chave "user".

3. A chave "password" é atribuída à senha correta para usar com nossa ID do usuário.

4. O nome do banco de dados — "vsearchlogDB", neste caso — é atribuído à chave "database".

DB-API Etapa 2: Importe o driver do banco de dados

Com as características da conexão definidas, é hora de importar com `import` o driver do banco de dados:

```
>>> import mysql.connector
```
Importe o driver para o banco de dados usado.

Essa importação disponibiliza o driver específico do MySQL para a DB-API.

DB-API Etapa 3: Estabeleça uma conexão com o servidor

Vamos estabelecer uma conexão com o servidor usando a função `connect` da DB-API para estabelecer nossa conexão. Vamos salvar uma referência para a conexão em uma variável chamada `conn`. Veja a chamada para `connect`, que estabelece a conexão com o servidor do banco de dados MySQL (e cria `conn`):

```
>>> conn = mysql.connector.connect(**dbconfig)
```
Esta chamada estabelece a conexão.
Passe o dicionário de características da conexão.

Note os `**` estranhos que antecedem o argumento para a função `connect`. (Se você for um programador C/C++, **não** leia `**` como "ponteiro para um ponteiro", pois o Python não tem nenhuma noção de ponteiros.) A notação `**` informa à função `connect` que um dicionário de argumentos está sendo fornecido em uma variável (neste caso, `dbconfig`, o dicionário que você acabou de criar). Ao ver `**`, a função `connect` expande o argumento do dicionário em quatro argumentos individuais, sendo usados na função `connect` para estabelecer a conexão. (Você verá mais sobre a notação `**` em um capítulo posterior. Agora, basta usar como está.)

DB-API Etapa 4: Abra um cursor

Para enviar os comandos SQL para o banco de dados (via conexão recém-aberta), assim como receber os resultados de seu banco de dados, você precisa de um *cursor*. Considere um cursor como o equivalente do banco de dados para o *ponteiro do arquivo* no último capítulo (que permite comunicar-se com um arquivo de disco assim que ele foi aberto).

Criar um cursor é simples: você faz isso chamando o método `cursor` incluído em cada objeto de conexão. Com a conexão acima, salvamos uma referência para o cursor criado em uma variável (que, com uma louca imaginação criativa, chamamos de `cursor`):

```
>>> cursor = conn.cursor()
```
Cria um cursor para enviar comandos para o servidor e receber os resultados.

Agora estamos prontos para enviar os comandos SQL para o servidor e — esperamos — obter alguns resultados.

Mas antes disso, vamos reservar um momento para rever as etapas concluídas até agora. Definimos as características da conexão para o banco de dados, importamos o módulo do driver, criamos um objeto de conexão e um cursor. Não importa o banco de dados usado, essas etapas são comuns a todas as interações com o MySQL (apenas as características da conexão mudam). Lembre-se disso quando interagir com os dados por meio do cursor.

mais db-api

DB-API de Perto, 2 de 3

Com o cursor criado e atribuído a uma variável, é hora de interagir com os dados em seu banco de dados usando a linguagem de consulta SQL.

DB-API Etapa 5: Faça o SQL!

A variável `cursor` permite enviar as consultas SQL para o MySQL, assim como recuperar qualquer resultado produzido pelo processamento da consulta do MySQL.

Como regra geral, os programadores Python nos *Laboratórios do Use a Cabeça!* gostam de codificar o SQL que eles pretendem enviar para o servidor do banco de dados em uma string com três aspas, e então atribuir a string a uma variável chamada _SQL. Uma string com três aspas é usada porque as consultas SQL geralmente podem executar várias linhas, e usar uma string com três aspas desativa temporariamente a regra "o fim da linha é o fim da instrução" do interpretador do Python. Usar _SQL como o nome da variável é uma convenção entre os programadores dos *Laboratórios do Use a Cabeça!* para definir valores constantes no Python, mas é possível usar qualquer nome de variável (e não precisa estar tudo com letra maiúscula, nem prefixado com um sublinhado).

Vamos começar pedindo ao MySQL os nomes das tabelas no banco de dados conectado. Para tanto, atribua a consulta `show tables` à variável _SQL, e então chame a função `cursor.execute`, passando _SQL como um argumento:

```
>>> _SQL = """show tables"""
>>> cursor.execute(_SQL)
```

Atribui a consulta SQL a uma variável.

Envia a consulta na variável "_SQL" para o MySQL para a execução.

Quando você digita o comando `cursor.execute` acima no prompt >>>, a consulta SQL é enviada para o servidor MySQL, que executa a consulta (supondo que é um SQL válido e correto). Contudo, qualquer resultado da consulta *não* aparecerá imediatamente; você tem que solicitar.

É possível solicitar os resultados usando um dos três métodos do cursor:

- `cursor.fetchone` recupera **uma** linha de resultados.
- `cursor.fetchmany` recupera o **número** de linhas especificado.
- `cursor.fetchall` recupera **todas** as linhas que compõem os resultados.

Agora vamos usar o método `cursor.fetchall` para recuperar todos os resultados da consulta acima, atribuindo os resultados a uma variável chamada `res`, e então exibindo o conteúdo de `res` no prompt >>>:

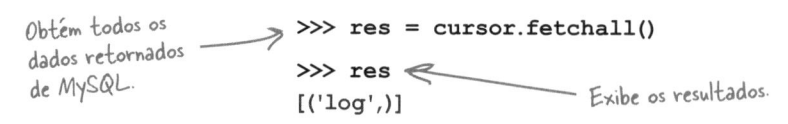

```
>>> res = cursor.fetchall()
>>> res
[('log',)]
```

Obtém todos os dados retornados de MySQL.

Exibe os resultados.

O conteúdo de `res` parece um pouco estranho, não parece? Provavelmente você estava esperando ver uma palavra aqui, pois sabemos que nosso banco de dados (vsearchlogDB) contém uma tabela chamada `log`. Porém, o que é retornado por `cursor.fetchall` é sempre uma *lista de tuplas*, mesmo quando há apenas uma parte de dado retornada (como no caso acima). Vejamos outro exemplo que retorna mais dados do MySQL.

*usando um **banco de dados***

Nossa próxima consulta, `describe log`, verifica as informações sobre a tabela `log` como armazenadas no banco de dados. Como você verá abaixo, as informações são mostradas *duas vezes*: uma vez em sua forma bruta (o que é um pouco confuso), e então em várias linhas. Lembre-se de que o resultado retornado por `cursor.fetchall` é uma lista de tuplas.

Veja `cursor.fetchall` em ação mais uma vez:

```
>>> _SQL = """describe log"""          ← Pega a consulta SQL...
>>> cursor.execute(_SQL)                ← ... então a envia para o servidor...
>>> res = cursor.fetchall()             ← ... e acessa os resultados.
>>> res
```

Parece um pouco confuso, mas é uma lista de tuplas

```
[('id', 'int(11)', 'NO', 'PRI', None, 'auto_increment'), ('ts',
'timestamp', 'NO', '', 'CURRENT_TIMESTAMP', ''), ('phrase',
'varchar(128)', 'NO', '', None, ''), ('letters', 'varchar(32)',
'NO', '', None, ''), ('ip', 'varchar(16)', 'NO', '', None, ''),
('browser_string', 'varchar(256)', 'NO', '', None, ''), ('results',
'varchar(64)', 'NO', '', None, '')]
```

Cada tupla da lista de tuplas agora está em sua própria linha.

```
>>> for row in res:          ← Pega cada linha nos resultados...
        print(row)           ← ...e exibe em sua própria linha.

('id', 'int(11)', 'NO', 'PRI', None, 'auto_increment')
('ts', 'timestamp', 'NO', '', 'CURRENT_TIMESTAMP', '')
('phrase', 'varchar(128)', 'NO', '', None, '')
('letters', 'varchar(32)', 'NO', '', None, '')
('ip', 'varchar(16)', 'NO', '', None, '')
('browser_string', 'varchar(256)', 'NO', '', None, '')
('results', 'varchar(64)', 'NO', '', None, '')
```

A exibição por linha acima pode não parecer uma grande melhoria em relação à saída bruta, mas compare-a com a saída exibida pelo console MySQL anterior (mostrado abaixo). O que é mostrado acima são os mesmos dados mostrados abaixo, mas agora estão em uma estrutura de dados do Python `res`:

Veja com atenção. São os mesmos dados.

```
mysql> describe log;
+----------------+--------------+------+-----+-------------------+----------------+
| Field          | Type         | Null | Key | Default           | Extra          |
+----------------+--------------+------+-----+-------------------+----------------+
| id             | int(11)      | NO   | PRI | NULL              | auto_increment |
| ts             | timestamp    | NO   |     | CURRENT_TIMESTAMP |                |
| phrase         | varchar(128) | NO   |     | NULL              |                |
| letters        | varchar(32)  | NO   |     | NULL              |                |
| ip             | varchar(16)  | NO   |     | NULL              |                |
| browser_string | varchar(256) | NO   |     | NULL              |                |
| results        | varchar(64)  | NO   |     | NULL              |                |
+----------------+--------------+------+-----+-------------------+----------------+
```

ainda mais db-api

DB-API de Perto, 3 de 3

Vamos usar uma consulta `insert` para adicionar dados de exemplo à tabela `log`.

É uma tentação atribuir a consulta mostrada abaixo (que escrevemos em várias linhas) à variável `_SQL`, e então chamar `cursor.execute` para enviar a consulta para o servidor:

```
>>> _SQL = """insert into log
              (phrase, letters, ip, browser_string, results)
              values
              ('hitch-hiker', 'aeiou', '127.0.0.1', 'Firefox', "{'e', 'i'}")"""
>>> cursor.execute(_SQL)
```

Não entenda mal, o que é mostrado acima funciona. Porém, *codificar especificamente* os valores de dados assim raramente é o que você desejará fazer, pois os valores armazenados na tabela com certeza mudarão com cada `insert`. Lembre-se: você pretende registrar os detalhes de cada solicitação da web na tabela `log`, significando que esses valores de dados *mudarão* com cada solicitação, portanto, codificar especificamente os dados assim seria um desastre.

Para não precisar codificar os dados assim (como mostrado acima), a DB-API do Python permite posicionar "espaços reservados dos dados" na string de consulta, que são preenchidos com os valores reais quando você chama `cursor.execute`. Na verdade, isso permite reutilizar uma consulta com muitos valores de dados diferentes, passando os valores como argumentos para a consulta um pouco antes de ela ser executada. Os espaços reservados em sua consulta são valores de string e são identificados como `%s` no código abaixo.

Compare os comandos abaixo com os mostrados acima:

Ao criar sua consulta, use os espaços reservados da DB-API, em vez de valores de dados reais.

```
>>> _SQL = """insert into log
              (phrase, letters, ip, browser_string, results)
              values
              (%s, %s, %s, %s, %s)"""
>>> cursor.execute(_SQL, ('hitch-hiker', 'xyz', '127.0.0.1', 'Safari', 'set()'))
```

Existem duas coisas a observar acima. Primeiro, em vez de codificar especificamente os valores de dados reais na consulta, usamos o espaço reservado `%s`, que informa à DB-API para esperar um valor de string sendo substituído na consulta antes da execução. Como se pode ver, há cinco espaços reservados `%s` acima, portanto, a segunda coisa a observar é que a chamada `cursor.execute` esperará cinco parâmetros adicionais quando chamada. O único problema é que `cursor.execute` não aceita apenas *qualquer* número de parâmetros; ela aceita, *no máximo*, dois.

Como pode ser?

Vendo a última linha de código mostrada acima, fica claro que `cursor.execute` aceita os *cinco* valores de dados fornecidos (sem reclamar). Então, o que está acontecendo?

Veja de novo com atenção essa linha de código. Vê o par de parêntesss em torno dos valores de dados? O uso de parênteses transforma os cinco valores de dados em uma tupla (contendo os valores de dados individuais). Na verdade, a linha de código acima fornece dois argumentos para `cursor.execute`: a consulta contendo o espaço reservado e uma tupla de valores de dados.

Então, quando o código nesta página é executado, os valores de dados são inseridos na tabela `log`, certo? Bem... quase isso.

294 Capítulo 7

*usando um **banco de dados***

Quando você usa `cursor.execute` para enviar os dados para um sistema do banco de dados (com a consulta `insert`), os dados podem não ser salvos imediatamente no banco de dados. Isso porque gravar em um banco de dados é uma operação **cara** (de uma perspectiva de ciclos do processamento), portanto, muitos sistemas do banco de dado armazenam as `inserts` em cache, então as aplicam de uma só vez depois. Isso pode significar, algumas vezes, que os dados que você pensa estar na tabela não estão lá *ainda*, levando a problemas.

Por exemplo, se você usar `insert` para enviar dados para uma tabela, e então usar `select` imediatamente para lê-los, os dados poderão não estar disponíveis, pois ainda estão no cache do sistema do banco de dados aguardando para ser gravados. Se isso acontecer, você terá problemas, pois `select` não conseguirá retornar nenhum dado. Finalmente, os dados são gravados, portanto, não são perdidos, mas esse comportamento de cache padrão pode não ser o que você deseja.

Se você estiver contente com o impacto no desempenho associado a uma gravação do banco de dados, poderá forçar o sistema do banco de dados a aceitar todos os dados potencialmente em cache em sua tabela usando o método `conn.commit`. Vamos fazer isso agora para assegurar que as duas instruções `insert` da página anterior sejam aplicadas na tabela `log`. Com os dados gravados, agora você poderá usar uma consulta `select` para confirmar se os valores de dados estão salvos:

```
>>> conn.commit()
>>> _SQL = """select * from log"""
>>> cursor.execute(_SQL)
>>> for row in cursor.fetchall():
        print(row)

(1, datetime.datetime(2016, 3, ..., "{'e', 'i'}")
(2, datetime.datetime(2016, 3, ..., 'set()')
```

"Força" que os dados em cache sejam gravados na tabela.

Recupera os dados recém-gravados.

Abreviamos a saída para caber nesta página.

Veja o valor "id" que o MySQL atribuiu automaticamente a essa linha...

... e aqui está o que preencheu para "ts" (timbre de data e hora).

Acima é possível ver que o MySQL determinou corretamente os valores certos para usar para `id` e `ts` quando os dados são inseridos em uma linha. Os dados retornados do servidor do banco de dados são (como antes) uma lista de tuplas. Em vez de salvar os resultados de `cursor.fetchall` em uma variável, que é então iterada, usamos `cursor.fetchall` diretamente em um loop `for` neste código. E mais, não esqueça: uma tupla é uma lista imutável, e, como tal, suporta a notação de acesso de colchetes usual. Isso significa que você pode indexar a variável `row` usada no loop `for` para selecionar os itens de dados individuais quando necessário. Por exemplo, `row[2]` seleciona a frase, `row[3]` seleciona as letras e `row[-1]` seleciona os resultados.

DB-API Etapa 6: Feche o cursor e a conexão

Com os dados aceitos na tabela, organize-se fechando o cursor, assim como a conexão:

```
>>> cursor.close()
True
>>> conn.close()
```

Sempre é uma boa ideia se organizar.

Note que o cursor confirma o fechamento bem-sucedido retornando `True`, ao passo que a conexão simplesmente finaliza. Sempre é uma boa ideia fechar o cursor e a conexão quando você não precisa mais, pois o sistema do banco de dados tem um conjunto finito de recursos. Nos *Laboratórios do Use a Cabeça!*, os programadores gostam de manter os cursores e as conexões do banco de dados abertos o tempo necessário, porém não mais que isso.

as tarefas terminaram

Tarefa 4: Crie um Código para Trabalhar com Um Banco de Dados e Tabelas do Aplicativo Web

Com as seis *etapas* da seção *de Perto* da DB-API concluídas, agora você tem o código necessário para interagir com a tabela `log`, significando que concluiu a Tarefa 4: *Criar um código para trabalhar com um banco de dados e tabelas do aplicativo web.*

Vamos revisar o código que você pode usar (inteiro):

- ☑ Instale o MySQL em seu computador..
- ☑ Instale um driver MySQL Python.
- ☑ Crie o banco de dados e as tabelas.
- ☑ Crie um código para ler/gravar os dados.

Nossa lista de tarefas terminou!

```
dbconfig = { 'host': '127.0.0.1',
             'user': 'vsearch',
             'password': 'vsearchpasswd',
             'database': 'vsearchlogDB', }

import mysql.connector
conn = mysql.connector.connect(**dbconfig)
cursor = conn.cursor()
_SQL = """insert into log
          (phrase, letters, ip, browser_string, results)
          values
          (%s, %s, %s, %s, %s)"""
cursor.execute(_SQL, ('galaxy', 'xyz', '127.0.0.1', 'Opera', "{'x', 'y'}"))
conn.commit()
_SQL = """select * from log"""
cursor.execute(_SQL)
for row in cursor.fetchall():
    print(row)
cursor.close()
conn.close()
```

Define as características de sua conexão.

Estabelece uma conexão e crie um cursor.

Importa o driver do banco de dados.

Atribui uma consulta a uma string (note os cinco argumentos do espaço reservado).

Envia a consulta para o servidor, lembrando de fornecer valores para cada um dos argumentos requeridos (em uma tupla).

Força o banco de dados a gravar os dados.

Recupera os dados (gravados) na tabela, exibindo a saída, linha por linha.

Organize-se quando terminar.

Com cada uma das quatro tarefas concluídas agora, você está pronto para ajustar o aplicativo web para registrar os dados de solicitação da web no sistema do banco de dados MySQL, ao invés de um arquivo de texto (como acontece atualmente). Vamos começar a fazer isso agora.

usando um banco de dados

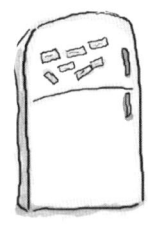

Ímãs do Banco de Dados

Veja de novo a função `log_request` do último capítulo.
Lembre-se de que essa pequena função aceita dois argumentos: um objeto de solicitação da web e os resultados de vsearch:

```python
def log_request(req: 'flask_request', res: str) -> None:
    with open('vsearch.log', 'a') as log:
        print(req.form, req.remote_addr, req.user_agent, res, file=log, sep='|')
```

Seu trabalho é substituir o suíte da função pelo código que registra no banco de dados (em vez do arquivo de texto). A linha `def` deve ficar inalterada. Decida sobre os ímãs dos quais você precisa entre aqueles espalhados no final desta página, e então posicione-os para fornecer o código da função:

```
def log _ request(req: 'flask _ request', res: str) -> None:
```

Caramba! Que bagunça. Posso ajudar?

Ímãs disponíveis:

```
conn.close()
```

```
cursor = conn.cursor()
```

```
conn.commit()
```

```
_SQL = """select * from log"""
```

```
import mysql.connector
```

```
dbconfig = { 'host': '127.0.0.1',
             'user': 'vsearch',
             'password': 'vsearchpasswd',
             'database': 'vsearchlogDB', }
```

```
cursor.execute( _ SQL, (req.form['phrase'],
                       req.form['letters'],
                       req.remote _ addr,
                       req.user _ agent.browser,
                       res, ))
```

```
for row in cursor.fetchall():
    print(row)
```

```
_SQL = """insert into log
          (phrase, letters, ip, browser _ string, results)
          values
          (%s, %s, %s, %s, %s)"""
```

```
cursor.close()
```

```
cursor.execute( _ SQL)
```

```
conn = mysql.connector.connect(**dbconfig)
```

registre no *mysql*

Ímãs do Banco de Dados — Solução

Você teve que ver de novo a função `log_request` do último capítulo:

```
def log_request(req: 'flask_request', res: str) -> None:
    with open('vsearch.log', 'a') as log:
        print(req.form, req.remote_addr, req.user_agent, res, file=log, sep='|')
```

Seu trabalho era substituir o suíte da função pelo código que registra no banco de dados. A linha `def` deveria ficar inalterada. Você teve que decidir sobre quais ímãs precisaria entre os espalhados no final da página.

```
def log_request(req: 'flask_request', res: str) -> None:
```

```
dbconfig = { 'host': '127.0.0.1',
             'user': 'vsearch',
             'password': 'vsearchpasswd',
             'database': 'vsearchlogDB', }
```
← Define as características da conexão.

```
import mysql.connector
```
```
conn = mysql.connector.connect(**dbconfig)
```
← Importa o driver, estabelece uma conexão e cria um cursor.

```
cursor = conn.cursor()
```

```
_SQL = """insert into log
        (phrase, letters, ip, browser_string, results)
        values
        (%s, %s, %s, %s, %s)"""
```
← Cria uma string contendo a consulta que você deseja usar.

```
cursor.execute(_SQL, (req.form['phrase'],
                      req.form['letters'],
                      req.remote_addr,
                      req.user_agent.browser,
                      res, ))
```
← Executa a consulta.

```
conn.commit()
```
```
cursor.close()
```
```
conn.close()
```

Isto é novo: ao invés de armazenar a string inteira do navegador (armazenada em "req.user_agent"), estamos extraindo apenas o nome do navegador.

Depois de verificar se os dados estão salvos, organizamos fechando o cursor e a conexão.

Estes ímãs não foram necessários.

```
cursor.execute(_SQL)
```
```
_SQL = """select * from log"""
```
```
for row in cursor.fetchall():
    print(row)
```

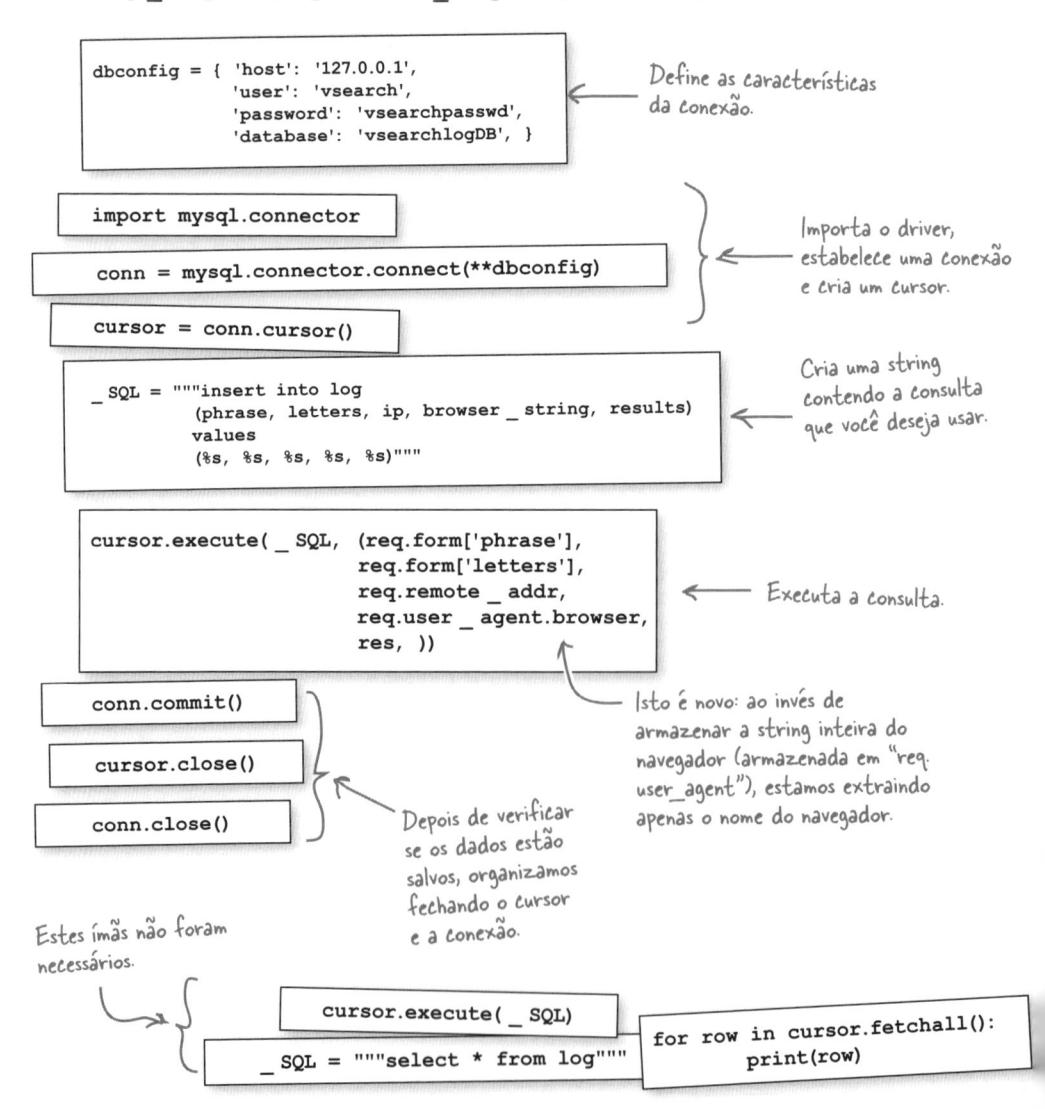

*usando um **banco de dados***

Test Drive

Altere o código no arquivo `vsearch4web.py` para substituir o código da função `log_request` original pelo da última página. Quando você tiver salvo o código, inicie a última versão do aplicativo web em um prompt de comando. Lembre-se de que, no *Windows*, você precisa usar este comando:

```
C:\webapps> py -3 vsearch4web.py
```

Ao passo que, no *Linux* ou no *Mac OS X*, deve usar este comando:

```
$ python3 vsearch4web.py
```

Seu aplicativo web deverá começar a ser executado neste endereço da web:

http://127.0.0.1:5000/

Use seu navegador da web favorito para fazer algumas pesquisas para confirmar se o aplicativo web é bem executado.

Há dois pontos que gostaríamos de esclarecer aqui:

- Seu aplicativo web é executado exatamente como antes: cada pesquisa retorna uma "página de resultados" para o usuário.
- Seus usuários não têm ideia de que os dados da pesquisa agora estão sendo registrados em uma tabela do banco de dados, em vez de um arquivo de texto.

Lamentavelmente, não é possível usar a URL */viewlog* para exibir as últimas entradas do registro, pois a função associada a essa URL (`view_the_log`) funciona apenas com o arquivo de texto `vsearch.log` (não com o banco de dados). Teremos mais a dizer sobre como corrigir isso ao longo da página.

Agora vamos concluir este *Test Drive* usando o console do MySQL para confirmar se essa versão mais recente de `log_request` está registrando os dados na tabela `log`. Abra outra janela do terminal e acompanhe (nota: reformatamos e abreviamos nossa saída para caber na página):

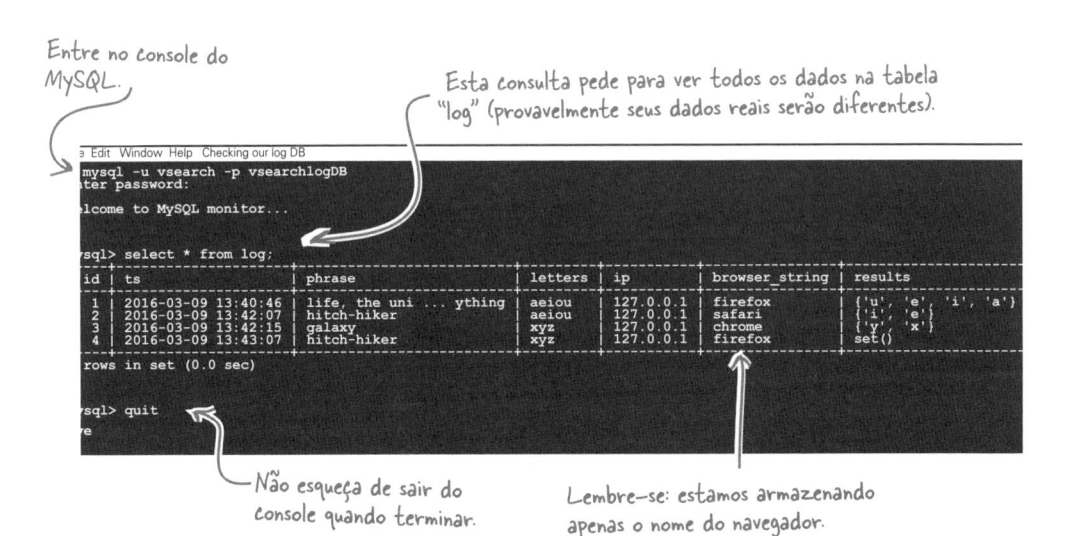

Entre no console do MySQL.

Esta consulta pede para ver todos os dados na tabela "log" (provavelmente seus dados reais serão diferentes).

```
 Edit Window Help Checking our log DB
mysql -u vsearch -p vsearchlogDB
ter password:
lcome to MySQL monitor...

sql> select * from log;
 id | ts                   | phrase             | letters | ip        | browser_string | results
  1 | 2016-03-09 13:40:46  | life, the uni...ything | aeiou   | 127.0.0.1 | firefox        | {'u', 'e', 'i', 'a'}
  2 | 2016-03-09 13:42:07  | hitch-hiker        | aeiou   | 127.0.0.1 | safari         | {'i', 'e'}
  3 | 2016-03-09 13:42:15  | galaxy             | xyz     | 127.0.0.1 | chrome         | {'y', 'x'}
  4 | 2016-03-09 13:43:07  | hitch-hiker        | xyz     | 127.0.0.1 | firefox        | set()
rows in set (0.0 sec)

sql> quit
e
```

Não esqueça de sair do console quando terminar.

Lembre-se: estamos armazenando apenas o nome do navegador.

salvando as entradas do registro

Armazenar os Dados é Apenas Metade da Batalha

Tendo feito o *Test Drive* da última página, agora você confirmou que o código compatível com a DB-API do Python em `log_request` realmente armazena os detalhes de cada solicitação da web na tabela `log`.

Veja mais uma vez a versão mais recente da função `log_request` (que inclui uma docstring como sua primeira linha de código):

```
def log_request(req: 'flask_request', res: str) -> None:
    """Log details of the web request and the results."""
    dbconfig = { 'host': '127.0.0.1',
                 'user': 'vsearch',
                 'password': 'vsearchpasswd',
                 'database': 'vsearchlogDB', }

    import mysql.connector

    conn = mysql.connector.connect(**dbconfig)
    cursor = conn.cursor()
    _SQL = """insert into log
              (phrase, letters, ip, browser_string, results)
              values
              (%s, %s, %s, %s, %s)"""
    cursor.execute(_SQL, (req.form['phrase'],
                          req.form['letters'],
                          req.remote_addr,
                          req.user_agent.browser,
                          res, ))
    conn.commit()
    cursor.close()
    conn.close()
```

Esta nova função é uma grande mudança

Há muito mais código na função `log_request` agora do que quando ela operava em um arquivo de texto simples, mas o código extra é necessário para interagir com o MySQL (que você usará para responder às perguntas sobre os dados registrados no final deste capítulo), portanto, essa versão nova, maior e mais complexa de `log_request` se justifica.

Contudo, lembre-se de que o aplicativo web tem outra função, chamada `view_the_log`, que recupera os dados no arquivo de registro `vsearch.log` e os exibe em uma página web bem formatada. Agora precisamos atualizar o código da função `view_the_log` para recuperar seus dados na tabela `log` no banco de dados, em vez do arquivo de texto.

A pergunta é: qual é o melhor modo de fazer isso?

> Os programadores experientes do Python podem ver o código desta função e deixar escapar um suspiro de desaprovação. Você descobrirá por que em algumas páginas.

*usando um **banco de dados***

Como Reutilizar Melhor o Código do Banco de Dados?

Agora você tem um código que registra os detalhes de cada solicitação do aplicativo web para o MySQL. Não deve ser muito trabalhoso fazer algo parecido para recuperar os dados na tabela `log` para usar na função the `view _ the _ log`. A pergunta é: qual é o melhor modo de fazer isso? Fizemos a pergunta a três programadores... e tivemos três respostas diferentes.

> Vamos cortar e colar rapidamente o código, e então alterá-lo. Pronto!

> Voto em colocar o código de tratamento do banco de dados em sua própria função, e então chamar quando necessário.

> Não está claro que é hora de considerarmos usar as classes e objetos como o modo correto de lidar com esse tipo de reutilização?

À sua própria maneira, cada uma das sugestões é válida, com um pouco de suspeita (especialmente a primeira). O que pode ser uma surpresa é que, neste caso, um programador Python provavelmente não adotará nenhuma dessas soluções propostas *isoladamente*.

Considere O Que Você Está Tentando Reutilizar

Vamos ver de novo o código do banco de dados na função `log_request`.

Deve estar claro que existem partes dessa função que podemos reutilizar ao escrever um código adicional que interage com um sistema do banco de dados. Assim, anotamos o código da função para destacar as partes que consideramos reutilizáveis, em vez das partes específicas da ideia central do que a função `log_request` realmente faz:

```python
def log_request(req: 'flask_request', res: str) -> None:
    """Log details of the web request and the results."""
    dbconfig = { 'host': '127.0.0.1',
                 'user': 'vsearch',
                 'password': 'vsearchpasswd',
                 'database': 'vsearchlogDB', }
    import mysql.connector
    conn = mysql.connector.connect(**dbconfig)
    cursor = conn.cursor()
    _SQL = """insert into log
              (phrase, letters, ip, browser_string, results)
              values
              (%s, %s, %s, %s, %s)"""
    cursor.execute(_SQL, (req.form['phrase'],
                          req.form['letters'],
                          req.remote_addr,
                          req.user_agent.browser,
                          res, ))
    conn.commit()
    cursor.close()
    conn.close()
```

As características de conexão do banco de dados são muito específicas sobre o que estamos fazendo aqui, mas provavelmente são necessárias em outros lugares, portanto, devem ser reutilizáveis.

Estas duas instruções sempre serão iguais, portanto, podem ser reutilizadas.

Estas três instruções também são sempre iguais, então podem ser reutilizadas também.

Este código é o "centro" do que fica na função e não pode ser reutilizado de nenhum modo significativo (pois é específico demais para o trabalho em mãos).

Com base nesta análise simples, a função `log_request` tem três grupos de instruções do código:

- instruções que podem ser reutilizadas facilmente (como a criação de `conn` e `cursor`, assim como as chamadas para `commit` e `close`);
- instruções específicas do problema, mas que ainda precisam ser reutilizadas (como o uso do dicionário `dbconfig`); e
- instruções que não podem ser reutilizadas (como a atribuição a `_SQL` e a chamada para `cursor.execute`). Qualquer outra interação com o MySQL muito provavelmente requererá uma consulta SQL diferente, assim como argumentos diferentes (se houver).

*usando um **banco de dados***

E a Importação?

> Toda essa conversa sobre reutilização é ótima... mas você se esqueceu de considerar a reutilização da instrução "import".

Não nos esquecemos.

A instrução `import mysql.connector` não foi esquecida quando consideramos reutilizar o código da função `log_request`.

Essa omissão foi deliberada, pois queríamos chamar essa instrução para um tratamento especial. O problema não é que não queremos reutilizar a instrução; é que ela não deve aparecer no suíte da função!

Tenha cuidado ao posicionar as instruções de importação

Mencionamos algumas páginas atrás que os programadores Python experientes podem ver o código da função `log_request` e deixar escapar um suspiro de desaprovação. Isso é devido à inclusão da linha de código `import mysql.connector` no suíte da função. E essa desaprovação existe apesar do fato de que nosso *Test Drive* mais recente demonstrou claramente que o código funciona. Então, qual é o problema?

O problema tem relação com o que acontece quando o interpretador encontra uma instrução `import` no código: o módulo importado é lido totalmente, e então executado pelo interpretador. Esse comportamento é bom quando sua instrução `import` ocorre *fora de uma função*, pois o módulo importado é (normalmente) lido *uma vez*, e então executado *uma vez*.

Porém, quando uma instrução `import` aparece *em* uma função, ela é lida *e* executada **sempre que a função é chamada**. Isso é visto como um grande desperdício (mesmo que, como vimos, o interpretador não o impeça de colocar uma instrução `import` em uma função). Nosso conselho é simples: pense com cuidado sobre onde você posiciona suas instruções `import` e não coloque nenhuma dentro de uma função.

configurar, fazer, destruir

Considere O Que Você Está Tentando Fazer

Além de ver o código em `log _ request` de uma perspectiva de reutilização, também é possível categorizar o código da função com base em *quando* ele é executado.

O "centro" da função é a atribuição para a variável `_ SQL` e a chamada para `cursor. execute`. Essas duas instruções representam mais claramente *o que* a função deve **fazer**, que — para ser honesto — é a parte mais importante. As instruções iniciais da função definem as características da conexão (em `dbconfig`), e então criam uma conexão e um cursor. Esse código da **configuração** sempre tem que ser executado *antes* das partes centrais da função. As três últimas instruções na função (uma `commit` e duas `closes`) são executadas *após* as partes centrais da função. Esse é o código de **destruição**, que realiza qualquer limpeza requerida.

Com esse padrão para *configurar, fazer, destruir* em mente, vejamos a função mais uma vez. Note que reposicionamos a instrução `import` para ser executada fora do suíte da função `log _ request` (para evitar qualquer outro suspiro de desaprovação):

```python
import mysql.connector

def log _ request(req: 'flask _ request', res: str) -> None:
    """Log details of the web request and the results."""
    dbconfig = { 'host': '127.0.0.1',
                 'user': 'vsearch',
                 'password': 'vsearchpasswd',
                 'database': 'vsearchlogDB', }
    conn = mysql.connector.connect(**dbconfig)
    cursor = conn.cursor()
    _ SQL = """insert into log
            (phrase, letters, ip, browser _ string, results)
            values
            (%s, %s, %s, %s, %s)"""
    cursor.execute( _ SQL, (req.form['phrase'],
                           req.form['letters'],
                           req.remote _ addr,
                           req.user _ agent.browser,
                           res, ))
    conn.commit()
    cursor.close()
    conn.close()
```

Este é um local melhor para qualquer instrução import (ou seja, fora do suíte da função).

Este é o código de configuração, executado antes de a função fazer algo.

Este código é o que a função *realmente* faz — registra uma solicitação da web no banco de dados.

Este é o código de destruição, executado após a função ter terminado algo.

Não seria ótimo se houvesse um modo de reutilizar esse padrão para configurar, fazer, destruir?

Você Viu Esse Padrão Antes

Considere o padrão que acabamos de identificar: código da configuração para ficar pronto, seguido do código para fazer o que precisa ser feito, e então o código da destruição para limpar. Pode não ser óbvio de cara, mas no capítulo anterior você encontrou o código que segue esse padrão. Veja de novo:

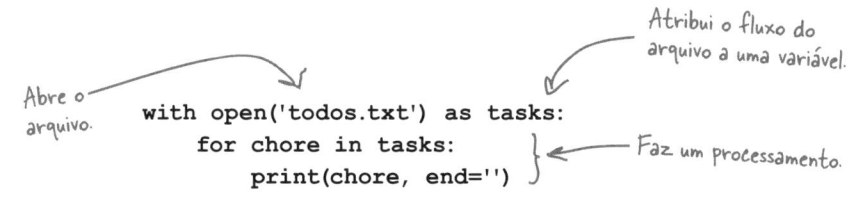

Abre o arquivo.
Atribui o fluxo do arquivo a uma variável.

```
with open('todos.txt') as tasks:
    for chore in tasks:
        print(chore, end='')
```

Faz um processamento.

Lembre-se de como a instrução `with` *gerencia o contexto* no qual o código no suíte é executado. Quando você está trabalhando com arquivos (como no código acima), a instrução `with` consegue abrir o arquivo nomeado e retornar uma variável representando o fluxo do arquivo. Neste exemplo, é a variável `tasks`. Esse é o código para **configurar**. O suíte associado à instrução `with` é o código para **fazer**. Aqui está o loop `for`, que faz o trabalho real (também conhecido como "a parte importante"). Finalmente, quando você usa `with` para abrir um arquivo, há a promessa de que o arquivo aberto será fechado quando o suíte de `with` terminar. Esse é o código para **destruir**.

Seria ótimo se pudéssemos integrar o código de programação do banco de dados na instrução `with`. Idealmente, seria ótimo se pudéssemos escrever um código como este e ter a instrução `with` cuidado de todos os detalhes para configurar e destruir o banco de dados:

Ainda precisamos definir as características da conexão.

```
dbconfig = { 'host': '127.0.0.1',
             'user': 'vsearch',
             'password': 'vsearchpasswd',
             'database': 'vsearchlogDB', }
```

Esta instrução "with" funciona com os bancos de dados, em vez dos arquivos em disco, e retorna um cursor com o qual podemos trabalhar.

```
with UseDatabase(dbconfig) as cursor:
    _SQL = """insert into log
              (phrase, letters, ip, browser_string, results)
              values
              (%s, %s, %s, %s, %s)"""
    cursor.execute(_SQL, (req.form['phrase'],
                          req.form['letters'],
                          req.remote_addr,
                          req.user_agent.browser,
                          res, ))
```

O "código para fazer" da última página fica inalterado.

Não tente executar este código, pois você ainda tem que escrever o gerenciador de contexto "UseDatabase".

A *boa notícia* é que o Python fornece o **protocolo de gerenciamento do contexto**, que permite aos programadores conectarem a instrução `with` quando necessário. O que nos leva à *má notícia...*

hora da classe

A Má Notícia Não É Tão Má Assim

No final da última página, declaramos que a *boa notícia* é que o Python fornece um protocolo de gerenciamento do contexto que permite aos programadores conectarem a instrução `with` como e quando requerido. Se você aprender como fazer isso, poderá criar um gerenciador de contexto chamado `UseDatabase`, que pode ser usado como parte de uma instrução `with` para se comunicar com o banco de dados

A ideia é a de que o código "padronizado" para configurar e destruir que você acabou de escrever para salvar os dados de registro do aplicativo web em um banco de dados pode ser substituído por uma única instrução `with` como esta:

```
...
with UseDatabase(dbconfig) as cursor:
    ...
```

Esta instrução "with" é parecida com a usada com os arquivos e a BIF "open", exceto que esta funciona com um banco de dados.

A *má notícia* é que criar um gerenciador de contexto é complicado, pelo fato de que você precisa saber como criar uma classe do Python para conectar com sucesso o protocolo.

Considere que, até este ponto no livro, conseguimos escrever muito código útil sem ter que criar uma classe, o que é muito bom, especialmente quando é considerado que algumas linguagens de programação não permitem fazer *nada* sem primeiro criar uma classe (estamos olhando para *você*, Java).

Contudo, agora é hora de encarar (embora, para ser honesto, criar uma classe no Python não seja nada assustador).

Como a capacidade de criar uma classe geralmente é útil, vamos nos desviar de nossa análise atual sobre adicionar o código do banco de dados ao aplicativo web e dedicar o próximo capítulo (curto) às classes. Mostraremos apenas o suficiente para você conseguir criar o gerenciador de contexto `UseDatabase`. Com isso feito, no capítulo seguinte voltaremos ao código do banco de dados (e ao aplicativo web) e colocaremos nossas capacidades recém-adquiridas de escrever uma classe para trabalhar escrevendo o gerenciador de contexto `UseDatabase`.

Código do Capítulo 7

```
import mysql.connector

def log_request(req: 'flask_request', res: str) -> None:
    """Log details of the web request and the results."""

    dbconfig = { 'host': '127.0.0.1',
                 'user': 'vsearch',
                 'password': 'vsearchpasswd',
                 'database': 'vsearchlogDB', }

    conn = mysql.connector.connect(**dbconfig)
    cursor = conn.cursor()

    _SQL = """insert into log
              (phrase, letters, ip, browser_string, results)
              values
              (%s, %s, %s, %s, %s)"""
    cursor.execute(_SQL, (req.form['phrase'],
                          req.form['letters'],
                          req.remote_addr,
                          req.user_agent.browser,
                          res, ))
    conn.commit()
    cursor.close()
    conn.close()
```

Este é o código do banco de dados executado atualmente no aplicativo web (ou seja, a função "log_request").

```
dbconfig = { 'host': '127.0.0.1',
             'user': 'vsearch',
             'password': 'vsearchpasswd',
             'database': 'vsearchlogDB', }

with UseDatabase(dbconfig) as cursor:
    _SQL = """insert into log
              (phrase, letters, ip, browser_string, results)
              values
              (%s, %s, %s, %s, %s)"""
    cursor.execute(_SQL, (req.form['phrase'],
                          req.form['letters'],
                          req.remote_addr,
                          req.user_agent.browser,
                          res, ))
```

Este é o código que gostaríamos de escrever para fazer a mesma coisa que nosso código atual (substituir o suíte na função "log_request"). Mas não tente executar o código ainda, pois ele não funcionará sem o gerenciador de contexto "UseDatabase".

8 um pouco de classe

Abstraindo Comportamento e Estado

Bem... veja aqui: todo meu estado e todo seu comportamento...

... e está tudo em um lugar. Imagine só!

As classes permitem unir o comportamento e o estado do código. Neste capítulo, você colocará de lado seu aplicativo web enquanto aprende como criar as **classes** do Python. Você fará isso para chegar ao ponto no qual poderá criar um gerenciador de contexto com a ajuda de uma classe do Python. Como saber criar e usar as classes é algo muito útil, estamos dedicando este capítulo a isso. Não cobriremos tudo sobre as classes, mas tocaremos em todos os pontos que você precisará entender para criar com confiança o gerenciador de contexto que seu aplicativo web está esperando. Vamos começar e ver o que está envolvido

protocolo de gerenciamento do contexto

Conectando a Instrução "with"

Como declarado no final do último capítulo, entender como conectar o código para configurar e destruir a instrução with do Python é simples... supondo que você saiba como criar uma **classe** do Python.

Apesar de ter passado da metade deste livro, você conseguiu sobreviver sem ter que definir uma classe. Você escreveu um código útil e reutilizável usando nada mais que o mecanismo de funções do Python. Há outras maneiras de escrever e organizar seu código, e a orientação a objetos é muito popular.

Você nunca é forçado a programar exclusivamente no paradigma orientado a objetos ao usar o Python e a linguagem é flexível quanto ao modo de escrever seu código. Mas quanto a conectar a instrução with, fazer isso com uma classe é a **abordagem recomendada**, mesmo que a biblioteca padrão venha com suporte para fazer algo parecido *sem* uma classe (posto que a abordagem da biblioteca padrão é menos aplicável, não iremos usá-la aqui).

Então, para conectar a instrução with, você terá que criar uma classe. Assim que souber como escrever as classes, poderá criar uma que implemente e siga o **protocolo de gerenciamento do contexto**. Esse protocolo é o mecanismo (predefinido no Python) que conecta a instrução with.

Vamos aprender a criar e usar as classes no Python antes de voltar para nossa análise do protocolo de gerenciamento do contexto no próximo capítulo.

O protocolo de gerenciamento do contexto permite escrever uma classe que conecta a instrução "with".

---
não existem Perguntas Idiotas

P: Exatamente qual tipo de linguagem de programação é o Python: orientada a objetos, funcional ou procedural?

R: É uma ótima pergunta, que muitos programadores que vão para o Python fazem com o tempo. A resposta é que o Python suporta os paradigmas de programação emprestados de todas as três abordagens populares e encoraja que os programadores misturem e combinem quando necessário. Esse conceito pode ser difícil de entrar na cabeça, especialmente se você vem da perspectiva na qual todo o código escrito tem que estar em uma classe a partir da qual você instancia os objetos (como em outras linguagens de programação, por exemplo, o Java).

Nosso conselho é não deixar que isso o preocupe: crie o código em qualquer paradigma com o qual se sinta confortável, mas não desconsidere os outros simplesmente porque — como abordagens — parecem estranhos para você.

P: Então ... é errado sempre começar criando uma classe?

R: Não é, se é disso que seu aplicativo precisa. Você não tem que colocar todo o código em classes, mas, se quiser, o Python não impedirá.

Até o momento, no livro, sobrevivemos sem ter que criar uma classe, mas agora estamos no ponto no qual faz sentido usar uma para resolver um problema específico do aplicativo com o qual estamos lidando: como compartilhar melhor o código de processamento do banco de dados em nosso aplicativo web. Estamos misturando e combinando os paradigmas da programação para resolver o problema atual, e isso é bom.

Um Manual Orientado a Objetos

Antes de ver as classes, é importante observar que não pretendemos cobrir tudo que há para saber sobre elas no Python neste capítulo. Nossa intenção é apenas mostrar o suficiente para você criar com confiança uma classe que implementa o protocolo de gerenciamento do contexto.

Portanto, não analisaremos os tópicos que os profissionais experientes da programação orientada a objetos (OOP) podem esperar ver aqui, como a *herança* e o *polimorfismo* (mesmo que o Python forneça suporte para ambos). Isso porque estamos basicamente interessados na **encapsulação** ao criar um gerenciamento de contexto.

Se o jargão no último parágrafo deixou você *em pânico*, não se preocupe: você pode ler com segurança sem saber o que o jargão OOP realmente significa.

Na última página, você aprendeu que precisa criar uma classe para conectar a instrução with. Antes de entrar nas particularidades de como fazer isso, vejamos o que constitui uma classe no Python, escrevendo uma classe de evento no caminho. Assim que você entender como escrever uma classe, voltaremos ao problema de conectar a instrução with (no próximo capítulo).

Não fique assustado com todo o jargão nesta página!

Se fôssemos participar de uma competição para determinar a página neste livro com mais jargão, esta venceria com sobra. Não fique chateado com todo o jargão usado aqui. Se você já conhece a OOP, tudo deverá fazer sentido. **Se não, as partes realmente importantes são mostradas abaixo**. Não se preocupe: tudo ficará mais claro quando você trabalhar no exemplo nas próximas páginas.

Uma classe une comportamento e estado

Usar uma classe permite unir **comportamento** e **estado** em um objeto.

Quando você ouvir a palavra *comportamento*, pense em *função* — ou seja, uma parte do código que faz algo (ou *implementa um comportamento*, se preferir).

Quando ouvir a palavra *estado*, pense em *variáveis* — ou seja, um lugar para armazenar valores em uma classe. Quando declaramos que uma classe coloca comportamento e estado *juntos*, estamos apenas afirmando que uma classe engloba funções e variáveis.

Esta é a conclusão de tudo acima: se você souber o que é função e o que são variáveis, certamente entenderá o que é uma classe (e como criar uma).

As classes têm métodos e atributos

No Python, você define um comportamento da classe criando um método.

A palavra *método* é o nome OOP dado a uma função definida em uma classe. O motivo para os métodos não serem conhecidos como *funções da classe* perdeu-se no tempo, assim como o fato de que as *variáveis da classe* não são referidas como tais — elas são conhecidas pelo nome *atributo*.

Uma classe une comportamento e estado.

A classe

Métodos (também conhecidos como funções) ← Comportamento

Atributos (também conhecidos como variáveis) ← Estado

a classe cria um objeto

Criando Objetos a partir de Classes

Para usar uma classe, você cria um objeto a partir dela (você verá um exemplo abaixo). Isso é conhecido como **instanciação do objeto**. Quando você ouvir o verbo *instanciar*, pense em *chamar*. Ou seja, você chama uma classe para criar um objeto.

O que talvez seja uma surpresa é que você pode criar uma classe sem estado nem comportamento, embora ainda seja uma classe no que diz respeito ao Python. Na verdade, tal classe é *vazia*. Vamos iniciar os exemplos de classe com uma vazia e seguir a partir disso. Trabalharemos no prompt >>> do interpretador e encorajamos que você acompanhe. Começamos criando uma classe vazia chamada CountFromBy. Fazemos isso prefixando o nome da classe com a palavra-chave class, e então fornecendo o suíte do código que implementa a classe (após os dois-pontos obrigatórios):

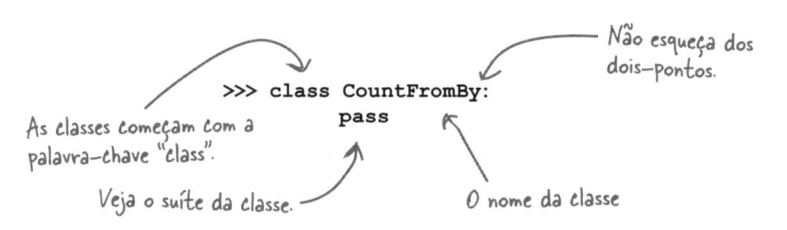

```
>>> class CountFromBy:
        pass
```

- As classes começam com a palavra-chave "class".
- Veja o suíte da classe.
- Não esqueça dos dois-pontos.
- O nome da classe

"pass" é uma instrução válida (ou seja, é sintaticamente correta), mas não faz nada. Considere-a como uma instrução vazia.

Note como o suíte dessa classe contém a palavra-chave pass do Python, que é a instrução vazia do Python (no sentido de que não faz nada). Você pode usar pass em qualquer lugar que o interpretador espera encontrar o código real. Nesse caso, não estamos prontos para preencher os detalhes da classe CountFromBy, portanto, usamos pass para evitar qualquer erro de sintaxe que normalmente resultaria quando tentamos criar uma classe sem código no suíte.

Agora que a classe existe, vamos criar dois objetos a partir dela, um chamado a, e outro chamado b. Note que criar um objeto a partir de uma classe é muito parecido com chamar uma função:

```
>>> a = CountFromBy()
>>> b = CountFromBy()
```

- Parecem chamadas da função, não parecem?
- Cria um objeto anexando parênteses ao nome da classe, e atribui o objeto recém-criado a uma variável.

──────── não existem **Perguntas Idiotas** ────────

P: Quando vejo o código de outra pessoa, como sei se algo como CountFromBy() é o código que cria um objeto ou o código que chama uma função? Isso parece uma chamada da função para mim...

R: É uma ótima pergunta. À primeira vista, você não sabe. Porém, há uma convenção bem estabelecida na comunidade de programação em Python para nomear as funções usando letras minúsculas (com sublinhados para enfatizar), enquanto *CamelCase* (palavras concatenadas e letras maiúsculas) é usado para nomear as classes. Seguindo essa convenção, deverá ficar claro que count_from_by() é uma chamada da função, ao passo que CountFromBy() cria um objeto. Tudo isso é bom, contanto que todos sigam a convenção, e você é **muito encorajado** a fazer isso também. Porém, se você ignorar essa sugestão, tudo será possível, e a maioria dos programadores Python provavelmente evitará você e seu código.

312 *Capítulo 8*

Os Objetos Compartilham Comportamento, Não Estado

Quando você cria objetos a partir de uma classe, cada objeto compartilha os comportamentos codificados da classe (os métodos definidos na classe), mas mantém sua própria cópia de qualquer estado (os atributos):

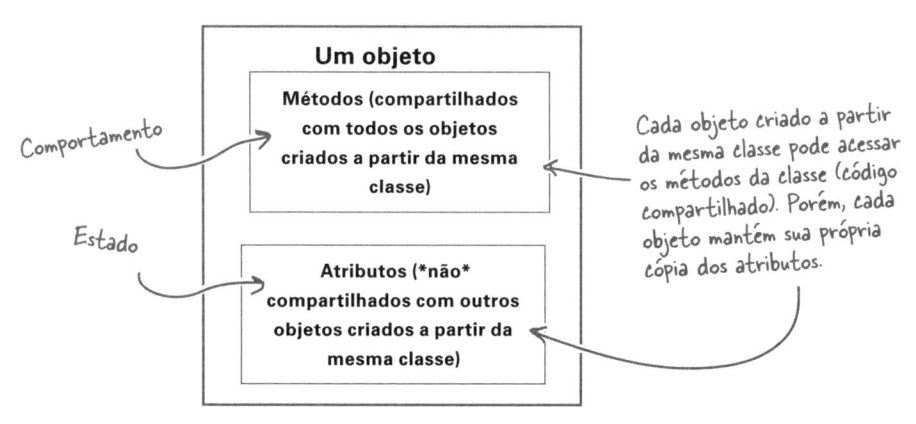

Um objeto

Comportamento → Métodos (compartilhados com todos os objetos criados a partir da mesma classe)

Estado → Atributos (*não* compartilhados com outros objetos criados a partir da mesma classe)

Cada objeto criado a partir da mesma classe pode acessar os métodos da classe (código compartilhado). Porém, cada objeto mantém sua própria cópia dos atributos.

Esta distinção fará mais sentido quando detalharmos o exemplo CountFromBy.

Definindo o que queremos que CountFromBy faça

Agora vamos definir o que queremos que a classe CountFromBy realmente faça (pois uma classe vazia raramente é útil).

Vamos tornar CountFromBy um contador de aumento. Por padrão, o contador começará em 0 e será aumentado (com solicitação) em 1. Também tornaremos possível fornecer um valor inicial alternativo e/ou quantidade pela qual aumentar. Isso significa que você conseguirá criar, por exemplo, um objeto CountFromBy que inicia em 100 e aumenta em 10.

Vamos visualizar o que a classe CountFromBy conseguirá fazer (assim que escrevermos seu código). Entendendo como a classe será usada, você poderá entender melhor o código CountFromBy escrito. Nosso primeiro exemplo usa os padrões da classe: inicia em 0 e aumenta em 1 com uma solicitação chamando o método increase. O objeto recém-criado é atribuído a uma nova variável, que chamamos de c:

Nota: esta nova classe "CountFromBy" não existe ainda. Você irá criá-la daqui a pouco.

```
>>> c = CountFromBy()
>>> c
0
>>> c.increase()
>>> c.increase()
>>> c.increase()
>>> c
3
```

Cria outro objeto novo e o atribui a um objeto chamado "c".

O valor inicial é 0.

Chama o método "increase" para aumentar o valor do contador em um a cada vez.

Após as três chamadas para o método "increase", o valor do objeto agora é três.

Fazendo Mais com CountFromBy

O uso de exemplo de `CountFromBy` no final da última página demonstrou o comportamento padrão: a menos que seja especificado, o contador mantido por um objeto `CountFromBy` começa em 0 e é aumentado em 1. Também é possível especificar um valor inicial alternativo, como demonstrado no próximo exemplo, no qual a contagem inicia a partir de 100:

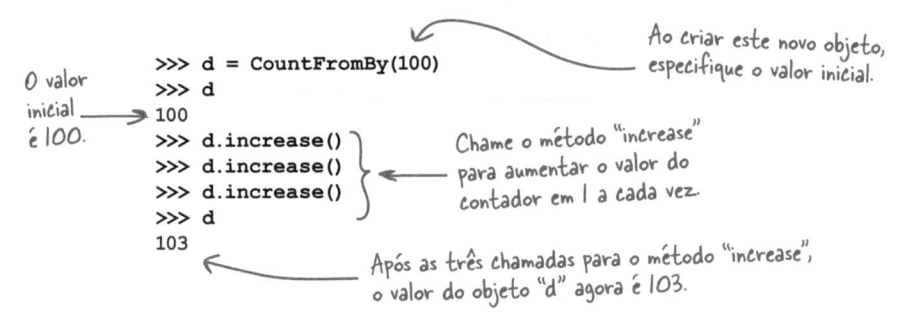

```
>>> d = CountFromBy(100)
>>> d
100
>>> d.increase()
>>> d.increase()
>>> d.increase()
>>> d
103
```

O valor inicial é 100.

Ao criar este novo objeto, especifique o valor inicial.

Chame o método "increase" para aumentar o valor do contador em 1 a cada vez.

Após as três chamadas para o método "increase", o valor do objeto "d" agora é 103.

Assim como especificar o valor inicial, também é possível especificar a quantidade pela qual aumentar, como mostrado aqui, onde iniciamos em 100 e aumentamos em 10:

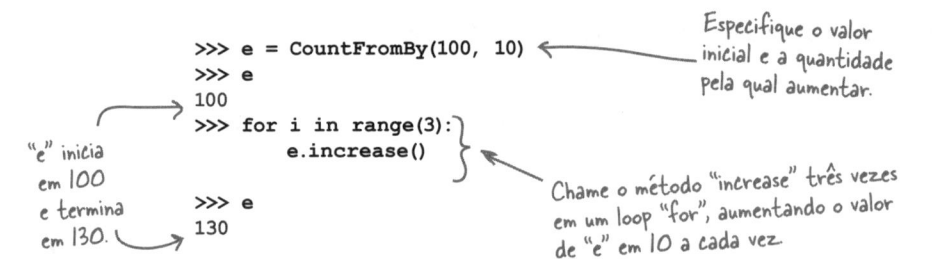

```
>>> e = CountFromBy(100, 10)
>>> e
100
>>> for i in range(3):
        e.increase()
>>> e
130
```

Especifique o valor inicial e a quantidade pela qual aumentar.

"e" inicia em 100 e termina em 130.

Chame o método "increase" três vezes em um loop "for", aumentando o valor de "e" em 10 a cada vez.

Neste exemplo final, o contador começa em 0 (padrão), mas aumenta em 15. Em vez de ter que especificar `(0, 15)` como os argumentos para a classe, este exemplo usa um argumento de palavra-chave que nos permite especificar a quantidade pela qual aumentar, deixando o valor inicial no padrão (0):

```
>>> f = CountFromBy(increment=15)
>>> f
0
>>> for j in range(3):
        f.increase()
>>> f
45
```

Especifique a quantidade pela qual aumentar

"f" inicia em 0 e termina em 45.

Como antes, chame "increase" três vezes.

um pouco de classe

Vale a Pena Repetir: Os Objetos Compartilham Comportamento, Não Estado

O exemplo anterior criou quatro objetos `CountFromBy` novos: c, d, e e f, cada um com acesso ao método `increase`, que é um comportamento compartilhado por todos os objetos criados a partir da classe `CountFromBy`. Há apenas uma cópia do código do método `increase`, que todos esses objetos usam. Porém, cada objeto mantém seus próprios valores do atributo. Nestes exemplos, é o valor atual do contador, que é diferente para cada objeto, como mostrado aqui:

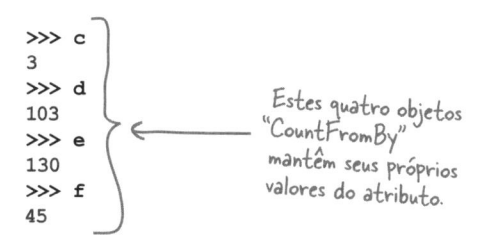

```
>>> c
3
>>> d
103
>>> e
130
>>> f
45
```

Estes quatro objetos "CountFromBy" mantêm seus próprios valores do atributo.

O comportamento da classe é compartilhado por cada um de seus objetos, ao passo que o estado não. Cada objeto mantém seu próprio estado.

Veja o ponto-chave de novo: o código do método é compartilhado, mas os dados do atributo não são.

Pode ser útil pensar em uma classe como um "molde" que é usado por uma fábrica para produzir objetos que se comportam do mesmo modo, mas têm seus próprios dados.

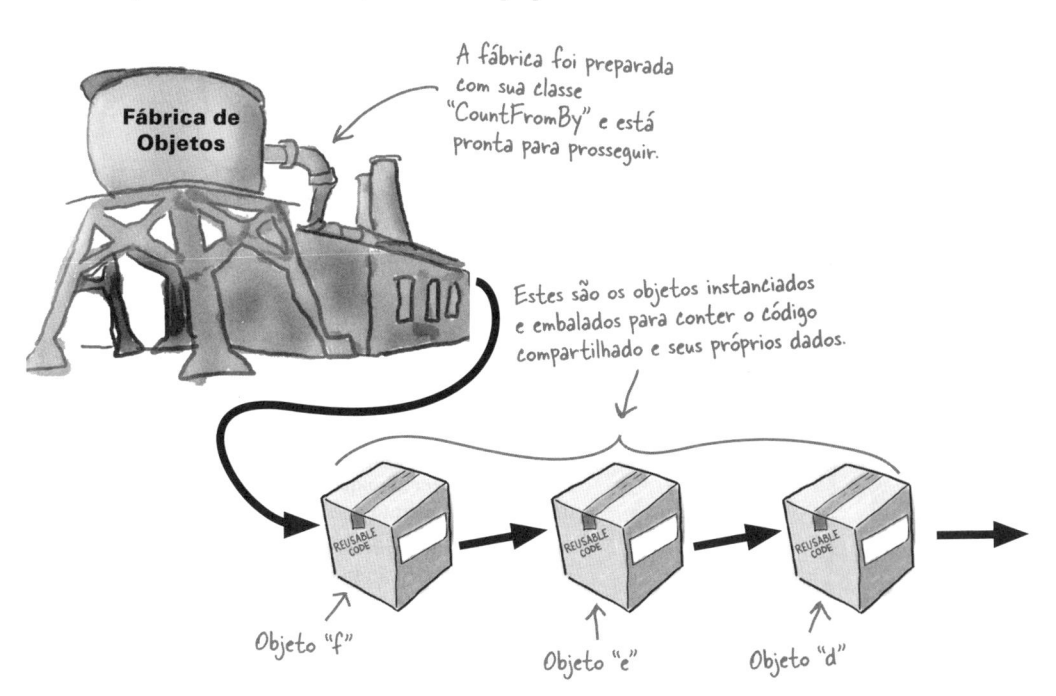

A fábrica foi preparada com sua classe "CountFromBy" e está pronta para prosseguir.

Fábrica de Objetos

Estes são os objetos instanciados e embalados para conter o código compartilhado e seus próprios dados.

Objeto "f"   Objeto "e"   Objeto "d"

métodos em ação

Chamando um Método: Compreenda os Detalhes

Declaramos antes que um método é *uma função definida em uma classe*. Também vimos exemplos de um método a partir de `CountFromBy` sendo chamado. O método `increase` é chamado usando a notação de ponto familiar:

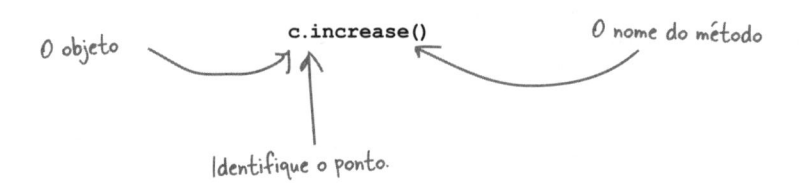

O objeto → `c.increase()` ← *O nome do método*

↑
Identifique o ponto.

É instrutivo considerar o código que o interpretador *realmente* executa (internamente) quando encontra a linha acima. Veja a chamada na qual o interpretador *sempre* transforma a linha de código acima. Observe o que acontece com c:

O nome da classe na qual o método é definido → `CountFromBy.increase(c)` ← *O objeto (a aumentar)*

↑   ↑
Identifique o ponto.   *O nome do método*

> O fato de que isso acontece significa que posso escrever "CountFromBy.increase(c)" em meu código e funcionará como se eu tivesse escrito "c.increase()"?

Sim, funcionará. Mas ninguém faz isso.

Você também não deveria, pois o interpretador Python faz isso de qualquer maneira... então por que escrever mais código para fazer algo que pode ser escrito de modo mais sucinto?

O motivo de o interpretador fazer isso ficará mais claro quando você aprender mais sobre como os métodos funcionam.

Chamada do Método: O Que Realmente Acontece

À primeira vista, o interpretador transformando `c.increase()` em `CountFromBy.increase(c)` pode parecer um pouco estranho, mas entender que isso acontece ajuda a explicar por que todo método escrito tem, *pelo menos*, um argumento.

Tudo bem os métodos terem mais de um argumento, mas o primeiro argumento *sempre* tem que existir para ter o objeto como um argumento (que, no exemplo da última página, é `c`). Na verdade, é uma prática bem estabelecida na comunidade de programação em Python dar ao primeiro argumento de cada método um nome especial: `self`.

Se `increase` fosse chamado como `c.increase()`, você imaginaria a linha `def` do método assim:

```
def increase():
```

Contudo, definir um método sem o primeiro argumento obrigatório fará com que o interpretador gere um erro quando o código for executado. Como consequência, a linha `def` do método `increase` realmente precisa ser escrita assim:

```
def increase(self):
```

É visto como uma **forma muito ruim** usar algo diferente do nome `self` no código da classe, mesmo que se leve tempo para se acostumar ao uso de `self`. (Muitas outras linguagens de programação têm uma noção parecida, embora prefiram o nome `this`. O `self` do Python é basicamente a mesma ideia de `this`.)

Quando você chama um método em um objeto, o Python faz com que o primeiro argumento seja a instância do objeto que chama, que é *sempre* atribuída ao argumento `self` de cada método. Esse fato sozinho explica por que `self` é tão importante e também por que precisa ser o *primeiro argumento* para todo método do objeto escrito. Quando você chama um método, não precisa fornecer um valor para `self`, pois o interpretador faz isso para você:

> Ao escrever o código em uma classe, considere "self" como um alias para o objeto atual.

O que você escreve:

`d.increase()`

Não é preciso fornecer um valor para "self".

O que o Python executa:

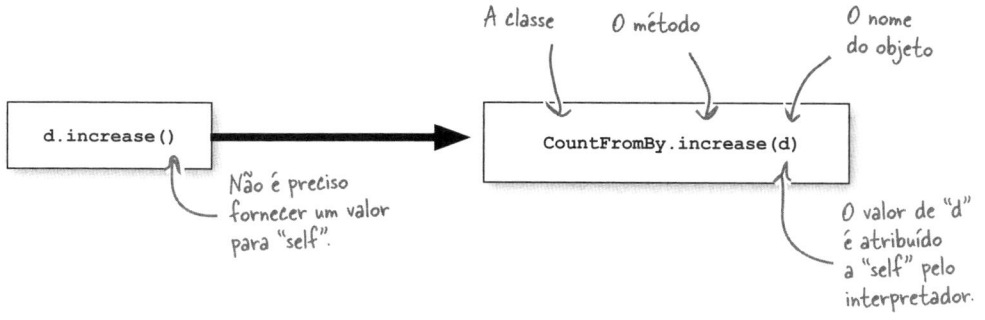

A classe · O método · O nome do objeto

`CountFromBy.increase(d)`

O valor de "d" é atribuído a "self" pelo interpretador.

Agora que você foi apresentado à importância de `self`, vejamos a escrita do código para o método `increase`.

adicionando métodos

Adicionando um Método a uma Classe

Vamos criar um novo arquivo no qual salvar o código da classe. Crie countfromby.py e adicione o código da classe anterior neste capítulo:

```
class CountFromBy:
    pass
```

Adicionaremos o método increase a essa classe, e faremos isso retirando a instrução pass e substituindo-a pela definição do método de increase. Antes disso, lembre-se como increase é chamado:

```
c.increase()
```

Com base nessa chamada, seríamos perdoados por supor que o método increase não tem argumento, pois não há nada entre parênteses, certo? Contudo, isso é apenas meia verdade. Como você acabou de aprender, o interpretador transforma a linha acima do código na seguinte chamada:

```
CountFromBy.increase(c)
```

O código do método que escrevemos precisa levar em consideração essa transformação. Com tudo acima em mente, veja a linha def do método increase que usaríamos nessa classe:

```
class CountFromBy:
    def increase(self) -> None:
```

Os métodos são como funções, portanto, são definidos com "def".

O primeiro argumento para cada método é sempre "self", e seu valor é fornecido pelo interpretador.

Como nas outras funções neste livro, fornecemos uma anotação para o valor de retorno.

Não existem outros argumentos para o método increase, portanto, não precisamos fornecer nada diferente de self na linha def. Porém, é muitíssimo importante incluir self aqui, porque esquecer resultará em erros de sintaxe.

Com a linha def escrita, tudo que precisamos fazer agora é adicionar um código a increase. Vamos supor que a classe mantenha dois atributos: val, que contém o valor atual do objeto atual, e incr, que contém a quantidade para aumentar val sempre que increase é chamado. Sabendo disso, você pode ficar tentado a adicionar essa linha de código **incorreta** a increase, em uma tentativa de fazer o aumento:

```
val += incr
```

Mas esta é a linha de código **correta** para adicionar ao método increase:

```
class CountFromBy:
    def increase(self) -> None:
        self.val += self.incr
```

Pegue o valor "val" atual do objeto e aumente-o com valor de "incr".

Por que você acha que essa linha de código está correta, ao passo que a anterior estava incorreta?

Você Está Falando Sério Sobre "self"?

> Espere um pouco... pensei que uma das grandes vantagens do Python era que seu código é de fácil leitura. Acho o uso de "self" qualquer coisa, menos fácil, e o fato de que faz parte das classes (que devem ter muito uso) me faz pensar: sério?!?

Não se preocupe. Acostumar-se com `self` não leva muito tempo.

Concordamos que o uso de `self` pelo Python parece um pouco estranho... à primeira vista. Porém, com o tempo você se acostumará, tanto que dificilmente notará que existe.

Se você esquecer completamente e não adicionar aos métodos, saberá muito rapidamente que algo está errado — o interpretador exibirá alguns `TypeErrors` informando que algo está faltando e esse algo é `self`.

Quanto ao uso ou não de `self` dificultar a leitura do código da classe do Python... bem, não estamos muito certos. Em nossa mente, sempre que se vê `self` usado como o primeiro argumento para uma função, nosso cérebro sabe automaticamente que estamos vendo um método, *não* uma função. Isso, para nós, é bom.

Pense assim: o uso de `self` indica que o código que você está lendo é um método, em vez de uma função (quando `self` *não* é usado).

self == objeto

A Importância de "self"

O método `increase`, mostrado abaixo, prefixa cada atributo da classe a `self` no suíte. Foi pedido que você considerasse o motivo disso:

```
class CountFromBy:
    def increase(self) -> None:
        self.val += self.incr
```

Qual o problema de usar "self" no suíte do método?

Você já sabe que `self` é atribuído ao objeto atual pelo interpretador quando um método é chamado e que o interpretador espera o primeiro argumento de cada método para levar isso em conta (para que a atribuição possa ocorrer).

Agora considere o que já sabemos sobre cada objeto criado a partir de uma classe: ele compartilha o código do método da classe (também conhecido como comportamento) com todo outro objeto criado a partir da mesma classe, mas mantém sua *própria cópia* de qualquer dado do atributo (também conhecido como estado). Ele faz isso associando os valores do atributo ao objeto — ou seja, a `self`.

Sabendo isso, considere esta versão do método `increase`, que, como dissemos há algumas páginas, está **incorreta**:

```
class CountFromBy:
    def increase(self) -> None:
        val += incr
```

Não faça isso — não fará o que você acha que deveria.

À primeira vista, essa última linha de código parece bem inocente, pois apenas aumenta o valor atual de `val` com o valor atual de `incr`. Mas considere o que acontece quando o método `increase` termina: `val` e `incr`, que existem *em* `increase`, ficam fora do escopo e, como consequência, são destruídos quando o método termina.

Hummm... me deixe tomar nota de "ficar fora do escopo" e "destruídos". Precisarei pesquisar mais tarde... ou eu perdi alguma coisa?

Opa. Isso é ruim...

Inserimos sem querer a instrução sobre escopo sem muita explicação, não foi?

Para entender o que precisa acontecer quando você se refere aos atributos em um método, primeiro vamos entender o que acontece com as variáveis usadas em uma função.

Encarando o Escopo

Para demonstrar o que acontece com as variáveis usadas em uma função, vamos experimentar no prompt >>>. Experimente o código abaixo quando o ler. Numeramos as anotações de 1 a 8 para guiá-lo ao acompanhar:

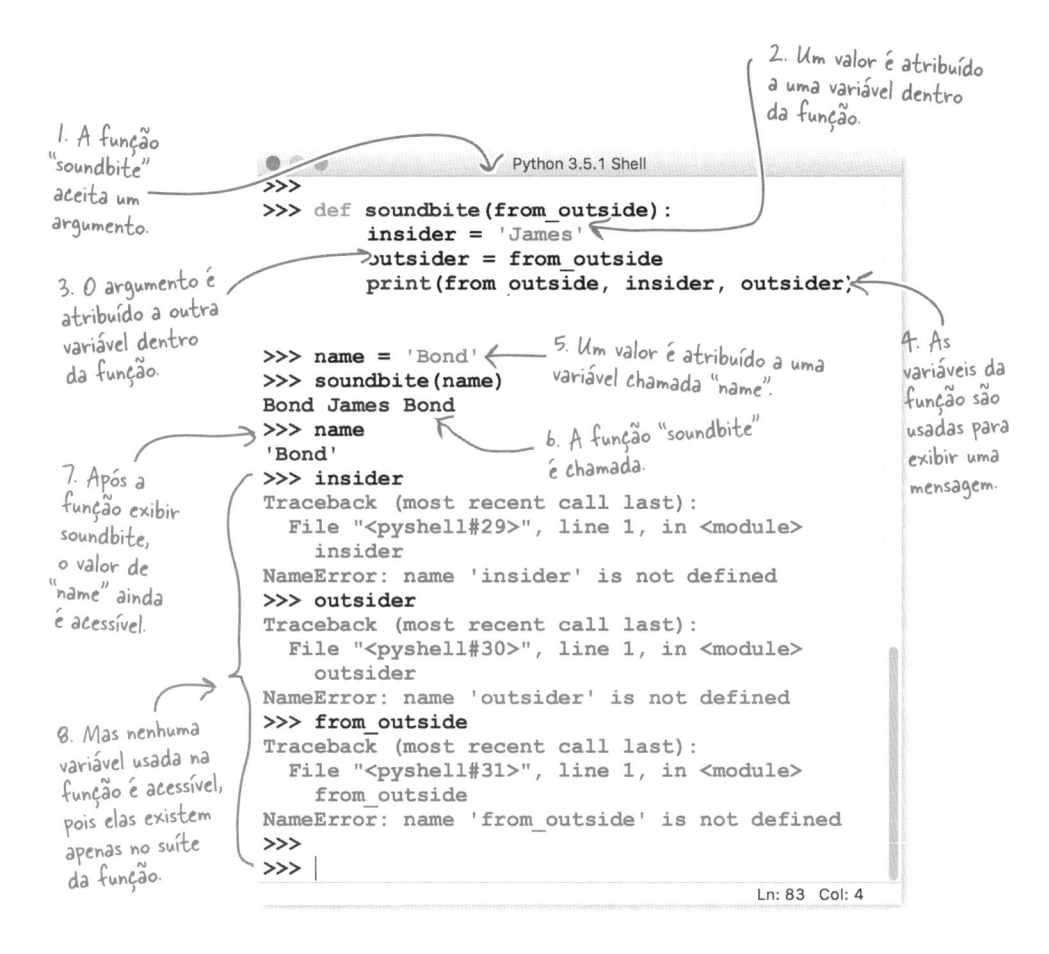

1. A função "soundbite" aceita um argumento.

2. Um valor é atribuído a uma variável dentro da função.

3. O argumento é atribuído a outra variável dentro da função.

4. As variáveis da função são usadas para exibir uma mensagem.

5. Um valor é atribuído a uma variável chamada "name".

6. A função "soundbite" é chamada.

7. Após a função exibir soundbite, o valor de "name" ainda é acessível.

8. Mas nenhuma variável usada na função é acessível, pois elas existem apenas no suíte da função.

```
>>>
>>> def soundbite(from_outside):
        insider = 'James'
        outsider = from_outside
        print(from_outside, insider, outsider)

>>> name = 'Bond'
>>> soundbite(name)
Bond James Bond
>>> name
'Bond'
>>> insider
Traceback (most recent call last):
  File "<pyshell#29>", line 1, in <module>
    insider
NameError: name 'insider' is not defined
>>> outsider
Traceback (most recent call last):
  File "<pyshell#30>", line 1, in <module>
    outsider
NameError: name 'outsider' is not defined
>>> from_outside
Traceback (most recent call last):
  File "<pyshell#31>", line 1, in <module>
    from_outside
NameError: name 'from_outside' is not defined
>>>
>>>
```

Quando as variáveis são definidas no suíte de uma função, existem enquanto a função é executada. Ou seja, as variáveis estão "no escopo", são visíveis e úteis dentro do suíte da função. Contudo, assim que a função termina, qualquer variável definida nela é destruída — elas estão "fora do escopo" e qualquer recurso usado é reivindicado pelo interpretador.

É isso que acontece com as três variáveis usadas na função `soundbite`, como mostrado acima. No momento em que a função termina, `insider`, `outsider` e `from _ outside` param de existir. Qualquer tentativa de se referir a elas fora do suíte da função (também conhecido como fora do escopo da função) resulta em um `NameError`.

de volta a self

Prefixe os Nomes do Atributo com "self"

O comportamento da função descrito na última página é bom quando você está lidando com uma função que é chamada, faz um trabalho e retorna um valor. Em geral, você não se importa com o que acontece a nenhuma variável usada na função, pois normalmente está interessado apenas no valor de retorno da função.

Agora que você sabe o que acontece com as variáveis quando uma função termina, deve estar claro que esse código (incorreto) provavelmente causará problemas quando você tentar usar as variáveis para armazenar e lembrar os valores do atributo com uma classe. Como os métodos são funções com outro nome, `val` e `incr` não sobreviverão a uma chamada do método `increase` se você codificar `increase` assim:

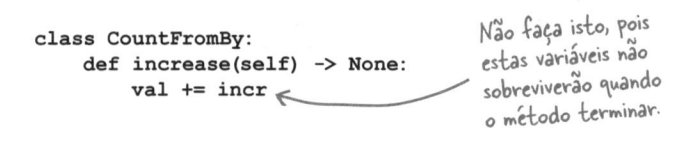

```
class CountFromBy:
    def increase(self) -> None:
        val += incr
```

Não faça isto, pois estas variáveis não sobreviverão quando o método terminar.

Porém, com os métodos, as coisas são *diferentes*. O método usa os valores do atributo que pertencem a um objeto e os atributos do objeto continuam a existir *após* o método terminar. Ou seja, os valores do atributo de um objeto **não** são destruídos quando o método termina.

Para a atribuição de um atributo sobreviver ao término do método, o valor do atributo tem que ser atribuído a algo que não é destruído assim que o método termina. Esse *algo* é o objeto atual que chama o método, armazenado em `self`, o que explica por que cada valor do atributo precisa ser prefixado com `self` no código do método, como mostrado aqui:

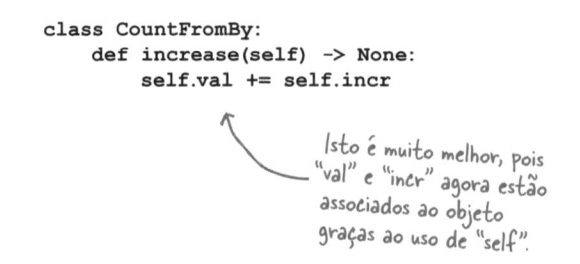

```
class CountFromBy:
    def increase(self) -> None:
        self.val += self.incr
```

Isto é muito melhor, pois "val" e "incr" agora estão associados ao objeto graças ao uso de "self".

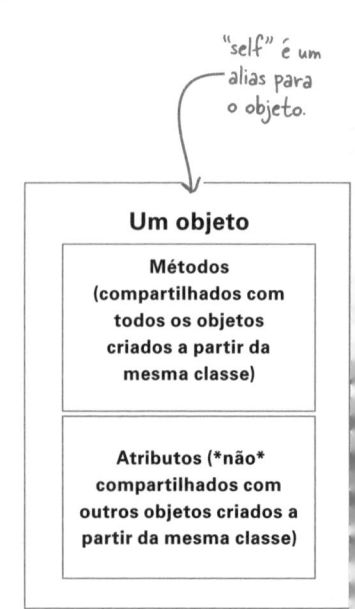

"self" é um alias para o objeto.

Um objeto

Métodos (compartilhados com todos os objetos criados a partir da mesma classe)

Atributos (*não* compartilhados com outros objetos criados a partir da mesma classe)

A regra é simples: se você precisar referir-se a um atributo na classe, *terá* que prefixar o nome do atributo com `self`. O valor em `self` como uma *alias* que aponta de volta para o objeto que chama o método.

Neste contexto, quando você vir `self`, pense em "deste objeto". Portanto, `self.val` pode ser lido como "`val` deste objeto".

Inicialize os Valores (Atributo) Antes de Usar

Toda a análise da importância de `self` evitou um importante problema: como os atributos são atribuídos a um valor inicial? Como está, o código no método `increase` — o código correto, que usa `self` — falhará se você executá-lo. Essa falha ocorre porque no Python você não pode usar uma variável antes de ela ter sido atribuída a um valor, não importa onde ela seja usada.

Para demonstrar a gravidade do problema, considere esta pequena sessão no prompt >>>. Note como a primeira instrução falha na execução quando *uma* das variáveis é indefinida:

Se você tentar executar o código que se refere às variáveis não inicializadas...

... o interpretador reclamará.

```
>>> val += incr
Traceback (most recent call last):
  File "<pyshell#1>", line 1, in <module>
    val += incr
NameError: name 'val' is not defined
```

Como "val" é indefinida, o interpretador se recusa a executar a linha de código.

Atribua um valor a "val", e então tente de novo...

```
>>> val = 0
```

```
>>> val += incr
Traceback (most recent call last):
  File "<pyshell#3>", line 1, in <module>
    val += incr
NameError: name 'incr' is not defined
```

... e o interpretador reclamará de novo!

Como "incr" é indefinida, o interpretador continua a se recusar a executar a linha de código.

Atribua um valor a "incr" e tente de novo...

```
>>> incr = 1
```

```
>>> val += incr
```

... e funcionou desta vez.

```
>>> val
1
>>> incr
1
>>>
```

Como "val" e "incr" têm valores (isto é, são inicializadas), o interpretador fica contente em usar seus valores sem gerar um NameError.

Não importa onde você usa as variáveis no Python, tem que inicializá-las com um valor inicial. A pergunta é: *como fazemos isso para um novo objeto criado a partir de uma classe do Python?*

Se você conhece a OOP, a palavra "construtor" pode aparecer em sua cabeça exatamente agora. Em outras linguagens, um construtor é um método especial que permite definir o que acontece quando um objeto é criado pela primeira vez e geralmente envolve a instanciação do objeto e a inicialização do atributo. No Python, a instanciação do objeto é lidada automaticamente pelo interpretador, portanto, você não precisa definir um construtor para fazer isso. Um método mágico, chamado `__init__`, permite inicializar os atributos quando necessário. Vejamos o que dunder `init` pode fazer.

__init__ é mágico

O Dunder "init" Inicializa os Atributos

Volte sua mente rapidamente para o capítulo anterior, quando usou a função predefinida `dir` para exibir todos os detalhes do objeto `req` do Flask. Lembra-se desta saída?

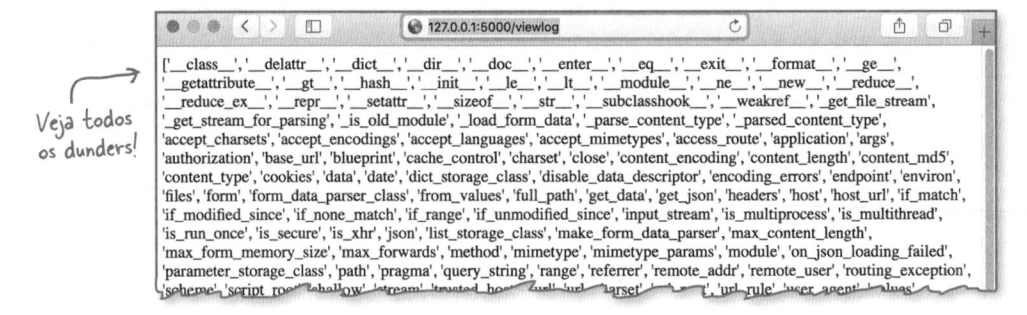

Veja todos os dunders!

```
['__class__', '__delattr__', '__dict__', '__dir__', '__doc__', '__enter__', '__eq__', '__exit__', '__format__', '__ge__',
'__getattribute__', '__gt__', '__hash__', '__init__', '__le__', '__lt__', '__module__', '__ne__', '__new__', '__reduce__',
'__reduce_ex__', '__repr__', '__setattr__', '__sizeof__', '__str__', '__subclasshook__', '__weakref__', '_get_file_stream',
'_get_stream_for_parsing', '_is_old_module', '_load_form_data', '_parse_content_type', '_parsed_content_type',
'accept_charsets', 'accept_encodings', 'accept_languages', 'accept_mimetypes', 'access_route', 'application', 'args',
'authorization', 'base_url', 'blueprint', 'cache_control', 'charset', 'close', 'content_encoding', 'content_length', 'content_md5',
'content_type', 'cookies', 'data', 'date', 'dict_storage_class', 'disable_data_descriptor', 'encoding_errors', 'endpoint', 'environ',
'files', 'form', 'form_data_parser_class', 'from_values', 'full_path', 'get_data', 'get_json', 'headers', 'host', 'host_url', 'if_match',
'if_modified_since', 'if_none_match', 'if_range', 'if_unmodified_since', 'input_stream', 'is_multiprocess', 'is_multithread',
'is_run_once', 'is_secure', 'is_xhr', 'json', 'list_storage_class', 'make_form_data_parser', 'max_content_length',
'max_form_memory_size', 'max_forwards', 'method', 'mimetype', 'mimetype_params', 'module', 'on_json_loading_failed',
'parameter_storage_class', 'path', 'pragma', 'query_string', 'range', 'referrer', 'remote_addr', 'remote_user', 'routing_exception',
'scheme', 'script_root', 'shallow', 'stream', 'trusted_hosts', 'url', 'url_charset', 'url_root', 'url_rule', 'user_agent', 'values'
```

Naquele momento, sugerimos que você ignorasse todos os dunders. Contudo, agora é hora de mostrar sua finalidade: os dunders fornecem conexões com o comportamento padrão de cada classe.

A menos que você anule, esse comportamento padrão é implementado em uma classe chamada `object`. A classe `object` é predefinida no interpretador, e toda outra classe do Python herda *automaticamente* dela (inclusive a sua). Esse é o jargão da OOP para declarar que os métodos dunder fornecidos por `object` estão disponíveis para sua classe usar como estão ou anular quando necessário (fornecendo sua própria implementação para eles).

Você não precisa anular nenhum método `object` se não quiser. Mas se, por exemplo, desejar especificar o que acontece quando os objetos criados a partir de sua classe são usados com o operador de igualdade (==), então poderá escrever seu próprio código para o método __eq__. Se quiser especificar o que acontece quando os objetos são usados com o operador maior que (>), poderá anular o método __ge__. E, quando quiser *inicializar* os atributos associados ao seu objeto, poderá usar o método __init__.

> Os métodos dunder padrão, disponíveis para todas as classes, são conhecidos como "métodos mágicos".

Como os dunders fornecidos por `object` são muito úteis, são mantidos com uma reverência quase mística pelos programadores Python. Tanto que, de fato, muitos programadores Python referem-se a esses dunders como *métodos mágicos* (pois eles parecem fazer o que fazem "como se fosse mágica").

Tudo isso significa que, se você fornecer um método em sua classe com uma linha `def` como a mostrada abaixo, o interpretador chamará seu método __init__ sempre que você criar um novo objeto a partir da classe. Note a inclusão de `self` como o primeiro argumento desse dunder init (segundo a regra para todos os métodos em todas as classes):

```
def __init__(self):
```

Apesar do nome estranho, o dunder "init" é um método como qualquer outro. Lembre-se: você deve passar "self" como seu primeiro argumento.

Inicializando Atributos com o Dunder "init"

Vamos adicionar _ _ init _ _ à nossa classe `CountFromBy` para inicializar os objetos criados a partir de nossa classe.

Agora vamos adicionar um método *vazio* _ _ init _ _ que não faz nada, exceto usar `pass` (adicionaremos o comportamento daqui a pouco):

```
class CountFromBy:
    def __init__(self) -> None:
        pass
    def increase(self) -> None:
        self.val += self.incr
```

> No momento, este dunder "init" não faz nada. Contudo, o uso de "self" como seu primeiro argumento é uma GRANDE DICA de que o dunder "init" é um método.

Sabemos, com o código em `increase`, que podemos acessar os atributos em nossa classe prefixando seus nomes com `self`. Isso significa que podemos usar `self.val` e `self.incr` para nos referir aos atributos dentro de _ _ init _ _ também. Porém, queremos usar _ _ init _ _ para *inicializar* os atributos de nossa classe (`val` e `incr`). A pergunta é: de onde esses valores de inicialização vêm e como seus valores entram em _ _ init _ _?

Passe quaisquer dados de argumento para o dunder "init"

Como _ _ init _ _ é um método e os métodos são funções disfarçadas, podemos passar quantos valores de argumento forem desejados para _ _ init _ _ (ou qualquer método nesse sentido). Tudo que temos que fazer é dar nomes aos argumentos. Vamos nomear o argumento que usaremos para inicializar `self.val` como `v` e usar o nome `i` para `self.incr`.

Vamos adicionar `v` e `i` à linha def de nosso método _ _ init _ _, e então usar os valores no suíte do dunder `init` para inicializar nossos atributos da classe, como a seguir:

```
class CountFromBy:
    def __init__(self, v: int, i: int) -> None:
        self.val = v
        self.incr = i
    def increase(self) -> None:
        self.val += self.incr
```

> Use os valores de "v" e "i" para inicializar os atributos da classe (que são "self.val" e "self.incr", respectivamente).

> Adicione "v" e "i" como argumentos ao dunder "init".

Agora, se pudermos fazer, de algum modo, com que `v` e `i` adquiram valores, a última versão de _ _ init _ _ inicializará os atributos de nossa classe. O que levanta outra pergunta: como colocamos valores em `v` e `i`? Para ajudar a responder a essa pergunta, precisamos experimentar essa versão da classe e ver o que acontece. Faremos isso agora.

experimente sua classe

Test Drive

Usando a janela de edição no IDLE, reserve um momento para atualizar o código no arquivo countfromby.py para ficar parecido com o mostrado abaixo. Quando terminar, pressione F5 para começar a criar objetos no prompt >>> do IDLE:

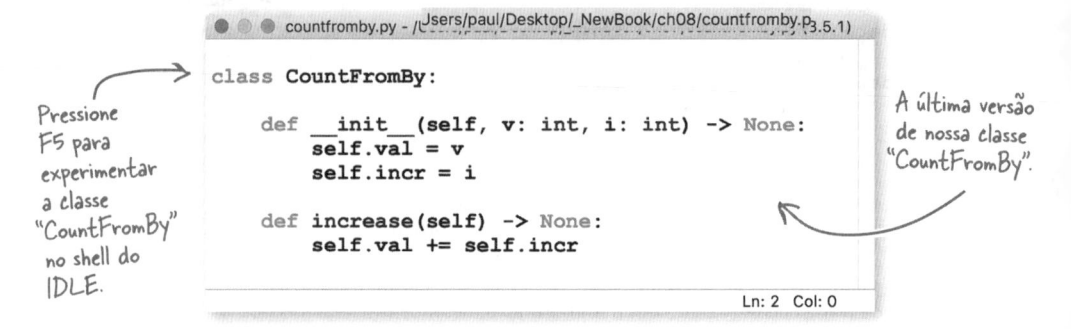

Pressione F5 para experimentar a classe "CountFromBy" no shell do IDLE.

```
class CountFromBy:

    def __init__(self, v: int, i: int) -> None:
        self.val = v
        self.incr = i

    def increase(self) -> None:
        self.val += self.incr
```

A última versão de nossa classe "CountFromBy".

Pressionar F5 executa o código na janela de edição, importando a classe CountFromBy para o interpretador. Veja o que acontece quando tentamos criar um novo objeto a partir de nossa classe CountFromBy:

Cria um novo objeto (chamado "g") a partir da classe... mas, quando fizer isso, terá um erro!

```
Python 3.5.1 Shell
Python 3.5.1 (v3.5.1:37a07cee5969, Dec  5 2015, 21:12:44)
[GCC 4.2.1 (Apple Inc. build 5666) (dot 3)] on darwin
Type "copyright", "credits" or "license()" for more information.
>>>
========  RESTART: /Users/paul/Desktop/_NewBook/ch07/countfromby.py ========
>>>
>>> g = CountFromBy()
Traceback (most recent call last):
  File "<pyshell#1>", line 1, in <module>
    g = CountFromBy()
TypeError: __init__() missing 2 required positional arguments: 'v' and 'i'
>>>
>>>
```

Isso pode não ter sido o que você estava esperando ver. Mas dê uma olhada na mensagem de erro (que é classificada como um TypeError), prestando uma atenção particular na mensagem na linha TypeError. O interpretador está informando que o método __init__ esperava receber dois valores de argumento, v e i, mas recebeu outra coisa (neste caso, nada). Não fornecemos argumentos para a classe, mas essa mensagem de erro informa que qualquer argumento fornecido à classe (ao criar um novo objeto) é passado para o método __init__.

Lembrando disso, vamos criar um objeto CountFromBy.

um pouco de classe

Vamos voltar para o prompt >>> e criar outro objeto (chamado h), que tem dois valores inteiros como argumentos para v e i:

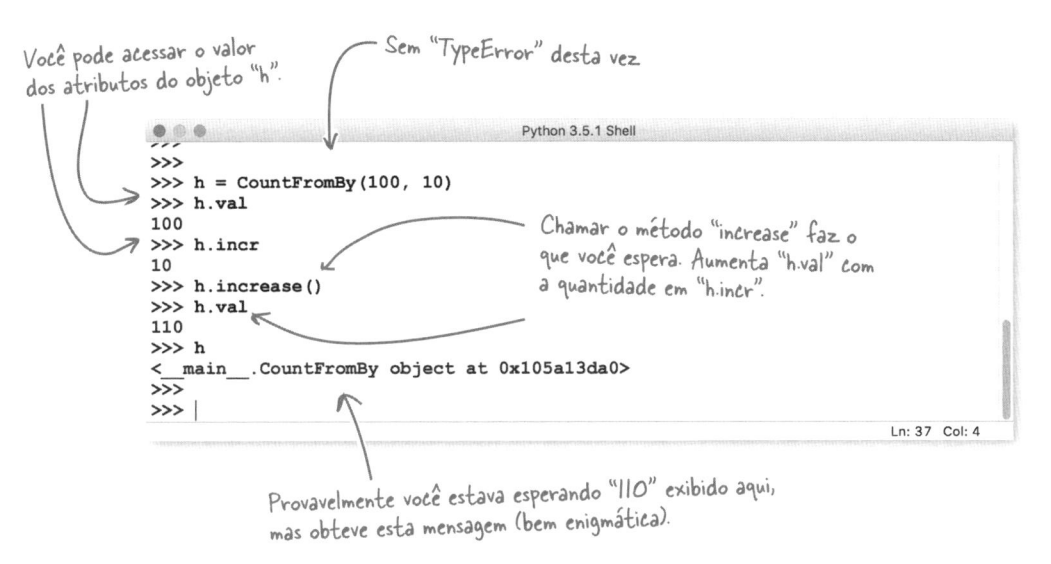

Você pode acessar o valor dos atributos do objeto "h".

Sem "TypeError" desta vez

```
>>>
>>> h = CountFromBy(100, 10)
>>> h.val
100
>>> h.incr
10
>>> h.increase()
>>> h.val
110
>>> h
<__main__.CountFromBy object at 0x105a13da0>
>>>
>>>
```

Chamar o método "increase" faz o que você espera. Aumenta "h.val" com a quantidade em "h.incr".

Provavelmente você estava esperando "110" exibido aqui, mas obteve esta mensagem (bem enigmática).

Como se pode ver acima, as coisas melhoram desta vez, pois a exceção TypeError não existe mais, significando que o objeto h foi criado com sucesso. Você pode acessar os valores dos atributos de h usando h.val h.incr, assim como chamar o método increase do objeto. Apenas quando tentar acessar o valor de h as coisas ficarão estranhas de novo.

O que aprendemos com este Test Drive?

Veja os principais pontos importantes deste *Test Drive*:

- Quando você está criando objetos, qualquer valor de arquivo fornecido para a classe é passado para o método _ _ init _ _, como foi o caso com 100 e 10 acima. (Note que v e i param de existir assim que o dunder init termina. Mas não estamos preocupados, porque seus valores são armazenados com segurança nos atributos self.val e self.incr do objeto, respectivamente.)
- Podemos acessar os valores do atributo combinando o nome do objeto com o nome do atributo. Note que usamos h.val e h.incr para fazer isso. (Para os leitores que vêm para Python a partir de uma linguagem OOP "mais rígida", observe que fizemos isso sem criar *getters* nem *setters*.)
- Quando usamos o nome do objeto sozinho (como na última interação com o shell acima), o interpretador retorna uma mensagem enigmática. O que é isso (e por que acontece) será analisado a seguir.

controle sua representação

Compreendendo a Representação de CountFromBy

Quando digitamos o nome do objeto no shell em uma tentativa de exibir seu valor atual, o interpretador produziu esta saída:

   `<_ _ main _ _.CountFromBy object at 0x105a13da0>`

Não se preocupe se você tiver um valor diferente aqui. Tudo ficará claro antes do final desta página.

Descrevemos a saída acima como "estranha", e, à primeira vista, certamente parece ser. Para entender o que significa a saída, vamos voltar para o shell do IDLE e criar outro objeto a partir de `CountFromBy`, que, devido à nossa profunda vontade de não causar perturbação, estamos chamando de `j`.

Na sessão abaixo, note como a mensagem estranha exibida para `j` é composta de valores produzidos quando chamamos certas funções predefinidas (BIFs). Acompanhe a sessão primeiro, depois leia uma explicação do que as BIFs fazem:

```
>>>
>>> j = CountFromBy()   (100, 10)
>>> j
<__main__.CountFromBy object at 0x1035be278>
>>>
>>> type(j)
<class '__main__.CountFromBy'>
>>>
>>> id(j)
4351320696
>>>
>>> hex(id(j))
'0x1035be278'
>>>
>>>
```

A saída de "j" é composta de valores produzidos por algumas BIFs do Python.

A BIF `type` exibe informações na classe a partir da qual o objeto foi criado, informando (acima) que `j` é um objeto `CountFromBy`.

A BIF `id` exibe informações sobre o endereço de memória de um objeto (que é um identificador único usado pelo interpretador para controlar seus objetos). O que você vê em sua tela provavelmente é diferente do que é informado acima.

O endereço de memória exibido como parte da saída de `j` é o valor de `id` convertido em um número hexadecimal (que é o que a BIF `hex` faz). Então a mensagem inteira exibida para `j` é uma combinação da saída de `type`, assim como de `id` (convertida em hexadecimal).

Uma pergunta razoável: *por que isso acontece?*

Ao não informar ao interpretador como você deseja representar seus objetos, o interpretador precisa fazer *algo*, então faz o que é mostrado acima. Felizmente, você pode anular esse comportamento padrão codificando seu próprio método mágico `_ _ repr _ _`.

Anule o dunder "repr" para especificar como seus objetos são representados pelo interpretador.

Definindo a Representação de CountFromBy

Assim como é um método mágico, a funcionalidade __repr__ também está disponível como uma função predefinida chamada repr. Veja parte do que a BIF help exibe quando você pede para informar o que repr faz: "Retorne a representação de string geral do objeto". Em outras palavras, a BIF help está informando que repr (e, por extensão, __repr__) precisa retornar uma versão com string de um objeto.

Como fica essa "versão com string de um objeto" depende do que cada objeto individual faz. Você pode controlar o que acontece com *seus* objetos escrevendo um método __repr__ para a classe. Faremos isso agora para a classe CountFromBy.

Comece adicionando uma nova linha def à classe CountFromBy do dunder repr, que não tem argumentos, exceto o self requerido (lembre-se: é um método). Como é nossa prática, adicionaremos também uma anotação que permite aos leitores do código saber que esse método retorna uma string:

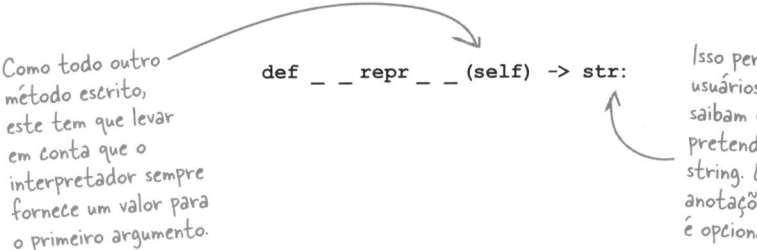

```
def __repr__(self) -> str:
```

Como todo outro método escrito, este tem que levar em conta que o interpretador sempre fornece um valor para o primeiro argumento.

Isso permite que os usuários do método saibam que esta função pretende retornar uma string. Lembre-se: usar anotações em seu código é opcional, mas útil.

Com a linha def escrita, tudo que resta fazer é escrever o código que retorna uma representação de string de um objeto CountFromBy. Para nossas finalidades, tudo que queremos fazer aqui é obter o valor em self.val, que é um inteiro, e convertê-lo em uma string.

Graças à BIF str, fazer isso é simples:

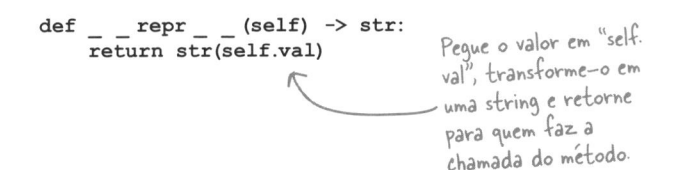

```
def __repr__(self) -> str:
    return str(self.val)
```

Pegue o valor em "self.val", transforme-o em uma string e retorne para quem faz a chamada do método.

Quando você adiciona essa pequena função à classe, o interpretador a utiliza sempre que precisa exibir um objeto CountFromBy no prompt >>>. A BIF print também usa o dunder repr para exibir os objetos.

Antes de fazer essa alteração e levar o código atualizado para dar uma volta, vamos voltar rapidamente para outro problema que surgiu no último *Test Drive*.

countfromby faz mais coisas

Fornecendo Padrões Diferenciados para CountFromBy

Vamos lembrar da versão atual do método __init__ da classe `CountFromBy`:

```
    ...
    def __init__(self, v: int, i: int) -> None:
        self.val = v
        self.incr = i
        ...
```

> Esta versão do método "init" do dunder espera que sejam fornecidos dois valores de argumento sempre que é chamada.

Lembre-se de que, quando tentamos criar um novo objeto a partir dessa classe sem passar valores para v e i, tivemos um erro `TypeError`:

```
>>> g = CountFromBy()
Traceback (most recent call last):
  File "<pyshell#1>", line 1, in <module>
    g = CountFromBy()
TypeError: __init__() missing 2 required positional arguments: 'v' and 'i'
>>>
```

> Vixi! É ruim.

Antes especificamos que queríamos que a classe `CountFromBy` suportasse o seguinte comportamento padrão: o contador iniciará em 0 e aumentará (com solicitação) em 1. Você já sabe como fornecer valores padrão para os argumentos da função e o mesmo ocorre com os métodos — atribua os valores padrão na linha def:

```
    ...
    def __init__(self, v: int=0, i: int=1) -> None:
        self.val = v
        self.incr = i
        ...
```

> Como os métodos são funções, eles suportam usar valores padrão para os argumentos (apesar de termos recebido B— aqui pelo uso dos nomes de variável com um caractere: "v" é o valor e "i" é o valor de aumento).

Se você fizer esta pequena (mas importante) alteração no código `CountFromBy`, e então salvar o arquivo (antes de pressionar F5 mais uma vez), verá que os objetos agora podem ser criados com esse comportamento padrão:

```
>>>
>>>
>>> i = CountFromBy()
>>> i.val
0
>>> i.incr
1
>>> i.increase()
>>> i.val
1
>>>
>>>
```

> Não especificamos os valores para usar ao inicializar o objeto, portanto, a classe fornece valores padrão, como especificado no dunder "init".

> Isso funciona como o esperado, com o método "increase" aumentando "i.val" em 1 sempre que chamado. Este é o comportamento padrão.

um pouco de classe

Test Drive

Verifique se o código da classe (em `countfromby.py`) é igual ao nosso abaixo. Com o código da classe carregado na janela de edição do IDLE, pressione F5 para levar sua última versão da classe `CountFromBy` para dar uma volta:

Esta é a classe "CountFromBy" com o código para o dunder "repr" adicionado.

```
countfromby.py - /Users/paul/Desktop/_NewBook/ch08/countfromby.py (3.5.1)

class CountFromBy:

    def __init__(self, v: int=0, i: int=1) -> None:
        self.val = v
        self.incr = i

    def increase(self) -> None:
        self.val += self.incr

    def __repr__(self) -> str:
        return str(self.val)
```
Ln: 13 Col: 0

O objeto "k" usa os valores padrão da classe, que começam em 0 e são aumentados em 1.

O objeto "m" fornece valores alternativos para os dois padrões.

```
Python 3.5.1 Shell
>>> k = CountFromBy()
>>> k
0
>>> k.increase()
>>> k
1
>>> print(k)
1
>>> l = CountFromBy(100)
>>> l
100
>>> l.increase()
>>> print(l)
101
>>> m = CountFromBy(100, 10)
>>> m
100
>>> m.increase()
>>> m
110
>>> n = CountFromBy(i=15)
>>> n
0
>>> n.increase()
>>> n
15
>>>
```
Ln: 33 Col: 4

Quando você se refere ao objeto no prompt >>> ou em uma chamada para "print", o código do dunder "repr" é executado.

O objeto "l" fornece um valor inicial alternativo, e então aumenta em 1 sempre que "increase" é chamado.

O objeto "n" usa um argumento de palavra-chave para fornecer um valor alternativo pelo qual aumentar (mas começa em 0).

você está aqui ▶ **331**

as classes até agora

Classes: O Que Sabemos

Com a classe `CountFromBy` se comportando como o especificado antes no capítulo, vamos rever o que sabemos sobre as classes no Python:

PONTOS DE BALA

- As classes do Python permitem compartilhar o **comportamento** (também conhecido como métodos) e o **estado** (também conhecido como atributos).

- Se você se lembrar de que os métodos são **funções** e os atributos são **variáveis**, não errará.

- A palavra-chave `class` introduz uma nova classe no código.

- Criar um novo objeto a partir de uma classe é muito parecido com uma chamada da função. Lembre-se: para criar um objeto chamado `mycount` a partir de uma classe chamada `CountFromBy`, você usaria esta linha de código:

    `mycount = CountFromBy()`

- Quando um objeto é criado a partir de uma classe, o objeto **compartilha** o código da classe com todo objeto criado a partir da classe. Porém, cada objeto mantém sua **própria cópia** dos atributos.

- Você adiciona comportamentos a uma classe criando **métodos**. Um método é uma função definida em uma classe.

- Para adicionar um **atributo** a uma classe, crie uma variável.

- Todo método recebe um **alias** para o objeto atual como seu primeiro argumento. A convenção do Python insiste que o primeiro argumento seja chamado de `self`.

- No suíte de um método, as referências para os atributos são prefixadas com `self`, assegurando que o valor do atributo **sobreviva** após o término do código do método.

- O método `__init__` é um dos muitos **métodos mágicos** fornecidos com todas as classes do Python.

- Os valores do atributo são inicializados pelo método `__init__` (também conhecido como dunder init). Esse método permite atribuir valores iniciais aos atributos quando um novo objeto é criado. O dunder init recebe uma **cópia** de qualquer valor passado para a classe quando um objeto é criado. Por exemplo, os valores 100 e 10 são passados para `__init__` quando esse objeto é criado:

    `mycount2 = CountFromBy(100, 10)`

- Outro método mágico é `__repr__`, que permite controlar como um objeto aparece quando exibido no prompt >>> e quando usado com a BIF `print`.

Está tudo muito bom... mas me deixe lembrar: qual era o motivo de aprender a classe?

Queríamos criar um gerenciador de contexto.

Sabemos que faz um tempo, mas o motivo para começarmos foi aprender o bastante sobre as classes para conseguirmos criar um código que conecte o **protocolo de gerenciamento do contexto** do Python. Se pudemos conectar o protocolo, poderemos usar o código do banco de dados de nosso aplicativo web com a instrução `with` do Python, pois fazer isso deve facilitar compartilhar o código do banco de dados e reutilizá-lo. Agora que você sabe um pouco sobre as classes, está pronto para ficar ligado no protocolo de gerenciamento do contexto (no próximo capítulo).

Código do Capítulo 8

Este é o código no arquivo "countfromby.py".

```python
class CountFromBy:

    def __init__(self, v: int=0, i: int=1) -> None:
        self.val = v
        self.incr = i

    def increase(self) -> None:
        self.val += self.incr

    def __repr__(self) -> str:
        return str(self.val)
```

9 protocolo de gerenciamento do contexto

Conectando a Instrução *with* do Python

Sim, na verdade... por uma pequena taxa, com certeza podemos gerenciar o contexto no qual seu código é executado.

É hora de pegar o que você acabou de aprender e colocar em funcionamento. O Capítulo 7 analisou o uso de um **banco de dados relacional** com o Python, ao passo que o Capítulo 8 forneceu uma introdução do uso de **classes** em seu código do Python. Agora essas técnicas são combinadas para produzir um **gerenciador de contexto**, que permite estender a instrução with para trabalhar com os sistemas do banco de dados relacional. Neste capítulo, você conectará a instrução with criando uma nova classe, que está de acordo com o **protocolo de gerenciamento do contexto** do Python.

qual é melhor?

Qual é o Melhor Modo de Compartilhar o Código do Banco de Dados de Nosso Aplicativo Web?

Durante o Capítulo 7 você criou o código do banco de dados na função `log_request` que funcionava, mas foi preciso pausar para considerar como compartilhá-la melhor. Lembre-se das sugestões no final do Capítulo 7:

> Vamos cortar e colar rapidamente o código, e então alterá-lo. Pronto!

> Voto em colocarmos o código de tratamento do banco de dados em sua própria função, e então chamar quando necessário.

> Não está claro que é hora de considerarmos usar as classes e objetos como o modo correto de lidar com esse tipo de reutilização?

Naquele momento, propusemos que cada uma das sugestões era válida, mas achávamos que os programadores Python provavelmente não adotariam nenhuma das soluções propostas *por si só*. Decidimos que uma estratégia melhor era conectar o protocolo de gerenciamento do contexto usando a instrução `with`, mas para fazer isso precisávamos aprender um pouco sobre as classes. Elas foram o tema do último capítulo. Agora que você sabe como criar uma classe, é hora de voltar para a tarefa em mãos: criar um gerenciador de contexto para compartilhar o código do banco de dados do aplicativo web.

protocolo de gerenciamento do **contexto**

Considere O Que Você Está Tentando Fazer, Revisto

Abaixo está o código de gerenciamento do banco de dados no Capítulo 7. Esse código atualmente faz parte do aplicativo web Flask. Lembre-se de como o código conectou o banco de dados MySQL, salvou os detalhes da solicitação da web na tabela `log`, aceitou qualquer dado *não salvo*, e então desconectou o banco de dados:

```python
import mysql.connector

def log_request(req: 'flask_request', res: str) -> None:
    """Log details of the web request and the results."""

    dbconfig = { 'host': '127.0.0.1',
                 'user': 'vsearch',
                 'password': 'vsearchpasswd',
                 'database': 'vsearchlogDB', }
```
← *Este dicionário detalha as características de conexão do banco de dados.*

```python
    conn = mysql.connector.connect(**dbconfig)
    cursor = conn.cursor()
```
Esta parte usa as credenciais para conectar o banco de dados, e então cria um cursor.

```python
    _SQL = """insert into log
              (phrase, letters, ip, browser_string, results)
              values
              (%s, %s, %s, %s, %s)"""
    cursor.execute(_SQL, (req.form['phrase'],
                          req.form['letters'],
                          req.remote_addr,
                          req.user_agent.browser,
                          res, ))
```
← *Este é o código que faz o trabalho real: adiciona os dados de solicitação à tabela do banco de dados "log".*

```python
    conn.commit()
    cursor.close()
    conn.close()
```
← *Finalmente, o código destrói a conexão do banco de dados.*

Qual a melhor forma de criar um gerenciador de contexto?

Antes de chegarmos ao ponto onde podemos transformar o código acima em algo que pode ser usado como parte de uma instrução `with`, vamos analisar como isso é feito de acordo com o protocolo de gerenciamento do contexto. Embora haja suporte para criar gerenciadores de contexto simples na biblioteca padrão (usando o módulo `contextlib`), criar uma classe de acordo com o protocolo é visto como a abordagem correta quando você está usando `with` para controlar um objeto externo, como uma conexão do banco de dados (como é o caso aqui).

Com isso em mente, vejamos o que significa "de acordo com o protocolo de gerenciamento do contexto".

você está aqui ▶ **337**

Gerenciando o Contexto com Métodos

O protocolo de gerenciamento do contexto parece intimidador e assustador, mas, na verdade, é bem simples. Ele determina que qualquer classe criada deve definir, pelo menos, dois métodos mágicos: `__enter__` e `__exit__`. Isto é o protocolo. Quando você segue o protocolo, sua classe pode conectar a instrução `with`.

O dunder "enter" faz a configuração

Quando um objeto é usado com uma instrução `with`, o interpretador chama o método `__enter__` do objeto *antes* do suíte de a instrução `with` começar. Isso dá a oportunidade de executar qualquer código de configuração requerido no dunder `enter`.

O protocolo declara ainda que o dunder `enter` pode (mas não precisa) retornar um valor para a instrução `with` (você verá por que isso é importante daqui a pouco).

> Um protocolo é um procedimento acordado (ou conjunto de regras) a ser seguido.

O dunder "exit" faz a destruição

Assim que o suíte da instrução `with` termina, o interpretador *sempre* chama o método `__exit__` do objeto. Isso ocorre *depois* que o suíte de `with` termina e dá a oportunidade de fazer qualquer destruição requerida.

Como o código no suíte da instrução `with` pode falhar (e gerar uma exceção), o dunder `exit` tem que estar pronto para lidar com isso, caso aconteça. Voltaremos a este problema quando criarmos o código para nosso método do dunder `exit` posteriormente no capítulo.

Se você criar uma classe que define `__enter__` e `__exit__`, a classe será vista automaticamente como um gerenciador de contexto pelo interpretador e poderá, como consequência, conectar (e ser usada) usando `with`. Em outras palavras, tal classe *está de acordo* com o protocolo de gerenciamento do contexto e *implementa* um gerenciador de contexto.

> Se sua classe define o dunder "enter" do dunder "exit", é um gerenciador de contexto.

(Como você sabe) O dunder "init" inicializa

Além do dunder `enter` e do dunder `exit`, é possível adicionar outros métodos à classe quando necessário, inclusive definir seu próprio método `__init__`. Como você sabe desde o último capítulo, definir o dunder `init` permite fazer uma inicialização adicional do objeto. O dunder `init` é executado *antes* de `__enter__` (ou seja, *antes do código de configuração do gerenciador de contexto ser executado*).

Não é uma exigência absoluta definir `__init__` para o gerenciador de contexto (pois `__enter__` e `__exit__` são tudo que você realmente precisa), mas algumas vezes pode ser útil fazer isso, pois permite separar qualquer atividade de inicialização de qualquer atividade de configuração. Quando criamos um gerenciador de contexto para usar com nossas conexões do banco de dados (mais tarde neste capítulo), definimos `__init__` para inicializar nossas credenciais de conexão do banco de dados. Fazer isso não é necessário, mas achamos que ajuda a manter as coisas organizadas e facilita a leitura e o entendimento do código da classe do gerenciador de contexto.

Você Já Viu um Gerenciador de Contexto em Ação

Você encontrou pela primeira vez uma instrução `with` no Capítulo 6, quando a usou para assegurar que um arquivo aberto anteriormente fosse fechado *automaticamente* assim que sua instrução `with` terminasse. Lembre-se de como esse código abriu o arquivo `todos.txt`, e então leu e exibiu cada linha no arquivo, uma por uma, antes de fechar automaticamente o arquivo (graças ao fato de que `open` é um gerenciador de contexto):

Sua inimitável instrução "with" (emprestada do Capítulo 6).

```
with open('todos.txt') as tasks:
    for chore in tasks:
        print(chore, end='')
```

Vejamos de novo a instrução `with`, destacando onde os dunders `enter`, `exit` e `init` são chamados. Numeramos cada uma das anotações para ajudar a entender a ordem de execução dos dunders. Note que não vemos o código de inicialização, configuração ou destruição aqui, apenas sabemos (e confiamos) que esses métodos são executados "internamente" quando necessário:

1. Quando o interpretador encontra esta instrução "with", começa chamando qualquer dunder "init" associado à chamada para "open".

2. Assim que o dunder "init" é executado, o interpretador chama o dunder "enter" para assegurar que o resultado de chamar "open" será atribuído à variável "tasks".

```
with open('todos.txt') as tasks:
    for chore in tasks:
        print(chore, end='')
```

3. Quando a instrução "with" termina, o interpretador chama o dunder "exit" do gerenciador de contexto para limpar. Neste exemplo, o interpretador assegura que o arquivo aberto seja fechado corretamente antes de continuar.

O que você precisa fazer

Antes de criar nosso próprio gerenciador de contexto (com a ajuda de uma nova classe), vamos revisar o que o protocolo de gerenciamento do contexto espera que você forneça para conectar a instrução `with`. Você deve criar uma classe que fornece:

1. um método __init__ para fazer a inicialização (se necessário);
2. um método __enter__ para fazer qualquer configuração; e
3. um método __exit__ para fazer qualquer destruição (também conhecido como limpeza).

Armados com esse conhecimento, agora vamos criar uma classe do gerenciador de contexto, escrevendo os métodos, um a um, pegando emprestado do código do banco de dados existente, quando necessário.

implementando o protocolo

Crie uma Nova Classe do Gerenciador de Contexto

Para continuarmos, precisamos nomear a nova classe. E mais, vamos colocar nosso novo código da classe em seu próprio arquivo para que possamos reutilizá-lo facilmente (lembre-se: quando você coloca o código do Python em um arquivo separado, ele se torna um módulo, que pode ser importado para outros programas em Python quando requerido).

Vamos chamar nosso novo arquivo de `DBcm.py` (abreviação de *database context manager* ou gerenciador de contexto do banco de dados), e a nova classe de `UseDatabase`. Crie o arquivo `DBcm.py` na mesma pasta que contém atualmente o código do aplicativo web, pois é ele que importará a classe `UseDatabase` (isto é, assim que você tiver escrito).

Lembre-se: use CamelCase ao nomear uma classe no Python.

Usando seu editor favorito (ou IDLE), crie uma nova janela de edição, e então salve o novo arquivo vazio como `DBcm.py`. Sabemos que, para nossa classe seguir o protocolo de gerenciamento do contexto, ela deve:

1. fornecer um método `__init__` que faz a inicialização;
2. fornecer um método `__enter__` que inclui qualquer código de configuração; e
3. fornecer um método `__exit__` que inclui qualquer código de destruição.

Agora adicionaremos três definições "vazias" de cada método requerido ao código da classe. Um método vazio contém uma instrução `pass`. Veja o código até o momento:

Nosso arquivo "DBcm.py" fica assim no IDLE. No momento, é composto de uma instrução "import" e uma classe chamada "UseDatabase", que contém três métodos "vazios".

```
import mysql.connector

class UseDatabase:

    def __init__(self):
        pass

    def __enter__(self):
        pass

    def __exit__(self):
        pass
```

Note como no início do arquivo `DBCm.py` incluímos uma instrução `import`, que inclui a funcionalidade do *MySQL Connector* (da qual nossa classe depende).

Agora precisamos apenas mover as partes relevantes da função `log_request` para o método correto na classe `UseDatabase`. Bem... quando dizemos *nós*, na verdade queremos dizer **você**. É hora de arregaçar as mangas e escrever um código do método.

protocolo de gerenciamento do **contexto**

Inicialize a Classe com a Configuração do Banco de Dados

Vamos lembrar de como pretendemos usar o gerenciador de contexto `UseDatabase`. Veja o código do último capítulo, reescrito para usar uma instrução `with`, que, em si, usa o gerenciador de contexto `UseDatabase` que você escreverá:

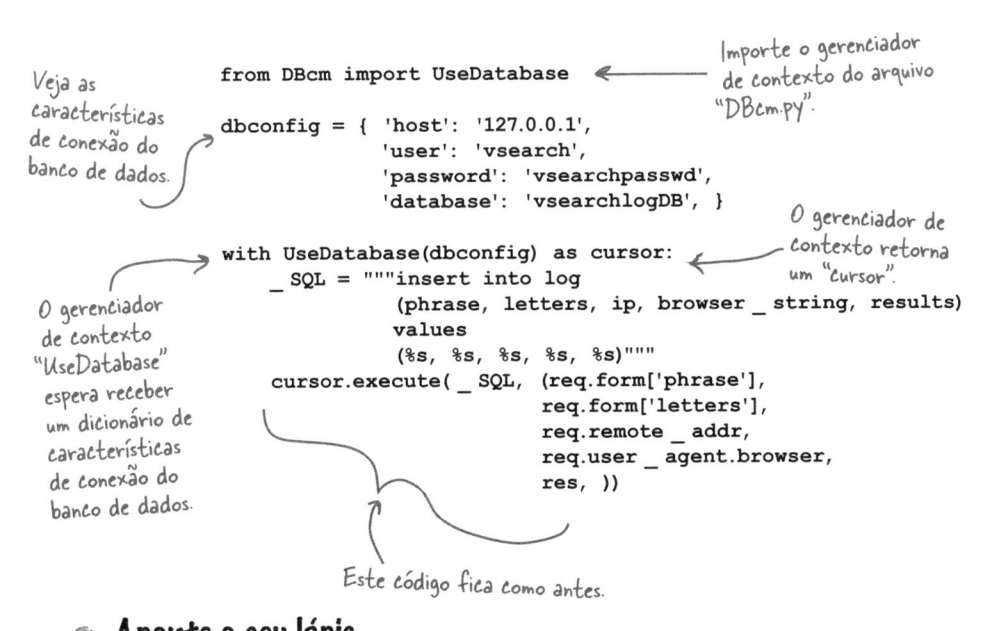

Veja as características de conexão do banco de dados.

Importe o gerenciador de contexto do arquivo "DBcm.py".

O gerenciador de contexto "UseDatabase" espera receber um dicionário de características de conexão do banco de dados.

O gerenciador de contexto retorna um "cursor".

```
from DBcm import UseDatabase

dbconfig = { 'host': '127.0.0.1',
             'user': 'vsearch',
             'password': 'vsearchpasswd',
             'database': 'vsearchlogDB', }

with UseDatabase(dbconfig) as cursor:
    _SQL = """insert into log
              (phrase, letters, ip, browser_string, results)
              values
              (%s, %s, %s, %s, %s)"""
    cursor.execute(_SQL, (req.form['phrase'],
                          req.form['letters'],
                          req.remote_addr,
                          req.user_agent.browser,
                          res, ))
```

Este código fica como antes.

Aponte o seu lápis

Vamos começar com o método `__init__`, que usaremos para inicializar qualquer atributo na classe `UseDataBase`. Com base no uso mostrado acima, o método do dunder `init` aceita um argumento, que é um dicionário das características de conexão chamado `config` (você precisará adicionar à linha `def` abaixo). Vamos organizar `config` para ser salvo como um atributo chamado `configuration`. Adicione o código requerido para salvar o dicionário no atributo `configuration` ao código do dunder `init`:

```
import mysql.connector

class UseDatabase:

    def __init__(self, ..............................)
```

Complete a linha "def".

Está faltando algo aqui?

Salve o dicionário de configuração em um atributo.

dunder init concluído

Aponte o seu lápis

Você começou com o método __init__, que era para inicializar qualquer atributo na classe `UseDataBase`. O método do dunder init aceita um argumento, que é um dicionário de características da conexão chamado config (que você precisou adicionar à linha def abaixo). Você teve que organizar config para ser salvo em um atributo chamado configuration. Teve que adicionar o código requerido para salvar o dicionário no atributo configuration ao código do dunder init:

```
import mysql.connector

class UseDatabase:
    def __init__(self, config: dict) -> None:
        self.configuration = config
```

O dunder "init" aceita um dicionário, que estamos chamando de "config".

config: dict

self.configuration = config

O valor do argumento "config" é especificado para um atributo chamado "configuration". Você lembrou de prefixar o atributo com "self"?

A anotação "None" (opcional) confirma que o método não tem nenhum valor de retorno (o que é bom), e os dois-pontos terminam a linha "def".

O gerenciador de contexto começa a ganhar forma

Com o método do dunder init escrito, você pode codificar o método do dunder enter (__enter__). Antes, verifique se o código escrito até agora corresponde ao nosso, mostrado abaixo no IDLE:

Verifique se seu dunder "init" corresponde ao nosso.

```
● ● ●   DBcm.py - /Users/paul/Desktop/_NewBook/ch09/webapp/DBcm.py .1)
import mysql.connector

class UseDatabase:

    def __init__(self, config: dict) -> None:
        self.configuration = config

    def __enter__(self):
        pass

    def __exit__(self):
        pass
                                                              Ln: 14  Col: 0
```

342   *Capítulo 9*

protocolo de gerenciamento do **contexto**

Faça a Configuração com o Dunder "enter"

O método do dunder `enter` fornece um lugar para você rodar o código da configuração que precisa ser executado *antes* de o suíte na instrução `with` rodar. Lembre-se do código da função `log_request` que lida com essa configuração:

Veja o código de configuração da função "log_request".

```
...
dbconfig = { 'host': '127.0.0.1',
             'user': 'vsearch',
             'password': 'vsearchpasswd',
             'database': 'vsearchlogDB', }

conn = mysql.connector.connect(**dbconfig)
cursor = conn.cursor()

_SQL = """insert into log
          (phrase, letters, ip, browser_string, results)
...
```

Esse código da configuração usa o dicionário de características da conexão para conectar o MySQL, e então cria um cursor do banco de dados na conexão (que você precisará para enviar comandos para o banco de dados a partir do código do Python). Como esse código da configuração é algo que você fará sempre que escrever um código para se comunicar com o banco de dados, vamos fazer esse trabalho na classe do gerenciador de contexto, para que você possa reutilizar com mais facilidade.

Aponte o seu lápis

O método do dunder `enter` (`__enter__`) precisa usar as características da configuração armazenadas em `self.configuration` para conectar o banco de dados e criar um cursor. Diferente do argumento `self` obrigatório, o dunder `enter` não tem nenhum outro argumento, mas precisa retornar o cursor. Complete o código para o método abaixo:

Adicione o código da configuração aqui.

Você consegue pensar em uma anotação adequada?

```
def __enter__(self) ........................................... :
    ...............................................................
    ...............................................................
    return ........................................................
```

Não esqueça de retornar o cursor.

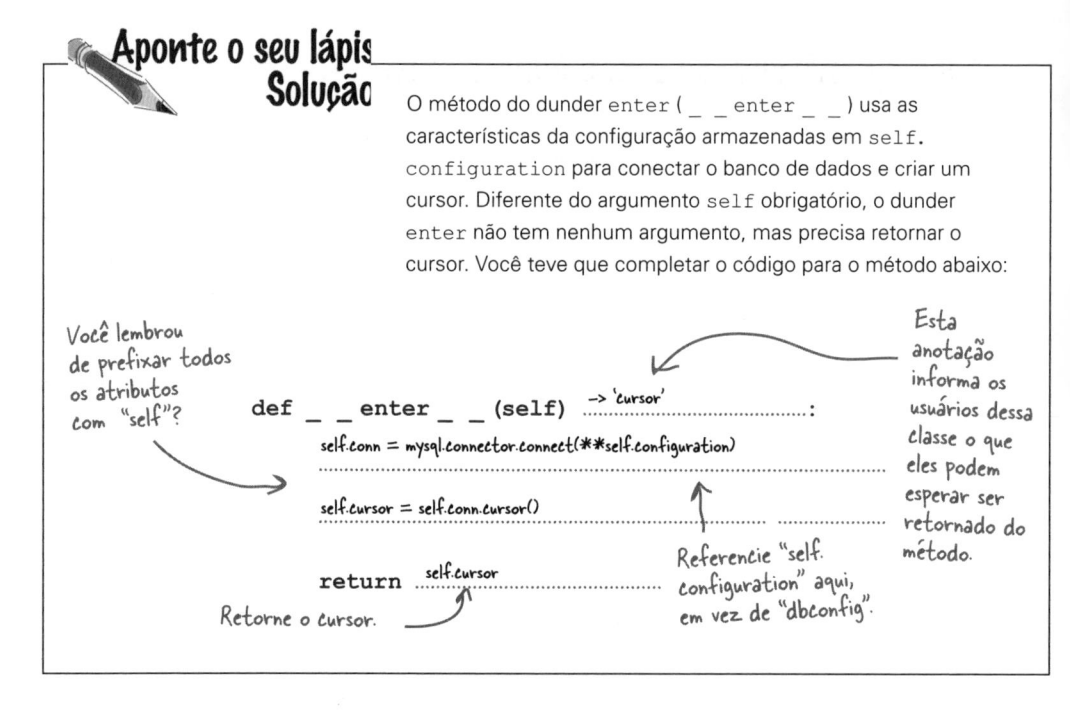

dunder enter concluído

✏️ Aponte o seu lápis
Solução

O método do dunder enter (_ _ enter _ _) usa as características da configuração armazenadas em self.configuration para conectar o banco de dados e criar um cursor. Diferente do argumento self obrigatório, o dunder enter não tem nenhum argumento, mas precisa retornar o cursor. Você teve que completar o código para o método abaixo:

Você lembrou de prefixar todos os atributos com "self"?

```
def _ _ enter _ _ (self) -> 'cursor':
    self.conn = mysql.connector.connect(**self.configuration)
    self.cursor = self.conn.cursor()
    return self.cursor
```

Esta anotação informa os usuários dessa classe o que eles podem esperar ser retornado do método.

Referencie "self.configuration" aqui, em vez de "dbconfig".

Retorne o cursor.

Não esqueça de prefixar todos os atributos com "self"

Você pode ficar surpreso porque designamos conn e cursor como atributos no dunder enter (prefixando cada um com self). Fizemos isso para assegurar que conn e cursor sobrevivam quando o método terminar, pois ambas as variáveis são necessárias no método _ _ exit _ _. Para garantir que isso aconteça, adicionamos o prefixo self às variáveis conn e cursor. Fazer isso as adiciona à lista de atributos da classe.

Antes de escrever o dunder exit, confirme se seu código combina com o nosso:

Você quase terminou. Só falta um método para escrever.

```
import mysql.connector

class UseDatabase:

    def __init__(self, config: dict) -> None:
        self.configuration = config

    def __enter__(self) -> 'cursor':
        self.conn = mysql.connector.connect(**self.configuration)
        self.cursor = self.conn.cursor()
        return self.cursor

    def __exit__(self):
        pass
```

Faça a Destruição com o Dunder "exit"

O método do dunder `exit` fornece um lugar para você executar o código de destruição que precisa ser executado quando a instrução `with` termina. Lembre-se do código da função `log_request` que lida com a destruição:

```
...
cursor.execute(_SQL, (req.form['phrase'],
                      req.form['letters'],
                      req.remote_addr,
                      req.user_agent.browser,
                      res, ))
conn.commit()
cursor.close()          ← Este é o código de
conn.close()              destruição.
```

O código de destruição aceita qualquer dado no banco de dados, e então fecha o cursor e a conexão. Essa destruição ocorre *sempre* que você interage com o banco de dados, portanto, adicionaremos esse código à classe do gerenciador de contexto movendo essas três linhas para o dunder `exit`.

Contudo, antes de fazer isso, você precisa saber que há uma complicação com o dunder `exit`, que tem relação com o tratamento de qualquer exceção que pode ocorrer no suíte de `with`. Quando algo dá errado, o interpretador *sempre* notifica `__exit__` passando três argumentos no método: `exc_type`, `exc_value` e `exc_trace`. Sua linha `def` precisa levar isso em conta, portanto, adicionamos os três argumentos ao código abaixo. Tendo dito isso, *ignoraremos* esse mecanismo de tratamento de exceção agora, mas voltaremos a ele em um capítulo posterior, quando analisarmos o que pode dar errado e como você pode lidar com isso (portanto, fique ligado).

✎ Aponte o seu lápis

O código de destruição é onde você faz a limpeza. Para esse gerenciador de contexto, a limpeza envolve assegurar que qualquer dado seja aceito no banco de dados antes de fechar o cursor e a conexão. Adicione o código que você acha necessário para o método abaixo.

Não se preocupe com estes argumentos agora.

```
def __exit__(self, exc_type, exc_value, exc_trace) ................:
```

Adicione o código de destruição aqui.

....
....
....

dunder exit *concluído*

Aponte o seu lápis
Solução

O código de destruição é onde você faz a limpeza. Para este gerenciador de contexto, a limpeza envolve assegurar que qualquer dado seja aceito no banco de dados antes de fechar o cursor e a conexão. Você teve que adicionar o código que acha necessário para o método abaixo.

Não se preocupe com estes argumentos agora.

```
def __exit__(self, exc_type, exc_value, exc_trace) -> None:
    self.conn.commit()
    self.cursor.close()
    self.conn.close()
```

-> None

Os atributos salvos anteriormente são usados para aceitar os dados não salvos, assim como fechar o cursor e a conexão. Como sempre, lembre-se de prefixar os nomes do atributo com "self".

Esta anotação confirma que este método não tem nenhum valor de retorno. Tais anotações são opcionais, mas são uma boa prática.

Seu gerenciador de contexto está pronto para o teste

Com o código do dunder `exit` escrito, é hora de testar o gerenciador de contexto antes de integrá-lo no código do aplicativo web. Como de costume, primeiro testaremos o novo código no prompt do shell do Python (>>>). Antes de fazer isso, verifique uma última vez, para assegurar que o código está igual ao nosso:

A classe do gerenciador de contexto "UseDatabase" completa.

```
DBcm.py - /Users/paul/Desktop/_NewBook/ch09/webapp/DBcm.py (3.5.1)
import mysql.connector

class UseDatabase:

    def __init__(self, config: dict) -> None:
        self.configuration = config

    def __enter__(self) -> 'cursor':
        self.conn = mysql.connector.connect(**self.configuration)
        self.cursor = self.conn.cursor()
        return self.cursor

    def __exit__(self, exc_type, exc_value, exc_trace) -> None:
        self.conn.commit()
        self.cursor.close()
        self.conn.close()
```
Ln: 18 Col: 0

Uma classe "real" incluiria a documentação, mas retiramos do código para economizar espaço (nesta página). Os downloads do livro sempre incluem os comentários.

protocolo de gerenciamento do **contexto**

Test Drive

Com o código para `DBcm.py` em uma janela de edição do IDLE, pressione F5 para testar o gerenciador de contexto:

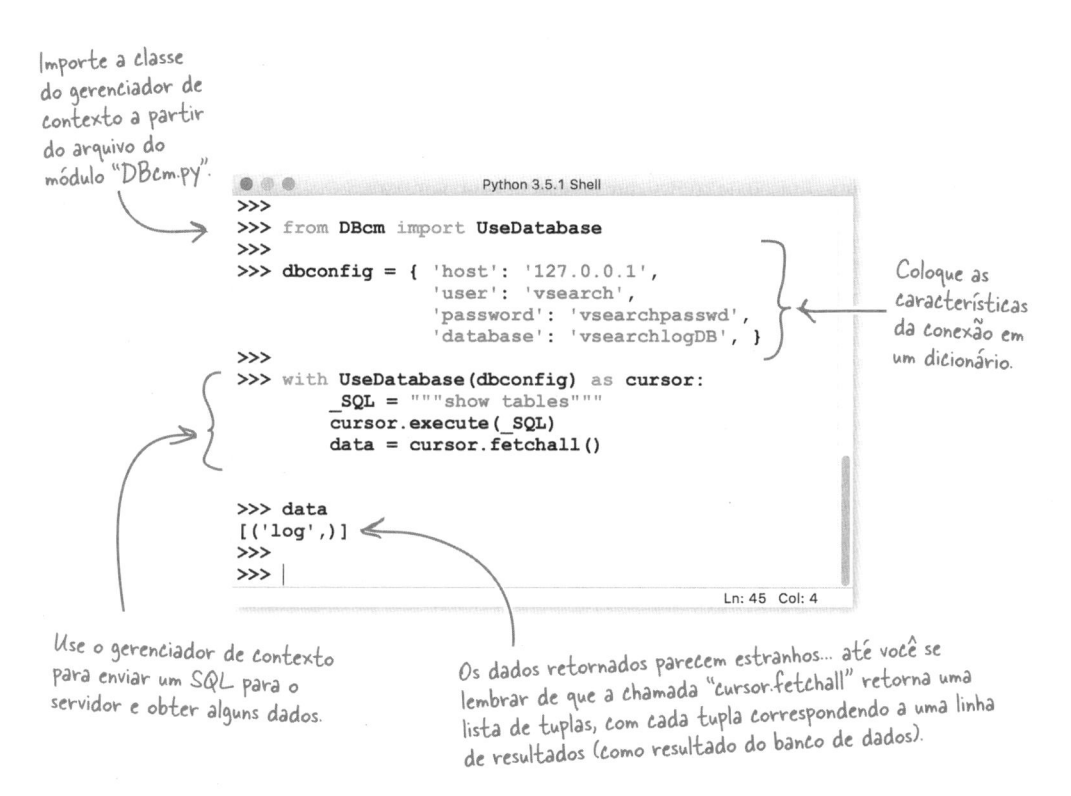

Importe a classe do gerenciador de contexto a partir do arquivo do módulo "DBcm.py".

```
>>>
>>> from DBcm import UseDatabase
>>>
>>> dbconfig = { 'host': '127.0.0.1',
                 'user': 'vsearch',
                 'password': 'vsearchpasswd',
                 'database': 'vsearchlogDB', }
>>>
>>> with UseDatabase(dbconfig) as cursor:
        _SQL = """show tables"""
        cursor.execute(_SQL)
        data = cursor.fetchall()

>>> data
[('log',)]
>>>
>>>
```

Coloque as características da conexão em um dicionário.

Use o gerenciador de contexto para enviar um SQL para o servidor e obter alguns dados.

Os dados retornados parecem estranhos... até você se lembrar de que a chamada "cursor.fetchall" retorna uma lista de tuplas, com cada tupla correspondendo a uma linha de resultados (como resultado do banco de dados).

Não há muito código aqui, há?

Felizmente, você está vendo o código acima e decidindo que não há muita coisa nele. Como você moveu com sucesso parte do código de tratamento do banco de dados para a classe `UseDatabase`, a inicialização, configuração e destruição agora são lidadas "internamente" pelo gerenciador de contexto. Tudo que você precisa fazer é fornecer as características da conexão e a consulta SQL que deseja executar — o gerenciador de contexto fará todo o resto. O código da configuração e destruição é reutilizado como parte do gerenciador de contexto. Também fica mais claro qual é a "parte principal" do código: obter dados no banco de dados e processá-los. O gerenciador de contexto oculta os detalhes de conectar/desconectar o banco de dados (que é sempre igual), deixando-o livre para se concentrar no que está tentando fazer com seus dados.

Vamos atualizar o aplicativo web para usar o gerenciador de contexto.

atualize seu aplicativo web

Reconsiderando o Código do Aplicativo Web, 1 de 2

Já passou um tempo desde que você considerou o código do aplicativo web.

Na última vez em que trabalhou nele (no Capítulo 7), atualizou a função `log_request` para salvar a solicitação da web do aplicativo no banco de dados MySQL. O motivo para termos iniciado o aprendizado das classes (no Capítulo 8) foi para determinar o melhor modo de compartilhar o código do banco de dados adicionado a `log_request`. Agora sabemos que o melhor modo (para esta situação) é usar a classe do gerenciador de contexto `UseDatabase` recém-escrita.

Além de corrigir `log_request` para usar o gerenciador de contexto, a outra função no código que precisamos corrigir para trabalhar com os dados no banco de dados é chamada `view_the_log` (que atualmente trabalha com arquivo de texto `vsearch.log`). Antes de começarmos a corrigir as duas funções, vamos lembrar do estado atual do código do aplicativo web (nesta página e na seguinte). Destacamos as partes que precisam ser trabalhadas:

O código do aplicativo web está no arquivo "vsearch4web.py", na pasta "webapp".

```
from flask import Flask, render_template, request, escape
from vsearch import search4letters

import mysql.connector     ← Precisamos importar "DBcm" aqui.

app = Flask(__name__)


def log_request(req: 'flask_request', res: str) -> None:
    """Log details of the web request and the results."""
    dbconfig = {'host': '127.0.0.1',
                'user': 'vsearch',
                'password': 'vsearchpasswd',
                'database': 'vsearchlogDB', }

    conn = mysql.connector.connect(**dbconfig)
    cursor = conn.cursor()
    _SQL = """insert into log
              (phrase, letters, ip, browser_string, results)
              values
              (%s, %s, %s, %s, %s)"""
    cursor.execute(_SQL, (req.form['phrase'],
                          req.form['letters'],
                          req.remote_addr,
                          req.user_agent.browser,
                          res, ))
    conn.commit()
    cursor.close()
    conn.close()
```

Este código tem que ser corrigido para usar o gerenciador de contexto "UseDatabase".

protocolo de gerenciamento do **contexto**

Reconsiderando o Código do Aplicativo Web, 2 de 2

```
@app.route('/search4', methods=['POST'])
def do_search() -> 'html':
    """Extract the posted data; perform the search; return results."""
    phrase = request.form['phrase']
    letters = request.form['letters']
    title = 'Here are your results:'
    results = str(search4letters(phrase, letters))
    log_request(request, results)
    return render_template('results.html',
                           the_title=title,
                           the_phrase=phrase,
                           the_letters=letters,
                           the_results=results,)


@app.route('/')
@app.route('/entry')
def entry_page() -> 'html':
    """Display this webapp's HTML form."""
    return render_template('entry.html',
                           the_title='Welcome to search4letters on the web!')


@app.route('/viewlog')
def view_the_log() -> 'html':
    """Display the contents of the log file as a HTML table."""
    contents = []
    with open('vsearch.log') as log:
        for line in log:
            contents.append([])
            for item in line.split('|'):
                contents[-1].append(escape(item))
    titles = ('Form Data', 'Remote_addr', 'User_agent', 'Results')
    return render_template('viewlog.html',
                           the_title='View Log',
                           the_row_titles=titles,
                           the_data=contents,)


if __name__ == '__main__':
    app.run(debug=True)
```

Este código precisa ser corrigido para usar os dados no banco de dados via gerenciador de contexto "UseDatabase".

você está aqui ▶ 349

atualizando log_request

Lembrando a Função "log_request"

Quanto a corrigir a função `log_request` para usar o gerenciador de contexto `UseDatabase`, grande parte do trabalho já foi feita para você (quando mostramos o código que estávamos visando antes).

Veja `log_request` mais uma vez. No momento, o dicionário das características da conexão do banco de dados (`dbconfig` no código) é definido em `log_request`. Como desejaremos usar esse dicionário na outra função que temos que corrigir (`view_the_log`), vamos tirá-lo da função de `log_request`, para que você possa compartilhá-lo com outras funções quando necessário:

```python
def log_request(req: 'flask_request', res: str) -> None:
    dbconfig = {'host': '127.0.0.1',
                'user': 'vsearch',
                'password': 'vsearchpasswd',
                'database': 'vsearchlogDB', }
    conn = mysql.connector.connect(**dbconfig)
    cursor = conn.cursor()
    _SQL = """insert into log
              (phrase, letters, ip, browser_string, results)
              values
              (%s, %s, %s, %s, %s)"""
    cursor.execute(_SQL, (req.form['phrase'],
                          req.form['letters'],
                          req.remote_addr,
                          req.user_agent.browser,
                          res, ))
    conn.commit()
    cursor.close()
    conn.close()
```

Vamos tirar este dicionário da função, para que possa ser compartilhado com outras funções quando requerido.

Em vez de mover `dbconfig` para o espaço global do aplicativo web, seria útil se pudéssemos adicioná-lo de algum modo à configuração interna do aplicativo web.

Felizmente, o Flask (como muitas outras estruturas da web) vem com um mecanismo de configuração predefinido: um dicionário (que o Flask chama de `app.config`) permite ajustar algumas definições internas do aplicativo web. Como `app.config` é um dicionário comum do Python, você pode adicionar suas próprias chaves e valores quando necessário, e é o que faremos para os dados em `dbconfig`.

O resto do código de `log_request` poderá ser corrigido para usar `UseDatabase`.

Vamos fazer essas alterações agora.

Corrigindo a Função "log_request"

Agora que aplicamos as alterações no aplicativo web, nosso código fica assim:

Mudamos a antiga instrução "import" para esta atualizada.

```
vsearch4web.py - /Users/paul/Desktop/_NewBook/ch09/webapp/vsearch4web.py (3.5.1)
from flask import Flask, render_template, request, escape
from vsearch import search4letters

from DBcm import UseDatabase

app = Flask(__name__)

app.config['dbconfig'] = {'host': '127.0.0.1',
                          'user': 'vsearch',
                          'password': 'vsearchpasswd',
                          'database': 'vsearchlogDB', }


def log_request(req: 'flask_request', res: str) -> None:
    """Log details of the web request and the results."""

    with UseDatabase(app.config['dbconfig']) as cursor:
        _SQL = """insert into log
                  (phrase, letters, ip, browser_string, results)
                  values
                  (%s, %s, %s, %s, %s)"""
        cursor.execute(_SQL, (req.form['phrase'],
                              req.form['letters'],
                              req.remote_addr,
                              req.user_agent.browser,
                              res, ))
```
Ln: 10 Col: 0

Adicionamos o dicionário de características da conexão à configuração do aplicativo web.

Ajustamos o código para usar "UseDatabase", passando a configuração do banco de dados a partir de "app.config".

Perto do início do arquivo, substituímos a instrução `import mysql.connector` por uma instrução `import` que obtém `UseDatabase` no módulo `DBcm`. O próprio arquivo `DBcm.py` inclui a instrução `import mysql.connector` em seu código. Daí a remoção de `import mysql.connector` desse arquivo (pois não queremos importar duas vezes).

Também movemos o dicionário de características da conexão do banco de dados para a configuração do aplicativo web. E corrigimos o código de `log _ request` para usar nosso gerenciador de contexto.

Depois de todo o trabalho nas classes e gerenciadores de contexto, você deverá conseguir ler e entender o código mostrado acima.

Agora vamos corrigir a função `view _ the _ log`. Antes de virar a página, verifique se o código do aplicativo web está corrigido para ficar exatamente como o nosso acima.

atualizando view_the_log

Lembrando a Função "view_the_log"

Vejamos com muita atenção o código em `view_the_log`, já que se passou um tempo desde que o consideramos com detalhes. Para lembrar, a versão atual dessa função extrai os dados registrados do arquivo de texto `vsearch.log`, transforma-os em uma lista de listas (chamada `contents`), e então envia os dados para um modelo chamado `viewlog.html`:

Pegue cada linha de dado no arquivo e o transforme em uma lista de itens com escape, anexados à lista "contents".

```
@app.route('/viewlog')
def view_the_log() -> 'html':

    contents = []
    with open('vsearch.log') as log:
        for line in log:
            contents.append([])
            for item in line.split('|'):
                contents[-1].append(escape(item))

    titles = ('Form Data', 'Remote_addr', 'User_agent', 'Results')
    return render_template('viewlog.html',
                           the_title='View Log',
                           the_row_titles=titles,
                           the_data=contents,)
```

Os dados de registro processados são enviados para o modelo para a exibição.

Veja como fica a saída quando o modelo `viewlog.html` é apresentado com os dados da lista de listas `contents`. Essa funcionalidade atualmente está disponível para seu aplicativo web via URL */viewlog*:

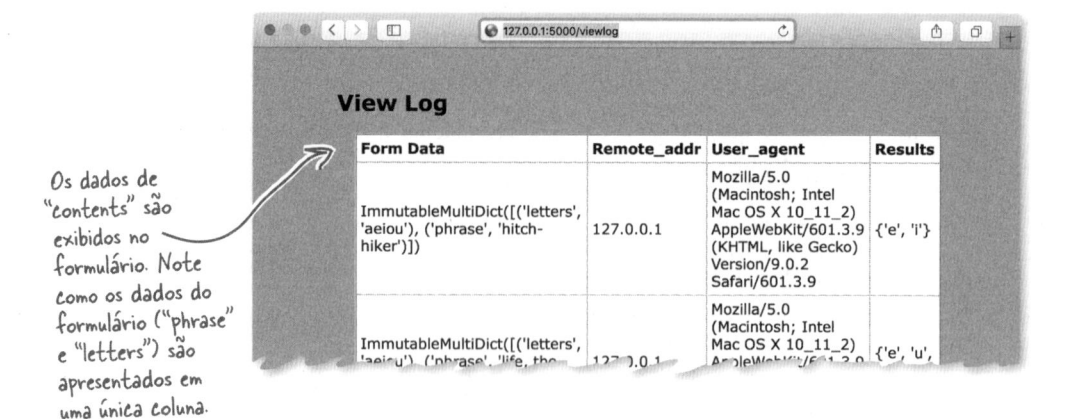

Os dados de "contents" são exibidos no formulário. Note como os dados do formulário ("phrase" e "letters") são apresentados em uma única coluna.

View Log

Form Data	Remote_addr	User_agent	Results
ImmutableMultiDict([('letters', 'aeiou'), ('phrase', 'hitch-hiker')])	127.0.0.1	Mozilla/5.0 (Macintosh; Intel Mac OS X 10_11_2) AppleWebKit/601.3.9 (KHTML, like Gecko) Version/9.0.2 Safari/601.3.9	{'e', 'i'}
ImmutableMultiDict([('letters', 'aeiou'), ('phrase', 'life, the...	127.0.0.1	Mozilla/5.0 (Macintosh; Intel Mac OS X 10_11_2) AppleWebKit/6...	{'e', 'u',

Não É Apenas o Código Que Muda

Antes de entrar e mudar o código em `view_the_log` para usar o gerenciador de contexto, vamos pausar para considerar os dados como armazenados na tabela `log` em seu banco de dados. Quando você testou o código `log_request` inicial no Capítulo 7, conseguiu entrar no console do MySQL, e então verificar se os dados estavam salvos. Lembre-se da sessão do console do MySQL anterior:

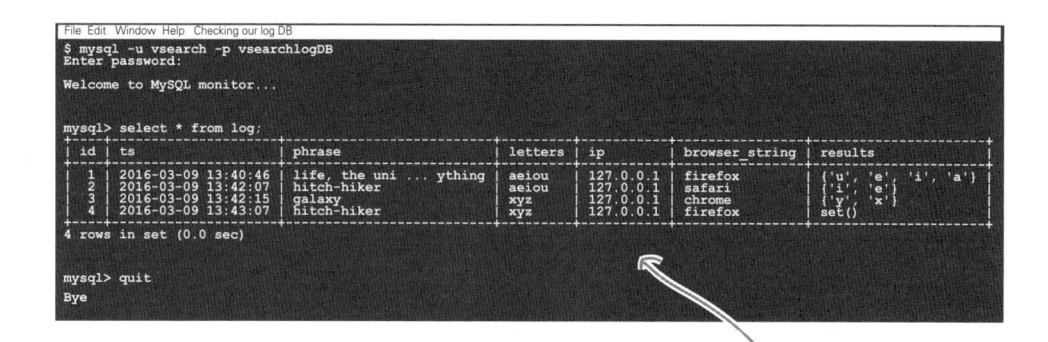

```
File Edit Window Help Checking our log DB
$ mysql -u vsearch -p vsearchlogDB
Enter password:
Welcome to MySQL monitor...

mysql> select * from log;
+----+---------------------+-------------------+---------+-----------+----------------+---------------------+
| id | ts                  | phrase            | letters | ip        | browser_string | results             |
+----+---------------------+-------------------+---------+-----------+----------------+---------------------+
|  1 | 2016-03-09 13:40:46 | life, the uni ... ything | aeiou   | 127.0.0.1 | firefox        | {'u', 'e', 'i', 'a'} |
|  2 | 2016-03-09 13:42:07 | hitch-hiker       | aeiou   | 127.0.0.1 | safari         | {'i', 'e'}          |
|  3 | 2016-03-09 13:42:15 | galaxy            | xyz     | 127.0.0.1 | chrome         | {'y', 'x'}          |
|  4 | 2016-03-09 13:43:07 | hitch-hiker       | xyz     | 127.0.0.1 | firefox        | set()               |
+----+---------------------+-------------------+---------+-----------+----------------+---------------------+
4 rows in set (0.0 sec)

mysql> quit
Bye
```

Os dados de registro salvos em uma tabela do banco de dados.

Se você considerar os dados acima em relação ao que está armazenado atualmente no arquivo `vsearch.log`, ficará claro que um processamento de `view_the_log` não é mais necessário, porque agora os dados são armazenados em uma tabela. Veja um fragmento de como ficam os dados de registro no arquivo `vsearch.lo`:

```
ImmutableMultiDict([('phrase', 'galaxy'), ('letters', 'xyz')])|127.0.0.1|Mozilla/5.0 (Macintosh; Intel Mac OS X 10_11_2) AppleWebKit/537.36 (KHTML, like Gecko) Chrome/47.0.2526.106 Safari/537.36|{'x', 'y'}
```

Os dados de registro salvos como uma longa string no arquivo "vsearch.log".

Parte do código atualmente em `view_the_log` só está lá porque os dados de registro são armazenados atualmente como uma coleção de longas strings (delimitadas por barras verticais) no arquivo `vsearch.log`. Esse formato funcionou, mas precisamos escrever um código extra para entender.

Esse não é o caso com os dados na tabela `log`, pois eles são "estruturados por padrão". Isso deve significar que você não precisa fazer nenhum processamento extra em `view_the_log`: tudo que tem a fazer é extrair os dados na tabela, que — felizmente — são retornados como uma lista de tuplas (graças ao método `fetchall` da DB-API).

Além disso, os dados na tabela `log` separam os valor de `phrase` do valor de `letters`. Se você fizer uma pequena alteração no código de apresentação do modelo, a saída produzida poderá exibir cinco colunas de dados (em vez das quatro atuais), tornando as exibições do navegador ainda mais úteis e fáceis de ler.

iniciando view_the_log

Corrigindo a Função "view_the_log"

Com base em tudo que foi analisado nas últimas páginas, você tem duas coisas a fazer para corrigir o código view _ the _ log atual:

1. Pegar os dados de registro na tabela do banco de dados (em vez do arquivo).
2. Ajustar a lista titles para suportar cinco colunas (em vez de quatro).

Se você estiver coçando a cabeça e imaginando por que essa pequena lista de correções não inclui ajustar o modelo viewlog.html, pare. Você não precisa fazer nenhuma alteração *nesse* arquivo, pois o modelo atual processa bem qualquer quantidade de título e de dados enviada.

Veja o código atual da função view _ the _ log, que você irá corrigir:

Como resultado da tarefa 1 acima, este código precisa ser substituído.

Como resultado da tarefa 2 acima, este código precisa ser corrigido.

```
@app.route('/viewlog')
def view _ the _ log() -> 'html':
    contents = []
    with open('vsearch.log') as log:
        for line in log:
            contents.append([])
            for item in line.split('|'):
                contents[-1].append(escape(item))
    titles = ('Form Data', 'Remote _ addr', 'User _ agent', 'Results')
    return render _ template('viewlog.html',
                    the _ title='View Log',
                    the _ row _ titles=titles,
                    the _ data=contents,)
```

Veja a consulta SQL necessária

Antes do próximo exercício (no qual você atualizará a função view _ the _ log), veja uma consulta SQL que, quando executada, retorna todos os dados registrados armazenados no banco de dados MySQL do aplicativo web. Os dados são retornados para o código do Python no banco de dados como uma lista de tuplas. Você precisará usar essa consulta no exercício da próxima página:

```
select phrase, letters, ip, browser _ string, results
from log
```

protocolo de gerenciamento do **contexto**

Aponte o seu lápis

Veja a função `view_the_log`, que precisa ser corrigida para usar os dados na tabela `log`. Seu trabalho é fornecer o código que falta. Leia as anotações para obter sugestões sobre o que precisa fazer:

```
@app.route('/viewlog')
def view_the_log() -> 'html':

    with ...............................................................................:        Use seu gerenciador de
                                                                                                  contexto aqui, e não se
                                                                                                  esqueça do cursor.
        _SQL = """select phrase, letters, ip, browser_string, results
                    from log"""

        ...........................................................                 ⎫
        ...........................................................                 ⎬ ← Envie a consulta para
                                                                                     ⎭   o servidor e obtenha
                                                                                         os resultados.

        titles = (..................., ......................, 'Remote_addr', 'User_agent', 'Results')

        return render_template('viewlog.html',
                                the_title='View Log',
                                the_row_titles=titles,
                                the_data=contents,)
```

Quais títulos da coluna faltam aqui?

> Vou anotar o que está acontecendo aqui. Não só meu novo código é menor do que aquele que eu tinha antes, como também é mais fácil de ler e entender.

Sim — era nosso objetivo o tempo todo.

Movendo os dados de registro para um banco de dados MySQL, você acabou com a exigência de criar e processar um formato de arquivo baseado em texto personalizado.

E mais, reutilizando o gerenciador de contexto, você simplificou suas interações com o MySQL ao trabalhar no Python. Como não gostar?

view_the_log concluída

Aponte o seu lápis
Solução

Veja a função `view_the_log`, que precisa ser corrigida para usar os dados na tabela `log`. Seu trabalho era fornecer o código que faltava.

```
@app.route('/viewlog')
def view_the_log() -> 'html':

    with  UseDatabase(app.config['dbconfig']) as cursor:

        _SQL = """select phrase, letters, ip, browser_string, results
                    from log"""
        cursor.execute(_SQL)
        contents = cursor.fetchall()
        titles = ('Phrase', 'Letters', 'Remote_addr', 'User_agent', 'Results')
        return render_template('viewlog.html',
                                the_title='View Log',
                                the_row_titles=titles,
                                the_data=contents,)
```

Esta é a mesma linha de código da função "log_request".

Envie a consulta para o servidor, e então obtenha os resultados. Note a atribuição dos dados obtidos para "contents".

Adicione os nomes corretos da coluna.

Está quase na hora do último Test Drive

Antes de levar esta nova versão do aplicativo web para dar uma volta, reserve um momento para confirmar se a função `view_the_log` está igual à nossa:

```
@app.route('/viewlog')
def view_the_log() -> 'html':
    """Display the contents of the log file as a HTML table."""
    with UseDatabase(app.config['dbconfig']) as cursor:
        _SQL = """select phrase, letters, ip, browser_string, results
                    from log"""
        cursor.execute(_SQL)
        contents = cursor.fetchall()
    titles = ('Phrase', 'Letters', 'Remote_addr', 'User_agent', 'Results')
    return render_template('viewlog.html',
                            the_title='View Log',
                            the_row_titles=titles,
                            the_data=contents,)
```

protocolo de gerenciamento do **contexto**

Test Drive

É hora de levar o aplicativo web pronto do banco de dados para dar uma volta.
Verifique se o arquivo `DBcm.py` está na mesma pasta do arquivo `vsearch4web.py`, e então inicie o aplicativo web como sempre no sistema operacional:

- Use `python3 vsearch4web.py` no *Linux/Mac OS X*
- Use `py -3 vsearch4web.py` no *Windows*.

Use o navegador para ir para a home page do aplicativo web (executado em *http://127.0.0.1:5000*), e então insira algumas pesquisas. Assim que você tiver confirmado que o recurso de pesquisa está funcionando, use a URL */viewlog* para exibir o conteúdo de seu registro na janela do navegador.

Embora as pesquisas inseridas provavelmente serão diferentes das nossas, eis o que vimos na janela do navegador, o que confirma que tudo está funcionando como o esperado:

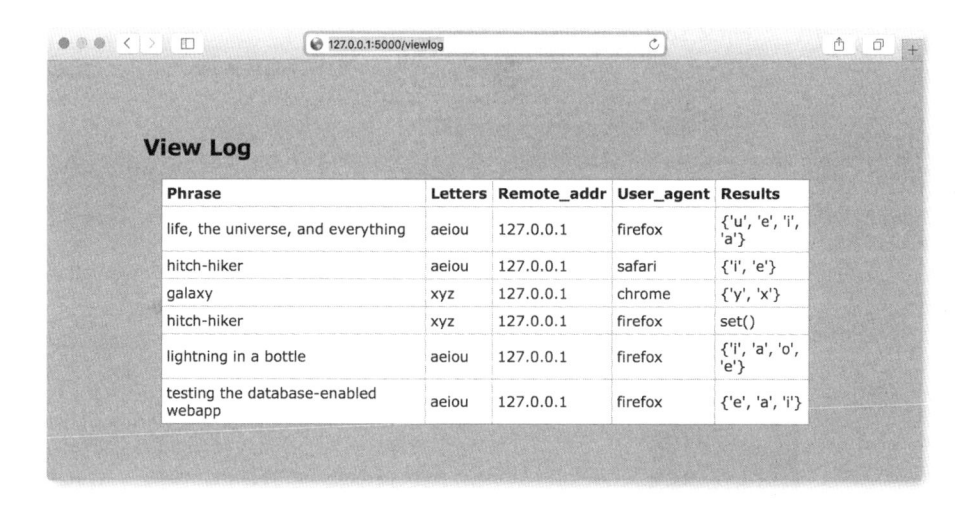

View Log

Phrase	Letters	Remote_addr	User_agent	Results
life, the universe, and everything	aeiou	127.0.0.1	firefox	{'u', 'e', 'i', 'a'}
hitch-hiker	aeiou	127.0.0.1	safari	{'i', 'e'}
galaxy	xyz	127.0.0.1	chrome	{'y', 'x'}
hitch-hiker	xyz	127.0.0.1	firefox	set()
lightning in a bottle	aeiou	127.0.0.1	firefox	{'i', 'a', 'o', 'e'}
testing the database-enabled webapp	aeiou	127.0.0.1	firefox	{'e', 'a', 'i'}

Esta saída do navegador confirma que os dados registrados estão sendo lidos no banco de dados MySQL quando a URL */viewlog* é acessada. Isso significa que o código em `view_the_log` está funcionando — o que, como consequência, confirma que a função `log_request` está funcionando como o esperado também, pois está colocando os dados de registro no banco de dados como resultado de cada pesquisa bem-sucedida.

Apenas se achar necessário, reserve algum tempo para entrar no banco de dados MySQL usando o console MySQL para confirmar se os dados estão armazenados em segurança no servidor do banco de dados. (Ou simplesmente confie em nós: com base no que nosso aplicativo web está exibindo acima, estão.)

responda a estas perguntas

Tudo o Que Resta...

Agora é hora de voltar para as perguntas feitas no Capítulo 7:

- *Quantas solicitações foram respondidas?*
- *Qual é a lista de letras mais comum?*
- *De quais endereços IP estão vindo as solicitações?*
- *Qual navegador está sendo mais usado?*

Embora *seja* possível escrever um código em Python para responder a essas perguntas, não faremos isso neste caso, mesmo que tenhamos passado este e os dois capítulos anteriores vendo como o Python e os bancos de dados trabalham juntos. Em nossa opinião, criar o código em Python para responder a esses tipos de perguntas é quase sempre ruim...

> Então, se eu não usar o Python para responder a essas perguntas, o que devo usar? Aprendi um pouco sobre os bancos de dado e SQL ao trabalhar no Capítulo 7 — as consultas SQL seriam boas aqui?

Definitivamente, o SQL é o caminho a seguir.

Esses tipos de "perguntas de dados" são mais bem respondidas pelo mecanismo de consulta da tecnologia do banco de dados (que no MySQL é SQL). Como você verá na próxima página, é pouco provável que você produza um código em Python tão rapidamente quanto escreve as consultas SQL necessárias.

Saber quando usar o Python e quando *não* é importante, assim como saber o que separa o Python de muitas outras tecnologias de programação. Embora a maioria das linguagens predominantes suporte classes e objetos, poucas fornecem algo próximo do protocolo de gerenciamento do contexto do Python. (No próximo capítulo, você encontrará outro recurso que separa o Python de muitas outras linguagens: decoradores da função.)

Antes de ir para o próximo capítulo, vamos ver rapidamente (uma página) essas consultas SQL...

Respondendo às Perguntas dos Dados

Vamos pegar as perguntas feitas pela primeira vez no Capítulo 7, uma a uma, respondendo com a ajuda de algumas consultas do banco de dados escritas em SQL.

Quantas solicitações foram respondidas?

Se você já é o cara no SQL, poderá estar zombando desta pergunta, uma vez que ela não poderia ser mais simples. Você já sabe que a mais básica das consultas SQL exibe todos os dados em uma tabela do banco de dados:

```
select * from log;
```

Não estamos mostrando as respostas aqui. Se quiser vê-las, você mesmo terá que executar essas consultas no console do MySQL (veja o Capítulo 7 para se lembrar).

Para transformar esta consulta em uma que informe quantas linhas de dados tem uma tabela, passe * para a função SQL count, como a seguir:

```
select count(*) from log;
```

Como sugerido no Capítulo 7, sempre recomendamos este livro quando alguém está aprendendo o SQL pela primeira vez (assim como atualizando o conhecimento anterior, que pode estar um pouco enferrujado).

Qual é a lista de letras mais comum?

A consulta SQL que responde a essa pergunta é um pouco assustadora, só que não. Veja:

```
select count(letters) as 'count', letters
from log
group by letters
order by count desc
limit 1;
```

De quais endereços IP as solicitações estão vindo?

Os entendidos(as) do SQL por aí provavelmente estão pensando "que é fácil demais":

```
select distinct ip from log;
```

Qual navegador está sendo mais usado?

A consulta SQL que responde a essa pergunta é uma pequena variação da consulta que respondeu à segunda pergunta:

```
select browser_string, count(browser_string) as
'count' from log
group by browser_string
order by count desc
limit 1;
```

Então, aqui estão: todas as perguntas urgentes respondidas com algumas consultas SQL simples. Vá em frente e experimente-as no prompt mysql> antes de iniciar o próximo capítulo.

Código do Capítulo 9, 1 de 2

Este é o código do gerenciador de contexto em "DBcm.py".

```
import mysql.connector

class UseDatabase:

    def __init__(self, config: dict) -> None:
        self.configuration = config

    def __enter__(self) -> 'cursor':
        self.conn = mysql.connector.connect(**self.configuration)
        self.cursor = self.conn.cursor()
        return self.cursor

    def __exit__(self, exc_type, exc_value, exc_trace) -> None:
        self.conn.commit()
        self.cursor.close()
        self.conn.close()
```

Esta é a primeira metade do código do aplicativo web em "vsearch4web.py".

```
from flask import Flask, render_template, request, escape
from vsearch import search4letters

from DBcm import UseDatabase

app = Flask(__name__)

app.config['dbconfig'] = {'host': '127.0.0.1',
                          'user': 'vsearch',
                          'password': 'vsearchpasswd',
                          'database': 'vsearchlogDB', }

def log_request(req: 'flask_request', res: str) -> None:
    with UseDatabase(app.config['dbconfig']) as cursor:
        _SQL = """insert into log
                  (phrase, letters, ip, browser_string, results)
                  values
                  (%s, %s, %s, %s, %s)"""
        cursor.execute(_SQL, (req.form['phrase'],
                              req.form['letters'],
                              req.remote_addr,
                              req.user_agent.browser,
                              res, ))
```

Código do Capítulo 9, 2 de 2

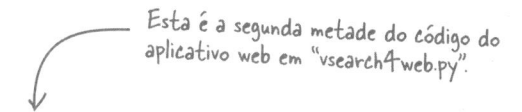

Esta é a segunda metade do código do aplicativo web em "vsearch4web.py".

```python
@app.route('/search4', methods=['POST'])
def do_search() -> 'html':
    phrase = request.form['phrase']
    letters = request.form['letters']
    title = 'Here are your results:'
    results = str(search4letters(phrase, letters))
    log_request(request, results)
    return render_template('results.html',
                            the_title=title,
                            the_phrase=phrase,
                            the_letters=letters,
                            the_results=results,)

@app.route('/')
@app.route('/entry')
def entry_page() -> 'html':
    return render_template('entry.html',
                            the_title='Welcome to search4letters on the web!')


@app.route('/viewlog')
def view_the_log() -> 'html':
    with UseDatabase(app.config['dbconfig']) as cursor:
        _SQL = """select phrase, letters, ip, browser_string, results
                  from log"""
        cursor.execute(_SQL)
        contents = cursor.fetchall()
    titles = ('Phrase', 'Letters', 'Remote_addr', 'User_agent', 'Results')
    return render_template('viewlog.html',
                            the_title='View Log',
                            the_row_titles=titles,
                            the_data=contents,)

if __name__ == '__main__':
    app.run(debug=True)
```

10 decoradores da função

✳ *Integrando as Funções* ✳

> Assim que eu terminar aqui, meu plano é decorar as paredes do papai com meus dedos sujos...

Quanto a aumentar seu código, o protocolo de gerenciamento do contexto do Capítulo 9 não é o único por aí.

O Python também permite usar **decoradores** da função, uma técnica com a qual você pode adicionar código a uma função existente *sem* ter que mudar nenhum código da função existente. Se você acha que parece mágica, não se desespere: não é nada disso. Contudo, em relação às técnicas de codificação, criar um decorador de função geralmente é considerado a parte mais difícil por muitos programadores Python, assim, não é usado com tanta frequência quanto deveria. Neste capítulo, nosso plano é mostrar que, apesar de ser uma técnica avançada, criar e usar seus próprios decoradores não é tão difícil.

pausa para pensar

Seu Aplicativo Web Está Funcionando Bem, Mas...

Você mostrou a última versão do aplicativo web a um colega, e ele ficou impressionado com o que você fez. Contudo, ele fez uma pergunta interessante: *é inteligente deixar um usuário da web exibir a página de registro?*

O ponto para o qual estamos chamando a atenção é que qualquer pessoa que conheça a URL */viewlog* poderá usá-la para exibir os dados registrados, tendo ou não permissão. Na verdade, no momento, todas as URLs de seu aplicativo web são públicas, portanto, qualquer usuário da web pode acessar qualquer uma.

Dependendo do que você está tentando fazer com seu aplicativo web, isso pode ou não ser um problema. Porém, é comum que os sites peçam que os usuários se autentiquem antes que certo conteúdo seja disponibilizado para eles. Provavelmente é uma boa ideia ser prudente quanto a fornecer acesso à URL */viewlog*. A pergunta é: *como você restringe o acesso a certas páginas em seu aplicativo web?*

Apenas os usuários autenticados têm acesso

Em geral, você precisa fornecer uma **ID** e **senha** quando acessa um site que oferece um conteúdo restrito. Se sua combinação de ID/senha corresponde, então você foi autenticado. Assim que você é autenticado, o sistema permite o acesso ao conteúdo restrito. Manter esse estado (autenticado ou não) parece que pode ser tão simples quanto definir um argumento para `True` (acesso permitido; você está conectado) ou `False` (acesso proibido; você *não* está conectado).

> Isso me parece simples. Um formulário HTML simples pode solicitar as credenciais do usuário, e então um booleano no servidor pode ser definido para "True" ou "False" quando necessário, certo?

É um pouco mais complicado que isso.

Há um truque aqui (devido ao modo como a web funciona) que torna essa ideia um pouco mais complicada do que parece à primeira vista. Vamos explorar o que é essa complicação (e ver como lidar com ela) antes de resolver o problema do acesso restrito.

A Web Não Tem Estado

Em sua forma mais básica, um servidor da web parece incrivelmente bobo: cada solicitação que um servidor da web processa é tratada como uma solicitação independente, não tendo nada a ver com o que veio antes, nem com o que vem depois.

Isso significa que enviar três solicitações rápidas para um servidor da web a partir do computador aparece como três solicitações *individuais* independentes. É assim, apesar do fato de que as três solicitações originaram do mesmo navegador web em execução no mesmo computador, que está usando o mesmo endereço IP inalterado (que o servidor da web vê como parte da solicitação).

> Ao executar como um servidor da web, tenho orgulho de responder rapidamente... e esquecer rápido. Não tenho estado...

Como mencionado no início da página, é como se o servidor da web fosse bobo. Mesmo que seja suposto que as três solicitações enviadas de nosso computador estejam relacionadas, o servidor da web não vê as coisas assim: *toda solicitação da web é independente do que veio antes, assim como do que vem depois.*

A culpa é do HTTP...

O motivo para os servidores da web se comportarem assim é o protocolo que dá suporte à web e é usado pelo servidor da web e seu navegador da web: o HTTP (Protocolo de Transferência de HiperTexto).

O HTTP determina que os servidores da web devem trabalhar como descrito acima, e o motivo para isso tem relação com o desempenho: se a quantidade de trabalho que um servidor da web precisa fazer é minimizada, é possível dimensionar tais servidores para lidar com muitas, muitas solicitações. O desempenho mais alto é conseguido às custas de requerer que o servidor da web mantenha informações sobre como uma série de solicitações pode ser relacionada. Essas informações — conhecidas como **estado** no HTTP (e não relacionadas à OOP em muitos casos) — não interessam ao servidor da web, pois cada solicitação é tratada como uma entidade independente. Assim, o servidor da web é otimizado para responder rapidamente, mas esquecer rápido, e isso é conhecido como operar em um modo **sem estado**.

O que funciona até quando o aplicativo web precisa se lembrar de algo.

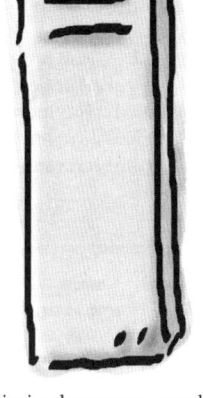

> Não é para isso que servem as variáveis: lembrar das coisas no código? Isso não é óbvio?

Ah, se a web fosse tão simples.

Quando seu código é executado como parte de um servidor da web, seu comportamento pode diferir em relação a quando você o executa no computador. Vamos explorar essa questão com mais detalhes.

as globais são problemáticas

Seu Servidor da Web (Não o Computador) Executa o Código

Quando o Flask executa seu aplicativo web no computador, ele mantém seu código na memória o tempo inteiro. Com isso em mente, lembre-se das duas linhas da parte inferior do código do aplicativo web, que analisamos inicialmente no final do Capítulo 5:

```
if __name__ == '__main__':
    app.run(debug=True)
```

Esta linha de código NÃO é executada quando o código é importado.

Essa instrução `if` verifica se o interpretador está executando o código diretamente ou se o código está sendo importado (pelo interpretador ou por algo como o *PythonAnywhere*). Quando o Flask é executado no computador, o código do aplicativo web é executado diretamente, resultando na execução da linha `app.run`. Porém, quando um servidor da web é configurado para executar seu código, o código do aplicativo web é *importado*, e a linha `app.run` **não** é executada.

Por quê? Porque o servidor da web executa o código do aplicativo web *como acha adequado*. Isso pode envolver o servidor da web importando o código do aplicativo web, e então chamando suas funções quando necessário, mantendo o código do aplicativo na memória o tempo inteiro. Ou o servidor da web pode decidir carregar/descarregar o código do aplicativo web quando necessário, com a suposição sendo a de que, durante os períodos de inatividade, o servidor da web carregará e executará apenas o código necessário. É esse segundo modo de operação — no qual o servidor da web carrega seu código como e quando precisa — que pode levar a problemas ao armazenar o estado do aplicativo web nas variáveis. Por exemplo, considere o que aconteceria se você fosse adicionar esta linha de código ao aplicativo web:

```
logged_in = False
if __name__ == '__main__':
    app.run(debug=True)
```

A variável "logged_in" poderia ser usada para indicar se um usuário do aplicativo web está conectado ou não.

A ideia aqui é a de que as outras partes do aplicativo web podem referenciar a variável `logged_in` para determinar se um usuário está autenticado. E mais, seu código pode mudar o valor da variável quando necessário (com base, digamos, em um login bem-sucedido). Como a variável `logged_in` é *global* por natureza, todo o código do aplicativo web pode acessar e definir seu valor. Essa parece uma abordagem razoável, mas tem *dois* problemas.

Primeiro, seu servidor da web pode descarregar o código de execução do aplicativo web a qualquer momento (e sem aviso), portanto, qualquer valor associado às variáveis globais provavelmente será **perdido** e redefinido para seu valor inicial quando o código for importado em seguida. Se uma função carregada anteriormente definir `logged_in` para `True`, o código reimportado redefinirá `logged_in` para `False`, e a confusão reinará...

Segundo, como está, há apenas *uma cópia* da variável global `logged_in` no código em execução, o que será bom se tudo que você planeja ter é um usuário de seu aplicativo web (boa sorte com isso). Se você tiver dois ou mais usuários acessando e/ou mudando o valor de `logged_in`, não só a confusão reinará, como também haverá frustração. Como regra geral, armazenar o estado do aplicativo web em uma variável global é uma má ideia.

Não armazene o estado do aplicativo web nas variáveis globais.

É Hora de uma Pequena Sessão

Como resultado do que aprendemos na última página, precisamos de duas coisas:

- um modo de armazenar as variáveis sem recorrer ao uso de globais;
- um modo de não permitir que os dados de um usuário do aplicativo web interfira nos do outro.

A maioria das estruturas de desenvolvimento do aplicativo web (incluindo o Flask) fornece os dois requisitos usando uma tecnologia: a **sessão**.

Considere uma sessão como uma camada de estado estendendo-se sobre a web sem estado.

Adicionando uma pequena parte dos dados de identificação ao navegador (um *cookie*) e vinculando isso a uma pequena parte dos dados de identificação no servidor da web (a *ID da sessão*), o Flask usa sua tecnologia da sessão para manter tudo certo. Não só você pode armazenar o estado no aplicativo web que persiste com o tempo, como também cada usuário do aplicativo web terá sua própria cópia do estado. Chega de confusão e frustração.

Para demonstrar como funciona o mecanismo de sessão do Flask, vejamos um aplicativo web muito pequeno que é salvo em um arquivo chamado quick_session.py. Reserve um momento para ler o código primeiro, prestando muita atenção às partes destacadas. Analisaremos o que está acontecendo depois de você ter lido o código:

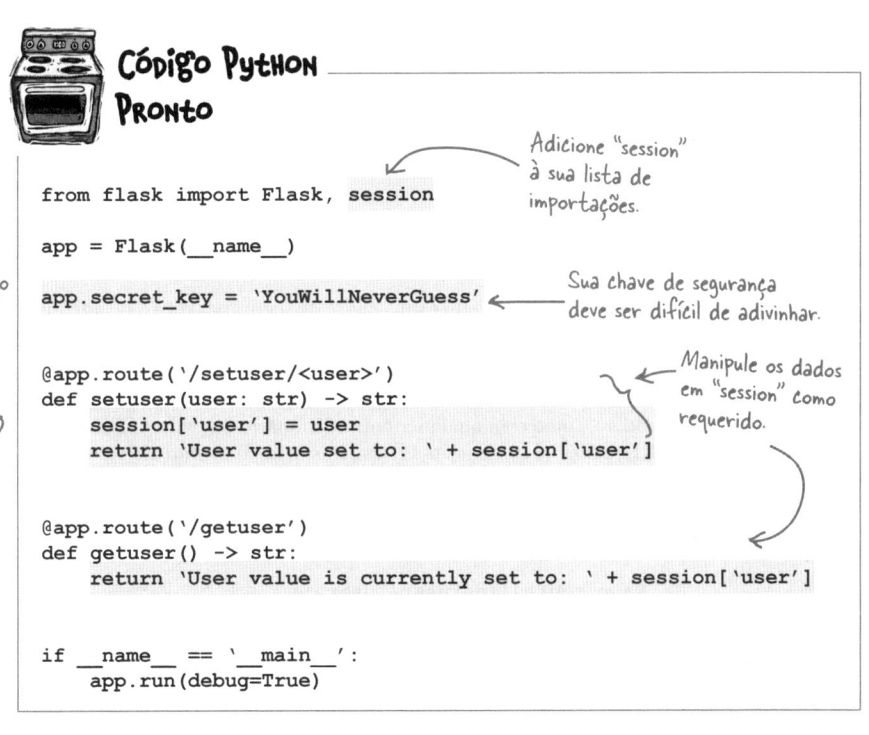

Código Python Pronto

Este é o código "quick_session.py".

```python
from flask import Flask, session

app = Flask(__name__)

app.secret_key = 'YouWillNeverGuess'

@app.route('/setuser/<user>')
def setuser(user: str) -> str:
    session['user'] = user
    return 'User value set to: ' + session['user']

@app.route('/getuser')
def getuser() -> str:
    return 'User value is currently set to: ' + session['user']

if __name__ == '__main__':
    app.run(debug=True)
```

- Adicione "session" à sua lista de importações.
- Sua chave de segurança deve ser difícil de adivinhar.
- Manipule os dados em "session" como requerido.

impossível não amar as sessões

A Tecnologia de Sessão do Flask Adiciona o Estado

Para usar a tecnologia de sessão do Flask, primeiro você deve importar `session` do módulo `flask`, o que o aplicativo web `quick_session.py` que você acabou de ver faz na primeira linha. Considere `session` como um dicionário global do Python no qual você armazena o estado do aplicativo web (embora seja um dicionário com superpoderes adicionados):

```
from flask import Flask, session
...
```
Comece importando "session".

Mesmo que seu aplicativo web ainda esteja em execução na web sem estado, essa importação lhe fornece a capacidade de lembrar o estado.

O Flask assegura que qualquer dado armazenado em `session` exista o tempo inteiro na execução do aplicativo web (não importando quantas vezes o servidor da web carrega e recarrega o código do aplicativo). E mais, qualquer dado armazenado em `session` recebe uma chave de um cookie único do navegador, assegurando que os dados da sessão sejam mantidos longe de outro usuário do aplicativo web.

Como o Flask faz isso não é importante: o fato de ele fazer *sim*. Para permitir toda essa bondade extra, você precisa fornecer a tecnologia de geração de cookies do Flask com uma "chave de segurança", que é usada pelo Flask para criptografar o cookie, protegendo de curiosos. Veja como `quick_session.py` faz isso:

Descubra mais sobre as sessões do Flask aqui: http://flask.pocoo.org/docs/0.11/api/#sessions (conteúdo em inglês)

```
...
app = Flask(__name__)
app.secret_key = 'YouWillNeverGuess'
...
```
Crie um novo aplicativo web Flask como sempre.

Forneça a tecnologia de geração do cookies do Flask com uma chave de segurança. (Nota: qualquer string servirá aqui. Embora, como qualquer outra senha usada, ela deva ser difícil de adivinhar.)

A documentação do Flask sugere escolher uma chave de segurança difícil de adivinhar, mas qualquer valor de string funciona aqui. O Flask usa a string para criptografar o código antes de transmiti-lo para o navegador.

Assim que `session` é importado e a chave de segurança é definida, você pode usar `session` em seu código, como com qualquer outro dicionário do Python. Em `quick_session.py`, a URL */setuser* (e sua função `setuser` associada) atribui um valor fornecido pelo usuário à chave `user` em `session`, e então retorna o valor para seu navegador:

```
...
@app.route('/setuser/<user>')
def setuser(user: str) -> str:
    session['user'] = user
    return 'User value set to: ' + session['user']
...
```

O valor da variável "user" é atribuído à chave "user" no dicionário "session".

A URL espera receber um valor para atribuir à variável "user" (você verá como isso funciona daqui a pouco).

Agora que definimos os dados da sessão, vejamos o código que eles acessam.

A Pesquisa do Dicionário Recupera o Estado

Agora que um valor está associado à chave user em `session`, não é difícil acessar os dados associados a user quando necessário.

A segunda URL no aplicativo web quick_session.py, */getuser*, é associada à função getuser. Quando chamada, essa função acessa o valor associado à chave user e o retorna para o navegador web que aguarda como parte da mensagem com string. A função getuser é mostrada abaixo, com o teste *dunder name equals dunder main* do aplicativo web (analisado pela primeira vez no final do Capítulo 5):

```
    ...
    @app.route('/getuser')
    def getuser() -> str:
        return 'User value is currently set to: ' + session['user']

    if __name__ == '__main__':
        app.run(debug=True)
```

Como sempre nos aplicativos Flask, controlamos quando "app.run" é executado usando este jargão conhecido do Python.

Acessar os dados em "session" não é difícil. É uma pesquisa do dicionário.

Hora de um Test Drive?

Está quase na hora de levar o aplicativo web quick_session.py para dar uma volta. Contudo, antes disso, vamos pensar um pouco sobre o que queremos testar.

À princípio, queremos verificar se o aplicativo web está armazenando e recuperando os dados da sessão fornecidos. Além disso, queremos assegurar que mais de um usuário possa interagir com o aplicativo web sem ficar no lugar de outro: os dados da sessão de um usuário não devem impactar os dados do outro.

Para fazer esses testes, simularemos vários usuários executando diversos navegadores. Embora os navegadores estejam em execução em um computador, no que diz respeito ao servidor da web, eles são todos conexões independentes e individuais: afinal, a web não tem estado. Se fôssemos repetir os testes em três computadores diferentes fisicamente em três redes diferentes, os resultados seriam iguais, pois todos os servidores da web veem cada solicitação isoladamente, não importando a origem dela. Lembre-se de que a tecnologia session no Flask coloca, em camada, uma tecnologia com estado sobre a web sem estado.

Para iniciar o aplicativo web, use este comando em um terminal no *Linux* ou *Mac OS X*:

```
$ python3 quick_session.py
```

ou use este comando em um prompt de comando no *Windows*:

```
C:\> py -3 quick_session.py
```

definindo a sessão

Test Drive, 1 de 2

Com o aplicativo web `quick_session.py` ativado e em execução, vamos abrir um navegador Chrome e usá-lo para definir um valor para a chave `user` em `session`. Fazemos isso digitando **/setuser/Alice** na barra do local, que instrui o aplicativo para usar o valor `Alice` para `user`:

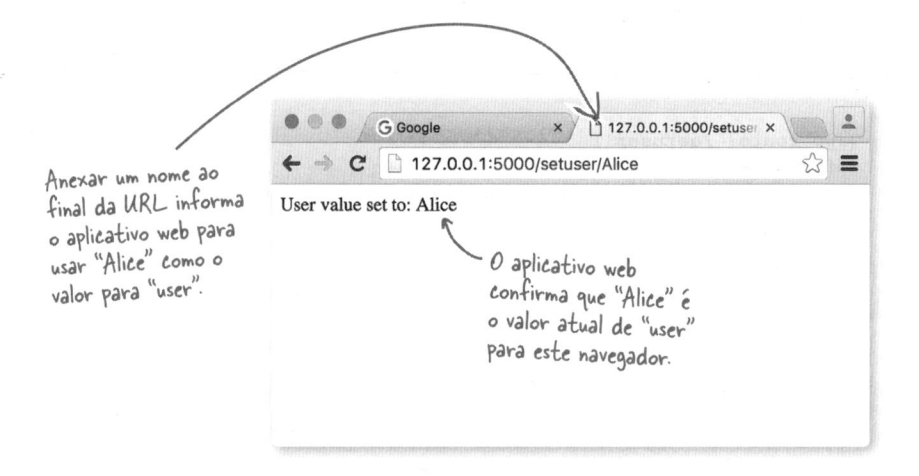

> Anexar um nome ao final da URL informa o aplicativo web para usar "Alice" como o valor para "user".

```
127.0.0.1:5000/setuser/Alice

User value set to: Alice
```

> O aplicativo web confirma que "Alice" é o valor atual de "user" para este navegador.

Em seguida, abriremos o navegador Opera e o usaremos para definir o valor de `user` para `Bob` (se você não tiver acesso ao Opera, use qualquer navegador à mão, contanto que não seja o Chrome):

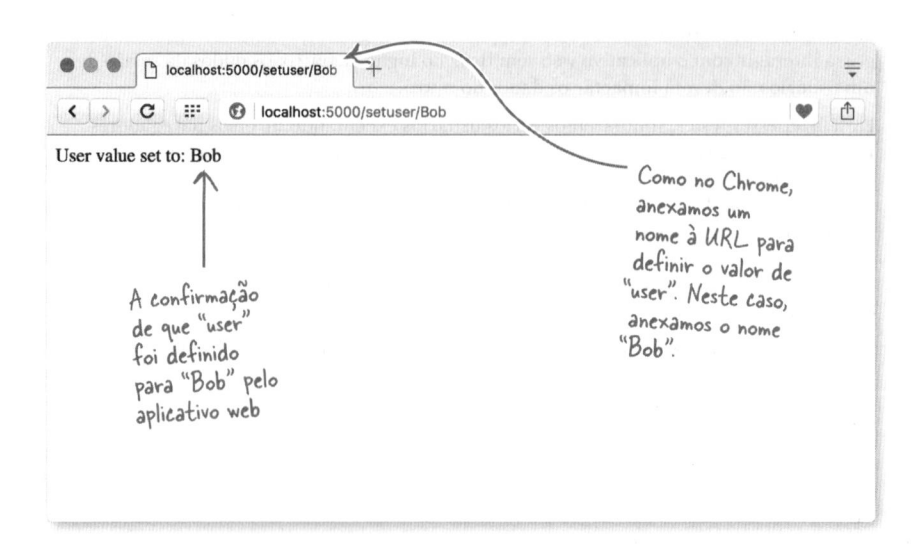

```
localhost:5000/setuser/Bob

User value set to: Bob
```

> A confirmação de que "user" foi definido para "Bob" pelo aplicativo web

> Como no Chrome, anexamos um nome à URL para definir o valor de "user". Neste caso, anexamos o nome "Bob".

decoradores **da função**

Quando abrimos o Safari (ou será possível usar o Edge, se você estiver no Windows), usamos outra URL, /getuser, do aplicativo web para recuperar o valor atual de user no aplicativo. Porém, quando fizemos isso, recebemos uma mensagem de erro bem intimidadora:

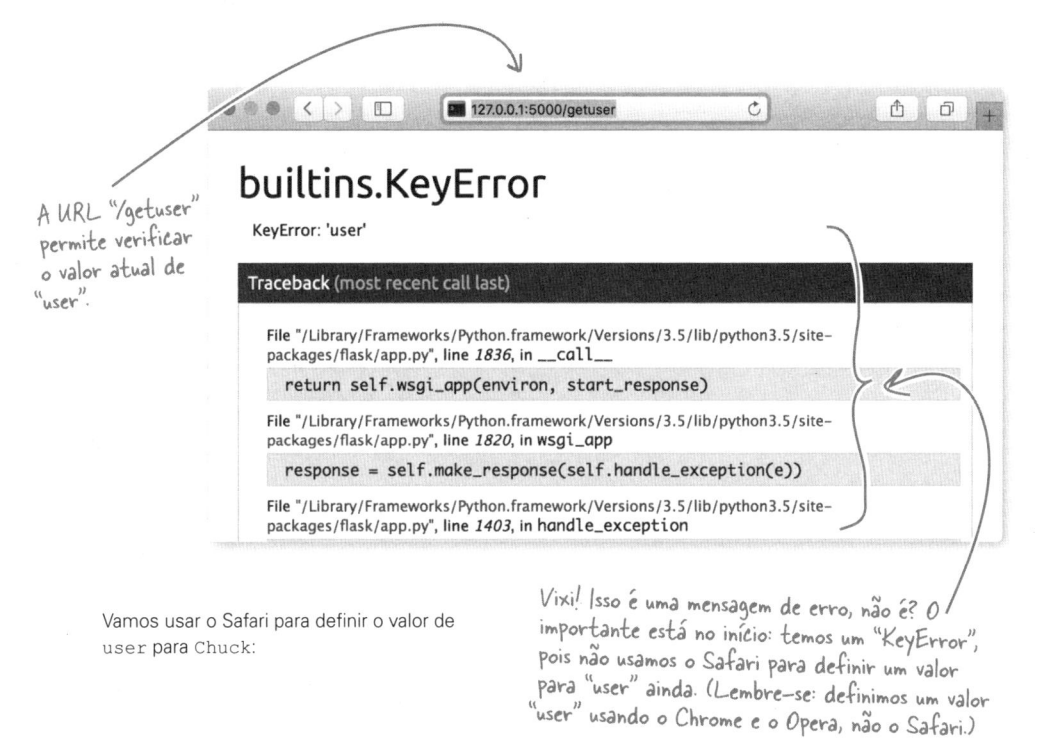

A URL "/getuser" permite verificar o valor atual de "user".

```
127.0.0.1:5000/getuser
```

builtins.KeyError

KeyError: 'user'

Traceback (most recent call last)

File "/Library/Frameworks/Python.framework/Versions/3.5/lib/python3.5/site-packages/flask/app.py", line *1836*, in __call__
   return self.wsgi_app(environ, start_response)

File "/Library/Frameworks/Python.framework/Versions/3.5/lib/python3.5/site-packages/flask/app.py", line *1820*, in wsgi_app
   response = self.make_response(self.handle_exception(e))

File "/Library/Frameworks/Python.framework/Versions/3.5/lib/python3.5/site-packages/flask/app.py", line *1403*, in handle_exception

Vixi! Isso é uma mensagem de erro, não é? O importante está no início: temos um "KeyError", pois não usamos o Safari para definir um valor para "user" ainda. (Lembre-se: definimos um valor "user" usando o Chrome e o Opera, não o Safari.)

Vamos usar o Safari para definir o valor de user para Chuck:

```
127.0.0.1:5000/setuser/Chuck
```

User value set to: Chuck

Agora que usamos o Safari para definir um valor para "user", o aplicativo web responde bem com uma mensagem confirmando que "Chuck" foi adicionado ao dicionário "session".

obtendo a sessão

Test Drive, 2 de 2

Agora que usamos os três navegadores para definir valores para `user`, vamos confirmar se o aplicativo web (graças ao uso de `session`) está impedindo que o valor de `user` de cada navegador interfira nos dados de outro navegador. Mesmo que tenhamos usado o Safari para definir o valor de `user` para `Chuck`, vejamos qual é seu valor no Opera com a URL */getuser*:

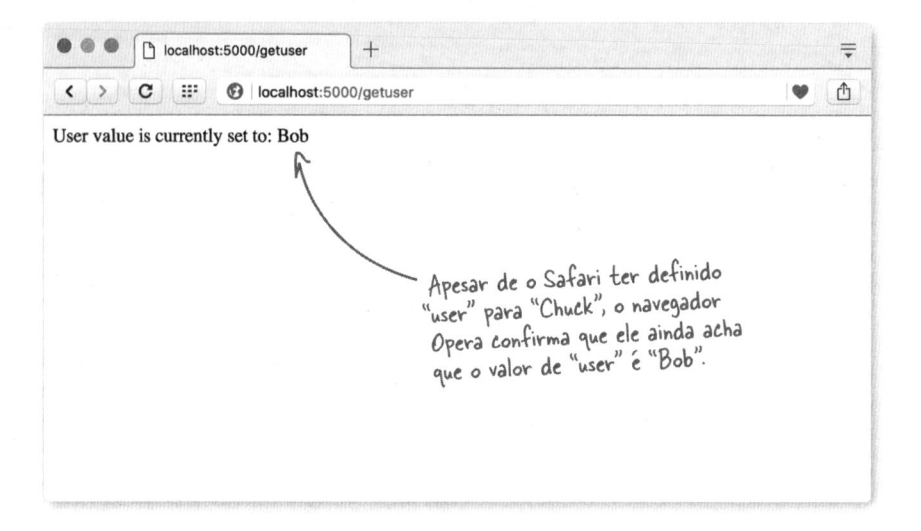

> localhost:5000/getuser
>
> User value is currently set to: Bob

Apesar de o Safari ter definido "user" para "Chuck", o navegador Opera confirma que ele ainda acha que o valor de "user" é "Bob".

Tendo confirmado que o Opera está mostrando o valor de `user` como `Bob`, vamos voltar à janela do navegador Chrome e emitir a URL */getuser* lá. Como esperado, o Chrome confirma que, neste caso, o valor de `user` é `Alice`:

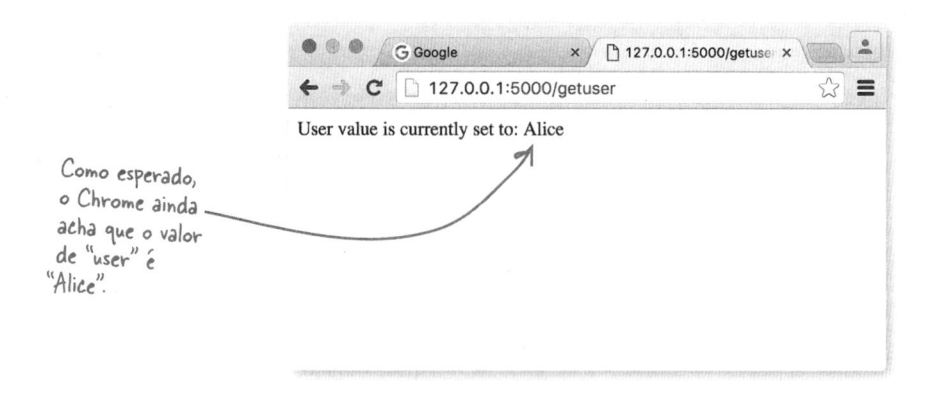

> 127.0.0.1:5000/getuser
>
> User value is currently set to: Alice

Como esperado, o Chrome ainda acha que o valor de "user" é "Alice".

*decoradores **da função***

Acabamos de usar o Opera e o Chrome para acessar o valor de `user` usando a URL */getuser*, que sai do Safari. Eis o que vimos quando emitidos */getuser* no Safari, que não produz uma mensagem de erro desta vez, pois `user` tem um valor associado agora (portanto, chega de `KeyError`):

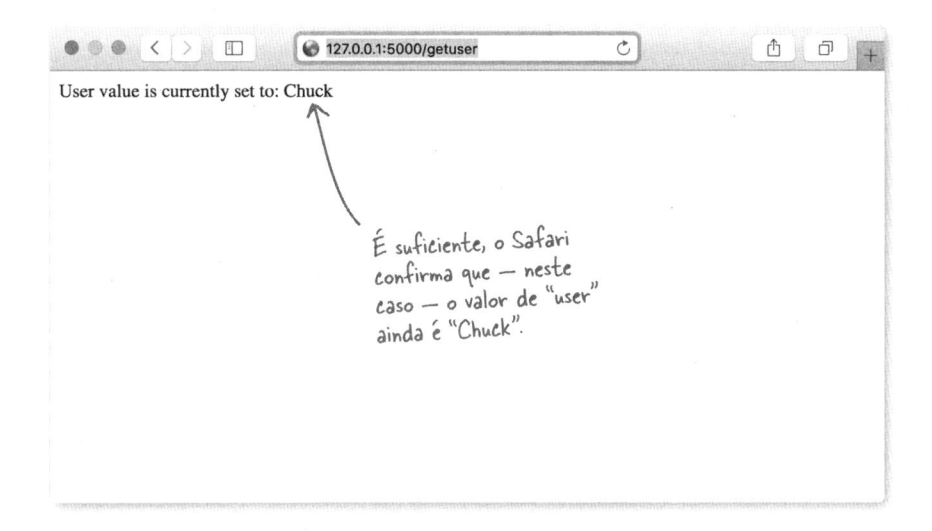

> User value is currently set to: Chuck

É suficiente, o Safari confirma que — neste caso — o valor de "user" ainda é "Chuck".

> Então... cada navegador mantém sua própria cópia do valor "user", certo?

Não é bem assim — tudo acontece no aplicativo web.

O uso do dicionário `session` no aplicativo web permite o comportamento visto aqui. Definindo automaticamente um cookie único em cada navegador, o aplicativo web (graças a `session`) mantém o valor de `user` identificado pelo navegador para *cada* navegador.

Da perspectiva do navegador web, é como se houvesse diversos valores de `user` no dicionário `session` (com chaves do cookie). Da perspectiva do navegador, é como se houvesse apenas um valor de `user` (o associado ao seu cookie individual e único).

sessão @ *trabalho*

Gerenciando os Logins com as Sessões

Com base no trabalho com `quick_session.py`, sabemos que podemos armazenar o estado específico do navegador em `session`. Não importa quantos navegadores interagem com nosso aplicativo web, os dados no lado do servidor de cada navegador (também conhecido como *estado*) são gerenciados para nós pelo Flask sempre que `session` é usado.

Vamos usar essa nova prática para voltarmos ao problema de controlar o acesso web a páginas específicas no aplicativo web `vsearch4web.py`. Lembre-se de que queremos chegar ao ponto no qual podemos limitar quem tem acesso à URL */viewlog*.

Em vez de experimentar em nosso código `vsearch4web.py` que funciona, vamos colocar o código de lado agora e trabalhar com outro, que experimentaremos para planejar o que precisamos fazer. Voltaremos ao código `vsearch4web.py` assim que tivermos planejado a melhor maneira de abordar isso. Então poderemos corrigir com segurança o código `vsearch4web.py` para limitar o acesso a */viewlog*.

Veja o código para outro aplicativo web baseado no Flask. Como antes, reserve um tempo para ler o código antes de nossa análise. Este é o `simple_webapp.py`:

Código Python Pronto

```python
from flask import Flask

app = Flask(__name__)

@app.route('/')
def hello() -> str:
    return 'Hello from the simple webapp.'

@app.route('/page1')
def page1() -> str:
    return 'This is page 1.'

@app.route('/page2')
def page2() -> str:
    return 'This is page 2.'

@app.route('/page3')
def page3() -> str:
    return 'This is page 3.'

if __name__ == '__main__':
    app.run(debug=True)
```

> Este é o "simple_webapp.py". Neste estágio no livro, você não deve ter nenhuma dificuldade para ler nem entender o que este aplicativo web faz.

Vamos Fazer Login

O código `simple_webapp.py` é simples: todas as URLs são públicas, no sentido de que podem ser acessadas por qualquer pessoa com um navegador.

Além da URL/ padrão (que resulta na execução da função `hello`), há três outras URLs, */page1*, */page2* e */page3* (que chamam as funções nomeadas do mesmo modo quando acessadas). Todas as URLs do aplicativo web retornam uma mensagem específica para o navegador.

Em relação aos aplicativos web, este é realmente apenas um shell, mas servirá para nossas finalidades. Gostaríamos de chegar ao ponto no qual */page1*, */page2* e */page3* são visíveis apenas para os usuários conectados, mas limitadas aos outros. Usaremos a tecnologia `session` do flask para ativar essa funcionalidade.

Vamos começar fornecendo uma URL */login* simples. Agora não nos preocuparemos em fornecer um formulário HTML que solicita uma ID de login e senha. Tudo que faremos aqui é criar um código que ajusta `session` para indicar que ocorreu um login bem-sucedido..

Aponte o seu lápis

Vamos escrever o código para a URL */login* abaixo. No espaço mostrado, forneça o código que ajusta `session` definindo um valor da chave `logged_in` para `True`. E mais, faça com que a função da URL retorne a mensagem "You are now logged in" para o navegador que aguarda:

Adicione o novo código aqui.

```
@app.route('/login')
def do_login() -> str:


    return
```

Além de criar o código para a URL */login*, você precisará fazer duas outras alterações no código para ativar as sessões. Detalhe o que você pensa sobre as alterações aqui:

① ....

② ....

login pronto

Aponte o seu lápis
Solução

Você teve que escrever o código para a URL */login* abaixo. Teve que fornecer o código que ajusta `session` definindo um valor da chave `logged_in` para `True`. E mais, teve que fazer a função da URL retornar a mensagem "You are now logged in" no navegador que aguarda:

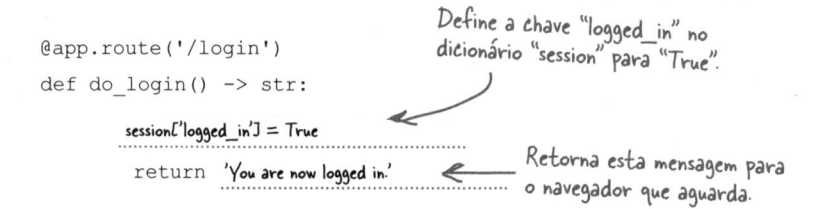

```
@app.route('/login')
def do_login() -> str:
```
session['logged_in'] = True ← Define a chave "logged_in" no dicionário "session" para "True".

`return` *'You are now logged in.'* ← Retorna esta mensagem para o navegador que aguarda.

Além de criar o código para a URL */login*, você precisou fazer duas outras alterações no código para ativar as sessões. E precisou detalhar o que pensou sobre as alterações:

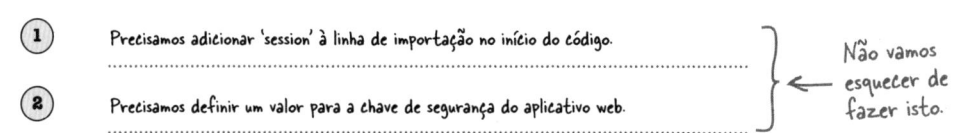

① *Precisamos adicionar 'session' à linha de importação no início do código.*

② *Precisamos definir um valor para a chave de segurança do aplicativo web.*

← Não vamos esquecer de fazer isto.

Corrija o código do aplicativo web para lidar com os logins

Adiaremos o teste deste novo código até termos adicionado outras duas URLs: */logout* e */status*. Antes de continuar, verifique se sua cópia de `simple_webapp.py` foi corrigida para incluir as alterações mostradas abaixo. Nota: não estamos mostrando todo o código do aplicativo aqui, apenas as partes novas (que estão destacadas):

```
from flask import Flask, session    ← Lembre de importar "session".

app = Flask(__name__)

...

@app.route('/login')
def do_login() -> str:
    session['logged_in'] = True
    return 'You are now logged in.'

app.secret_key = 'YouWillNeverGuessMySecretKey'

if __name__ == '__main__':
    app.run(debug=True)
```

Adicione o código para a URL "/login". →

← Defina um valor para a chave de segurança do aplicativo web (que permite usar as sessões).

decoradores **da função**

Vamos Fazer Logout e Verificar o Status

Adicionar o código para as URLs /logout e /status é nossa próxima tarefa.

Quanto a fazer logout, uma estratégia é definir a chave `logged_in` do dicionário `session` para `False`. Outra estratégia é *remover* a chave `logged_in` de `session`. Ficaremos com a segunda opção. O motivo ficará claro depois de codificarmos a URL /status.

Aponte o seu lápis

Vamos escrever o código para a URL /logout, que precisa remover a chave `logged_in` do dicionário `session`, e então retornar a mensagem "You are now logged out" para o navegador que aguarda. Adicione o código nos espaços abaixo:

Adicione o código do logout aqui.

```
@app.route('/logout')
def do_logout() -> str:
    ...................................................
    return ...........................................
```

Sugestão: se você esqueceu como se remove uma chave de um dicionário, digite "dir(dict)" no prompt >>> para obter uma lista dos métodos do dicionário disponíveis.

Com /logout escrito, agora voltamos nossa atenção para /status, que retorna uma das duas mensagens para o navegador web que aguarda.

A mensagem "You are currently logged in" é retornada quando `logged_in` existe como um valor no dicionário `session` (e, por definição, é configurada para `True`).

A mensagem "You are NOT logged in" é retornada quando o dicionário `session` não tem uma chave `logged_in`. Note que não podemos verificar se `logged_in` é `False`, pois a URL /logout remove a chave do dicionário `session`, em vez de alterar seu valor. (Não esquecemos de que ainda precisamos explicar por que faremos as coisas assim, e daremos a explicação daqui a pouco. Agora, confie que este é o modo como você precisa codificar a funcionalidade.)

Vamos escrever o código para a URL /status no espaço abaixo:

Coloque o código de verificação do status aqui.

```
@app.route('/status')
def check_status() -> str:
    if ..............................................
        return ......................................
    return ..........................................
```

Verifique se a chave "logged_in" existe no dicionário "session", e então retorne a devida mensagem.

---

você está aqui ▶ 377

status do logout pronto

Aponte o seu lápis
Solução

Você teve que escrever o código para a URL */logout*, que precisou remover a chave `logged_in` do dicionário `session`, e então retornar a mensagem "You are now logged out" ´para o navegador que aguarda:

```
@app.route('/logout')
def do_logout() -> str:
    session.pop('logged_in')
    return 'You are now logged out.'
```

Use o método "pop" para remover a chave "logged_in" do dicionário "session".

Com */logout* escrita, você teve que voltar sua atenção para a URL */status*, que retorna uma das duas mensagens para o navegador web que aguarda.

A mensagem "You are currently logged in" é retornada quando `logged_in` existe como um valor no dicionário `session` (e, por definição, é configurada para `True`).

A mensagem "You are NOT logged in" é retornada quando o dicionário `session` não tem uma chave `logged_in`.

Você teve que escrever o código para */status* no espaço abaixo:

```
@app.route('/status')
def check_status() -> str:
    if 'logged_in' in session:
        return 'You are currently logged in.'
    return 'You are NOT logged in.'
```

A chave "logged_in" existe no dicionário "session"?
Se existir, retorne esta mensagem.
Do contrário, retorne esta mensagem.

Corrija mais uma vez o código do aplicativo web

Ainda estamos adiando o teste desta nova versão do aplicativo web, mas aqui (à direita) está uma versão destacada do código que você precisa adicionar à sua cópia de `simple_webapp.py`.

Verifique se você corrigiu o código para coincidir com o nosso antes de ir para o próximo *Test Drive*, que virá logo depois de termos cumprido uma promessa anterior.

```
...
@app.route('/logout')
def do_logout() -> str:
    session.pop('logged_in')
    return 'You are now logged out.'


@app.route('/status')
def check_status() -> str:
    if 'logged_in' in session:
        return 'You are currently logged in.'
    return 'You are NOT logged in.'

app.secret_key = 'YouWillNeverGuessMySecretKey'

if __name__ == '__main__':
    app.run(debug=True)
```

Duas novas rotas da URL

Por Que Não Verificar Quanto a False?

Quando você codificou a URL */login*, definiu a chave `logged_in` para True no dicionário session (que indica que o navegador estava conectado ao aplicativo web). Porém, quando codificou a URL */logout*, o código não definiu o valor associado à chave `logged_in` para False, pois preferimos remover todo rastro da chave `logged_in` do dicionário session. No código que lidou com a URL */status*, verificamos o "status de login" determinando se a chave `logged_in` existia ou não no dicionário session. Não verificamos se `logged_in` é False (ou True, neste caso). O que leva à pergunta: *por que o aplicativo web não usa* False *para indicar "não conectado"*?

A resposta é sutil, mas importante, e tem relação com o modo como os dicionários trabalham no Python. Para mostrar, vamos experimentar no prompt >>> e simular o que pode acontecer com o dicionário session quando usado pelo aplicativo web. Acompanhe esta sessão e leia com cuidado cada uma das anotações:

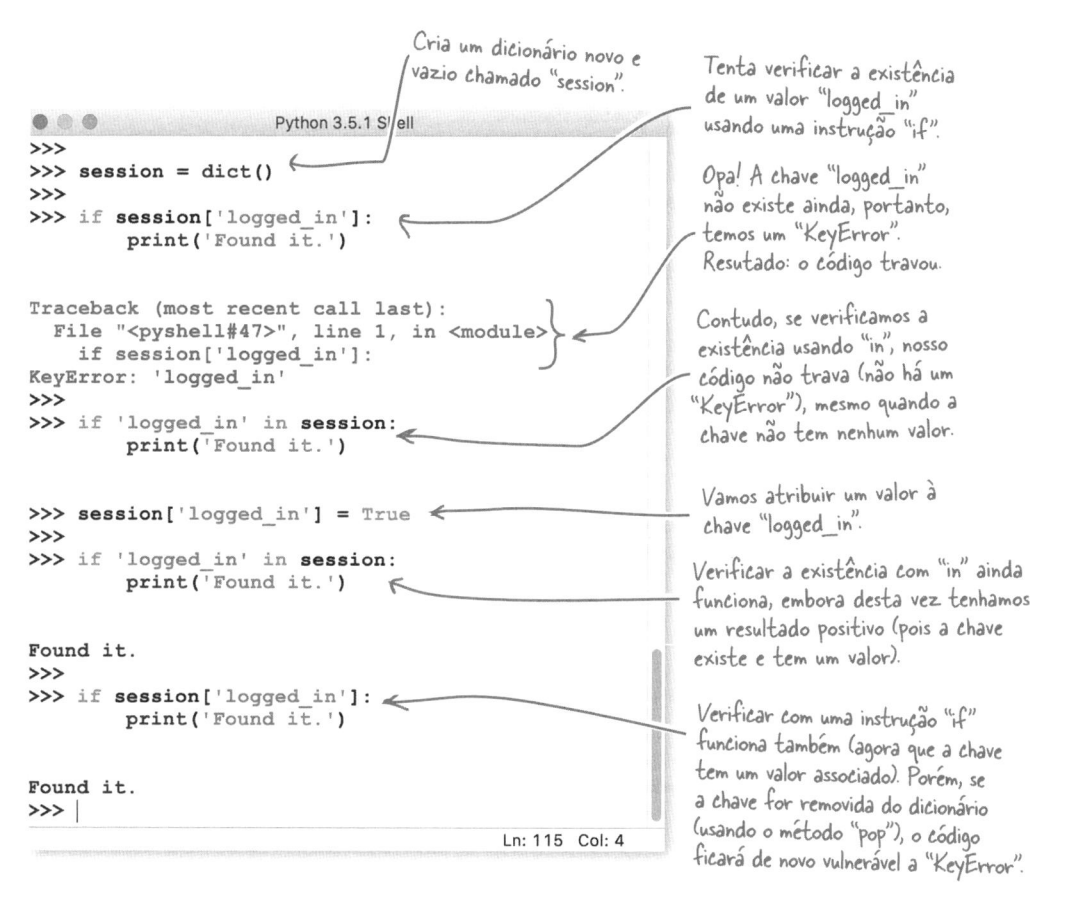

```
Python 3.5.1 Shell
>>>
>>> session = dict()
>>>
>>> if session['logged_in']:
        print('Found it.')

Traceback (most recent call last):
  File "<pyshell#47>", line 1, in <module>
    if session['logged_in']:
KeyError: 'logged_in'
>>>
>>> if 'logged_in' in session:
        print('Found it.')

>>> session['logged_in'] = True
>>>
>>> if 'logged_in' in session:
        print('Found it.')

Found it.
>>>
>>> if session['logged_in']:
        print('Found it.')

Found it.
>>> |
                            Ln: 115 Col: 4
```

- Cria um dicionário novo e vazio chamado "session".
- Tenta verificar a existência de um valor "logged_in" usando uma instrução "if".
- Opa! A chave "logged_in" não existe ainda, portanto, temos um "KeyError". Resutado: o código travou.
- Contudo, se verificamos a existência usando "in", nosso código não trava (não há um "KeyError"), mesmo quando a chave não tem nenhum valor.
- Vamos atribuir um valor à chave "logged_in".
- Verificar a existência com "in" ainda funciona, embora desta vez tenhamos um resultado positivo (pois a chave existe e tem um valor).
- Verificar com uma instrução "if" funciona também (agora que a chave tem um valor associado). Porém, se a chave for removida do dicionário (usando o método "pop"), o código ficará de novo vulnerável a "KeyError".

A experimentação acima mostra que **não** é possível verificar um dicionário para obter o valor de uma chave até que um par de chave/valor exista. Tentar fazer isso resulta em um KeyError. Como é uma boa ideia evitar erros desse tipo, o código simple_webapp.py verifica a existência da chave `logged_in` como prova de que o navegador está conectado, em vez de verificar o valor real da chave, evitando assim a possibilidade de um KeyError.

Test Drive

status login logout

Vamos levar o aplicativo web `simple_webapp.py` para dar uma volta e ver como as URLs /*login*, /*logout* e /*status* são executadas. Como no último *Test Drive*, testaremos o aplicativo web usando mais de um navegador para confirmar se cada um mantém seu próprio "estado de login" no servidor. Iniciaremos o aplicativo web no terminal de nosso sistema operacional:

   No Linux e Mac OS X: python3 simple_webapp.py

   No Windows: py -3 simple_webapp.py

Vamos inicializar o Opera e verificar seu status de login inicial acessando a URL /*status*. Como esperado, o navegador não está conectado:

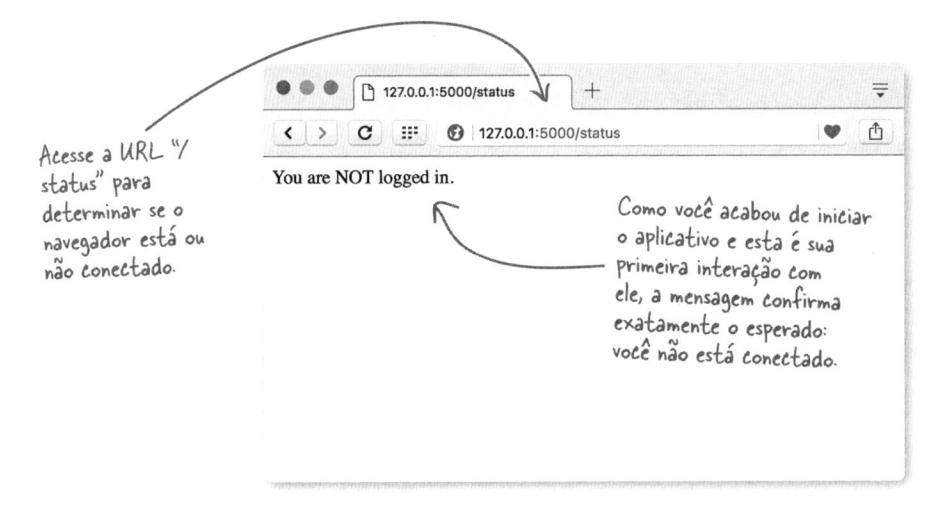

> Acesse a URL "/status" para determinar se o navegador está ou não conectado.

`127.0.0.1:5000/status`

You are NOT logged in.

> Como você acabou de iniciar o aplicativo e esta é sua primeira interação com ele, a mensagem confirma exatamente o esperado: você não está conectado.

Vamos simular a conexão acessando a URL /*login*. A mensagem muda para confirmar que o login foi bem-sucedido:

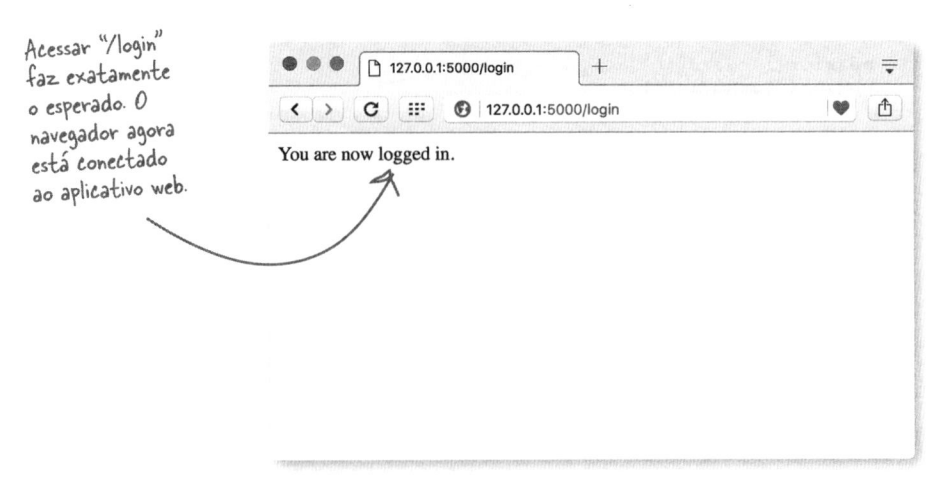

> Acessar "/login" faz exatamente o esperado. O navegador agora está conectado ao aplicativo web.

`127.0.0.1:5000/login`

You are now logged in.

380 *Capítulo 10*

*decoradores **da função***

Agora que você está conectado, vamos confirmar a mudança de status acessando a URL */status* no Opera. Fazer isso confirma que o usuário do navegador Opera está conectado. Se você usar o Chrome para verificar o status também, verá que o usuário do Chrome não está conectado, e é exatamente o que queremos (pois cada usuário do aplicativo web — cada navegador — tem seu próprio estado mantido pelo aplicativo web):

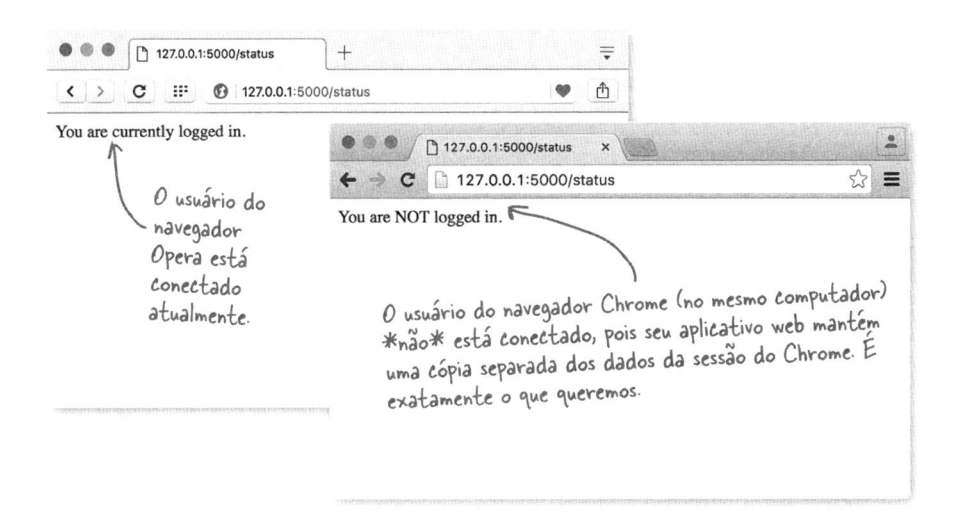

> 127.0.0.1:5000/status
> You are currently logged in.
>
> *O usuário do navegador Opera está conectado atualmente.*

> 127.0.0.1:5000/status
> You are NOT logged in.
>
> *O usuário do navegador Chrome (no mesmo computador) *não* está conectado, pois seu aplicativo web mantém uma cópia separada dos dados da sessão do Chrome. É exatamente o que queremos.*

Para concluir, vamos acessar a URL */logout* no Opera para informar ao aplicativo web que estamos saindo da sessão:

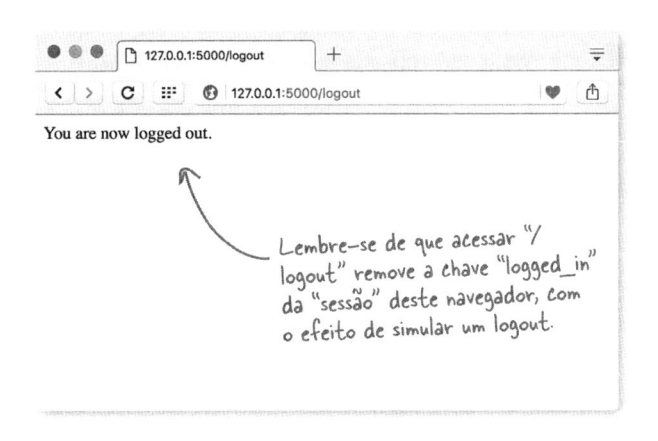

> 127.0.0.1:5000/logout
> You are now logged out.
>
> *Lembre-se de que acessar "/logout" remove a chave "logged_in" da "sessão" deste navegador, com o efeito de simular um logout.*

Embora não tenhamos solicitado aos usuários do navegador uma ID ou senha de login, as URLs */login*, */logout* e */status* permitem simular o que aconteceria no dicionário session do aplicativo web se fôssemos criar o formulário HTML requerido, e então conectar os dados do formulário a um banco de dados de "credenciais" de back-end. Os detalhes de como isso poderia acontecer são muito específicos do aplicativo, mas o mecanismo básico (ou seja, manipular session) é igual, não importando o que determinado aplicativo poderia fazer.

Agora estamos prontos para limitar o acesso às URLs */page1*, */page2* e */page3*?

pronto para restringir?

Agora Podemos Restringir o Acesso às URLs?

(balão de pensamento): Veja este código de login, gente. Acho que está muito claro o que preciso fazer...

↑ Jim ↑ Frank ↑ Joe

Jim: Oi, Frank... onde você parou?

Frank: Preciso propor um modo de limitar o acesso às URLs */page1*, */page2* e */page3*...

Joe: Não pode ser tão difícil, não é? Você já conseguiu o código necessário na função que lida com */status*...

Frank: ... e ele sabe se o navegador de um usuário está conectado ou não, certo?

Joe: Sim, sabe. Então você só precisa copiar e colar o código de verificação na função que lida com */status* em cada URL que deseja restringir, assim ficará são e salvo!

Jim: Ih, cara! Copiar e colar... o *calcanhar de Aquiles* do desenvolvedor web. Você realmente não deseja copiar e colar um código assim... pode trazer problemas no futuro.

Frank: Claro! CS 101... Criarei uma função com o código de */status*, e então chamarei *essa* função quando necessário nas funções que lidam com as URLs */page1*, */page2* e */page3*. Problema resolvido.

Joe: Gosto da ideia... e acho que funcionará. (Sabia que havia um motivo para termos ficado até o fim daquelas palestras *chatas* do CS.)

Jim: Espere... não tão rápido. O que você está sugerindo com uma função é muito melhor do que sua ideia de copiar e colar, mas ainda não estou convencido de que é o melhor modo de seguir aqui.

Frank e **Joe** (juntos e incrédulos): *Como não gostar?!*

Jim: Me aborrece o fato de que você está planejando adicionar um código às funções que lidam com as URLs */page1*, */page2* e */page3* sem nenhuma relação com o que essas funções realmente *fazem*. Com certeza você precisa verificar se um usuário está conectado antes de conceder acesso, mas adicionar uma chamada da função para fazer isso em cada URL não parece certo para mim...

Frank: Qual é a grande ideia, então?

Jim: Se fosse eu, criaria e usaria um decorador.

Joe: Claro! É uma ideia ainda melhor. Vamos fazer isso.

Copiar e Colar Raramente é uma Boa Ideia

Vamos nos convencer de que as ideias sugeridas na última página *não* são o melhor modo de abordar o problemas em mãos — a saber, como restringir melhor o acesso a páginas web específicas.

A primeira sugestão era copiar e colar um código da função que lida com a URL */status* (isto é, a função `check_status`). Veja o código em questão:

Este é o código para copiar e colar.

```
@app.route('/status')
def check_status() -> str:
    if 'logged_in' in session:
        return 'You are currently logged in.'
    return 'You are NOT logged in.'
```

Este código retorna uma mensagem diferente com base no navegador do usuário estar ou não conectado.

Veja como a função `page1` fica atualmente:

```
@app.route('/page1')
def page1() -> str:
    return 'This is page 1.'
```

Esta é a funcionalidade específica da página.

Se copiarmos e colarmos o código destacado de `check_status` em `page1`, o código da ultima acabará ficando assim:

```
@app.route('/page1')
def page1() -> str:
    if 'logged_in' in session:
        return 'This is page 1.'
    return 'You are NOT logged in.'
```

Verifica se o navegador do usuário está conectado...

... e então faz a funcionalidade específica da página.

Do contrário, informa ao usuário que ele não está conectado.

O código acima funciona, mas se você fosse repetir a atividade de copiar e colar para as URLs */page2* e */page3* (assim como para qualquer outra URL que fosse adicionada ao aplicativo web), teria rapidamente um *pesadelo de manutenção*, especialmente quando considerar todas as edições que teria que fazer, caso decidisse mudar como funciona o código de verificação do login (talvez verificando uma ID e senha do usuário enviadas em relação aos dados armazenados em um banco de dados).

Coloque o código compartilhado em sua própria função

Quando você tem o código necessário para usar em muitos lugares diferentes, a solução clássica para o problema de manutenção inerente em qualquer "correção rápida" para copiar e colar é colocar o código compartilhado em uma função, que é, então, chamada quando necessário.

Como tal estratégia resolve o problema de manutenção (pois o código compartilhado existe apenas em um lugar, em vez de ser copiado e colado aleatoriamente), vejamos o que a criação de uma função de verificação do login faz por nosso aplicativo web.

use uma função

Criar uma Função Ajuda, Mas...

Vamos criar uma nova função chamada `check_logged_in`, que, quando chamada, retornará `True` se o navegador do usuário estiver conectado atualmente, e `False`, em caso contrário.

Não é um grande problema (grande parte do código já está em `check_status`). Veja como escreveríamos essa nova função:

```
def check_logged_in() -> bool:
    if 'logged_in' in session:
        return True
    return False
```

Em vez de retornar uma mensagem, o código retorna um booleano com base no fato de o navegador do usuário estar ou não conectado.

Com essa função escrita, vamos usá-la na função `page1`, em vez do código copiado e colado:

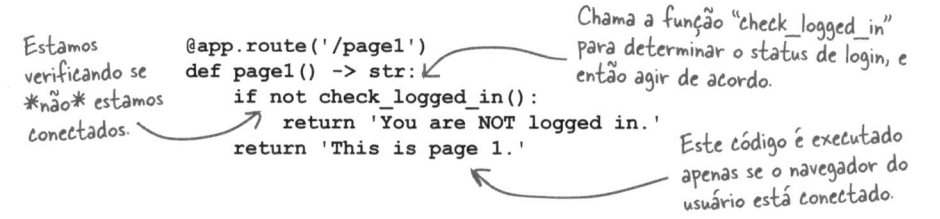

```
@app.route('/page1')
def page1() -> str:
    if not check_logged_in():
        return 'You are NOT logged in.'
    return 'This is page 1.'
```

Estamos verificando se *não* estamos conectados.

Chama a função "check_logged_in" para determinar o status de login, e então agir de acordo.

Este código é executado apenas se o navegador do usuário está conectado.

Essa estratégia é um pouco melhor do que copiar e colar, pois agora você pode mudar como o processo de login funciona fazendo alterações na função `check_logged_in`. Porém, para usar a função `check_logged_in`, você ainda tem que fazer alterações parecidas nas funções `page2` e `page3` (assim como em qualquer URL nova criada), e faz isso copiando e colando o novo código de `page1` nas outras funções... Na verdade, se você comparar o que fez na função `page1` nesta página com o que fez em `page1` na última página, será mais ou menos o mesmo trabalho, e *ainda* é copiar e colar! E mais, com *ambas* as "soluções", o código adicionado está **encobrindo** o que `page1` realmente faz.

Seria bom se você pudesse verificar, de algum modo, se o navegador do usuário está conectado *sem* ter que corrigir *nenhum* código da função existente (para não encobrir nada). Assim, o código em cada uma das funções do aplicativo web poderá permanecer *diretamente* relacionado ao que cada função faz, e o código de verificação do status de login não atrapalhará. Se houvesse um modo de fazer isso!

Como aprendemos com nossos três desenvolvedores amistosos — Frank, Joe e Jim — algumas páginas atrás, o Python inclui um recurso de linguagem que pode ajudar aqui e recebe o nome de **decorador**. Um decorador permite aumentar uma função existente com código extra, e faz isso permitindo alterar o comportamento da função existente *sem* ter que mudar seu código.

Se você leu a última frase e disse *"O quê?!"*, não se preocupe; parece estranho na primeira vez. Afinal, como é possível mudar como uma função funciona sem alterar o código dela? Faz sentido experimentar?

Vamos descobrir aprendendo os decoradores.

Você Vem Usando os Decoradores o Tempo Todo

Você vem *usando* decoradores durante todo o tempo que tem escrito aplicativos web com o Flask, iniciando no Capítulo 5.

Veja a versão anterior do aplicativo web hello_flask.py daquele capítulo, que destaca o uso de um decorador chamado @app.route, que vem com o Flask. O decorador @app.route é aplicado em uma função existente (hello neste código) e aumenta a função que ele precede, conseguindo chamar hello sempre que o aplicativo web processa a URL /. É fácil identificar os decoradores; são prefixados com o símbolo @:

Veja o decorador, que – como todos os decoradores – é prefixado com o símbolo @.

```
from flask import Flask

app = Flask(__name__)

@app.route('/')
def hello() -> str:
    return 'Hello world from Flask!'

app.run()
```

Note que, como usuário do decorador @app.route, você não tem nenhuma ideia sobre como o decorador faz sua mágica. Você se preocupa com o fato de que o decorador faz o que ele promete: vincula certa URL a uma função. Todos os detalhes pequenos e internos de como o decorador funciona são ocultados.

Quando você decide criar um decorador, precisa ver internamente (de modo parecido com quando criou um gerenciador de contexto no último capítulo) e conectar o mecanismo do decorador do Python. Há quatro coisas que você precisa saber e entender para escrever um decorador:

1. Como criar uma função

2. Como passar uma função como um argumento para uma função

3. Como retornar uma função a partir de uma função

4. Como processar qualquer quantidade e tipo de argumento da função

Você vem criando e usando com sucesso suas próprias funções desde o Capítulo 4, significando que essa lista de "quatro coisas a saber" na verdade são apenas três. Vamos reservar um tempo para lidar com os itens 2 a 4 na lista quando formos escrever nosso próprio decorador.

as funções são objetos

Passe uma Função para uma Função

Faz um tempo, mas voltando ao Capítulo 2, apresentamos a noção de que *tudo é um objeto* no Python. Embora possa parecer inesperado, "tudo" inclui as funções, significando que as funções são objetos também.

Evidentemente, quando você chama uma função, ela é executada. Porém, como tudo o mais no Python, as funções são objetos e têm uma ID do objeto. Considere as funções como "objetos de função."

Veja rapidamente a pequena sessão do IDLE abaixo. Uma string é atribuída a uma variável chamada `msg`, então a ID do objeto é informada com uma chamada para a função predefinida (BIF) `id`. Uma pequena função, chamada `hello`, é definida. Então a BIF `hello` é passada para a BIF `id`, que informa a ID do objeto da função. Depois a BIF `type` confirma que `msg` é uma string e `hello` é uma função, e finalmente `hello` é chamada e imprime o valor atual de `msg` na tela:

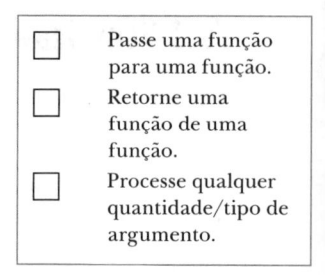

- ☐ Passe uma função para uma função.
- ☐ Retorne uma função de uma função.
- ☐ Processe qualquer quantidade/tipo de argumento.

Marcaremos cada tópico concluído quando lidarmos com esse material.

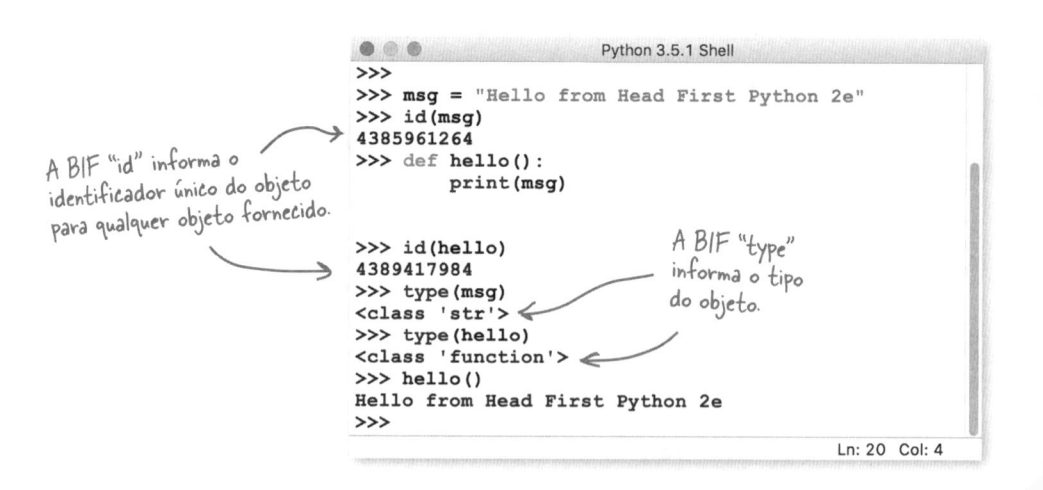

```
Python 3.5.1 Shell
>>>
>>> msg = "Hello from Head First Python 2e"
>>> id(msg)
4385961264
>>> def hello():
        print(msg)

>>> id(hello)
4389417984
>>> type(msg)
<class 'str'>
>>> type(hello)
<class 'function'>
>>> hello()
Hello from Head First Python 2e
>>>
```

A BIF "id" informa o identificador único do objeto para qualquer objeto fornecido.

A BIF "type" informa o tipo do objeto.

Desviamos um pouco para não chamar sua atenção antes de termos visto a sessão do IDLE acima, mas... você notou *como* passamos `hello` para as BIFs `id` e `type`? Não chamamos `hello`; passamos seu *nome* para cada uma das funções como um argumento. Ao fazer isso, passamos uma função para uma função.

As funções podem ter uma função como argumento

As chamadas para `id` e `type` acima demonstram que algumas funções predefinidas do Python aceitam uma função como argumento (ou, para ser mais preciso: *um objeto de função*). O que uma função faz com o argumento cabe a ela. Nem `id` nem `type` chamam a função, embora possam chamar. Vejamos como isso funciona.

Chamando uma Função Passada

Quando um objeto de função é passado como um argumento para uma função, a função receptora pode *chamar* o objeto de função passado.

Veja uma pequena função (chamada `apply`) que tem dois argumentos: um objeto de função e um valor. A função `apply` chama o objeto de função e passa o valor para a função chamada como um argumento, retornando os resultados de chamar a função no valor para o código que chama:

☐ Passe uma função para uma função.
☐ Retorne uma função de uma função.
☐ Processe qualquer quantidade/tipo de argumento.

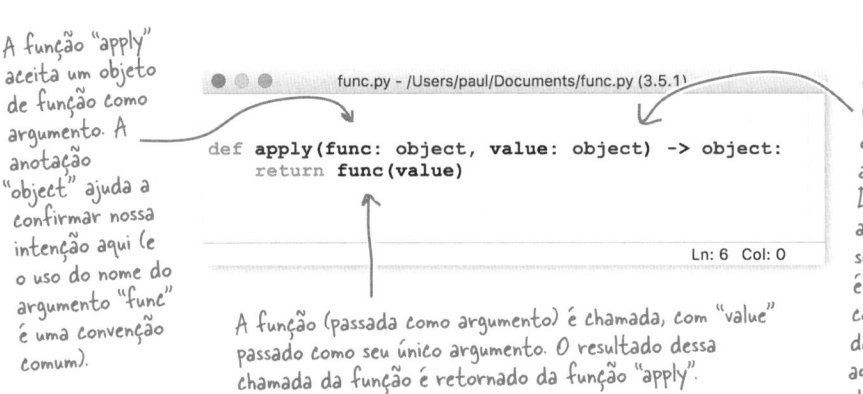

A função "apply" aceita um objeto de função como argumento. A anotação "object" ajuda a confirmar nossa intenção aqui (e o uso do nome do argumento "func" é uma convenção comum).

```
def apply(func: object, value: object) -> object:
    return func(value)
```

A função (passada como argumento) é chamada, com "value" passado como seu único argumento. O resultado dessa chamada da função é retornado da função "apply".

Qualquer valor (de qualquer tipo) pode ser passado como o segundo argumento. De novo, as anotações sugerem o que é permitido como um tipo de argumento aqui: qualquer objeto.

Observe como as anotações de `apply` sugerem que ela aceita qualquer objeto de função junto com qualquer valor, e então retorna qualquer coisa (que é tudo muito *genérico*). Um teste rápido de `apply` no prompt >>> confirma que `apply` funciona como o esperado:

Em cada um dos exemplos, o primeiro argumento para "apply" é atribuído ao argumento "func" (acima).

```
>>>
>>> apply(print, 42)
42
>>> apply(id, 42)
4297539264
>>> apply(type, 42)
<class 'int'>
>>> apply(len, 'Marvin')
6
>>> apply(type, apply)
<class 'function'>
>>> 
```

A função "apply" obtém qualquer objeto para "value". Neste exemplo, obtém a si mesma como "value" e confirma que é uma função.

A função "apply" executa algumas BIFs em alguns valores (e funciona como o esperado).

Se você estiver lendo esta página e imaginando quando precisaria fazer algo assim, não se preocupe: veremos isso quando escrevermos o decorador. Agora concentre-se em entender que é possível passar um objeto de função para uma função, que a função pode chamar.

funções dentro de funções

As Funções Podem Ser Aninhadas Dentro de Funções

✓	Passe uma função para uma função.
☐	Retorne uma função de uma função.
☐	Processe qualquer quantidade/tipo de argumento.

Em geral, quando você cria uma função, pega o código existente e o torna reutilizável nomeando-o e usando o código existente como o suíte da função. Esse é o uso mais comum da função. Contudo, o que algumas vezes é uma surpresa é que, no Python, o código no suíte de uma função pode ser *qualquer* código, inclusive o código que define outra função (geralmente referenciada como uma função *aninhada* ou *interna*). Ainda mais surpreendente é que a função aninhada pode ser *retornada* da função externa incluída; na verdade, o que é retornado é um *objeto da função*. Vejamos alguns exemplos que demonstram outros casos de uso menos comuns da função.

Primeiro, veja um exemplo que mostra uma função (chamada inner) aninhada em outra função (chamada outer). Não é possível chamar inner de nenhum lugar que não seja o suíte de outer, pois inner é local no escopo de outer:

```
def outer():
    def inner():
        print('This is inner.')
    print('This is outer, invoking inner.')
    inner()
```

A função "inner" é definida no suíte da função incluída.

A função "inner" é chamada a partir de "outer".

Quando outer é chamada, executa todo o código em seu suíte: inner é definida, a chamada para a BIF print em outer é executada e a função inner é chamada (o que chama a BIF print em inner). Veja o que aparece na tela:

```
This is outer, invoking inner.
This is inner.
```

As mensagens impressas aparecem na ordem: "outer", e então "inner".

Quando você usaria isso?

Vendo esse exemplo simples, você pode achar difícil pensar em uma situação na qual criar uma função dentro de outra função seria útil. Contudo, quando uma função é complexa e contém muitas linhas de código, abstrair o código da função em uma função aninhada geralmente faz sentido (e pode tornar o código da função incluída mais fácil de ler).

Um uso mais comum dessa técnica trata da função incluída para retornar a função aninhada como seu valor, usando a instrução return. É isso que permite criar um decorador.

Assim, vejamos o que acontece quando retornamos uma função a partir de uma função.

Retorne uma Função de uma Função

Nosso segundo exemplo é muito parecido com o primeiro, exceto pelo fato de que a função outer não chama mais inner, mas a retorna. Veja o código:

☑	Passe uma função para uma função.
☐	Retorne uma função de uma função.
☐	Processe qualquer quantidade/tipo de argumento.

A função "inner" ainda é definida em "outer".

```
def outer():
    def inner():
        print('This is inner.')

    print('This is outer, returning inner.')
    return inner
```

A instrução "return" não chama "inner", mas retorna o objeto da função "inner" para o código que chama.

Vejamos o que esta nova versão da função outer faz, retornando ao shell do IDLE e levando outer para dar uma volta.

Note como atribuímos o resultado de chamar outer a uma variável, denominada i neste exemplo. Então usamos i como se fosse um objeto da função — primeiro verificando o tipo chamando a BIF type, depois chamando i como faríamos com qualquer outra função (anexando parênteses). Quando chamamos i, a função inner é executada. Na verdade, i agora é um *alias* da função inner, criada dentro de outer:

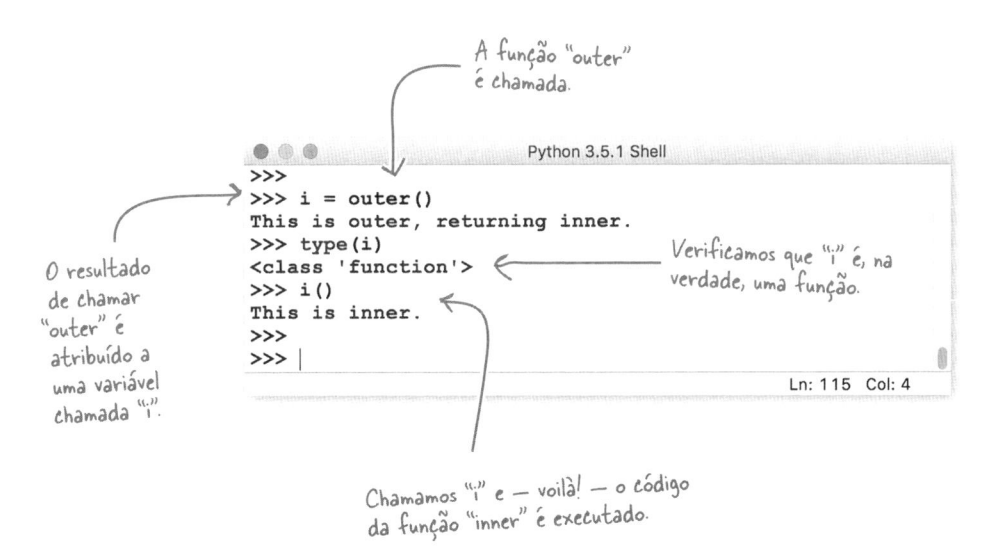

A função "outer" é chamada.

O resultado de chamar "outer" é atribuído a uma variável chamada "i".

```
Python 3.5.1 Shell
>>>
>>> i = outer()
This is outer, returning inner.
>>> type(i)
<class 'function'>
>>> i()
This is inner.
>>>
>>>
                                    Ln: 115  Col: 4
```

Verificamos que "i" é, na verdade, uma função.

Chamamos "i" e — voilà! — o código da função "inner" é executado.

Até agora, tudo bem. Agora você pode *retornar* uma função a partir de uma função, assim como *enviar* uma função para uma função. Você está quase pronto para reunir tudo em sua busca para criar um decorador. Resta apenas mais uma coisa que precisa entender: criar uma função que pode lidar com qualquer quantidade e tipo de argumento. Vejamos como fazer isso agora.

listas de argumentos

Aceitando uma Lista de Argumentos

Imagine que você tenha um pedido para criar uma função (que nomearemos como `myfunc` neste exemplo) que pode ser chamada com qualquer quantidade de argumentos. Por exemplo, você pode chamar `myfunc` assim:

```
myfunc(10)
```
Um argumento

pode chamar `myfunc` assim:

Sem argumento
```
myfunc()
```

ou pode chamar `myfunc` assim:

```
myfunc(10, 20, 30, 40, 50, 60, 70)
```
Muitos argumentos (que, neste exemplo, são números, mas poderiam ser qualquer coisa: números, strings, booleanos, lista).

- [x] Passe uma função para uma função.
- [x] Retorne uma função de uma função.
- [ ] Processe qualquer quantidade/tipo de argumento.

Você está quase acabando. Mais um tópico para cobrir, e estará pronto para criar um decorador.

Na verdade, você pode chamar `myfunc` com *qualquer* quantidade de argumentos, com a condição de que não saiba de antemão quantos argumentos serão fornecidos.

Como não é possível definir três versões diferentes de `myfunc` para lidar com cada uma das três chamadas acima, surge a pergunta: *é possível aceitar qualquer quantidade de argumento em uma função?*

Use * para aceitar uma lista arbitrária de argumentos

O Python fornece uma notação especial que permite especificar que uma função pode ter qualquer quantidade de argumento ("qualquer quantidade" significa "zero ou mais"). Essa notação usa o caractere * para representar *qualquer quantidade* e é combinado com um nome do argumento (por convenção, `args` é usado) para especificar que uma função pode aceitar uma lista arbitrária de argumentos (mesmo que *args seja tecnicamente uma tupla).

Veja uma versão de `myfunc` que usa essa notação para aceitar qualquer quantidade de argumento quando chamada. Se qualquer argumento for fornecido, `myfunc` imprimirá seus valores na tela:

Pense em * como significando "expandir para uma lista de valores".

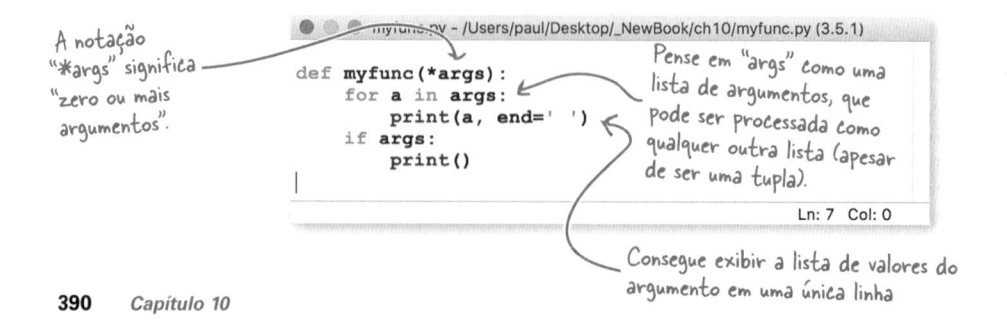

A notação "*args" significa "zero ou mais argumentos".

```
myfunc.py - /Users/paul/Desktop/_NewBook/ch10/myfunc.py (3.5.1)

def myfunc(*args):
    for a in args:
        print(a, end=' ')
    if args:
        print()
```

Pense em "args" como uma lista de argumentos, que pode ser processada como qualquer outra lista (apesar de ser uma tupla).

Ln: 7 Col: 0

Consegue exibir a lista de valores do argumento em uma única linha

decoradores da função

Processando uma Lista de Argumentos

Agora que `myfunc` existe, vejamos se ela pode lidar com as chamadas de exemplo da última página, a saber:

```
myfunc(10)
myfunc()
myfunc(10, 20, 30, 40, 50, 60, 70)
```

Veja outra sessão do IDLE que confirma que `myfunc` está pronta para a tarefa. Não importa quantos argumentos fornecemos (inclusive *nenhum*), `myfunc` os processa de acordo:

☑ Passe uma função para uma função.
☑ Retorne uma função de uma função.
☐ Processe qualquer quantidade/tipo de argumento.

```
>>>
>>> myfunc(10)
10
>>> myfunc()
>>> myfunc(10, 20, 30, 40, 50, 60, 70)
10 20 30 40 50 60 70
>>>
>>> myfunc(1, 'two', 3, 'four', 5, 'six', 7)
1 two 3 four 5 six 7
>>>
```

Não importa quantos argumentos são fornecidos, "myfunc" faz a coisa certa (ou seja, processa seus argumentos, não importando quantos).

Quando fornecida sem argumentos, "myfunc" não faz nada.

Você pode até misturar e combinar os tipos de valores fornecidos, e "myfunc" ainda fará a coisa certa.

* funciona também

Se você fornecer uma lista para `myfunc` como um argumento, a lista (apesar de conter potencialmente muitos valores) será tratada como um item (ou seja, *uma* lista). Para instruir o interpretador para **expandir** a lista para se comportar como se cada um dos itens da lista fosse um argumento *individual*, prefixe o nome da lista com o caractere * ao chamar a função.

Outra pequena sessão do IDLE demonstra a diferença de usar *:

A lista é processada como um argumento para a função.

```
>>>
>>> values = [1, 2, 3, 5, 7, 11]
>>>
>>> myfunc(values)
[1, 2, 3, 5, 7, 11]
>>>
>>> myfunc(*values)
1 2 3 5 7 11
>>>
>>>
```

Uma lista de seis inteiros

Quando uma lista é prefixada com "*", ela se expande em uma lista de argumentos individuais.

você está aqui ▶ **391**

dicionários de argumentos

Aceitando um Dicionário de Argumentos

Quanto a enviar valores nas funções, também é possível fornecer os nomes dos argumentos junto com seus valores associados, e então contar com o interpretador para combinar as coisas.

Você viu essa técnica pela primeira vez no Capítulo 4 com a função search4letters, que — você pode se lembrar — espera dois valores de argumento, um para phrase e outro para letters. Quando os argumentos da palavra-chave são usados, a ordem na qual os argumentos são fornecidos para a função search4letters não importa:

> ☑ Passe uma função para uma função.
> ☑ Retorne uma função de uma função.
> ☐ Processe qualquer quantidade/tipo de argumento.

```
search4letters(letters='xyz', phrase='galaxy')
```
Este é um modo de chamar a função.
Este é outro modo de chamar uma função.

```
def search4letters(phrase:str, letters:str='aeiou') -> set:
```

Como as listas, também é possível fazer uma função aceitar um número arbitrário de argumentos de palavras-chave — ou seja, chaves com valores atribuídos (como em phrase e letters no exemplo acima).

Use ** para aceitar argumentos arbitrários da palavra-chave

Além da notação *, o Python também fornece **, que se expande para uma coleção de argumentos de palavra-chave. * usa args como o nome da variável (por convenção), e ** usa kwargs, que é uma abreviação de "argumentos da palavra-chave". (Nota: você pode usar nomes diferentes de args e kwargs nesse contexto, mas poucos programadores Python usam isso.)

Vejamos outra função, chamada myfunc2, que aceita qualquer quantidade de argumentos de palavra-chave:

Pense em ** como significando "expandir para um dicionário de chaves e valores".

```
● ● ●  myfunc.py - /Users/paul/Desktop/_NewBook/ch10/myfunc.py (3.5.1)
def myfunc(*args):
    for a in args:
        print(a, end=' ')
    if args:
        print()

def myfunc2(**kwargs):
    for k, v in kwargs.items():
        print(k, v, sep='->', end=' ')
    if kwargs:
        print()
                                                          Ln: 13  Col: 0
```

*"**" informam à função para esperar argumentos de palavra-chave.*

Na função, "kwargs" se comporta como qualquer outro dicionário.

Pega cada par de chave e valor no dicionário e exibe na tela.

392 Capítulo 10

decoradores **da função**

Processando um Dicionário de Argumentos

✓	Passe uma função para uma função.
✓	Retorne uma função de uma função.
☐	Processe qualquer quantidade/tipo de argumento.

O código no suíte de `myfunc2` obtém um dicionário de argumentos e os processa, exibindo todos os pares chave/valor em uma única linha.

Veja outra sessão do IDLE que demonstra `myfunc2` em ação. Não importa quantos pares chave/valor são fornecidos (inclusive nenhum), `myfunc2` faz a coisa certa:

```
Python 3.5.1 Shell
>>>
>>> myfunc2(a=10, b=20)
b->20 a->10
>>> myfunc2()
>>> myfunc2(a=10, b=20, c=30, d=40, e=50, f=60)
b->20 f->60 d->40 c->30 e->50 a->10
>>>
>>>
                                                Ln: 24 Col: 4
```

Dois argumentos de palavra-chave fornecidos

Não fornecer nenhum argumento não é problema.

Você pode fornecer qualquer quantidade de argumentos de palavra-chave, e "myfunc2" fará a coisa certa.

** funcionam também

Provavelmente você adivinhou que isso viria, não foi? Como em `*args`, quando você usa `**kwargs`, também é possível usar `**` ao chamar a função `myfunc2`. Em vez de demonstrar como isso funciona com `myfunc2`, lembraremos um uso anterior dessa técnica visto no livro. Voltando ao Capítulo 7, você aprendeu a usar a DB-API do Python e definiu um dicionário de características da conexão como a seguir:

Um dicionário de pares chave/valor

```
dbconfig = { 'host': '127.0.0.1',
             'user': 'vsearch',
             'password': 'vsearchpasswd',
             'database': 'vsearchlogDB', }
```

Quando chegou o momento de estabelecer uma conexão com seu servidor do banco de dados MySQL (ou MariaDB) que aguardava, você usou o dicionário `dbconfig` como a seguir. Notou alguma coisa no modo como o argumento `dbconfig` é especificado?

Parece familiar?

```
conn = mysql.connector.connect(**dbconfig)
```

Prefixando o argumento `dbconfig` com `**`, informamos ao interpretador para tratar o dicionário como uma coleção de chaves e seus valores associados. Na verdade, é como se você chamasse `connect` com quatro argumentos de palavra-chave individuais, assim:

```
conn = mysql.connector.connect('host'='127.0.0.1', 'user'='vsearch',
                       'password'='vsearchpasswd',
  'database'='vsearchlogDB')
```

você está aqui ▶ **393**

argumento de qualquer coisa

Aceitando Qualquer Quantidade e Tipo de Argumento da Função

> ☑ Passe uma função para uma função.
> ☑ Retorne uma função de uma função.
> ☐ Processe qualquer quantidade/tipo de argumento.

Ao criar suas próprias funções, é natural que o Python permita aceitar uma lista de argumentos (usando *), além de qualquer quantidade de argumentos de palavra-chave (usando **). O que ainda é mais natural é que você pode combinar as duas técnicas, permitindo criar uma função que pode aceitar qualquer quantidade e tipo de argumento.

Veja uma terceira versão de `myfunc` (que atende pelo nome criativo de `myfunc3`). Essa função aceita qualquer lista de argumentos, qualquer quantidade de argumentos de palavra-chave ou uma combinação dos dois:

A "myfunc" original trabalha com qualquer lista de argumentos.

A função "myfunc2" trabalha com qualquer quantidade de pares chave/valor.

A função "myfunc3" trabalha com qualquer entrada, uma lista de argumentos, muitos pares chave/valor ou ambos.

```python
def myfunc(*args):
    for a in args:
        print(a, end=' ')
    if args:
        print()

def myfunc2(**kwargs):
    for k, v in kwargs.items():
        print(k, v, sep='->', end=' ')
    if kwargs:
        print()

def myfunc3(*args, **kwargs):
    if args:
        for a in args:
            print(a, end=' ')
        print()
    if kwargs:
        for k, v in kwargs.items():
            print(k, v, sep='->', end=' ')
        print()
```

"*args" e "**kwargs" aparecem na linha "def".

Esta pequena sessão do IDLE exibe `myfunc3`:

Trabalha sem argumentos

Trabalha com uma combinação de lista e argumentos de palavra-chave

```
>>>
>>> myfunc3()
>>> myfunc3(1, 2, 3)         ← Trabalha com uma lista
1 2 3
>>> myfunc3(a=10, b=20, c=30)  ← Trabalha com argumentos de palavra-chave
a->10 b->20 c->30
>>> myfunc3(1, 2, 3, a=10, b=20, c=30)
1 2 3
a->10 b->20 c->30
>>>
```

Uma Receita para Criar um Decorador de Função

Com os três itens marcados na lista de verificação à direita, agora você tem uma compreensão dos recursos da linguagem Python que permitem criar um decorador. Agora você só precisa saber como pegar esses recursos e combiná-los para criar o decorador necessário.

Assim como quando criou seu próprio gerenciador de contexto (no último capítulo), crie um decorador conforme um conjunto de regras ou *receita*. Lembre-se de que um decorador permite aumentar uma função existente com código extra, sem precisar mudar o código da função existente (o que, vamos admitir, ainda parece estranho).

Para criar um decorador da função, você precisa saber que:

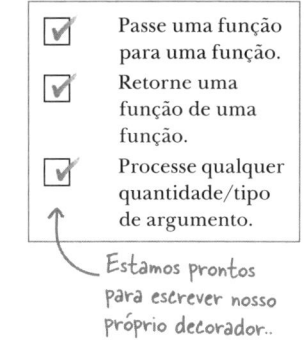

☑ Passe uma função para uma função.
☑ Retorne uma função de uma função.
☑ Processe qualquer quantidade/tipo de argumento.

Estamos prontos para escrever nosso próprio decorador..

① **Um decorador é uma função**

Na verdade, no que diz respeito ao interpretador, seu decorador é *apenas outra função*, apesar de ser uma que manipula uma função existente. Vamos nos referir a essa função existente como *função decorada* de agora em diante. Tendo feito isso até agora no livro, você sabe que criar uma função é fácil: use a palavra-chave `def` do Python.

② **Um decorador tem a função decorada como um argumento**

Um decorador precisa aceitar a função decorada como um argumento. Para tanto, basta passar a função decorada como um *objeto da função* para seu decorador. Agora que você estudou as 10 últimas páginas, sabe que isso á fácil: você chega em um objeto de função referenciando a função *sem* parênteses (ou seja, usando apenas o nome da função).

③ **Um decorador retorna uma nova função**

Um decorador retorna uma nova função como seu valor de retorno. Muito parecido com quando `outer` retornou `inner` (há algumas páginas), seu decorador fará algo semelhante, exceto que a função retornada precisa *chamar* a função decorada. Fazer isso é — ousamos dizer? — fácil, exceto por uma pequena complicação, que é tratada na Etapa 4.

④ **Um decorador mantém a assinatura da função decorada**

Um decorador precisa assegurar que a função retornada tenha a mesma quantidade e tipo de argumento esperado pela função decorada. A quantidade e o tipo de argumento de qualquer função são conhecidos como sua **assinatura** (pois a linha `def` de cada função é única).

É hora de pegar um lápis e colocar essas informações para funcionar criando seu primeiro decorador.

qual é a motivação?

Recapitulando: Precisamos Restringir o Acesso a Certas URLs

> Tudo bem. Vou aproveitar ao máximo. Mas me lembre... por que estou fazendo isso de novo?

> Estamos tentando não copiar e colar todo o código de verificação do status de login.

Estamos trabalhando com o código `simple_webapp.py` e precisamos que nosso decorador verifique se o navegador do usuário está conectado ou não. Se o navegador não estiver conectado, o aplicativo web deverá avisar o usuário para conectar antes de exibir qualquer página restrita. Criaremos um decorador para lidar com essa lógica. Lembre-se da função `check_status`, que demonstra a lógica que queremos que nosso decorador imite:

Não queremos copiar nem colar este código.

```
@app.route('/status')
def check_status() -> str:
    if 'logged_in' in session:
        return 'You are currently logged in.'
    return 'You are NOT logged in.'
```

Lembre-se: este código retorna uma mensagem diferente com base no fato de o navegador do usuário estar conectado ou não.

Criando um Decorador da Função

Para cumprir o item 1 em nossa lista, você teve que criar uma nova função. Lembre-se:

① Um decorador é uma função

Na verdade, no que diz respeito ao interpretador, seu decorador é *apenas outra função*, apesar do fato de que manipula uma função existente. De agora em diante, vamos nos referir a essa função existente como *função decorada*. Você sabe que criar uma função é fácil: use a palavra-chave `def` do Python.

Cumprir o item 2 envolve assegurar que seu decorador aceita um objeto de função como argumento. Novamente, lembre-se:

② Um decorador tem a função decorada como um argumento

Um decorador precisa aceitar a função decorada como um argumento. Para tanto, basta passar a função decorada como um *objeto da função* para seu decorador. Você chega em um objeto de função referenciando a função *sem* parênteses (ou seja, usando apenas o nome da função).

Aponte o seu lápis

Vamos colocar o decorador em seu próprio módulo (para que você possa reutilizá-lo com mais facilidade). Comece criando um novo arquivo, chamado `checker.py`, no editor de texto.

Você criará um novo decorador em `checker.py` chamado `check_logged_in`. No espaço abaixo, forneça a linha `def` do decorador. Sugestão: use `func` como nome do argumento de objeto da função:

Coloque a linha "def" do decorador aqui.

....

---

não existem Perguntas Idiotas

P: É importante onde crio `checker.py` em meu sistema?

R: Sim. Nosso plano é importar `checker.py` para os aplicativos web que precisam, portanto, você tem que assegurar que o interpretador possa encontrá-lo quando seu código inclui a linha `import checker`. Agora coloque `checker.py` na mesma pasta de `simple_webapp.py`.

o decorador ganha forma

> ### ✏️ Aponte o seu lápis
> ### Solução
>
> Decidimos colocar o decorador em seu próprio módulo (para que você pudesse reutilizá-lo com mais facilidade).
>
> Você começou criando um novo arquivo, chamado `checker.py`, no editor de texto.
>
> Seu novo decorador (em `checker.py`) é chamado de `check_logged_in`, e no espaço abaixo você teve que fornecer a linha `def` do decorador:
>
> `def check_logged_in(func):`
>
> O decorador "check_logged_in" tem um argumento: o objeto de função da função decorada.

É bem fácil, não é?

Lembre-se: um decorador é *apenas outra função*, que tem um objeto de função como argumento (`func` na linha `def` acima).

Agora, o próximo item na receita para "criar um decorador", que é um pouco mais complicado (mas não muito). Lembre-se do que você precisa que o decorador faça:

③ Um decorador retorna uma nova função

Um decorador retorna uma nova função como seu valor de retorno. Muito parecido com quando `outer` retornou `inner` (há algumas páginas), seu decorador fará algo semelhante, exceto que a função retornada precisa *chamar* a função decorada.

Antes no capítulo, você conheceu a função `outer`, que, quando chamada, retornou a função `inner`. Veja mais uma vez o código de `outer`:

```
def outer():
    def inner():
        print('This is inner.')
    print('This is outer, returning inner.')
    return inner
```

Todo este código está no suíte da função "outer".

A função "inner" está aninhada em "outer".

O objeto da função "inner" é retornado como resultado de chamar "outer". Note a ausência dos parênteses após "inner", pois estamos retornando um objeto de função. *Não* estamos chamando "inner".

*decoradores **da função***

Aponte o seu lápis

Agora que você escreveu a linha `def` do decorador, vamos adicionar um código ao suíte. Você precisa fazer quatro coisas aqui.

1. Defina uma função aninhada chamada `wrapper` que é retornada por `check_logged_in`. (Você pode usar qualquer nome de função aqui, mas, como veremos daqui a pouco, `wrapper` é uma escolha muito boa.)

2. Em `wrapper`, adicione um código a partir da função `check_status` existente que implementa um dos dois comportamentos com base no fato de o navegador do usuário estar conectado ou não. Para não virar a página, veja o código `check_status` mais uma vez (com as partes importantes destacadas):

```
@app.route('/status')
def check_status() -> str:
    if 'logged_in' in session:
        return 'You are currently logged in.'
    return 'You are NOT logged in.'
```

3. De acordo com o item 3 de nossa receita para criar um decorador, você precisa ajustar o código da função aninhada para que ele chame a função decorada (em vez de retornar a mensagem "You are currently logged in").

4. Com a função aninhada escrita, você precisa retornar seu objeto de função a partir de `check_logged_in`.

Adicione o código requerido ao suíte de `check_logged_in` nos espaços fornecidos abaixo:

```
def check_logged_in(func):
```

1. Defina sua função aninhada. → ....

....
....
....

} ← 2 e 3. Adicione o código que você deseja que a função aninhada execute.

4. Não esqueça de retornar a função aninhada. → ....

você está aqui ▸ **399**

Aponte o seu lápis
Solução

Com a linha def do decorador escrita, você teve que adicionar um código ao suíte. Você precisou fazer quatro coisas:

1. Definir uma função aninhada chamada wrapper que é retornada por check_logged_in.

2. Em wrapper, adicionar um código a partir da função check_status existente que implementa um dos dois comportamentos com base no fato de o navegador do usuário estar conectado ou não.

3. De acordo com o item 3 de nossa receita para criar um decorador, ajustar o código da função aninhada para que ele chame a função decorada (em vez de retornar a mensagem "You are currently logged in").

4. Com a função aninhada escrita, retornar o objeto da função a partir de check_logged_in.

Você teve que adicionar o código requerido ao suíte de check_logged_in nos espaços fornecidos:

```
def check_logged_in(func):
    def wrapper():
        if 'logged_in' in session:
            return func()
        return 'You are NOT logged in.'
    return wrapper
```

Uma linha aninhada "def" inicia a função "wrapper".

Se o navegador do usuário estiver conectado...

... chama a função decorada.

Se o navegador do usuário não estiver conectado, retorna uma mensagem adequada.

Lembrou de retornar a função aninhada?

Consegue ver por que a função aninhada é chamada de "wrapper"?

Se você reservar um momento para estudar o código do decorador (até então), verá que a função aninhada não chama apenas a função decorada (armazenada em func), mas também a aumenta *integrando* um código extra na chamada. Neste caso, o código extra está verificando se a chave logged_in existe na session do aplicativo. De modo crítico, se o navegador do usuário *não* estiver conectado, a função decorada *nunca* será chamada por wrapper.

Etapa Final: Lidando com os Argumentos

Estamos quase terminando — a "parte principal" do código do decorador está no lugar. O que resta fazer é assegurar que o decorador lide devidamente com os argumentos da função decorada, não importando quais possam ser. Lembre-se do item 4 na receita:

4. Um decorador mantém a assinatura da função decorada
Seu decorador precisa assegurar que a função retornada tenha a mesma quantidade e tipo de argumento esperados pela função decorada.

Quando um decorador é aplicado em uma função existente, qualquer chamada para a função existente é **substituída** pelas chamadas para a função retornada pelo decorador. Como você viu na solução da página anterior, para cumprir o item 3 da receita de criação do decorador, retornamos uma versão integrada da função existente, que implementa o código extra necessário. Essa versão integrada *decora* a função existente.

Mas há um problema aqui, pois fazer a integração por si só não é suficiente; as *características de chamada* da função decorada precisam ser mantidas também. Isso significa, por exemplo, que se a função existente aceitar dois argumentos, sua função integrada também terá que aceitar dois argumentos. Se você puder saber de antemão quantos argumentos esperar, então poderá planejar de acordo. Infelizmente, não é possível saber antes, porque seu decorador pode ser aplicado em qualquer função existente, que poderia ter — literalmente — qualquer quantidade e tipo de argumento.

O que fazer? A solução é ser "genérico" e fazer a função `wrapper` suportar qualquer quantidade e tipo de argumento. Você já sabe como fazer isso, pois já viu o que `*args` e `**kwargs` podem fazer.

> Lembre-se: *args e **kwargs suportam qualquer quantidade e tipo de argumento.

Aponte o seu lápis

Vamos ajustar a função `wrapper` para aceitar qualquer quantidade e tipo de argumento. Também vamos assegurar que quando `func` for chamada, ela usará a mesma quantidade e tipo de argumento que foram passados para `wrapper`. Adicione o código do argumento nos espaços fornecidos abaixo:

O que você precisa adicionar à assinatura da função "wrapper"?

```
def check_logged_in(func):
    def wrapper( ............................. ):
        if 'logged_in' in session:
            return func( ............................. )
        return 'You are NOT logged in.'
    return wrapper
```

um decorador completo

✏️ Aponte o seu lápis
Solução

Você teve que ajustar a função `wrapper` para aceitar qualquer quantidade e tipo de argumento, assim como assegurar que, quando `func` fosse chamada, usaria a mesma quantidade e tipo de argumento passados para `wrapper`:

Usar uma assinatura genérica resolve aqui, pois suporta qualquer quantidade e tipo de argumento. Note como chamamos "func" com os mesmos argumentos fornecidos a "wrapper", não importando quais são.

```
def check_logged_in(func):
    def wrapper( *args, **kwargs ):
        if 'logged_in' in session:
            return func( *args, **kwargs )
        return 'You are NOT logged in.'
    return wrapper
```

Terminamos... ou não?

Se você verificar a receita de criação do decorador, será perdoado por acreditar que terminamos. Estamos... quase. Há dois problemas com os quais ainda precisamos lidar: um tem relação com todos os decoradores, ao passo que o outro tem relação com este específico.

Vamos tirar do caminho o problema específico primeiro. Como o decorador `check_logged_in` está em seu próprio módulo, precisamos assegurar que qualquer módulo ao qual seu código referencia seja também importado para `checker.py`. O decorador `check_logged_in` usa `session`, que precisa ser importada do Flask para evitar erros. Lidar com isso é simples, pois você precisa apenas adicionar a instrução `import` ao início de `checker.py`:

```
from flask import session
```

O outro problema, que afeta *todos* os decoradores, tem relação com o modo como as funções identificam-se para o interpretador. Quando decorada, e se o devido cuidado não for tomado, uma função pode esquecer de identificar-se, podendo levar a problemas. O motivo para isso acontecer é muito técnico e um pouco exótico, e requer um conhecimento das partes internas do Python, das quais a maioria das pessoas não precisa (nem quer) saber. Como consequência, a biblioteca padrão do Python vem com um módulo que lida com esses detalhes para você (portanto, não precisa se preocupar com eles). Você apenas tem que lembrar de importar o módulo requerido (`functools`), e então chamar uma função (`wraps`).

Talvez um pouco ironicamente, a função `wraps` é implementada como um decorador, portanto, não a chamamos realmente, mas a usamos para decorar sua função `wrapper` *dentro* de seu próprio decorador. Já nos antecipamos e fizemos isso, assim, você encontrará o código para o decorador `check_logged_in` completo no início da próxima página.

> **Ao criar seus próprios decoradores, sempre importe, e então use a função "wraps" do módulo "functools".**

O Decorador em Toda Sua Glória

Antes de continuar, verifique se seu código do decorador corresponde *exatamente* ao nosso:

Importa "session" do módulo "flask".

Decora a função "wrapper" com o decorador "wraps" (passando "func" como um argumento).

Importa a função "wraps" (que é em si um decorador) do módulo "functools" (que faz parte da biblioteca padrão).

```
from flask import session

from functools import wraps

def check_logged_in(func):
    @wraps(func)
    def wrapper(*args, **kwargs):
        if 'logged_in' in session:
            return func(*args, **kwargs)
        return 'You are NOT logged in.'
    return wrapper
```

Agora que o módulo `checker.py` contém uma função `check_logged_in` completa, vamos usá-lo em `simple_webapp.py`. Veja a versão atual do código para o aplicativo web (que estamos mostrando aqui em duas colunas):

```
from flask import Flask, session

app = Flask(__name__)

@app.route('/')
def hello() -> str:
    return 'Hello from the simple webapp.'

@app.route('/page1')
def page1() -> str:
    return 'This is page 1.'

@app.route('/page2')
def page2() -> str:
    return 'This is page 2.'

@app.route('/page3')
def page3() -> str:
    return 'This is page 3.'

@app.route('/login')
def do_login() -> str:
    session['logged_in'] = True
    return 'You are now logged in.'

@app.route('/logout')
def do_logout() -> str:
    session.pop('logged_in')
    return 'You are now logged out.'

@app.route('/status')
def check_status() -> str:
    if 'logged_in' in session:
        return 'You are currently logged in.'
    return 'You are NOT logged in.'

app.secret_key = 'YouWillNeverGuess...'

if __name__ == '__main__':
    app.run(debug=True)
```

> Lembre-se de que nosso objetivo aqui é limitar o acesso às URLs */page1*, */page2* e */page3*, que atualmente são acessíveis com o navegador de qualquer usuário (com base neste código).

trabalhe com o decorador

Colocando o Decorador para Trabalhar

Ajustar o código `simple _ webapp.py` para usar o decorador `check _ logged _ in` não é difícil. Veja uma lista do que precisa acontecer:

(1) Importe o decorador

O decorador `check _ logged _ in` precisa ser importado do módulo `checker.py`. Adicionar a instrução `import` requerida ao início do código do aplicativo web resolve aqui.

(2) Remova qualquer código desnecessário

Agora que o decorador `check _ logged _ in` existe, não precisamos mais da função `check _ status`, portanto, ela pode ser removida de `simple _ webapp.py`.

(3) Use o decorador como requerido

Para usar o decorador `check _ logged _ in`, aplique-o em qualquer função do aplicativo web usando a sintaxe @.

Veja o código para `simple _ webapp.py` mais uma vez, com as três alterações listadas acima aplicadas. Note como as URLs */page1*, */page2* e */page3* agora têm dois decoradores associados: @app.route (que vem com o Flask) e @check _ logged _ in (que você acabou de criar):

Aplique um decorador a uma função existente usando a sintaxe @.

```
from flask import Flask, session

from checker import check_logged_in

app = Flask(__name__)

@app.route('/')
def hello() -> str:
    return 'Hello from the simple webapp.'

@app.route('/page1')
@check_logged_in
def page1() -> str:
    return 'This is page 1.'

@app.route('/page2')
@check_logged_in
def page2() -> str:
    return 'This is page 2.'

@app.route('/page3')
@check_logged_in
def page3() -> str:
    return 'This is page 3.'

@app.route('/login')
def do_login() -> str:
    session['logged_in'] = True
    return 'You are now logged in.'

@app.route('/logout')
def do_logout() -> str:
    session.pop('logged_in')
    return 'You are now logged out.'

app.secret_key = 'YouWillNeverGuess...'

if __name__ == '__main__':
    app.run(debug=True)
```

Não esqueça de aplicar essas edições destacadas no aplicativo web *antes* de continuar.

*decoradores **da função***

Test Drive

Para nos convencer de que o decorador de verificação do login está funcionando como o requerido, vamos levar a versão ativada com o decorador de `simple_webapp.py` para dar uma volta.

Com o aplicativo web em execução, use um navegador para tentar acessar */page1* antes de conectar. Depois de conectar, tente acessar */page1* de novo, então desconecte e tente acessar o conteúdo restrito mais uma vez. Vejamos o que acontece:

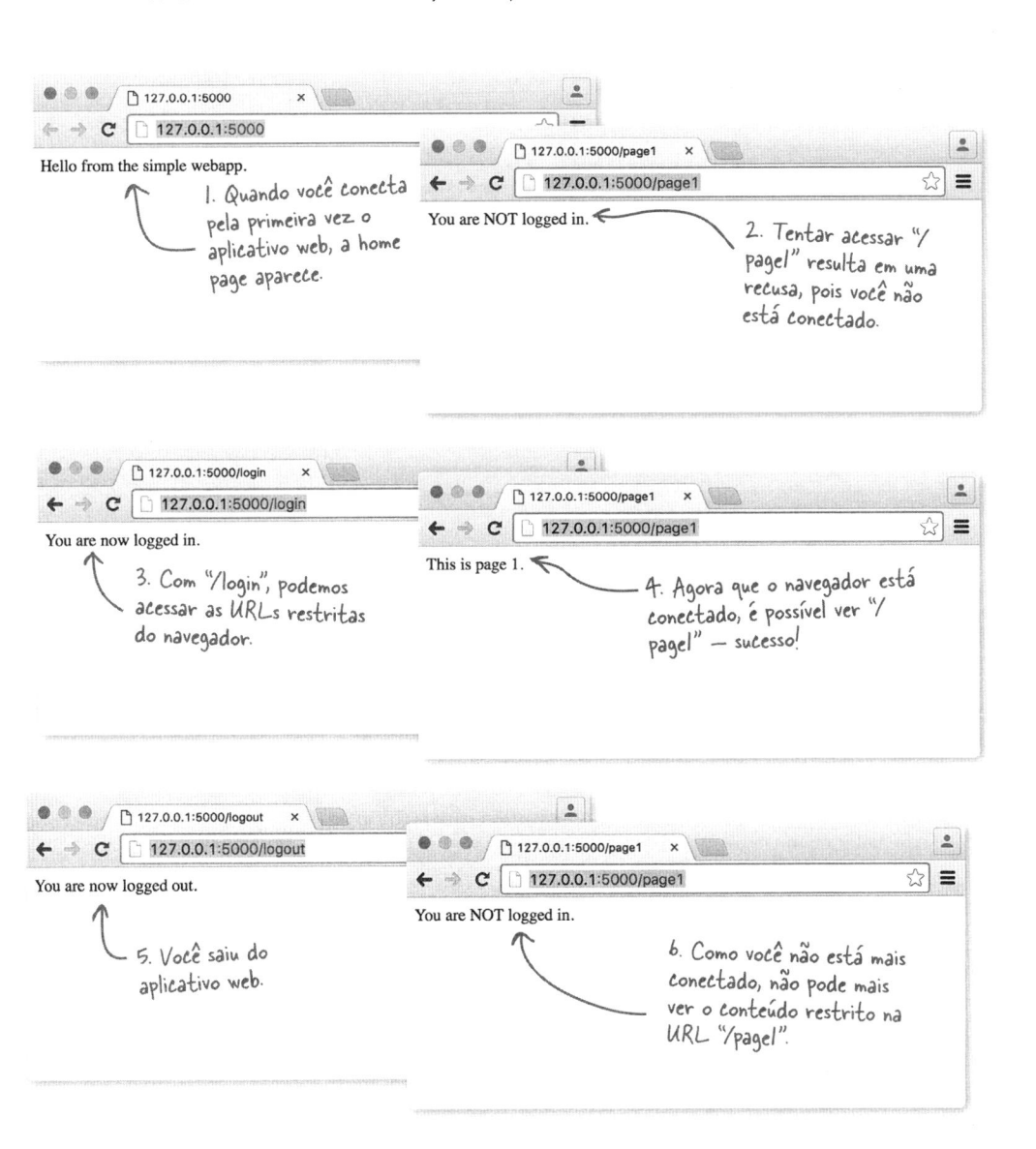

127.0.0.1:5000

Hello from the simple webapp.

1. Quando você conecta pela primeira vez o aplicativo web, a home page aparece.

127.0.0.1:5000/page1

You are NOT logged in.

2. Tentar acessar "/page1" resulta em uma recusa, pois você não está conectado.

127.0.0.1:5000/login

You are now logged in.

3. Com "/login", podemos acessar as URLs restritas do navegador.

127.0.0.1:5000/page1

This is page 1.

4. Agora que o navegador está conectado, é possível ver "/page1" — sucesso!

127.0.0.1:5000/logout

You are now logged out.

5. Você saiu do aplicativo web.

127.0.0.1:5000/page1

You are NOT logged in.

6. Como você não está mais conectado, não pode mais ver o conteúdo restrito na URL "/page1".

A Beleza dos Decoradores

Veja de novo o código para o decorador `check_logged_in`. Note como ele abstrai a lógica usada para verificar se o navegador do usuário está conectado, colocando esse código (potencialmente complexo) em um lugar — *dentro* do decorador — e disponibilizando-o com o código, graças à sintaxe do decorador `@check_logged_in`:

```
checker.py - /Users/paul/Desktop/_NewBook/ch10/checker.py (3.5.1)

from flask import session

from functools import wraps

def check_logged_in(func):
    @wraps(func)
    def wrapper(*args, **kwargs):
        if 'logged_in' in session:
            return func(*args, **kwargs)
        return 'You are NOT logged in.'
    return wrapper
```

Este código parece estranho, mas não é.

Abstrair o código em um decorador facilita a leitura do código utilizado. Considere esse uso do decorador na URL */page2*:

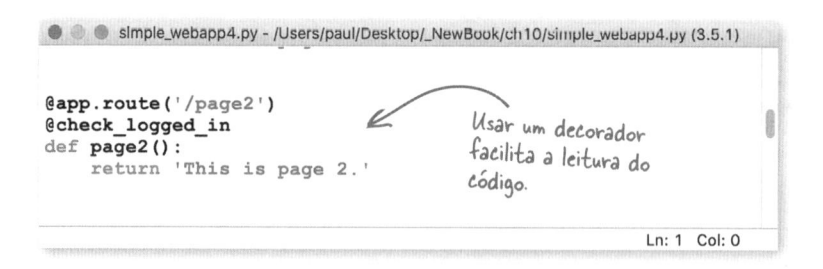

```
simple_webapp4.py - /Users/paul/Desktop/_NewBook/ch10/simple_webapp4.py (3.5.1)

@app.route('/page2')
@check_logged_in
def page2():
    return 'This is page 2.'
```

Usar um decorador facilita a leitura do código.

Note como o código da função `page2` está interessado apenas no que ele precisa fazer: exibir o conteúdo de */page2*. Neste exemplo, o código `page2` é uma instrução simples; seria mais difícil de ler e entender se ele *também* contivesse a lógica requerida para verificar se o navegador de um usuário está conetado ou não. Usar um decorador para separar o código de verificação do login é uma grande vitória.

Essa "abstração lógica" é um dos motivos do uso dos decoradores ser popular no Python. O outro é que, se você pensar, ao criar o decorador `check_logged_in`, você conseguiu escrever um código que *aumenta uma função existente com um código extra, mudando o comportamento da função existente sem mudar o código.* Quando foi apresentada pela primeira vez neste capítulo, essa ideia foi descrita como "estranha". Mas agora que você terminou, realmente não é nada de mais, é?

Os decoradores não são estranhos; são divertidos.

Criando Mais Decoradores

Com o processo de criar o decorador check _ logged _ in para trás, você pode usar seu código como a base de qualquer novo decorador criado de agora em diante.

Para facilitar a vida, veja um modelo de código genérico (no arquivo tmpl _ decorator.py) que você pode usar como base de qualquer novo decorador escrito:

```python
from functools import wraps

def decorator_name(func):
    @wraps(func)
    def wrapper(*args, **kwargs):
        # 1. Code to execute BEFORE calling the decorated function.

        # 2. Call the decorated function as required, returning its
        #    results if needed.
        return func(*args, **kwargs)

        # 3. Code to execute INSTEAD of calling the decorated function.
    return wrapper
```

Substitua estes comentários pelo código do novo decorador.

Este modelo de código pode ser ajustado quando necessário para se adequar às suas necessidades. Você precisa apenas nomear devidamente o novo decorador, e então substituir os três comentários no modelo pelo código específico do seu decorador.

Se fizer sentido para o novo decorador chamar a função decorada sem retornar os resultados, tudo bem. Afinal, o que você coloca na função wrapper é seu código, e você está livre para fazer o que quiser.

Perguntas Idiotas (não existem)

P: Os decoradores não são como o gerenciador de contexto do último capítulo, no sentido de que ambos permitem integrar o código com uma funcionalidade adicional?

R: É uma ótima pergunta. A resposta é: sim *e* não. Sim, os decoradores e os gerenciadores de contexto aumentam o código existente com uma lógica adicional. Mas não, não são iguais. Os decoradores estão preocupados especificamente em aumentar as funções existentes com uma funcionalidade adicional, ao passo que os gerenciadores de contexto estão mais interessados em assegurar que seu código seja executado dentro de um contexto específico, providenciando que o código seja executado antes de uma instrução with, assim como assegurando que o código **sempre** seja executado após uma instrução with. É possível fazer algo parecido com os decoradores, porém a maioria dos programadores Python veria você como sendo um pouco maluco se tentasse isso. E mais, note que o código do decorador não tem nenhuma obrigação de fazer nada depois de chamar a função decorada (como é o caso com o decorador check _ logged _ in, que não faz nada). Esse comportamento do decorador é muito diferente do protocolo que os gerenciadores de contexto deveriam seguir.

voltando a *vsearch4web.py*

Volte para Restringir o Acesso a /viewlog

Ah-há! Agora que posso limitar as páginas de "simple_webapp.py", posso fazer algo parecido com "vsearch4web.py" também, certo?

Não é o caso de "fazer algo parecido": é EXATAMENTE a mesma coisa. É o mesmo código; apenas reutilize o decorador e as funções do_login e do_logout.

Agora que você criou um mecanismo que permite limitar o acesso a certas URLs em `simple_webapp.py`, fica óbvio aplicar o mesmo mecanismo em qualquer outro aplicativo web.

Isso inclui `vsearch4web.py`, no qual você tinha uma exigência de restringir o acesso à URL */viewlog*. Você precisa apenas copiar as funções `do_login` e `do_logout` de `simple_webapp.py` para `vsearch4web.py`, importar o módulo `checker.py` e decorar a função `view_the_log` com `check_logged_in`. Certamente você pode querer adicionar uma sofisticação a `do_login` e `do_logout` (talvez, verificando as credenciais do usuário em relação às armazenadas em um banco de dados), mas — em relação a restringir o acesso a certas URLs — o decorador `check_logged_in` faz grande parte do trabalho pesado para você.

decoradores **da função**

O Que Vem Depois?

Em vez de usar muitas páginas fazendo com `vsearch4web.py` o que você acabou de fazer gastando tempo com `simple_webapp.py`, deixaremos o ajuste de `vsearch4web.py` para você fazer *sozinho*. No início do próximo capítulo, apresentaremos uma versão atualizada do aplicativo web `vsearch4web.py` para você comparar com o seu, pois nosso código atualizado é usado para estruturar a análise no capítulo seguinte.

Até agora, todo o código neste livro foi escrito com a suposição de que nada ruim acontece e nada dá errado. Essa foi uma estratégia deliberada de nossa parte, pois queríamos assegurar que você tivesse uma boa compreensão do Python antes de entrarmos em tópicos como a correção do erro, como evitar erros, detecção de erros, tratamento das exceções e outros.

Agora chegamos no ponto no qual podemos não seguir mais essa estratégia. Os ambientes nos quais nosso código é executado são reais, e as coisas podem dar (e dão) errado. Algumas coisas podem ser corrigidas (ou evitadas), e outras não. Se possível, você desejará que seu código lide ao máximo com as situações de erro, resultando apenas em uma paralisação quando algo realmente excepcional acontecer, estando além de seu controle. No próximo capítulo, veremos várias estratégias para decidir o que é razoável fazer quando as cosias dão errado.

Porém, antes disso, veja uma revisão rápida dos principais pontos deste capítulo.

PONTOS DE BALA

- Quando você precisar armazenar o estado no lado do servidor em um aplicativo web Flask, use o dicionário **session** (e não esqueça de definir uma **secret_key** difícil de adivinhar).

- Você pode passar uma função como um argumento para outra função. Usar o nome da função (sem parênteses) fornece um **objeto de função**, que pode ser manipulado como qualquer outra variável.

- Quando você usa um objeto de função como argumento para uma função, pode fazer com que a função receptora **chame** o objeto de função passado anexando parênteses.

- Uma função pode ser **aninhada** dentro do suíte da função incluída (e é visível apenas no escopo incluído).

- Além de aceitar um objeto de função como argumento, as funções podem **retornar** uma função aninhada como um valor de retorno.

- ***args** é uma abreviação de "expandir para uma lista de itens".

- ****kwargs** é uma abreviação de "expandir para um dicionário de chaves e valores". Quando você vir "kw", pense em "keywords" (palavras-chave)

- ***** e ****** também podem ser usados "no caminho", no sentido de que uma lista ou coleção de palavras-chave pode ser passada para uma função como um argumento (expansível).

- Usar (***args**, ****kwargs**) como uma **assinatura da função** permite criar funções que aceitam qualquer quantidade e tipo de argumento.

- Usando os novos recursos da função deste capítulo, você aprendeu como criar um **decorador da função**, que muda o comportamento de uma função existente sem precisar mudar o código real dela. Isso parece estranho, mas é bem divertido (e muito útil também).

Código do Capítulo 10, 1 de 2

Este é "quick_session.py".

```python
from flask import Flask, session

app = Flask(__name__)

app.secret_key = 'YouWillNeverGuess'

@app.route('/setuser/<user>')
def setuser(user: str) -> str:
    session['user'] = user
    return 'User value set to: ' + session['user']


@app.route('/getuser')
def getuser() -> str:
    return 'User value is currently set to: ' + session['user']

if __name__ == '__main__':
    app.run(debug=True)
```

Este é "checker.py", que contém o código para o decorador do capítulo: "check_logged_in".

```python
from flask import session

from functools import wraps

def check_logged_in(func):
    @wraps(func)
    def wrapper(*args, **kwargs):
        if 'logged_in' in session:
            return func(*args, **kwargs)
        return 'You are NOT logged in.'
    return wrapper
```

Este é "tmpl_decorator.py", que é um decorador útil — criando um modelo para você reutilizar quando achar adequado.

```python
from functools import wraps

def decorator_name(func):
    @wraps(func)
    def wrapper(*args, **kwargs):
        # 1. Code to execute BEFORE calling the decorated function.

        # 2. Call the decorated function as required, returning its
        #    results if needed.
        return func(*args, **kwargs)

        # 3. Code to execute INSTEAD of calling the decorated function.
    return wrapper
```

Código do Capítulo 10, 2 de 2

```
from flask import Flask, session

from checker import check_logged_in

app = Flask(__name__)


@app.route('/')
def hello() -> str:
    return 'Hello from the simple webapp.'


@app.route('/page1')
@check_logged_in
def page1() -> str:
    return 'This is page 1.'


@app.route('/page2')
@check_logged_in
def page2() -> str:
    return 'This is page 2.'


@app.route('/page3')
@check_logged_in
def page3() -> str:
    return 'This is page 3.'


@app.route('/login')
def do_login() -> str:
    session['logged_in'] = True
    return 'You are now logged in.'


@app.route('/logout')
def do_logout() -> str:
    session.pop('logged_in')
    return 'You are now logged out.'


app.secret_key = 'YouWillNeverGuessMySecretKey'

if __name__ == '__main__':
    app.run(debug=True)
```

Este é "simple_webapp.py", que reúne todo o código deste capítulo. Quando você precisar restringir o acesso a URLs específicas, baseie sua estratégia no mecanismo deste aplicativo web.

Achamos que o uso dos decoradores facilita a leitura e o entendimento do código deste aplicativo web. E você? ☺

11 tratamento de exceções

O Que Fazer Quando as Coisas Dão Errado

Testei a corda para saber se ela pode arrebentar... o que poderia dar errado?

As coisas dão errado, o tempo todo — não importa o quanto seu código é bom. Você executou com sucesso todos os exemplos neste livro e provavelmente está confiante de que todo o código apresentado até então funciona. Mas isso significa que o código é robusto? Provavelmente não. Escrever um código com base na suposição de que nada ruim acontecerá é (na melhor as hipóteses) ingênuo. No pior caso, é perigoso, pois coisas imprevistas acontecem (e acontecerão). Será muito melhor se você for cuidadoso ao codificar, em vez de confiar. O cuidado é necessário para assegurar que seu código fará o que você deseja, assim como reagirá devidamente quando as coisas correrem mal. Neste capítulo, você não só verá o que pode dar errado, como também aprenderá o que fazer quando (e geralmente antes) as coisas derem errado.

este é um novo capítulo

procurando *problemas*

Exercício

Estamos iniciando este capítulo indo diretamente ao ponto. Abaixo está apresentado o código mais recente do aplicativo web `vsearch4web.py`. Como você verá, atualizamos o código para usar o decorador `check_logged_in` do último capítulo para controlar quando as informações apresentadas pela URL */viewlog* são visíveis (e não) para os usuários.

Leve o tempo necessário para ler o código, e use um lápis para circular e anotar as partes que você acha que podem causar problemas ao operar em um ambiente de produção. Destaque *tudo* que você acha que pode causar um problema, não apenas os problemas ou erros de execução em potencial.

```python
from flask import Flask, render_template, request, escape, session
from vsearch import search4letters

from DBcm import UseDatabase
from checker import check_logged_in

app = Flask(__name__)

app.config['dbconfig'] = {'host': '127.0.0.1',
                          'user': 'vsearch',
                          'password': 'vsearchpasswd',
                          'database': 'vsearchlogDB', }

@app.route('/login')
def do_login() -> str:
    session['logged_in'] = True
    return 'You are now logged in.'

@app.route('/logout')
def do_logout() -> str:
    session.pop('logged_in')
    return 'You are now logged out.'

def log_request(req: 'flask_request', res: str) -> None:
    with UseDatabase(app.config['dbconfig']) as cursor:
        _SQL = """insert into log
                  (phrase, letters, ip, browser_string, results)
                  values
                  (%s, %s, %s, %s, %s)"""
        cursor.execute(_SQL, (req.form['phrase'],
                              req.form['letters'],
                              req.remote_addr,
                              req.user_agent.browser,
                              res, ))
```

tratamento de ***exceções***

```
@app.route('/search4', methods=['POST'])
def do_search() -> 'html':
    phrase = request.form['phrase']
    letters = request.form['letters']
    title = 'Here are your results:'
    results = str(search4letters(phrase, letters))
    log_request(request, results)
    return render_template('results.html',
                           the_title=title,
                           the_phrase=phrase,
                           the_letters=letters,
                           the_results=results,)


@app.route('/')
@app.route('/entry')
def entry_page() -> 'html':
    return render_template('entry.html',
                           the_title='Welcome to search4letters on the web!')


@app.route('/viewlog')
@check_logged_in
def view_the_log() -> 'html':
    with UseDatabase(app.config['dbconfig']) as cursor:
        _SQL = """select phrase, letters, ip, browser_string, results
                  from log"""
        cursor.execute(_SQL)
        contents = cursor.fetchall()
    titles = ('Phrase', 'Letters', 'Remote_addr', 'User_agent', 'Results')
    return render_template('viewlog.html',
                           the_title='View Log',
                           the_row_titles=titles,
                           the_data=contents,)


app.secret_key = 'YouWillNeverGuessMySecretKey'

if __name__ == '__main__':
    app.run(debug=True)
```

identificando os *problemas*

Exercício Solução

Você levou o tempo necessário para ler o código mostrado abaixo (que é uma versão atualizada do aplicativo web vsearch4web.py). Então, usando um lápis, você teve que circular e anotar as partes que achou que poderiam causar problemas ao operar em um ambiente de produção. Teve que destacar tudo que achou que poderia causar um problema, não apenas problemas ou erros de execução em potencial. (Numeramos nossas anotações para facilitar a referência.)

```python
from flask import Flask, render_template, request, escape, session
from vsearch import search4letters

from DBcm import UseDatabase
from checker import check_logged_in

app = Flask(__name__)

app.config['dbconfig'] = {'host': '127.0.0.1',
                          'user': 'vsearch',
                          'password': 'vsearchpasswd',
                          'database': 'vsearchlogDB', }

@app.route('/login')
def do_login() -> str:
    session['logged_in'] = True
    return 'You are now logged in.'

@app.route('/logout')
def do_logout() -> str:
    session.pop('logged_in')
    return 'You are now logged out.'

def log_request(req: 'flask_request', res: str) -> None:
    with UseDatabase(app.config['dbconfig']) as cursor:
        _SQL = """insert into log
                  (phrase, letters, ip, browser_string, results)
                  values
                  (%s, %s, %s, %s, %s)"""
        cursor.execute(_SQL, (req.form['phrase'],
                              req.form['letters'],
                              req.remote_addr,
                              req.user_agent.browser,
                              res, ))
```

1. O que acontece se a conexão do banco de dados falha?

2. Estas instruções SQL são protegidas dos ataques desagradáveis baseados na web, como a injeção de SQL ou ataque XSS?

3. O que acontece se demorar muito para estas instruções SQL executarem?

tratamento de **exceções**

```
@app.route('/search4', methods=['POST'])
def do_search() -> 'html':
    phrase = request.form['phrase']
    letters = request.form['letters']
    title = 'Here are your results:'
    results = str(search4letters(phrase, letters))
    log_request(request, results)
    return render_template('results.html',
                           the_title=title,
                           the_phrase=phrase,
                           the_letters=letters,
                           the_results=results,)
```

⟵ 4. O que acontece se esta chamada falha?

```
@app.route('/')
@app.route('/entry')
def entry_page() -> 'html':
    return render_template('entry.html',
                           the_title='Welcome to search4letters on the web!')


@app.route('/viewlog')
@check_logged_in
def view_the_log() -> 'html':
    with UseDatabase(app.config['dbconfig']) as cursor:
        _SQL = """select phrase, letters, ip, browser_string, results
                  from log"""
        cursor.execute(_SQL)
        contents = cursor.fetchall()
    titles = ('Phrase', 'Letters', 'Remote_addr', 'User_agent', 'Results')
    return render_template('viewlog.html',
                           the_title='View Log',
                           the_row_titles=titles,
                           the_data=contents,)


app.secret_key = 'YouWillNeverGuessMySecretKey'

if __name__ == '__main__':
    app.run(debug=True)
```

os problemas

Os Bancos de Dados Não Estão Sempre Disponíveis

Identificamos quatro problemas em potencial no código `vsearch4web.py` e admitimos que pode haver muito mais, mas nos preocuparemos com estes quatro agora. Vamos considerar cada um dos quatro problemas com detalhes (o que faremos aqui e nas próximas páginas simplesmente os descrevendo; *trabalharemos nas soluções depois no capítulo*). Primeiro vem a preocupação com o banco de dados de back-end:

> **1** **O que acontece se a conexão do banco de dados falha?**
>
> Nosso aplicativo web supõe alegremente que o banco de dados de back-end está sempre operando e disponível, mas pode não estar (por vários motivos). No momento, não está claro o que acontece quando o banco de dados está inativo, pois nosso código não considera essa eventualidade.

Vejamos o que acontece se *desativarmos* temporariamente o banco de dados de back-end. Como se pode ver abaixo, nosso aplicativo web carrega sem problemas, mas assim que fazemos algo, aparece uma mensagem de erro intimidadora:

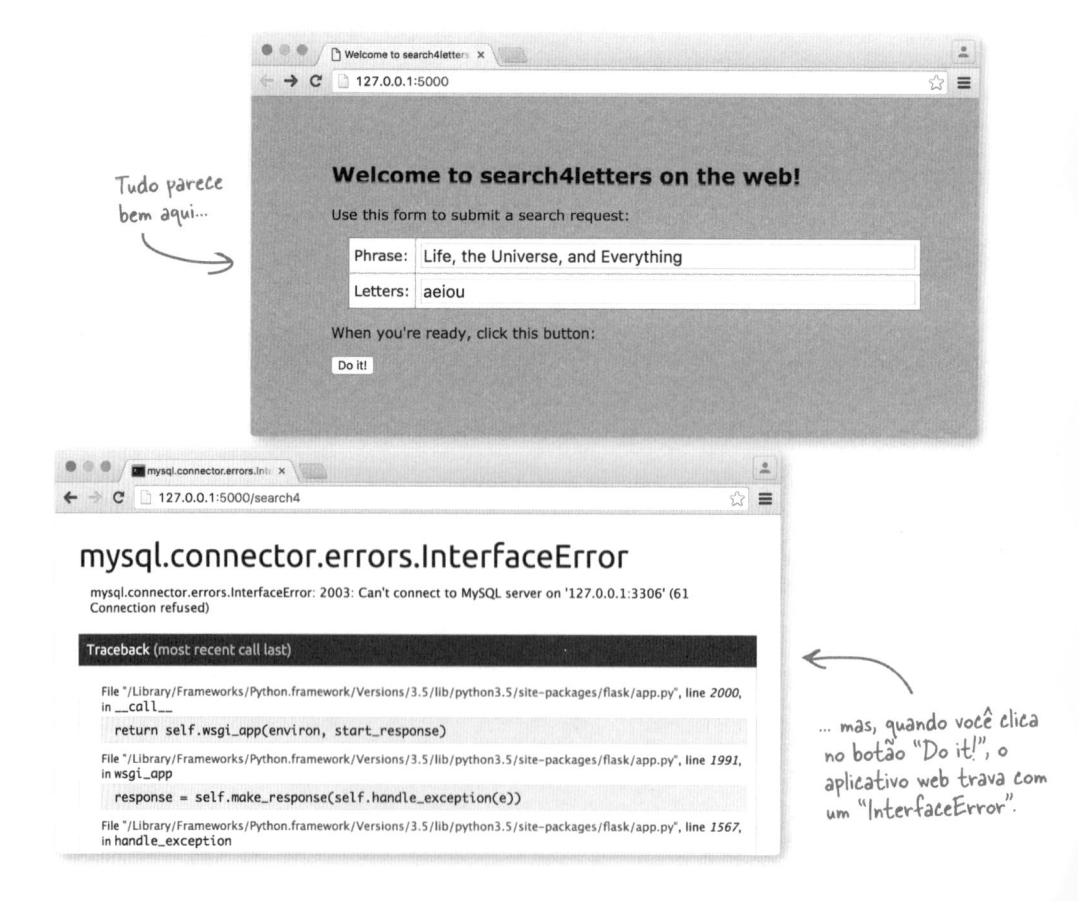

Tudo parece bem aqui...

Welcome to search4letters on the web!

Use this form to submit a search request:

| Phrase: | Life, the Universe, and Everything |
| Letters: | aeiou |

When you're ready, click this button:
[Do it!]

127.0.0.1:5000/search4

mysql.connector.errors.InterfaceError

mysql.connector.errors.InterfaceError: 2003: Can't connect to MySQL server on '127.0.0.1:3306' (61 Connection refused)

Traceback (most recent call last)

File "/Library/Frameworks/Python.framework/Versions/3.5/lib/python3.5/site-packages/flask/app.py", line 2000, in __call__
    return self.wsgi_app(environ, start_response)

File "/Library/Frameworks/Python.framework/Versions/3.5/lib/python3.5/site-packages/flask/app.py", line 1991, in wsgi_app
    response = self.make_response(self.handle_exception(e))

File "/Library/Frameworks/Python.framework/Versions/3.5/lib/python3.5/site-packages/flask/app.py", line 1567, in handle_exception

... mas, quando você clica no botão "Do it!", o aplicativo web trava com um "InterfaceError".

tratamento de exceções

Os Ataques da Web São um Problema Real

Assim como se preocupar com os problemas no banco de dados de back-end, você também precisa se preocupar com as pessoas maldosas que tentam fazer coisas desagradáveis com seu aplicativo web, o que nos leva ao segundo problema:

2   Nosso aplicativo web está protegido dos ataques da web?

Os termos *injeção de SQL (SQLi)* e *script cross-site (XSS)* levam medo ao coração de todo desenvolvedor web. O primeiro permite que os invasores explorem o banco de dados de back-end, ao passo que o último permite que eles explorem o site. Existem outras explorações com as quais você precisará se preocupar, mas estas são as "duas grandes".

Como no primeiro problema, vejamos o que acontece quando tentamos simular essas explorações no aplicativo web. Como você pode ver, parece que estamos prontos para elas:

Se você tentar injetar o SQL na interface da web, não haverá efeito (exceto a saída "search4letters" esperada).

Qualquer tentativa de explorar o XSS inserindo o JavaScript no aplicativo web não terá efeito.

O JavaScript não é executado (felizmente); é tratado como qualquer outro dado textual enviado para o aplicativo web.

mais problemas

A Entrada-Saída É (Algumas Vezes) Lenta

No momento, nosso aplicativo web se comunica com o banco de dados de back-end de um modo quase instantâneo, e os usuários do aplicativo notam pouco ou nenhum atraso quando ele interage com o banco de dados. Mas imagine se as interações com o banco de dados de back-end demorassem um tempo, talvez segundos:

> **3** **O que acontece se algo demora muito?**
> Talvez o banco de dados de back-end esteja em outra máquina, outro prédio, outro continente... o que aconteceria?

As comunicações com o banco de dados de back-end podem demorar um pouco. Na verdade, sempre que seu código tem que interagir com algo que é externo (por exemplo: um arquivo, banco de dados, rede ou qualquer coisa), a interação pode demorar um pouco, com a determinação geralmente estando além de seu controle. Apesar dessa falta de controle, você tem que estar ciente de que algumas operações podem ser demoradas.

Para demonstrar o problema, vamos adicionar um atraso *artificial* ao nosso aplicativo web (usando a função `sleep`, que faz parte do módulo `time` da biblioteca padrão). Adicione esta linha de código ao início do aplicativo web (perto das outras instruções `import`):

```
from time import sleep
```

Com a instrução `import` acima inserida, edite a função `log_request` e insira esta linha de código antes da instrução `with`:

```
sleep(15)
```

Se você reiniciar o aplicativo web, e então iniciar uma pesquisa, haverá um atraso bem notável enquanto o navegador da web aguardar que o aplicativo se atualize. Quanto aos atrasos da web, 15 segundos parecem uma eternidade, fazendo com que a maioria dos usuários do seu aplicativo web acredite que algo *travou*:

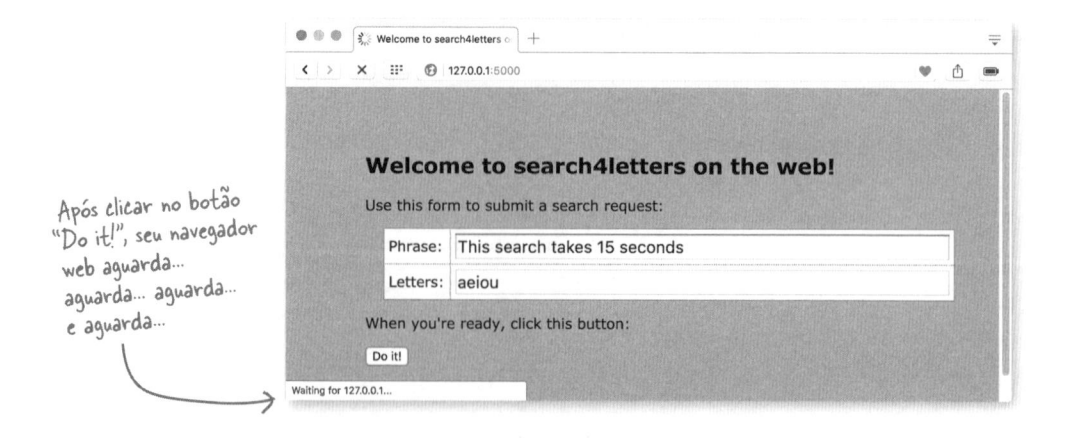

Após clicar no botão "Do it!", seu navegador web aguarda... aguarda... aguarda... e aguarda...

> **Welcome to search4letters on the web!**
> Use this form to submit a search request:
> Phrase: This search takes 15 seconds
> Letters: aeiou
> When you're ready, click this button:
> Do it!
>
> Waiting for 127.0.0.1...

tratamento de exceções

As Chamadas da Função Podem Falhar

O problema final identificado durante o exercício de abertura do capítulo tem relação com a chamada da função para `log_request` na função `do_search`:

4 **O que acontece se uma chamada da função falha?**
Nunca há a garantia de que uma chamada da função terá sucesso, especialmente se a função em questão interage com algo externo ao código.

Já vimos o que pode acontecer quando o banco de dados de back-end fica indisponível — o aplicativo web trava com um `InterfaceError`:

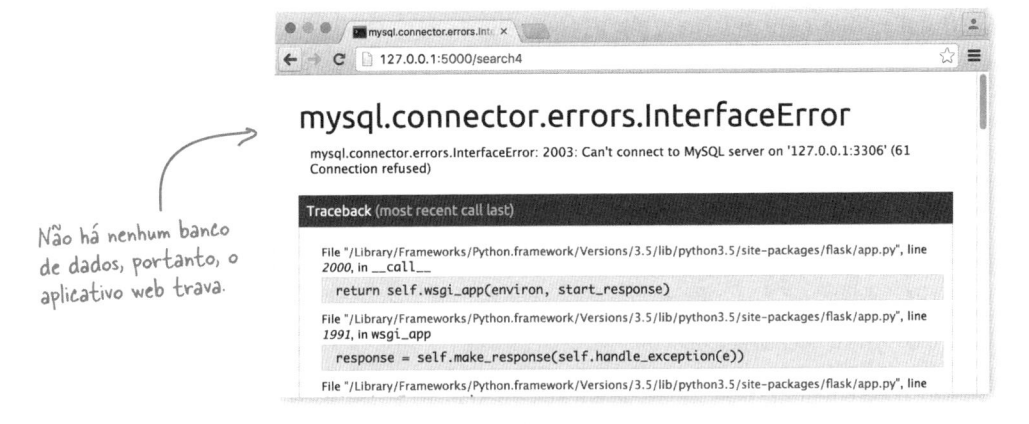

> Não há nenhum banco de dados, portanto, o aplicativo web trava.

Outros problemas também podem aparecer. Para simular outro erro, encontre a linha **sleep(15)** adicionada na análise do Problema 3 e a substitua por uma instrução simples: **raise**. Quando executada pelo interpretador, `raise` forçará um erro de execução. Se você experimentar o aplicativo web de novo, um erro *diferente* ocorrerá:

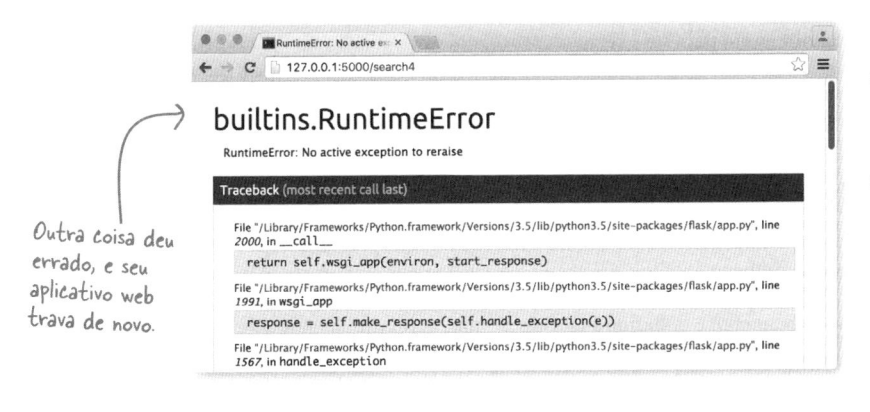

> Outra coisa deu errado, e seu aplicativo web trava de novo.

> Antes de virar a página, remova a chamada para "raise" do código para assegurar que o aplicativo web comece a funcionar de novo.

você está aqui ▶ **421**

o que fazer?

Considerando os Problemas Identificados

Identificamos quatro problemas no código `vsearch4web.py`. Vamos rever cada um e considerar nossos próximos passos.

1. A conexão do banco de dados falha

Os erros ocorrem sempre que um sistema externo, com o qual seu código conta, fica indisponível. O interpretador informou um `InterfaceError` quando isso aconteceu. É possível identificar e reagir a esses tipos de erro usando o mecanismo de tratamento de exceção predefinido do Python. Se você puder identificar quando um erro ocorre, então poderá fazer algo com ele.

2. O aplicativo está sujeito a um ataque

Embora seja possível justificar que a preocupação com os ataques em seu aplicativo seja apenas uma consideração dos desenvolvedores web, sempre vale a pena considerar desenvolver práticas que melhorem a robustez do código escrito. Com o `vsearch4web.py`, lidar com os "dois grandes" vetores de ataque da web, *injeção de SQL (SQLi)* e *XSS*, parece ser bem útil. É mais uma feliz coincidência do que uma questão de design de sua parte, pois a biblioteca Jinja2 foi criada para se proteger do *XSS* por padrão, aplicando o escape em qualquer string potencialmente problemática (lembre-se de que o JavaScript que tentamos usar para fazer nosso aplicativo web ser executado não teve nenhum efeito). Quanto ao *SQLi*, o uso das strings SQL com parâmetros da DB-API (com todos os espaços ? reservados) assegura — novamente, graças ao modo como esses módulos foram planejados — que seu código seja protegido de uma classe inteira de ataques.

> **Código Sério**
>
> Se você quiser aprender mais sobre o *SQLi* e *XSS*, a Wikipedia é um ótimo lugar para começar. Veja *https://en.wikipedia.org/wiki/SQL_injection* e *https://en.wikipedia.org/wiki/Cross-site_scripting* (conteúdos em inglês), respectivamente. E lembre-se, existem muitos outros tipos de ataque que podem causar problemas no aplicativo. Estes são apenas os dois principais.

3. Seu código demora muito para ser executado

Se seu código demora muito para ser executado, você terá que considerar o impacto na experiência do usuário. Se seu usuário não notar, então provavelmente estará tudo bem. Contudo, se ele tiver que aguardar, você poderá ter que fazer algo (do contrário, o usuário poderá decidir que a espera não vale a pena e ir para outro lugar).

4. A chamada da função falha

Não são apenas os sistemas externos que geram exceções no interpretador — seu código pode gerar exceções também. Quando isso acontece, você precisa estar pronto para identificar a exceção, e então se recuperar quando necessário. O mecanismo usado para permitir esse comportamento é o mesmo sugerido na análise do problema 1 acima.

Portanto, onde *começamos* ao lidar com esses quatro problemas? É possível usar o mesmo mecanismo para lidar com os problemas 1 e 4, portanto, é onde começaremos.

Sempre Tente Executar o Código com Tendência a Erros

Quando algo dá errado com seu código, o Python gera uma **exceção** de execução. Pense em uma exceção como uma paralisação do programa controlada e inicializada pelo interpretador.

Como você viu nos problemas 1 e 4, as exceções podem ser geradas sob muitas circunstâncias diferentes. Na verdade, o interpretador vem com um grande número de tipos de exceção predefinidos, dos quais `RuntimeError` (do problema 4) é apenas um exemplo. Assim como os tipos de exceção predefinidos, é possível definir suas próprias exceções personalizadas, e você viu um exemplo disso também: a exceção `InterfaceError` (do problema 1) é definida pelo módulo *MySQL Connector*.

Para identificar (e, felizmente, recuperar) uma exceção de execução, utilize a instrução `try` do Python, que pode ajudar a gerenciar as exceções quando elas ocorrem durante a execução.

Para ver `try` em ação, primeiro vamos considerar um fragmento de código que pode falhar quando executado. Veja as três linhas de código com aparência inocente, mas potencialmente problemáticas, a considerar:

> Para obter uma lista completa das exceções predefinidas, veja https://docs.python.org/3/library/exceptions.html (conteúdo em inglês).

```
with open('myfile.txt') as fh:
    file_data = fh.read()
print(file_data)
```

> Não há nada estranho nem maravilhoso aqui: o arquivo nomeado é aberto, e seus dados são obtidos e exibidos na tela.

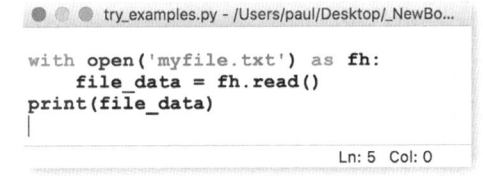

Não há nada de errado com essas três linhas de código, e — como escrito atualmente — elas serão executadas. Contudo, o código poderá falhar se não conseguir acessar `myfile.txt`. Talvez o arquivo não exista ou seu código não tenha as permissões necessárias de leitura do arquivo. Quando o código falha, uma exceção é gerada:

> Quando ocorre um erro de execução, o Python exibe um "rastreamento", que detalha o que deu errado e onde. Neste caso, o interpretador acha que o problema está na linha 2.

```
Python 3.5.1 Shell
>>>
========= RESTART: /Users/paul/Desktop/_NewBook/ch11/try_examples.py =========
Traceback (most recent call last):
  File "/Users/paul/Desktop/_NewBook/ch11/try_examples.py", line 2, in <module>
    with open('myfile.txt') as fh:
FileNotFoundError: [Errno 2] No such file or directory: 'myfile.txt'
>>>
>>>
```

> Opa!

> Apesar de ser feia, a mensagem de rastreamento é útil.

Vamos começar aprendendo o que `try` pode fazer ajustando o fragmento de código acima para se proteger da exceção `FileNotFoundError`.

Capturar um Erro Não É o Suficiente

Quando ocorre um erro de execução, uma exceção é **gerada**. Se você *ignora* uma exceção gerada, isso é referido como **não capturada**, o interpretador termina seu código, e então exibe uma mensagem de erro de execução (como mostrado no exemplo no final da última página). Dito isso, as exceções geradas também podem ser **capturadas** (ou seja, lidadas) com a instrução `try`. Note que não é suficiente capturar os erros de execução, você *também* tem que decidir o que fará em seguida.

Talvez você decida ignorar deliberadamente a exceção gerada e continuar... com os dedos bem cruzados. Talvez você tente executar outro código no lugar do código que travou e continuar. Ou talvez a melhor coisa a fazer seja registrar o erro o mais claramente possível antes de terminar o aplicativo. Seja qual for sua decisão, a instrução `try` poderá ajudar.

Em sua forma mais básica, a instrução `try` permite reagir sempre que a execução do código resulta em uma exceção gerada. Para proteger o código com try, coloque o código no suíte de `try`. Se ocorrer uma exceção, o código no suíte de `try` terminará, e o código no suíte `except` de `try` será executado. É no suíte `except` que você define o que deseja que aconteça em seguida.

Vamos atualizar o fragmento de código da última página para exibir uma pequena mensagem sempre que a exceção `FileNotFoundError` é gerada. O código à esquerda é o que você tinha antes, ao passo que o código à direita foi corrigido para aproveitar o que `try` e `except` têm a oferecer:

> *Quando um erro de execução é gerado, ele pode ser capturado ou não: "try" permite capturar um erro gerado, e "except" permite fazer algo com ele.*

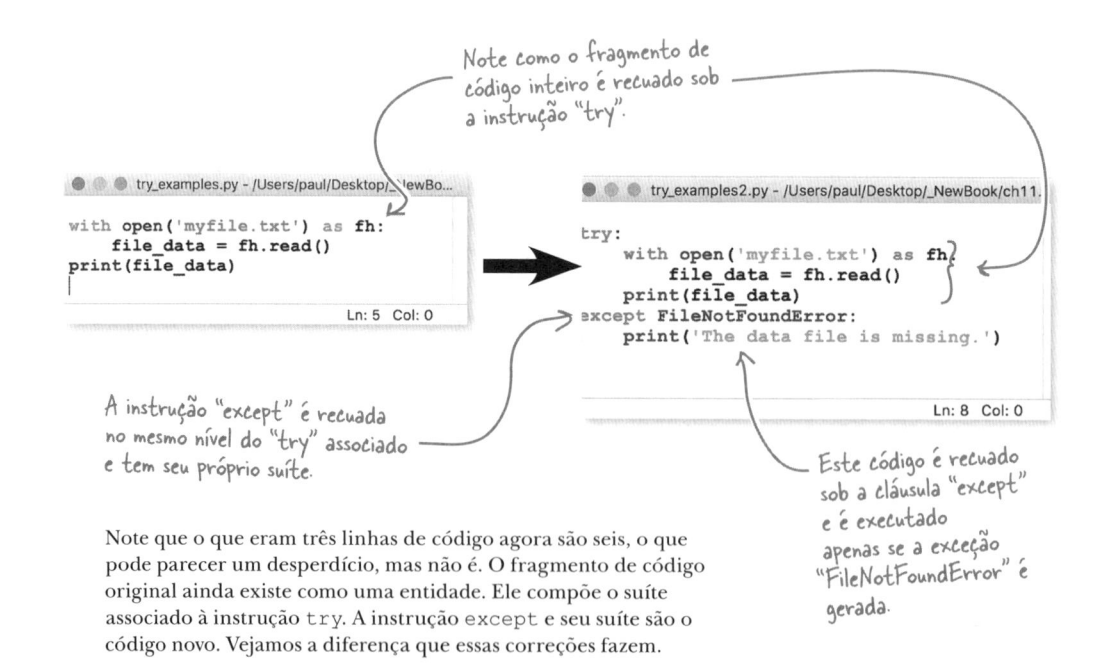

Note como o fragmento de código inteiro é recuado sob a instrução "try".

```
with open('myfile.txt') as fh:
    file_data = fh.read()
print(file_data)
```
`try_examples.py - /Users/paul/Desktop/_NewBo...` Ln: 5 Col: 0

```
try:
    with open('myfile.txt') as fh:
        file_data = fh.read()
    print(file_data)
except FileNotFoundError:
    print('The data file is missing.')
```
`try_examples2.py - /Users/paul/Desktop/_NewBook/ch11.` Ln: 8 Col: 0

A instrução "except" é recuada no mesmo nível do "try" associado e tem seu próprio suíte.

Este código é recuado sob a cláusula "except" e é executado apenas se a exceção "FileNotFoundError" é gerada.

Note que o que eram três linhas de código agora são seis, o que pode parecer um desperdício, mas não é. O fragmento de código original ainda existe como uma entidade. Ele compõe o suíte associado à instrução `try`. A instrução `except` e seu suíte são o código novo. Vejamos a diferença que essas correções fazem.

*tratamento de **exceções***

Test Drive

Vamos levar a versão `try...except` do seu fragmento de código para dar uma volta. Se `myfile.txt` existir e for lido pelo código, o conteúdo aparecerá na tela. Do contrário, uma exceção de execução será gerada. Já sabemos que `myfile.txt` não existe, mas agora, em vez de ver a mensagem de rastreamento feia de antes, o código de tratamento da exceção inicializa, e somos apresentados a uma mensagem mais amistosa (mesmo que nosso fragmento de código *ainda* paralise):

Na primeira vez em que executamos o fragmento de código, o interpretador gerou este rastreamento feio.

```
Python 3.5.1 Shell
>>>
========= RESTART: /Users/paul/Desktop/_NewBook/ch11/try_examples.py =========
Traceback (most recent call last):
  File "/Users/paul/Desktop/_NewBook/ch11/try_examples.py", line 2, in <module>
    with open('myfile.txt') as fh:
FileNotFoundError: [Errno 2] No such file or directory: 'myfile.txt'
>>>
>>>
======== RESTART: /Users/paul/Desktop/_NewBook/ch11/try_examples2.py ========
The data file is missing.
>>>
                                                            Ln: 17  Col: 4
```

A nova versão do código produz muitas mensagens amistosas graças a "try" e "except".

Pode haver mais de uma exceção gerada...

Este novo comportamento é melhor, mas o que acontecerá se `myfile.txt` existir, mas seu código não tiver permissão para lê-lo? Para ver o que acontece, criamos o arquivo, e então definimos suas permissões para simular essa possibilidade. Executar novamente o novo código produzirá esta saída:

Vixi! Voltamos a ver uma mensagem de rastreamento feia, porque um "PermissionError" foi gerado.

```
Python 3.5.1 Shell
>>>
======== RESTART: /Users/paul/Desktop/_NewBook/ch11/try_examples2.py ========
The data file is missing.
>>>
======== RESTART: /Users/paul/Desktop/_NewBook/ch11/try_examples2.py ========
Traceback (most recent call last):
  File "/Users/paul/Desktop/_NewBook/ch11/try_examples2.py", line 3, in <module>
    with open('myfile.txt') as fh:
PermissionError: [Errno 13] Permission denied: 'myfile.txt'
>>>
>>>
                                                            Ln: 24  Col: 4
```

várias exceções

try Uma vez, mas except Muitas Vezes

Para se proteger de outra exceção sendo gerada, basta adicionar outro suíte `except` à instrução `try`, identificando a exceção na qual você está interessado e fornecendo qualquer código considerado necessário no novo suíte de `except`. Veja outra versão atualizada do código que lida com a exceção `PermissionError` (caso ela seja gerada):

Além das exceções "FileNotFoundError", este código também lida com um PermissionError".

```
try:
    with open('myfile.txt') as fh:
        file_data = fh.read()
    print(file_data)
except FileNotFoundError:
    print('The data file is missing.')
except PermissionError:
    print('This is not allowed.')
```

O código nos suítes "except" podem fazer qualquer coisa. Agora cada um exibe uma mensagem amistosa.

Executar este código corrigido ainda resulta na exceção `PermissionError` sendo gerada. Porém, diferentemente de antes, o rastreamento feio foi substituído por uma mensagem muito mais amistosa:

```
>>>
======== RESTART: /Users/paul/Desktop/_NewBook/ch11/try_examples2.py ========
Traceback (most recent call last):
  File "/Users/paul/Desktop/_NewBook/ch11/try_examples2.py", line 3, in <module>
    with open('myfile.txt') as fh:
PermissionError: [Errno 13] Permission denied: 'myfile.txt'
>>>
>>>
======== RESTART: /Users/paul/Desktop/_NewBook/ch11/try_examples3.py ========
This is not allowed.
>>>
```

Isto é muito melhor.

Parece bom: você conseguiu ajustar o que acontece sempre que o arquivo com o qual espera trabalhar não está no lugar (não existe) ou está inacessível (você não tem as permissões corretas). Mas o que acontecerá se uma exceção que você não estava esperando for gerada?

Muitas Coisas Podem Dar Errado

Antes de responder à pergunta levantada no final da última página — *o que acontecerá se uma exceção que você não estava esperando for gerada?* —, veja algumas exceções predefinidas do Python 3 (que são copiadas diretamente da documentação). Não será nenhuma surpresa se você ficar impressionado com a quantidade:

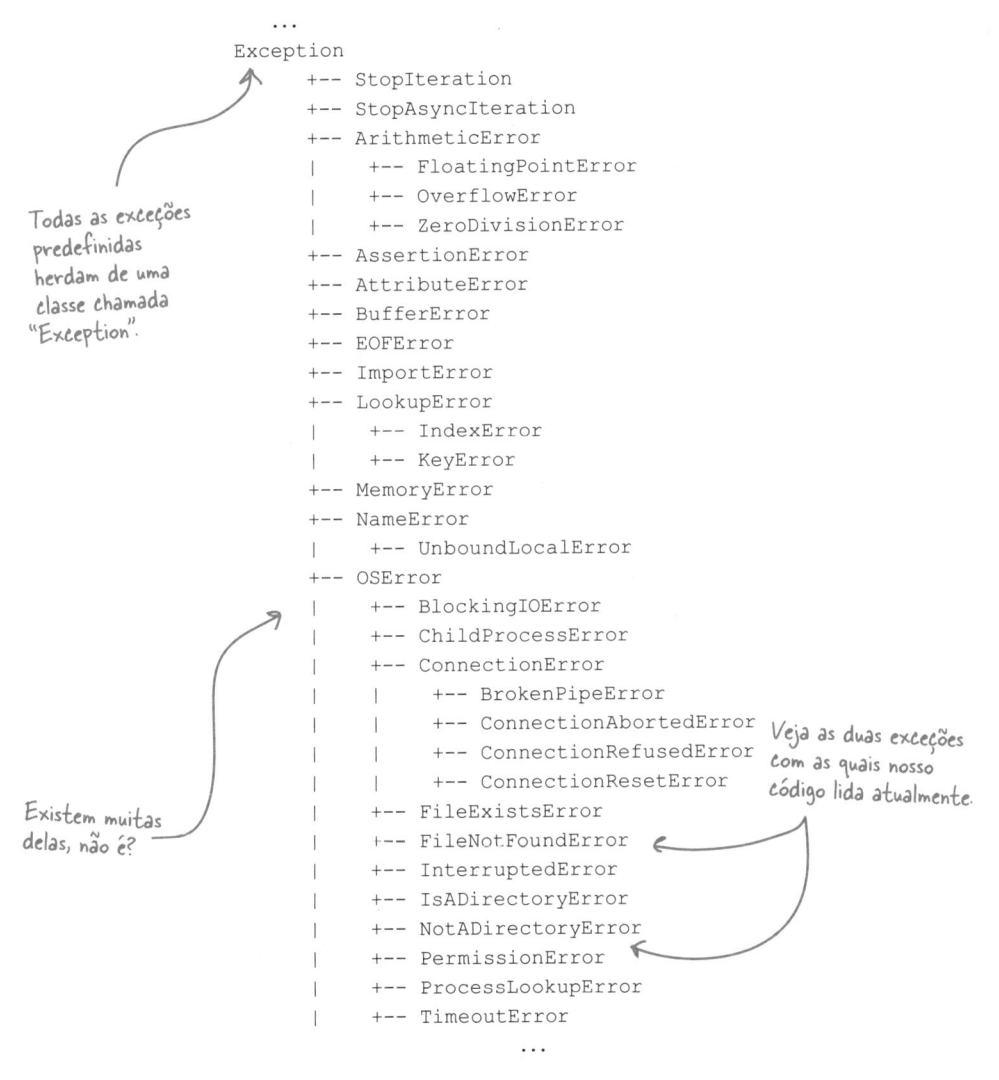

```
 ...
 Exception
    +-- StopIteration
    +-- StopAsyncIteration
    +-- ArithmeticError
    |    +-- FloatingPointError
    |    +-- OverflowError
    |    +-- ZeroDivisionError
    +-- AssertionError
    +-- AttributeError
    +-- BufferError
    +-- EOFError
    +-- ImportError
    +-- LookupError
    |    +-- IndexError
    |    +-- KeyError
    +-- MemoryError
    +-- NameError
    |    +-- UnboundLocalError
    +-- OSError
    |    +-- BlockingIOError
    |    +-- ChildProcessError
    |    +-- ConnectionError
    |    |    +-- BrokenPipeError
    |    |    +-- ConnectionAbortedError
    |    |    +-- ConnectionRefusedError
    |    |    +-- ConnectionResetError
    |    +-- FileExistsError
    |    +-- FileNotFoundError
    |    +-- InterruptedError
    |    +-- IsADirectoryError
    |    +-- NotADirectoryError
    |    +-- PermissionError
    |    +-- ProcessLookupError
    |    +-- TimeoutError
 ...
```

Todas as exceções predefinidas herdam de uma classe chamada "Exception".

Existem muitas delas, não é?

Veja as duas exceções com as quais nosso código lida atualmente.

Seria loucura tentar escrever um suíte except separado para cada uma dessas exceções de execução, pois algumas podem não ocorrer nunca. Porém, outras *podem* ocorrer, e você precisa se preocupar um pouco com elas. Em vez de tentar lidar com cada exceção *individualmente*, o Python permite definir um suíte except **genérico**, que é inicializado sempre que uma exceção de execução ocorre e você não identificou especificamente.

Sub-rotina da Exceção Genérica

Vejamos o que acontece quando ocorre outro erro. Para simular tal ocorrência, mudamos myfile.txt de um arquivo para uma pasta. Vejamos o que acontece quando executamos o código agora:

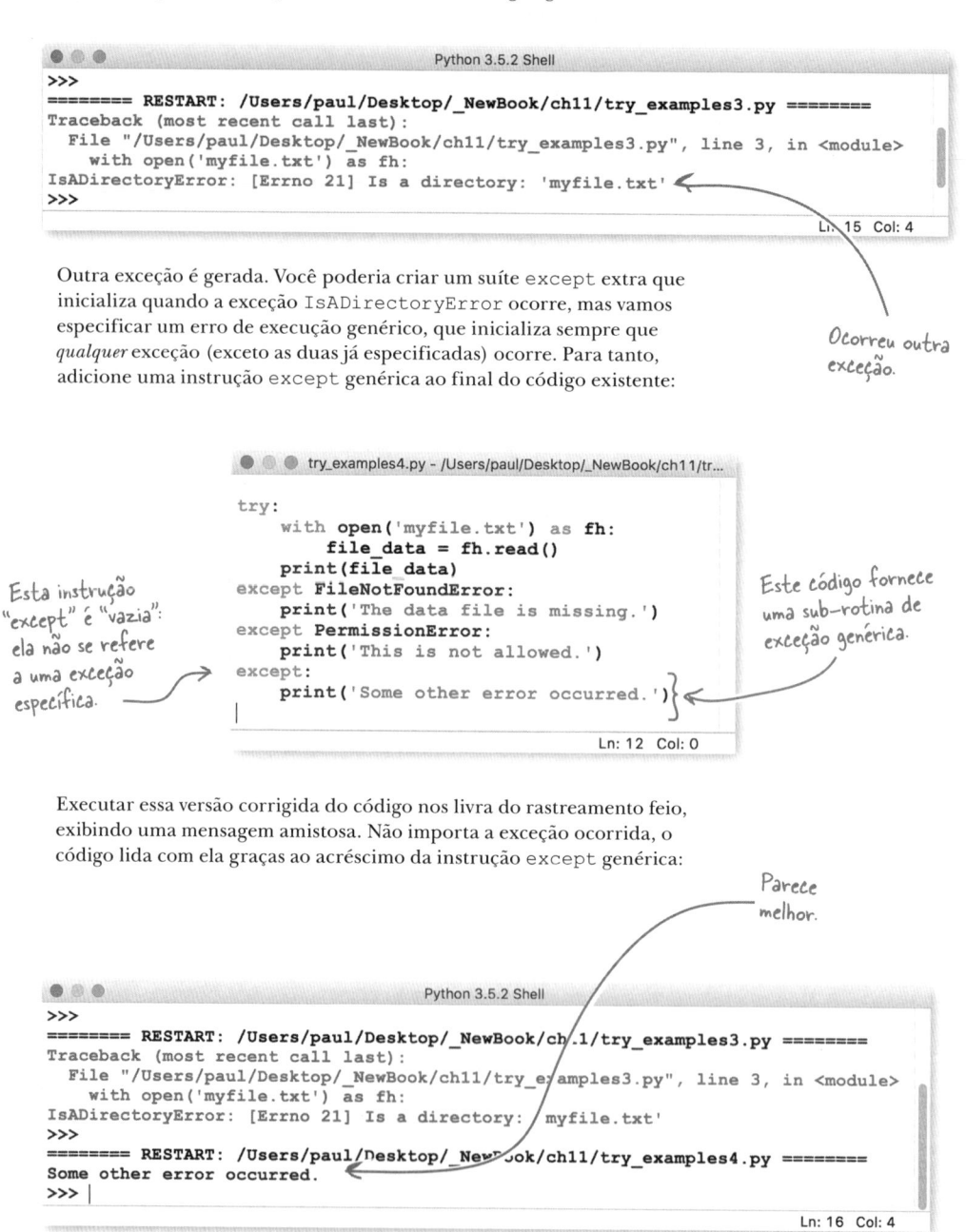

```
>>>
======== RESTART: /Users/paul/Desktop/_NewBook/ch11/try_examples3.py ========
Traceback (most recent call last):
  File "/Users/paul/Desktop/_NewBook/ch11/try_examples3.py", line 3, in <module>
    with open('myfile.txt') as fh:
IsADirectoryError: [Errno 21] Is a directory: 'myfile.txt'
>>>
```

⬅ *Ocorreu outra exceção.*

Outra exceção é gerada. Você poderia criar um suíte except extra que inicializa quando a exceção IsADirectoryError ocorre, mas vamos especificar um erro de execução genérico, que inicializa sempre que *qualquer* exceção (exceto as duas já especificadas) ocorre. Para tanto, adicione uma instrução except genérica ao final do código existente:

```python
try:
    with open('myfile.txt') as fh:
        file_data = fh.read()
    print(file_data)
except FileNotFoundError:
    print('The data file is missing.')
except PermissionError:
    print('This is not allowed.')
except:
    print('Some other error occurred.')
```

Esta instrução "except" é "vazia": ela não se refere a uma exceção específica.

Este código fornece uma sub-rotina de exceção genérica.

Executar essa versão corrigida do código nos livra do rastreamento feio, exibindo uma mensagem amistosa. Não importa a exceção ocorrida, o código lida com ela graças ao acréscimo da instrução except genérica:

Parece melhor.

```
>>>
======== RESTART: /Users/paul/Desktop/_NewBook/ch11/try_examples3.py ========
Traceback (most recent call last):
  File "/Users/paul/Desktop/_NewBook/ch11/try_examples3.py", line 3, in <module>
    with open('myfile.txt') as fh:
IsADirectoryError: [Errno 21] Is a directory: 'myfile.txt'
>>>
======== RESTART: /Users/paul/Desktop/_NewBook/ch11/try_examples4.py ========
Some other error occurred.
>>>
```

Não Perdemos Algo?

> Tudo bem. Entendi o que está acontecendo aqui. Mas o código agora não oculta o fato de que tínhamos um "IsADirectoryError"? Não é importante saber exatamente qual erro você encontrou?

Ah, sim... boa pergunta.

Este último código limpou a saída (no sentido de que o rastreamento feio acabou), mas você também perdeu umas informações importantes: você não sabe mais qual era o problema *específico* do código.

Saber qual exceção foi gerada normalmente é importante, portanto, o Python permite obter os dados associados às informações mais recentes da exceção sobre *como elas estão sendo tratadas*. Há dois modos de fazer isso: usando os recursos do módulo `sys` e usando uma extensão da sintaxe `try/except`.

Vejamos as duas técnicas.

---

não existem Perguntas Idiotas

P: É possível criar uma sub-rotina de exceção genérica que não faz nada?

R: Sim. Em geral, é uma tentação adicionar este suíte `except` ao final de uma instrução `try`:

```
except:
    pass
```

Tente não fazer isso. Este suíte `except` implementa um genérico que *ignora* qualquer outra exceção (provavelmente na esperança equivocada de que, se algo for ignorado, poderá acabar). É uma prática perigosa, pois — no mínimo — uma exceção inesperada deve resultar em uma mensagem de erro aparecendo na tela. Portanto, sempre escreva um código de verificação do erro que lide com as exceções, em vez de ignorá-las.

o que deu errado?

Aprendendo Sobre as Exceções com "sys"

A biblioteca padrão vem com um módulo chamado `sys` que fornece acesso aos interpretadores, *internos* (um conjunto de variáveis e funções disponíveis durante a execução).

Uma função é `exc_info`, que fornece informações sobre a exceção sendo tratada no momento. Quando chamada, `exc_info` retorna uma tupla com três valores, na qual o primeiro valor indica o **tipo** da exceção, o segundo detalha o **valor** da exceção e o terceiro contém um **objeto de rastreamento** que fornece acesso à mensagem de rastreamento (caso você precise dela). Quando não houver nenhuma exceção disponível no momento, `exc_info` retornará um valor nulo do Python para cada um dos valores da tupla assim:`(None, None, None)`.

Sabendo isso, vamos experimentar no shell >>>. Na sessão do IDLE a seguir, escrevemos um código que sempre falhará (pois dividir por zero *nunca* é uma boa ideia). Um suíte `except` genérico usa a função `sys.exc_info` para extrair e exibir os dados relacionados à exceção inicializada no momento:

> Para aprender mais sobre "sys", consulte https://docs.python.org/3/library/sys.html (conteúdo em inglês).

```
Python 3.5.2 Shell
>>>
============================ RESTART: Shell ============================
>>>
>>> import sys          ← Importa o módulo "sys".
>>>
>>> try:                    Dividir por zero *nunca* é uma boa ideia... e quando seu código
        1/0         ←       divide por zero, ocorre uma exceção.
    except:
        err = sys.exc_info()  ←
        for e in err:              Vamos extrair e exibir os dados associados à
            print(e)   ←           exceção que ocorre atualmente.


<class 'ZeroDivisionError'>   ⎫  Veja os dados associados à exceção,
division by zero              ⎬  que confirmam que temos um problema
<traceback object at 0x105b22188>  ⎭  com divisão por zero.
>>>
                                                         Ln: 117 Col: 4
```

É possível se aprofundar mais no objeto de rastreamento para aprender sobre o que aconteceu, mas parece ser muito trabalhoso, não é? Tudo o que realmente queremos saber é qual *tipo* de exceção ocorreu.

Para facilitar isso (e sua vida), o Python estende a sintaxe `try/except` segundo sua conveniência para obter as informações retornadas pela função `sys.exc_info`, e faz isso sem que você precise se lembrar de importar o módulo `sys` nem lidar com a tupla retornada por essa função.

Lembre-se de que, há algumas páginas, o interpretador organiza as exceções em uma hierarquia, com cada exceção herdando da chamada `Exception`. Vamos aproveitar essa organização hierárquica quando reescrevermos nossa sub-rotina de tratamento da exceção genérica.

> Lembre-se da hierarquia de exceções de antes.

```
...
Exception
 +-- StopIteration
 +-- StopAsyncIteration
 +-- ArithmeticError
 |    +-- FloatingPointError
 |    +-- OverflowError
 |    +-- ZeroDivisionError
 +-- AssertionError
 +-- AttributeError
 +-- BufferError
 +-- EOFError
      ...
```

Sub-rotina de Tratamento da Exceção Genérica, Revista

Considere seu código atual, que identifica explicitamente as duas exceções com as quais você deseja lidar (`FileNotFoundError` e `PermissionError`), assim como fornece um suíte except genérico (para lidar com o resto):

```
try:
    with open('myfile.txt') as fh:
        file_data = fh.read()
    print(file_data)
except FileNotFoundError:
    print('The data file is missing.')
except PermissionError:
    print('This is not allowed.')
except:
    print('Some other error occurred.')
```

Este código funciona, mas não informa muito quando ocorre uma exceção inesperada.

Note como, ao referenciar uma exceção *específica*, identificamos a exceção pelo nome após a palavra-chave `except`. Assim como identificamos as exceções específicas após `except`, também é possível identificar as *classes* de exceções usando qualquer nome na hierarquia.

Por exemplo, se você estiver interessado apenas em saber que um erro aritmético ocorreu (em vez de — especificamente — um erro de divisão por zero), poderia especificar `except ArithmeticError`, que capturaria um `FloatingPointError`, `OverflowError` e `ZeroDivisionError`, caso ocorram. Do mesmo modo, se você especificar `except Exception`, capturará *qualquer* erro.

Lembre que todas as exceções herdam de "Exception".

```
...
Exception
    +-- StopIteration
    +-- StopAsyncIteration
    +-- ArithmeticError
    |    +-- FloatingPointError
    |    +-- OverflowError
    |    +-- ZeroDivisionError
    +-- AssertionError
    +-- AttributeError
    +-- BufferError
    +-- EOFError
    ...
```

Mas como isso ajuda... será que você já está capturando todos os erros com uma instrução `except` "vazia"? É verdade: está. Mas você pode estender a instrução `except Exception` com a palavra-chave `as`, que permite atribuir o objeto de exceção atual a uma variável (com `err` sendo um nome muito popular nesta situação) e criar uma mensagem de erro mais informativa. Veja outra versão do código, que usa `except Exception as`:

```
try:
    with open('myfile.txt') as fh:
        file_data = fh.read()
    print(file_data)
except FileNotFoundError:
    print('The data file is missing.')
except PermissionError:
    print('This is not allowed.')
except Exception as err:
    print('Some other error occurred:', str(err))
```

Diferente da exceção "vazia" e genérica acima, esta faz com que o objeto de exceção seja atribuído à variável "err".

O valor de "err" é usado como parte da mensagem amistosa (pois sempre é uma boa ideia informar todas as exceções).

uma última volta

Test Drive

Com isso — a última alteração no código `try`/`except` — aplicado, vamos confirmar se tudo está funcionando como o esperado antes de voltar a `vsearch4web.py` e aplicar o que sabemos agora sobre as exceções no aplicativo web.

Vamos começar confirmando se o código exibe a mensagem correta quando o arquivo não existe:

```
>>>
======== RESTART: /Users/paul/Desktop/_NewBook/ch11/try_examples5.py ========
The data file is missing.
>>>
```
← "myfile.txt" não existe.

Se o arquivo existir mas você não tiver permissão para acessá-lo, uma exceção diferente será gerada:

```
>>>
======== RESTART: /Users/paul/Desktop/_NewBook/ch11/try_examples5.py ========
The data file is missing.
>>>
======== RESTART: /Users/paul/Desktop/_NewBook/ch11/try_examples5.py ========
This is not allowed.
>>>
```
← O arquivo existe, mas você não consegue lê-lo.

Qualquer outra exceção é tratada pelo genérico, exibindo uma mensagem amistosa:

```
>>>
======== RESTART: /Users/paul/Desktop/_NewBook/ch11/try_examples5.py ========
The data file is missing.
>>>
======== RESTART: /Users/paul/Desktop/_NewBook/ch11/try_examples5.py ========
This is not allowed.
>>>
======== RESTART: /Users/paul/Desktop/_NewBook/ch11/try_examples5.py ========
Some other error occurred: [Errno 21] Is a directory: 'myfile.txt'
>>>
```
← Ocorreu outra exceção. Neste caso, o que você pensou ser um arquivo, na verdade, é uma pasta.

Finalmente, se estiver tudo bem, o suíte `try` será executado sem erro, e o conteúdo do arquivo aparecerá na tela:

```
>>>
======== RESTART: /Users/paul/Desktop/_NewBook/ch11/try_examples5.py ========
The data file is missing.
>>>
======== RESTART: /Users/paul/Desktop/_NewBook/ch11/try_examples5.py ========
This is not allowed.
>>>
======== RESTART: /Users/paul/Desktop/_NewBook/ch11/try_examples5.py ========
Some other error occurred: [Errno 21] Is a directory: 'myfile.txt'
>>>
======== RESTART: /Users/paul/Desktop/_NewBook/ch11/try_examples5.py ========
Empty (well... except for this line).
>>>
```
← Sucesso! Não ocorre nenhuma exceção, portanto, o suíte "try" é executado até terminar.

tratamento de exceções

Voltando ao Código do Aplicativo Web

Lembre-se do início deste capítulo, quando identificamos um problema com a chamada para log_request na função do_search de vsearch4web.py. Especificamente, estamos preocupados com o que fazer quando a chamada para log_request falha:

```
    ...
    @app.route('/search4', methods=['POST'])
    def do_search() -> 'html':
        phrase = request.form['phrase']
        letters = request.form['letters']
        title = 'Here are your results:'
        results = str(search4letters(phrase, letters))
        log_request(request, results)        ← 4. O que acontece se
        return render_template('results.html',    esta chamada falha?
                               the_title=title,
                               the_phrase=phrase,
                               the_letters=letters,
                               the_results=results,)
    ...
```

Com base em nossas investigações, aprendemos que essa chamada poderá falhar se o banco de dados de back-end estiver indisponível ou se algum outro erro ocorrer. Quando um erro (de qualquer tipo) ocorre, o aplicativo web responde com uma página de erro não amistosa, provavelmente confundindo (em vez de esclarecer) os usuários do aplicativo:

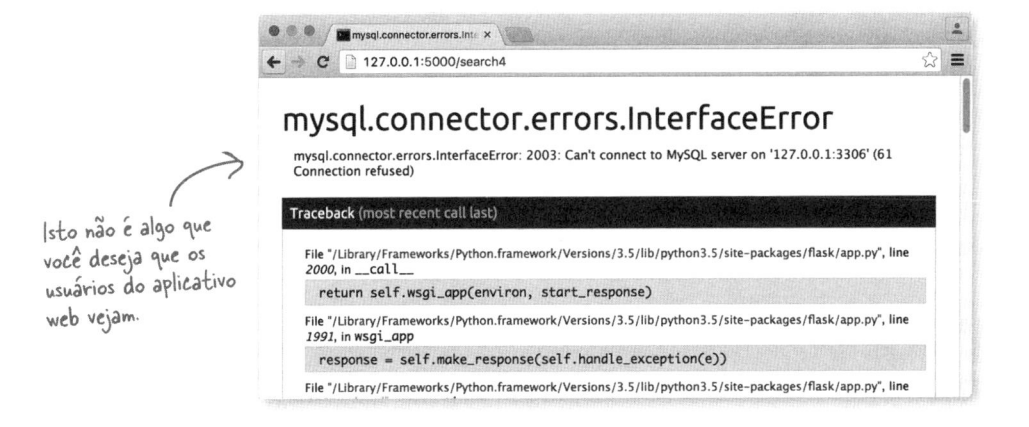

Isto não é algo que você deseja que os usuários do aplicativo web vejam.

mysql.connector.errors.InterfaceError

mysql.connector.errors.InterfaceError: 2003: Can't connect to MySQL server on '127.0.0.1:3306' (61 Connection refused)

Traceback (most recent call last)

File "/Library/Frameworks/Python.framework/Versions/3.5/lib/python3.5/site-packages/flask/app.py", line 2000, in __call__
    return self.wsgi_app(environ, start_response)
File "/Library/Frameworks/Python.framework/Versions/3.5/lib/python3.5/site-packages/flask/app.py", line 1991, in wsgi_app
    response = self.make_response(self.handle_exception(e))
File "/Library/Frameworks/Python.framework/Versions/3.5/lib/python3.5/site-packages/flask/app.py", line

Embora seja importante para nós, o registro de cada solicitação da web não é algo com o qual os usuários do aplicativo web realmente se importam. Tudo que eles querem ver são os resultados da pesquisa. Como consequência, vamos ajustar o código do aplicativo web para que ele lide com os erros em log_request, tratando qualquer exceção gerada *em silêncio*.

você está aqui ▶ **433**

não faça barulho

Lidando com as Exceções Silenciosamente

> Sério? Você está planejando lidar com as exceções geradas por "log_request" em silêncio? Isso não é outra variação de ignorar as exceções e esperar que elas terminem?

Não: "em silêncio" não significa "ignorar".

Quando sugerimos lidar com as exceções *em silêncio* neste contexto, estamos nos referindo a lidar com qualquer exceção gerada de modo que os usuários do aplicativo web não notem. No momento, os usuários *notam*, pois o aplicativo web para com uma página de erro confusa e — sejamos honestos — *assustadora*.

Os usuários do aplicativo web não precisam se preocupar com `log_request` falhando, mas você sim. Portanto, vamos ajustar o código para que as exceções geradas por `log_request` não sejam notadas pelos usuários (ou seja, são silenciadas), mas *sejam* por você.

Perguntas Idiotas *não existem*

P: Todo esse negócio de `try/except` não dificulta a leitura e o entendimento do código?

R: É verdade que o código de exemplo neste capítulo começou como três linhas de código do Python fáceis de entender, e então adicionamos sete linhas de código, que — à primeira vista — não têm nenhuma relação com o que as três primeiras linhas de código estão fazendo. Contudo, é importante proteger o código que pode gerar potencialmente uma exceção, e `try/except` em geral é visto como o melhor modo de fazer isso. Com o tempo, seu cérebro aprenderá a identificar a parte importante (o código que realmente faz o trabalho) que reside no suíte `try` e filtrar os suítes `except` que existem para lidar com as exceções. Ao tentar entender o código que usa `try/except`, sempre leia o suíte `try` primeiro para aprender o que o código faz, e então veja os suítes `except` se precisar entender o que acontece quando as coisas dão errado.

tratamento de exceções

Aponte o seu lápis

Vamos adicionar um código try/except à chamada de do_search da função log_request. Para manter as coisas simples, vamos adicionar uma sub-rotina de exceção genérica na chamada para log_request que, quando inicializada, exibe uma mensagem útil na saída padrão (usando uma chamada para a BIF print). Ao definir uma sub-rotina de exceção genérica, você pode omitir o comportamento de tratamento da exceção padrão do aplicativo web, que mostra atualmente a página de erro não amistosa.

Veja o código de log_request escrito atualmente:

```
@app.route('/search4', methods=['POST'])
def do_search() -> 'html':
    phrase = request.form['phrase']
    letters = request.form['letters']
    title = 'Here are your results:'
    results = str(search4letters(phrase, letters))
    log_request(request, results)
    return render_template('results.html',
                          the_title=title,
                          the_phrase=phrase,
                          the_letters=letters,
                          the_results=results,)
```

Esta linha de código precisa ser protegida no caso de falha (gerando um erro de execução).

Nos espaços abaixo, forneça o código que implementa uma sub-rotina de exceção genérica na chamada para log_request:

```
@app.route('/search4', methods=['POST'])
def do_search() -> 'html':
    phrase = request.form['phrase']
    letters = request.form['letters']
    title = 'Here are your results:'
    results = str(search4letters(phrase, letters))

    ......................................................................

    ......................................................................

    ...........................................................................................

    return render_template('results.html',
                          the_title=title,
                          the_phrase=phrase,
                          the_letters=letters,
                          the_results=results,)
```

Não esqueça de chamar "log_request" como parte do código adicionado.

Aponte o seu lápis
Solução

O plano era adicionar um código `try`/`except` à chamada de `do_search` da função `log_request`. Para manter as coisas simples, decidimos adicionar uma sub-rotina de exceção genérica na chamada para `log_request` que, quando inicializada, exibe uma mensagem útil na saída padrão (usando uma chamada para a BIF `print`).

Veja o código de `log_request` escrito atualmente:

```
@app.route('/search4', methods=['POST'])
def do_search() -> 'html':
    phrase = request.form['phrase']
    letters = request.form['letters']
    title = 'Here are your results:'
    results = str(search4letters(phrase, letters))
    log_request(request, results)
    return render_template('results.html',
                        the_title=title,
                        the_phrase=phrase,
                        the_letters=letters,
                        the_results=results,)
```

Nos espaços abaixo, você teve que fornecer o código que implementa uma sub-rotina de exceção genérica na chamada para `log_request`:

```
@app.route('/search4', methods=['POST'])
def do_search() -> 'html':
    phrase = request.form['phrase']
    letters = request.form['letters']
    title = 'Here are your results:'
    results = str(search4letters(phrase, letters))
    try:
        log_request(request, results)
    except Exception as err:
        print('***** Logging failed with this error:', str(err))
    return render_template('results.html',
                        the_title=title,
                        the_phrase=phrase,
                        the_letters=letters,
                        the_results=results,)
```

- Isto é genérico.
- A chamada para "log_request" é movida para o suíte associado a uma nova instrução "try".
- Quando ocorre um erro de execução, esta mensagem é exibida na tela para o administrador apenas. Seu usuário não vê nada.

tratamento de exceções

(Estendido) Test Drive, 1 de 3

Com o código de tratamento da exceção genérico adicionado a vsearch4web.py, vamos levar o aplicativo web para dar uma volta estendida (nas próximas páginas) para ver a diferença que o novo código faz. Antes, quando algo dava errado, o usuário via uma página de erro nada amistosa. Agora, o erro é tratado "em silêncio" pelo código genérico. Se você não fez isso ainda, execute o vsearch4web.py, e então use qualquer navegador para ir para a home page do aplicativo web:

```
$ python3 vsearch4web.py
 * Running on http://127.0.0.1:5000/ (Press CTRL+C to quit)
 * Restarting with fsevents reloader
 * Debugger is active!
 * Debugger pin code: 184-855-980
```

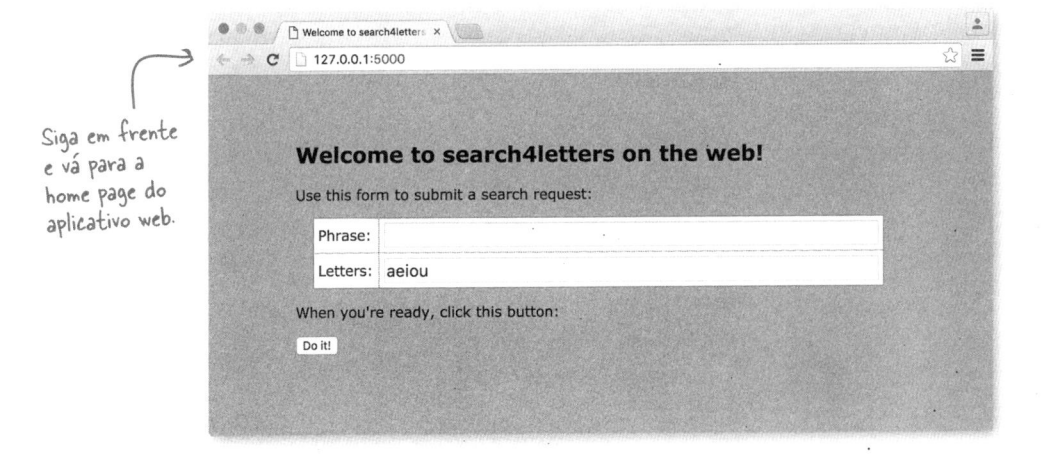

Seu aplicativo web está ativado e em execução, aguardando o navegador...

Siga em frente e vá para a home page do aplicativo web.

Welcome to search4letters on the web!

Use this form to submit a search request:

| Phrase: | |
| Letters: | aeiou |

When you're ready, click this button:

Do it!

No terminal que está executando seu código, você deverá ver algo assim:

```
      ...
 * Debugger pin code: 184-855-980
127.0.0.1 - - [14/Jul/2016 10:54:31] "GET / HTTP/1.1" 200 -
127.0.0.1 - - [14/Jul/2016 10:54:31] "GET /static/hf.css HTTP/1.1" 200 -
127.0.0.1 - - [14/Jul/2016 10:54:32] "GET /favicon.ico HTTP/1.1" 404 -
```

Os 200s confirmam que seu aplicativo web está ativado e em execução (e atendendo na home page). Tudo está certo neste ponto.

A propósito: não se preocupe com o 404... não definimos um arquivo "favicon.ico" para nosso aplicativo web (portanto, ele é informado como não encontrado quando o navegador o solicita).

você está aqui ▶ **437**

teste teste teste

(Estendido) Test Drive, 2 de 3

Para simular um erro, desativamos o banco de dados de back-end, o que deve resultar em um erro ocorrendo sempre que o aplicativo web tenta interagir com ele. Como nosso código captura em silêncio todos os erros gerados por `log_request`, o usuário do aplicativo web não sabe que a conexão não ocorreu. O código genérico conseguiu gerar uma mensagem na tela descrevendo o problema. De fato, quando você insere uma frase e clica no botão "Do it!", o aplicativo web exibe os resultados da pesquisa no navegador, ao passo que a tela do terminal do aplicativo web exibe a mensagem de erro "silenciada". Note que, apesar do erro de execução, o aplicativo web continua a ser executado e atende com sucesso a chamada para */search*:

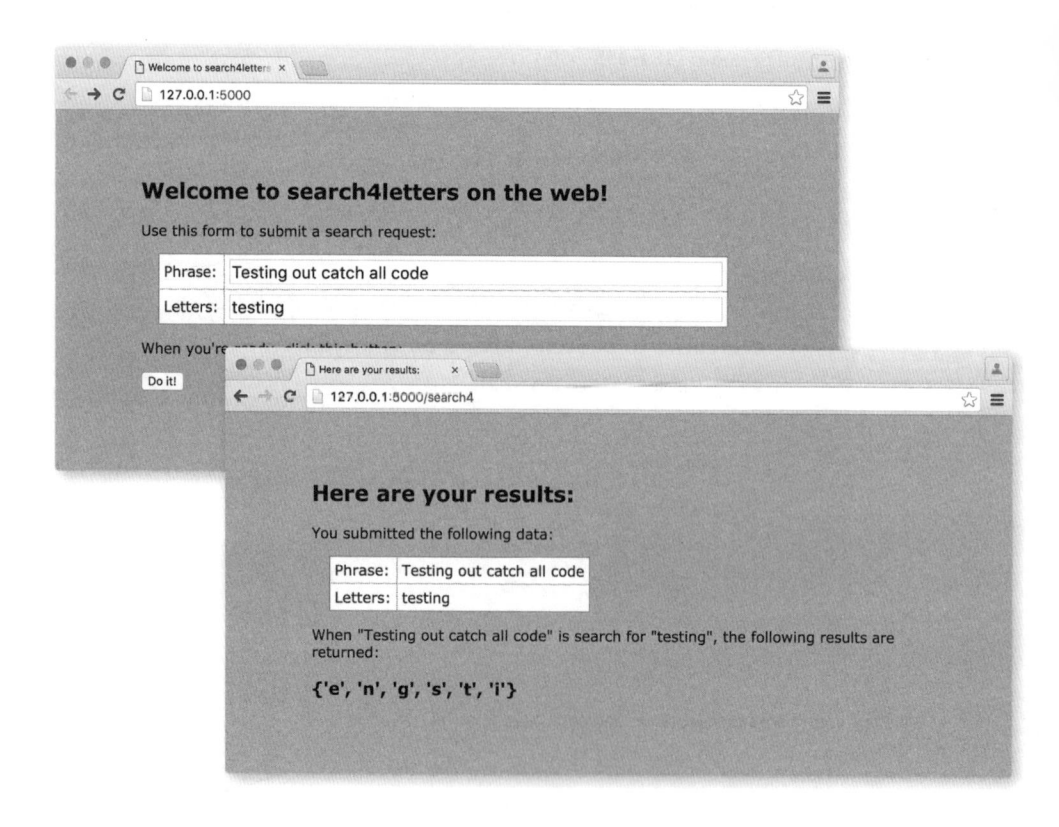

```
127.0.0.1 - - [14/Jul/2016 10:54:32] "GET /favicon.ico HTTP/1.1" 404 -
***** Logging failed with this error: 2003: Can't connect to MySQL server on
'127.0.0.1:3306' (61 Connection refused)
127.0.0.1 - - [14/Jul/2016 10:55:55] "POST /search4 HTTP/1.1" 200 -
```

Esta mensagem é gerada pelo código de tratamento da exceção genérico. O usuário do aplicativo web não a vê.

Mesmo que um erro tenha ocorrido, o aplicativo não travou. Em outras palavras, a pesquisa funcionou (mas o usuário do aplicativo web não soube que a conexão falhou).

*tratamento de **exceções***

(Estendido) Test Drive, 3 de 3

Na verdade, não importa qual erro ocorre quando `log_request` é executado, o código genérico lida com ele.

Reiniciamos nosso banco de dados de back-end e tentamos conectar com um nome de usuário incorreto. Você pode gerar esse erro alterando o dicionário `dbconfig` em `vsearch4web.py` para usar `vsearchwrong` como o valor para `user`:

```
...
app.config['dbconfig'] = {'host': '127.0.0.1',
                          'user': 'vsearchwrong',   ⟵
                          'password': 'vsearchpasswd',
                          'database': 'vsearchlogDB', }
...
```

Quando o aplicativo web recarregar e você fizer uma pesquisa, verá uma mensagem como esta no terminal:

```
...
***** Logging failed with this error: 1045 (28000): Access denied for user 'vsearchwrong'@'localhost' (using password: YES)
```

Mude o valor do usuário de volta para `vsearch` e tente acessar uma tabela inexistente trocando nome da tabela na consulta SQL usada na função `log_request` para ser `logwrong` (em vez de `log`):

```
def log_request(req: 'flask_request', res: str) -> None:
    with UseDatabase(app.config['dbconfig']) as cursor:
        _SQL = """insert into logwrong   ⟵
                  (phrase, letters, ip, browser_string, results)
                  values
                  (%s, %s, %s, %s, %s)"""
        ...
```

Quando o aplicativo web recarregar e você fizer uma pesquisa, verá uma mensagem como esta no terminal:

```
...
***** Logging failed with this error: 1146 (42S02): Table 'vsearchlogdb.logwrong' doesn't exist
```

Mude o nome da tabela de volta para `log`, e como exemplo final adicionaremos uma instrução `raise` à função `log_request` (antes da instrução `with`), o que gera uma exceção personalizada:

```
def log_request(req: 'flask_request', res: str) -> None:
    raise Exception("Something awful just happened.")   ⟵
    with UseDatabase(app.config['dbconfig']) as cursor:
        ...
```

Quando o aplicativo web recarregar uma última vez e você fizer uma última pesquisa, verá a seguinte mensagem no terminal:

```
...
***** Logging failed with this error: Something awful just happened.
```

você está aqui ▶ **439**

Lidando com Outros Erros do Banco de Dados

A função `log_request` usa o gerenciador de contexto `UseDatabase` (como fornecido pelo módulo `DBcm`). Agora que você protegeu a chamada para `log_request`, pode descansar seguro, sabendo que qualquer problema relacionado ao banco de dados será capturado (e tratado) pelo código de tratamento de exceção genérico.

Porém, a função `log_request` não é o único lugar onde o aplicativo web interage com o banco de dados. A função `view_the_log` obtém os dados de registro no banco de dados antes de exibi-los na tela.

Lembre-se do código da função `view_the_log`:

```
...
@app.route('/viewlog')
@check_logged_in
def view_the_log() -> 'html':
    with UseDatabase(app.config['dbconfig']) as cursor:
        _SQL = """select phrase, letters, ip, browser_string, results
                    from log"""
        cursor.execute(_SQL)
        contents = cursor.fetchall()
    titles = ('Phrase', 'Letters', 'Remote_addr', 'User_agent', 'Results')
    return render_template('viewlog.html',
                            the_title='View Log',
                            the_row_titles=titles,
                            the_data=contents,)
...
```

> Todo este código precisa ser protegido também.

Esse código pode falhar também, pois interage com o banco de dados de back-end. Contudo, diferente de `log_request`, a função `view_the_log` não é chamada a partir do código em `vsearch4web.py`; é chamada pelo Flask em seu nome. Isso significa que você não pode escrever um código para proteger a chamada de `view_the_log`, porque é a estrutura do Flask que chama a função, não você.

Se você não puder proteger a chamada de `view_the_log`, a melhor coisa a fazer em seguida é proteger o código no suíte, especificamente o uso do gerenciador de contexto `UseDatabase`. Antes de considerar como fazer isso, vejamos o que pode dar errado:

- O banco de dados de back-end pode estar indisponível.
- Você pode não conseguir conectar um banco de dados funcional.
- Após um login bem-sucedido, a consulta do banco de dados pode falhar.
- Outra coisa (inesperada) pode acontecer.

Esta lista de problemas é parecida com aquela que o preocupava em `log_request`.

"Mais Erros" Significam "Mais exceções"?

Com nosso conhecimento agora sobre try/except podemos adicionar um código à função view_the_log para proteger o uso do gerenciador de contexto UseDatabase:

```
...
@app.route('/viewlog')
@check_logged_in
def view_the_log() -> 'html':
    try:
        with UseDatabase(app.config['dbconfig']) as cursor:
            ...
    except Exception as err:
        print('Something went wrong:', str(err))
```

O resto do código da função fica aqui.

Outra sub-rotina de exceção genérica

Com certeza essa estratégia genérica funciona (afinal, é o que usamos com log_request). Porém, as coisas poderão ficar complicadas se você decidir fazer algo diferente de implementar uma sub-rotina de exceção genérica. E se decidir que precisa reagir a um erro específico do banco de dados, como "Database not found"? Lembre-se de que, no início deste capítulo, o MySQL informa uma exceção InterfaceError quando isso acontece:

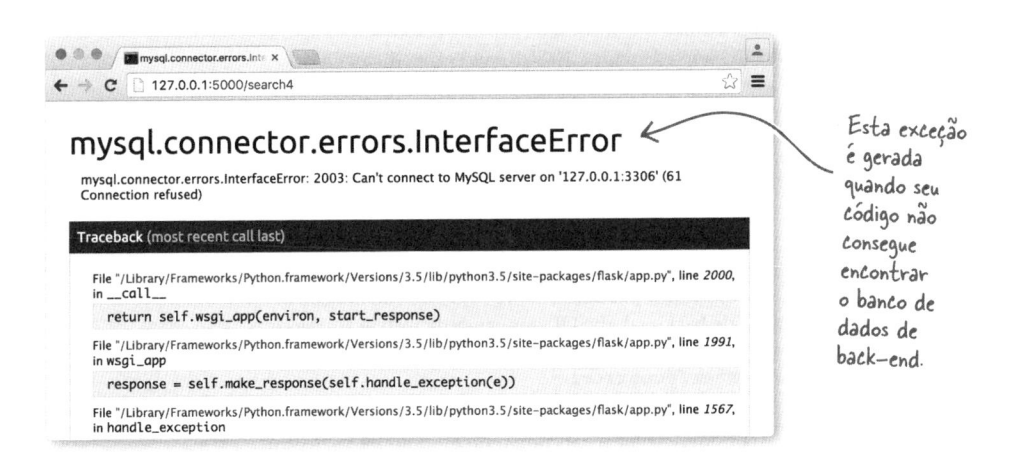

Esta exceção é gerada quando seu código não consegue encontrar o banco de dados de back-end.

mysql.connector.errors.InterfaceError

mysql.connector.errors.InterfaceError: 2003: Can't connect to MySQL server on '127.0.0.1:3306' (61 Connection refused)

Traceback (most recent call last)

File "/Library/Frameworks/Python.framework/Versions/3.5/lib/python3.5/site-packages/flask/app.py", line 2000, in __call__
    return self.wsgi_app(environ, start_response)

File "/Library/Frameworks/Python.framework/Versions/3.5/lib/python3.5/site-packages/flask/app.py", line 1991, in wsgi_app
    response = self.make_response(self.handle_exception(e))

File "/Library/Frameworks/Python.framework/Versions/3.5/lib/python3.5/site-packages/flask/app.py", line 1567, in handle_exception

Você poderia adicionar uma instrução except que visa a exceção InterfaceError, mas para fazer isso seu código também tem que importar o módulo mysql.connector, que define essa exceção em particular.

Diante dos fatos, isso não parece ser um grande problema. Mas é.

atenção com suas importações

Evite um Código Muito Integrado

Vamos supor que você decidiu criar uma instrução `except` que protege o banco de dados de back-end da indisponibilidade. Você poderia ajustar o código em view_the_log para ficar assim:

```
    ...
@app.route('/viewlog')
@check_logged_in
def view_the_log() -> 'html':
    try:
        with UseDatabase(app.config['dbconfig']) as cursor:
            ...

    except mysql.connector.errors.InterfaceError as err:
        print('Is your database switched on? Error:', str(err))
    except Exception as err:
        print('Something went wrong:', str(err))
        ...
```

O resto do código da função ainda fica aqui.

Adicione outra instrução "except" para lidar com uma exceção específica.

Se você lembrar de adicionar `import mysql.connector` ao início do código, essa instrução `except` adicional funcionará. Quando seu banco de dados de back-end não puder ser encontrado, o código adicional permitirá que seu aplicativo web o lembre de verificar se o banco de dados está ativado.

Esse novo código funciona, e você pode ver o que está acontecendo aqui... como não gostar?

O problema de abordar assim é que o código em *vsearch4web.py* agora está **muito integrado** ao banco de dados *MySQL* e usa especificamente o módulo *MySQL Connector*. Antes de adicionar essa segunda instrução `except`, o código *vsearch4web.py* interagia com o banco de dados de back-end via módulo *DBcm* (desenvolvido antes no livro). Especificamente, o gerenciador de contexto `UseDatabase` fornece uma **abstração** conveniente que separa o código em *vsearch4web.py* do banco de dados de back-end. Se, em algum momento no futuro, você precisasse substituir o *MySQL* pelo *PostgreSQL*, as únicas alterações feitas seriam no módulo *DBcm*, *não* em todo o código que usa `UseDatabase`. Porém, quando você cria um código como o mostrado acima, vincula muito (ou seja, integra) o código do aplicativo web ao banco de dados de back-end MySQL por causa da instrução `import mysql.connector`, além da referência da nova instrução `except` a `mysql.connector.errors.InterfaceError`.

Se você precisar escrever um código que se integra muito ao banco de dados de back-end, sempre considere colocar tal código no módulo *DBcm*. Assim, seu aplicativo web poderá ser escrito para usar a interface genérica fornecida por *DBcm*, em vez de uma interface específica que visa (e prende você a) um banco de dados de back-end específico.

Agora vamos considerar o que mover o código `except` acima para *DBcm* faz por nosso aplicativo web.

tratamento de exceções

Módulo DBcm, Revisto

Você viu pela última vez o `DBcm` no Capítulo 9, quando criou o módulo para fornecer uma conexão com a instrução `with` ao trabalhar com um banco de dados *MySQL*. Naquele momento, evitamos qualquer análise do tratamento de erro (ignorando convenientemente o problema). Agora que você viu o que a função `sys.exc_info` faz, deve ter uma ideia melhor do que os argumentos para o método `__exit__` de `UseDatabase` significam:

```
import mysql.connector

class UseDatabase:

    def __init__(self, config: dict) -> None:
        self.configuration = config

    def __enter__(self) -> 'cursor':
        self.conn = mysql.connector.connect(**self.configuration)
        self.cursor = self.conn.cursor()
        return self.cursor

    def __exit__(self, exc_type, exc_value, exc_trace) -> None:
        self.conn.commit()
        self.cursor.close()
        self.conn.close()
```

Este é o código do gerenciador de contexto em "DBcm.py".

Agora que você viu "exc_info", deverá estar claro que esses argumentos do método referem-se aos dados da exceção.

Lembre-se de que `UseDatabase` implementa três métodos:

- `__init__` fornece uma oportunidade de configuração *antes* da execução de `with`;

- `__enter__` é executado quando a instrução `with` *inicia*; e

- `__exit__` assegura a execução sempre que o suíte de `with` *termina*.

Pelo menos, esse é o comportamento esperado sempre que tudo segue como o planejado. Quando as coisas dão errado, o comportamento **muda**.

Por exemplo, se uma exceção for gerada enquanto `__enter__` está em execução, a instrução `with` terminará, e qualquer processamento subsequente de `__exit__` será *cancelado*. Isso faz sentido: se `__enter__` tiver problemas, `__exit__` poderá não mais supor que o contexto de execução será inicializado e configurado corretamente (portanto, é prudente não executar o código do método `__exit__`).

O grande problema com o código do método `__enter__` é que o banco de dados de back-end pode não estar disponível, portanto, vamos reservar um tempo para ajustar `__enter__` para essa possibilidade, gerando uma exceção personalizada quando a conexão do banco de dados não pode ser estabelecida. Assim que tivermos feito isso, ajustaremos `view_the_log` para verificar nossa exceção personalizada, em vez do `mysql.connector.errors.InterfaceError` altamente específico do banco de dados.

você está aqui ▸ **443**

Criando Exceções Personalizadas

Criar suas próprias exceções personalizadas não poderia ser mais fácil: decida sobre um nome adequado, e então defina uma classe vazia que herda da classe `Exception` predefinida do Python. Assim que você tiver definido uma exceção personalizada, ela poderá ser gerada com a palavra-chave `raise`. E, assim que uma exceção é gerada, ela é capturada (e tratada) por `try/except`.

Uma ida rápida ao prompt >>> do IDLE demonstra as exceções personalizadas em ação. Neste exemplo, estamos criando uma exceção personalizada chamada `ConnectionError`, que geramos (com `raise`) antes de capturar com `try/except`. Leia as anotações na ordem numerada e (se estiver acompanhando) insira o código que digitamos no prompt >>>:

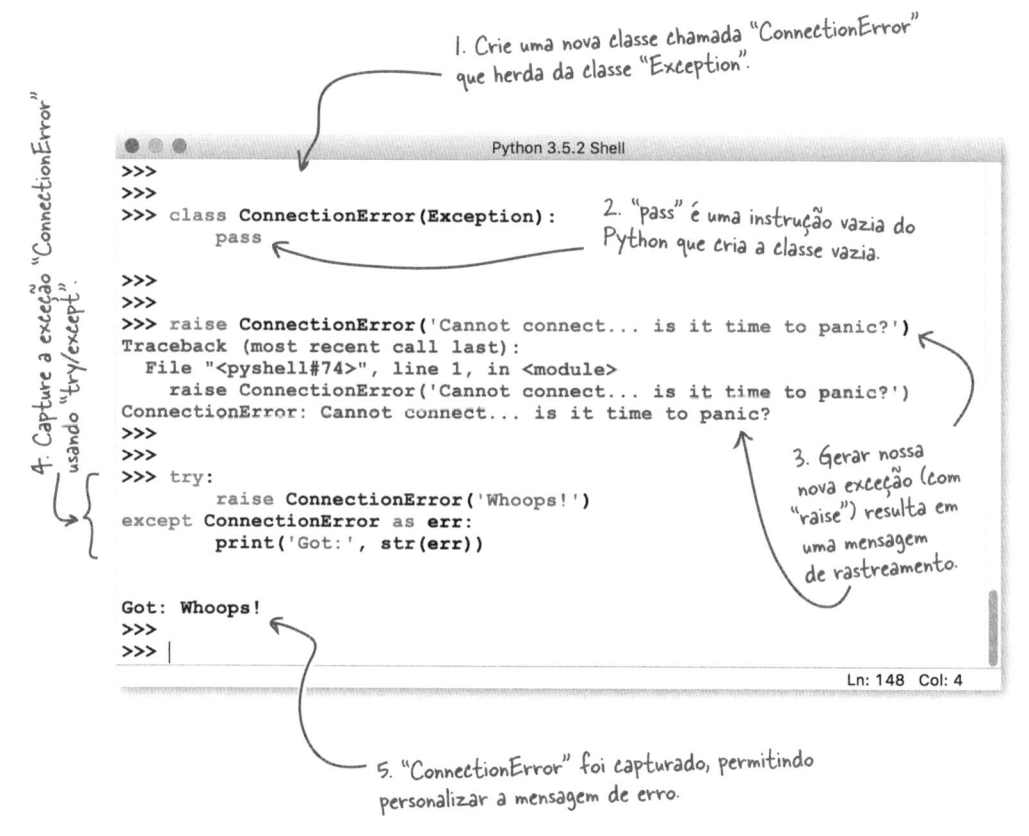

1. Crie uma nova classe chamada "ConnectionError" que herda da classe "Exception".

2. "pass" é uma instrução vazia do Python que cria a classe vazia.

3. Gerar nossa nova exceção (com "raise") resulta em uma mensagem de rastreamento.

4. Capture a exceção "ConnectionError" usando "try/except".

```
>>>
>>>
>>> class ConnectionError(Exception):
        pass
>>>
>>>
>>> raise ConnectionError('Cannot connect... is it time to panic?')
Traceback (most recent call last):
  File "<pyshell#74>", line 1, in <module>
    raise ConnectionError('Cannot connect... is it time to panic?')
ConnectionError: Cannot connect... is it time to panic?
>>>
>>>
>>> try:
        raise ConnectionError('Whoops!')
    except ConnectionError as err:
        print('Got:', str(err))

Got: Whoops!
>>>
>>>
```

5. "ConnectionError" foi capturado, permitindo personalizar a mensagem de erro.

A classe vazia não está bem vazia...

Ao descrever a classe `ConnectionError` como "vazia", contamos uma pequena mentira. De fato, o uso de `pass` assegura que não há nenhum código *novo* associado à classe `ConnectionError`, mas como `ConnectionError` **herda** da classe `Exception` predefinida do Python, significa que todos os atributos e comportamentos de `Exception` estão disponíveis em `ConnectionError` também (sendo qualquer coisa, menos vazia). Isso explica por que `ConnectionError` funciona como o esperado com `raise` e `try/except`.

tratamento de exceções

Aponte o seu lápis

① Vamos ajustar o módulo DBcm para raise gerar um ConnectionError sempre que uma conexão com o banco de dados de back-end falhar.

Veja o código atual para DBcm.py. Nos espaços fornecidos, adicione o código requerido para raise gerar um ConnectionError.

Defina a exceção personalizada.

```
import mysql.connector

........................................................................................

........................

class UseDatabase:

    def __init__(self, config: dict) -> None:
        self.configuration = config

    def __enter__(self) -> 'cursor':

        ........................
        self.conn = mysql.connector.connect(**self.configuration)
        self.cursor = self.conn.cursor()
        return self.cursor

........................................................................................

    def __exit__(self, exc_type, exc_value, exc_trace) -> None:
        self.conn.commit()
        self.cursor.close()
        self.conn.close()
```

Adicione o código para "gerar" um "ConnectionError".

② Com o código no módulo DBcm corrigido, use o lápis para detalhar qualquer alteração feita no código em vsearch4web.py para aproveitar a exceção ConnectionError recém-definida:

```
from DBcm import UseDatabase
import mysql.connector
...
                                the_row_titles=titles,
                                the_data=contents,)
        except mysql.connector.errors.InterfaceError as err:
            print('Is your database switched on? Error:', str(err))
        except Exception as err:
            print('Something went wrong:', str(err))
        return 'Error'
```

Use o lápis para mostrar as alterações feitas no código agora que a exceção "ConnectionError" existe.

gerando um connectionerror

Aponte o seu lápis
Solução

Você teve que ajustar o módulo DBcm para raise gerar um ConnectionError personalizado sempre que uma conexão com o banco de dados de back-end falhasse. Teve que ajustar o código atual para DBcm.py para adicionar o código requerido para raise gerar um ConnectionError.

① *Defina a exceção personalizada como uma classe "vazia" que herda de "Exception".*

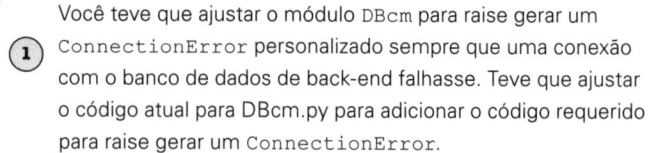

```python
import mysql.connector

class ConnectionError(Exception):
    pass

class UseDatabase:

    def __init__(self, config: dict) -> None:
        self.configuration = config

    def __enter__(self) -> 'cursor':
        try:
            self.conn = mysql.connector.connect(**self.configuration)
            self.cursor = self.conn.cursor()
            return self.cursor
        except mysql.connector.errors.InterfaceError as err:
            raise ConnectionError(err)

    def __exit__(self, exc_type, exc_value, exc_trace) -> None:
        self.conn.commit()
        self.cursor.close()
        self.conn.close()
```

Uma nova construção "try/except" protege o código de conexão do banco de dados.

No código "DBcm.py", referencie as exceções específicas do banco de dados de back-end pelo nome completo.

Gere a exceção personalizada.

② Com o código no módulo DBcm corrigido, você teve que detalhar qualquer alteração feita no código de vsearch4web.py para aproveitar a exceção ConnectionError recém-definida:

Não é preciso mais importar "mysql.connector" (pois "DBcm" faz isso por você).

```python
from DBcm import UseDatabase, ConnectionError
import mysql.connector
...
                                the_row_titles=titles,
                                the_data=contents,)
    except mysql.connector.errors.InterfaceError as err:
    except ConnectionError as err:
        print('Is your database switched on? Error:', str(err))
    except Exception as err:
        print('Something went wrong:', str(err))
        return 'Error'
```

Importe a exceção "ConnectionError" de "DBcm".

Mude a primeira instrução "except" para procurar um "ConnectionError", em vez de um "InterfaceError".

*tratamento de **exceções***

Test Drive

Vejamos a diferença que este novo código faz. Lembre-se de que você moveu o código de tratamento da exceção específico do MySQL de `vsearch4web.py` para `DBcm.py` (e o substituiu pelo código que procura a exceção `ConnectionError` personalizada). Fez alguma diferença?

Veja as mensagens que a versão anterior de `vsearch4web.py` gerava sempre que o banco de dados de back-end não podia ser encontrado:

```
...
Is your database switched on? Error: 2003: Can't connect to MySQL server on '127.0.0.1:3306'
(61 Connection refused)
127.0.0.1 - - [16/Jul/2016 21:21:51] "GET /viewlog HTTP/1.1" 200 -
```

E estas são as mensagens que a versão mais recente de `vsearch4web.py` gera sempre que o banco de dados de back-end não pode ser encontrado:

```
...
Is your database switched on? Error: 2003: Can't connect to MySQL server on '127.0.0.1:3306'
(61 Connection refused)
127.0.0.1 - - [16/Jul/2016 21:22:58] "GET /viewlog HTTP/1.1" 200 -
```

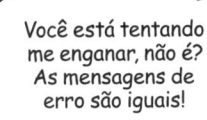

> Você está tentando me enganar, não é? As mensagens de erro são iguais!

Sim. Diante dos fatos, elas são iguais.

Contudo, embora a saída das versões atual e anterior de `vsearch4web.py` pareça idêntica, internamente as coisas são *muito diferentes*.

Se você decidir mudar o banco de dados de back-end de *MySQL* para *PostgreSQL*, não terá mais que se preocupar em mudar nenhum código em `vsearch4web.py`, pois todo o código específico do banco de dados reside em `DBcm.py`. Já que as alterações feitas em `DBcm.py` mantêm a mesma *interface* das versões anteriores do módulo, você pode mudar os bancos de dados SQL com a frequência desejada. Isso pode não parecer uma grande coisa agora, mas se `vsearch4web.py` aumentar com centenas, milhares ou dezenas de milhares de linhas de código, será realmente algo grande.

mais problemas do banco de dados

O Que Mais Pode Dar Errado com "DBcm"?

Mesmo que o banco de dados de back-end esteja ativado e em execução, as coisas ainda podem dar errado.

Por exemplo, as credenciais usadas para acessar o banco de dados podem estar incorretas. Se estiverem, o método __enter__ falhará de novo, desta vez com um `mysql.connector.errors.ProgrammingError`.

Ou o suíte do código associado ao gerenciador de contexto `UseDatabase` pode gerar uma exceção, pois nunca há garantias de que ele será executado corretamente. Um `mysql.connector.errors.ProgrammingError` *também* é gerado sempre que a consulta do banco de dados (o SQL executado) contém um erro.

A mensagem de erro associada a um erro da consulta SQL é diferente da mensagem associada ao erro das credenciais, mas a exceção gerada é igual: `mysql.connector.errors.ProgrammingError`. Diferente dos erros das credenciais, os erros do SQL resultam em uma exceção sendo gerada enquanto a instrução `with` está sendo executada. Isso significa que você precisará considerar se proteger dessa exceção em mais de um lugar. A pergunta é: onde?

Para responder a essa pergunta, vejamos de novo o código de `DBcm`:

```
import mysql.connector

class ConnectionError(Exception):
    pass

class UseDatabase:
    def __init__(self, config: dict):
        self.configuration = config

    def __enter__(self) -> 'cursor':
        try:
            self.conn = mysql.connector.connect(**self.configuration)
            self.cursor = self.conn.cursor()
            return self.cursor
        except mysql.connector.errors.InterfaceError as err:
            raise ConnectionError(err)

    def __exit__(self, exc_type, exc_value, exc_traceback):
        self.conn.commit()
        self.cursor.close()
        self.conn.close()
```

Este código pode gerar uma exceção "ProgrammingError".

Mas e as exceções que ocorrem no suíte "with"? Elas acontecem *após* o método "__enter__" terminar, mas *antes* de o método "__exit__" iniciar.

Você pode ficar tentando a sugerir que as exceções geradas no suíte `with` devem ser lidadas com uma instrução try/except *dentro* de `with`, mas tal estratégia o faz escrever de novo um código muito integrado. Mas considere isto: quando uma exceção é gerada no suíte de `with` e *não* é capturada, a instrução `with` consegue passar os detalhes da exceção não capturada para o método __exit__ do gerenciador de contexto, no qual você tem a opção de fazer algo com ela.

Criando Mais Exceções Personalizadas

Vamos estender DBcm.py para informar duas exceções personalizadas adicionais.

A primeira se chama CredentialsError e é gerada quando ocorre um ProgrammingError no método _ _ enter _ _. A segunda se chama SQLError e é gerada quando um ProgrammingError é informado para o método _ _ exit _ _.

Definir as novas exceções é fácil: adicione as duas classes de exceção novas e vazias ao início de DBcm.py:

```
import mysql.connector

class ConnectionError(Exception):
    pass

class CredentialsError(Exception):
    pass

class SQLError(Exception):
    pass

class UseDatabase:
    def __init__(self, configuration: dict):
        self.config = configuration
        ...
```

As duas classes adicionais definem as duas exceções novas.

Um CredentialsError pode ocorrer durante _ _ enter _ _, portanto, vamos ajustar o código do método para refletir isso. Lembre-se de que um nome de usuário ou senha MySQL incorreta resulta em um ProgrammingError sendo gerado:

Adicione este código ao método "__enter__" para lidar com qualquer problema de login.

```
        ...
        try:
            self.conn = mysql.connector.connect(**self.config)
            self.cursor = self.conn.cursor()
            return self.cursor
        except mysql.connector.errors.InterfaceError as err:
            raise ConnectionError(err)
        except mysql.connector.errors.ProgrammingError as err:
            raise CredentialsError(err)

    def __exit__(self, exc_type, exc_value, exc_traceback):
        self.conn.commit()
        self.cursor.close()
        self.conn.close()
```

Essas alterações no código ajustam DBcm.py para gerar uma exceção CredentialsError quando você fornece um nome de usuário ou senha incorreta do código para o banco de dados de back-end (MySQL). Ajustar o código de vsearch4web.py é sua próxima tarefa.

capturando mais exceções

As Credenciais do Seu Banco de Dados Estão Corretas?

Com as últimas alterações feitas no DBcm.py, agora vamos ajustar o código em vsearch4web.py, prestando uma atenção particular na função view_the_log. Porém, antes de fazer qualquer outra coisa, adicione CredentialsError à lista de importações de DBcm no início do código vsearch4web.py:

> *Certifique-se de importar a nova exceção.*

```
...
from DBcm import UseDatabase, ConnectionError, CredentialsError
...
```

Com a linha import corrigida, você precisa adicionar em seguida um novo suíte except à função view_the_log. Quando tiver adicionado suporte para um ConnectionError, a edição será simples:

```
@app.route('/viewlog')
@check_logged_in
def view_the_log() -> 'html':
    try:
        with UseDatabase(app.config['dbconfig']) as cursor:
            _SQL = """select phrase, letters, ip, browser_string, results
                    from log"""
            cursor.execute(_SQL)
            contents = cursor.fetchall()
        titles = ('Phrase', 'Letters', 'Remote_addr', 'User_agent', 'Results')
        return render_template('viewlog.html',
                                the_title='View Log',
                                the_row_titles=titles,
                                the_data=contents,)
    except ConnectionError as err:
        print('Is your database switched on? Error:', str(err))
    except CredentialsError as err:
        print('User-id/Password issues. Error:', str(err))
    except Exception as err:
        print('Something went wrong:', str(err))
    return 'Error'
```

> *Adicione este código a "view_the_log" para capturar quando seu código usa um nome de usuário ou senha errada com o MySQL.*

Realmente não há nada novo aqui, pois você está apenas repetindo o que fez para ConnectionError. Com certeza, se você tentar conectar o banco de dados de back-end com um nome de usuário incorreto (ou senha), o aplicativo web exibirá uma mensagem apropriada, assim:

```
...
User-id/Password issues. Error: 1045 (28000): Access denied for user 'vsearcherror'@'localhost'
127.0.0.1 - - [25/Jul/2016 16:29:37] "GET /viewlog HTTP/1.1" 200 -
```

> *Agora que seu código sabe tudo sobre o "CredentialsError", você gera uma mensagem de erro específica da exceção.*

Lidar com SQLError é Diferente

ConnectionError e CredentialsError são gerados devido a problemas na execução do código do método __enter__. Quando qualquer uma das exceções é gerada, o suíte da instrução with correspondente **não** é executado.

Se tudo estiver bem, o suíte with será executado normalmente.

Lembre-se da instrução with da função log_request, que usa o gerenciador de contexto UseDatabase (fornecido por DBcm) para inserir dados no banco de dados de back-end:

> *Precisamos nos preocupar com o que acontecerá se algo der errado com o código (ou seja, o código no suíte "with").*

```
with UseDatabase(app.config['dbconfig']) as cursor:
    _SQL = """insert into log
              (phrase, letters, ip, browser_string, results)
              values
              (%s, %s, %s, %s, %s)"""
    cursor.execute(_SQL, (req.form['phrase'],
                          req.form['letters'],
                          req.remote_addr,
                          req.user_agent.browser,
                          res, ))
```

Se (por algum motivo) sua consulta SQL tiver um erro, o módulo *MySQL Connector* gerará um ProgrammingError, como o gerado durante o método __enter__ do gerenciador de contexto. Contudo, quando essa exceção ocorre *dentro* do gerenciador de contexto (ou seja, na instrução with) e *não* é capturada nele, a exceção é retornada para o método __exit__ como três argumentos: o *tipo* da exceção, o *valor* da exceção e o *rastreamento* associado à exceção.

Se você der uma olhada rápida no código existente de DBcm para __exit__, verá que os três argumentos estão prontos e aguardando para ser usados:

> *Os três argumentos da exceção estão prontos para o uso.*

```
def __exit__(self, exc_type, exc_value, exc_traceback):
    self.conn.commit()
    self.cursor.close()
    self.conn.close()
```

Quando uma exceção é gerada no suíte with e não é capturada, o gerenciador de contexto termina o código do suíte with e vai para o método __exit__, que então é executado. Sabendo isso, você pode escrever o código que verifica as exceções de interesse do seu aplicativo. Contudo, se nenhuma exceção for gerada, os três argumentos (exc_type, exc_value e exc_traceback) serão definidos para None. Do contrário, serão preenchidos com os detalhes da exceção gerada.

> **"None" é o valor nulo do Python.**

Vamos explorar esse comportamento para gerar um SQLError sempre que algo der errado no suíte with do gerenciador de contexto UseDatabase.

exc_type exc_value exc_traceback

Tenha Cuidado com a Posição do Código

Para verificar se uma exceção não capturada ocorreu na instrução `with` do código, veja o argumento `exc_type` para o método `__exit__` no suíte de `__exit__`, tomando cuidado para considerar exatamente onde você adiciona o novo código.

> Você não vai me dizer que faz diferença onde eu coloco o código de verificação "exc_type", vai?

Sim, faz diferença.

Para entender o motivo, considere que o método `__exit__` do gerenciador de contexto fornece um lugar onde você pode colocar o código que **certamente** será executado *após* o suíte `with` terminar. Afinal, esse comportamento faz parte do protocolo do gerenciador de contexto.

O comportamento precisa se manter mesmo quando as exceções são geradas no suíte `with` do gerenciador de contexto. O que significa que, se você pretende adicionar um código ao método `__exit__`, é melhor colocá-lo *após* algum código existente em `__exit__`, pois assim assegurará a execução do código existente do método (e preservará a semântica do protocolo do gerenciador de contexto).

Veja de novo o código existente no método `__exit__` sob a ótica da análise de colocação do código. Considere que qualquer código adicionado precisa gerar uma exceção `SQLError`, caso `exc_type` indique que um `ProgrammingError` ocorreu:

```
def __exit__(self, exc_type, exc_value, exc_traceback):
    self.conn.commit()
    self.cursor.close()
    self.conn.close()
```

Se você adicionar o código aqui e ele gerar uma exceção, as três linhas de código existentes não serão executadas.

Adicionar o código *após* as três linhas de código existentes assegura que "__exit__" fará algo *antes* de qualquer exceção passada ser tratada.

tratamento de exceções

Gerando um SQLError

Neste ponto, você já adicionou a classe da exceção SQLError ao início do arquivo DBcm.py:

```python
import mysql.connector

class ConnectionError(Exception):
    pass

class CredentialsError(Exception):
    pass

class SQLError(Exception):
    pass

class UseDatabase:
    def __init__(self, config: dict):
        self.configuration = config
        ...
```

Veja onde você adicionou a exceção "SQLError".

Com a classe da exceção SQLError definida, agora você precisa apenas adicionar um código ao método `__exit__` para verificar se exc_type é a exceção na qual você está interessado e, se for, gerar com raise um SQLError. Isso é tão simples, que estamos resistindo ao desejo comum do *Use a Cabeça!* de transformar o código requerido em um exercício, pois ninguém deseja insultar a inteligência do outro neste ponto no livro. Então veja o código que precisamos anexar ao método `__exit__`:

```python
def __exit__(self, exc_type, exc_value, exc_traceback):
    self.conn.commit()
    self.cursor.close()
    self.conn.close()
    if exc_type is mysql.connector.errors.ProgrammingError:
        raise SQLError(exc_value)
```

Se ocorrer um "ProgrammingError", gere um "SQLError".

Se você quiser ter uma **segurança extra** e fazer algo diferenciado com qualquer outra exceção inesperada enviada para `__exit__`, poderá adicionar um suíte elif ao final do método `__exit__` que gera de novo a exceção inesperada para o código que chama:

```python
    ...
    self.conn.close()
    if exc_type is mysql.connector.errors.ProgrammingError:
        raise SQLError(exc_value)
    elif exc_type:
        raise exc_type(exc_value)
```

Este "elif" gera qualquer outra exceção que pode ocorrer.

você está aqui ▶ **453**

chega de programmingerror

Test Drive

Com o suporte da exceção `SQLError` adicionado a `DBcm.py`, acrescente outro suíte `except` à função `view_the_log` para capturar qualquer `SQLError` ocorrido:

Adicione este código à função "view_the_log" em seu aplicativo web "vsearch4web.py".

```
...
except ConnectionError as err:
    print('Is your database switched on? Error:', str(err))
except CredentialsError as err:
    print('User-id/Password issues. Error:', str(err))
except SQLError as err:
    print('Is your query correct? Error:', str(err))
except Exception as err:
    print('Something went wrong:', str(err))
return 'Error'
```

Assim que você salvar `vsearch4web.py`, o aplicativo web deverá recarregar e ficar pronto para o teste. Se você tentar executar uma consulta SQL com erros, a exceção será lidada pelo código acima:

```
...
Is your query correct? Error: 1146 (42S02): Table 'vsearchlogdb.logerror' doesn't exist
127.0.0.1 - - [25/Jul/2016 21:38:25] "GET /viewlog HTTP/1.1" 200 -
```

Chega de exceções "ProgrammingError" genéricas do MySQL Connector, pois seu código personalizado de tratamento de exceções captura os erros agora.

Do mesmo modo, se algo inesperado acontecer, o código genérico do aplicativo web será inicializado, exibindo uma mensagem adequada:

Se algo inesperado acontecer, o código fará o tratamento.

```
...
Something went wrong: Some unknown exception.
127.0.0.1 - - [25/Jul/2016 21:43:14] "GET /viewlog HTTP/1.1" 200 -
```

Com o código de tratamento da exceção adicionado ao aplicativo web, não importa qual erro de execução ocorre, o aplicativo continuará a funcionar sem exibir uma página de erro assustadora ou confusa para seus usuários.

> E o que é realmente bom é que o código pega a exceção "ProgrammingError" genérica fornecida pelo módulo MySQL Connector e a transforma em duas exceções personalizadas com um significado específico para o aplicativo web.
>
> Sim, transforma. E isso é muito eficiente.

*tratamento de **exceções***

Uma Rápida Recapitulação: Adicionando Robustez

Vamos reservar um minuto para nos lembrar do que planejamos fazer neste capítulo. Ao tentar tornar o código do aplicativo web mais robusto, tivemos que responder a quatro perguntas relacionadas aos quatro problemas identificados. Vamos rever cada pergunta e anotar como fizemos:

(1) **O que acontece se a conexão do banco de dados falha?**

Você criou uma nova exceção, chamada `ConnectionError`, que é gerada sempre que o banco de dados de back-end não pode ser encontrado. Então usou `try/except` para lidar com um `ConnectionError`, caso ocorresse.

(2) **Nosso aplicativo web está protegido dos ataques da web?**

Foi uma "feliz coincidência", mas sua escolha do *Flask* mais *Jinja2*, junto com a especificação DB-API do Python, protege o aplicativo web dos ataques da web mais famosos. Portanto, sim, seu aplicativo web está protegido de *alguns* ataques da web (mas não de todos).

(3) **O que acontece se algo demora muito?**

Ainda não respondemos a esta pergunta, apenas demonstramos o que acontece quando o aplicativo web demora 15 segundos para responder a uma solicitação do usuário: o usuário da web tem que aguardar (ou, mais provavelmente, o usuário da web fica cheio de esperar e sai).

(4) **O que acontece se uma chamada da função falha?**

Você usou `try/except` para proteger a chamada da função, o que permitiu controlar o que o usuário do aplicativo web vê quando algo dá errado.

O que acontece se algo demora muito?

Quando você fez o exercício inicial no começo deste capítulo, essa pergunta surgiu de nosso exame das chamadas `cursor.execute` que ocorreram nas funções `log_request` e `view_the_log`. Embora você já tenha trabalhado com essas funções ao responder às perguntas 1 e 4 acima, não terminou com elas ainda.

`log_request` e `view_the_log` usam o gerenciador de contexto `UseDatabase` para executar uma consulta SQL. A função `log_request` **grava** os detalhes da pesquisa enviada no banco de dados de back-end, ao passo que a função `view_the_log` **lê** no banco de dados.

A pergunta é: *o que você faz se a gravação ou a leitura demora muito?*

Bem, como muitas coisas no mundo da programação, depende.

você está aqui ▶ **455**

espere aguardar

Como Lidar com a Espera? Depende...

Como você decide lidar com o código que faz seus usuários aguardarem — em uma leitura ou gravação — pode ser complexo. Portanto, faremos uma pausa nesta análise e adiaremos uma solução até o próximo capítulo, que é pequeno.

Na verdade, o próximo capítulo é tão curto que não garante seu próprio número (como você verá), mas o material apresentado é complexo o bastante para justificar sua separação da análise principal deste capítulo, que apresentou o mecanismo `try/except` do Python. Portanto, vamos esperar um pouco antes de encerrar a pergunta 3: *o que acontece se algo demora muito?*

Você percebeu que está me pedindo para esperar para lidar com o código que aguarda?

Sim. Somos irônicos.

Estamos pedindo que você *aguarde* para aprender como lidar com as "esperas" em seu código.

Mas você já aprendeu muito neste capítulo, e achamos importante reservar um pouco de tempo para deixar que o material `try/except` amadureça em seu cérebro.

Então gostaríamos que você fizesse uma pausa e parasse um pouco... depois de dar uma olhada no código visto até agora neste capítulo.

Código do Capítulo 11, 1 de 3

Este é o "try_example.py"

```python
try:
    with open('myfile.txt') as fh:
        file_data = fh.read()
    print(file_data)
except FileNotFoundError:
    print('The data file is missing.')
except PermissionError:
    print('This is not allowed.')
except Exception as err:
    print('Some other error occurred:', str(err))
```

Esta é a exceção – a versão inteligente de "DBcm.py".

```python
import mysql.connector

class ConnectionError(Exception):
    pass

class CredentialsError(Exception):
    pass

class SQLError(Exception):
    pass

class UseDatabase:
    def __init__(self, config: dict):
        self.configuration = config

    def __enter__(self) -> 'cursor':
        try:
            self.conn = mysql.connector.connect(**self.configuration)
            self.cursor = self.conn.cursor()
            return self.cursor
        except mysql.connector.errors.InterfaceError as err:
            raise ConnectionError(err)
        except mysql.connector.errors.ProgrammingError as err:
            raise CredentialsError(err)

    def __exit__(self, exc_type, exc_value, exc_traceback):
        self.conn.commit()
        self.cursor.close()
        self.conn.close()
        if exc_type is mysql.connector.errors.ProgrammingError:
            raise SQLError(exc_value)
        elif exc_type:
            raise exc_type(exc_value)
```

o código

Código do Capítulo 11, 2 de 3

Esta é a versão de "vsearch4web.py" que faz os usuários aguardarem.

```python
from flask import Flask, render_template, request, escape, session
from flask import copy_current_request_context

from vsearch import search4letters

from DBcm import UseDatabase, ConnectionError, CredentialsError, SQLError
from checker import check_logged_in

from time import sleep

app = Flask(__name__)

app.config['dbconfig'] = { 'host': '127.0.0.1',
                           'user': 'vsearch',
                           'password': 'vsearchpasswd',
                           'database': 'vsearchlogDB', }

@app.route('/login')
def do_login() -> str:
    session['logged_in'] = True
    return 'You are now logged in.'

@app.route('/logout')
def do_logout() -> str:
    session.pop('logged_in')
    return 'You are now logged out.'

@app.route('/search4', methods=['POST'])
def do_search() -> 'html':

    @copy_current_request_context
    def log_request(req: 'flask_request', res: str) -> None:
        sleep(15)   # This makes log_request really slow...
        with UseDatabase(app.config['dbconfig']) as cursor:
            _SQL = """insert into log
                      (phrase, letters, ip, browser_string, results)
                      values
                      (%s, %s, %s, %s, %s)"""
            cursor.execute(_SQL, (req.form['phrase'],
                                  req.form['letters'],
                                  req.remote_addr,
                                  req.user_agent.browser,
                                  res, ))

    phrase = request.form['phrase']
    letters = request.form['letters']
    title = 'Here are your results:'
```

Provavelmente, é uma boa ideia proteger esta instrução "with", do mesmo modo como você protegeu a instrução "with" em "view_the_log" (na próxima página).

O resto de "do_search" está no início da próxima página. →

Código do Capítulo 11, 3 de 3

```
    results = str(search4letters(phrase, letters))
    try:
        log_request(request, results))
    except Exception as err:
        print('***** Logging failed with this error:', str(err))
    return render_template('results.html',
                            the_title=title,
                            the_phrase=phrase,
                            the_letters=letters,
                            the_results=results,)

@app.route('/')
@app.route('/entry')
def entry_page() -> 'html':
    return render_template('entry.html',
                            the_title='Welcome to search4letters on the web!')

@app.route('/viewlog')
@check_logged_in
def view_the_log() -> 'html':
    try:
        with UseDatabase(app.config['dbconfig']) as cursor:
            _SQL = """select phrase, letters, ip, browser_string, results
                    from log"""
            cursor.execute(_SQL)
            contents = cursor.fetchall()
        # raise Exception("Some unknown exception.")
        titles = ('Phrase', 'Letters', 'Remote_addr', 'User_agent', 'Results')
        return render_template('viewlog.html',
                                the_title='View Log',
                                the_row_titles=titles,
                                the_data=contents,)
    except ConnectionError as err:
        print('Is your database switched on? Error:', str(err))
    except CredentialsError as err:
        print('User-id/Password issues. Error:', str(err))
    except SQLError as err:
        print('Is your query correct? Error:', str(err))
    except Exception as err:
        print('Something went wrong:', str(err))
    return 'Error'


app.secret_key = 'YouWillNeverGuessMySecretKey'

if __name__ == '__main__':
    app.run(debug=True)
```

Este é o resto da função "do_search".

11¾ um pouco de encadeamento

✳ *Lidando com a Espera* ✳

Quando disseram: "espere", eu não tinha ideia que era isso que eles tinham em mente...

Algumas vezes, seu código pode demorar muito tempo para ser executado. Dependendo de quem observa, isso pode ser ou não um problema. Se um código leva 30 segundos para fazer as coisas "internamente", a espera pode não ser um problema. Porém, se seu usuário estiver esperando que seu aplicativo responda, e ele demorar 30 segundos, todos notarão. O que você deve fazer para corrigir o problema depende do que está tentando fazer (e de quem está esperando). Neste capítulo, que é pequeno, analisaremos algumas opções, e então veremos uma solução para o problema em mãos: *o que acontece se algo demora tempo demais?*

grave espere leia espere

Aguardando: O Que Fazer?

Quando você escreve um código que tem o potencial de fazer os usuários esperarem, precisa pensar com cuidado sobre o que está tentando fazer. Vamos considerar alguns pontos de vista.

> Olha cara, se você tem que esperar, não há nada mais a fazer: espere...

> Talvez esperar seja diferente quando você está escrevendo de quando está lendo?

> Como qualquer outra coisa, tudo depende do que você está tentando fazer e da experiência do usuário que espera obter...

Talvez seja o caso de aguardar uma gravação ser *diferente* de aguardar uma leitura, especialmente em relação a como seu aplicativo web funciona.

Vejamos de novo as consultas SQL em `log_request` e `view_the_log` para saber como você as está usando.

um pouco de **encadeamento**

Como Você Está Consultando Seu Banco de Dados?

Na função `log_request`, estamos usando uma INSERT SQL para adicionar os detalhes da solicitação ao banco de dados de back-end. Quando `log_request` é chamada, ela **aguarda** enquanto INSERT é executada por `cursor.execute`:

```python
def log_request(req: 'flask_request', res: str) -> None:
    with UseDatabase(app.config['dbconfig']) as cursor:
        _SQL = """insert into log
                    (phrase, letters, ip, browser_string, results)
                  values
                    (%s, %s, %s, %s, %s)"""
        cursor.execute(_SQL, (req.form['phrase'],
                              req.form['letters'],
                              req.remote_addr,
                              req.user_agent.browser,
                              res, ))
```

Neste ponto, o aplicativo web fica "bloqueado" enquanto aguarda o banco de dados de back-end fazer algo.

O mesmo ocorre com a função `view_the_log`, que também **espera** sempre que a consulta SELECT SQL é executada:

Seu aplicativo web é "bloqueado" aqui também, enquanto aguarda o banco de dados.

```python
@app.route('/viewlog')
@check_logged_in
def view_the_log() -> 'html':
    try:
        with UseDatabase(app.config['dbconfig']) as cursor:
            _SQL = """select phrase, letters, ip, browser_string, results
                      from log"""
            cursor.execute(_SQL)
            contents = cursor.fetchall()
        titles = ('Phrase', 'Letters', 'Remote_addr', 'User_agent', 'Results')
        return render_template('viewlog.html',
                               the_title='View Log',
                               the_row_titles=titles,
                               the_data=contents,)
    except ConnectionError as err:
        ...
```

Para economizar espaço, não estamos mostrando todo o código de "view_the_log". O código de tratamento da exceção ainda fica aqui.

> **Código Sério**
>
> Um código que aguarda algo externo concluir é referido como "código de bloqueio", no sentido de que a execução do programa é **impedida** de continuar até que a espera termine. Como regra geral, um código de bloqueio que demora um tempo notável é ruim.

As duas funções são bloqueadas. Contudo, veja de perto o que acontece *após* a chamada para `cursor.execute` em ambas as funções. Em `log_request`, a chamada `cursor.execute` é a última coisa que a função faz, ao passo que, em `view_the_log`, os resultados de `cursor.execute` são usados pelo resto da função.

Vamos considerar as implicações desta diferença.

você está aqui ▶ **463**

inserir não é selecionar

As INSERTs e SELECTs do Banco de Dados São Diferentes

Se você estiver lendo o título desta página e pensando "Claro que são!", fique certo de que (a essa altura do livro) nós não ficamos malucos.

Sim: uma `INSERT SQL` é *diferente* de uma `SELECT SQL`, mas, como tem relação ao uso de ambas as consultas em seu aplicativo web, acaba que a `INSERT` em `log_request` não precisa ser bloqueada, ao passo que a `SELECT` em `view_the_log` sim, o que torna as consultas *muito* diferentes.

Esta é uma observação importante.

Se a `SELECT` em `view_the_log` não esperar os dados retornarem do banco de dados de back-end, o código após `cursor.execute` provavelmente falhará (pois não haverá dados com os quais trabalhar). A função `view_the_log` **deve** ser bloqueada, pois precisa aguardar os dados *antes* do processamento.

Quando seu aplicativo web chama `log_request`, ele aguarda a função registrar os detalhes da solicitação da web atual no banco de dados. O código que chama realmente não se importa *quando* isso acontece, apenas que acontece. A função `log_request` não retorna nenhum valor, nem dados; o código que chama não está aguardando uma resposta. O código que chama apenas quer saber se a solicitação da web é registrada *finalmente*.

O que levanta a pergunta: por que `log_request` força a espera de quem chama?

> Você vai sugerir que o código "log_request" poderia ser executado de algum modo simultâneo com o código do aplicativo web?

Sim. Essa é nossa ideia maluca.

Quando os usuários de seu aplicativo web inserirem uma nova pesquisa, eles poderão não se importar com os detalhes da solicitação sendo registrados em um banco de dados de back-end, portanto, não vamos deixá-los esperando enquanto o aplicativo web faz o trabalho.

Ao contrário, vamos providenciar algum outro processo para fazer o registro *finalmente* e de modo independente da função principal do aplicativo web (que é permitir aos usuários fazerem pesquisas).

Fazendo Mais de Uma Coisa ao Mesmo Tempo

Eis o plano: você fará com que a função log_request seja executada de modo independente do aplicativo web principal. Para tanto, ajustará o código do aplicativo web para que cada chamada de log_request seja executada simultaneamente. Isso ainda significa que seu aplicativo web não terá mais que aguardar que log_request conclua antes de atender a outra solicitação de outro usuário (ou seja, chega de atrasos).

Se log_request demorar alguns segundos, um minuto ou mesmo horas para ser executada, o aplicativo web não se importará (nem seu usuário). O que importa é que o código finalmente é executado.

Código simultâneo: você tem opções

Quanto a providenciar um código do aplicativo para ser executado simultaneamente, o Python tem algumas opções. Assim como há muito suporte dos módulos de terceiros, a biblioteca padrão vem com algumas coisas predefinidas que podem ajudar aqui.

Uma das mais conhecidas é a biblioteca `threading`, que fornece uma interface de alto nível para a implementação do encadeamento fornecida pelo sistema operacional que hospeda seu aplicativo web. Para usar a biblioteca, você precisa apenas importar com `import` a classe `Thread` do módulo threading perto do início do código do programa:

> Acesse a lista completa (e os detalhes) das opções de simultaneidade da biblioteca padrão do Python, em https://docs.python.org/3/library/concurrency.html (conteúdo em inglês).

```
from threading import Thread
```

Vá em frente e adicione esta linha de código perto do início do arquivo `vsearch4web.py`.

Agora começa a diversão.

Para criar um novo encadeamento, crie um objeto `Thread`, atribuindo o nome da função que você deseja que o encadeamento execute a um argumento nomeado chamado `target` e fornecendo qualquer argumento como uma tupla a outro argumento nomeado chamado `args`. O objeto `Thread` criado é atribuído a uma variável de sua escolha.

Como exemplo, vamos supor que você tenha uma função chamada `execute_slowly`, com três argumentos, que iremos supor que são três números. O código que chama `execute_slowly` atribuiu os três valores às variáveis chamadas `glacial`, `plodding` e `leaden`. Veja como `execute_slowly` é chamada normalmente (ou seja, sem se preocupar com a execução simultânea):

```
execute_slowly(glacial, plodding, leaden)
```

Se `execute_slowly` levar 30 segundos para fazer o que precisa, o código que chama será bloqueado e aguardará 30 segundos antes de fazer outra coisa. Ruim.

Não Fique Desapontado: Use Encadeamentos

No esquema geral, aguardar 30 segundos para a função `execute_slowly` concluir não parece o fim do mundo. Mas se o usuário estiver sentado esperando, ficará imaginando o que deu errado.

Se o aplicativo puder continuar a executar enquanto `execute_slowly` age, você poderá criar um `Thread` para executar `execute_slowly` simultaneamente. Veja a chamada da função normal mais uma vez, junto com o código que executa a chamada da função em uma solicitação para a execução encadeada:

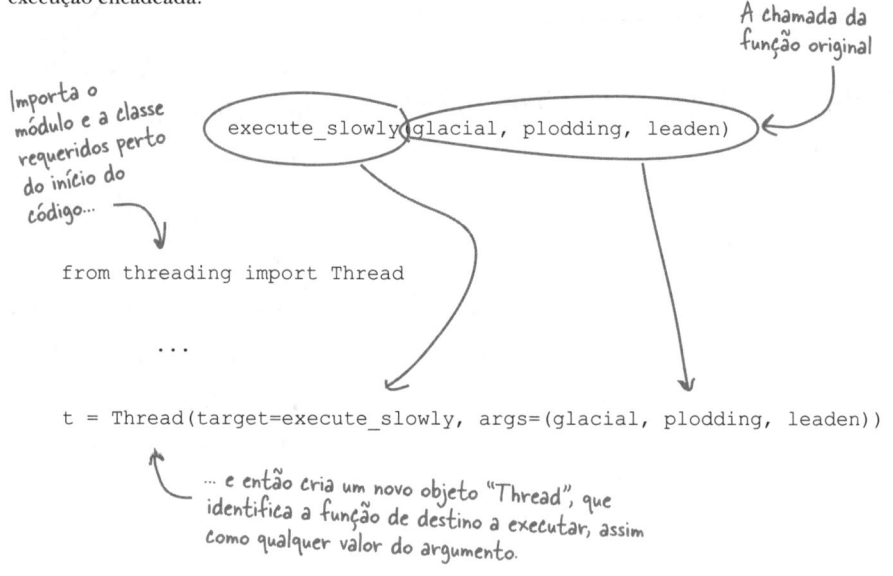

A chamada da função original → `execute_slowly(glacial, plodding, leaden)`

Importa o módulo e a classe requeridos perto do início do código...

```
from threading import Thread

...

t = Thread(target=execute_slowly, args=(glacial, plodding, leaden))
```

... e então cria um novo objeto "Thread", que identifica a função de destino a executar, assim como qualquer valor do argumento.

A verdade é que este uso de `Thread` parece um pouco estranho, mas não é. O segredo para entender o que está acontecendo aqui é notar que o objeto `Thread` foi atribuído a uma variável (`t` neste exemplo) e que a função `execute_slowly` ainda tem que ser executada.

Atribuir o objeto `Thread` a `t` o *prepara* para a execução. Para pedir à tecnologia de encadeamento do Python para executar `execute_slowly`, inicie o encadeamento assim:

```
t.start()
```

Quando você chama "start", a função associada ao encadeamento "t" é agendada para a execução pelo módulo "threading".

Neste ponto, o código que chamou `t.start` continua a ser executado. A espera de 30 segundos que resulta da execução de `execute_slowly` não tem nenhum efeito no código que chama, pois ela é lidada pelo módulo `threading` do Python, não por você. O módulo de encadeamento conspira com o interpretador do Python para executar `execute_slowly` *eventualmente*.

um pouco de **encadeamento**

✏️ Aponte o seu lápis

Quanto a chamar `log_request` no código do aplicativo web, há apenas um lugar em que você precisa ver: na função `do_search`. Lembre-se de que você já colocou sua chamada para `log_request` dentro de `try/except` para se proteger dos erros de execução inesperados.

Note também que adicionamos um atraso de 15 segundos — usando `sleep(15)` — ao código `log_request` (tornando-o lento). Veja o código atual para `do_search`:

Veja como você chama "log_request" atualmente.

```
@app.route('/search4', methods=['POST'])
def do_search() -> 'html':
    phrase = request.form['phrase']
    letters = request.form['letters']
    title = 'Here are your results:'
    results = str(search4letters(phrase, letters))
    try:
        log_request(request, results)
    except Exception as err:
        print('***** Logging failed with this error:',
str(err))
    return render_template('results.html',
                            the_title=title,
                            the_phrase=phrase,
                            the_letters=letters,
                            the_results=results,)
```

Vamos supor que você já adicionou `from threading import Thread` ao início do código do aplicativo web.

Pegue o lápis e, no espaço fornecido abaixo, escreva o código que você iria inserir em `do_search`, em vez da chamada padrão para `log_request`.

Adicione o código de encadeamento que você usaria para executar finalmente "log_request".

Lembre-se: você usará um objeto `Thread` para executar `log_request`, exatamente como fizemos com o exemplo `execute_slowly` da última página.

....

....

....

encadeamento ao *trabalho*

Aponte o seu lápis
Solução

Quanto a chamar `log_request` no código do aplicativo web, há apenas um lugar em que você precisa ver: na função `do_search`. Lembre-se de que você já colocou sua chamada para `log_request` em `try/except` para se proteger dos erros de execução inesperados.

Note também que adicionamos um atraso de 15 segundos — usando `sleep(15)` — ao código `log_request` (tornando-o lento). Veja o código atual para `do_search`:

Veja como você chama "log_request" atualmente.

```
@app.route('/search4', methods=['POST'])
def do_search() -> 'html':
    phrase = request.form['phrase']
    letters = request.form['letters']
    title = 'Here are your results:'
    results = str(search4letters(phrase, letters))
    try:
        log_request(request, results)
    except Exception as err:
        print('***** Logging failed with this error:', str(err))
    return render_template('results.html',
                           the_title=title,
                           the_phrase=phrase,
                           the_letters=letters,
                           the_results=results,)
```

Supusemos que você já havia adicionado `from threading import Thread` ao início do código do aplicativo web.

No espaço fornecido abaixo, você teve que escrever o código que iria inserir em `do_search`, em vez da chamada padrão para `log_request`.

Você teve que usar um objeto `Thread` para executar `log_request`, exatamente como fizemos com o exemplo `execute_slowly` recente.

Estamos mantendo a instrução "try" (por ora).

→ try:

....

t = Thread(target=log_request, args=(request, results))

....

  t.start()

Como no exemplo anterior, identifique a função de destino a executar, forneça qualquer argumento necessário e não esqueça de agendar o encadeamento a ser executado.

→ except ...

O suíte "except" fica inalterado, portanto, não o mostramos aqui.

um pouco de encadeamento

Test Drive

Com as edições aplicadas em `vsearch4web.py`, você está pronto para fazer outra execução de teste. O que você está esperando ver aqui é quase nenhuma espera quando insere uma pesquisa na página de pesquisa do aplicativo web (pois o código `log_request` está sendo executado simultaneamente pelo módulo `threading`).

Vá em frente e experimente.

Com certeza, no momento em que clicar no botão "Do it!", seu aplicativo web retornará os resultados. A suposição é a de que o módulo `threading` agora está executando `log_request` e aguardando o tempo necessário para rodar o código dessa função até o fim (aproximadamente 15 segundos).

Você está para se parabenizar (pelo trabalho bem feito), quando, do nada e após 15 segundos, a janela do terminal do aplicativo web surge com mensagens de erro, parecidas com estas:

```
    ...
127.0.0.1 - - [29/Jul/2016 19:43:31] "POST /search4 HTTP/1.1" 200 -
Exception in thread Thread-6:
Traceback (most recent call last):
  File "vsearch4web.not.slow.with.threads.but.broken.py", line 42, in log_request
    cursor.execute(_SQL, (req.form['phrase'],
  File "/Library/Frameworks/Python.framework/Versions/3.5/lib/python3.5/site-packages/
werkzeug/local.py", line 343, in __getattr__
    ...
    raise RuntimeError(_request_ctx_err_msg)
RuntimeError: Working outside of request context.
This typically means that you attempted to use functionality that needed
an active HTTP request.  Consult the documentation on testing for
information about how to avoid this problem.

During handling of the above exception, another exception occurred:

Traceback (most recent call last):
  File "/Library/Frameworks/Python.framework/Versions/3.5/lib/python3.5/threading.py",
line 914, in _bootstrap_inner
    self.run()
    ...
RuntimeError: Working outside of request context.
This typically means that you attempted to use functionality that needed
an active HTTP request.  Consult the documentation on testing for
information about how to avoid this problem.
```

A última solicitação foi um sucesso.

Veja esta mensagem.

Opa! Uma exceção não capturada.

Muitas (!!) outras mensagens de rastreamento aqui

E outra... uau!

Se você verificar o banco de dados de back-end, descobrirá que os detalhes da solicitação web **não** foram registrados. Com base nas mensagens acima, parece que o módulo `threading` não está contente com seu código. Grande parte do segundo grupo de mensagens de rastreamento se refere a `threading.py`, ao passo que o primeiro grupo se refere ao código nas pastas `werkzeug` e `flask`. O que está claro é que adicionar o código de rastreamento resultou em uma **enorme bagunça**. O que está acontecendo?

o que está acontecendo?

Primeiro, O Mais Importante: Não Entre Em Pânico

Seu primeiro impulso pode ser voltar o código adicionado para executar `log_request` para seu próprio encadeamento (e voltar ao seu estado normal). Mas não entre em pânico, e **não** vamos fazer isso. Ao contrário, vejamos o parágrafo descritivo que apareceu duas vezes nas mensagens de rastreamento:

```
...
This typically means that you attempted to use functionality that needed
an active HTTP request.  Consult the documentation on testing for
information about how to avoid this problem.
...
```

Essa mensagem está vindo do Flask, não do módulo `threading`. Sabemos isso porque o módulo `threading` não se importaria com a finalidade para a qual você o utiliza e definitivamente não tem nenhum interesse no que você está tentando fazer com o HTTP.

Vejamos de novo o código que agenda o encadeamento para a execução, que sabemos levar 15 segundos para ser executado, pois é o tempo que `log_request` leva. Enquanto estiver vendo o código, pense no que acontece durantes esses 15 segundos:

```
@app.route('/search4', methods=['POST'])
def do_search() -> 'html':
    phrase = request.form['phrase']
    letters = request.form['letters']
    title = 'Here are your results:'
    results = str(search4letters(phrase, letters))
    try:
        t = Thread(target=log_request, args=(request, results))
        t.start()
    except Exception as err:
        print('***** Logging failed with this error:', str(err))
    return render_template('results.html',
                           the_title=title,
                           the_phrase=phrase,
                           the_letters=letters,
                           the_results=results,)
```

O que acontece enquanto este encadeamento leva 15 segundos para ser executado?

No instante em que o encadeamento é agendado para a execução, o código que chama (a função `do_search`) continua a ser executado. A função `render_template` é executada (em um piscar dos olhos), então a função `do_search` *termina*.

Quando `do_search` termina, todos os dados associados à função (seu *contexto*) são reivindicados pelo interpretador. As variáveis `request`, `phrase`, `letters`, `title` e `results` deixam de existir. Porém, as variáveis `request` e `results` são passadas como argumentos para `log_request`, que tenta acessá-las 15 segundos depois. Infelizmente, nesse ponto, as variáveis não existem mais, pois `do_search` terminou. Falha.

Não Fique Desapontado: O Flask Pode Ajudar

Com base no que você acabou de aprender, parece que a função `log_request` (quando executada em um encadeamento) não consegue mais "ver" seus dados do argumento. Isso deve-se ao fato de que o interpretador fez uma limpeza após certo tempo e reivindicou a memória usada por essas variáveis (pois `do_search` terminou). Especificamente, o objeto `request` não está mais ativo, e quando `log_request` foi procurá-lo, ele não pôde ser encontrado.

Então, o que pode ser feito? Não se preocupe: a ajuda está à mão.

> Eu ia escrever para você na próxima semana, quando soube que me pediria para rescrever a função "log_request". Certo?

Realmente não há necessidade de rescrever.

À primeira vista, pode parecer que você precisaria reescrever `log_request` para contar um pouco menos com seus argumentos... supondo que isso seja possível. Mas o Flask vem com um decorador que pode ajudar aqui.

O decorador, `copy_current_request_context`, assegura que a solicitação HTTP, ativa quando uma função é chamada, *permaneça* ativa mesmo quando a função é executada, depois, em um encadeamento. Para usá-lo, você precisa adicionar `copy_current_request_context` à lista de importações no início do código do aplicativo web.

Como em qualquer outro decorador, você o aplica em uma função existente usando a sintaxe @ usual. Porém, há um aviso: a função sendo decorada tem que ser definida *na* função que chama; a função decorada deve estar aninhada em quem faz a chamada (como uma função interna).

Exercício

Veja o que queremos que você faça (após atualizar a lista de importações do Flask):

1. Pegue a função `log_request` e aninhe-a na função `do_search`.
2. Decore `log_request` com `@copy_current_request_context`.
3. Confirme se os erros de execução do último *Test Drive* acabaram.

chega de pânico

Exercício Solução

Pedimos para você fazer três coisas:

1. Pegar a função `log_request` e aninhá-la na função `do_search`.
2. Decorar `log_request` com `@copy_current_request_context`.
3. Confirmar se os erros de execução do último *Test Drive* acabaram.

Veja como ficou nosso código `do_search` depois de executarmos as tarefas 1 e 2 (nota: analisaremos a tarefa 3 na outra página):

```python
@app.route('/search4', methods=['POST'])
def do_search() -> 'html':

    @copy_current_request_context
    def log_request(req: 'flask_request', res: str) -> None:
        sleep(15)   # This makes log_request really slow...
        with UseDatabase(app.config['dbconfig']) as cursor:
            _SQL = """insert into log
                      (phrase, letters, ip, browser_string, results)
                      values
                      (%s, %s, %s, %s, %s)"""
            cursor.execute(_SQL, (req.form['phrase'],
                                  req.form['letters'],
                                  req.remote_addr,
                                  req.user_agent.browser,
                                  res, ))

    phrase = request.form['phrase']
    letters = request.form['letters']
    title = 'Here are your results:'
    results = str(search4letters(phrase, letters))
    try:
        t = Thread(target=log_request, args=(request, results))
        t.start()
    except Exception as err:
        print('***** Logging failed with this error:', str(err))
    return render_template('results.html',
                           the_title=title,
                           the_phrase=phrase,
                           the_letters=letters,
                           the_results=results,)
```

Tarefa 2. O decorador foi aplicado em "log_request".

Tarefa 1. A função "log_request" agora está definida (aninhada) na função "do_search".

Todo o resto do código fica inalterado.

Perguntas Idiotas — não existem

P: Ainda faz sentido proteger a chamada encadeada de `log_request` com `try/except`?

R: Não se você está esperando reagir a um problema de execução com `log_request`, pois `try/except` terá terminado antes do encadeamento iniciar. Contudo, seu sistema poderá falhar tentando criar um novo encadeamento, assim, achamos que não faz mal deixar `try/except` em `do_search`.

um pouco de **encadeamento**

Test Drive

Tarefa 3: Levar esta última versão de `vsearch4web.py` para dar uma volta confirma que os erros de execução do último *Test Drive* são algo do passado. A janela do terminal do aplicativo web confirma que tudo está bem:

```
...
127.0.0.1 - - [30/Jul/2016 20:42:46] "GET / HTTP/1.1" 200 -
127.0.0.1 - - [30/Jul/2016 20:43:10] "POST /search4 HTTP/1.1" 200 -
127.0.0.1 - - [30/Jul/2016 20:43:14] "GET /login HTTP/1.1" 200 -
127.0.0.1 - - [30/Jul/2016 20:43:17] "GET /viewlog HTTP/1.1" 200 -
127.0.0.1 - - [30/Jul/2016 20:43:37] "GET /viewlog HTTP/1.1" 200 -
```

Sem exceções de execução assustadoras. Todos os 200s significam que tudo está bem com o aplicativo web. E 15 segundos após enviar uma nova pesquisa, o aplicativo web finalmente registra os detalhes no banco de dados de back-end SEM precisar que o usuário do aplicativo aguarde. ☺

> De acordo com esta ficha, tenho que fazer uma última pergunta. Há alguma desvantagem em definir "log_request" em "do_search"?

Não neste caso.

Para este aplicativo web, a função `log_request` era chamada apenas por `do_search`, portanto, aninhar `log_request` em `do_search` não é um problema.

Mais tarde, se você decidir chamar `log_request` a partir de outra função, poderá ter problemas (e terá que repensar as coisas). Mas agora, tudo bem.

uma última revisão

Seu Aplicativo Web é Robusto Agora?

Veja as quatro perguntas feitas no início do Capítulo 11:

① O que acontece se a conexão do banco de dados falha?

② Nosso aplicativo web está protegido dos ataques da web?

③ O que acontece se algo demora muito?

④ O que acontece se uma chamada da função falha?

Agora seu aplicativo web lida com várias exceções da execução, graças ao uso de `try/except` e algumas exceções personalizadas que você pode gerar com `raise` e capturar quando requerido.

Quando você souber que algo pode dar errado na execução, fortaleça seu código quanto às exceções que podem ocorrer. Isso melhora a robustez geral do aplicativo, o que é bom.

Note que existem outras áreas nas quais a robustez poderia ser melhorada. Você passou muito tempo adicionando o código `try/except` ao código de `view_the_log`, que aproveitou o gerenciador de contexto `UseDatabase`. `UseDatabase` *também* é usado em `log_request` e provavelmente deve ser protegido também (e fazer isso fica como um dever de casa para você).

Seu aplicativo web é mais responsivo devido ao uso do encadeamento para lidar com uma tarefa que precisa ser executada eventualmente, mas não imediatamente. Essa é uma boa estratégia de design, embora você precise ter cuidado para não exagerar com os encadeamentos: o exemplo de encadeamento neste capítulo é muito simples. Porém, é muito fácil criar um código de encadeamento que ninguém consegue entender e que o deixará maluco quando tiver que depurá-lo. **Use os encadeamentos com cuidado.**

Ao responder à pergunta 3 — *o que acontece se algo demora muito?* —, o uso dos encadeamentos melhorou o desempenho da gravação do banco de dados, mas não a leitura. É o caso de ter que aguardar os dados chegarem após a leitura, não importando quanto tempo leva, pois o aplicativo web não conseguiu continuar sem os dados.

Para tornar a leitura do banco de dados mais rápida (supondo, em primeiro lugar, que ela é lenta), você pode ter que usar uma configuração alternativa do banco de dados (mais rápida). Mas isso é um problema para outro dia, pois não nos preocuparemos mais com isso neste livro.

Porém, no próximo e último capítulo consideraremos o desempenho, mas faremos isso analisando um tópico que todos entendem e que já analisamos neste livro: o loop.

Código do Capítulo 11¾, 1 de 2

Esta é a versão mais recente e maior do "vsearch4web.py".

```python
from flask import Flask, render_template, request, escape, session
from flask import copy_current_request_context
from vsearch import search4letters

from DBcm import UseDatabase, ConnectionError, CredentialsError, SQLError
from checker import check_logged_in

from threading import Thread
from time import sleep

app = Flask(__name__)

app.config['dbconfig'] = {'host': '127.0.0.1',
                          'user': 'vsearch',
                          'password': 'vsearchpasswd',
                          'database': 'vsearchlogDB', }

@app.route('/login')
def do_login() -> str:
    session['logged_in'] = True
    return 'You are now logged in.'

@app.route('/logout')
def do_logout() -> str:
    session.pop('logged_in')
    return 'You are now logged out.'

@app.route('/search4', methods=['POST'])
def do_search() -> 'html':

    @copy_current_request_context
    def log_request(req: 'flask_request', res: str) -> None:
        sleep(15)   # This makes log_request really slow...
        with UseDatabase(app.config['dbconfig']) as cursor:
            _SQL = """insert into log
                    (phrase, letters, ip, browser_string, results)
                    values
                    (%s, %s, %s, %s, %s)"""
            cursor.execute(_SQL, (req.form['phrase'],
                            req.form['letters'],
                            req.remote_addr,
                            req.user_agent.browser,
                            res, ))

    phrase = request.form['phrase']
    letters = request.form['letters']
    title = 'Here are your results:'
```

O resto de "do_search" está no início da próxima página.

Código do Capítulo 11¾, 2 de 2

```
    results = str(search4letters(phrase, letters))
    try:
        t = Thread(target=log_request, args=(request, results))
        t.start()
    except Exception as err:
        print('***** Logging failed with this error:', str(err))
    return render_template('results.html',
                           the_title=title,
                           the_phrase=phrase,
                           the_letters=letters,
                           the_results=results,)
```

Este é o resto da função "do_search".

```
@app.route('/')
@app.route('/entry')
def entry_page() -> 'html':
    return render_template('entry.html',
                           the_title='Welcome to search4letters on the web!')

@app.route('/viewlog')
@check_logged_in
def view_the_log() -> 'html':
    try:
        with UseDatabase(app.config['dbconfig']) as cursor:
            _SQL = """select phrase, letters, ip, browser_string, results
                      from log"""
            cursor.execute(_SQL)
            contents = cursor.fetchall()
        # raise Exception("Some unknown exception.")
        titles = ('Phrase', 'Letters', 'Remote_addr', 'User_agent', 'Results')
        return render_template('viewlog.html',
                               the_title='View Log',
                               the_row_titles=titles,
                               the_data=contents,)
    except ConnectionError as err:
        print('Is your database switched on? Error:', str(err))
    except CredentialsError as err:
        print('User-id/Password issues. Error:', str(err))
    except SQLError as err:
        print('Is your query correct? Error:', str(err))
    except Exception as err:
        print('Something went wrong:', str(err))
    return 'Error'

app.secret_key = 'YouWillNeverGuessMySecretKey'

if __name__ == '__main__':
    app.run(debug=True)
```

12 iteração avançada

✳ *Girando Como Louco* ✳

Acabei de ter uma ideia maravilhosa: e se eu pudesse tornar meus loops mais rápidos?

Geralmente é impressionante a quantidade de tempo que nossos programas gastam em loops. Não é uma surpresa, pois a maioria dos programas existe para realizar algo rapidamente um monte de vezes. Quanto a otimizar os loops, há duas abordagens: (1) melhorar a sintaxe do loop (para facilitar a especificação de um loop) e (2) melhorar como os loops são executados (para torná-los mais rápidos). No início da vida do Python 2 (ou seja, *muito, muito* tempo atrás), os designers da linguagem acrescentaram um único recurso da linguagem que implementa as duas abordagens e atende por um nome bem estranho: **compreensão**. Mas não deixe que o nome estranho chateie você: depois de trabalhar neste capítulo, se perguntará como conseguiu viver sem as compreensões por tanto tempo.

dados dos voos

A Bahamas Buzzers Tem Destinos

Para entender os que as compreensões do loop podem fazer, você verá alguns dados "reais".

Operando fora de Nassau, na Ilha de New Providence, a *Bahamas Buzzers* oferece voos entre as ilhas para alguns dos maiores aeroportos da ilha. A linha aérea é pioneira no cronograma de voos com hora certa: com base na demanda do dia anterior, a linha aérea prevê (que é um termo bem elegante para "adivinha") quantos voos serão necessários no dia seguinte. No final de cada dia, a *Matriz BB* gera o cronograma de voos do dia seguinte, que acaba em um arquivo CSV (*valor separado por vírgula*) baseado em texto.

Veja o que o arquivo CSV de amanhã contém:

> Temos lugares para ir, pessoas para ver...

```
TIME,DESTINATION
09:35,FREEPORT
17:00,FREEPORT
09:55,WEST END
19:00,WEST END
10:45,TREASURE CAY
12:00,TREASURE CAY
11:45,ROCK SOUND
17:55,ROCK SOUND
```

O cabeçalho nos informa para esperar duas colunas de dados: uma representando as horas, outra, os destinos.

O resto do arquivo CSV contém os dados reais do voo.

Este é um arquivo CSV padrão com a primeira linha dada para as informações do cabeçalho. Parece bem, exceto pelo fato de que tudo está com LETRA MAIÚSCULA (o que é um pouco "conservador").

A *Matriz* chama esse arquivo CSV de `buzzers.csv`.

Se você tivesse que ler os dados no arquivo CSV e exibi-los na tela, você usaria uma instrução `with`. Veja o que fizemos no prompt >>> do IDLE depois de usar o módulo `os` do Python para alterar a pasta que contém o arquivo:

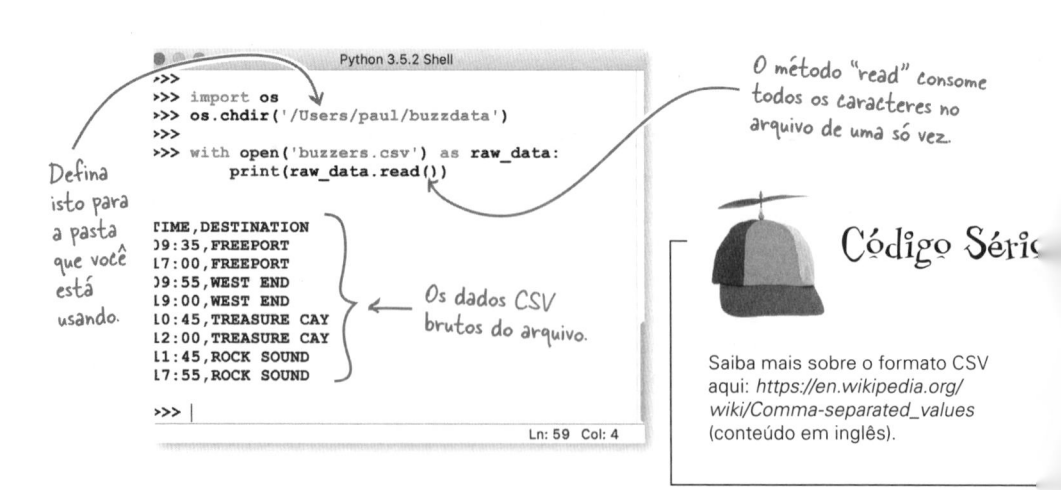

```
>>>
>>> import os
>>> os.chdir('/Users/paul/buzzdata')
>>>
>>> with open('buzzers.csv') as raw_data:
        print(raw_data.read())

TIME,DESTINATION
09:35,FREEPORT
17:00,FREEPORT
09:55,WEST END
19:00,WEST END
10:45,TREASURE CAY
12:00,TREASURE CAY
11:45,ROCK SOUND
17:55,ROCK SOUND

>>>
```

Defina isto para a pasta que você está usando.

O método "read" consome todos os caracteres no arquivo de uma só vez.

Os dados CSV brutos do arquivo.

Código Série

Saiba mais sobre o formato CSV aqui: *https://en.wikipedia.org/wiki/Comma-separated_values* (conteúdo em inglês).

iteração avançada

Lendo os Dados CSV Como Listas

Os dados CSV, em sua forma bruta, não são muito úteis. Eles seriam mais úteis se você pudesse ler e dividir com uma vírgula cada linha, facilitando o entendimento dos dados.

Embora seja possível fazer essa "divisão" com um código do Python feito à mão (aproveitando o método `split` do objeto string), trabalhar com dados CSV é uma atividade tão comum que a *biblioteca padrão* vem com um módulo chamado `csv` que pode ajudar.

Veja outro pequeno loop `for` que demonstra o módulo `csv` em ação. Diferente do último exemplo, no qual você usou o método `read` para obter o conteúdo inteiro do arquivo *de uma só vez*, no código a seguir, o `csv.reader` é usado para ler o arquivo CSV *uma linha por vez* no loop `for`. Em cada iteração, o loop `for` atribui cada linha dos dados CSV a uma variável (chamada `line`), que então é exibida na tela:

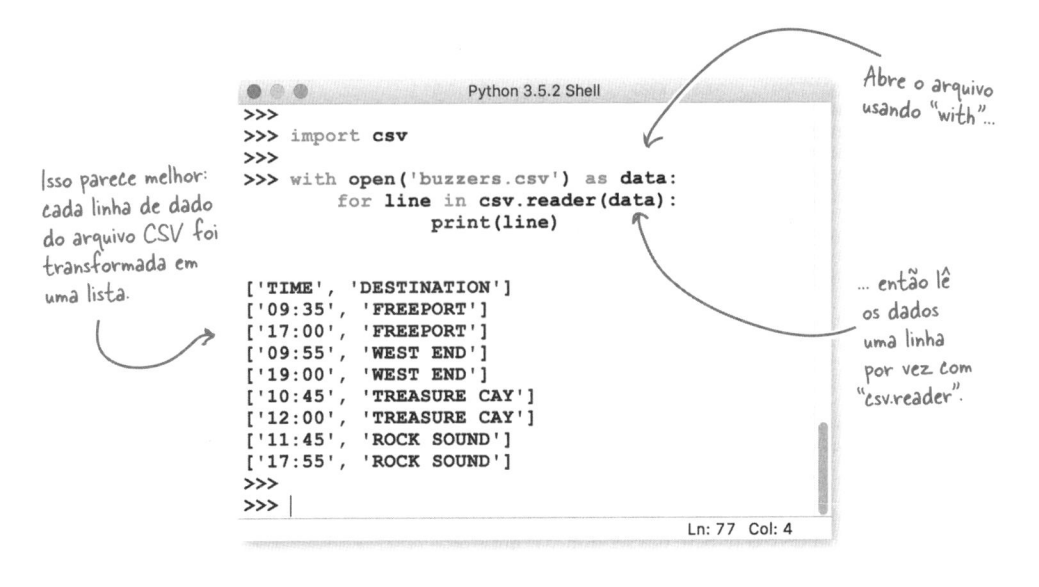

```
>>>
>>> import csv
>>>
>>> with open('buzzers.csv') as data:
        for line in csv.reader(data):
            print(line)

['TIME', 'DESTINATION']
['09:35', 'FREEPORT']
['17:00', 'FREEPORT']
['09:55', 'WEST END']
['19:00', 'WEST END']
['10:45', 'TREASURE CAY']
['12:00', 'TREASURE CAY']
['11:45', 'ROCK SOUND']
['17:55', 'ROCK SOUND']
>>>
>>>
```

Abre o arquivo usando "with"...

... então lê os dados uma linha por vez com "csv.reader".

Isso parece melhor: cada linha de dado do arquivo CSV foi transformada em uma lista.

O módulo `csv` está fazendo bastante trabalho aqui. Cada linha de dado bruto está sendo lida no arquivo, e então transformada "como mágica" em uma lista com dois itens.

Além das informações do cabeçalho (da primeira linha do arquivo) sendo retornadas como uma lista, cada par de hora e destino do voo individual também tem sua própria lista. Observe o *tipo* dos itens de dados individuais retornados: tudo é uma string, mesmo que o primeiro item em cada item represente (claramente) uma hora.

O módulo `csv` tem mais alguns truques na manga. Outra função interessante é `csv.DictReader`. Vejamos o que ela faz por você.

você está aqui ▶ **479**

csv para o dicionário

Lendo os Dados CSV como Dicionários

Este código é parecido com o último exemplo, exceto pelo fato de que este novo código usa `csv.DictReader`, em vez de `csv.reader`. Quando `DictReader` é usado, os dados do arquivo CSV são retornados como uma coleção de dicionários, com as chaves de cada dicionário obtidas na linha de cabeçalho do arquivo CSV e os valores obtidos em cada uma das linhas subsequentes. Veja o código:

Usar "csv.DictReader" é uma alteração simples, mas faz uma grande diferença. O que eram linhas de listas (última vez) agora são linhas de dicionários.

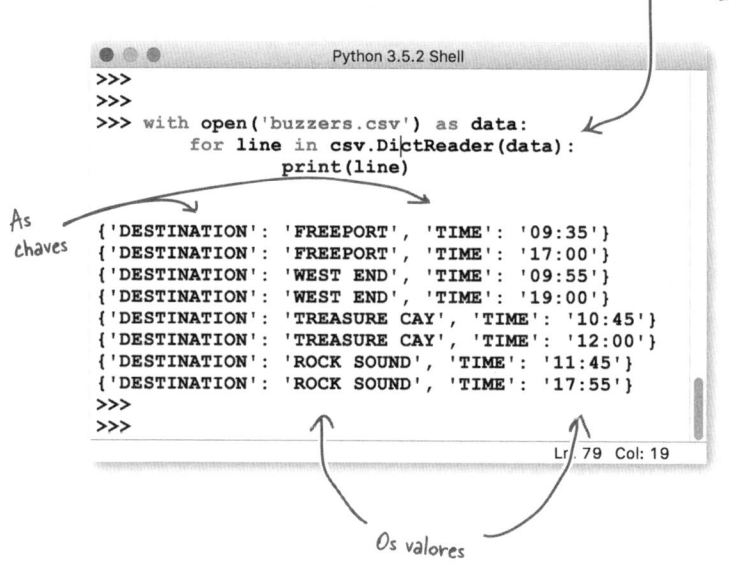

```
Python 3.5.2 Shell
>>>
>>>
>>> with open('buzzers.csv') as data:
        for line in csv.DictReader(data):
            print(line)

{'DESTINATION': 'FREEPORT', 'TIME': '09:35'}
{'DESTINATION': 'FREEPORT', 'TIME': '17:00'}
{'DESTINATION': 'WEST END', 'TIME': '09:55'}
{'DESTINATION': 'WEST END', 'TIME': '19:00'}
{'DESTINATION': 'TREASURE CAY', 'TIME': '10:45'}
{'DESTINATION': 'TREASURE CAY', 'TIME': '12:00'}
{'DESTINATION': 'ROCK SOUND', 'TIME': '11:45'}
{'DESTINATION': 'ROCK SOUND', 'TIME': '17:55'}
>>>
>>>
                                        Ln: 79 Col: 19
```

As chaves — *Os valores*

```
TIME,DESTINATION
09:35,FREEPORT
17:00,FREEPORT
09:55,WEST END
19:00,WEST END
10:45,TREASURE CAY
12:00,TREASURE CAY
11:45,ROCK SOUND
17:55,ROCK SOUND
```

Lembre: os dados brutos no arquivo ficam assim.

Não há dúvidas de que isso é poderoso: com uma única chamada para `DictReader`, o módulo `csv` transformou os dados brutos no arquivo CSV em uma coleção de dicionários do Python.

Mas imagine que você recebeu a tarefa de converter os dados brutos no arquivo CSV com base nos seguintes requisitos:

① Converta as horas dos voos do formato de 24 horas no formato AM/PM

② Converta os destinos de LETRAS MAIÚSCULAS em Iniciais Maiúsculas

Por si só, não são tarefas difíceis. Porém, quando você considera os dados brutos como uma coleção de listas ou uma coleção de dicionários, podem ser difíceis. Portanto, vamos escrever um loop `for` personalizado para ler os dados em um dicionário, que poderá ser, então, usado para fazer essas conversões com muito menos confusão.

iteração avançada

Vamos Voltar um Pouco

Em vez de usar `csv.reader` ou `csv.DictReader`, vamos criar nosso próprio código para converter os dados brutos no arquivo CSV em *um* dicionário, que poderemos, então, manipular para fazer as conversões requeridas.

Batemos um papo com as pessoas da *Matriz* na *Bahamas Buzzers* e elas disseram que estão muito contentes com as conversões que temos em mente, mas ainda gostariam dos dados mantidos em sua "forma bruta", pois é como o painel de decolagens antiquado espera que os dados cheguem: formato de 24 horas para as horas dos voos e LETRAS MAIÚSCULAS para os destinos.

Você poderia fazer as conversões nos dados brutos em seu dicionário, mas vamos assegurar que as conversões sejam realizadas nas *cópias* dos dados, não nos dados brutos reais quando lidos. Embora não esteja totalmente claro no momento, as interferências vindas da *Matriz* parecem indicar que qualquer código criado pode ter uma interface com alguns sistemas existentes. Portanto, em vez de encarar a possibilidade de converter os dados de volta em sua forma bruta, vamos lê-los em um dicionário como estão, e então converter as cópias quando requerido (enquanto deixamos os dados brutos no dicionário original *intocados*).

Não é muito trabalho (além daquele que você teve que fazer com o módulo `csv`) ler os dados brutos em um dicionário. No código abaixo, o arquivo é aberto, e a primeira linha é lida e ignorada (pois não precisamos das informações do cabeçalho). Um loop `for` lê cada linha de dado bruto, dividindo-a em duas na vírgula, com a hora do voo sendo usada como a *chave* do dicionário, e o destino, usado como seu *valor*.

Os dados brutos

```
TIME,DESTINATION
09:35,FREEPORT
17:00,FREEPORT
09:55,WEST END
19:00,WEST END
10:45,TREASURE CAY
12:00,TREASURE CAY
11:45,ROCK SOUND
17:55,ROCK SOUND
```

Você consegue dividir cada linha em duas, usando a vírgula como delimitador?

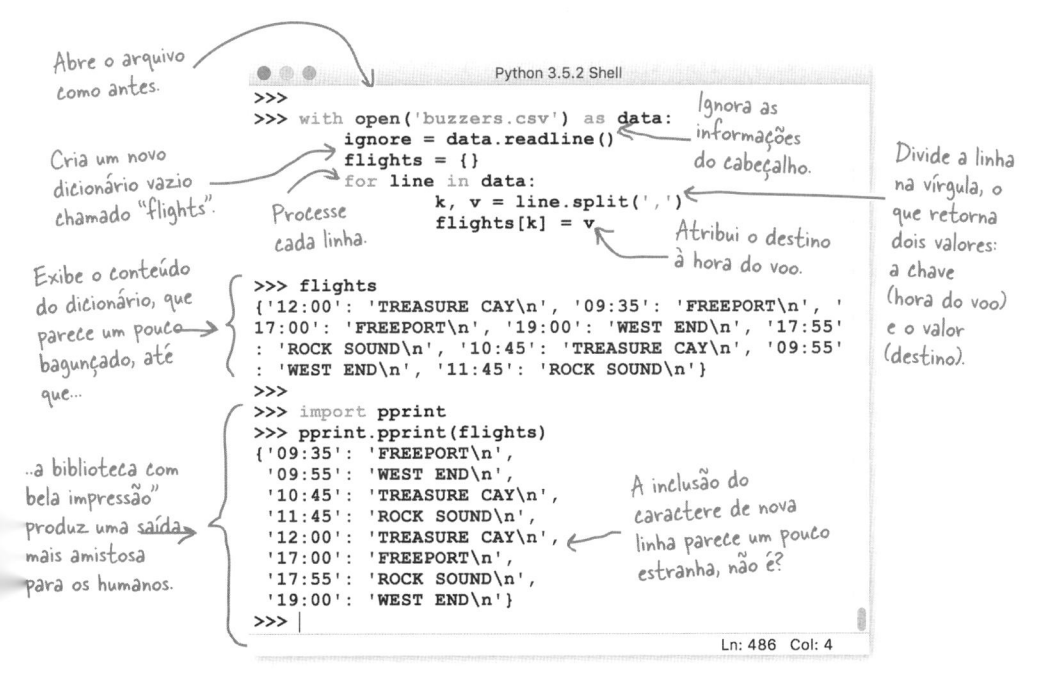

Abre o arquivo como antes.

Cria um novo dicionário vazio chamado "flights".

Processa cada linha.

Ignora as informações do cabeçalho.

Divide a linha na vírgula, o que retorna dois valores: a chave (hora do voo) e o valor (destino).

Atribui o destino à hora do voo.

```
Python 3.5.2 Shell
>>>
>>> with open('buzzers.csv') as data:
        ignore = data.readline()
        flights = {}
        for line in data:
            k, v = line.split(',')
            flights[k] = v

>>> flights
{'12:00': 'TREASURE CAY\n', '09:35': 'FREEPORT\n', '
17:00': 'FREEPORT\n', '19:00': 'WEST END\n', '17:55'
: 'ROCK SOUND\n', '10:45': 'TREASURE CAY\n', '09:55'
: 'WEST END\n', '11:45': 'ROCK SOUND\n'}
>>>
>>> import pprint
>>> pprint.pprint(flights)
{'09:35': 'FREEPORT\n',
 '09:55': 'WEST END\n',
 '10:45': 'TREASURE CAY\n',
 '11:45': 'ROCK SOUND\n',
 '12:00': 'TREASURE CAY\n',
 '17:00': 'FREEPORT\n',
 '17:55': 'ROCK SOUND\n',
 '19:00': 'WEST END\n'}
>>>
                                        Ln: 486  Col: 4
```

Exibe o conteúdo do dicionário, que parece um pouco bagunçado, até que...

...a biblioteca com bela impressão" produz uma saída mais amistosa para os humanos.

A inclusão do caractere de nova linha parece um pouco estranha, não é?

você está aqui ▶ **481**

não para as novas linhas

Cortando, e Então Dividindo, Seus Dados Brutos

A última instrução `with` usou o método `split` (incluído com todos os objetos string) para dividir a linha de dados brutos em duas. O que é retornado é uma lista de strings, que o código atribui individualmente às variáveis k e v. Essa atribuição de diversas variáveis é possível devido ao fato de que você tem uma tupla de variáveis à esquerda do operador de atribuição, assim como um código que produz uma lista de valores à direita do operador (lembre: as tuplas são listas *imutáveis*):

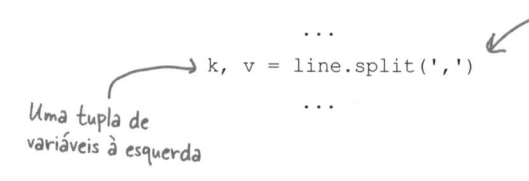

```
...
k, v = line.split(',')
...
```

Uma tupla de variáveis à esquerda

O código que produz uma lista de valores à direita

Código Sério

Outro método de string, `strip`, remove o espaço em branco do início e do final de uma string existente. Vamos usá-lo para remover a nova linha à direita indesejada dos dados brutos *antes* de executar `split`.

Veja uma versão final do código de leitura dos dados. Criamos um dicionário chamado `flights`, que usa as horas dos voos como chaves, e os destinos (sem a nova linha) como valores:

Espaço em branco: os caracteres a seguir são considerados espaço em branco nas strings: *espaço*, \t, \n e \r.

```
>>>
>>> with open('buzzers.csv') as data:
        ignore = data.readline()
        flights = {}
        for line in data:
            k, v = line.strip().split(',')
            flights[k] = v

>>>
>>> pprint.pprint(flights)
{'09:35': 'FREEPORT',
 '09:55': 'WEST END',
 '10:45': 'TREASURE CAY',
 '11:45': 'ROCK SOUND',
 '12:00': 'TREASURE CAY',
 '17:00': 'FREEPORT',
 '17:55': 'ROCK SOUND',
 '19:00': 'WEST END'}
>>>
>>> |
```

Este código corta a linha, e então a divide para produzir os dados no formato requerido.

Você pode não ter identificado isto, mas a ordem das linhas no dicionário difere do que está no arquivo de dados. Isso acontece porque os dicionários NÃO mantêm a ordem de inserção. Não se preocupe com isso agora.

```
TIME,DESTINATION
09:35,FREEPORT
17:00,FREEPORT
09:55,WEST END
19:00,WEST END
10:45,TREASURE CAY
12:00,TREASURE CAY
11:45,ROCK SOUND
17:55,ROCK SOUND
```

E se você trocasse a ordem dos métodos em seu código, assim:

```
line.split(',').strip()
```

Quando você enfileira os métodos assim, é chamado de "cadeia de métodos".

O que acha que aconteceria?

iteração avançada

Tenha Cuidado ao Encadear as Chamadas do Método

Alguns programadores não gostam do fato de que as chamadas do método do Python podem ser encadeadas (como `strip` e `split` foram no último exemplo), porque tais cadeias podem ser de difícil leitura na primeira vez que são vistas. Contudo, o encadeamento de métodos é popular entre os programadores Python, e provavelmente você encontrará um código que usa essa técnica "naturalmente". Porém é preciso ter cuidado, pois a ordem das chamadas do método *não* pode ser trocada.

Como um exemplo do que pode dar errado, considere este código (que é muito semelhante ao anterior). Enquanto antes a ordem era `strip`, e então `split`, este código chama `split` primeiro, depois tenta chamar `strip`. Veja o que acontece:

O interpretador não está contente e trava com um "AttributeError".

A ordem desta cadeia de métodos mudou em relação ao que você usou antes.

```
>>>
>>>
>>> with open('buzzers.csv') as data:
        ignore = data.readline()
        flights = {}
        for line in data:
            k, v = line.split(',').strip()
            flights[k] = v

Traceback (most recent call last):
  File "<pyshell#194>", line 5, in <module>
    k, v = line.split(',').strip()
AttributeError: 'list' object has no attribute 'strip'
>>>
>>>
```

Para entender o que está acontecendo aqui, considere o *tipo* do dado à direita do operador de atribuição quando a cadeia de métodos acima é executada.

Antes de qualquer coisa acontecer, `line` é uma string. Chamar `split` em uma string retorna uma lista de strings, usando o argumento para `split` como um delimitador. O que começou como uma *string* (`line`) mudou dinamicamente para uma *lista*, que, então, tem outro método chamado. Neste exemplo, o próximo método é `strip`, que espera ser chamado em uma string, *não* em uma lista, portanto, o interpretador gera um `AttributeError`, pois as listas não têm um método chamado `strip`.

A cadeia de métodos da página anterior não tem esse problema:

```
...
line.strip().split(',')
...
```

Com este código, o interpretador inicia com uma string (em `line`), que tem qualquer espaço à direita/esquerda removido por `strip`, produzindo outra string, que é dividida com `split` em uma lista de strings com base no delimitador de vírgula. Não há nenhum `AttributeError`, pois a cadeia de métodos não viola nenhuma regra do tipo.

Transformando os Dados no Formato Necessário

Agora que os dados estão no dicionário `flights`, vamos considerar as manipulações dos dados que a *Matriz BB* pediu que você fizesse.

A primeira é executar as duas conversões identificadas antes neste capítulo, criando um novo dicionário no processo:

① Converta as horas do voo do formato de 24 horas no formato AM/PM

② Converta os destinos de LETRAS MAIÚSCULAS em Iniciais Maiúsculas

Aplicar essas duas transformações no dicionário `flights` permite transformar o dicionário à esquerda no dicionário à direita:

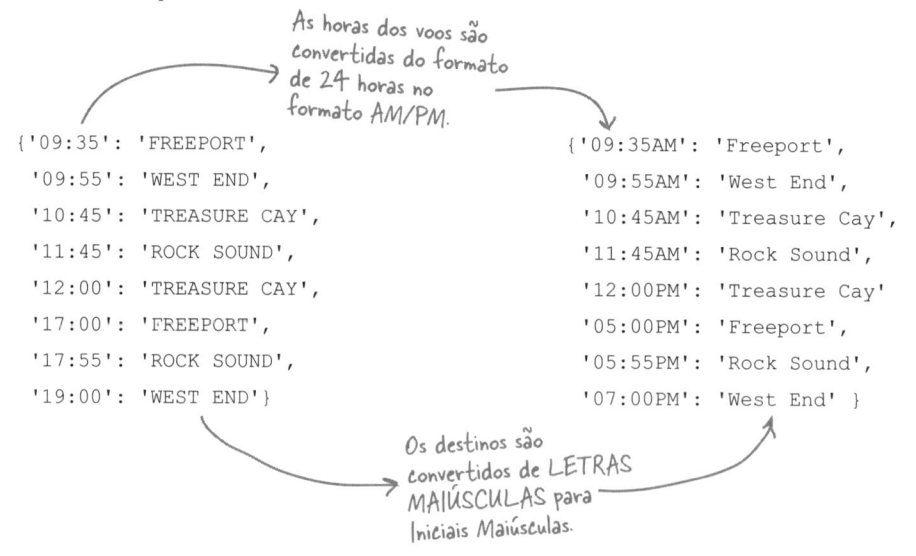

As horas dos voos são convertidas do formato de 24 horas no formato AM/PM.

```
{'09:35': 'FREEPORT',              {'09:35AM': 'Freeport',
 '09:55': 'WEST END',                '09:55AM': 'West End',
 '10:45': 'TREASURE CAY',            '10:45AM': 'Treasure Cay',
 '11:45': 'ROCK SOUND',              '11:45AM': 'Rock Sound',
 '12:00': 'TREASURE CAY',            '12:00PM': 'Treasure Cay'
 '17:00': 'FREEPORT',                '05:00PM': 'Freeport',
 '17:55': 'ROCK SOUND',              '05:55PM': 'Rock Sound',
 '19:00': 'WEST END'}                '07:00PM': 'West End' }
```

Os destinos são convertidos de LETRAS MAIÚSCULAS para Iniciais Maiúsculas.

Note que os dados nos dois dicionários têm o mesmo significado, são apenas a representação do que mudou. A *Matriz* precisa do segundo dicionário, pois acha que seus dados são mais compreensíveis universalmente, assim como mais amistosos. E a *Matriz* acha que as LETRAS MAIÚSCULAS parecem gritar.

No momento, os dados nos dois dicionários têm uma única linha para cada combinação de hora/destino do voo. Apesar do fato de que a *Matriz* ficará contente quando você transformar o dicionário à esquerda no dicionário à direita, ela também sugeriu que seria realmente útil se os dados pudessem ser representados com os destinos como chaves e uma lista de horas do voo como valores — ou seja, uma linha de dados para cada destino. Vejamos como *esse* dicionário ficaria antes de entrar na codificação das manipulações requeridas.

iteração **avançada**

Transformando em um Dicionário de Listas

Assim que os dados em `flights` forem transformados, a *Matriz* desejará que você faça esta segunda manipulação (analisada na parte inferior da última página):

```
{'09:35AM': 'Freeport',
 '09:55AM': 'West End',
 '10:45AM': 'Treasure Cay',
 '11:45AM': 'Rock Sound',
 '12:00PM': 'Treasure Cay'
 '05:00PM': 'Freeport',
 '05:55PM': 'Rock Sound',
 '07:00PM': 'West End' }
```

Os valores se transformaram em chaves.

```
{'Freeport': ['09:35AM', '05:00PM'],
 'Rock Sound': ['11:45AM', '05:55PM'],
 'Treasure Cay': ['10:45AM', '12:00PM'],
 'West End': ['09:55AM', '07:00PM']}
```

As chaves se transformaram em listas de valores.

Pense na administração dos dados necessária aqui...

É preciso um pouco de trabalho para obter os dados brutos no arquivo CSV para o dicionário de listas mostrado acima à direita. Reserve um momento para pensar sobre como você faria isso usando o Python já conhecido.

Se você for como a maioria dos programadores, não demorará muito para descobrir que o loop `for` é seu amigo aqui. Como o mecanismo de loop principal do Python, o `for` já o ajudou a extrair os dados brutos do arquivo CSV e preencher o dicionário `flights`:

Este é um uso clássico de "for" e um dialeto de programação muitíssimo popular no Python.

```
with open('buzzers.csv') as data:
    ignore = data.readline()
    flights = {}
    for line in data:
        k, v = line.strip().split(',')
        flights[k] = v
```

É tentador sugerir que esse código seja corrigido para fazer as transformações nos dados brutos quando eles são lidos no arquivo CSV — ou seja, *antes* de adicionar linhas de dados a `flights`. Mas lembre-se da solicitação da *Matriz* de que os dados brutos ficam intocados em `flights`: qualquer transformação precisa ser aplicada em uma **cópia** dos dados. Isso torna as coisas mais complexas, mas não muito.

conversões básicas primeiro

Vamos Fazer as Conversões Básicas

No momento, o dicionário `flights` contém as horas dos voos no formato de 24 horas como suas chaves, com as strings em LETRAS MAIÚSCULAS representando os destinos como seus valores. Você tem duas conversões iniciais para fazer:

1. Converta as horas dos voos do formato de 24 horas no formato AM/PM
2. Converta os destinos de LETRAS MAIÚSCULAS em Iniciais Maiúsculas

A conversão 2 é fácil, portanto, vamos fazer isso primeiro. Assim que os dados estiverem em uma string, basta chamar o método `title` da string, como esta sessão do IDLE demonstra:

```
>>> s = "I DID NOT MEAN TO SHOUT."
>>> print(s)
I DID NOT MEAN TO SHOUT.
>>> t = s.title()
>>> print(t)
I Did Not Mean To Shout.
```

O método "title" retorna uma cópia dos dados em "s".

Isto é muito mais amistoso que antes.

A conversão 1 envolve um pouco mais de trabalho.

Se você pensar por um minuto, as coisas ficam bem complicadas ao converter 19:00 em 7:00PM. Porém, este é o único caso em que você vê os dados 19:00 como uma string. Você precisaria escrever muito código para fazer a conversão.

Se você considerar que 19:00 é uma hora, poderá aproveitar o módulo `datetime` que é incluído como parte da *biblioteca padrão* do Python. A classe `datetime` do módulo pode obter uma string (como 19:00) e convertê-la em seu formato equivalente AM/PM usando duas funções predefinidas, que são conhecidas como *especificadores de formato da string*. Veja uma pequena função, chamada `convert2ampm`, que usa os recursos do módulo `datetime` para fazer a conversão necessária:

Para saber mais sobre os especificadores de formato da string, veja https://docs.python.org/3/library/datetime.html#strftime-and-strptime-behavior (conteúdo em inglês).

Código Python Pronto

```
from datetime import datetime

def convert2ampm(time24: str) -> str:
    return datetime.strptime(time24, '%H:%M').strftime('%I:%M%p')
```

Dada uma hora no formato de 24 horas (como uma string), a cadeia de métodos a converte em uma string no formato AM/PM.

Aponte o seu lápis

Vamos colocar as técnicas de conversão da última página para trabalhar.

Abaixo está o código que lê os dados brutos no arquivo CSV, preenchendo o dicionário `flights` no processo. A função `convert2ampm` também é mostrada.

Seu trabalho é escrever um loop `for` que obtém os dados em `flights` e converte as chaves no formato AM/PM e os valores em *Iniciais Maiúsculas*. Um novo dicionário, chamado `flights2`, é criado para manter os dados convertidos. Use o lápis para adicionar o código do loop `for` no espaço fornecido.

Sugestão: ao processar um dicionário com um loop `for`, lembre-se de que o método `items` retorna a chave e o valor de cada linha (como uma tupla) em cada iteração.

Define a função de conversão.

```
from datetime import datetime
import pprint

def convert2ampm(time24: str) -> str:
    return datetime.strptime(time24, '%H:%M').strftime('%I:%M%p')
```

Obtém os dados no arquivo.

```
with open('buzzers.csv') as data:
    ignore = data.readline()
    flights = {}
    for line in data:
        k, v = line.strip().split(',')
        flights[k] = v
```

Faz uma bela impressão do dicionário "flights" antes de realizar as conversões.

```
pprint.pprint(flights)
print()

flights2 = {}
```

O novo dicionário, chamado "flights2", inicia vazio.

Adicione o loop "for" aqui. → ....

....

```
pprint.pprint(flights2)
```

Faz uma bela impressão do dicionário "flights2" para confirmar se as conversões estão funcionando.

converta, então, execute

Aponte o seu lápis
Solução

Seu trabalho era escrever um loop `for` que obtivesse os dados em `flights` e convertesse as chaves no formato AM/PM e os valores em *Iniciais Maiúsculas*. Você teve que criar um novo dicionário, chamado `flights2`, para manter os dados convertidos, e teve que adicionar o código do loop `for` no espaço fornecido.

Salvamos todo o código em um arquivo chamado "do_convert.py".

```python
from datetime import datetime
import pprint


def convert2ampm(time24: str) -> str:
    return datetime.strptime(time24, '%H:%M').strftime('%I:%M%p')


with open('buzzers.csv') as data:
    ignore = data.readline()
    flights = {}
    for line in data:
        k, v = line.strip().split(',')
        flights[k] = v

pprint.pprint(flights)
print()
for k, v in flights.items():
    flights2 = {}
    flights2[convert2ampm(k)] = v.title()

pprint.pprint(flights2)
```

O método "items" retorna cada linha do dicionário "flights".

Em cada iteração, a chave (em "k") é convertida no formato AM/PM, e então é usada como a chave do novo dicionário.

O valor (em "v") é convertido em Inicial Maiúscula e atribuído à chave convertida.

Test Drive

Se você executar o programa acima, dois dicionários serão exibidos na tela (que estamos mostrando abaixo, lado a lado). As conversões funcionam, embora a ordem em cada dicionário seja diferente, pois o interpretador **não** mantém a *ordem de inserção* quando você preenche um novo dicionário com dados.

Este é "flights".

```
{'09:35': 'FREEPORT',
 '09:55': 'WEST END',
 '10:45': 'TREASURE CAY',
 '11:45': 'ROCK SOUND',
 '12:00': 'TREASURE CAY',
 '17:00': 'FREEPORT',
 '17:55': 'ROCK SOUND',
 '19:00': 'WEST END'}
```

```
{'05:00PM': 'Freeport',
 '05:55PM': 'Rock Sound',
 '07:00PM': 'West End',
 '09:35AM': 'Freeport',
 '09:55AM': 'West End',
 '10:45AM': 'Treasure Cay',
 '11:45AM': 'Rock Sound',
 '12:00PM': 'Treasure Cay'}
```

Este é "flights2".

Os dados brutos são transformados.

*iteração **avançada***

Você Identificou o Padrão em Seu Código?

Veja de novo o programa que você acabou de executar. Há um padrão de programação muito comum usado *duas vezes* neste código. Você consegue identificá-lo?

```python
from datetime import datetime
import pprint

def convert2ampm(time24: str) -> str:
    return datetime.strptime(time24, '%H:%M').strftime('%I:%M%p')

with open('buzzers.csv') as data:
    ignore = data.readline()
    flights = {}
    for line in data:
        k, v = line.strip().split(',')
        flights[k] = v

pprint.pprint(flights)
print()

flights2 = {}
for k, v in flights.items():
    flights2[convert2ampm(k)] = v.title()

pprint.pprint(flights2)
```

Se você respondeu: "o loop for", está apenas meio certo. O loop for *faz* parte do padrão, mas veja de novo o código *em volta* dele. Identificou outra coisa?

```python
from datetime import datetime
import pprint

def convert2ampm(time24: str) -> str:
    return datetime.strptime(time24, '%H:%M').strftime('%I:%M%p')

with open('buzzers.csv') as data:
    ignore = data.readline()
    flights = {}
    for line in data:
        k, v = line.strip().split(',')
        flights[k] = v

pprint.pprint(flights)
print()

flights2 = {}
for k, v in flights.items():
    flights2[convert2ampm(k)] = v.title()

pprint.pprint(flights2)
```

Cada um dos loops "for" é precedido pela criação de uma nova estrutura de dados vazia (ou seja, um dicionário).

Cada um dos suítes do loop "for" contém o código que adiciona dados à nova estrutura de dados, com base no processamento de algum dado existente.

identifique o padrão

Identificando o Padrão com Listas

Os exemplos na última página destacaram o padrão de programação em relação aos dicionários: iniciam com um novo dicionário vazio, e então usam um loop `for` para processar um dicionário existente, gerando dados para um novo dicionário no processo:

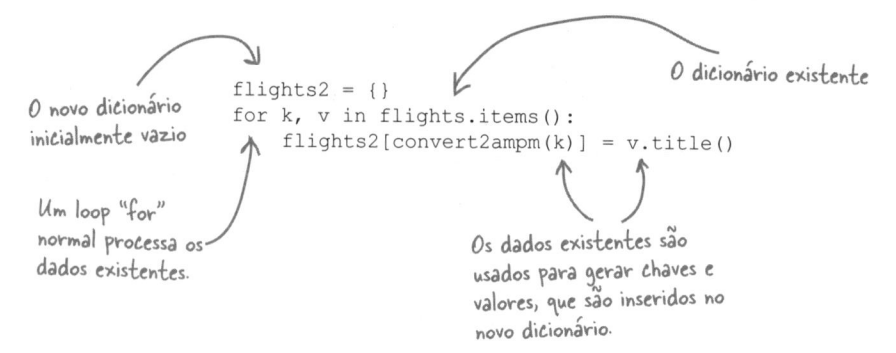

```
flights2 = {}
for k, v in flights.items():
    flights2[convert2ampm(k)] = v.title()
```

O novo dicionário inicialmente vazio

O dicionário existente

Um loop "for" normal processa os dados existentes.

Os dados existentes são usados para gerar chaves e valores, que são inseridos no novo dicionário.

Esse padrão também aparece nas listas, sendo mais fácil de identificar. Veja esta sessão do IDLE, na qual as chaves (ou seja, as horas dos voos) e os valores (ou os destinos) são extraídos do dicionário `flights` como listas, e então convertidos em novas listas usando o padrão de programação (numerado de 1 a 4 nas anotações):

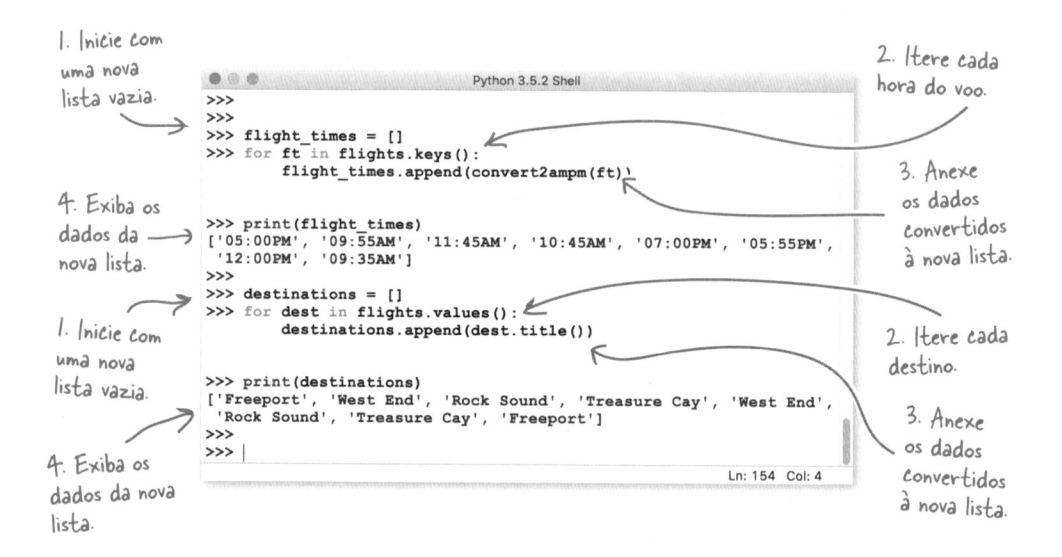

```
Python 3.5.2 Shell
>>>
>>>
>>> flight_times = []
>>> for ft in flights.keys():
        flight_times.append(convert2ampm(ft))

>>> print(flight_times)
['05:00PM', '09:55AM', '11:45AM', '10:45AM', '07:00PM', '05:55PM',
'12:00PM', '09:35AM']
>>>
>>> destinations = []
>>> for dest in flights.values():
        destinations.append(dest.title())

>>> print(destinations)
['Freeport', 'West End', 'Rock Sound', 'Treasure Cay', 'West End',
'Rock Sound', 'Treasure Cay', 'Freeport']
>>>
>>>
                                                    Ln: 154  Col: 4
```

1. Inicie com uma nova lista vazia.

2. Itere cada hora do voo.

3. Anexe os dados convertidos à nova lista.

4. Exiba os dados da nova lista.

1. Inicie com uma nova lista vazia.

2. Itere cada destino.

3. Anexe os dados convertidos à nova lista.

4. Exiba os dados da nova lista.

Esse padrão é usado com tanta frequência que o Python fornece uma notação abreviada conveniente chamada **compreensão**. Vejamos o que está envolvido ao criar uma compreensão.

iteração **avançada**

Convertendo Padrões em Compreensões

Vejamos o loop `for` mais recente que processou os destinos como nosso exemplo. Veja de novo:

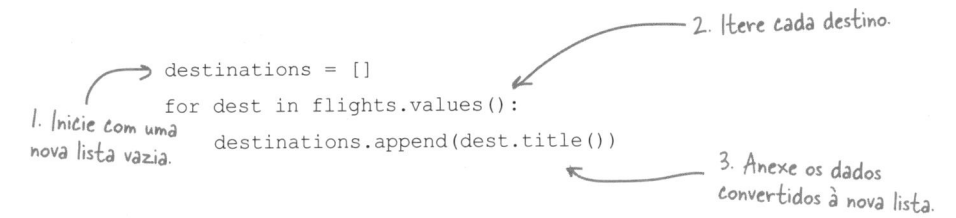

```
destinations = []
for dest in flights.values():
    destinations.append(dest.title())
```

1. Inicie com uma nova lista vazia.
2. Itere cada destino.
3. Anexe os dados convertidos à nova lista.

O recurso predefinido de **compreensão** do Python permite reformular as três linhas de código acima como uma única linha.

Para converter as três linhas acima em uma compreensão, veremos o processo, criando a compreensão completa.

Comece com uma nova lista vazia, que é atribuída a uma nova variável (que estamos chamando de `more_dests` neste exemplo):

```
more_dests = []
```

1. Inicie com uma nova lista vazia (e a nomeie).

Especifique como os dados existentes (em `flights` neste exemplo) serão iterados usando a notação `for` familiar e coloque o código entre colchetes da nova lista (note a *ausência* dos dois-pontos no final do código `for`):

```
more_dests = [for dest in flights.values()]
```

2. Itere os destinos.

Note que NÃO há dois pontos aqui.

Para concluir a compreensão, especifique a transformação a ser aplicada nos dados (em `dest`) e coloque essa transformação *antes* da palavra-chave `for` (note a *ausência* da chamada para `append`, que é suposta pela compreensão):

```
more_dests = [dest.title() for dest in flights.values()]
```

3. Anexe os dados convertidos à nova lista, sem realmente chamar "append".

E é isso. A única linha de código na parte inferior desta página é funcionalmente equivalente às três linhas de código no início. Vá em frente e execute essa linha de código no prompt >>> para se convencer de que a lista `more_dests` contém os mesmos dados da lista `destinations`.

você está aqui ▶ **491**

alternativa para for

Veja a Compreensão com Mais Atenção

Veja a compreensão com um pouco mais de detalhe. Eis as três linhas de código originais, assim como a compreensão com uma linha que realiza a mesma tarefa.

Lembre-se: as duas versões produzem novas listas (destinations e more_dests) exatamente com os mesmos dados:

```
destinations = []
for dest in flights.values():
    destinations.append(dest.title())
```

⬇

```
more_dests = [dest.title() for dest in flights.values()]
```

Também é possível pegar as partes das três linhas de código originais e ver onde elas foram usadas na compreensão:

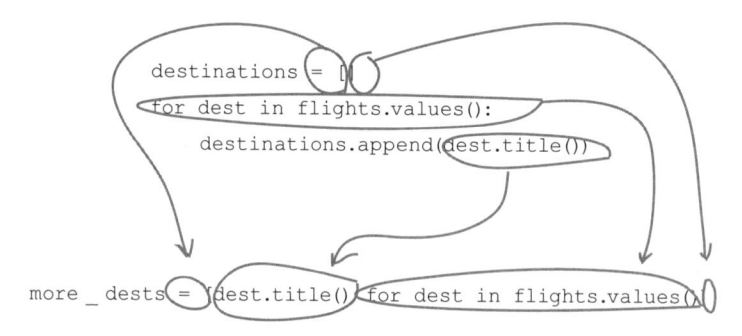

```
destinations = []
for dest in flights.values():
    destinations.append(dest.title())
```

```
more_dests = [dest.title() for dest in flights.values()]
```

Se você identificar esse padrão em outro código, poderá transformá-lo facilmente em uma compreensão. Por exemplo, veja um código anterior (que produz a lista de horas de voos AM/PM) reformulado como uma compreensão:

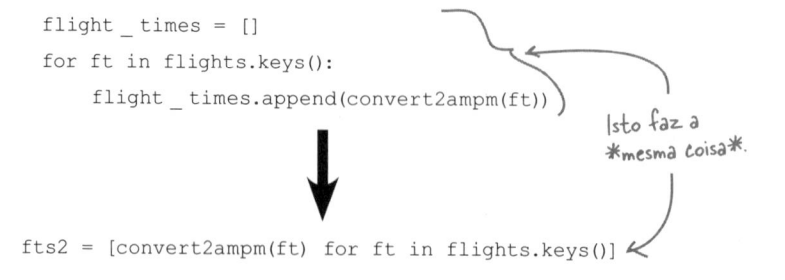

```
flight_times = []
for ft in flights.keys():
    flight_times.append(convert2ampm(ft))
```

⬇

```
fts2 = [convert2ampm(ft) for ft in flights.keys()]
```

Isto faz a *mesma coisa*.

492 *Capítulo 12*

*iteração **avançada***

Qual É o Problema?

> Parece difícil entender essas compreensões. Estou muito feliz em usar o loop "for" quando preciso fazer algo assim. Aprender como escrever compreensões realmente vale o esforço?

Sim. Achamos que vale muito o esforço.

Há dois motivos principais que compensam reservar um tempo e entender as compreensões.

Em primeiro lugar, assim como requer menos código (significando que as compreensões são mais fáceis para os dedos), o interpretador do Python é otimizado para executar as compreensões o mais rapidamente possível. Isso quer dizer que as compreensões são executadas *mais rapidamente* que o código do loop `for` equivalente.

Em segundo lugar, as compreensões podem ser usadas em lugares em que os loops `for` não podem. Na verdade, você já viu isso quando todas as compreensões apresentadas até agora neste capítulo apareceram à *direita* do operador de atribuição, que é algo que um loop `for` normal não pode fazer (como você verá no decorrer deste capítulo).

As compreensões não são apenas para listas

As compreensões que você viu até agora criaram novas listas, portanto, cada uma é conhecida como **compreensão da lista** (ou *listcomp* para abreviar). Se sua compreensão criar um novo dicionário, será conhecida como **compreensão do dicionário** (*dictcomp*). E, para não deixar nenhuma estrutura de dados de fora, também é possível especificar uma **compreensão do conjunto** (*setcomp*).

Não existe uma *compreensão da tupla*. Explicaremos o motivo mais tarde neste capítulo.

Porém, primeiro vejamos uma compreensão do dicionário.

compreensões do dicionário

Especificando uma Compreensão do Dicionário

Lembre-se do código anterior neste capítulo que lia os dados brutos do arquivo CSV em um dicionário chamado `flights`. Esses dados eram então transformados em um novo dicionário chamado `flights2`, que tem chaves nas horas dos voos AM/PM e usa destinos com "iniciais maiúsculas" como valores:

```
...
flights2 = {}
for k, v in flights.items():
    flights2[convert2ampm(k)] = v.title()
...
```

Este código está de acordo com o "padrão de compreensão".

Vamos reformular essas três linhas de código como uma compreensão do dicionário.

Comece atribuindo um novo dicionário vazio a uma variável (que estamos chamando de `more_flights`):

```
more_flights = {}
```

1. Inicie com um novo dicionário vazio.

Especifique como os dados existentes (em `flights`) serão iterados usando a notação do loop `for` (sem incluir os dois-pontos à direita usuais):

```
more_flights = {for k, v in flights.items()}
```

2. Itere cada chave e valor dos dados existentes.

Note que NÃO há dois-pontos aqui.

Para concluir o dictcomp, especifique como as chaves e valores do novo dicionário se relacionam. O loop `for` no início da página produz a chave, convertendo-a em uma hora de voo AM/PM usando a função `convert2ampm`, enquanto o valor associado é transformado em uma inicial maiúscula graças ao método `title` da string. Um dictcomp equivalente pode fazer a mesma coisa, e, como as listcomps, essa relação é especificada à *esquerda* da palavra-chave `for` de dictcomp. Note a inclusão dos dois-pontos separando a nova chave do novo valor:

```
more_flights = {convert2ampm(k): v.title() for k, v in flights.items()}
```

3. Associe a chave convertida a seu valor com "inicial maiúscula" (e note o uso dos dois-pontos aqui).

E aqui está: sua primeira compreensão do dicionário. Vá em frente e dê uma volta com ela para confirmar se funciona.

*iteração **avançada***

Estenda as Compreensões com Filtros

Vamos imaginar que você precisa apenas converter os dados de voo para *Freeport*.

Voltando ao loop `for` original, provavelmente você estenderia o código para incluir uma instrução `if` que filtra com base no valor atual em `v` (o destino), produzindo um código assim:

```
just_freeport = {}
for k, v in flights.items():
    if v == 'FREEPORT':
        just_freeport[convert2ampm(k)] = v.title()
```

Os dados do voo são apenas convertidos e acrescentados ao dicionário "just_freeport", caso se relacionem ao destino Freeport.

```
TIME,DESTINATION
09:35,FREEPORT
17:00,FREEPORT
09:55,WEST END
19:00,WEST END
10:45,TREASURE CAY
12:00,TREASURE CAY
11:45,ROCK SOUND
17:55,ROCK SOUND
```

Os dados brutos

Se você executar o código do loop acima no prompt >>>, acabará com apenas duas linhas de dados (representando os dois voos agendados para *Freeport* como contidos no arquivo de dados brutos). Não deve ser nenhuma surpresa, pois usar um `if` assim para filtrar os dados é uma técnica padrão. Tais filtros podem ser usados com as compreensões também. Basta pegar a instrução `if` (menos os dois-pontos) e colocá-la no final da compreensão. Veja a dictcomp no final da última página:

```
more_flights = {convert2ampm(k): v.title() for k, v in flights.items()}
```

E veja uma versão da mesma dictcomp com o filtro adicionado:

```
just_freeport2 = {convert2ampm(k): v.title() for k, v in flights.items() if v == 'FREEPORT'}
```

Os dados do voo são apenas convertidos e acrescentados ao dicionário "just_freeport2", caso eles se relacionem ao destino Freeport.

Se você executar essa dictcomp filtrada no prompt >>>, os dados no dicionário `just_freeport2` recém-criado serão idênticos aos dados em `just_freeport`. Os dados de `just_freeport` e `just_freeport2` são uma **cópia** dos dados originais no dicionário `flights`.

Com certeza, a linha de código que produz `just_freeport2` parece intimidadora. Muitos programadores novos no Python reclamam que as compreensões são **de difícil leitura**. Porém, lembre-se de que a regra "fim da linha significa fim da instrução" do Python é desativada sempre que o código aparece entre sinais, portanto, você pode reescrever qualquer compreensão em várias linhas, para facilitar a leitura, assim:

```
just_freeport3 = {convert2ampm(k): v.title()
                  for k, v in flights.items()
                  if v == 'FREEPORT'}
```

Você precisará se acostumar com a leitura dessas compreensões com uma linha. Dito isto, os programadores Python estão escrevendo compreensões cada vez maiores em várias linhas (então você verá essa sintaxe também).

você está aqui ▶ **495**

uma revisão rápida

Lembre-se do Que Você Planejou Fazer

Agora que você viu o que as compreensões podem fazer, vamos rever as manipulações requeridas do dicionário anteriores neste capítulo para ver o que estamos fazendo. Eis a primeira exigência:

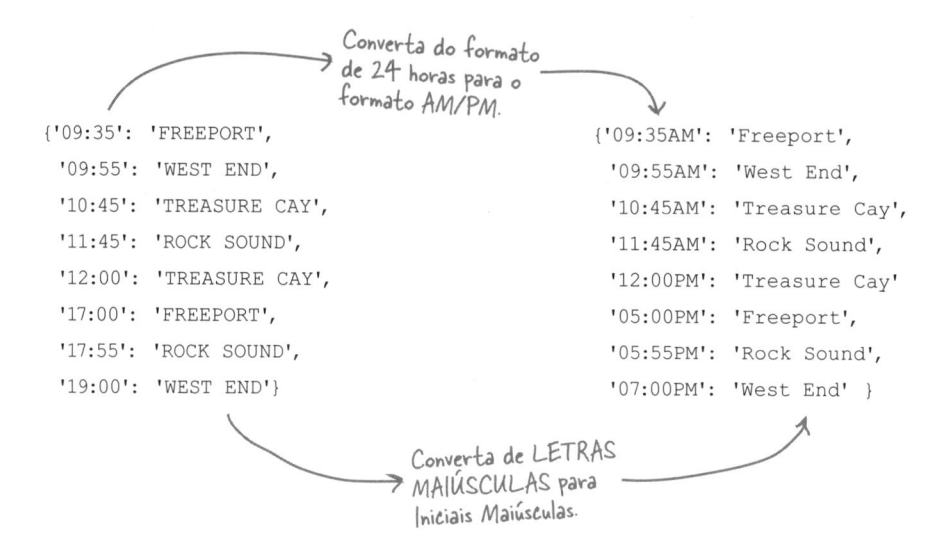

Converta do formato de 24 horas para o formato AM/PM.

```
{'09:35': 'FREEPORT',              {'09:35AM': 'Freeport',
 '09:55': 'WEST END',               '09:55AM': 'West End',
 '10:45': 'TREASURE CAY',           '10:45AM': 'Treasure Cay',
 '11:45': 'ROCK SOUND',             '11:45AM': 'Rock Sound',
 '12:00': 'TREASURE CAY',           '12:00PM': 'Treasure Cay'
 '17:00': 'FREEPORT',               '05:00PM': 'Freeport',
 '17:55': 'ROCK SOUND',             '05:55PM': 'Rock Sound',
 '19:00': 'WEST END'}               '07:00PM': 'West End' }
```

Converta de LETRAS MAIÚSCULAS para Iniciais Maiúsculas.

Com os dados no dicionário `flights`, você viu que a seguinte compreensão do dicionário faz as conversões acima *em uma linha de código*, atribuindo os dados copiados a um novo dicionário chamado `fts` aqui:

```
fts = {convert2ampm(k): v.title() for k, v in flights.items()}
```

A segunda manipulação (listando as horas dos voos por destino) é um pouco mais complicada. Há um pouco mais de trabalho a fazer, devido ao fato de que as manipulações os dados são mais complexas:

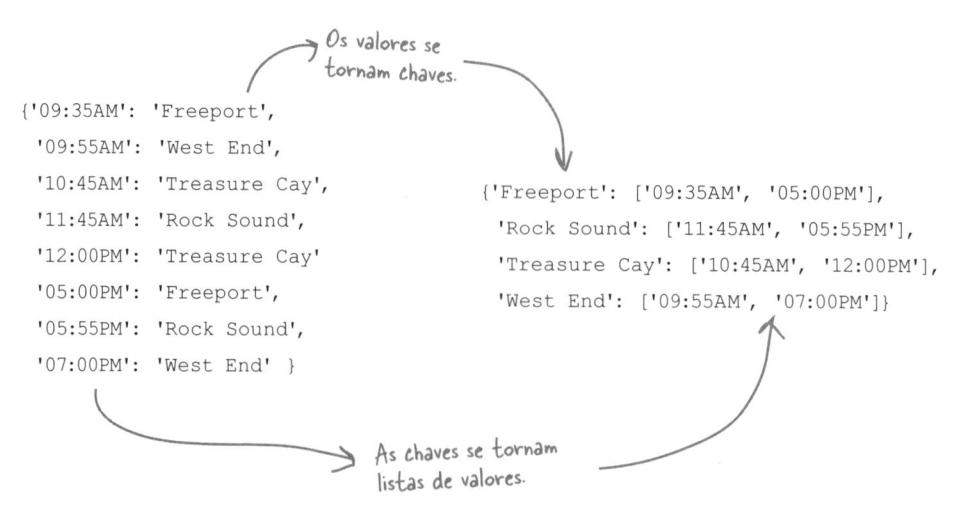

Os valores se tornam chaves.

```
{'09:35AM': 'Freeport',
 '09:55AM': 'West End',
 '10:45AM': 'Treasure Cay',         {'Freeport': ['09:35AM', '05:00PM'],
 '11:45AM': 'Rock Sound',            'Rock Sound': ['11:45AM', '05:55PM'],
 '12:00PM': 'Treasure Cay'           'Treasure Cay': ['10:45AM', '12:00PM'],
 '05:00PM': 'Freeport',              'West End': ['09:55AM', '07:00PM']}
 '05:55PM': 'Rock Sound',
 '07:00PM': 'West End' }
```

As chaves se tornam listas de valores.

Aponte o seu lápis

Antes de começar a trabalhar na segunda manipulação, vamos fazer uma pausa para ver como o material da compreensão está sendo filtrado em seu cérebro.

Você tinha a tarefa de transformar os três loops `for` nesta página em compreensões. Quando fizer isto, não se esqueça de testar o código no IDLE (antes de virar a página e ver as soluções). Na verdade, antes de tentar escrever as compreensões, execute esses loops e veja o que eles fazem. Escreva as soluções da compreensão nos espaços fornecidos.

1
```
data = [ 1, 2, 3, 4, 5, 6, 7, 8 ]
evens = []
for num in data:
        if not num % 2:
                evens.append(num)
```

O operador % no operador de módulo do Python, que funciona como a seguir: dados dois números, divida o primeiro pelo segundo, e então retorne o resto.

....

....

2
```
data = [ 1, 'one', 2, 'two', 3, 'three', 4, 'four' ]
words = []
for num in data:
        if isinstance(num, str):
                words.append(num)
```

A BIF "isinstance" verifica se uma variável se refere a um objeto de certo tipo.

....

....

3
```
data = list('So long and thanks for all the fish'.split())
title = []
for word in data:
        title.append(word.title())
```

....

....

compreendendo as soluções

Aponte o seu lápis
Solução

Você teve que pegar o lápis e refletir profundamente. Você tinha a tarefa de transformar cada um dos três loops `for` em compreensões, testando o código no IDLE.

1
```
data = [ 1, 2, 3, 4, 5, 6, 7, 8 ]
evens = []
for num in data:
    if not num % 2:
        evens.append(num)
```
← Estas quatro linhas de código do loop (que preenchem "evens") tornaram-se uma linha da compreensão.

`evens = [ num for num in data if not num % 2 ]`

2
```
data = [ 1, 'one', 2, 'two', 3, 'three', 4, 'four' ]
words = []
for num in data:
    if isinstance(num, str):
        words.append(num)
```
← Novamente, este loop com quatro linhas é reformulado como uma compreensão com uma linha.

`words = [ num for num in data if isinstance(num, str) ]`

3
```
data = list('So long and thanks for all the fish'.split())
title = []
for word in data:
    title.append(word.title())
```
← Você deve achar este o mais fácil dos três (pois não tem filtro).

`title = [ word.title() for word in data ]`

*iteração **avançada***

Lide com a Complexidade do Modo Python

Com a sessão de prática da compreensão para trás, vamos experimentar o prompt >>> para descobrir o que deve acontecer com os dados no dicionário `fts` para transformá-lo no que é requerido.

Antes de escrever qualquer código, veja de novo a transformação exigida. Observe como as chaves no novo dicionário (à direita) são uma lista de destinos únicos obtidos nos valores no dicionário `fts` (à esquerda):

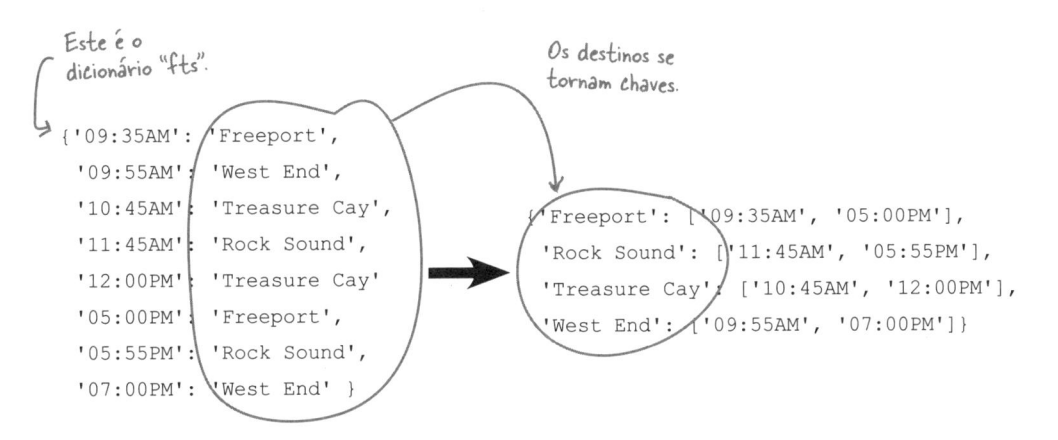

Este é o dicionário "fts".

```
{'09:35AM': 'Freeport',
 '09:55AM': 'West End',
 '10:45AM': 'Treasure Cay',
 '11:45AM': 'Rock Sound',
 '12:00PM': 'Treasure Cay',
 '05:00PM': 'Freeport',
 '05:55PM': 'Rock Sound',
 '07:00PM': 'West End' }
```

Os destinos se tornam chaves.

```
{'Freeport': ['09:35AM', '05:00PM'],
 'Rock Sound': ['11:45AM', '05:55PM'],
 'Treasure Cay': ['10:45AM', '12:00PM'],
 'West End': ['09:55AM', '07:00PM']}
```

Produzir esses quatro destinos únicos é muito simples. Posto que você tem os dados à esquerda em um dicionário chamado `fts`, é possível acessar todos os valores usando `fts.values`, e então fornecer isso à BIF `set`, para remover as duplicadas. Vamos armazenar os destinos únicos em uma variável chamada `dests`:

Pega todos os valores em "fts" e os fornece à BIF "set". Isso obtém os dados necessários.

```
>>> dests = set(fts.values())
>>> print(dests)
{'Freeport', 'West End', 'Rock Sound', 'Treasure Cay'}
```

Veja os quatro destinos únicos, que você pode usar como as chaves do novo dicionário.

Agora que você tem um modo de obter os destinos únicos, é hora de pegar as horas dos voos associadas a esses destinos. Esses dados também estão no dicionário `fts`.

Antes de virar a página, pense sobre como você extrairia as horas dos voos dadas a cada destino único.

Na verdade, não se preocupe em extrair todas as horas dos voos para *cada* destino; apenas descubra como fazer isso para *West End* primeiro.

você está aqui ▶ **499**

west end *apenas*

Extraia As Horas dos Voos de Um Destino

Vamos começar extraindo os dados das horas dos voos de um destino, a saber *West End*. Veja os dados que você precisa extrair:

```
{'09:35AM': 'Freeport',
 '09:55AM': 'West End',
 '10:45AM': 'Treasure Cay',
 '11:45AM': 'Rock Sound',
 '12:00PM': 'Treasure Cay'
 '05:00PM': 'Freeport',
 '05:55PM': 'Rock Sound',
 '07:00PM': 'West End' }
```

Você precisa transformar estas chaves em uma lista de valores.

Como antes, vá para o prompt >>> e comece a trabalhar. Dado o dicionário `fts`, você pode extrair as horas dos voos de *West End* usando um código assim:

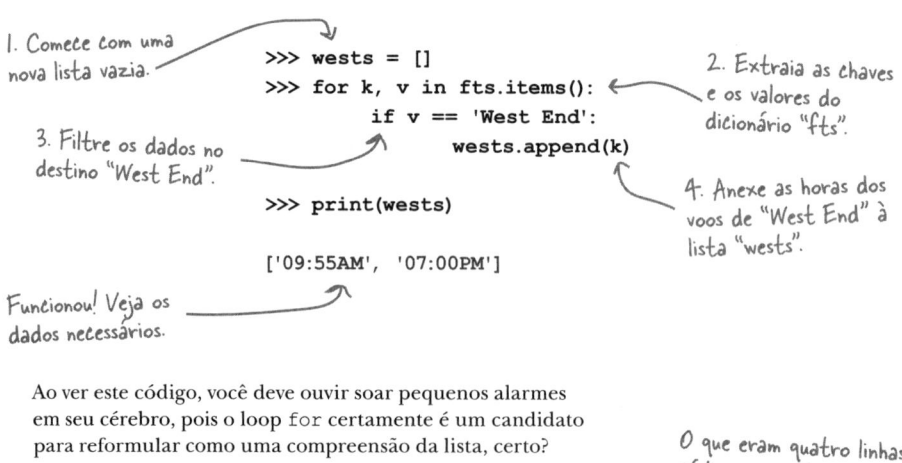

```
>>> wests = []
>>> for k, v in fts.items():
        if v == 'West End':
            wests.append(k)
>>> print(wests)
['09:55AM', '07:00PM']
```

1. Comece com uma nova lista vazia.
2. Extraia as chaves e os valores do dicionário "fts".
3. Filtre os dados no destino "West End".
4. Anexe as horas dos voos de "West End" à lista "wests".

Funcionou! Veja os dados necessários.

Ao ver este código, você deve ouvir soar pequenos alarmes em seu cérebro, pois o loop for certamente é um candidato para reformular como uma compreensão da lista, certo?

O loop `for` se torna esta listcomp equivalente:

O que eram quatro linhas de código agora é uma, graças ao uso de uma listcomp.

```
>>> wests2 = [k for k, v in fts.items() if v == 'West End']
>>> print(wests2)
['09:55AM', '07:00PM']
```

Também funcionou! Veja os dados necessários.

Agora que você sabe como extrair os dados para um destino específico, vamos fazer isso em todos os destinos.

*iteração **avançada***

Extraia as Horas dos Voos para Todos os Destinos

Agora você tem este código, que extrai o conjunto de destinos únicos:

```
dests = set(fts.values())
```
⟵ *Os destinos únicos*

E você também tem esta listcomp, que extrai a lista de horas dos voos para certo destino (neste exemplo, o destino é *West End*):

```
wests2 = [k for k, v in fts.items() if v == 'West End']
```
⟵ *As horas dos voos para o destino "West End"*

Para extrair a lista de horas dos voos para *todos* os destinos, você precisa combinar essas duas instruções (em um loop `for`).

No código a seguir, não precisamos das variáveis `dests` e `west2`, preferindo usar o código *diretamente* como parte do loop `for`. Não codificamos mais especificamente *West End*, pois o destino atual está em `dest` (na listcomp):

Os únicos destinos

```
>>> for dest in set(fts.values()):
        print(dest, '->', [k for k, v in fts.items() if v == dest])
Treasure Cay -> ['10:45AM', '12:00PM']
West End -> ['07:00PM', '09:55AM']
Rock Sound -> ['05:55PM', '11:45AM']
Freeport -> ['09:35AM', '05:00PM']
```

As horas dos voos do destino referidas pelo valor atual de "dest".

O fato de que acabamos de escrever um loop `for` que parece estar de acordo com o padrão de compreensão começa a soar de novo uma campainha em nosso cérebro. Vamos tentar calar a campainha agora, pois o código que você acabou de experimentar no prompt >>> *exibe* os dados necessários... mas o que você realmente precisa é *armazenar* os dados em um novo dicionário. Vamos criar um novo dicionário (chamado `when`) para manter os dados recém-extraídos. Volte para o prompt >>> e ajuste o loop `for` acima para usar `when`:

1. *Comece com um novo dicionário vazio.*

2. *Extraia o conjunto de destinos único.*

3. *Atualize o dicionário "when" com as horas dos voos.*

```
>>> when = {}
>>> for dest in set(fts.values()):
        when[dest] = [k for k, v in fts.items() if v == dest]

>>> pprint.pprint(when)
{'Freeport': ['09:35AM', '05:00PM'],
 'Rock Sound': ['05:55PM', '11:45AM'],
 'Treasure Cay': ['10:45AM', '12:00PM'],
 'West End': ['07:00PM', '09:55AM']}
```

Veja: os dados necessários em um dicionário chamado "when".

Se você for como nós, a pequena campainha (que estava tentando calar) provavelmente está tocando alto e deixando você maluco quando vê este código.

impossível não amar as compreensões

Aquela Sensação Que Você Tem...

... quando uma linha de código parece *mágica*.

Desligue a campainha, e então veja de novo o código que compõe seu loop `for` mais recente:

```
when = {}
for dest in set(fts.values()):
    when[dest] = [k for k, v in fts.items() if v == dest]
```

Este código está de acordo com o padrão que o torna um alvo em potencial para reformular como uma compreensão. Veja o código do loop `for` acima reformulado como uma dictcomp que extrai uma *cópia* dos dados necessários para um novo dicionário chamado `when2`:

```
when2 = {dest: [k for k, v in fts.items() if v == dest] for dest in set(fts.values())}
```

Parece *mágica*, não é?

Esta é a compreensão mais complexa que você viu até agora, devido principalmente ao fato de que a dictcomp *externa* contém uma listcomp *interna*. Dito isso, essa dictcomp mostra um dos recursos que separam as compreensões do código do loop `for` equivalente: você pode colocar uma compreensão praticamente em qualquer lugar no código. O mesmo não ocorre com os loops `for`, que podem aparecer somente como instruções no código (ou seja, não como parte das expressões).

Naturalmente, isso não quer dizer que você *sempre* deve fazer algo assim:

```
when = {}
for dest in set(fts.values()):
    when[dest] = [k for k, v in fts.items() if v == dest]
```

Isto faz a *mesma coisa*.

```
when2 = {dest: [k for k, v in fts.items() if v == dest] for dest in set(fts.values())}
```

Cuidado: uma compreensão do dicionario contendo uma compreensão da lista embutida é de difícil leitura *na primeira vez*.

Contudo, com uma exposição repetida, fica mais fácil ler e entender as compreensões, e — como declarado antes neste capítulo — os programadores Python usam *muito*. Usar ou não as compreensões, é uma escolha sua. Se estiver mais contente com o código do loop `for`, use-o. Se gostar da aparência das compreensões, use-as... apenas não se sinta *obrigado*.

iteração **avançada**

Test Drive

Antes de continuar, vamos colocar todo o código da compreensão em nosso arquivo do_convert.py. Então poderemos executar o código nesse arquivo (usando o IDLE) para ver se as conversões e as transformações requeridas pela *Bahamas Buzzers* estão ocorrendo como pedido. Confirme se seu código é igual ao nosso, e então execute-o para confirmar se tudo está funcionando segundo a especificação.

```python
from datetime import datetime
import pprint

def convert2ampm(time24: str) -> str:
    return datetime.strptime(time24, '%H:%M').strftime('%I:%M%p')

with open('buzzers.csv') as data:
    ignore = data.readline()
    flights = {}
    for line in data:
        k, v = line.strip().split(',')
        flights[k] = v

pprint.pprint(flights)
print()

fts = {convert2ampm(k): v.title() for k, v in flights.items()}

pprint.pprint(fts)
print()

when = {dest: [k for k, v in fts.items() if v == dest] for dest in set(fts.values())}

pprint.pprint(when)
print()
```

```
{'09:35': 'FREEPORT',
 '09:55': 'WEST END',
 '10:45': 'TREASURE CAY',
 '11:45': 'ROCK SOUND',
 '12:00': 'TREASURE CAY',
 '17:00': 'FREEPORT',
 '17:55': 'ROCK SOUND',
 '19:00': 'WEST END'}

{'05:00PM': 'Freeport',
 '05:55PM': 'Rock Sound',
 '07:00PM': 'West End',
 '09:35AM': 'Freeport',
 '09:55AM': 'West End',
 '10:45AM': 'Treasure Cay',
 '11:45AM': 'Rock Sound',
 '12:00PM': 'Treasure Cay'}

{'Freeport': ['05:00PM', '09:35AM'],
 'Rock Sound': ['05:55PM', '11:45AM'],
 'Treasure Cay': ['10:45AM', '12:00PM'],
 'West End': ['07:00PM', '09:55AM']}
>>>
```

1. Os dados brutos originais, como lidos no arquivo de dados CSV. Este é "flights".

2. Os dados brutos, copiados e transformados no formato AM/PM e com Iniciais Maiúsculas. Este é "fts".

3. A lista das horas dos voos por destino (extraída de "fts"). Este é "when".

Estamos voando agora!

você está aqui ▶ **503**

faça perguntas

não existem Perguntas Idiotas

P: Então... deixe-me ver se entendi: uma compreensão é apenas uma abreviação sintática de uma construção padrão do loop?

R: Sim, especificamente o loop `for`. Um loop `for` padrão e sua compreensão equivalente fazem a mesma coisa. Só que a compreensão tende a ser executada bem mais rápido.

P: Como saberei quando usar uma compreensão da lista?

R: Não há uma regra rígida aqui. Em geral, se você estiver produzindo uma nova lista a partir de uma existente, veja com atenção o código do loop. Pergunte a si mesmo se o loop é um candidato para a conversão em uma compreensão equivalente. Se a nova lista for "temporária" (ou seja, usada uma vez e descartada), pergunte a si mesmo se uma compreensão da lista *incorporada* seria melhor para a tarefa em mãos. Como regra geral, você deve evitar introduzir variáveis temporárias no código, especialmente se elas forem usadas apenas uma vez. Pergunte a si mesmo se uma compreensão pode ser usada.

P: Posso evitar as compreensões?

R: Sim, pode. Contudo, elas tendem a ser muito usadas em uma comunidade Python maior, portanto, a menos que seu plano seja nunca ver o código de outra pessoa, sugerimos familiarizar-se com a tecnologia de compreensão do Python. Assim que você se acostumar a vê-las, pensará em como viveu sem elas. Mencionamos que elas são *rápidas*?

P: Sim, entendi. Mas a velocidade é importante atualmente? Meu laptop é super-rápido e executa meus loops `for` rápido o bastante.

R: É uma observação importante. É verdade que hoje temos computadores que são muito mais poderosos que qualquer coisa vista antes. Também é verdade que passamos muito menos tempo tentando conseguir cada último ciclo da CPU de nosso código (porque, sejamos práticos: não precisamos mais). Porém, quando apresentados a uma tecnologia que oferece um aumento de desempenho, por que não usá-la? É um pequeno esforço por um grande retorno no desempenho.

Acho que uma xícara de café realmente grande (com algo dentro) ajudará a colocar em minha cabeça a maioria das compreensões. A propósito, elas funcionam com conjuntos e tuplas?

É uma ótima pergunta.

E a resposta é: sim e não.

Sim, é possível criar e usar uma *compreensão do conjunto* (embora, para ser honesto, você muito raramente encontrará isso).

E não, não existe uma "compreensão da tupla". Veremos o *motivo* disso após termos mostrado as compreensões do conjunto em ação.

Compreensão do Conjunto em Ação

Uma compreensão do conjunto (ou *setcomp* para abreviar) permite criar um novo conjunto em uma linha de código, usando uma construção muito parecida com a sintaxe da compreensão da lista.

O que separa uma setcomp de uma listcomp é que a compreensão do conjunto tem chaves (diferente dos colchetes em uma listcomp). Isso pode ser confuso, pois as dictcomps têm chaves também. (Pode-se imaginar o que passou pela cabeça dos principais desenvolvedores do Python quando decidiram fazer isso.)

Um conjunto literal tem chaves, pois são dicionários literais. Para diferenciar, procure o caractere de dois-pontos usado como delimitador nos dicionários, pois os dois-pontos não têm significado nos conjuntos. O mesmo conselho se aplica ao determinar rapidamente se uma compreensão com chaves é uma dictcomp ou uma setcomp: procure os dois-pontos. Se houver, você estará vendo uma dictcomp. Do contrário, será uma setcomp.

Veja um exemplo rápido de compreensão do conjunto (que remonta a um exemplo anterior neste livro). Dados um conjunto de letras (em `vowels`) e uma string (em `message`), o loop `for`, assim como sua setcomp equivalente, produz o mesmo resultado — um conjunto de vogais encontradas em `message`:

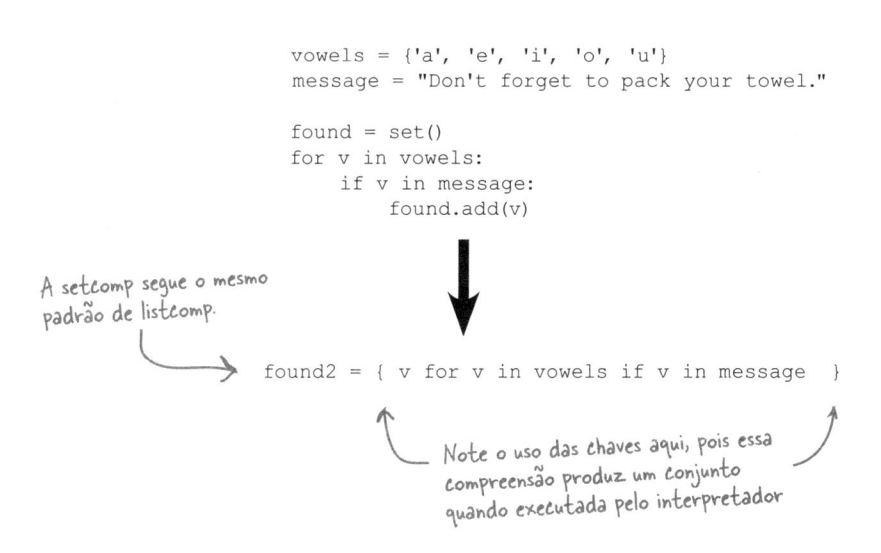

```
vowels = {'a', 'e', 'i', 'o', 'u'}
message = "Don't forget to pack your towel."

found = set()
for v in vowels:
    if v in message:
        found.add(v)
```

A setcomp segue o mesmo padrão de listcomp.

```
found2 = { v for v in vowels if v in message }
```

Note o uso das chaves aqui, pois essa compreensão produz um conjunto quando executada pelo interpretador

Reserve um momento para experimentar o código desta página no prompt >>>. Como você já sabe o que as listcomps e dictcomps podem fazer, manter em sua cabeça as compreensões do conjunto não é tão complicado. Realmente, não há nada mais além do que está nesta página.

identifique a compreensão

Como Identificar uma Compreensão

Quando você ficar mais familiarizado com a aparência do código da compreensão, ficará mais fácil identificar e compreender. Veja uma boa regra geral para identificar as compreensões da lista:

Se você identificar o código dentro de [e], então estará vendo uma compreensão da lista.

Essa regra pode ser generalizada como a seguir:

Se você identificar o código dentro de sinais (chaves ou colchetes), provavelmente estará vendo uma compreensão.

Por que "provavelmente"?

Além do código dentro de [], as compreensões também podem, como você viu, ficar entre {}. Quando o código fica dentro de [e], você está vendo uma compreensão da **lista**. Quando o código fica dentro de { e }, está vendo uma compreensão do **conjunto** ou do **dicionário**. É fácil identificar uma dictcomp graças ao uso do caractere de dois-pontos como delimitador.

Porém, o código também pode ficar dentro de (e), que é um *caso especial*, e você seria perdoado por sugerir que o código entre parênteses certamente deve ser uma *compreensão da tupla*. Você seria perdoado, mas estará errado: as "compreensões da tupla" não existem, mesmo quando você pode colocar o código dentro de (e). Após a "diversão" com as compreensões até agora neste capítulo, você pode estar pensando: *isso poderia ficar mais estranho?*

> Sou uma compreensão da lista.

> Sou uma compreensão do conjunto ou do dicionário.

> Sou um caso especial.

[...código...]   { ...código... }   (...código...)

Concluiremos este capítulo (e este livro) explorando o que está acontecendo com o código que aparece dentro de (e). Não é uma "compreensão da tupla", mas obviamente é permitido. Então, o que é?

iteração avançada

E As "Compreensões da Tupla"?

As quatro estruturas de dados predefinidas do Python (tuplas, listas, conjuntos e dicionários) podem ter muitos usos. Contudo, as tuplas não podem ser criadas via compreensão.

Por quê?

A ideia de uma "compreensão da tupla" realmente não faz sentido. Lembre-se de que as tuplas são *imutáveis*: assim que uma tupla é criada, ela não pode ser alterada. Isso também significa que não é possível gerar os valores de uma tupla no código, como mostra esta pequena sessão do IDLE:

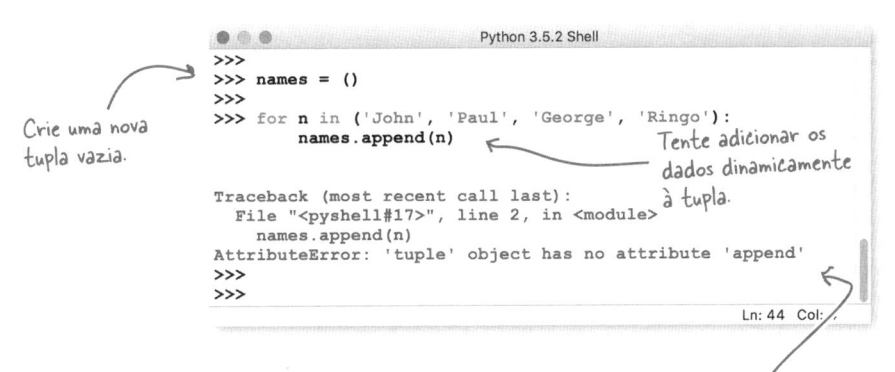

```
>>>
>>> names = ()
>>>
>>> for n in ('John', 'Paul', 'George', 'Ringo'):
        names.append(n)

Traceback (most recent call last):
  File "<pyshell#17>", line 2, in <module>
    names.append(n)
AttributeError: 'tuple' object has no attribute 'append'
>>>
>>>
```

Crie uma nova tupla vazia.

Tente adicionar os dados dinamicamente à tupla.

Não é possível anexar a uma tupla existente, pois ela é imutável.

Não há nada estranho nem incrível acontecendo aqui, pois este é o comportamento esperado das tuplas: assim que ela passa a existir, *não pode* ser alterada. Esse fato sozinho deve ser suficiente para excluir o uso de uma tupla em qualquer tipo de compreensão. Mas veja esta interação no prompt >>>. O segundo loop é diferente do primeiro em pequenas coisas: os colchetes em listcomp (no primeiro loop) foram substituídos por parênteses (no segundo):

```
>>>
>>> for i in [x*3 for x in [1,2,3,4,5]]:
        print(i)

3
6
9
12
15
>>> for i in (x*3 for x in [1,2,3,4,5]):
        print(i)

3
6
9
12
15
>>>
```

Esta combinação de loop for e compreensão da lista exibe cada um dos valores da lista triplicados. Você sabe que é uma listcomp porque o código está entre colchetes.

O que está acontecendo? Os dois loops geram os mesmos resultados.

Mas veja isto. Os parênteses fazem com que pareça ser uma "compreensão da tupla" — mas você sabe que isso é impossível. Mesmo assim, o loop ainda produz a saída esperada. Estranho, heim?

gere seus dados

Parênteses no Código == Gerador

Quando você encontrar algo que se pareça com uma listcomp, mas tem parênteses, estará vendo um **gerador**:

Parece uma listcomp, mas não é: é um gerador.

```
for i in (x*3 for x in [1, 2, 3, 4, 5]):
    print(i)
```

Um gerador pode ser usado em qualquer lugar onde uma listcomp é usada, e produz os mesmos resultados.

Como você viu no final da última página, quando você substitui os colchetes de uma listcomp por parênteses, os resultados são iguais. Ou seja, o gerador e a listcomp produzem os mesmos dados.

Porém, não são executados do mesmo modo.

Se você estiver coçando a cabeça com a frase anterior, considere isto: quando uma listcomp é executada, ela produz **todos** os dados antes de qualquer outro processamento que ocorre. Visto no contexto do exemplo no início desta página, o loop `for` não começa a processar *nenhum* dado produzido pela listcomp até ela estar concluída. Isso significa que uma listcomp que leva muito tempo para produzir dados atrasa a execução de qualquer outro código *até que ela conclua*.

Com uma pequena lista de itens de dados (como mostrado acima), isto não é um grande problema.

Mas imagine que sua listcomp tenha que trabalhar com uma lista que produz 10 milhões de itens de dados. Agora você tem dois problemas: (1) tem que esperar a listcomp processar esses 10 milhões de itens de dados *antes de fazer qualquer outra coisa* e (2) tem que se preocupar com o computador que executa sua listcomp tendo RAM suficiente para manter todos os dados na memória enquanto a listcomp é executada (**10 milhões** de partes de dados individuais). Se sua listcomp ficar sem memória, o interpretador terminará (e seu programa estará em apuros).

Os geradores produzem os itens de dados um de cada vez...

Quando você substitui os colchetes da listcomp por parênteses, a listcomp se torna um **gerador**, e o código se comporta de modo diferente.

Diferente de uma listcomp, que deve concluir antes de qualquer outro código ser executado, um gerador libera os dados assim que eles são produzidos por seu código. Isso significa que, se você gerar 10 milhões de itens de dados, o interpretador só precisará de memória suficiente para manter **um** item de dado (por vez), e qualquer código que esteja esperando consumir os itens de dados produzidos pelo gerador será executado imediatamente, ou seja, *não há espera*.

Nada como um exemplo para entender a diferença que usar um gerador pode fazer, portanto, vamos realizar uma tarefa simples duas vezes: uma com uma listcomp, e então de novo com um gerador.

As listcomps e os geradores produzem os mesmos resultados, mas operam de modo muito diferente.

*iteração **avançada***

Usando uma Listcomp para Processar as URLs

Para demonstrar a diferença que usar um gerador pode fazer, vamos realizar uma tarefa usando uma listcomp (antes de reescrever a tarefa como um gerador).

Como tem sido nossa prática neste livro, vamos experimentar um código no prompt >>> que usa a biblioteca `requests` (que permite interagir programaticamente com a web). Veja uma pequena sessão interativa que importa a biblioteca `requests`, define uma tupla com três itens (chamada urls) e combina um loop `for` com uma listcomp para solicitar a página de destino de cada URL, antes de processar a resposta da web retornada.

Para entender o que está acontecendo aqui, você precisa acompanhar em seu computador.

Baixe "requests" de PyPI usando o comando "pip".

Defina uma tupla de URLs. Sinta-se à vontade para substituir por suas próprias URLs aqui. Apenas defina pelo menos três.

O loop "for" contém uma listcomp, que, para cada URL em "urls", obtém a página de destino do site.

```
>>>
>>> import requests
>>>
>>> urls = ('http://headfirstlabs.com', 'http://ore.lly.com', 'http://twitter.com')
>>>
>>> for resp in [requests.get(url) for url in urls]:
        print(len(resp.content), '->', resp.status_code, '->', resp.url)

31590 -> 200 -> http://headfirstlabs.com/
78722 -> 200 -> http://www.oreilly.com/
128244 -> 200 -> https://twitter.com/
>>>
```

Nada estranho ou incrível aqui. A saída produzida é exatamente a esperada.

Com cada resposta recebida, exibe o tamanho da página de destino retornada (em bytes), o código de status HTTP e a URL usada.

Se você estiver acompanhando no computador, terá um atraso notável entre fornecer o código do loop `for` e ver os resultados. Quando os resultados aparecem, são exibidos de uma só vez (tudo junto). É porque a listcomp lida com cada uma das URLs na tupla urls antes de disponibilizar os resultados para o loop `for`. O resultado? Você tem que esperar pela saída.

Note que não há *nada* de errado com este código: ele faz o que você deseja, e a saída está correta. Contudo, vamos reformular essa listcomp como um gerador para ver a diferença que faz. Como mencionado acima, acompanhe em seu computador quando lidar com a próxima página (para que possa ver o que acontece).

Usando um Gerador para Processar as URLs

Veja o exemplo da última página reformulado como um gerador. Fazer isso é fácil, basta substituir os colchetes da listcomp por parênteses:

```
*Python 3.5.2 Shell*
>>>
>>>
>>>              Alteração importante: substitua os
>>>              colchetes por parênteses.
>>>
>>> for resp in (requests.get(url) for url in urls):
        print(len(resp.content), '->', resp.status_code, '->', resp.url)

Ln: 151   Col: 1
```

Pouco tempo depois de inserir o loop for acima, o primeiro resultado aparece:

```
*Python 3.5.2 Shell*
>>>
>>>
>>> for resp in (requests.get(url) for url in urls):
        print(len(resp.content), '->', resp.status_code, '->', resp.url)

31590 -> 200 -> http://headfirstlabs.com/   ← A resposta da primeira URL

Ln: 153   Col: 0
```

Então, um pouco depois, a próxima linha de resultados aparece:

```
*Python 3.5.2 Shell*
>>>
>>> for resp in (requests.get(url) for url in urls):
        print(len(resp.content), '->', resp.status_code, '->', resp.url)

31590 -> 200 -> http://headfirstlabs.com/
78722 -> 200 -> http://www.oreilly.com/   ← A resposta da segunda URL

Ln: 154   Col: 0
```

Então — finalmente — a última linha de resultados aparece (e o loop for termina):

```
Python 3.5.2 Shell
>>> for resp in (requests.get(url) for url in urls):
        print(len(resp.content), '->', resp.status_code, '->', resp.url)

31590 -> 200 -> http://headfirstlabs.com/
78722 -> 200 -> http://www.oreilly.com/
128244 -> 200 -> https://twitter.com/   ← A resposta da terceira URL final
>>>

Ln: 156   Col: 4
```

Usando um Gerador: O Que Aconteceu?

Se você comparar os resultados produzidos pela listcomp com os produzidos pelo gerador, eles serão *idênticos*. Porém, o comportamento do código não.

A listcomp **espera** que todos os dados sejam produzidos antes de fornecer qualquer dado para o loop `for` que aguarda, ao passo que o gerador **libera** os dados assim que eles ficam disponíveis. Isso significa que o loop `for` que usa o gerador é muito mais responsivo, em oposição à listcomp (que faz você esperar).

Se você estiver pensando que isso realmente não é grande coisa, imagine se a tupla de URLs fosse definida com cem, mil ou um milhão de URLs. E mais, imagine se o código que processa a resposta esteja fornecendo os dados processados para outro processo (talvez em um banco de dados que aguarda). Quando o número de URLs aumenta, o comportamento da listcomp fica pior, em comparação com o do gerador.

Portanto... isso significa que sempre devo usar um gerador e não uma listcomp?

Não. Não diríamos isso.

Não entenda mal: o fato de que os geradores existem é *ótimo*, mas isso não significa que você desejará substituir todas as suas listcomps por um gerador equivalente. Como muitas coisas na programação, a abordagem usada depende do que você está tentando fazer.

Se você puder esperar, então as listcomps serão ótimas. Do contrário, considere usar um gerador.

Um uso interessante dos geradores é incorporá-los em uma função. Vejamos como encapsular o gerador recém-criado em uma função.

as funções do gerador arrasam

Defina O Que Sua Função Precisa Fazer

Vamos imaginar que você deseja pegar o gerador `requests` e transformá-lo em uma função. Você decidiu colocar o gerador em um pequeno módulo que está escrevendo e deseja que os outros programadores consigam usá-lo sem precisar conhecer ou entender os geradores.

Veja o código do gerador mais uma vez:

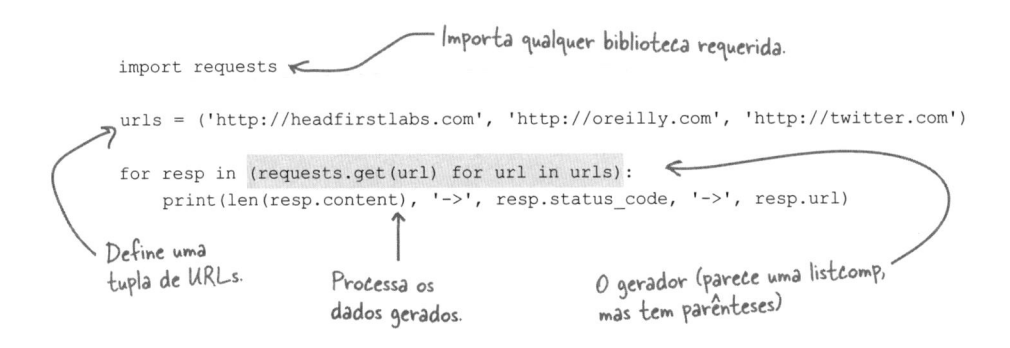

```
import requests     ← Importa qualquer biblioteca requerida.

urls = ('http://headfirstlabs.com', 'http://oreilly.com', 'http://twitter.com')

for resp in (requests.get(url) for url in urls):
    print(len(resp.content), '->', resp.status_code, '->', resp.url)
```

- Define uma tupla de URLs.
- Processa os dados gerados.
- O gerador (parece uma listcomp, mas tem parênteses)

Vamos criar uma função que encapsula este código. A função, chamada `gen_from_urls`, tem um argumento (uma tupla de URLs) e retorna uma tupla de resultados para cada URL. A tupla retornada contém três valores: o tamanho do conteúdo da URL, o código de status HTTP e a URL da qual veio a resposta.

Supondo que `gen_from_urls` existe, você deseja que os outros programadores consigam executar sua função como parte de um loop `for`, assim:

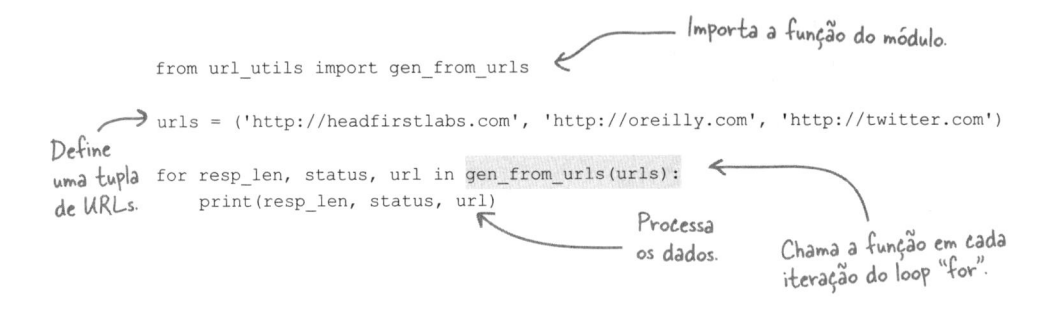

```
from url_utils import gen_from_urls     ← Importa a função do módulo.

urls = ('http://headfirstlabs.com', 'http://oreilly.com', 'http://twitter.com')

for resp_len, status, url in gen_from_urls(urls):
    print(resp_len, status, url)
```

- Define uma tupla de URLs.
- Processa os dados.
- Chama a função em cada iteração do loop "for".

Embora esse novo código não pareça tão diferente do código no início da página, note que os programadores que usam `gen_from_urls` não têm nenhuma dica (nem precisam saber) que você está usando `requests` para se comunicar com a web. Nem precisam saber que você está usando um gerador. Todos os detalhes e escolhas da implementação estão ocultos na chamada da função fácil de entender.

Vejamos o que está envolvido ao escrever `gen_from_urls` para que possa gerar os dados necessários.

*iteração **avançada***

Renda-se ao Poder das Funções do Gerador

Agora que você sabe o que a função `gen_from_urls` precisa fazer, vamos escrevê-la. Comece criando um novo arquivo chamado `url_utils.py`. Edite o arquivo e adicione `import requests` como sua primeira linha de código.

A linha `def` da função é simples, pois obtém uma tupla simples no processo e retorna uma tupla na saída (note como incluímos as anotações do tipo para tornar isso claro para os usuários de nossa função do gerador). Vá em frente e adicione a linha `def` da função ao arquivo assim:

```
import requests

def gen_from_urls(urls: tuple) -> tuple:
```

Após importar "requests", defina sua nova função.

O suíte da função é o gerador da última página, e a linha `for` é uma ação simples de copiar e colar:

```
import requests

def gen_from_urls(urls: tuple) -> tuple:
    for resp in (requests.get(url) for url in urls):
```

Adicione a linha do loop "for" com o gerador.

A próxima linha de código precisa "retornar" o resultado dessa solicitação GET como realizado pela função `requests.get`. Embora seja tentador adicionar a linha a seguir como o suíte de `for`, **não faça isto**:

```
    return len(resp.content), resp.status_code, resp.url
```

Quando uma função executa uma instrução `return`, a função *termina*. Você não deseja que isso aconteça aqui, pois a função `gen_from_urls` está sendo chamada como parte de um loop `for`, que está esperando uma tupla *diferente* de resultados *sempre que a função é chamada*.

Mas, se você não puder executar `return`, o que fará?

Use `yield`. A palavra-chave `yield` foi adicionada ao Python para dar suporte à criação das **funções do gerador** e você pode usá-la em qualquer lugar onde `return` é usada. Quando fizer isso, a função se transformará em uma função do gerador que pode ser "chamada" de qualquer iterator, que, neste caso, é de dentro do loop `for`:

```
import requests

def gen_from_urls(urls: tuple) -> tuple:
    for resp in (requests.get(url) for url in urls):
        yield len(resp.content), resp.status_code, resp.url
```

Use "yield" para retornar cada linha de resultados da resposta GET para o loop "for" que aguarda. Lembre-se: NÃO use "return".

Veja com mais atenção o que está acontecendo aqui.

funções do gerador ao trabalho

Rastreando a Função do Gerador, 1 de 2

Para entender o que acontece quando a função do gerador é executada, vamos rastrear a execução do código a seguir:

Importa a função do gerador.

Define uma tupla de URLs.

```
from url_utils import gen_from_urls
urls = ('http://talkpython.fm', 'http://pythonpodcast.com', 'http://python.org')
for resp_len, status, url, in gen_from_urls(urls):
    print(resp_len, '->', status, '->', url)
```

Use a função do gerador como parte de um loop "for".

As duas primeiras linhas do código são bem simples: a função é importada, e uma tupla de URLs é definida.

A diversão começa na próxima linha de código, quando a função do gerador gen_from_urls é chamada. Vamos nos referir a este loop for como "código que chama":

```
for resp_len, status, url, in gen_from_urls(urls):
```

O loop "for" do código que chama se comunica com o loop "for" da função do gerador.

O interpretador pula para a função gen_from_urls e começa a executar seu código. A tupla de URLs é copiada para o único argumento da função, e o loop for da função do gerador é executado:

```
def gen_from_urls(urls: tuple) -> tuple:
    for resp in (requests.get(url) for url in urls):
        yield len(resp.content), resp.status_code, resp.url
```

O loop for contém o gerador, que obtém a primeira URL na tupla urls e envia uma solicitação GET para o servidor identificado. Quando a resposta HTTP for retornada do servidor, a instrução yield será executada.

É onde as coisas ficam interessantes (ou estranhas, dependendo do ponto de vista).

Em vez de executar e ir para a próxima URL na tupla urls (ou seja, continuar com a próxima iteração do loop for de gen_from_urls), yield retorna suas três partes de dados para o código que chama. Em vez de terminar, o gerador da função gen_from_urls agora *aguarda*, como se estivesse em uma *animação suspensa*...

iteração avançada

Rastreando a Função do Gerador, 2 de 2

Quando os dados (como retornados por `yield`) chegam no código que chama, o suíte do loop `for` é executado. Como o suíte contém uma chamada para a BIF `print`, essa linha de código é executada e exibe os resultados da primeira URL na tela:

```
print(resp_len, '->', status, '->', url)

34591 -> 200 -> https://talkpython.fm/
```

O `for` do código que chama então itera chamando `gen_from_urls` de novo... de certa forma.

É *quase* isso o que acontece. O que realmente acontece é que `gen_from_urls` é acordada de sua animação suspensa, e então continua a executar. O loop `for` em `gen_from_urls` itera, obtém a próxima URL na tupla `urls` e entra em contato com o servidor associado à URL. Quando a resposta HTTP é retornada do servidor, a instrução `yield` é executada, retornando suas três partes de dados para o código que chama (que a função acessa via objeto `resp`):

```
yield len(resp.content), resp.status_code, resp.url
```

> As três partes de dados mostradas são do objeto "resp" retornado pelo método "get" da biblioteca "requests".

Como antes, em vez de terminar, a função do gerador `gen_from_urls` agora *aguarda* mais uma vez, como se estivesse em uma *animação suspensa*...

Quando os dados (como retornados por `yield`) chegam no código que chama, o suíte do loop `for` executa `print` mais uma vez, exibindo o segundo conjunto de resultados na tela:

```
34591 -> 200 -> https://talkpython.fm/
19468 -> 200 -> http://pythonpodcast.com/
```

O loop `for` do código que chama itera, "chamando" `gen_from_urls` mais uma vez, resultando na função do gerador acordando novamente. A instrução `yield` é executada, os resultados são retornados para o código que chama, e a exibição é atualizada de novo:

```
34591 -> 200 -> https://talkpython.fm/
19468 -> 200 -> http://pythonpodcast.com/
47413 -> 200 -> https://www.python.org/
```

Neste ponto, você acabou com a tupla de URLs, portanto, a função do gerador e o loop `for` do código que chama terminam. É como se as duas partes do código fossem executadas em turnos, passando os dados entre si mesmas a cada vez.

Vejamos isso em ação no prompt >>>. Agora é hora de um último *Test Drive*.

não fique triste

Test Drive

Neste último *Test Drive* do livro vamos levar a função do gerador para dar uma volta. Como tem sido nossa prática, carregue seu código em uma janela de edição do IDLE, e então pressione F5 para exercitar a função no prompt >>>. Acompanhe com nossa sessão (abaixo):

Veja a função do gerador "gen_from_urls" no módulo "url_utils.py".

```python
import requests

def gen_from_urls(urls: tuple) -> tuple:
    for resp in (requests.get(url) for url in urls):
        yield len(resp.content), resp.status_code, resp.url
```

O primeiro exemplo abaixo mostra `gen_from_urls` sendo chamada como parte de um loop `for`. Como esperado, a saída é igual à obtida algumas páginas atrás.

O segundo exemplo abaixo mostra `gen_from_urls` sendo usada como parte de uma dictcomp. Note como o novo dicionário só precisa armazenar a URL (como uma chave) e o tamanho da página de destino (como o valor). O código de status HTTP *não* é necessário neste exemplo, portanto, informaremos ao interpretador para ignorá-lo usando o **nome da variável padrão** do Python (que é um caractere de sublinhado):

Cada linha dos resultados aparece após uma pequena pausa, pois os dados são gerados pela função.

```
>>> 
>>> 
>>> for resp_len, status, url in gen_from_urls(urls):
        print(resp_len, '->', status, '->', url)

31590 -> 200 -> http://headfirstlabs.com/
78722 -> 200 -> http://www.oreilly.com/
128244 -> 200 -> https://twitter.com/
>>> 
>>> urls_res = {url: size for size, _, url in gen_from_urls(urls)}
>>> 
>>> import pprint
>>> 
>>> pprint.pprint(urls_res)
{'http://headfirstlabs.com/': 31590,
 'http://www.oreilly.com/': 78722,
 'https://twitter.com/': 128244}
>>> 
>>> 
```

Passa a tupla de URLs para a função do gerador.

O sublinhado informa ao código para ignorar o valor do código de status HTTP produzido.

Esta dictcomp associa a URL ao tamanho de sua página de destino.

A bela impressão do dicionário "url_res" confirma que a função do gerador pode ser usada em uma dictcomp (assim como em um loop "for").

Concluindo as Observações

O uso das compreensões e das funções do gerador geralmente é visto como um tópico avançado no mundo Python. Contudo, isso deve-se principalmente ao fato de que esses recursos não existem nas outras linguagens de programação predominantes, significando que os programadores que vão para o Python algumas vezes lutam com eles (pois não têm nenhum ponto de referência existente).

Dito isso, nos *Laboratórios do Use a Cabeça!*, a equipe de programação Python *adora* as compreensões e geradores, e acredita que, com uma exposição repetida, especificar as construções de loop que os utilizam se tornará um hábito. A equipe nem consegue se imaginar trabalhando sem eles.

Mesmo que você ache estranha a sintaxe da compreensão e do gerador, nosso conselho é ficar com ela. Mesmo que você rejeite o fato de que têm um melhor desempenho do que o loop `for` equivalente, a prova de que você pode usar as compreensões e os geradores nos lugares onde não pode usar um loop `for` é motivo suficiente para ver com seriedade esses recursos do Python. Com o tempo, e quando ficar mais familiarizado com a sintaxe, as oportunidades para explorar as compreensões e os geradores serão tão naturais quanto aquelas que dizem para seu cérebro de programação usar uma função aqui, um loop lá, uma classe acolá etc. Eis uma revisão do que foi apresentado a você neste capítulo:

PONTOS DE BALA

- Ao trabalhar com dados em arquivos, o Python tem opções. Assim como a BIF `open` padrão, você pode usar os recursos do módulo `csv` da biblioteca padrão para trabalhar com os dados formatados com CSV.

- As **cadeias** de métodos permitem fazer o processamento nos dados em uma linha de código. A cadeia `string.strip().split()` é muito vista no código do Python.

- Tenha cuidado com a ordem das cadeias de métodos. Especificamente, preste atenção no tipo de dado retornado de cada método (e verifique se a compatibilidade dos tipos é mantida).

- Um loop `for` usado para transformar os dados de um formato em outro pode ser reformulado como uma **compreensão**.

- As compreensões podem ser escritas para processar listas existentes, dicionários e conjuntos com as compreensões da lista sendo a variante mais popular "naturalmente". Os programadores Python experientes referem-se a essas construções como *listcomps*, *dictcomps* e *setcomps*.

- Uma **listcomp** é um código com colchetes, ao passo que uma **dictcomp** é um código com chaves (e delimitadores com dois-pontos). Uma **setcomp** também é um código com chaves (mas sem os dois-pontos da dictcomp).

- Não existe uma "compreensão da tupla", pois as tuplas são imutáveis (portanto, não faz sentido tentar criar uma dinamicamente).

- Se você identificar um código da compreensão entre parênteses, estará vendo um **gerador** (que pode ser transformado em uma função que, em si, usa `yield` para gerar dados quando necessário).

Quando este capítulo for concluído (e, por definição, o conteúdo principal do livro), teremos uma pergunta final para fazer a você. Respire fundo e vire a página.

Uma Pergunta Final

Tudo bem. Aqui vai nossa pergunta final para você: *neste estágio no livro, você notou o uso do significativo espaço em branco pelo Python?*

A reclamação mais comum ouvida dos programadores novos no Python é sobre seu uso do espaço em branco para indicar os blocos de código (em vez, por exemplo, das chaves), mas, depois de um tempo, seu cérebro tende a não notar mais isso.

Não é por acaso: o uso do significativo espaço em branco pelo Python foi intencional por parte do criador da linguagem.

Ela foi criada deliberadamente assim, porque o **código é mais lido do que escrito**. Isso significa que o código que está de acordo com uma aparência consistente e conhecida é mais fácil de ler. Também significa que o código do Python escrito 10 anos atrás por um completo estranho ainda é legível por você *hoje* por causa do uso do espaço em branco pelo Python.

É uma grande vitória para a comunidade Python, o que é uma grande vitória para *você* também.

Código do Capítulo 12

Este é o "do_convert.py".

```
from datetime import datetime
import pprint

def convert2ampm(time24: str) -> str:
    return datetime.strptime(time24, '%H:%M').strftime('%I:%M%p')

with open('buzzers.csv') as data:
    ignore = data.readline()
    flights = {}
    for line in data:
        k, v = line.strip().split(',')
        flights[k] = v

pprint.pprint(flights)
print()

fts = {convert2ampm(k): v.title() for k, v in flights.items()}

pprint.pprint(fts)
print()

when = {dest: [k for k, v in fts.items() if v == dest] for dest in set(fts.values())}

pprint.pprint(when)
print()
```

Este é o "url_utils.py".

```
import requests

def gen_from_urls(urls: tuple) -> tuple:
    for resp in (requests.get(url) for url in urls):
        yield len(resp.content), resp.status_code, resp.url
```

até logo *(e obrigado pelos peixes)*

É Hora de Ir...

> Foi muito bom ter você conosco aqui no Lago Python. Volte sempre. Adoramos quando você aparece.

Você está indo embora!

Estamos tristes com sua partida, mas nada nos deixaria mais contente do que você pegar o que aprendeu sobre o Python neste livro e *colocar em uso*. Você está no início de sua jornada do Python, e sempre há mais para aprender. Naturalmente, você não terminou com este livro ainda. Há cinco apêndices (sim: cinco!) com os quais lidar. Prometemos que eles não são muito longos, e vale a pena o esforço. E, claro, há o índice — não nos esqueçamos do índice!

Esperamos que você tenha se divertido aprendendo sobre o Python tanto quanto nos divertimos escrevendo este livro para você. Foi muito agradável. Divirta-se!

apêndice a: instalação

Instalando o Python

> Doris, tenho ótimas notícias: é moleza trabalhar com as últimas instalações do Python.

Primeiro o mais importante: vamos instalar o Python em seu computador. Se você está executando no *Windows*, *Mac OS X* ou *Linux*, o Python te dá cobertura. O modo como você o instala em cada uma dessas plataformas é específico de como as coisas funcionam em cada um desses sistemas operacionais (tudo bem... chocante, né?), e a comunidade Python trabalha muito para fornecer instaladores destinados a todos os sistemas populares. Neste pequeno apêndice, você será guiado na instalação do Python em seu computador.

funciona no windows

Instale o Python 3 no Windows

A menos que você (ou outra pessoa) tenha instalado o interpretador Python no PC com Windows, é improvável que ele esteja pré-instalado. Mesmo que esteja, vamos instalar a versão mais recente e melhor do Python 3 em seu computador *Windows* agora.

Se você já tiver uma versão do Python 3 instalada, ela será atualizada. Se tiver o Python 2 instalado, o Python 3 será instalado lado a lado (mas não interferirá no Python 2 em nada). E, se não tiver nenhuma versão do Python ainda, bem, logo terá!

Baixe, e então instale

Vá em *www.python.org* (conteúdo em inglês) e clique na guia *Downloads*.

Aparecerão dois botões grandes, com a opção da versão mais recente do Python 3 ou Python 2. *Clique no botão Python 3*. Vá em frente e salve o arquivo para baixar quando solicitado. Depois de um tempo, o download será concluído. Localize o arquivo baixado na pasta *Downloads* (ou no lugar salvo), depois clique duas vezes no arquivo para começar a instalar.

Começará um processo padrão de instalação do *Windows*. De modo geral, você pode clicar em *Next* em cada prompt, exceto neste (mostrado abaixo), onde desejará pausar para fazer uma mudança de configuração para assegurar que a opção *Add Python 3.5 to Path* seja selecionada. Isso garante que o *Windows* poderá encontrar o interpretador sempre que precisar:

Nota: estamos mostrando o 3.5 nestas capturas de tela, porque era o que estava disponível na época da primeira impressão do livro. Não se preocupe em corresponder com o que temos aqui. Siga em frente e baixe/instale e última.

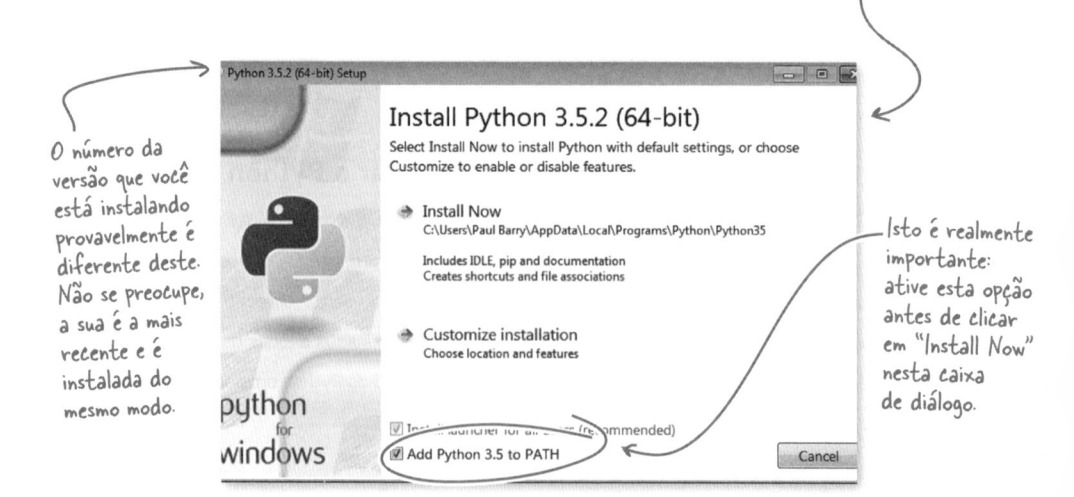

O número da versão que você está instalando provavelmente é diferente deste. Não se preocupe, a sua é a mais recente e é instalada do mesmo modo.

Isto é realmente importante: ative esta opção antes de clicar em "Install Now" nesta caixa de diálogo.

522   Apêndice A

apêndice a: *instalação*

Verifique o Python 3 no Windows

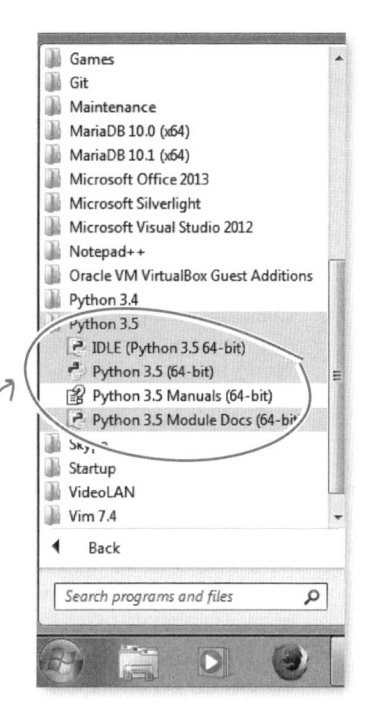

Agora que o interpretador do Python está instalado em sua máquina *Windows*, faremos algumas verificações para confirmar se está tudo bem.

Para começar, você deve ter um novo grupo no menu *Iniciar* em *Todos os Programas*. Incluímos como fica em uma das máquinas *Windows 7* dos *Laboratórios do Use a Cabeça!*. O seu deve ser parecido. Se não for, poderá precisar refazer a instalação. Os usuários do Windows 8 (ou superior) também devem ter um novo grupo parecido com este.

Vamos examinar os itens no grupo do Python 3.5 de baixo para cima.

A opção *Python 3.5 Modules Docs* fornece acesso a toda a documentação incluída com todos os módulos instalados disponíveis no sistema do Python. Você aprenderá muito sobre os módulos quando lidar com este livro, portanto, não precisa se preocupar em fazer nada com essa opção agora.

O instalador do Python adiciona um novo grupo à lista Todos os Programas.

A opção *Python 3.5 Manuals* abre o conjunto inteiro de documentação da linguagem Python no utilitário de ajuda padrão do *Windows*. Esse material é uma cópia da documentação do Python 3 disponível na web.

A opção *Python 3.5* inicializa o prompt de comando interativo baseado em texto, >>>, que é usado para experimentar o código quando você o escreve. Teremos mais a dizer sobre o prompt >>> começando no Capítulo 1. Se você clicou nessa opção para experimentar e agora está perdido sem saber o que fazer, digite `quit()` para voltar para o *Windows*.

A opção final, *IDLE (Python 3.5)*, executa o ambiente de desenvolvimento integrado do Python, que é chamado *IDLE*. Este é um IDE muito simples que fornece acesso ao prompt >>> do Python, um editor de texto aceitável, deputador do Python e documentação do Python. Usaremos muito o *IDLE* neste livro, começando no Capítulo 1.

É o Python 3 no Windows, de certa forma...

A herança do Python está nos sistemas Unix e do tipo Unix, e isso algumas vezes aparece quando você está trabalhando no *Windows*. Por exemplo, um software que deve existir com o Python nem sempre está disponível por padrão no *Windows*, então, para tirar o máximo do Python, os programadores no *Windows* geralmente precisam instalar várias coisas extras. Vamos reservar um momento para instalar tal bônus para demonstrar como as coisas que faltam podem ser adicionadas quando necessário.

você está aqui ▶ **523**

o windows precisa do pyreadline

Adicione o Python 3 no Windows

Algumas vezes, os programadores que usam a versão *Windows* do Python sentem que estão sendo fraudados: alguns recursos dessas outras plataformas estão "faltando" no *Windows*.

Felizmente, alguns programadores empreendedores escreveram módulos de terceiros que podem ser instalados *no* Python, fornecendo, assim, a funcionalidade que falta. Instalar qualquer um desses módulos envolve apenas um pouco de trabalho no prompt de comando do *Windows*.

Como um exemplo, vamos adicionar a implementação da popular funcionalidade readline do Python à versão *Windows* do Python. O módulo pyreadline fornece uma versão Python de readline, cobrindo com eficiência esse buraco em particular em qualquer instalação padrão do *Windows*.

Abra um prompt de comando do *Windows* e acompanhe. Aqui, usaremos uma ferramenta de instalação do software (incluída no Python 3.5) para instalar o módulo pyreadline. A ferramenta é chamada pip, abreviação de "Python Index Project", nomeada segundo o trabalho que gerou a criação do pip.

No prompt de comando do *Windows*, digite **pip install pyreadline**:

> **Código Sério**
>
> A biblioteca readline implementa um conjunto de funções que fornece recursos interativos de edição de texto (geralmente nas linhas de comando). O módulo pyreadline fornece uma interface do Python para readline.

É isto que você precisa digitar no prompt de comando.

```
File Edit Window Help InstallingPyReadLine
Microsoft Windows [Version 6.1.7601]
Copyright (c) 2009 Microsoft Corporation. All rights reserved.
C:\Users\Head First>
C:\Users\Head First> pip install pyreadline
Downloading/unpacking pyreadline
    ...
    ...
    ...
Successfully installed pyreadline
Cleaning up...
C:\Users\Head First>
```

Você verá muitas mensagens aqui.

Se você vir esta mensagem, estará tudo bem.

Verifique se você conectou a internet antes de emitir este comando.

E com isso, pyreadline é instalado e está pronto para ir para o *Windows*.

Agora você pode voltar para o Capítulo 1 para iniciar com um código Python de exemplo.

Instale o Python 3 no Mac OS X (macOS)

O Python 2 vem pré-instalado no *Mac OS X* por padrão. Mas isso é inútil para nós, pois queremos usar o Python 3. Felizmente, quando você visita o site do Python (*http://www.python.org* — conteúdo em inglês), ele é esperto o bastante para descobrir que você está usando um Mac. Passe o mouse sobre a guia *Download*, e então clique no botão 3.5.x para baixar o instalador Mac para o Python. Selecione a última versão do Python 3, baixe seu pacote e instale do "modo Mac" usual.

Um programa de instalação padrão do Mac OS X para o Python 3.5.2 e superior. Se você tiver uma versão mais recente do que estamos mostrando aqui, tudo bem — instale!

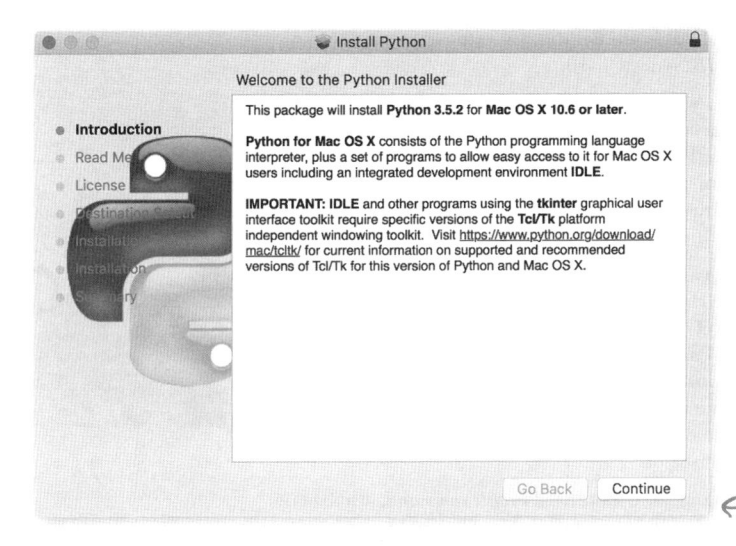

Apenas continue clicando até ter instalado.

Usando um gerenciador de pacotes

Nos Macs, também é possível usar um dos *gerenciadores de pacotes* populares e de fonte aberta, a saber, o *Homebrew* ou *MacPorts*. Se você nunca usou um desses gerenciadores de pacotes, sinta-se à vontade para pular esta pequena seção e ir para o início da próxima página. Porém, se já está usando um deles, veja os comandos necessários para instalar o Python 3 no Mac de dentro de uma janela do terminal:

- *No Homebrew, digite* `brew install python3`.

- *No MacPorts digite* `port install python3`.

É isso: excelente. O Python 3 está pronto para a ação no *Mac OS X* — vejamos o que é instalado.

defina seu caminho

Verifique e Configure o Python 3 no Mac OS X

Para ver se a instalação teve sucesso no *Mac OS X*, clique no ícone *Aplicativos* em sua barra de tarefas, e então procure a pasta *Python 3*.

Clique na pasta *Python 3* e você verá muitos ícones (abaixo).

A pasta Python 3 no Mac OS X

A primeira opção, *IDLE*, é de longe a mais útil, e é como você interagirá com o Python 3 na maioria das vezes ao aprender a linguagem. Escolher essa opção abre o ambiente de desenvolvimento integrado do Python chamado *IDLE*. É um IDE muito simples que fornece acesso ao prompt interativo >>> do Python a um editor de texto aceitável, depurador do Python e documentação do Python. Usaremos muito o *IDLE* neste livro.

A opção *Python Documentation.html* abre uma cópia local da documentação inteira do Python em HTML dentro do navegador padrão (sem que você precise estar online).

A opção *Python Launcher* é executada automaticamente pelo *Mac OS X* sempre que você clica duas vezes em um arquivo executável que contém o código do Python. Embora isso possa ser útil para alguns, nos *Laboratórios do Use a Cabeça!* raramente usamos, mas ainda é bom saber que existe, caso precisemos.

A pasta Python 3 de dentro da pasta Aplicativos no Mac OS X.

A última opção, *Update Shell Profile.command*, atualiza os arquivos de configuração no *Mac OS X* para assegurar que o local do interpretador do Python e seus utilitários associados sejam adicionados corretamente ao caminho do sistema operacional. Você pode clicar nessa opção agora para executar o comando, e então esquecer de que precisa executá-lo de novo — uma vez será suficiente.

Na barra de tarefas, clique no ícone Aplicativos e selecione a pasta Python 3.

Você está pronto para executar no Mac OS X

E com isso você estará configurado no *Mac OS X*.

Agora você poderá ir para o Capítulo 1 e começar.

apêndice a: *instalação*

Instale o Python 3 no Linux

Se você estiver executando uma distribuição recente do seu *Linux* favorito, *a notícia realmente boa* é que provavelmente já tem instalados o Python 2 *e* o Python 3.

Veja um modo rápido de pedir ao interpretador do Python para informar o número da versão instalada atualmente. Abra uma linha de comando e digite:

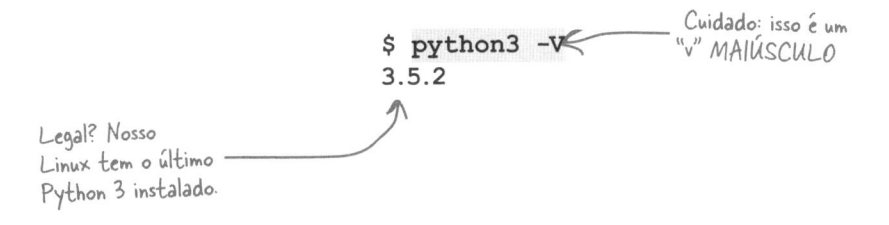

```
$ python3 -V
3.5.2
```

Cuidado: isso é um "V" MAIÚSCULO

Legal? Nosso Linux tem o último Python 3 instalado.

Se após emitir esse comando e o *Linux* reclamar que não consegue encontrar o `python3`, você precisará instalar uma cópia. Como você faz isso depende da distribuição do *Linux* executada.

Se seu *Linux* for baseado na distribuição *Debian* ou *Ubuntu* popular (como é a que usamos nos *Laboratórios do Use a Cabeça!*), você poderá usar o utilitário `apt-get` para instalar o Python 3. Veja o comando a usar:

```
$ sudo apt-get install python3 idle3
```

Se estiver usando uma distribuição baseada no *yum* ou no *rpm*, use o comando equivalente desses sistemas. Ou inicialize sua GUI favorita do *Linux* e use o gerenciador de pacotes baseado na GUI da distribuição para selecionar `python3` e `idle3` para a instalação. Em muitos sistemas *Linux*, o *Synaptic Package Manager* é uma escolha popular aqui, como são vários instaladores de software baseados na GUI.

Após instalar o Python 3, use o comando no início desta página para verificar se tudo está bem.

Não importa a distribuição usada, o comando `python3` fornece acesso ao interpretador do Python na linha de comando, ao passo que o comando `idle3` fornece acesso ao ambiente de desenvolvimento integrado baseado na GUI chamado *IDLE*. É um IDE muito simples que fornece acesso ao prompt interativo >>> do Python, a um editor de texto aceitável, depurador do Python e documentação do Python.

Usaremos muito o prompt >>> e o *IDLE* neste livro, iniciando no Capítulo 1, para o qual você pode ir agora.

Selecione os pacotes "python3" e "idle3" para a instalação no Linux.

apêndice b: pythonanywhere

Implementando seu Aplicativo Web

Posso implementar meu aplicativo web na nuvem em 10 minutos?! Nem acredito...

No final do Capítulo 5, declaramos que implementar seu aplicativo web na nuvem levava apenas 10 minutos. Agora é hora de cumprir essa promessa. Neste apêndice, faremos o processo de implementar seu aplicativo web no *PythonAnywhere*, indo do zero à implementação em cerca de 10 minutos. O *PythonAnywhere* é o favorito na comunidade de programação Python, e não é difícil ver o porquê: ele funciona exatamente como o esperado, tem um ótimo suporte do Python (e Flask), e — o melhor — você pode iniciar hospedando o aplicativo web sem custos. Vamos examinar o *PythonAnywhere*.

este é um apêndice

vamos aprontar

Etapa 0: Um Pouco de Preparação

No momento você tem o código do aplicativo web no computador em uma pasta chamada `webapp`, que contém o arquivo `vsearch4web.py` e as pastas `static` e `templates` (como mostrado abaixo). Para preparar tudo isso para a implementação, crie um arquivo de armazenamento ZIP de tudo na pasta `webapp` e chame o arquivo de armazenamento de `webapp.zip`:

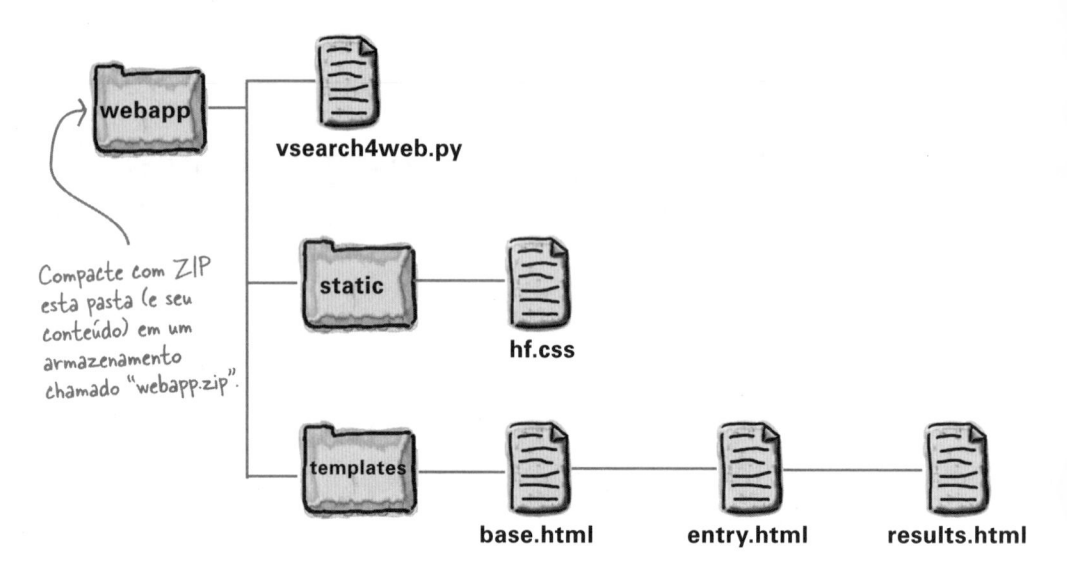

```
webapp
├── vsearch4web.py
├── static
│   └── hf.css
└── templates
    ├── base.html
    ├── entry.html
    └── results.html
```

Compacte com ZIP esta pasta (e seu conteúdo) em um armazenamento chamado "webapp.zip".

Além de `webapp.zip`, você também precisa transferir e instalar o módulo `vsearch` do Capítulo 4. Agora tudo que você precisa fazer é localizar o arquivo de distribuição criado. Em nosso computador, o arquivo de armazenamento é chamado de `vsearch-1.0.tar.gz` e está colocado na pasta `mymodules/vsearch/dist` (no *Windows*, o arquivo provavelmente é chamado de `vsearch-1.0.zip`).

Lembre-se, no Capítulo 4, de que o módulo "setuptools" do Python cria ZIPs no Windows e arquivos .tar.gz em outro lugar.

Você não precisa fazer nada com o arquivo de armazenamento agora. Apenas anote onde os dois arquivos de armazenamento estão no computador para que seja fácil encontrá-los quando os transferir para o *PythonAnywhere*. Sinta-se à vontade para pegar um lápis e anotar o local de cada arquivo aqui:

`webapp.zip` _____

`vsearch-1.0.tar.gz` _____

Este é "vsearch.zip", caso você esteja no Windows.

apêndice b: pythonanywhere

Etapa 1: Assine o PythonAnywhere

Esta etapa não poderia ser mais fácil. Vá para *pythonanywhere.com* (conteúdo em inglês), e então clique no link **Pricing & signup**:

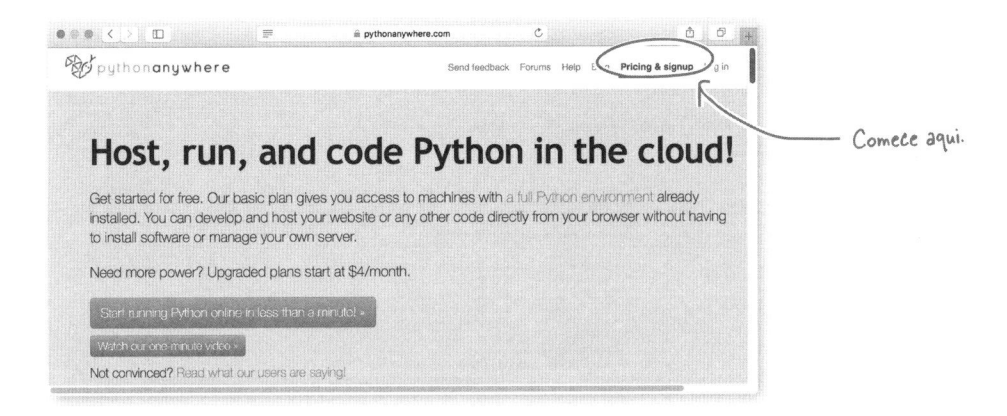

→ Comece aqui.

Clique no botão grande para criar uma *Beginner account*, depois preencha os detalhes no formulário de assinatura:

← Preencha este formulário.

Esta é a opção de "assinatura gratuita".

Se tudo estiver bem, aparecerá o painel do PythonAnywhere. Nota: você está registrado *e* assinou neste ponto:

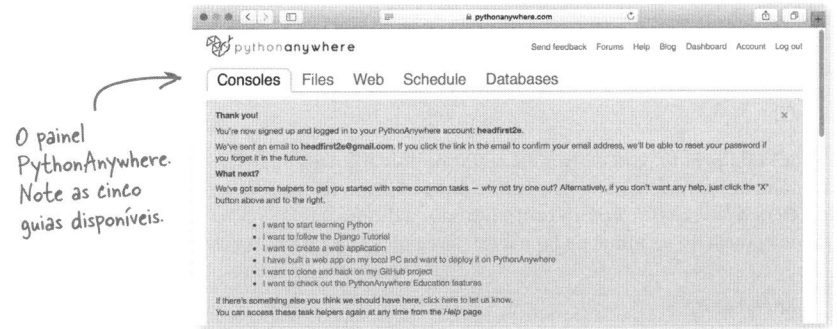

O painel PythonAnywhere. Note as cinco guias disponíveis.

transfira seu *código*

Etapa 2: Transfira Seus Arquivos para a Nuvem

Clique na guia **Files** para exibir as pastas e os arquivos disponíveis:

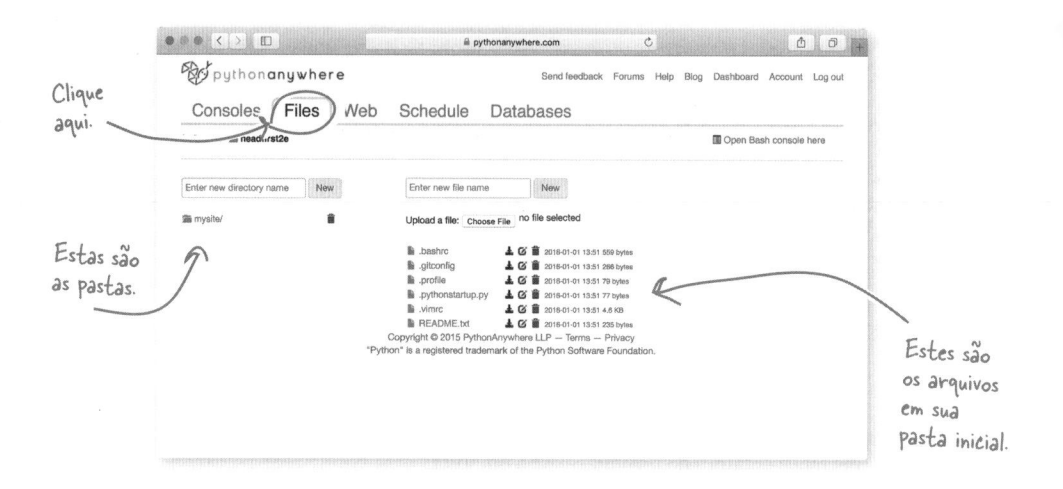

Clique aqui.

Estas são as pastas.

Estes são os arquivos em sua pasta inicial.

Use a opção *Upload a file* para localizar e transferir os dois arquivos de armazenamento na **Etapa 0**:

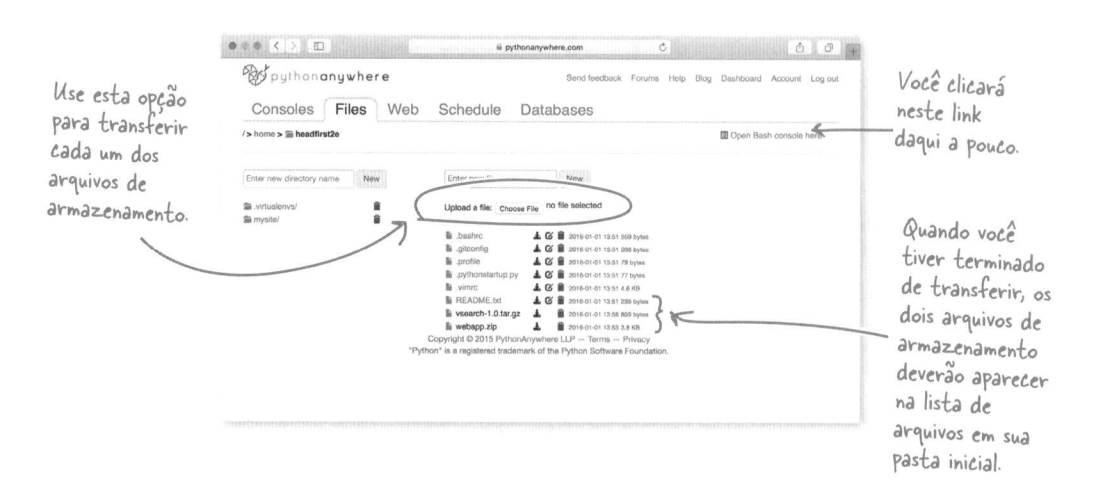

Use esta opção para transferir cada um dos arquivos de armazenamento.

Você clicará neste link daqui a pouco.

Quando você tiver terminado de transferir, os dois arquivos de armazenamento deverão aparecer na lista de arquivos em sua pasta inicial.

Agora você está pronto para extrair e instalar os dois arquivos de armazenamento transferidos, e fará isso na **Etapa 3**. Para ficar pronto, clique no link *Open a bash console here* no canto superior à direita na página acima. Isso abrirá uma janela do terminal na janela do navegador (no *PythonAnywhere*).

apêndice b: pythonanywhere

Etapa 3: Extraia e Instale o Código

Quando você clicar no link *Open a bash console here*, o *PythonAnywhere* responderá substituindo o painel *Files* por um console Linux baseado no navegador (prompt de comando). Você emitirá alguns comandos para extrair e instalar o módulo `vsearch`, assim como o código do aplicativo web nesse console. Comece instalando `vsearch` no Python como um "módulo privado" (ou seja, apenas para seu uso) com este comando (use `vsearch-1.0.zip` se estiver no *Windows*):

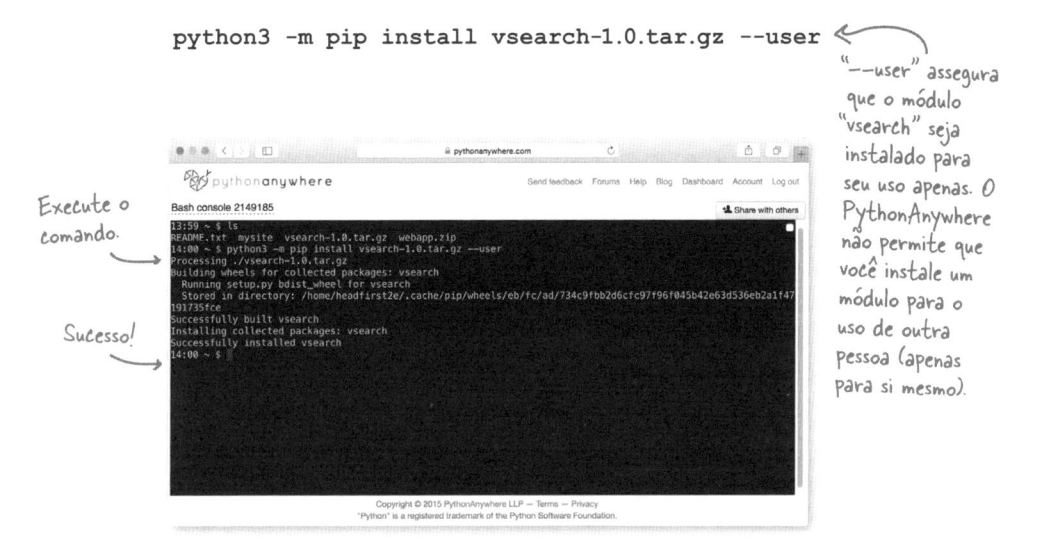

```
python3 -m pip install vsearch-1.0.tar.gz --user
```

"--user" assegura que o módulo "vsearch" seja instalado para seu uso apenas. O PythonAnywhere não permite que você instale um módulo para o uso de outra pessoa (apenas para si mesmo).

Execute o comando.

Sucesso!

Com o módulo `vsearch` instalado com êxito, é hora de voltar sua atenção para o código do aplicativo web, que deve ser instalado na pasta `mysite` (que já existe na pasta inicial *PythonAnywhere*). Para tanto, você precisa emitir dois comandos:

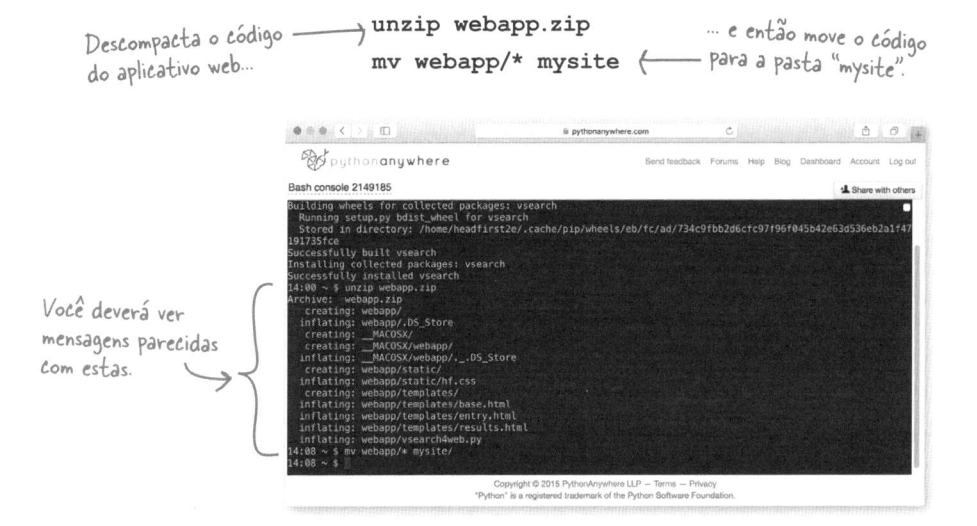

Descompacta o código do aplicativo web...

```
unzip webapp.zip
mv webapp/* mysite
```

... e então move o código para a pasta "mysite".

Você deverá ver mensagens parecidas com estas.

você está aqui ▶ **533**

Etapa 4: Crie um Aplicativo Web de Inicialização, 1 de 2

Com a **Etapa 3** terminada, volte para o painel *PythonAnywhere* e selecione a guia **Web**, onde o *PythonAnywhere* o convida para criar um novo aplicativo web de inicialização. Você fará isso, e então trocará o código do aplicativo web de inicialização por um próprio. Note que cada *Beginner account* obtém um aplicativo web gratuitamente. Se você quiser mais, terá que atualizar para uma conta paga. Felizmente — agora — você só precisa de um, portanto, vamos continuar clicando em *Add a new web app*:

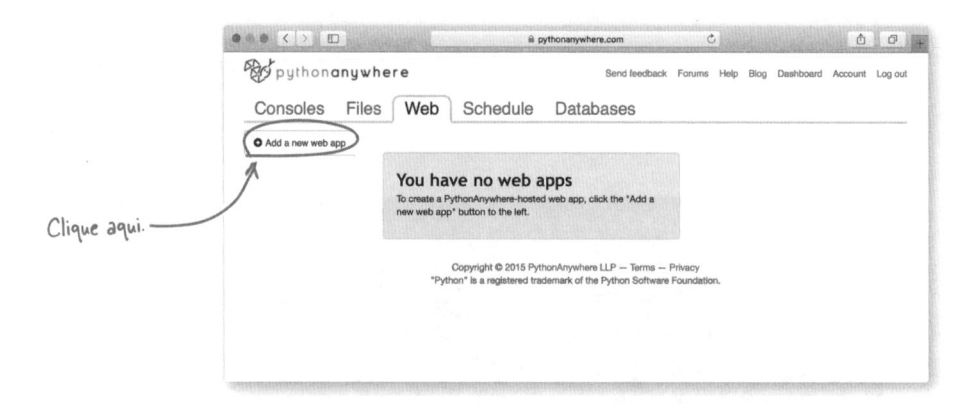

Clique aqui.

Quando você estiver usando uma conta gratuita, o aplicativo web será executado com o nome do site mostrado na próxima tela. Clique no botão *Next* para continuar com o nome de site sugerido do *PythonAnywhere*:

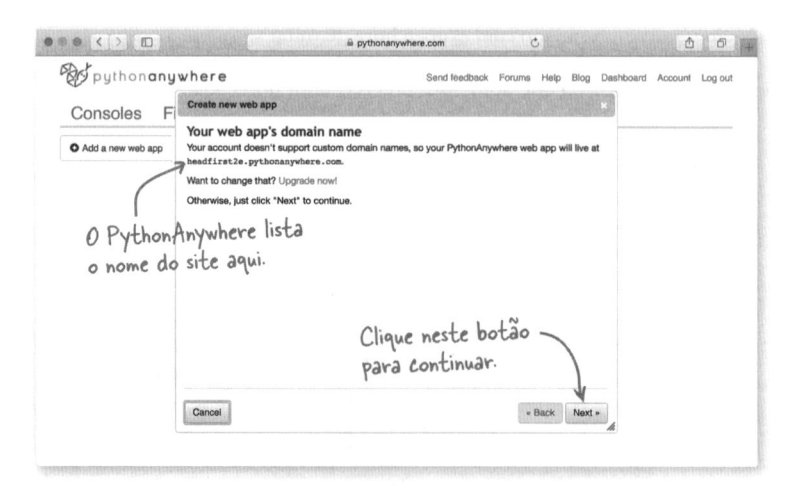

O PythonAnywhere lista o nome do site aqui.

Clique neste botão para continuar.

Clique em *Next* para continuar com esta etapa.

apêndice b: *pythonanywhere*

Etapa 4: Crie um Aplicativo Web de Inicialização, 2 de 2

O *PythonAnywhere* suporta mais de uma estrutura web do Python, portanto, a próxima tela oferece uma opção entre muitos sistemas suportados. Escolha Flask, e então selecione a versão do Flask e do Python que você deseja implementar. Na época da escrita deste livro, o Python 3.4 e o Flask 0.10.1 eram as versões mais atualizadas suportadas pelo *PythonAnywhere*, assim, fique com essa combinação, a menos que uma mais recente seja oferecida (nesse caso, escolha a versão mais recente):

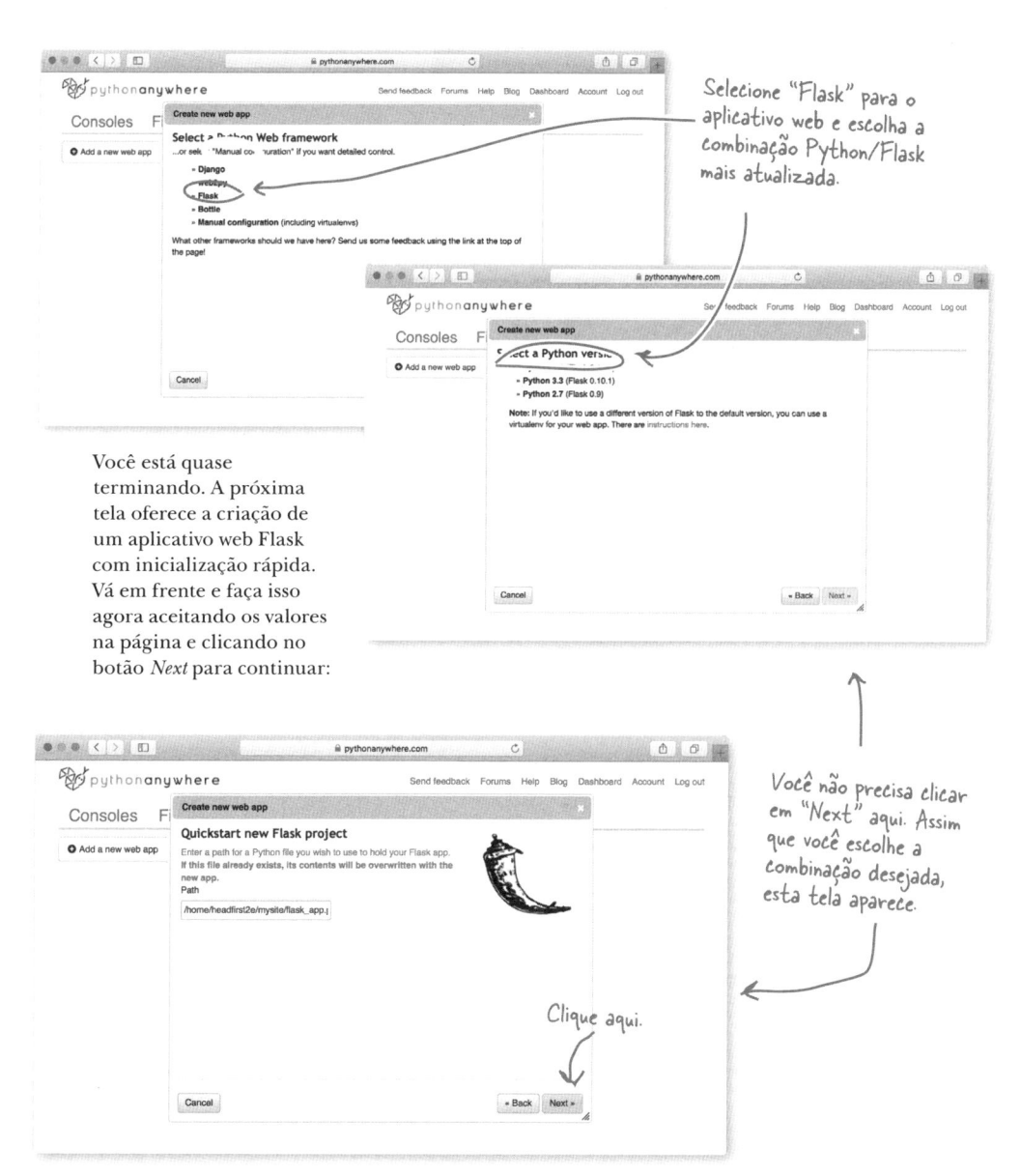

Selecione "Flask" para o aplicativo web e escolha a combinação Python/Flask mais atualizada.

Você está quase terminando. A próxima tela oferece a criação de um aplicativo web Flask com inicialização rápida. Vá em frente e faça isso agora aceitando os valores na página e clicando no botão *Next* para continuar:

Você não precisa clicar em "Next" aqui. Assim que você escolhe a combinação desejada, esta tela aparece.

Clique aqui.

você está aqui ▶ **535**

importe seu módulo

Etapa 5: Configure o Aplicativo Web

Com a **Etapa 4** concluída, você verá o painel **Web**. Não fique tentado a clicar no grande botão agora — você não informou ao *PythonAnywhere* sobre o código ainda, portanto, não execute nada. Pelo contrário, clique no longo link à direita do rótulo *WSGI configuration file*:

É uma tentação, mas NÃO clique neste botão agora.

Clique neste link.

Clicar nesse link longo carrega o arquivo de configuração do aplicativo web Flask recém-criado no editor de texto baseado na web do *PythonAnywhere*. No final do Capítulo 5, informamos que o *PythonAnywhere* importa o código do aplicativo web antes de chamar `app.run()` para você. É o arquivo que suporta esse comportamento. Porém, ele precisa ser informado para referenciar *seu* código, não o código do arquivo de inicialização, assim, você precisa editar a última linha desse arquivo (como mostrado abaixo) e clicar em *Save*:

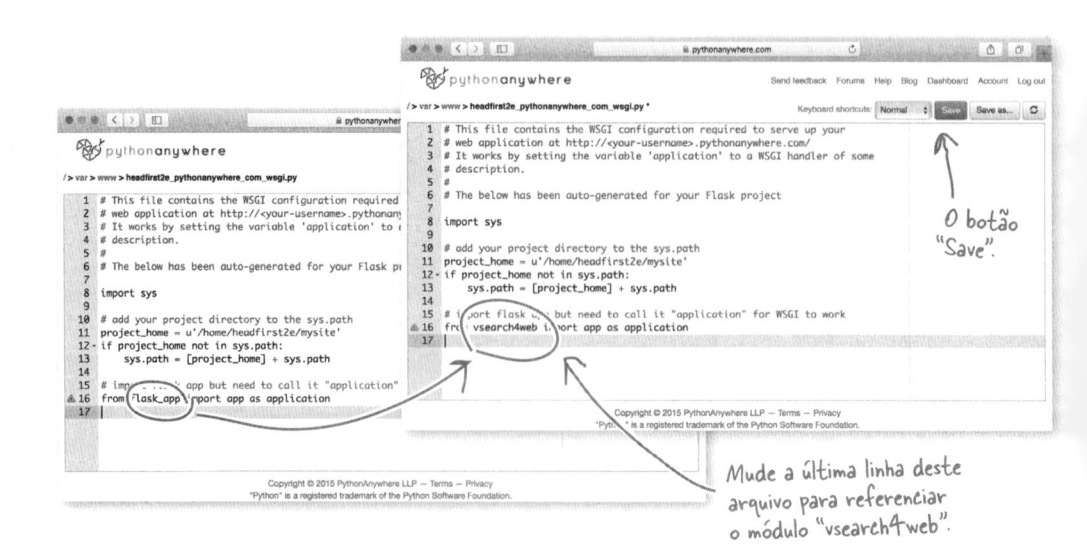

O botão "Save".

Mude a última linha deste arquivo para referenciar o módulo "vsearch4web".

536 *Apêndice B*

Etapa 6: Leve o Aplicativo Web Baseado na Nuvem para Dar uma Volta!

Salve o arquivo de configuração alterado e volte para a guia **Web** no painel.
Agora é hora de clicar no grande botão tentador. Vá em frente!

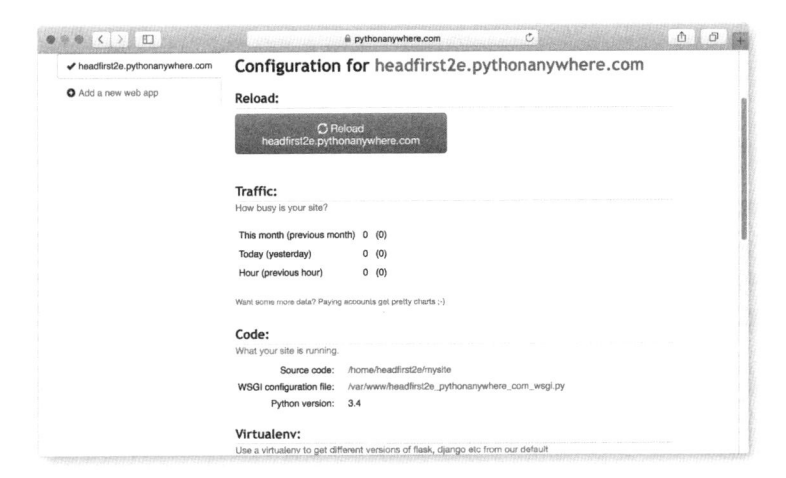

Depois de um breve momento, o aplicativo web aparecerá no navegador e funcionará exatamente como funcionou quando você o executou localmente, só que agora qualquer pessoa com uma conexão com a internet e um navegador da web pode usá-lo também.

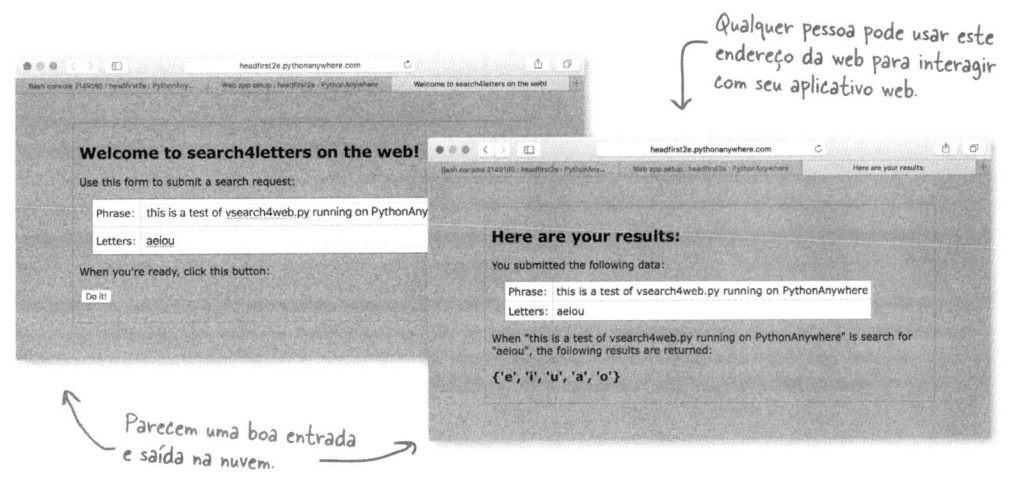

Qualquer pessoa pode usar este endereço da web para interagir com seu aplicativo web.

Parecem uma boa entrada e saída na nuvem.

E com isso terminamos. O aplicativo web desenvolvido no Capítulo 5 foi implementado na nuvem do *PythonAnywhere* (em menos de 10 minutos). Há muito mais no *PythonAnywhere* do que é mostrado neste pequeno apêndice, portanto, sinta-se à vontade para explorar e experimentar. Em algum momento, lembre-se de voltar para painel do *PythonAnywhere* e sair. Observe que, apesar de você sair, o aplicativo web continua sendo executado na nuvem até você informar o contrário. Isso é muito legal, não é?

apêndice c: dez coisas principais que não cobrimos

Sempre Há Mais para Aprender

> Acho que temos um problema aqui. Há muitas coisas que não cobrimos.

Nunca foi nossa intenção tentar cobrir tudo. O objetivo deste livro sempre foi mostrar bastante do Python para você ficar por dentro o mais rápido possível. Há muito mais que poderíamos ter coberto, mas não cobrimos. Neste apêndice, analisamos as 10 coisas principais para as quais — com outras 600 páginas ou mais — finalmente encontramos tempo. Nem todas as 10 coisas irão interessá-lo, mas veja-as rapidamente apenas para o caso de termos tocado no ponto central ou fornecido uma resposta para aquela pergunta chata. Todas as tecnologias de programação neste apêndice vêm no Python e em seu interpretador.

o bendito código de herança

1. E o Python 2?

Desde a data da primeira publicação deste livro original (final de 2016), existem dois tipos de Python predominantes muito usados. Você já conhece um pouco do **Python 3**, que é o tipo usado neste livro.

Todos os novos desenvolvimentos e melhorias da linguagem estão sendo aplicados no Python 3, que está em seu menor ciclo de versão. A versão 3.6 venceu antes de 2016 terminar, e você pode esperar que a 3.7 chegue no final de 2017 ou início de 2018.

O Python 2 ficou "preso" na versão 2.7 por algum tempo. Isso tem relação com o fato de que os *principais desenvolvedores do Python* (as pessoas que conduziram o desenvolvimento do Python) decidiram que o Python 3 era o futuro e que o Python 2 deveria ir embora em silêncio. Havia motivos técnicos sólidos para essa abordagem, mas ninguém realmente esperava que as coisas levassem tanto tempo. Afinal, o Python 3 — o futuro da linguagem — apareceu pela primeira vez no final de 2008.

Um livro inteiro poderia ser escrito sobre o que aconteceu desde o final de 2008 até agora. É suficiente dizer que o Python 2 se recusou, com resistência, a ir embora. Havia (e ainda há) uma enorme base instalada de código e desenvolvedores do Python 2, com certos domínios atrasando a atualização. Há uma razão muito simples para isso: o Python 3 introduziu muitas melhorias que descontinuaram a compatibilidade. Em outas palavras, há muito código do Python 2 que não será executado *sem alteração* no Python 3 (mesmo que à primeira vista possa ser difícil identificar o código do Python 2 no código do Python 3). E mais, muitos programadores simplesmente acreditavam que o Python 2 era "bom o bastante" e não atualizaram.

> Sou apenas uma parte do código do Python 2 que existe por aí. Há muito mais código como eu.

Recentemente houve um mar de mudanças. A taxa de troca do 2 para o 3 parece estar aumentando. Alguns módulos de terceiros muito populares lançaram versões compatíveis com o Python 3, e isso está tendo um efeito positivo na adoção do Python 3. E mais, os *principais desenvolvedores do Python* continuam adicionando boas coisas extras ao Python 3, tornando-o uma linguagem de programação mais atraente. A prática da "portabilidade" dos novos recursos legais do 3 para 2 parou na versão 2.7, e, embora correções de bugs e segurança ainda estejam sendo aplicadas, os *principais desenvolvedores do Python* anunciaram que essa atividade parará em 2020. O relógio está correndo para o Python 2.

Veja o aviso comum dado quando você está tentando decidir se a versão 3 ou 2 é a certa para você.

Se você estiver iniciando um novo projeto, use o Python 3.

Você precisará resistir ao desejo de criar mais código de herança no Python 2, especialmente se estiver iniciando com um em branco. Se tiver que manter algum código do Python 2 existente, o que você sabe sobre o 3 é reaproveitado: certamente você conseguirá ler o código e entender (ainda é o Python, independentemente do número de versão). Se houver motivos técnicos para o código continuar sendo executado no Python 2, então faça isso. Porém, se o código puder ser portado para o Python 3 sem muito problema, acreditamos que vale a pena, pois o Python 3 *é* a melhor linguagem e *é* o futuro.

2. Ambientes de Programação Virtuais

Imagine que você tenha dois clientes, um com o código Python que conta com uma versão do módulo de terceiros, e outro que conta com uma versão *diferente* do mesmo módulo de terceiros para seu código. E, claro, você é a pobre alma que precisa manter o código dos dois projetos.

Fazer isso em um computador pode ser problemático, pois o interpretador do Python não suporta a instalação de versões diferentes dos módulos de terceiros.

Dito isso, existe ajuda graças à noção do Python dos ambientes virtuais.

Um **ambiente virtual** permite criar um ambiente Python novo e vazio, no qual você pode executar seu código. Você pode instalar os módulos de terceiros em um ambiente virtual sem impactar o outro, e pode ter quantos ambientes virtuais quiser em seu computador, trocando entre eles ao *ativar* aquele no qual deseja trabalhar. Como cada ambiente virtual pode manter sua própria cópia dos módulos de terceiros que você deseja instalar, é possível usar dois ambientes virtuais diferentes, um para cada projeto do cliente analisado acima.

Porém, antes de fazer isso você precisa escolher: usar a tecnologia do ambiente virtual, chamada `venv`, que vem com a *biblioteca padrão* do Python 3, ou instalar o módulo `virtualenv` do PyPI (que faz a mesma coisa que `venv`, mas tem mais atributos avançados). Será melhor se você fizer uma escolha fundamentada.

Para aprender mais sobre o `venv`, verifique sua página de documentação (conteúdo em inglês):

    https://docs.python.org/3/library/venv.html

Para descobrir o que `virtualenv` oferece além de `venv`, comece aqui (conteúdo em inglês):

    https://pypi.org/project/virtualenv/

> *Com certeza, resolvi meu problema de vários módulos de terceiros... apenas precisei ler tudo isso.*

Usar ambientes virtuais para seus projetos é uma escolha pessoal. Alguns programadores confiam neles, recusando-se a escrever qualquer código do Python, a menos que ele esteja dentro de um ambiente virtual. Isso pode ser uma postura extrema, mas cada um sabe de si.

Escolhemos não cobrir os ambientes virtuais na parte principal deste livro. Achamos que eles são — caso preciso deles — uma grande dádiva, mas não acreditamos que o programador Python precise usar um para tudo que faz.

Recomendamos que você se afaste das pessoas que dizem que você não é um verdadeiro programador Python, *a menos* que use o `virtualenv`.

Ele só precisava usar um ambiente virtual.

tudo é um objeto

3. Mais sobre a Orientação a Objetos

Se você leu este livro inteiro, agora gostará (espera-se) do significado da frase: "No Python, tudo é um objeto".

O uso de objetos do Python é ótimo. Normalmente significa que as coisas funcionam como você espera. Porém, o fato de que tudo é um objeto **não** significa que tudo precisa pertencer a uma classe, especialmente quanto ao código.

Neste livro não aprendemos como criar nossa própria classe até termos precisado de uma para criar um gerenciador de contexto personalizado. Mesmo assim, só aprendemos o necessário, e nada mais. Se você veio para o Python a partir de uma linguagem de programação que insiste que todo o código reside em uma classe (com o *Java* sendo um exemplo clássico), o modo como cuidamos das coisas neste livro pode ser desconcertante. Não deixe que isso o preocupe, pois o Python é muito menos restrito que o *Java* (por exemplo) quanto ao modo como você escreve seus programas.

Se você decidir criar muitas funções para fazer o trabalho que precisa, então crie. Se seu cérebro pensar em um modo mais funcional, o Python poderá ajudar aqui também com a sintaxe da compreensão, cumprimentando o mundo da programação funcional. E, se você não conseguir escapar do fato de que seu código precisa residir em uma classe, o Python terá uma sintaxe de programação orientada a objetos completa e predefinida.

Se você acabar passando muito tempo criando as classes, verifique o seguinte:

- `@staticmethod`: um decorador que permite criar uma função estática em uma classe (que não recebe `self` como seu primeiro argumento).

- `@classmethod`: um decorador que permite criar um método da classe que espera uma classe como seu primeiro objeto (em geral, referido como `cls`), não `self`.

- `@property`: um decorador que permite designar de novo e usar um método como se ele fosse um atributo.

- `_ _ slots _ _`: uma diretiva da classe que (quando usada) pode melhorar muito a eficiência de memória dos objetos criados a partir de sua classe (às custas de certa flexibilidade).

Para aprender mais sobre isso, consulte a documentação do Python (*https://docs.python.org/3/* — conteúdo em inglês). Ou verifique alguns de nossos livros favoritos sobre Python (analisamos no próximo apêndice).

> Tudo bem, amigo... pensemos nisso por um momento. Esse código realmente precisa estar em uma classe?

4. Formatos para Strings e Afins

O aplicativo de exemplo recorrente usado neste livro exibiu sua saída em um navegador da web. Isso permitiu adiar qualquer formatação de saída para o HTML (especificamente, usamos o módulo *Jinja2* incluído com o *Flask*). Ao fazer isso, evitamos uma área na qual o Python brilha: formatação da string baseada em texto.

Digamos que você tenha uma string que precisa ter valores que não serão conhecidos até que o código seja executado. Você deseja criar uma mensagem (msg) que contém valores para que possa executar o processamento mais tarde (talvez imprimirá a mensagem na tela, incluirá a mensagem em uma página HTML que está criando com o *Jinja2* ou enviará via Twitter a mensagem para três milhões de seguidores). Os valores que seu código gera na execução estão em duas variáveis: price (o preço do item em questão) e tag (uma frase de marketing sugestiva). Você tem algumas opções aqui:

- Crie a mensagem necessária usando a concatenação (operador +).
- Use formatos de string antigos (com a sintaxe %).
- Aproveite o método format de cada string para criar sua mensagem.

Veja uma pequena sessão >>> mostrando cada uma das técnicas em ação (lembrando que você, tendo estudado este livro, já concorda com o que a mensagem gerada está informando):

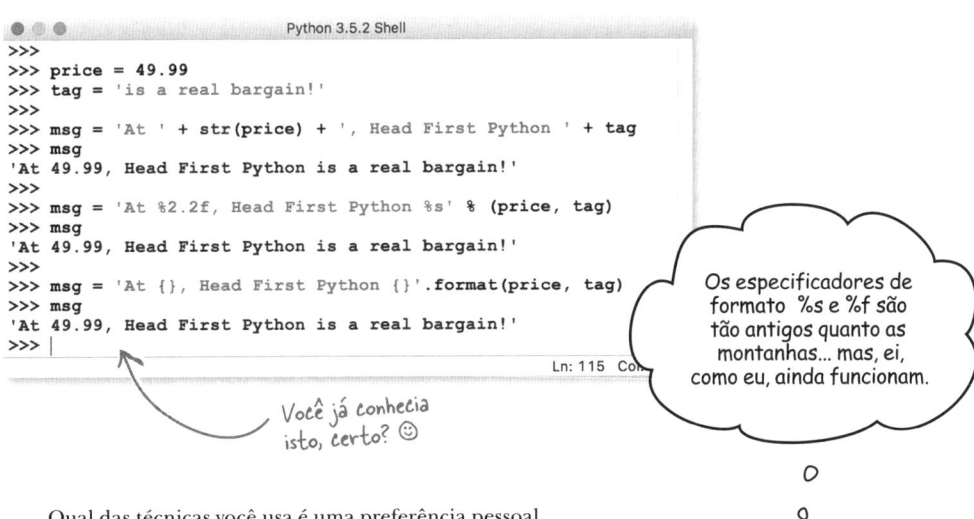

```
>>> price = 49.99
>>> tag = 'is a real bargain!'
>>>
>>> msg = 'At ' + str(price) + ', Head First Python ' + tag
>>> msg
'At 49.99, Head First Python is a real bargain!'
>>>
>>> msg = 'At %2.2f, Head First Python %s' % (price, tag)
>>> msg
'At 49.99, Head First Python is a real bargain!'
>>>
>>> msg = 'At {}, Head First Python {}'.format(price, tag)
>>> msg
'At 49.99, Head First Python is a real bargain!'
>>>
```

Você já conhecia isto, certo? ☺

> Os especificadores de formato %s e %f são tão antigos quanto as montanhas... mas, ei, como eu, ainda funcionam.

Qual das técnicas você usa é uma preferência pessoal, embora haja um pouco de pressão para encorajar o uso do método format em relação aos outros dois (veja o *PEP 3101* em *https://www.python.org/dev/peps/pep-3101/* — conteúdo em inglês). Você encontrará o código, ao natural, que usa uma técnica, não outra, e algumas vezes (e sem proveito) mistura as três. Para aprender mais, inicie aqui (conteúdo em inglês):

https://docs.python.org/3/library/string.html#formatspec

5. Classificando as Coisas

O Python tem capacidades de classificação predefinidas maravilhosas. Algumas das estruturas de dados predefinidas (listas, por exemplo) contêm métodos `sort` que podem ser usados para fazer a ordenação de seus dados. Contudo, é a BIF `sorted` que torna o Python realmente especial (pois ela funciona com *qualquer* estrutura de dados predefinida).

Na sessão do IDLE abaixo, primeiro definimos um pequeno dicionário (`product`), que então processamos com uma sucessão de loops `for`. A BIF `sorted` é usada para controlar a ordem na qual cada loop `for` recebe os dados do dicionário. Acompanhe em seu computador enquanto lê as anotações:

BIF é uma abreviação de "função predefinida."

Imprime o dicionário na tela.

Os dados brutos parecem classificados pelo valor, mas na verdade não são (é mais sorte do que qualquer outra coisa).

A saída é ordenada do preço mais baixo para o mais alto.

Agora a saída é ordenada do preço mais alto para o mais baixo.

```
>>>
>>> product = {'Book': 49.99,
               'PDF': 43.99,
               'Video': 199.99}
>>>
>>> for k in product:
        print(k, '->', product[k])

PDF -> 43.99
Book -> 49.99
Video -> 199.99
>>>
>>> for k in sorted(product):
        print(k, '->', product[k])

Book -> 49.99
PDF -> 43.99
Video -> 199.99
>>>
>>> for k in sorted(product, key=product.get):
        print(k, '->', product[k])

PDF -> 43.99
Book -> 49.99
Video -> 199.99
>>>
>>> for k in sorted(product, key=product.get, reverse=True):
        print(k, '->', product[k])

Video -> 199.99
Book -> 49.99
PDF -> 43.99
>>>
```

Define o dicionário (lembre-se: a ordem de inserção *não* é mantida).

Adicionar uma chamada a "sorted" classifica o dicionário por chave, que pode ou não ser o que você deseja aqui.

"B" vem antes de "P", que vem antes de "V". Classificar pelas chaves — o padrão — funciona.

O acréscimo do argumento "key" permite classificar pelo valor.

Adicionar o argumento "reverse" muda a ordem de classificação.

Aprenda mais sobre como classificar com o Python neste maravilhoso *MANUAL* (conteúdo em inglês):

https://docs.python.org/3/howto/sorting.html#sortinghowto

6. Mais da Biblioteca Padrão

A *biblioteca padrão* do Python está repleta de coisas boas. É um exercício valioso reservar 20 minutos de vez em quando para revisar o que está disponível, começando aqui (conteúdo em inglês):

https://docs.python.org/3/library/index.html

E, se o que você precisa estiver na *biblioteca padrão*, não perca seu precioso tempo rescrevendo. Use (e/ou estenda) o que já está disponível. Além da documentação do Python, *Doug Hellmann* portou seu popular material *Module of the Week* para o Python 3. Encontre o excelente material de Doug aqui (conteúdo em inglês):

https://pymotw.com/3/

Revisamos alguns de nossos módulos favoritos da *biblioteca padrão* abaixo. Note que não conseguimos enfatizar o bastante quanto é importante saber o que existe na *biblioteca padrão*, assim como o que todos os módulos fornecidos podem fazer por você.

collections

Este módulo fornece estruturas de dados de importação, além da lista predefinida, tupla, dicionário e conjunto. Há muita coisa para gostar nele. Veja uma lista abreviada do que existe em `collections`:

- `OrderedDict`: um dicionário que mantém a ordem de inserção.
- `Counter`: uma classe que facilita muito contar as coisas.
- `ChainMap`: combina um ou mais dicionários e faz com que pareçam ser um.

> Sim, sim... entendi a piada e é muito engraçada: "baterias incluídas", certo?

itertools

Você já sabe que o loop `for` do Python é ótimo, e quando reformulado como uma compreensão, o loop é muito legal. Este módulo, `itertools`, fornece uma grande coleção de ferramentas para criar interações personalizadas. E ele tem muito a oferecer, mas também verifique `product`, `permutations` e `combinations` (e, assim que fizer isso, sente-se e agradeça à sorte por não ter que escrever nenhum código assim).

functools

A biblioteca `functools` fornece uma coleção de funções de ordem mais alta (funções que têm objetos da função como argumentos). Nossa favorita é `partial`, que permite "congelar" os valores do argumento em uma função existente e chamar a função com um novo nome de sua escolha. Você não saberá o que está perdendo até experimentar

7. Executando Seu Código Simultaneamente

No Capítulo 11¾, você usou um encadeamento para resolver um problema de espera. Os encadeamentos não são os únicos na área ao executar o código simultaneamente em seus programas, embora, para ser honesto, eles sejam os mais usados e abusados de todas as técnicas disponíveis. Neste livro, mantivemos deliberadamente o uso dos encadeamentos o mais simples possível.

Há outras tecnologias disponíveis quando você está em uma situação na qual seu código tem que fazer mais do que uma coisa por vez. Nem todo programa precisa desses tipos de serviços, mas é bom saber que o Python tem muitas opções nessa área, caso seja necessário.

Além do módulo `threading`, veja alguns módulos que valem a pena verificar (e também indicamos que volte uma página, item 6, pois *Doug Hellmann* tem algumas ótimas postagens sobre alguns desses módulos):

Você percebeu que eu sou um só, certo? Porém, você espera que eu execute e entenda várias tarefas de computação de uma só vez?!?!?

- `multiprocessing`: este módulo permite gerar vários processos do Python, que — se você tiver mais de um núcleo da CPU — podem estender sua carga de computação em muitas CPUs.

- `asyncio`: permite especificar a simultaneidade via criação e especificação de rotinas de colaboração. Isso é um acréscimo relativamente novo no Python 3, portanto — para muitos programadores —, é uma ideia muito nova (e não está clara ainda).

- `concurrent.futures`: permite gerenciar e executar uma coleção de tarefas simultaneamente.

Qual é melhor é uma pergunta que você conseguirá responder assim que experimentar cada um com seu código.

Novas palavras-chave: async e await

As palavras-chave `async` e `await` foram adicionadas no Python 3.5 e fornecem um modo padrão de criar rotinas de colaboração.

A palavra-chave `async` pode ser usada na frente das palavras-chave `for`, `with` e `def` existentes (com o uso de `def` recebendo mais atenção até o momento). A palavra-chave `await` pode ser usada na frente de (quase) qualquer outro código. Como são do final de 2016, `async` e `await` são muito novas, e os programadores Python do munto inteiro estão apenas começando a explorar o que podem fazer com elas.

A documentação do Python foi atualizada com informações sobre essas novas palavras-chave, mas por questões de dinheiro você encontrará as melhores descrições de seu uso (e a loucura que usá-las causa) pesquisando no *YouTube* para obter qualquer coisa sobre o tópico de *David Beazley*. **Aviso:** as palestras de David são sempre excelentes, mas tendem a ser sobre os tópicos mais avançados no ecossistema da linguagem Python.

As palestras de David sobre o *GIL* do Python são vistas como clássicas por muitos, e seus livros são ótimos também. Mais sobre isto no *Apêndice E*.

> **Código Sério**
>
> "GIL" significa "Global Interpreter Lock". GIL é um mecanismo interno usado pelo interpretador para assegurar a estabilidade. O uso contínuo no interpretador é assunto de muita discussão e debate na comunidade Python.

8. GUIs com Tkinter (e Diversão com Turtles)

O Python vem com uma biblioteca completa chamada `tkinter` (*Tk interface*) para criar GUIs com plataforma cruzada. Você pode não perceber, mas vem usando um aplicativo, desde o primeiro capítulo deste livro, que é criado com o `tkinter`: o IDLE.

O que é legal no `tkinter` é que ele vem pré-instalado (e pronto para usar), com toda a instalação do Python que inclui o IDLE (ou seja, quase todas). Apesar disso, o `tkinter` não recebe o uso (e o amor) que ele merece, pois muitos acreditam que ele é desnecessariamente estranho (em comparação com algumas alternativas de terceiros). Todavia, e como o IDLE demonstra, é possível produzir programas úteis com o `tkinter`. (Mencionamos que o `tkinter` vem pré-instalado e pronto o uso?)

Tal uso é o módulo `turtle` (que também faz parte da *biblioteca padrão*). Para citar a documentação do Python: *o gráfico do turtle é um modo popular de apresentar a programação para crianças. Ele fazia parte da linguagem de programação Logo original desenvolvida por Wally Feurzig e Seymour Papert em 1966.* Os programadores (ou seja, principalmente as crianças, mas é divertido para os novatos também) podem usar comandos como `left`, `right`, `pendown`, `penup` etc. para desenhar em uma tela da GUI (fornecida pelo `tkinter`).

Veja um pequeno programa, que foi um pouco adaptado do exemplo que vem com a documentação do `turtle`:

Assim como mostra o "turtle" em ação, este pequeno programa também demonstra o uso do loop "while" e da instrução "break" do Python. Eles também funcionam exatamente como você esperaria, mas não têm tanta ação quanto o loop "for" e as compreensões.

```
from turtle import *

color('purple', 'cyan')
begin_fill()

while True:
    forward(200)
    left(170)
    if abs(pos()) < 1:
        break

end_fill()
done()
```

E quando esse pequeno programa `turtle` é executado, um belo desenho é feito e aparece na tela:

Sabemos que você pode fazer melhor que isso, então por que não experimentar o "turtle"?

9. Não Acabou Até Ser Testado

Este livro pouco mencionou o teste automático, com exceção de concordar com a ferramenta py.test para verificar a conformidade com o *PEP 8* (no final do Capítulo 4). Não é porque achamos que o teste automático não é importante. **Achamos que ele é muito importante**. É um tópico tão importante, que livros inteiros são dedicados a ele.

Dito isso, neste livro evitamos de propósito as ferramentas de teste automático. Isso não tem nenhuma relação com o modo como pensamos sobre o teste (ele realmente *é* muito importante). Porém, quando você está aprendendo a programar em uma nova linguagem de programação, introduzir o teste automático pode confundir mais do que esclarecer, pois a criação dos testes supõe uma boa compreensão da coisa sendo testada, e se essa "coisa" for a nova linguagem de programação que você está aprendendo... bem, é possível ver onde pararemos com isso, não é? É um pouco parecido com a galinha e o ovo. O que vem primeiro: aprender a codificar ou aprender a testar o código que você está aprendendo?

Ei, não olhe para mim... Não fui eu quem colocou isso aí.

Naturalmente, agora que você é um programador Python genuíno, pode reservar um tempo para entender como a *biblioteca padrão* do Python facilita testar seu código. Há dois módulos para ver (e considerar):

- doctest: este módulo permite incorporar seus testes em docstrings do módulo, o que não é tão estranho quanto parece e *é* muito útil.

- unittest: você já pode ter usado uma biblioteca "unittest" com outra linguagem de programação, e o Python vem com sua própria versão (que funciona exatamente como o esperado).

O módulo doctest é adorado por aqueles que o utilizam. O módulo unittest funciona como a maioria das outras bibliotecas "unittest" em outras linguagens, e muitos programadores Python reclamam que não é *python* o bastante. Isso levou à criação do py.test muitíssimo popular (sobre o qual falaremos mais no próximo apêndice).

Nem ouse virar para a próxima página antes de ter pensado sobre como você usaria as ferramentas de teste automático do Python para verificar a correção do código escrito.

10. Depurar, Depurar, Depurar

Você seria perdoado por pensar que a grande maioria dos programadores Python volta a adicionar chamadas `print` ao código quando algo dá errado. E não estaria distante da verdade: é uma técnica de depuração popular.

A outra é experimentar no prompt >>>, que — se você pensar — é muito parecido com uma sessão de depuração *sem* as tarefas de depuração usuais de observação dos rastreamentos e configuração dos pontos de interrupção. É impossível quantificar quanto o prompt >>> torna os programadores Python produtivos. Tudo que sabemos é isto: se uma futura versão do Python decidir remover o prompt interativo, as coisas ficarão feias.

Se você tiver um código que não está fazendo o que acha que deveria, e o acréscimo das chamadas `print`, assim como a experimentação no prompt >>> não o deixar mais informado, considere usar o depurador incluído do Python: `pdb`.

É possível executar o depurador `pdb` diretamente na janela do terminal do sistema operacional usando um comando como este (sendo que `myprog.py` é o programa que você deseja corrigir):

```
python3 -m pdb myprog.py
```

Também é possível interagir com o `pdb` no prompt >>>, que é um bom exemplo de "o melhor dos dois" que achamos que você encontrará. Os detalhes de como isso funciona, assim como uma análise de todos os comandos comuns do depurador (definir um ponto de interrupção, pular, executar etc.), estão na documentação (conteúdo em inglês):

https://docs.python.org/3/library/pdb.html

A tecnologia `pdb` não é uma "perdedora", nem foi uma reconsideração. É um depurador maravilhoso e cheio de recursos para o Python (e vem predefinida).

> É possível aprender tudo sobre rastreamentos e pontos de interrupção lidando com a documentação "pdb".

> Como sempre, os usuários do Windows precisam usar "py -3", em vez de "python3". (É "py", espaço, menos 3).

> Verifique se uma compreensão funcional do depurador "pdb" do Python faz parte do seu kit de ferramentas.

apêndice d: dez projetos principais não cobertos

Ainda Mais Ferramentas, Bibliotecas e Módulos

> Não importa o trabalho, o mais importante a fazer é assegurar que estou usando as ferramentas certas.

Sabemos o que você pensou quando leu o título deste apêndice. Por que o título do último apêndice não foi: *Vinte Coisas Principais Que Não Cobrimos*? Por que *mais* dez? No último apêndice, limitamos nossa análise às coisas que vêm no Python (a parte das "baterias incluídas" da linguagem). Neste apêndice, jogamos a rede muito mais longe, analisando um grupo inteiro de tecnologias que estão disponíveis para você *porque* o Python existe. Há muitas coisas boas aqui, e — exatamente como no último apêndice — uma rápida leitura atenta não prejudicará *em nada*.

este é um apêndice **551**

ipython ipython ipython

1. Alternativas para >>>

Neste livro, trabalhamos contentes no prompt >>> predefinido do Python, de dentro de uma janela do terminal ou no IDLE. Ao fazermos isso, esperamos ter demonstrado o quanto pode ser eficiente usar o >>> quando estamos experimentando as ideias, explorando as bibliotecas e testando o código.

Existem muitas alternativas para o prompt >>> predefinido, mas uma que chama mais atenção é denominada ipython, e se você acha que poderia fazer mais no prompt >>>, vale a pena ver ipython. É muito popular para muitos programadores Python, mas é *especialmente* popular na comunidade científica.

Para dar uma ideia do que ipython pode fazer em comparação com o prompt >>> puro e simples, considere esta pequena sessão ipython interativa:

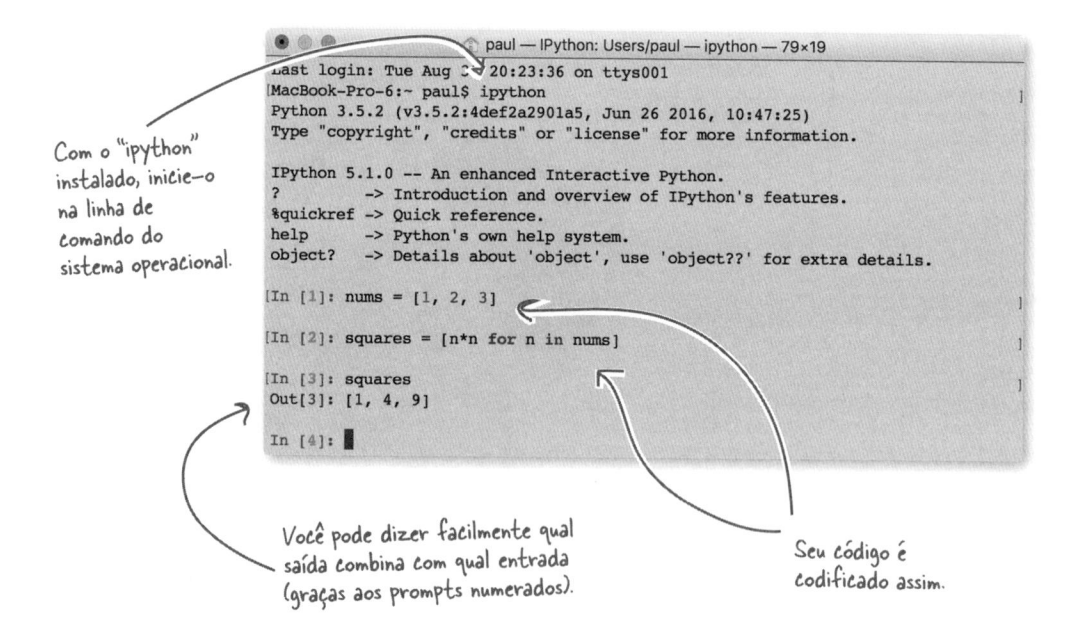

```
Last login: Tue Aug 2 20:23:36 on ttys001
[MacBook-Pro-6:~ paul$ ipython
Python 3.5.2 (v3.5.2:4def2a2901a5, Jun 26 2016, 10:47:25)
Type "copyright", "credits" or "license" for more information.

IPython 5.1.0 -- An enhanced Interactive Python.
?         -> Introduction and overview of IPython's features.
%quickref -> Quick reference.
help      -> Python's own help system.
object?   -> Details about 'object', use 'object??' for extra details.

[In [1]: nums = [1, 2, 3]

[In [2]: squares = [n*n for n in nums]

[In [3]: squares
Out[3]: [1, 4, 9]

In [4]:
```

Com o "ipython" instalado, inicie-o na linha de comando do sistema operacional.

Você pode dizer facilmente qual saída combina com qual entrada (graças aos prompts numerados).

Seu código é codificado assim.

Descubra mais sobre o ipython em *https://ipython.org* (conteúdo em inglês).

Existem >>> alternativos, mas o único que corresponde (em nossa visão) ao que o ipython tem a oferecer é ptpython (podem ser encontradas mais informações aqui: *https://pypi.org/project/ptpython/* — conteúdo em inglês). Se você gosta de trabalhar em uma janela de terminal baseada em texto, mas está procurando algo com um pouco mais de "tela cheia" que o ipython, veja o ptpython. Você não ficará desapontado.

Como nos módulos de terceiros, você pode usar "pip" para instalar o "ipython" e o "ptpython".

Pssst! Desde a descoberta do "ptpython", Paul tem usado ele todo dia.

2. Alternativas para o IDLE

Não temos medo de declarar isto: temos uma queda pelo *IDLE*. Realmente gostamos do fato de que o Python não só vem com um prompt >>> capaz, como também vem com um editor e depurador baseados na GUI acessíveis e com plataforma cruzada. Existem poucas outras linguagens de programação predominantes que fornecem algo parecido como parte de sua instalação padrão.

Infelizmente, o *IDLE* recebe uma quantidade razoável de crítica na comunidade Python, pois ele avança pouco em algumas ofertas "profissionais" mais capazes. Achamos que esta é uma comparação *injusta*, porque o *IDLE* nunca foi projetado para competir nesse espaço. O principal objetivo dele é fazer com que os usuários comecem a trabalhar o mais rápido possível, e *sem dúvidas* ele faz isso. Como consequência, achamos que o *IDLE* deve ser mais comemorado na comunidade Python.

Com o *IDLE* à parte, se você precisar de um IDE mais profissional, terá opções. Os mais populares no espaço Python incluem (conteúdos em inglês):

- *Eclipse*: **https://www.eclipse.org**
- *PyCharm*: **https://www.jetbrains.com/pycharm/**
- *WingWare*: **https://wingware.com**

O *Eclipse* é uma tecnologia de fonte aberta, portanto, não tem custos, é só baixar. Se você já é fã do *Eclipse*, o suporte para o Python é muito bom. Mas se não estiver usando atualmente o *Eclipse*, não recomendaríamos seu uso, devido à existência de *PyCharm* e *WingWare*.

O *PyCharm* e o *WingWare* são produtos comerciais, com as "versões da comunidade" disponíveis para download sem custo (mas com algumas restrições). Diferentes do *Eclipse*, que visa muitas linguagens de programação, o *PyCharm* e o *WingWare* visam os programadores Python especificamente e, como todos os IDEs, têm um ótimo suporte para o trabalho de projeto, links para as ferramentas de gerenciamento do código-fonte (como o *git*), suporte para equipes, links para os documentos do Python etc. Encorajamos que você experimente ambos e então faça sua escolha.

Se os IDEs não forem para você, não tenha medo: todos os maiores editores de texto do mundo oferecem um excelente suporte de linguagem para os programadores Python.

O que Paul usa?

O editor de texto do Paul é o `vim` (Paul usa o *MacVim* em suas máquinas de desenvolvimentos). Ao trabalhar nos projetos do Python, Paul complementa o uso do `vim` com o `ptpython` (ao experimentar os fragmentos de código), e ele também é fã do *IDLE*. Paul usa o *git* para o controle da versão local.

Se serve para alguma coisa, Paul não usa um IDE cheio de recursos, mas seus alunos adoram o *PyCharm*. Paul também usa (e recomenda) o *Jupyter Notebook*, que é analisado em seguida.

3. Jupyter Notebook: O IDE Baseado na Web

No item 1, chamamos sua atenção para o ipython (que é uma excelente alternativa ao >>>). Da mesma equipe de projetos vem o *Jupyter Notebook* (antes conhecido como *iPython Notebook*).

O *Jupyter Notebook* pode ser descrito como o poder do ipython em uma página web interativa (que atende pelo nome genérico de "notebook"). O que é incrível no *Jupyter Notebook* é que seu código pode ser editado e executado de dentro do notebook, e — se você achar necessário — é possível adicionar texto e gráficos também.

Veja um código do Capítulo 12 executado em um *Jupyter Notebook*. Note como adicionamos descrições textuais ao notebook para indicar o que está acontecendo:

A próxima geração do Jupyter Notebook era chamada de Jupyter Lab e estava na versão "alfa" quando o trabalho neste livro estava sendo concluído. Fique atento ao projeto Jupyter Lab: ele será algo bem especial.

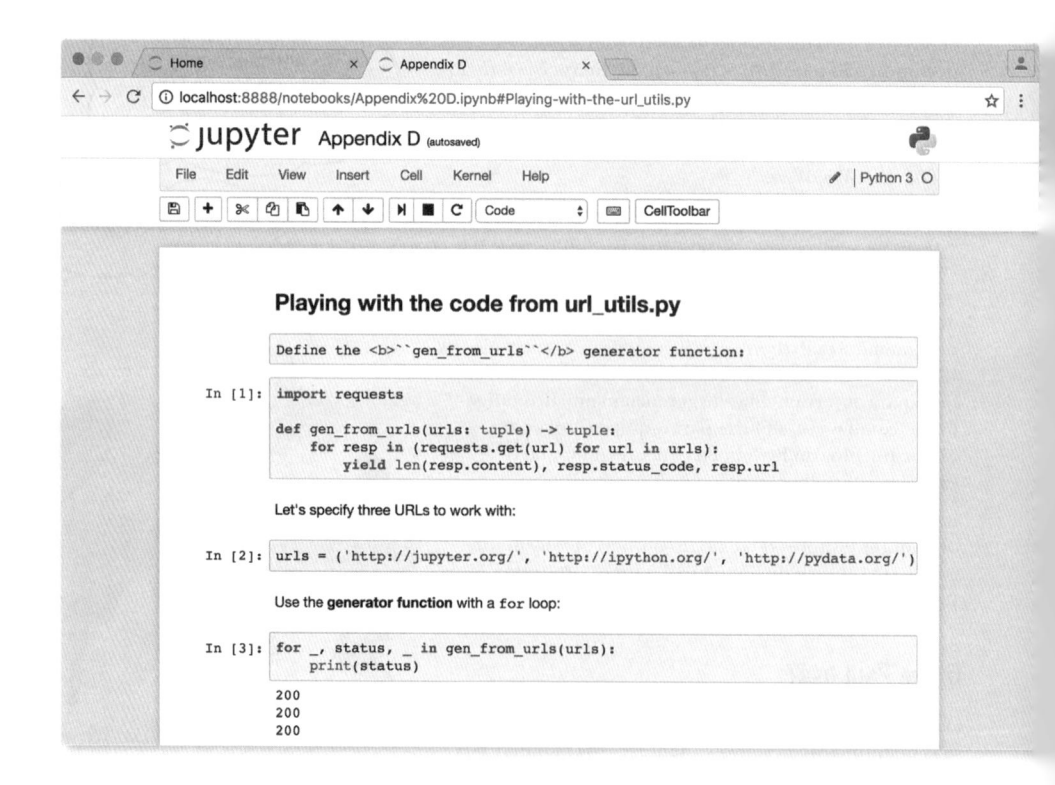

Playing with the code from url_utils.py

Define the ``gen_from_urls`` generator function:

```
In [1]: import requests

        def gen_from_urls(urls: tuple) -> tuple:
            for resp in (requests.get(url) for url in urls):
                yield len(resp.content), resp.status_code, resp.url
```

Let's specify three URLs to work with:

```
In [2]: urls = ('http://jupyter.org/', 'http://ipython.org/', 'http://pydata.org/')
```

Use the **generator function** with a for loop:

```
In [3]: for _, status, _ in gen_from_urls(urls):
            print(status)
        200
        200
        200
```

Aprenda mais sobre o *Jupyter Notebook* no site (*http://jupyter.org* — conteúdo em inglês) e use o pip para instalar no computador e iniciar a exploração. Você ficará feliz por fazer isso. O *Jupyter Notebook* é um aplicativo do Python *formidável*.

4. Fazendo Data Science

Quanto à adoção e uso do Python, há um domínio que continua a ter um crescimento explosivo: o mundo do **data science**.

Isso não é por acaso. As ferramentas disponíveis para os cientistas de dados que usam o Python são excelentes (e dão inveja a muitas outras comunidades de programação). O que é ótimo para os não cientistas de dados é que as ferramentas preferidas pelas pessoas dos dados têm uma grande aplicabilidade fora do cenário *Big Data*.

Livros inteiros foram escritos (e continuam sendo) usando o Python no espaço do *data science*. Embora você possa achar esse conselho tendencioso, os livros sobre este assunto da *Alta Books* são excelentes (e ricos).

Veja uma seleção de algumas bibliotecas e módulos disponíveis, caso você faça data science (ou qualquer outro cálculo do science, nesse sentido). Mesmo se o *data science* não for sua área, verifique isso — há muitas coisas interessantes aqui:

- `bokeh`: um conjunto de tecnologias para publicar gráficos interativos nas páginas web.
- `matplotlib/seaborn`: um conjunto completo de módulos gráficos (que se integra com o `ipython` e o *Jupyter Notebook*).
- `numpy`: Entre outras coisas, permite que você armazene e manipule com eficiência dados multidimensionais. Se você for fã de matrizes, irá adorar o `numpy`.
- `scipy`: Um conjunto de módulos científicos otimizados para a análise de dados numéricos que complementa e expande o que é fornecido pelo `numpy`.
- `pandas`: Se você estiver vindo para o Python a partir da linguagem R, se sentirá em casa com o `pandas`, que fornece estruturas e ferramentas otimizadas para os dados de análise (e é baseado no `numpy` e `matplotlib`). A necessidade de usar o `pandas` é o que leva muitas pessoas para a comunidade (e pode continuar por muito tempo). O `pandas` é outro excelente aplicativo do Python.
- `scikit-learn`: Um conjunto de algoritmos e tecnologias do aprendizado de máquina implementados no Python.

Nota: a maioria dessas bibliotecas e módulos é instalada pelo `pip`.

> Meu Deus! Eles ousaram me perguntar como sei que minha receita de sopa é a melhor?!? Por que... fiz uma rápida análise dos dados pandas e publiquei em um Jupyter Notebook. Voilà — agora todos sabem.

O melhor lugar para começar a aprender sobre a interseção do Python e do *data science* é o site *PyData*: http://pydata.org (conteúdo em inglês). Clique em *Downloads* e surpreenda-se com o que está disponível (tudo como fonte aberta). Divirta-se!

alternativas para o flask

5. Tecnologias de Desenvolvimento da Web

O Python é muito forte no espaço da web, mas o *Flask* (com o *Jinja2*) não é o único por aí ao criar aplicativos web no lado do servidor (mesmo que o *Flask* seja uma escolha muito popular, especialmente se suas necessidades forem modestas).

A tecnologia mais conhecida para criar aplicativos web com o Python é o *Django*. Ele não foi usado neste livro devido ao fato de que (diferente do *Flask*) você tem que aprender e entender bastante antes de criar seu primeiro aplicativo *Django* (portanto, para um livro como este, que se concentra em ensinar o básico do Python, *bem*, o Django não se encaixa). Dito isso, há um motivo para o *Django* ser tão popular entre os programadores Python: ele é realmente muito bom.

Se você se classifica como um "desenvolvedor web", deve reservar um tempo para (no mínimo) lidar com o tutorial do *Django*. Ao fazer isso, estará mais bem informado para o caso de ficar com o *Flask* ou ir para o *Django*.

Se você for para o *Django*, estará em muito boa companhia: o *Django* é uma comunidade tão grande dentro da comunidade Python maior, que consegue ter sua própria conferência: a *DjangoCon*. Até hoje, a *DjangoCon* tem acontecido nos EUA, na Europa e na Austrália. Veja alguns links para aprender mais (conteúdos em inglês):

- Página do Djanjo (com um link para o tutorial):
  https://www.djangoproject.com

- DjangoCon nos EUA:
  https://djangocon.us

- DjangoCon na Europa:
  https://djangocon.eu

- DjangoCon na Austrália:
  http://djangocon.com.au

Mas espere, tem mais

Assim como o *Flask* e o *Django*, há outras estruturas da web (e sabemos que esqueceremos de mencionar a favorita de alguém). As mais faladas incluem: *Pyramid*, *TurboGears*, *web2py*, *CherryPy* e *Bottle*. Encontre uma lista mais completa na wiki do Python (conteúdo em inglês):

https://wiki.python.org/moin/WebFrameworks

> Django é a estrutura da web para os perfeccionistas com prazos — como nós!

6. Trabalhando com os Dados da Web

No Capítulo 12, usamos rapidamente a biblioteca `requests` para demonstrar como nosso gerador era legal (em comparação com sua compreensão equivalente). Nossa decisão de usar `requests` não foi por acaso. Se você perguntar a grande parte dos desenvolvedores Python que trabalha com a web qual é seu módulo PyPI favorito, a maioria responderá com uma palavra: "requests".

PyPI: o Python Package Index reside em https://pypi.org/ (conteúdo em inglês).

O módulo `requests` permite trabalhar com o HTTP e os serviços da web via uma API do Python simples, porém poderosa. Mesmo que seu trabalho diário não envolva trabalhar diretamente com a web, você aprenderá muito vendo o código de `requests` (o projeto `requests` é visto como uma aula especializada para fazer coisas no modo Python).

Descubra mais sobre `requests` aqui (conteúdo em inglês):

> *http://docs.python-requests.org/en/master/*

Limpe aqueles dados da web!

Como a web é basicamente uma plataforma baseada em texto, o Python sempre funcionou bem nesse espaço, e a *biblioteca padrão* tem módulos para trabalhar com o JSON, HTML, XML e outros formatos parecidos baseados em texto, assim como todos os protocolos relevantes da internet. Veja as seções a seguir dos documentos do Python para obter uma lista dos módulos que vêm com a *biblioteca padrão* e mais interessam aos programadores da web/internet (conteúdos em inglês):

- Tratamento de Dados da Internet:
  https://docs.python.org/3/library/netdata.html

- Ferramentas de Processamento da Marcação Estruturada:
  https://docs.python.org/3/library/markup.html

- Protocolos e Suporte da Internet:
  https://docs.python.org/3/library/internet.html

Se você tiver que trabalhar com dados que estão disponíveis apenas via página web estática, provavelmente desejará *limpar* esses dados (para ver um manual de limpeza, vá para *https://en.wikipedia.org/wiki/Web_scraping* — conteúdo em inglês). O Python tem dois módulos de terceiros que economizarão muito tempo (conteúdos em inglês):

- *Beautiful Soup*:
  https://www.crummy.com/software/BeautifulSoup/

- *Scrapy*:
  http://scrapy.org

Experimente ambos, veja qual resolve melhor seu problema e prossiga com o que precisa fazer.

7. Mais Fontes de Dados

Para manter as coisas mais reais possível (tentando manter simples), usamos o *MySQL* como nosso banco de dados secundário neste livro. Se você passa muito tempo trabalhando com o SQL (independentemente do revendedor de banco de dados favorito), então pare o que está fazendo e reserve dois minutos para usar o `pip` para instalar o `sqlalchemy` — ele pode ser sua melhor instalação de dois minutos *de todos os tempos*.

O módulo `sqlalchemy` é para os entendidos do SQL o que `requests` é para os entendidos da web: indispensável. O projeto *SQL Alchemy* fornece um conjunto de tecnologias inspirado no Python de alto nível para trabalhar com dados segundo os gostos do *MySQL*, *PostgreSQL*, *Oracle*, *SQL Server* etc.). Se você gostou do que fizemos com o módulo `DBcm`, irá adorar o *SQL Alchemy*, que se autodenomina como *o* kit de ferramentas do banco de dados do Python.

Descubra mais sobre o projeto em (conteúdo em inglês):

> *http://www.sqlalchemy.org*

Há mais para consultar os dados do que o SQL

Nem todos os dados de que você precisará estão em um banco de dados SQL, portanto, haverá vezes em que o *SQL Alchemy* não servirá. Os back-ends do banco de dados NoSQL agora são aceitos como um acréscimo válido para qualquer data center, com o *MongoDB* servindo como um exemplo clássico, assim como a escolha mais popular (mesmo que existam muitas).

Se você acabar trabalhando com dados que estão sendo apresentados como JSON ou em um formato não tabular (embora estruturado), o *MongoDB* (ou algo parecido) poderá ser exatamente o que está procurando. Descubra mais sobre o *MongoDB* aqui (conteúdo em inglês):

> *https://www.mongodb.com*

E verifique o suporte do Python para a programação do *MongoDB* usando o driver do banco de dados `pymongo` na página de documentação do *PyMongo* (conteúdo em inglês):

> *https://api.mongodb.com/python/current/*

> Não importa onde estão seus dados — em um armazenamento de dados SQL ou NoSQL —, o Python e seus módulos de terceiros darão conta do recado.

8. Ferramentas de Programação

Não importa o quanto você acha que seu código é bom, erros acontecem.

Quando acontecem, o Python tem muita ajuda: o prompt >>>, depurador `pdb`, *IDLE*, instruções `print`, `unittest` e `doctest`. Quando essas opções não são suficientes, há outros módulos de terceiros que podem ajudar.

Algumas vezes, você cometerá um erro clássico que todos cometeram antes. Ou talvez você tenha esquecido de importar um módulo requerido e o problema não aparece até você estar mostrando como seu código é ótimo para uma sala cheia de estranhos (opa!).

Para ajudar a evitar esse tipo de coisa, tenha o *PyLint*, a ferramenta de análise do código do Python (conteúdo em inglês):

https://www.pylint.org

O *PyLint* pega seu código e informa o que pode estar errado com ele *antes* de você executá-lo pela primeira vez.

Se você usar o *PyLint* em seu código antes de executá-lo na frente de uma sala cheia de estranhos, poderá evitar um constrangimento. O *PyLint* também pode magoar, pois ninguém gosta de ser informado que seu código não é satisfatório. Mas vale a pena a dor (ou talvez deveria: *a dor é melhor que o constrangimento público*).

Mais ajuda com o teste também

No *Apêndice C*, 9, analisamos o suporte predefinido que o Python fornece para o teste automático. Existem outras ferramentas também, e você já sabe que o `py.test` é uma delas (pois o utilizamos antes no livro para verificar no código quanto à conformidade com o *PEP 8*).

As estruturas de teste são como as estruturas da web: todos têm uma favorita. Dito isso, muitos programadores do Python preferem o `py.test`, portanto, encorajamos que você veja com atenção (conteúdo em inglês):

http://doc.pytest.org/en/latest/

> Acho que alguém está um pouco confuso. Fui informada para "limpar as coisas"... mas acho que queriam dizer para eu usar o PyLint para limpar o código. Que confusão... se você tivesse escrito um py.test primeiro, hein?

9. Kivy: Nossa Escolha do "Projeto Mais Legal de Todos os Tempos"

Uma área na qual o Python não é forte como poderia ser é no mundo dos dispositivos de toque móveis. Existem muitos motivos para isso (que não detalharemos aqui). É suficiente dizer que, na época da primeira publicação deste livro, ainda era um desafio criar um aplicativo *Android* ou *iOS* com o Python apenas.

Um projeto está tentando fazer progresso nessa área: *Kivy*.

O *Kivy* é uma biblioteca do Python que permite o desenvolvimento de aplicativos que usam interfaces multitoque. Visite a página de destino do *Kivy* para ver o que está em oferta (conteúdo em inglês):

> *https://kivy.org*

Na página, clique no link *Gallery* e recoste por um momento enquanto a página carrega. Se um projeto chamar sua atenção, clique no gráfico para obter mais informações e uma demo. Enquanto exibe a demo, mantenha o seguinte em mente: *tudo o que você está vendo foi codificado com o Python*. O link *Blog* tem um excelente material também.

O que é realmente legal é que o código da interface do usuário do *Kivy* é escrito uma vez, e então implementado em qualquer plataforma suportada *sem alteração*.

Se você estiver procurando um projeto Python com o qual contribuir, considere doar seu tempo para o *Kivy*: é um ótimo projeto, tem uma ótima equipe trabalhando nele e é tecnicamente desafiador. No mínimo, você não ficará entediado.

Uma captura do formulário da página de destino do Kivy de 2016 mostrando uma de suas implementações: uma experiência da interface de toque totalmente imersiva.

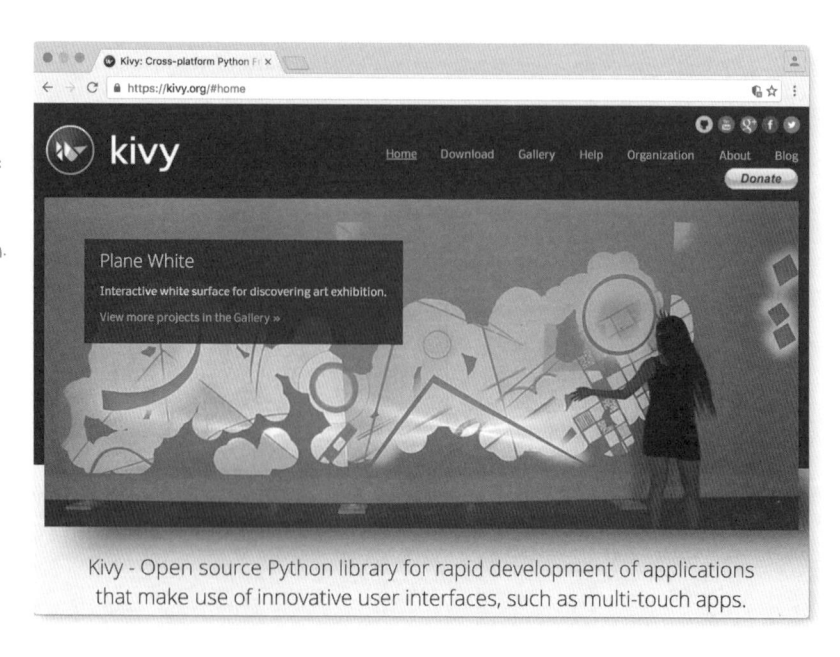

10. Implementações Alternativas

Você já sabe, do item 1 no *Apêndice C*, que há mais de uma versão da linguagem Python (Python 2 *e* Python 3). Isso significa que existem *pelo menos* dois interpretadores do Python: um que executa o código do Python 2 e outro que executa o código do Python 3 (que é o que usamos neste livro). Quando você baixa e instala um dos interpretadores do Python no site dele (como fez no *Apêndice A*), o interpretador é referido como uma *implementação de referência do CPython*. O *CPython* é a versão do Python distribuída pelos *principais desenvolvedores do Python*, e seu nome deve-se ao fato de que é escrito no código C portátil: é projetado para ser portado facilmente para outras plataformas de computação. Como você viu no *Apêndice A*, é possível baixar instaladores para o *Windows* e o *Mac OS X*, assim como encontrar o interpretador pré-instalado em sua distribuição Linux favorita. Todos esses interpretadores são baseados no *CPython*.

O Python é de fonte aberta, assim, qualquer pessoa está livre para pegar o *CPython* e alterá-lo de qualquer modo desejado. Os desenvolvedores também podem pegar a linguagem Python e implementar seu próprio interpretador para ele em qualquer linguagem de programação desejada, usando qualquer técnica do compilador desejada, executando em qualquer plataforma usada. Embora fazer tudo isso não seja para os fracos, muitos desenvolvedores o fazem (alguns deles descrevem como sendo "divertido"). Veja pequenas descrições e links para alguns dos projetos mais ativos:

- *PyPy* (pronunciado como "pai-pai") é um compilador experimental testado para o Python 2 (com o suporte do Python 3 a caminho). O *PyPy* pega o código do Python e o executa com um processo de compilação na hora exata, criando um produto final que é executado mais rápido que o *CPython* em muitas situações. Descubra mais aqui (conteúdo em inglês):

    http://pypy.org

- *IronPython* é uma versão do Python 2 para a plataforma *.NET* (conteúdo em inglês):

    http://ironpython.net

- *Jython* é uma versão do Python 2 executada na *JVM do Java* (conteúdo em inglês):

    http://www.jython.org

- *MicroPython* é uma versão do Python 3 para usar no microcontrolador *pyboard*, que não tem mais do que dois dedos de lado e pode ser a coisinha mais legal que você já viu. Observe (conteúdo em inglês):

    http://micropython.org

Apesar de todos esses interpretadores alternativos Python, a maioria dos programadores Python continua contente com o *CPython*. Cada vez mais, mais desenvolvedores estão escolhendo o Python 3.

apêndice e: envolvendo-se

✳ *Comunidade Python* ✳

> Não, não... não tem mais ninguém aqui. Todos foram para a PyCon.

O Python é muito mais do que uma ótima linguagem de programação. É uma ótima comunidade também. A Comunidade Python é acolhedora, diversa, aberta, amistosa, colaboradora e generosa. Estamos surpresos por ninguém, até o momento, ter pensado em colocar isso em um cartão de felicitações! Falando sério, há mais na programação do Python do que a linguagem. Um ecossistema inteiro desenvolveu-se em torno do Python, na forma de excelentes livros, blogs, sites, conferências, reuniões, grupos de usuários e personalidades. Neste apêndice, vemos uma análise da comunidade Python e o que ela tem a oferecer. Não fique apenas sentado programando sozinho: **envolva-se**!

BDFL: Ditador Benevolente Vitalício

Guido van Rossum é um programador holandês cujo presente para o mundo é a linguagem de programação Python (que ele iniciou como um "hobby" no final dos anos 1980). O desenvolvimento contínuo e a direção da linguagem são definidos pelos *principais desenvolvedores do Python*, um dos quais sendo Guido (apesar de ser muito importante). O título de *Ditador Benevolente Vitalício* de Guido é em reconhecimento do papel central que ele continua a desempenhar na vida diária do Python. Se você vir as letras BDFL em relação ao Python, será uma referência a Guido.

Guido disse publicamente que o nome "Python" é uma saudação (e um aceno) para o grupo de comediantes da televisão britânica *Monty Python's Flying Circus*, o que ajuda a explicar o uso do nome `spam` para muitas variáveis referidas na documentação do Python.

Apesar do papel principal de Guido, ele **não** detém a propriedade do Python: ninguém detém. Contudo, os interesses da linguagem são protegidos pela PSF.

PSF: Python Software Foundation

A PSF é uma organização sem fins lucrativos que cuida dos interesses do Python e é administrada por um conselho diretor nomeado/eleito. A PSF promove e patrocina o desenvolvimento contínuo da linguagem. Isso vem da declaração de missão da PSF:

> A missão da Python Software Foundation é promover, proteger e modernizar a linguagem de programação Python, dar suporte e facilitar o crescimento de uma comunidade diversa e internacional de programadores Python.

Qualquer pessoa pode participar da PSF e se envolver. Veja o site da PSF para obter detalhes (conteúdo em inglês):

Dê sua opinião: junte-se à PSF.

> *https://www.python.org/psf/*

Uma das maiores atividades da PSF é o envolvimento na conferência anual do Python (e assinatura): a *PyCon*.

PyCon: Conferência do Python

Qualquer pessoa pode particular (e falar) da PyCon. Em 2016, Portland, Oregon, hospedou a conferência, com milhares de desenvolvedores do Python presentes (as duas PyCons anteriores foram em Montreal, Canadá). A PyCon é a maior conferência do Python, mas não é a única. Você encontrará conferências do Python em todo o planeta, variando desde conferências pequenas e regionais (dezenas de participantes), até conferências nacionais (centenas de participantes) e dos tipos *EuroPython* (milhares de participantes).

Para saber se há uma PyCon perto de você, pesquise a palavra "PyCon" junto com o nome da cidade mais próxima (ou país onde você mora). É provável que você tenha uma agradável surpresa com o resultado. Participar de uma PyCon local é uma ótima maneira de encontrar e interagir com os desenvolvedores com ideias afins. Muitas das palestras e sessões nas várias PyCons são gravadas: visite o *YouTube* e digite "PyCon" para ter uma ideia do que está disponível.

Envolva-se: participe da PyCon.

Uma Comunidade Tolerante: Respeito pela Diversidade

De todas as conferências de programação que existem hoje, a PyCon foi uma das primeiras a introduzir e insistir em um *Código de Conduta*. Você pode ler sobre o Código de Conduta 2016 aqui (conteúdo em inglês):

https://us.pycon.org/2016/about/code-of-conduct/

Tal desenvolvimento é *algo muito bom*. Cada vez mais as PyCons menores regionais estão adotando o Código de Conduta, o que também é muito bem-vindo. Uma comunidade cresce sendo forte e inclusiva quando existem diretrizes claras sobre o que é aceitável e o que não é, e o Código de Conduta ajuda a assegurar que todas as PyCons do mundo sejam tão receptivas quanto possível.

Além de se esforçar para assegurar que todos sejam bem-vindos, algumas iniciativas tentam aumentar a representação de grupos específicos na comunidade Python, em especial onde — tradicionalmente — tais grupos sejam mal representados. O mais conhecido é a *PyLadies*, que foi criada com a missão de ajudar "mais mulheres a se tornarem participantes ativas e líderes na comunidade de fonte aberta do Python". Se tiver sorte, haverá um "escritório" da *PyLadies* perto de você: descubra iniciando sua pesquisa no site da *PyLadies* (conteúdo em inglês):

http://www.pyladies.com

Como a comunidade Python, a *PyLadies* começou pequena, mas cresceu e conseguiu alcance global rapidamente (o que é inspirador).

Busque a linguagem, fique na comunidade

Muitos programadores novos no Python comentam sobre como a comunidade Python é inclusiva. Muito dessa atitude tem origem na mão orientadora e no exemplo de Guido: firme, porém benevolente. Existem outras luzes principais também e muitas histórias inspiradoras.

Nada mais inspirador do que a palestra de *Naomi Ceder* na *EuroPython* (que foi repetida em outras conferências regionais, inclusive na *PyCon Irlanda*). Veja um link para a palestra de Naomi, que pedimos que você assista (conteúdo em inglês):

https://www.youtube.com/watch?v=cCCiA-IlVco

A palestra de Naomi examina a vida no Python, analisa como a comunidade dá suporte à diversidade e como sempre há mais trabalho para todos fazerem.

Um modo de aprender mais sobre uma comunidade é ouvir alguns podcasts gerados por seus participantes. Analisaremos dois podcasts do Python a seguir.

> Encoraje e dê suporte à diversidade dentro da comunidade Python.

ouça e aprenda

Podcasts do Python

Há podcasts por *todo lugar* atualmente. Na comunidade Python, existem dois que achamos que valem a pena assinar e ouvir. Seja algo para ouvir ao dirigir, andar de bicicleta, correr, relaxar, esses podcasts merecem sua atenção (conteúdos em inglês):

- *Talk Python to Me*: **https://talkpython.fm**
- *Podcast.__init__*: **http://pythonpodcast.com**

Siga esses podcasts no *Twitter*, informe seus amigos sobre eles e dê aos criadores dos podcasts seu apoio. O *Talk Python To Me* e o *Podcast.__init__* são produzidos por membros regulares da comunidade Python para o benefício de todos nós (*não* para o lucro).

Newsletters do Python

Se podcasts não são sua praia, mas você ainda deseja acompanhar o que está acontecendo no mundo do Python, há três newsletters semanais que podem ajudar (conteúdos em inglês):

- Pycoder's Weekly: **http://pycoders.com**
- Python Weekly: **http://www.pythonweekly.com**
- Import Python: **http://importpython.com/newsletter**

Essas newsletters controladas fornecem links para todos os tipos de material: blogs, vlogs, artigos, livros, vídeos, palestras, novos módulos e projetos. E seus avisos semanais chegam na caixa de entrada de seu e-mail. Portanto, vá em frente e assine.

Assim como uma base, diversas conferências, subgrupos como a *PyLadies*, códigos de conduta, conhecimento da diversidade, podcasts e newsletters, o Python também tem sua própria noção de *Zen*.

apêndice e: *envolvendo-se*

Zen do Python

Muitas luas atrás, Tim Peters (uma das primeiras luzes principais do Python) sentou-se e pensou: *o que torna o Python um Python?*

A resposta veio para Tim como *o Zen do Python*, que você pode ler iniciando qualquer versão do interpretador e digitando o seguinte encantamento no prompt >>>:

    import this

Fizemos isso para você e mostramos a saída da linha de código acima na captura de tela no final da página. Leia o *Zen do Python* pelo menos uma vez ao mês.

Muitos tentaram compactar o *Zen do Python* em algo mais fácil de digerir. Nada, exceto o xkcd, teve sorte. Se você estiver conectado à internet, digite esta linha de código no prompt >>> para ver (bem literalmente) como o xkcd conseguiu:

    import antigravity

> O código é mais lido que escrito...

```
Python 3.5.2 Shell
>>>
>>> import this
The Zen of Python, by Tim Peters

Beautiful is better than ugly.
Explicit is better than implicit.
Simple is better than complex.
Complex is better than complicated.
Flat is better than nested.
Sparse is better than dense.
Readability counts.
Special cases aren't special enough to break the rules.
Although practicality beats purity.
Errors should never pass silently.
Unless explicitly silenced.
In the face of ambiguity, refuse the temptation to guess.
There should be one-- and preferably only one --obvious way to do it.
Although that way may not be obvious at first unless you're Dutch.
Now is better than never.
Although never is often better than *right* now.
If the implementation is hard to explain, it's a bad idea.
If the implementation is easy to explain, it may be a good idea.
Namespaces are one honking great idea -- let's do more of those!
>>>
                                                            Ln: 28  Col: 4
```

Leia isto *pelo menos* uma vez ao mês.

você está aqui ▶ **567**

Índice

Símbolos

?:
    operador ternário   117
*
    caractere   390
**
    asteriscos   291
    caracteres   392
+=
    operador   106
80/20
    regra prática   53
/login, /logout, /status
    URLs   380
/page1, /page2, /page3
    URLs   375
.py
    extensão   5
/viewlog
    URL   254, 364

A

abrir, processar, fechar
    técnica   245
Agradecimentos   xxxvii
ajuda   31
alternativas   552
ambiente virtual   541
anotações   162
aplicativo web de inicialização   534
argumento   154, 170
argumentos da palavra-chave   171
arquivo de distribuição   180
array associativo   96
aspas   152
aspas duplas   77
aspas simples   77
assinatura   395

Ataques da Web   419
atribuição da palavra-chave   171
atribuição posicional   171

B

baixar/instalar Python 3   522
banco de dados de back-end
    desativado   418
barra vertical   262
BDFL   564
biblioteca padrão   8, 10, 545
BIF   161, 544

C

cache
    armazenar   295
cadeia de métodos   482
CamelCase   312
caminho de pesquisa   174
chamada da função
    falha   421
chave   96, 481
chave/valor
    par   52, 98, 393
ciclo   224
classe   311
classes   542
classificação   544
close
    método   246
código   xxxv
código de bloqueio   463
Código de Conduta   565
código de destruição   345
código de status   222
Código simultâneo   465
colchetes ([])   13
como usar este livro   xxxiv

índice

compartilhar 183
comportamento 311
compreensão da lista
    listcomp 493
compreensão do conjunto
    setcomp 493
compreensão do dicionário
    dictcomp 493
compreensões 478, 491
    identificar 506
comunicação lenta 420
comunidade Python 12
configurar, fazer, destruir
    padrão 304
configurar o aplicativo 536
conjunto 123
Conjunto 53
console do MySQL
    sessão 353
construtor 323
consultas
    INSERT 464
    SELECT 464
contagem de frequência 102
conteúdo dinâmico 198
conteúdo estático 198
contextlib
    módulo 337
cookie 367
Cópia 72
CPython 561
CredentialsError
    exceção 449
criar um aplicativo 535
criptografar 368
CSS
    folha de estilo 219
csv
    módulo 479
CSV
    formato 478
cursor 291
    métodos 292

D

dados brutos
    transformar em tabela 265
dados CSV como dicionários 480
dados CSV como listas 479
data science 555
date.isoformat
    função 11
datetime
    módulo 11
    submódulo 8
DB-API 284
decorador 384, 471
decoradores 207, 542
Dedent Region
    opção de menu 27
delimitador 262
dependências 190
depuração 549
    modo 224
dicionário 96
Dicionário 52, 369
Dicionário de Argumentos 392
difference
    método 127
diretório de trabalho 174
Django 203, 556
DjangoCon 556
dois-pontos (:) 16
driver oficial 285
dunder name 206
Dunder Name Dunder Main 239
dunder name equals dunder main
    teste 369
dunders 206, 324

E

Edit
    opção de menu 45
elif
    instrução 17
else

índice

instrução 17
encadeamento de métodos 483
endereço de loopback 211
enter
    dunder 338
Enter
    tecla 22
escape 257
    função 11
escopo 321
espaço em branco 40, 482, 518
espaços reservados dos dados 294
especificadores de formato da string 486
estado 311, 368
estrutura complexa 136
estrutura do aplicativo 201
estruturas de dados 13
exceção 423, 424
exceções
    lidar em silêncio 434
Exceções Personalizadas 444
except
    instrução genérica 428
executar simultaneamente 546
Exibir Código-fonte da Página
    opção de menu 255
exit
    dunder 338
extrair e instalar 533

F

F5
    tecla 5
fatia 79
File
    opção de menu 57
Flask 202
fluxo de arquivos 245
fonte da página 255
for
    loop 24

Format
    opção de menu 45
formatação 543
Formulário HTML 213
função aninhada 388
função decorada 395
Funções 147
Funções do Gerador 513

G

gerador 508
gerenciador de contexto 306
gerenciador de pacotes 525
getcwd
    função 9
GIL 546
global 366
Guido van Rossum 564
GUIs 547

H

Hello World 2
help
    BIF 163, 329
    documentação 66
herança 540
HTTP 222, 365

I

ID da sessão 367
IDE 3, 553
    ambiente de desenvolvimento integrado 3
IDLE 3
if
    instrução 17
ímãs de geladeira xxxiii
implementar na nuvem 537
importação 303
    mecanismos 29
in
    operador 56

índice

Indent Region
    opção de menu 27
init
    dunder 338
injeção de SQL 419
Instalador de Pacotes do Python 182
instanciação do objeto 312
interpretador 7
intersection
    método 128
iteração 86

J

janela de edição 57
Jinja2
    mecanismo de modelos 274
    modelo 214
junção
    truque 268
Jupyter Notebook 554

K

KeyError
    exceção 115
Kivy 560

L

Leitura
    modo padrão 246
len
    função 58
limpeza 557
linhas longas 263
lista 13, 50, 54
lista de exceções 423
lista de problemas
    banco de dados 440
Login 375
Logout 377
log-request
    função 351

M

maior que (>)
    operador 324
mensagem de erro 470
mensagens 5
menu 3
    File 3
Metacognição xxxi
método 311, 316
métodos 443
    copy 73
    __enter__ 443
    __exit__ 443
    extend 62
    GET 222
    __init__ 443
    insert 62
    pop 62
    POST 222
    remove 62
modelo HTML 214
modo
    binário 247
    texto 247
modos
    anexação 247
    gravação 247
    leitura 247
módulo 173, 524, 545, 546
MongoDB 558
MySQL 283

N

New File
    opção de menu 3, 57
newsletters 566
None
    valor nulo 451
notação de colchetes 74
notação de fatia 77
notação de ponto
    sintaxe 58

índice

not in
    operador   59
nova linha
    caractere   247
número de porta do protocolo   204, 211

O

objeto de função   387
objeto de rastreamento   430
Objetos   48
operador de atribuição   13
operador de multiplicação   87
orientação a objetos   542
os
    módulo   9

P

pacote de distribuição   179
pacotes do site   178
padrão de programação   490
palavras-chave   147, 546
    def   149
panic2.py
    programa   83
panic.py
    programa   83
pass
    palavra-chave   312
PEP   153
pep8
    plug-in   189
Pesquisa   369
pip   182
platform
    atributo   10
podcasts   566
ponteiro do arquivo   245
prefixar   344
    self   322
Preparação   530
princípios de aprendizado   xxx

print
    função   10
proteger   440
protocolo   338
protocolo de gerenciamento do
    contexto   248, 305, 332, 338
Protocolo de Transferência de
    HiperTexto   365
PSF   564
PyCon   564
PyLint   559
PyPI   183, 202
pytest   189
Python 2   525
Python 3
    Linux   527
    Mac OS X   525
    Windows   523
Python 3.5
    itens do grupo   523
PythonAnywhere   238, 531
Python Index Project
    pip   524
Python Shell   4
    janela   4

R

range
    função   25, 41
readline
    biblioteca   524
recuo   16
redireção   235
Respondendo às Perguntas   359
resposta da web   198
return
    instrução   156
reutilizar   302
Revisão Técnica   xxxvi

S

Save

índice

opção de menu 4
Select All
    opção de menu 45
self
    primeiro argumento 317
sem estado
    Web 365
sequência 24
sessão 367
session
    tecnologia 375
setdefault
    método 119
simultaneidade
    opções 465
sinais maior e menor que (< e >) 256
sleep
    função 28
solicitação da web 198
sorted
    função 109
SQLError
    exceção 449
start
    valor 41, 76
Status 377
step
    valor 41, 76
stop
    valor 41, 76
suíte 16
superoperadores 15
sys
    módulo 10, 430

T

tabela de hash 100
tabelas
    criar 288
tabulações
    e espaços 40
tags HTML 274
teste automático 548

threading
    biblioteca 465
tkinter 547
Traceback
    mensagem de erro 6
transferir para a nuvem 532
True ou False 157
try/except
    sintaxe 430
tupla 51, 132, 276, 482, 507

U

unescape
    função 11
union
    método 126
Untabify Region
    opção de menu 45
Untitled
    janela 4

V

valor 96, 481
valores do índice negativos 75
valores do índice positivos 75
valor padrão 170
vírgula
    tupla 134

W

with
    instrução 248
wonder 206
wrapper
    integração 400

X

XSS 419

Z

Zen do Python 567

CONHEÇA OUTROS LIVROS DA USE A CABEÇA!

Negócios - Nacionais - Comunicação - Guias de Viagem - Interesse Geral - Informática - Idiomas

Todas as imagens são meramente ilustrativas.

SEJA AUTOR DA ALTA BOOKS!

Envie a sua proposta para: autoria@altabooks.com.br

Visite também nosso site e nossas redes sociais para conhecer lançamentos e futuras publicações!
www.altabooks.com.br

/altabooks ▪ /altabooks ▪ /alta_books

ALTA BOOKS
EDITORA

ROTAPLAN
GRÁFICA E EDITORA LTDA
Rua Álvaro Seixas, 165
Engenho Novo - Rio de Janeiro
Tels.: (21) 2201-2089 / 8898
E-mail: rotaplanrio@gmail.com